国家统计局贸易外经统计司 编

Compiled by
Department of Trade and External Economic Relations Statistics,
National Bureau of Statistics, People's Republic of China

2014

中国贸易外经统计年鉴

CHINA TRADE AND EXTERNAL ECONOMIC STATISTICAL YEARBOOK

中国统计出版社
China Statistics Press

图书在版编目(CIP)数据

中国贸易外经统计年鉴. 2014:英汉对照 / 国家统计局贸易外经统计司编.
—北京 : 中国统计出版社, 2014.10
ISBN 978-7-5037-7312-9

Ⅰ. ①中… Ⅱ. ①国… Ⅲ. ①对外贸易-统计资料-中国-2014-年鉴-汉、英 Ⅳ. ①F752-54

中国版本图书馆 CIP 数据核字(2014)第 226668 号

中国贸易外经统计年鉴-2014
2014 China Trade and External Economic Statistical Yearbook

作　　者/国家统计局贸易外经统计司
责任编辑/马　平
封面设计/李雪燕
出版发行/中国统计出版社
通信地址/北京市丰台区西三环南路甲 6 号 邮政编码/100073
电　　话/邮购(010)63376909 书店(010)68783171
网　　址/http://csp.stats.gov.cn
印　　刷/河北天普润印刷厂
经　　销/新华书店
开　　本/880×1230mm 1/16
字　　数/1310 千字
印　　张/42.25
版　　别/2014 年 10 月第 1 版
版　　次/2014 年 10 月第 1 次印刷
定　　价/420.00 元　　Price:420.00yuan (RMB)

如有印装差错,由本社发行部调换。

《中国贸易外经统计年鉴-2014》
编辑委员会

2014 CHINA TRADE AND EXTERNAL ECONOMIC STATISTICAL YEARBOOK

Editorial Staff

Adviser: Ma Jiantang

Editor-in-Chief: Xu Yifan

Associate Editor-in-Chief: Meng Qingxin Yan Jianhui

Editorial Director: Lin Tao Wang Kechen Lu Shan

Editorial Staff: (in order of the number of strokes the Chinese character of the surname)

Wang Zhi Wang Yuexiang Shen Junli Fu Yuan

Fu Jiaqi Liu Xiaoyan Liu Xuling Liu Yang Chen Qunlin

Du Yan Li Min Yan Xianpu Zhang Min Luo Weihua

Meng Hao Yang Zhuang Zheng Yunyu Hu Chunlin

Zhao Zeyong Yuan Yan

Executive Editor: Ma Ping

English Translator: She Jingxong

编辑说明

一、《中国贸易外经统计年鉴-2014》是一部全面反映中国国内贸易、对外经济贸易和旅游业发展情况的资料性年刊。本年鉴收录了2013年中国国内消费品市场、批发和零售业、住宿和餐饮业、对外贸易与合作和国内、国际旅游的主要统计数据，以及各省、自治区、直辖市和一些重要历史年份的相关统计数据。

二、本年鉴正文内容分为九个部分：1.综合篇；2.消费品市场篇；3.批发和零售业篇；4.住宿和餐饮业篇；5.国际收支篇；6.对外贸易篇；7. 外资篇；8 对外合作篇；9.旅游篇。为便于读者使用，本年鉴对所用略语和主要统计指标的含义、统计范围和统计方法作了简要说明。

三、本年鉴中所涉及的全国性统计数据，均未包括香港、澳门特别行政区和台湾省数据。

四、本年鉴所列对外经济贸易和旅游统计资料由国家统计局贸易外经司根据商务部、海关总署、国家外汇管理局、公安部、国家旅游局、国家工商行政管理总局等部门的资料加工整理，由于各部门职能不同，统计口径、范围和方法亦有所不同，因此书中有些数据可能不一致，使用统计数据时请参看附录。

五、本年鉴表中所使用的度量衡单位，均为国际统一标准计量单位。

六、年鉴表中的"空格"表示该项统计指标数据不足本表最小单位数、不详或无该项数据；"#"表示其中的主要项；"＊"或"①"表示本表下有注释。

七、年鉴中没有标明年份的数据均为2013年的数据。

PREFACE

Ⅰ.2014 *China Trade and External Economic Statistical Yearbook* reflects the situation of China in the development of the domestic and foreign trade, the external economic transactions and the tourism synthetically. The yearbook covers the main data of the domestic trade, the foreign trade, the external economic transactions and the tourism of China in 2013, and embodies the data from national level and all the provinces, autonomous regions and municipalities. It also lists the time series relative data of important indicators by years.

Ⅱ. The yearbook contains the following 9 chapters: 1. Integration; 2. Consumer Market; 3. Wholsale and Retail Trades; 4. Hotels and Catering Services; 5. Balance of Payments; 6. Foreign Trade; 7. Foreign Capital; 8. International Cooperation; 9. Tourism. In addition, Explanatory Notes on Main Statistical Indicators are provided at the end of book.

Ⅲ. The national data in the book do not include that of Hongkong Special Administrative Region, Macao Special Administrative Region and Taiwan Province.

Ⅳ. The major sources of data except these in the domestic trade are the regular statistical reporting forms provided by sectors such as the Ministry of Public Security, the Ministry of Commerce, the General Administration of Customs, the State Administration of Industrial & Commerce, the General Administration of Travel and Tourism, the State Administration of Foreign Exchange. The book is edited by the Department of Trade and External Economic Relation Statistics of the National Bureau of Statistics. Since the functions of sectors mentioned above are different, the requirement, the scope, the calculating specification and the method of statistics are not in the same, and some of the figures may not be in conformity. Readers who want to use the data please consult the explanatory note.

Ⅴ. The units of measurement used in this yearbook are internationally standard measurement units.

Ⅵ. Notations used in the yearbook: (blank space) indicates that the figure is not large enough to be measured with the smallest unit in the table, or data are unknown or are not available; "#" indicates a major breakdown of the total; and " * " or "①" indicates footnotes at the end of the table.

Ⅶ. The data belong to 2013 in the table of without year in the yearbook.

目　录

CONTENTS

第 1 篇　综合

Integration

第 2 篇　消费品市场

Consumer Goods Market

第 3 篇 批发和零售业

Wholesale And Retail Trades

第4篇 住宿和餐饮业

Hotels And Catering Services

第 5 篇　国际收支
Balance Of Payments

第 6 篇　对外贸易
Foreign Trade

第7篇 外资
Foreign Capital

第8篇 对外合作
International Cooperation

第9篇 旅游

Tourism

综　合

INTEGRATION

第1篇

1-1 国内生产总值指数

Indices of Gross Domestic Product

(不变价,上年=100；Constant Price, Preceding Year=100)

年 份 Year	国民总收入 Gross National Income	国内生产总值 Gross Domestic Product	第一产业 Primary Industry	第二产业 Secondary Industry	第三产业 Tertiary Industry	#批发与零售业 Wholesale and Retail Trades	人均国内生产总值 Per Capita GDP
1978	111.7	111.7	104.1	115.0	113.8	123.1	110.2
1979	107.6	107.6	106.1	108.2	107.9	108.7	106.1
1980	107.8	107.8	98.5	113.6	106.0	98.1	106.5
1981	105.2	105.2	107.0	101.9	110.4	129.5	103.9
1982	109.2	109.1	111.5	105.6	113.0	99.3	107.5
1983	111.1	110.9	108.3	110.4	115.2	121.2	109.3
1984	115.3	115.2	112.9	114.5	119.3	124.7	113.7
1985	113.2	113.5	101.8	118.6	118.2	133.5	111.9
1986	108.5	108.8	103.3	110.2	112.0	109.4	107.2
1987	111.5	111.6	104.7	113.7	114.4	114.7	109.8
1988	111.3	111.3	102.5	114.5	113.2	111.8	109.5
1989	104.2	104.1	103.1	103.8	105.4	89.3	102.5
1990	104.1	103.8	107.3	103.2	102.3	94.7	102.3
1991	109.1	109.2	102.4	113.9	108.9	105.2	107.7
1992	114.1	114.2	104.7	121.2	112.4	110.5	112.8
1993	113.7	114.0	104.7	119.9	112.2	108.6	112.7
1994	113.1	113.1	104.0	118.4	111.1	108.2	111.8
1995	109.3	110.9	105.0	113.9	109.8	108.2	109.7
1996	110.2	110.0	105.1	112.1	109.4	107.6	108.9
1997	109.6	109.3	103.5	110.5	110.7	108.8	108.2
1998	107.3	107.8	103.5	108.9	108.4	106.5	106.8
1999	107.9	107.6	102.8	108.1	109.3	108.7	106.7
2000	108.6	108.4	102.4	109.4	109.7	109.4	107.6
2001	108.1	108.3	102.8	108.4	110.3	109.1	107.5
2002	109.5	109.1	102.9	109.8	110.4	108.8	108.4
2003	110.6	110.0	102.5	112.7	109.5	109.9	109.3
2004	110.4	110.1	106.3	111.1	110.1	106.6	109.4
2005	110.7	111.3	105.2	112.1	112.2	113.0	110.7
2006	113.3	112.7	105.0	113.4	114.1	119.5	112.0
2007	114.6	114.2	103.7	115.1	116.0	120.2	113.6
2008	110.1	109.6	105.4	109.9	110.4	115.9	109.1
2009	108.3	109.2	104.2	109.9	109.6	112.1	108.7
2010	110.2	110.4	104.3	112.3	109.8	114.3	109.9
2011	108.7	109.3	104.3	110.3	109.4	112.6	108.8
2012	108.4	107.7	104.5	107.9	108.1	110.4	107.1
2013	107.4	107.7	104.0	107.8	108.3	110.3	107.1

1-2 国内生产总值构成

Composition of Gross Domestic Product

(当年价, Current Price)

年 份 Year	国内生产总值 Gross Domestic Product (%)	第一产业 Primary Industry	第二产业 Secondary Industry	第三产业 Tertiary Industry	#批发与零售业 Wholesale and Retail Trades
1978	100	28.2	47.9	23.9	6.6
1979	100	31.3	47.1	21.6	4.9
1980	100	30.2	48.2	21.6	4.3
1981	100	31.9	46.1	22.0	4.7
1982	100	33.4	44.8	21.8	3.2
1983	100	33.2	44.4	22.4	3.3
1984	100	32.1	43.1	24.8	5.0
1985	100	28.4	42.9	28.7	8.9
1986	100	27.2	43.7	29.1	8.3
1987	100	26.8	43.6	29.6	8.8
1988	100	25.7	43.8	30.5	9.9
1989	100	25.1	42.9	32.0	9.0
1990	100	27.1	41.3	31.6	6.8
1991	100	24.5	41.8	33.7	8.4
1992	100	21.8	43.4	34.8	8.9
1993	100	19.7	46.6	33.7	8.0
1994	100	19.8	46.6	33.6	7.8
1995	100	19.9	47.2	32.9	7.9
1996	100	19.7	47.5	32.8	7.9
1997	100	18.3	47.5	34.2	8.0
1998	100	17.6	46.2	36.2	8.2
1999	100	16.5	45.8	37.7	8.4
2000	100	15.1	45.9	39.0	8.2
2001	100	14.4	45.1	40.5	8.3
2002	100	13.7	44.8	41.5	8.3
2003	100	12.8	46.0	41.2	8.2
2004	100	13.4	46.2	40.4	7.8
2005	100	12.1	47.4	40.5	7.6
2006	100	11.1	47.9	40.9	7.6
2007	100	10.8	47.3	41.9	7.9
2008	100	10.7	47.4	41.8	8.3
2009	100	10.3	46.2	43.4	8.5
2010	100	10.1	46.7	43.2	8.9
2011	100	10.1	46.8	43.1	9.3
2012	100	10.1	45.3	44.6	9.7
2013	100	10.0	43.9	46.1	9.8

1-3 三次产业贡献率

Share of the Contributions of the Three Strata of Industry to the Increase of GDP

(按不变价格计算, Data in this table are calculated at constant prices)

年 份 Year	国内生产总值 Gross Domestic Product (%)	第一产业 Primary Industry	第二产业 Secondary Industry	#工 业 Industry	第三产业 Tertiary Industry
1990	100	41.7	41.0	39.7	17.3
1991	100	7.1	62.8	58.0	30.1
1992	100	8.4	64.5	57.6	27.1
1993	100	7.9	65.5	59.1	26.6
1994	100	6.6	67.9	62.6	25.5
1995	100	9.1	64.3	58.5	26.6
1996	100	9.6	62.9	58.5	27.5
1997	100	6.8	59.7	58.3	33.5
1998	100	7.6	60.9	55.4	31.5
1999	100	6.0	57.8	55.0	36.2
2000	100	4.4	60.8	57.6	34.8
2001	100	5.1	46.7	42.1	48.2
2002	100	4.6	49.7	44.4	45.7
2003	100	3.4	58.5	51.9	38.1
2004	100	7.8	52.2	47.7	39.9
2005	100	5.6	51.1	43.4	43.3
2006	100	4.8	50.0	42.4	45.2
2007	100	3.0	50.7	44.0	46.3
2008	100	5.7	49.3	43.4	45.0
2009	100	4.5	51.9	40.0	43.6
2010	100	3.8	56.8	48.5	39.3
2011	100	4.6	51.6	44.7	43.8
2012	100	5.7	48.7	40.6	45.6
2013	100	4.9	48.3	39.9	46.8

注：产业贡献率指各产业增加值增量与GDP增量之比。

Note: Share of the three industries refers to the proportion of the increment of every industrial value added to the increment of GDP.

1-4 三大需求对国内生产总值增长的贡献率和拉动

Share and Contribution of the Three Components of GDP by Expenditure Approach to the Growth of GDP

(按不变价格计算, Data in value terms in this table are calculated at constant prices)

年 份 Year	最终消费支出 Final Consumption Expenditure		资本形成总额 Gross Capital Formation		货物和服务净出口 Net Exports of Goods and Services	
	贡献率 Share (%)	拉动(百分点) Contribution (percentage points)	贡献率 Share (%)	拉动(百分点) Contribution (percentage points)	贡献率 Share (%)	拉动(百分点) Contribution (percentage points)
1978	39.4	4.6	66	7.7	-5.4	-0.6
1979	87.3	6.6	15.4	1.2	-2.7	-0.2
1980	71.8	5.6	26.4	2.1	1.8	0.1
1981	93.4	4.9	-4.3	-0.2	10.9	0.5
1982	64.7	5.9	23.8	2.2	11.5	1.0
1983	74.1	8.1	40.4	4.4	-14.5	-1.6
1984	69.3	10.5	40.5	6.2	-9.8	-1.5
1985	85.5	11.5	80.9	10.9	-66.4	-8.9
1986	45.0	4.0	23.2	2.0	31.8	2.8
1987	50.3	5.8	23.5	2.7	26.2	3.1
1988	49.6	5.6	39.4	4.5	11.0	1.2
1989	39.6	1.6	16.4	0.7	44.0	1.8
1990	47.8	1.8	1.8	0.1	50.4	1.9
1991	65.1	6.0	24.3	2.2	10.6	1.0
1992	72.5	10.3	34.3	4.9	-6.8	-1.0
1993	59.5	8.3	78.6	11.0	-38.1	-5.3
1994	30.2	4.0	43.8	5.7	26.0	3.4
1995	44.7	4.9	55.0	6.0	0.3	
1996	60.1	6.0	34.3	3.4	5.6	0.6
1997	37.0	3.4	18.6	1.7	44.4	4.2
1998	57.1	4.4	26.4	2.1	16.5	1.3
1999	74.7	5.7	23.7	1.8	1.6	0.1
2000	65.1	5.5	22.4	1.9	12.5	1
2001	50.2	4.2	49.9	4.1	-0.1	
2002	43.9	4.0	48.5	4.4	7.6	0.7
2003	35.8	3.6	63.2	6.3	1.0	0.1
2004	39.5	4.0	54.5	5.5	6.0	0.6
2005	38.7	4.4	38.5	4.3	22.8	2.6
2006	40.4	5.1	43.6	5.5	16.0	2.1
2007	39.6	5.6	42.5	6.0	17.9	2.6
2008	44.1	4.2	46.9	4.5	9.0	0.9
2009	49.8	4.6	87.6	8.1	-37.4	-3.5
2010	43.1	4.5	52.9	5.5	4.0	0.4
2011	56.5	5.3	47.7	4.4	-4.2	-0.4
2012	55.1	4.2	47	3.6	-2.1	-0.1
2013	50.0	3.9	54.4	4.2	-4.4	-0.3

注：1.三大需求指支出法国内生产总值的三大构成项目，即最终消费支出、资本形成总额、货物和服务净出口。
2.贡献率指三大需求增量与支出法国内生产总值增量之比。
3.拉动指国内生产总值增长速度与三大需求贡献率的乘积。

Note: a) Three components of GDP by expenditure approach are final consumption expenditure, gross capital formation and net exports of goods and services.
b) Contribution share of the three components refers to the proportion of the increment of the each component of GDP to the increment of GDP.
c) Contribution of the three components refers to the growth rate of GDP multiplies the constribution share of the three components.

1-5 人口数及构成

Population and Its Composition

单位：万人
Unit: 10000 persons

年 份 Year	年底人口数 Total Population (year-end)	按性别分 by Sex				按城乡分 by Residence			
		男 Male		女 Female		城 镇 Urban		乡 村 Rural	
		人口数 Population	比重(%) Structure	人口数 Population	比重(%) Structure	人口数 Population	比重(%) Structure	人口数 Population	比重(%) Structure
1978	96259	49567	51.49	46692	48.51	17245	17.92	79014	82.08
1980	98705	50785	51.45	47920	48.55	19140	19.39	79565	80.61
1985	105851	54725	51.7	51126	48.3	25094	23.71	80757	76.29
1989	112704	58099	51.55	54605	48.45	29540	26.21	83164	73.79
1990	114333	58904	51.52	55429	48.48	30195	26.41	84138	73.59
1991	115823	59466	51.34	56357	48.66	31203	26.94	84620	73.06
1992	117171	59811	51.05	57360	48.95	32175	27.46	84996	72.54
1993	118517	60472	51.02	58045	48.98	33173	27.99	85344	72.01
1994	119850	61246	51.1	58604	48.9	34169	28.51	85681	71.49
1995	121121	61808	51.03	59313	48.97	35174	29.04	85947	70.96
1996	122389	62200	50.82	60189	49.18	37304	30.48	85085	69.52
1997	123626	63131	51.07	60495	48.93	39449	31.91	84177	68.09
1998	124761	63940	51.25	60821	48.75	41608	33.35	83153	66.65
1999	125786	64692	51.43	61094	48.57	43748	34.78	82038	65.22
2000	126743	65437	51.63	61306	48.37	45906	36.22	80837	63.78
2001	127627	65672	51.46	61955	48.54	48064	37.66	79563	62.34
2002	128453	66115	51.47	62338	48.53	50212	39.09	78241	60.91
2003	129227	66556	51.50	62671	48.50	52376	40.53	76851	59.47
2004	129988	66976	51.52	63012	48.48	54283	41.76	75705	58.24
2005	130756	67375	51.53	63381	48.47	56212	42.99	74544	57.01
2006	131448	67728	51.52	63720	48.48	58288	44.34	73160	55.66
2007	132129	68048	51.50	64081	48.50	60633	45.89	71496	54.11
2008	132802	68357	51.47	64445	48.53	62403	46.99	70339	53.01
2009	133450	68647	51.44	64803	48.56	64512	48.34	68938	51.66
2010	134091	68748	51.30	65343	48.70	66978	49.90	67113	50.10
2011	134735	69068	51.30	65667	48.70	69079	51.30	65656	48.70
2012	135404	69395	51.30	66009	48.70	71182	52.60	64222	47.40
2013	136072	69728	51.24	66344	48.76	73111	53.70	62961	46.30

1-6 居民消费价格指数和商品零售价格指数

Consumer Price Indices and Retail Price Indices

(上年价格=100，Preceding Year=100)

年 份 Year	居民消费价格指数 Consumer Price Index	城 市 Urban Areas	农 村 Rural Areas	商品零售价格指数 Retail Price Index	城 市 Urban Areas	农 村 Rural Areas
1978	100.7	100.7		100.7		
1979	101.9	101.9		102.0		
1980	107.5	107.5		106.0		
1981	102.5	102.5		102.4		
1982	102.0	102.0		101.9		
1983	102.0	102.0		101.5		
1984	102.7	102.7		102.8		
1985	109.3	111.9	107.6	108.8		
1986	106.5	107.0	106.1	106.0		
1987	107.3	108.8	106.2	107.3		
1988	118.8	120.7	117.5	118.5		
1989	118.0	116.3	119.3	117.8		
1990	103.1	101.3	104.5	102.1		
1991	103.4	105.1	102.3	102.9		
1992	106.4	108.6	104.7	105.4		
1993	114.7	116.1	113.7	113.2		
1994	124.1	125.0	123.4	121.7	120.9	122.9
1995	117.1	116.8	117.5	114.8	113.5	116.4
1996	108.3	108.8	107.9	106.1	105.8	106.4
1997	102.8	103.1	102.5	100.8	100.8	100.7
1998	99.2	99.4	99.0	97.4	97.4	97.6
1999	98.6	98.7	98.5	97.0	97.0	97.1
2000	100.4	100.8	99.9	98.5	98.5	98.5
2001	100.7	100.7	100.8	99.2	98.9	99.6
2002	99.2	99.0	99.6	98.7	98.5	99.1
2003	101.2	100.9	101.6	99.9	99.6	100.5
2004	103.9	103.3	104.8	102.8	102.1	104.2
2005	101.8	101.6	102.2	100.8	100.5	101.4
2006	101.5	101.5	101.5	101.0	100.9	101.4
2007	104.8	104.5	105.4	103.8	103.3	104.9
2008	105.9	105.6	106.5	105.9	105.5	106.7
2009	99.3	99.1	99.7	98.8	98.7	99.0
2010	103.3	103.2	103.6	103.1	102.8	103.6
2011	105.4	105.3	105.8	104.9	104.7	105.5
2012	102.6	102.7	102.5	102.0	101.9	102.2
2013	102.6	102.6	102.8	101.4	101.3	101.8

1-7 城乡居民人民币储蓄存款

Savings Deposit in Urban and Rural Areas

单位：亿元

Unit: 100 million yuan

年份 Year	年底余额 Outstanding Amount			年增加额 Increased Amount		
	总计 Total	定期 Time Deposits	活期 Demand Deposits	总计 Total	定期 Time Deposits	活期 Demand Deposits
1978	210.6	128.9	81.7	29.0	17.2	11.8
1980	395.8	304.9	90.9	114.8	138.5	-23.7
1985	1622.6	1225.2	397.4	407.9	324.3	83.6
1989	5196.4	4215.4	981.0	1374.2	1366.9	7.3
1990	7119.6	5909.4	1210.2	1935.1	1700.9	234.2
1991	9244.9	7634.9	1610.0	2125.3	1725.5	399.8
1992	11757.3	9445.0	2312.3	2512.4	1810.1	702.3
1993	15203.5	12108.3	3095.2	3446.2	2663.3	782.9
1994	21518.8	16838.7	4680.1	6315.3	4730.4	1584.9
1995	29662.3	23778.3	5884.1	8143.5	6939.6	1203.9
1996	38520.8	30873.2	7647.6	8858.6	7095.0	1763.6
1997	46279.8	36226.7	10053.1	7759.0	5353.5	2405.4
1998	53407.5	41791.6	11615.9	7127.7	5564.8	1562.8
1999	59621.8	44955.1	14666.7	6214.4	3163.5	3050.8
2000	64332.4	46141.7	18190.7	4710.6	1186.6	3524.0
2001	73762.4	51434.9	22327.6	9430.1	5293.2	4136.9
2002	86910.7	58788.9	28121.7	13148.2	7354.1	5794.1
2003	103617.7	68498.7	35119.0	16707.0	9709.7	6997.3
2004	119555.4	78138.9	41416.5	15937.7	9640.2	6297.6
2005	141051.0	92263.5	48787.5	21495.6	14124.7	7370.9
2006	161587.3	103011.4	58575.9	20544.0	10777.3	9766.7
2007	172534.2	104934.5	67599.7	10946.9	1923.1	9023.8
2008	217885.4	139300.2	78585.2	45351.2	34365.7	10985.5
2009	260771.7	160230.4	100541.3	42886.4	20930.2	21956.1
2010	303302.5	178413.9	124888.6	42530.8	18183.5	24347.3
2011	343635.9			40333.4		
2012	399551.0			55915.2		
2013	447601.6			48050.6		

1-8 城镇居民家庭人均收入与支出

Average Income and Expenditure of Urban Households

单位：元

项目	Item	1990	2000	2010	2011	2012	2013
全年总收入	**Annual Total Income**	**1516.2**	**6295.9**	**21033.4**	**23979.2**	**26959.0**	**29547.1**
工资性收入	Income of Wages and Salaries	1149.7	4480.5	13707.7	15411.9	17335.6	18929.8
经营净收入	Net Business Income	22.5	246.2	1713.5	2209.7	2548.3	2797.1
财产性收入	Income from Properties	15.6	128.4	520.3	649.0	707.0	809.9
转移性收入	Income from Transfer	328.4	1440.8	5091.9	5708.6	6368.1	7010.3
全年可支配收入	**Annual Disposable Income**	**1510.2**	**6280.0**	**19109.4**	**21809.8**	**24564.7**	**26955.1**
全年现金消费支出	**Annual Cash Expenditure**	**1278.9**	**4998.0**	**13471.5**	**15160.9**	**16674.3**	**18022.6**
食品	Food	693.8	1971.3	4804.7	5506.3	6040.9	6311.9
衣着	Clothing	170.9	500.5	1444.3	1674.7	1823.4	1902.0
居住	Residence	60.9	565.3	1332.1	1405.0	1484.3	1745.1
家庭设备及用品	Household Appliances	108.5	374.5	908.0	1023.2	1116.1	1215.1
交通通信	Transport and Communications	40.5	427.0	1983.7	2149.7	2455.5	2736.9
文教娱乐	Education, Cultural and Recreation Services	112.3	669.6	1627.6	1851.7	2033.5	2294.0
医疗保健	Health Care and Medical Services	25.7	318.1	871.8	969.0	1063.7	1118.3
其他	Others	66.6	171.8	499.2	581.3	657.1	699.4
恩格尔系数	**Engel's Coefficient**	**54.2**	**39.4**	**35.7**	**36.3**	**36.2**	**35.0**

注：1.本表为城镇居民家庭收支抽样调查资料。
2.从2002年起，城镇住户调查对象由原来的非农业人口改为城市市区和县城关镇区常住人口

Note: a) Data from the table is obtained from the sample survey on income and expenditures of urban households.
b) Since 2002,the objects of urban households survey are permanent residents and county towns.

1-9 农村居民家庭人均收入与支出

Average Income and Expenditure of Rural Households

单位：元

项　目	Item	1990	2000	2010	2011	2012	2013
全年纯收入	**Net Annual Income**	**686.3**	**2253.4**	**5919.0**	**6977.3**	**7916.6**	**8895.9**
工资性收入	Income from Wages and Salaries	138.8	702.3	2431.1	2963.4	3447.5	4025.4
家庭经营收入	Income from Household Operations	518.6	1427.3	2832.8	3222.0	3533.4	3793.2
财产性收入	Income from Properties	29.0	45.0	202.2	228.6	249.1	293.0
转移性收入	Income from Transfers		78.8	452.9	563.3	686.7	784.3
全年消费支出	**Annual Expendses on Consumption**	**584.6**	**1670.1**	**4381.8**	**5221.1**	**5908.0**	**6625.5**
食品	Food	343.8	820.5	1800.7	2107.3	2323.9	2495.5
衣着	Clothing	45.4	96.0	264.0	341.3	396.4	438.3
居住	Residence	101.4	258.3	835.2	961.5	1086.4	1233.6
家庭设备及用品	Household Facilities and Articles	30.9	75.4	234.1	308.9	341.7	387.1
交通通信	Transport and Communications	8.4	93.1	461.1	547.0	652.8	796.0
文教娱乐	Education, Cultural and Recreation	31.4	186.7	366.7	396.4	445.5	486.0
医疗保健	Health Care and Medical Services	19.0	87.6	326.0	436.8	513.8	614.2
其他	Others	4.3	52.5	94.0	122.0	147.6	174.9
全年现金消费支出	**Annual Cash Expenditure**	**374.7**	**1284.7**	**3859.3**	**4733.4**	**5414.5**	**6112.9**
食品	Food	155.9	464.3	1313.2	1651.3	1863.1	2054.5
衣着	Clothing	44.0	95.2	263.4	341.1	396.1	437.7
居住	Residence	81.2	231.1	801.4	930.2	1054.2	1169.3
家庭设备及用品	Household Facilities and Articles	30.7	74.4	233.5	308.6	341.4	384.5
交通通信	Transport and Communications	8.4	93.1	461.1	547.0	652.8	795.8
文教娱乐	Education, Cultural and Recreation	31.3	186.7	366.7	396.4	445.5	485.6
医疗保健	Health Care and Medical Services	19.0	87.6	326.0	436.8	513.8	613.9
其他	Others	4.3	52.5	94.0	122.0	147.5	171.6
恩格尔系数	**Engel's coefficient**	**58.8**	**49.1**	**41.1**	**40.4**	**39.3**	**37.7**

注：本表为农村住户抽样调查资料。

Note: Data from this table is obtained from the sample surveys on rural households.

消费品市场

CONSUMER GOODS MARKET

第2篇

2-1 历年社会消费品零售总额
Total Retail Sales of Consumer Goods

年 份 Year	社会消费品零售总额(亿元) Total Retail Sales of Consumer Goods (100 million yuan)	比上年增长(%) Increase Over the Previous Year (%)
1952	276.8	
1963	604.5	0.1
1964	638.2	5.6
1965	670.3	5.0
1966	732.8	9.3
1967	770.5	5.1
1968	737.3	-4.3
1969	801.5	8.7
1970	858.0	7.0
1971	929.2	8.3
1972	1023.3	10.1
1973	1106.7	8.2
1974	1163.6	5.1
1975	1271.1	9.2
1976	1339.4	5.4
1977	1432.8	7.0
1978	1558.6	8.8
1979	1800.0	15.5
1980	2140.0	18.9
1981	2350.0	9.8
1982	2570.0	9.4
1983	2849.4	10.9
1984	3376.4	18.5
1985	4305.0	27.5
1986	4950.0	15.0
1987	5820.0	17.6
1988	7440.0	27.8
1989	8101.4	8.9
1990	8300.1	2.5
1991	9415.6	13.4
1992	10993.7	16.8
1993	14270.4	29.8
1994	18622.9	30.5
1995	23613.8	26.8
1996	28360.2	20.1
1997	31252.9	10.2
1998	33378.1	6.8
1999	35647.9	6.8
2000	39105.7	9.7
2001	43055.4	10.1
2002	48135.9	11.8
2003	52516.3	9.1
2004	59501.0	13.3
2005	68352.6	14.9
2006	79145.2	15.8
2007	93571.6	18.2
2008	114830.1	22.7
2009	132678.4	15.5
2010	156998.4	18.3
2011	183918.6	17.1
2012	210307.0	14.3
2013	237809.9	13.1

2-2 各地区社会消费品零售总额

Total Retail Sales of Consumer Goods by Region

单位：亿元

Unit:100 million yuan

地　区	Region	2008	2009	2010	2011	2012	2013
北　京	Beijing	4645.5	5309.9	6229.3	6900.3	7702.8	8375.1
天　津	Tianjin	2078.7	2430.8	2860.2	3395.1	3921.4	4470.4
河　北	Hebei	4991.1	5764.9	6821.8	8035.5	9254.0	10516.7
山　西	Shanxi	2421.1	2809.0	3318.2	3903.4	4506.8	5139.3
内蒙古	Inner Mongolia	2463.0	2855.3	3384.0	3991.7	4572.5	5114.2
辽　宁	Liaoning	5032.4	5812.6	6887.6	8095.3	9304.2	10581.4
吉　林	Jilin	2549.2	2957.3	3504.9	4119.8	4772.9	5426.4
黑龙江	Heilongjiang	2928.3	3401.8	4039.2	4750.1	5491.0	6251.2
上　海	Shanghai	4577.2	5173.2	6070.5	6814.8	7412.3	8052.0
江　苏	Jiangsu	9905.1	11484.1	13606.8	15988.4	18331.3	20796.5
浙　江	Zhejiang	7533.3	8622.3	10245.4	12028.0	13588.3	15225.5
安　徽	Anhui	3045.2	3527.8	4197.7	4955.1	5736.6	6542.4
福　建	Fujian	3866.7	4481.0	5310.0	6276.2	7256.5	8275.3
江　西	Jiangxi	2142.0	2484.4	2956.2	3485.1	4027.2	4576.1
山　东	Shandong	10658.8	12363.0	14620.3	17155.5	19651.9	22294.8
河　南	Henan	5815.4	6746.4	8004.2	9453.6	10915.6	12426.6
湖　北	Hubei	5109.7	5928.4	7013.9	8275.2	9562.5	10885.9
湖　南	Hunan	4222.6	4913.7	5839.5	6884.7	7921.9	9018.6
广　东	Guangdong	12986.6	14891.8	17458.4	20297.5	22677.1	25453.9
广　西	Guangxi	2395.8	2790.7	3312.0	3908.2	4516.6	5133.1
海　南	Hainan	463.2	537.5	639.3	759.5	870.8	992.9
重　庆	Chongqing	2147.1	2479.0	2938.6	3487.8	4033.7	4599.8
四　川	Sichuan	4944.8	5758.7	6810.1	8006.6	9268.6	10561.4
贵　州	Guizhou	1075.2	1247.3	1482.7	1751.6	2075.9	2366.2
云　南	Yunnan	1764.7	2051.1	2542.4	3038.1	3511.6	4004.6
西　藏	Tibet	130.0	156.6	185.3	219.0	254.6	293.2
陕　西	Shaanxi	2317.1	2699.7	3195.7	3790.0	4383.8	4999.5
甘　肃	Gansu	1023.6	1183.0	1394.5	1648.0	1906.5	2173.8
青　海	Qinghai	259.7	300.5	350.8	410.5	476.0	544.1
宁　夏	Ningxia	295.4	339.3	403.6	477.6	542.9	610.5
新　疆	Xinjiang	1041.5	1177.5	1375.1	1616.3	1858.6	2108.2

2-3 各地区社会消费品零售总额构成

Total Retail Sales of Consumer Goods by Region

单位：亿元

Unit:100 million yuan

地　区	Region	社会消费品零售总额 Total Retail Sales of Consumer Goods	城市 City	城区 Urban	镇区 Town	乡村 Village
全　国	**National Total**	**237809.9**	**205857.9**	**160913.5**	**44944.4**	**31952.0**
北　京	Beijing	8375.1	8231.0	7764.8	466.1	144.2
天　津	Tianjin	4470.4	4295.2	3687.9	607.2	175.3
河　北	Hebei	10516.7	8081.3	5252.0	2829.2	2435.5
山　西	Shanxi	5139.3	4192.5	2797.4	1395.1	946.7
内蒙古	Inner Mongolia	5114.2	4475.3	3429.7	1045.6	638.9
辽　宁	Liaoning	10581.4	9686.1	8371.8	1314.2	895.4
吉　林	Jilin	5426.4	4806.8	4152.1	654.7	619.6
黑龙江	Heilongjiang	6251.2	5480.7	4401.6	1079.1	770.5
上　海	Shanghai	8052.0	7695.7	7509.8	185.8	356.3
江　苏	Jiangsu	20796.5	18684.4	14631.8	4052.6	2112.1
浙　江	Zhejiang	15225.5	12773.9	9208.4	3565.5	2451.7
安　徽	Anhui	6542.4	5344.3	3737.4	1606.9	1198.1
福　建	Fujian	8275.3	7456.8	5903.4	1553.4	818.5
江　西	Jiangxi	4576.1	3810.6	2380.0	1430.7	765.5
山　东	Shandong	22294.8	17923.6	13490.7	4432.9	4371.2
河　南	Henan	12426.6	10236.8	7136.0	3100.8	2189.8
湖　北	Hubei	10885.9	9163.8	7682.4	1481.5	1722.1
湖　南	Hunan	9018.6	8159.5	5317.5	2842.0	859.1
广　东	Guangdong	25453.9	22282.4	19501.2	2781.2	3171.5
广　西	Guangxi	5133.1	4531.0	3022.3	1508.8	602.1
海　南	Hainan	992.9	868.8	705.9	162.9	124.1
重　庆	Chongqing	4599.8	4375.1	3081.7	1293.3	224.7
四　川	Sichuan	10561.4	8525.8	6407.2	2118.6	2035.7
贵　州	Guizhou	2366.2	1954.2	1553.3	400.9	412.0
云　南	Yunnan	4004.6	3466.3	2591.7	874.6	538.3
西　藏	Tibet	293.2	242.1	155.6	86.5	51.1
陕　西	Shaanxi	4999.5	4404.5	3386.6	1017.9	595.1
甘　肃	Gansu	2173.8	1746.4	1292.8	453.6	427.4
青　海	Qinghai	544.1	472.3	348.6	123.6	71.8
宁　夏	Ningxia	610.5	560.5	394.1	166.4	50.0
新　疆	Xinjiang	2108.2	1930.4	1617.7	312.7	177.8

2-4 亿元以上商品交易市场基本情况

Basic Statistics on Commodity Exchange Markets of Transaction Value over 100 Million Yuan

市 场	Market	市场数量(个) Number of Markets (unit)	摊位数(个) Number of Booths (unit)	营业面积(万平方米) Operational Area (10000 sq.m)	成交额(亿元) Turnover (100 million yuan)	批 发 Wholesale Value	零 售 Retail Value
总 计	**Total**	**5089**	**3488170**	**28868.3**	**98365.1**	**84628.3**	**13736.8**
综合市场	**Integrated Markets**	**1381**	**1218441**	**6915.7**	**20277.9**	**16204.0**	**4073.9**
生产资料综合市场	Production Comprehensive Markets	46	58074	726.6	1593.6	1593.6	
工业消费品综合市场	Industrial Consumable Comprehensive Markets	315	483884	2586.2	7110.2	5679.3	1430.9
农产品综合市场	Farm Produce Comprehensive Markets	689	422586	2140.9	8077.1	6205.2	1872.0
其他综合市场	Other Comprehensive Markets	331	253897	1462.1	3496.9	2725.9	771.0
专业市场	**Special Markets**	**3708**	**2269729**	**21952.6**	**78087.3**	**68424.3**	**9663.0**
生产资料市场	Production Markets	699	281283	6795.4	32259.4	32223.1	36.3
农业生产用具市场	Agricultural Production Equipment Markets	20	6173	139.0	184.9	184.9	
农用生产资料市场	Agricultural Production Markets	33	6554	110.6	178.3	178.3	
煤炭市场	Coal and Charcoal Markets	14	2322	686.0	566.5	566.5	
木材市场	Wood Markets	56	19551	551.3	727.0	727.0	
建材市场	Building Material Markets	192	86695	2067.1	1684.6	1648.3	36.3
化工材料及制品市场	Chemical Materials and Products Markets	37	18863	216.1	2725.5	2725.5	
金属材料市场	Metal Materials Markets	264	98431	2522.3	23560.4	23560.4	
机械设备市场	Mechanical Equipments Markets	47	25644	266.2	666.8	666.8	
其他生产资料市场	Others	36	17050	236.8	1965.5	1965.5	
农产品市场	Farm Produce Markets	1019	576657	4316.3	14584.1	13760.8	823.3
粮油市场	Grain and Oil Markets	103	33762	361.7	1565.1	1507.0	58.1
肉禽蛋市场	Meat, Poultry and Eggs Markets	134	44177	303.1	1224.2	1028.2	196.0
水产品市场	Aquatic Products Markets	150	100190	469.7	2808.8	2648.9	159.9
蔬菜市场	Vegetables Markets	312	223435	1596.2	3838.2	3703.6	134.6
干鲜果品市场	Dried and Fresh Melons and Fruits Markets	137	69192	581.9	2337.9	2316.5	21.4
棉麻土畜、烟叶市场	Cotton, Local & Livestock Products, and Tobacco Markets	22	14505	396.9	707.5	707.5	
其他农产品市场	Others	161	91396	606.8	2102.3	1849.0	253.4
食品、饮料及烟酒市场	Food, Beverages, Tobacco and Liquor Markets	142	78505	461.8	1674.9	1447.4	227.5
食品饮料市场	Food and Beverages Markets	52	35877	171.4	752.8	595.7	157.1
茶叶市场	Tea Markets	28	12384	101.8	244.3	221.5	22.9
烟酒市场	Tobacco and Liquor Markets	15	4938	34.7	73.7	57.2	16.5
其他食品饮料及烟酒市场	Others	47	25306	153.9	604.2	573.1	31.1

市场	Market	市场数量(个) Number of Markets (unit)	摊位数(个) Number of Booths (unit)	营业面积(万平方米) Operational Area (10000 sq.m)	成交额(亿元) Turnover (100 million yuan)	批发 Wholesale Value	零售 Retail Value
纺织、服装、鞋帽市场	**Textiles, Clothing, Shoes and Hats Markets**	**576**	**713873**	**3242.0**	**13034.6**	**11712.4**	**1322.2**
布料及纺织品市场	Cloth and Textiles Markets	73	109793	957.1	5528.8	5513.2	15.6
服装市场	Clothing Markets	359	415212	1663.8	5077.3	4160.5	916.8
鞋帽市场	Shoes and Hats Markets	39	26670	150.8	388.9	379.7	9.1
其他纺织服装鞋帽市场	Others	105	162198	470.4	2039.6	1659.0	380.7
日用品及文化用品市场	Daily Use Articles and Cultural Goods Markets	91	68318	277.3	1055.8	970.7	85.1
小商品市场	Merchandise Markets	36	39811	102.7	339.0	319.5	19.5
箱包市场	Luggage Markets	4	5567	51.5	222.8	222.8	
玩具市场	Toys Markets	3	1124	11.9	23.7	23.7	
文具市场	Stationary Markets	3	1093	8.1	20.6	20.6	
图书、报刊杂志市场	Books, Newspapers and Magazines Markets	11	1652	10.3	38.1	25.4	12.7
音像制品及电子出版物市场	Video Products and E-journal Markets	2	495	1.9	8.0		8.0
体育用品市场	Sports Markets	1	80	0.7	1.5		1.5
其他日用品及文化用品市场	Others	31	18496	90.1	402.1	358.6	43.5
黄金、珠宝、玉器等首饰市场	Gold, Jeweller, Jade Markets	27	16427	92.4	467.6	419.1	48.5
电器、通讯器材、电子设备市场	Electrical Appliances, Communication Appliances and Electronical Appliances Markets	161	67267	357.3	1110.5	404.5	706.0
家电市场	Household Appliances Markets	41	13369	157.3	321.5	232.1	89.4
通讯器材市场	Communication Appliances Markets	31	15772	42.0	121.2	42.4	78.8
照相、摄像器材市场	Cameras and Video Equipments Markets	2	485	2.1	7.1	3.9	3.2
计算机及辅助设备市场	Computer and Auxillary Equipments Markets	79	33219	142.3	606.3	83.8	522.5
其他电器、通讯器材、电子设备市场	Others	8	4422	13.6	54.4	42.3	12.1
医药、医疗用品及器材市场	Medicine, Medical Materials and Medical Instruments Markets	25	46854	227.9	1368.8	1348.0	20.7
中药材市场	Chinese Medicine Markets	25	46854	227.9	1368.8	1348.0	20.7
其他医药、医疗用品及器材市场	Others						
家具、五金及装饰材料市场	Furniture, Hardware and Decoration Materials Markets	577	275246	3994.5	4871.3	2923.1	1948.2
家具市场	Furniture Markets	159	65917	1357.7	1324.0	670.7	653.2
装饰材料市场	Decoration Materials Markets	252	110641	1583.1	1761.7	920.7	841.0
灯具市场	Lamps Markets	17	7143	108.1	192.9	174.2	18.7
厨具、盥洗设备市场	Kitchen Utensils, Washing Equipments Markets	4	1399	12.2	19.8	16.9	2.8
五金材料市场	Hardware Materials Markets	78	49967	462.5	938.3	850.9	87.4
其他装修市场	Others	67	40179	470.8	634.7	289.7	345.0
汽车、摩托车及零配件市场	Cars, Motorcycles and Spare Parts Markets	283	82883	1502.2	6322.4	2135.0	4187.4
汽车市场	Cars Markets	190	38404	1149.5	5095.5	1022.3	4073.2
摩托车市场	Motocycles Markets	10	3786	26.1	76.3	64.8	11.5
机动车零配件市场	Vehicle Spare Parts Markts	83	40693	326.6	1150.6	1047.9	102.7
花、鸟、鱼、虫市场	Flower, Bird, Fish and Insects Markets	29	20206	340.1	413.2	384.7	28.5
花卉市场	Flower Markets	25	19240	334.1	396.2	380.0	16.2
鸟市场	Bird Markets						
观赏鱼市场	Fish Markets						
其他花鸟鱼虫市场	Others	4	966	6.0	17.0	4.7	12.3
旧货市场	Second Hand Markets	20	7823	38.5	79.1	36.8	42.3
古玩、古董、字画市场	Antiques,Calligraphy and Painting Markets	3	848	3.2	3.0		3.0
邮票、硬币市场	Stamps and Coins Markets						
其他旧货市场	Others	17	6975	35.3	76.0	36.8	39.3
其他专业市场	Others	59	34387	306.8	845.5	658.6	187.0

2-5 亿元以上商品交易市场摊位分类情况

Classification of Booths of Commodity Exchange Markets of Transaction Value over 100 Million Yuan

单位：亿元
Unit: 100 million

类别	Classification	摊位数（个）Number of Booths (unit)	成交额（亿元）Turnover (100 million yuan)	批发 Wholesale Value	零售 Retail Value
总计	**Total**	**3488170**	**98365.1**	**84628.3**	**13736.8**
1.食品、饮料、烟酒类	Food, Beverages, Tobacco and Liquor	1110849	24917.3	21677.9	3239.4
(1)食品类	Food	1014343	23009.0	20040.5	2968.5
#粮油类	Grain and Oil	86757	2908.6	2624.5	284.1
肉禽蛋类	Meat,Poultry and Eggs	139096	3191.0	2307.2	883.8
水产品类	Aquatic Products	159869	4708.4	3997.7	710.7
蔬菜类	Vegetables	421243	6337.5	5694.1	643.3
干鲜果品类	Dried and Fresh Melons and Fruits	169002	5022.1	4736.1	286.0
(2)饮料类	Beverages	50231	959.0	832.3	126.7
(3)烟酒类	Tobacco and Liquor	46275	949.3	805.2	144.2
2.服装鞋帽、针、纺织品类	Clothing, Shoes, Hats and Textiles	984199	15319.4	13376.8	1942.6
(1)服装类	Shoes and Hats	604156	6870.6	5495.8	1374.8
(2)鞋帽类	Footgear, Hats	146618	1519.2	1218.2	301.0
(3)针、纺织品类	Knitwear and Textiles	233425	6929.6	6662.8	266.8
3.化妆品类	Cosmetics	31853	322.3	256.8	65.6
4.金银珠宝类	Gold,Silver and Jewelry	20461	561.8	472.7	89.1
5.日用品类	Articles for Daily Use	184642	2878.8	2456.2	422.5
#洗涤用品类	Washing Articles	43036	504.4	434.6	69.8
儿童玩具类	Children Toys	33017	415.3	350.0	65.3
6.五金、电料类	Hardware & Electrical Materials	113639	2215.8	1943.0	272.8
7.体育、娱乐用品类	Sports & Recreational Articles	12946	174.4	146.3	28.1
8.书报杂志类	Newspapers and Magazines	5210	75.1	57.4	17.7
9.电子出版物及音像制品类	E-journal and Video Products	9193	206.0	171.2	34.8
10.家用电器和音像器材类	Household Appliances and Video Equipments	38724	757.0	553.7	203.4
11.中西药品类	Traditional Chinese and Western Medicine	27934	1219.2	1185.0	34.3
#西药类	Western Medicine	1226	31.7	24.4	7.3
中草药及中成药类	Traditional Chinese	26230	1170.7	1147.6	23.1
12.文化办公用品类	Cultural and Official Goods	67202	1162.5	584.7	577.8
13.家具类	Furniture	95553	1908.8	1030.2	878.7
14.通讯器材类	Communication Appliances	26133	313.8	157.1	156.7
15.煤炭及制品类	Coal and Related Products	2739	643.0	640.4	2.5
16.木材及制品类	Wood and Wooden Products	33038	1001.9	969.8	32.2
17.石油及制品类	Petroleum and Related Products	3874	1649.9	1647.0	2.9
18.化工材料及制品类	Raw Chemical Materials and Relatedr Products	39880	3266.3	3244.0	22.3
#化肥类	Fertilizer	3747	107.9	93.5	14.5
19.金属材料类	Metal Materials	102371	23480.2	23452.1	28.1
20.建筑及装潢材料类	Building and Decoration Materials	247377	4735.7	3701.4	1034.2
21.机电产品及设备类	Mechanical & Electrical Products	51568	1383.7	1341.2	42.5
#农机类	Agricultural Machinery	5793	190.5	181.6	9.0
22.汽车类	Automobile	80286	6438.4	2270.4	4168.0
23.种子饲料类	Seed and Feedstuff	8428	143.8	138.0	5.9
24.棉麻类	Cotton and Hemp	5333	522.2	512.1	10.2
25.其他类	Others	184738	3067.6	2642.9	424.7

2-6 各地区亿元以上商品交易市场基本情况

Basic Statistics on Commodity Exchange Markets of Transaction Value over 100 Million Yuan by Region

年 份 Year	地 区 Region	市场数量 (个) Number of Markets (unit)	摊位数 (个) Number of Booths (unit)	营业面积 (万平方米) Operational Area (10000 sq.m)	成交额 (亿元) Turnover (100 million yuan)	批 发 Wholesale Value	零 售 Retail Value
	2000	3087	2115115	8261.6	16358.9	11648.0	4710.9
	2001	3273	2200662	9397.3	17719.1	12562.5	5156.5
	2002	3258	2190814	10313.2	19840.0	15450.9	4389.2
	2003	3265	2148866	10984.0	21514.5	16832.6	4681.9
	2004	3365	2229818	12477.5	26102.7	21116.9	4985.8
	2005	3323	2248803	13140.8	30020.9	24544.2	5476.7
	2006	3876	2527987	18072.3	37137.5	29679.9	7457.5
	2007	4121	2681630	19814.6	44085.1	35871.5	8213.6
	2008	4567	2839070	21225.2	52458.0	43120.0	9337.9
	2009	4687	2994781	23230.3	57963.8	48308.2	9655.5
	2010	4940	3193365	24832.3	72703.5	60954.9	11748.6
	2011	5075	3334787	26234.5	82017.3	69390.8	12626.5
	2012	5194	3494122	27899.4	93023.8	80141.8	12882.0
	2013	5089	3488170	28868.3	98365.1	84628.3	13736.8
北 京	Beijing	140	113914	725.0	3352.7	2188.6	1164.1
天 津	Tianjin	75	43403	521.3	2748.8	2649.9	98.9
河 北	Hebei	253	303689	2872.4	4874.5	4551.4	323.1
山 西	Shanxi	40	34182	265.3	589.6	564.8	24.8
内蒙古	Inner Mongolia	70	35143	720.7	693.3	568.5	124.8
辽 宁	Liaoning	217	178167	928.4	4443.0	3641.4	801.6
吉 林	Jilin	62	50464	302.3	660.0	414.4	245.6
黑龙江	Heilongjiang	93	63343	357.0	1106.1	775.6	330.5
上 海	Shanghai	164	73196	728.8	9472.0	8988.1	483.9
江 苏	Jiangsu	547	351917	3294.7	16595.8	14532.8	2063.0
浙 江	Zhejiang	767	463648	2980.5	14840.3	12441.9	2398.4
安 徽	Anhui	138	111894	1093.3	2903.3	2633.2	270.1
福 建	Fujian	162	57459	376.4	1713.6	1362.5	351.1
江 西	Jiangxi	95	68855	366.1	1683.5	1460.8	222.7
山 东	Shandong	558	390642	3890.3	9039.0	8040.2	998.8
河 南	Henan	170	126507	1166.6	2726.3	2390.8	335.4
湖 北	Hubei	169	83467	593.6	1860.1	1427.9	432.3
湖 南	Hunan	327	185758	1058.7	3169.2	2367.1	802.1
广 东	Guangdong	364	214964	1962.1	5418.2	4697.4	720.8
广 西	Guangxi	91	70123	448.8	1200.6	1032.6	168.0
海 南	Hainan	7	4000	9.8	19.7	2.8	16.9
重 庆	Chongqing	144	91490	743.0	3307.2	2777.2	530.0
四 川	Sichuan	118	129962	934.4	2150.5	1917.5	233.0
贵 州	Guizhou	47	25621	196.9	469.1	412.8	56.3
云 南	Yunnan	50	61991	379.3	749.9	581.8	168.1
西 藏	Tibet						
陕 西	Shaanxi	47	28913	171.4	386.3	254.7	131.7
甘 肃	Gansu	44	32556	189.4	491.9	461.4	30.5
青 海	Qinghai	8	5062	28.4	24.5	13.3	11.1
宁 夏	Ningxia	33	22472	385.0	283.7	236.7	46.9
新 疆	Xinjiang	89	65368	1178.4	1392.5	1240.3	152.2

批发和零售业

WHOLESALE AND RETAIL TRADES

第3篇

3-1-1 限额以上批发和零售业企业基本情况

Basic Conditions of Enterprises above Designated Size of Wholesale and Retail Trades

项　　目	Item	法人单位数 (个) Number of Corporation Enterprises (unit)	年末从业人数 (人) Engaged Persons at Year-end (person)
总　　计	**Total**	**171973**	**11395828**
一、批发业	**Wholesale Trade**	**91607**	**4842384**
#国有控股	State-controlled Enterprises	7891	1237552
(一)按登记注册类型分	**by Type of Registration**		
1.内资企业	**Domestic Funded Enterprises**	**87201**	**4130970**
国有企业	State-owned Enterprises	2755	442131
集体企业	Collective-owned Enterprises	765	49701
股份合作企业	Cooperative Enterprises	225	8172
联营企业	Joint Ownership Enterprises	45	3716
国有联营企业	State Joint Ownership Enterprises	16	878
集体联营企业	Collective Joint Ownership Enterprises	12	1201
国有与集体联营企业	Joint State-collective Enterprises	8	1306
其他联营企业	Other Joint Ownership Enterprises	9	331
有限责任公司	Limited Liability Corporations	25394	1451682
国有独资公司	State Sole Funded Corporations	1204	152941
其他有限责任公司	Other Limited Liability Corporations	24190	1298741
股份有限公司	Share-holding Corporations Ltd.	2016	500564
私营企业	Private Enterprises	54453	1599044
私营独资企业	Private-funded Enterprises	922	22337
私营合伙企业	Private Partnership Enterprises	168	5054
私营有限责任公司	Private Limited Liability Corporations	51895	1499289
私营股份有限公司	Private Share-holding Corporations Ltd.	1468	72364
其他企业	Other Enterprises	1548	75960
2.港、澳、台商投资企业	**Enterprises with Funds from Hongkong, Macao and Taiwan**	**1766**	**314454**
合资经营企业	Joint-venture Enterprises	257	29119
合作经营企业	Cooperative Enterprises	20	7588
独资经营企业	Enterprises with Sole Investment	1449	263886
投资股份有限公司	Share-holding Corporations Ltd. with Investment	39	13216
其他港澳台商投资企业	Other Enterprises with Funds from Hongkong, Macao and Taiwan	1	645
3.外商投资企业	**Foreign Funded Enterprises**	**2640**	**396960**
中外合资经营企业	Joint-venture Enterprises	377	44289
中外合作经营企业	Cooperative Enterprises	21	2193
外资企业	Enterprises with Sole Foreign Investment	2189	333234
外商投资股份有限公司	Share-holding Corporations Ltd. with Foreign Investment	39	13935
其他外商投资企业	Other Foreign Funded Enterprises	14	3309

3-1-1　续表 1　Continued 1

项　目	Item	法人单位数（个）Number of Corporation Enterprises (unit)	年末从业人数（人）Engaged Persons at the Year-end (person)
(二)按国民经济行业分	**by Sector**		
农、林、牧产品批发	Wholesale of Agricultural, Forestry and Livestock Products	4455	218352
食品、饮料及烟草制品批发	Wholesale of Food, Beverages and Tobaccos	8946	935112
米、面制品及食用油批发	Wholesale of Rice, Flour and Edible Oil	1457	89941
肉、禽、蛋、奶及水产品批发	Wholesale of Meal, Fowls, Eggs, Milk and Aquatic Products	1334	107409
酒、饮料及茶叶批发	Wholesale of Wine, Beverages and Teas	1851	191630
烟草制品批发	Wholesale of Tobaccos	601	280340
纺织、服装及家庭用品批发	Wholesale of Textiles, Wearing Apparel and Household Articles	11225	844084
服装批发	Wholesale of Garments	2630	255602
鞋帽批发	Wholesale of Shoes and Hats	811	62909
家用电器批发	Wholesale of Household Electrical Appliances	1534	170161
文化、体育用品及器材批发	Wholesale of Culture, Sports Appliances and Equipments	2383	165254
文具用品批发	Wholesale of Stationeries	836	26841
体育用品及器材批发	Wholesale of Sports Appliances and Equipments	160	9927
图书批发	Wholesale of Books	243	37647
医药及医疗器材批发	Wholesale of Medicines and Medical Appliances	5175	454928
西药批发	Wholesale of Western Medicine	2809	268019
中药批发	Wholesale of Chinese Traditional Medicine	1250	115550
矿产品、建材及化工产品批发	Wholesale of Mineral Products, Building Materials and Chemical Products	40665	1370425
煤炭及制品批发	Wholesale of Coal and Related Products	5936	212832
石油及制品批发	Wholesale of Petroleum and Related Products	4029	458022
金属及金属矿批发	Wholesale of Metal Materials	14615	266521
建材批发	Wholesale of Building Materials	4654	134620
化肥批发	Wholesale of Chemical Fertilizer	1755	80782
农药批发	Wholesale of Pesticides	221	10023
机械设备、五金产品及电子产品批发	Wholesale of Machinery, Hardware and Electronic Products	14184	685221
汽车批发	Wholesale of Motor Vehicles	1487	96763
计算机、软件及辅助设备批发	Wholesale of Computer, Software and Assistant Appliances	1494	65218
通讯及广播电视设备批发	Wholesale of Communication, Radios and Televisions Equipments	758	82385
贸易经纪与代理	Trade Broker and Agency	1098	43663
其他批发业	Other Wholesale not Classified Elsewhere	3476	125345

项 目	Item	法人单位数(个) Number of Corporation Enterprises (unit)	年末从业人数(人) Engaged Persons at the Year-end (person)	年末零售营业面积(平方米) Business Area of Retail Trade at the Year-end (㎡)
二、零售业	**Retail Trade**	**80366**	**6553444**	**288275112**
#国有控股	State-controlled Enterprises	5483	945599	54792427
(一)按登记注册类型分	**by Type of Registration**			
1.内资企业	**Domestic Funded Enterprises**	**78329**	**5724548**	**254585245**
国有企业	State-owned Enterprises	1979	155817	5324548
集体企业	Collective-owned Enterprises	2048	113339	4202098
股份合作企业	Cooperative Enterprises	357	19946	660581
联营企业	Joint Ownership Enterprises	165	7623	246751
国有联营企业	State Joint Ownership Enterprises	36	2590	52734
集体联营企业	Collective Joint Ownership Enterprises	56	2226	55079
国有与集体联营企业	Joint State-collective Enterprises	42	1431	76556
其他联营企业	Other Joint Ownership Enterprises	31	1376	62382
有限责任公司	Limited Liability Corporations	25531	2460216	107158555
国有独资公司	State Sole Funded Corporations	635	64949	2606461
其他有限责任公司	Other Limited Liability Corporations	24896	2395267	104552094
股份有限公司	Share-holding Corporations Ltd.	2381	671552	43597721
私营企业	Private Enterprises	44705	2237823	91779158
私营独资企业	Private-funded Enterprises	5093	120699	5255305
私营合伙企业	Private Partnership Enterprises	485	15793	760601
私营有限责任公司	Private Limited Liability Corporations	37442	1968480	80668063
私营股份有限公司	Private Share-holding Corporations Ltd.	1685	132851	5095189
其他企业	Other Enterprises	1163	58232	1615833
2.港、澳、台商投资企业	**Enterprises with Funds from Hongkong, Macao and Taiwan**	**1053**	**387113**	**13071329**
合资经营企业	Joint-venture Enterprises	248	87541	3078735
合作经营企业	Cooperative Enterprises	30	4819	171913
独资经营企业	Enterprises with Sole Investment	732	272016	8549330
投资股份有限公司	Share-holding Corporations Ltd. with Investment	35	10673	283083
其他港澳台商投资企业	Other Enterprises with Funds from Hongkong, Macao and Taiwan	8	12064	988268
3.外商投资企业	**Foreign Funded Enterprises**	**984**	**441783**	**20618538**
中外合资经营企业	Joint-venture Enterprises	291	184156	8582176
中外合作经营企业	Cooperative Enterprises	36	15590	572718
外资企业	Enterprises with Sole Foreign Investment	611	232136	11095531
外商投资股份有限公司	Share-holding Corporations Ltd. with Foreign Investment	37	8797	318863
其他外商投资企业	Other Foreign Funded Enterprises	9	1104	49250

3-1-1 续表 3 Continued 3

项 目	Item	法人单位数(个) Number of Corporation Enterprises (unit)	年末从业人数(人) Engaged Persons at the Year-end (person)	年末零售营业面积(平方米) Business Area of Retail Trade at the Year-end (㎡)
(二)按国民经济行业分	**by Sector**			
综合零售	Integrated Retail	12180	2660357	128710359
百货零售	Retail of General Merchandise	5838	1178606	72312426
超级市场零售	Retail of Supermarkets	4881	1340797	52083735
食品、饮料及烟草制品专门零售	Special Retail of Food, Beverages and Tobaccos	6657	312066	7546109
粮油零售	Retail of Cereal and Oil	771	31627	1246390
肉、禽、蛋、奶及水产品零售	Retail of Meat, Poultry, Eggs, Milk and Aquatic Products	1101	63161	1468435
酒、饮料及茶叶零售	Retail of Wine, Beverages and Teas	2319	69901	1502989
烟草制品零售	Retail of Tobaccos	402	20002	486872
纺织、服装及日用品专门零售	Special Retail of Textiles, Garments and Daily Consumer Articles	5046	517542	13979058
服装零售	Retail of Garments	2592	337336	10398569
文化、体育用品及器材专门零售	Special Retail of Culture, Sports Appliances and Equipments	3914	251432	6092259
体育用品及器材零售	Retail of Sports Appliances and Equipments	147	16729	355728
图书、报刊零售	Retail of Books, Newspapers and Magazines	1439	123052	3111715
医药及医疗器材专门零售	Special Retail of Medicines and Medical Appliances	4391	430423	7311935
药品零售	Retail of Medicines	3573	408138	6988667
汽车、摩托车、燃料及零配件专门零售	Special Retail of Motor Vehicles, Motorcycles, Fuel and Parts	28717	1534216	83085543
汽车零售	Retail of Motor Vehicles	20345	1149350	51214126
机动车燃料零售	Retail of Fuel of Motor Vehicles	5831	328674	29438067
家用电器及电子产品专门零售	Special Retail of Household Electric Appliances and Electronic Products	10609	483502	19096819
日用家电设备零售	Retail of Household Electric Appliances	4146	212845	11924371
计算机、软件及辅助设备零售	Retail of Computer, Software and Assistant Appliances	2824	83643	1190044
通信设备零售	Retail of Communication Equipments	946	71355	865702
五金、家具及室内装饰材料专门零售	Special Retail of Hardware, Furniture and Interior Decoration Materials	5301	198470	16561904
货摊、无店铺及其他零售业	Stalls, Non-shop and Other Retails	3551	165436	5891126
互联网零售	Retail on the Internet	253	49833	20488
(三)按零售业态分	**by Mode of Business Operation**			
有店铺零售	Store-based Retailing	79626	6451717	288110076
超市	Supermarket	5959	528968	11974332
大型超市	Hypermarket	2107	1153761	55588946
百货店	Department Store	6200	1096129	66276569
专业店	Speciality Store	36346	1893513	81108010
专卖店	Exclusive Shop	23576	1349040	50310764
无店铺零售	Non-Store Selling	733	100732	126794

3-1-2 各地区限额以上批发业企业基本情况

Basic Conditions of Enterprises above Designated Size of Wholesale Trade by Region

地区	Region	批发业 Wholesale Trade		# 国有控股 State-controlled Enterprises	
		法人单位数（个）Number of Corporation Enterprises (unit)	年末从业人数（人）Engaged Persons at the Year-end (person)	法人单位数（个）Number of Corporation Enterprises (unit)	年末从业人数（人）Engaged Persons at the Year-end (person)
全国	**National Total**	**91607**	**4842384**	**7891**	**1237552**
北京	Beijing	4976	375008	817	108266
天津	Tianjin	4072	108368	421	21085
河北	Hebei	1572	126869	195	41151
山西	Shanxi	1103	105547	346	65066
内蒙古	Inner Mongolia	709	38233	101	17137
辽宁	Liaoning	3498	130013	284	34829
吉林	Jilin	427	31412	99	16067
黑龙江	Heilongjiang	842	48641	171	24697
上海	Shanghai	5717	450461	552	62194
江苏	Jiangsu	13050	455901	549	65461
浙江	Zhejiang	10386	351997	403	64136
安徽	Anhui	1776	112638	202	37978
福建	Fujian	4387	160298	294	38688
江西	Jiangxi	483	55168	103	28095
山东	Shandong	8431	413110	345	88948
河南	Henan	2507	169307	347	65851
湖北	Hubei	3030	203586	233	50689
湖南	Hunan	2117	126722	182	38215
广东	Guangdong	12635	704604	819	109188
广西	Guangxi	1054	66103	147	26924
海南	Hainan	229	18002	20	1957
重庆	Chongqing	2097	119843	247	33686
四川	Sichuan	2201	144586	209	32680
贵州	Guizhou	640	51442	127	30366
云南	Yunnan	1177	81128	133	39914
西藏	Tibet	18	3152	12	1164
陕西	Shaanxi	700	77561	148	38441
甘肃	Gansu	510	29953	73	11036
青海	Qinghai	127	11484	31	7009
宁夏	Ningxia	192	10768	32	5676
新疆	Xinjiang	944	60479	249	30958

3-1-3 各地区限额以上批发业企业基本情况(按登记注册类型分)

Basic Conditions of Enterprises above Designated Size of Wholesale Trade by Region and Type of Registration

地区	Region	内资企业 Domestic Funded Enterprises		国有企业 State-owned Enterprises	
		法人单位数(个) Number of Corporation Enterprises (unit)	年末从业人数(人) Engaged Persons at the Year-end (person)	法人单位数(个) Number of Corporation Enterprises (unit)	年末从业人数(人) Engaged Persons at the Year-end (person)
全　国	**National Total**	**87201**	**4130970**	**2755**	**442131**
北　京	Beijing	4584	251791	189	14852
天　津	Tianjin	3791	84971	89	4845
河　北	Hebei	1564	126325	64	13502
山　西	Shanxi	1097	104066	116	17843
内蒙古	Inner Mongolia	705	37836	59	8623
辽　宁	Liaoning	3394	124412	112	14841
吉　林	Jilin	423	30561	73	11813
黑龙江	Heilongjiang	838	47877	80	9569
上　海	Shanghai	3957	187950	101	5521
江　苏	Jiangsu	12707	389397	270	20185
浙　江	Zhejiang	10224	341093	62	9837
安　徽	Anhui	1759	108801	61	13661
福　建	Fujian	4266	149592	97	13811
江　西	Jiangxi	474	54246	54	14953
山　东	Shandong	8319	401199	143	23893
河　南	Henan	2496	168367	161	40262
湖　北	Hubei	2997	191548	110	17708
湖　南	Hunan	2106	125138	72	22280
广　东	Guangdong	11709	548525	310	42729
广　西	Guangxi	1048	65722	60	11459
海　南	Hainan	219	16769	12	1411
重　庆	Chongqing	2074	114924	74	9128
四　川	Sichuan	2178	140592	93	19606
贵　州	Guizhou	639	51287	54	23220
云　南	Yunnan	1166	79547	42	23600
西　藏	Tibet	18	3152	8	972
陕　西	Shaanxi	689	74154	66	15072
甘　肃	Gansu	507	29737	34	5435
青　海	Qinghai	124	10990	13	1761
宁　夏	Ningxia	189	10306	13	1653
新　疆	Xinjiang	940	60095	63	8086

地区	Region	集体企业 Collective-owned Enterprises 法人单位数（个）Number of Corporation Enterprises (unit)	集体企业 Collective-owned Enterprises 年末从业人数（人）Engaged Persons at the Year-end (person)	股份合作企业 Cooperative Enterprises 法人单位数（个）Number of Corporation Enterprises (unit)	股份合作企业 Cooperative Enterprises 年末从业人数（人）Engaged Persons at the Year-end (person)
全国	**National Total**	**765**	**49701**	**225**	**8172**
北京	Beijing	34	1106	46	1242
天津	Tianjin	36	753	18	525
河北	Hebei	25	1445	4	681
山西	Shanxi	32	7225	1	16
内蒙古	Inner Mongolia	5	186		
辽宁	Liaoning	31	723	12	612
吉林	Jilin	1	13		
黑龙江	Heilongjiang	13	467		
上海	Shanghai	26	1046	3	61
江苏	Jiangsu	56	1944	20	1050
浙江	Zhejiang	28	837	24	426
安徽	Anhui	13	701	6	481
福建	Fujian	33	925	4	110
江西	Jiangxi	6	218	1	5
山东	Shandong	87	8783	14	751
河南	Henan	81	7747	3	161
湖北	Hubei	12	2066	6	296
湖南	Hunan	13	935		
广东	Guangdong	87	3603	30	620
广西	Guangxi	19	899	2	51
海南	Hainan				
重庆	Chongqing	16	963	11	364
四川	Sichuan	20	1711	8	409
贵州	Guizhou	23	1050	1	15
云南	Yunnan	29	1230	3	101
西藏	Tibet				
陕西	Shaanxi	14	952	3	98
甘肃	Gansu	7	559	4	91
青海	Qinghai	1	29	1	6
宁夏	Ningxia				
新疆	Xinjiang	17	1585		

地区	Region	联营企业 Joint Ownership Enterprises 法人单位数(个) Number of Corporation Enterprises (unit)	联营企业 Joint Ownership Enterprises 年末从业人数(人) Engaged Persons at the Year-end (person)	有限责任公司 Limited Liability Corporations 法人单位数(个) Number of Corporation Enterprises (unit)	有限责任公司 Limited Liability Corporations 年末从业人数(人) Engaged Persons at the Year-end (person)
全国	**National Total**	**45**	**3716**	**25394**	**1451682**
北京	Beijing	3	81	1495	132322
天津	Tianjin			995	33751
河北	Hebei	1	15	623	40786
山西	Shanxi	1	16	302	53776
内蒙古	Inner Mongolia			251	11087
辽宁	Liaoning	2	40	828	45605
吉林	Jilin			148	9553
黑龙江	Heilongjiang			330	18427
上海	Shanghai	8	1058	888	74230
江苏	Jiangsu	1	12	1932	101724
浙江	Zhejiang			2064	97212
安徽	Anhui	2	38	581	31358
福建	Fujian			1571	62127
江西	Jiangxi	2	112	225	24984
山东	Shandong	5	435	1953	118847
河南	Henan	3	409	1213	63729
湖北	Hubei	1	18	1124	61192
湖南	Hunan			511	29909
广东	Guangdong	11	1333	4299	191548
广西	Guangxi			315	16770
海南	Hainan			151	11936
重庆	Chongqing			916	49761
四川	Sichuan			841	52867
贵州	Guizhou			383	19624
云南	Yunnan	4	127	386	20111
西藏	Tibet			8	1970
陕西	Shaanxi			414	35381
甘肃	Gansu			225	12720
青海	Qinghai			40	2532
宁夏	Ningxia			47	1882
新疆	Xinjiang	1	22	335	23961

地 区	Region	股份有限公司 Share-holding Corporations Ltd. 法人单位数(个) Number of Corporation Enterprises (unit)	股份有限公司 Share-holding Corporations Ltd. 年末从业人数(人) Engaged Persons at the Year-end (person)	私营企业 Private Enterprises 法人单位数(个) Number of Corporation Enterprises (unit)	私营企业 Private Enterprises 年末从业人数(人) Engaged Persons at the Year-end (person)
全 国	**National Total**	**2016**	**500564**	**54453**	**1599044**
北 京	Beijing	79	13604	2738	88584
天 津	Tianjin	55	2050	2588	42869
河 北	Hebei	75	40942	761	28266
山 西	Shanxi	19	1522	623	23591
内 蒙 古	Inner Mongolia	37	8315	351	9560
辽 宁	Liaoning	80	10467	2297	51425
吉 林	Jilin	20	2510	175	6547
黑 龙 江	Heilongjiang	50	10470	357	8837
上 海	Shanghai	63	17826	2863	87973
江 苏	Jiangsu	202	37536	9892	206867
浙 江	Zhejiang	157	56357	7848	175498
安 徽	Anhui	60	20183	1007	40068
福 建	Fujian	62	9958	2486	62218
江 西	Jiangxi	31	7764	154	6200
山 东	Shandong	143	44998	5631	192022
河 南	Henan	118	18089	870	35174
湖 北	Hubei	78	50569	1499	51952
湖 南	Hunan	75	11114	1137	42280
广 东	Guangdong	221	49863	6687	256522
广 西	Guangxi	52	14446	594	21691
海 南	Hainan	10	642	45	2600
重 庆	Chongqing	74	13300	952	40431
四 川	Sichuan	74	9817	1090	53088
贵 州	Guizhou	21	2347	156	5021
云 南	Yunnan	58	11568	634	22398
西 藏	Tibet			2	210
陕 西	Shaanxi	30	13816	148	7732
甘 肃	Gansu	19	2323	213	8549
青 海	Qinghai	6	4349	62	2301
宁 夏	Ningxia	9	3403	117	3152
新 疆	Xinjiang	38	10416	476	15418

地　区	Region	港、澳、台商投资企业 Enterprises with Funds from Hongkong, Macao and Taiwan 法人单位数（个）Number of Corporation Enterprises (unit)	港、澳、台商投资企业 年末从业人数（人）Engaged Persons at the Year-end (person)	外商投资企业 Foreign Funded Enterprises 法人单位数（个）Number of Corporation Enterprises (unit)	外商投资企业 年末从业人数（人）Engaged Persons at the Year-end (person)
全　国	**National Total**	**1766**	**314454**	**2640**	**396960**
北　京	Beijing	127	29010	265	94207
天　津	Tianjin	86	11058	195	12339
河　北	Hebei	3	315	5	229
山　西	Shanxi	4	1154	2	327
内蒙古	Inner Mongolia	3	211	1	186
辽　宁	Liaoning	29	2812	75	2789
吉　林	Jilin	2	490	2	361
黑龙江	Heilongjiang	3	704	1	60
上　海	Shanghai	517	97362	1243	165149
江　苏	Jiangsu	159	26131	184	40373
浙　江	Zhejiang	78	6368	84	4536
安　徽	Anhui	3	186	14	3651
福　建	Fujian	77	5481	44	5225
江　西	Jiangxi	7	298	2	624
山　东	Shandong	36	8371	76	3540
河　南	Henan	7	866	4	74
湖　北	Hubei	15	3761	18	8277
湖　南	Hunan	6	1208	5	376
广　东	Guangdong	564	110584	362	45495
广　西	Guangxi	3	315	3	66
海　南	Hainan	6	992	4	241
重　庆	Chongqing	10	1631	13	3288
四　川	Sichuan	6	674	17	3320
贵　州	Guizhou			1	155
云　南	Yunnan	6	1035	5	546
西　藏	Tibet				
陕　西	Shaanxi	4	3086	7	321
甘　肃	Gansu	2	139	1	77
青　海	Qinghai	2	179	1	315
宁　夏	Ningxia			3	462
新　疆	Xinjiang	1	33	3	351

3-1-4 各地区限额以上批发业企业基本情况(按国民经济行业分)

Basic Conditions of Enterprises above Designated Size of Wholesale Trade by Region and Sector

地区	Region	农、林、牧产品批发 Wholesale of Agricultural, Forestry and Livestock Products		食品、饮料及烟草制品批发 Wholesale of Food, Beverages and Tobaccos	
		法人单位数(个) Number of Corporation Enterprises (unit)	年末从业人数(人) Engaged Persons at the Year-end (person)	法人单位数(个) Number of Corporation Enterprises (unit)	年末从业人数(人) Engaged Persons at the Year-end (person)
全国	**National Total**	**4455**	**218352**	**8946**	**935112**
北京	Beijing	77	5002	372	43181
天津	Tianjin	73	1794	188	9034
河北	Hebei	119	4557	147	18306
山西	Shanxi	44	4962	109	14874
内蒙古	Inner Mongolia	99	4644	63	8695
辽宁	Liaoning	204	5072	286	20784
吉林	Jilin	146	9967	41	6666
黑龙江	Heilongjiang	169	10147	85	9207
上海	Shanghai	46	1994	358	49067
江苏	Jiangsu	668	25820	900	66628
浙江	Zhejiang	177	4578	579	55007
安徽	Anhui	162	7643	269	33094
福建	Fujian	100	3833	462	38979
江西	Jiangxi	30	4407	76	18444
山东	Shandong	721	26268	1078	91677
河南	Henan	322	21999	309	52393
湖北	Hubei	296	16651	545	54276
湖南	Hunan	256	16233	406	48079
广东	Guangdong	215	9805	1147	108442
广西	Guangxi	41	2642	102	15769
海南	Hainan	10	226	29	2580
重庆	Chongqing	55	2780	308	24108
四川	Sichuan	94	5819	482	43730
贵州	Guizhou	9	189	104	28331
云南	Yunnan	43	1389	162	29394
西藏	Tibet	2	126	6	896
陕西	Shaanxi	34	1381	120	23066
甘肃	Gansu	29	906	92	9570
青海	Qinghai			18	1859
宁夏	Ningxia	4	102	21	2670
新疆	Xinjiang	210	17416	82	6306

地 区	Region	纺织、服装及家庭用品批发 Wholesale of Textiles, Wearing Apparel and Household Articles		文化、体育用品及器材批发 Wholesale of Culture, Sports Appliances and Equipments	
		法人单位数 (个) Number of Corporation Enterprises (unit)	年末从业人数 (人) Engaged Persons at the Year-end (person)	法人单位数 (个) Number of Corporation Enterprises (unit)	年末从业人数 (人) Engaged Persons at the Year-end (person)
全 国	**National Total**	**11225**	**844084**	**2383**	**165254**
北 京	Beijing	450	82221	254	24740
天 津	Tianjin	158	17336	107	4307
河 北	Hebei	45	3536	8	790
山 西	Shanxi	31	3247	11	1435
内蒙古	Inner Mongolia	15	1386	7	390
辽 宁	Liaoning	234	34472	55	1528
吉 林	Jilin	12	970	6	637
黑龙江	Heilongjiang	46	2179	11	369
上 海	Shanghai	845	142999	174	10631
江 苏	Jiangsu	1968	111686	246	19446
浙 江	Zhejiang	2707	97770	340	10879
安 徽	Anhui	125	11639	39	1890
福 建	Fujian	1136	37819	106	4096
江 西	Jiangxi	40	2479	7	364
山 东	Shandong	477	33893	148	16898
河 南	Henan	129	9029	47	3801
湖 北	Hubei	182	10490	44	7418
湖 南	Hunan	125	8924	77	2451
广 东	Guangdong	2002	182463	555	37569
广 西	Guangxi	79	6560	18	936
海 南	Hainan	13	1152	3	554
重 庆	Chongqing	107	10334	30	8452
四 川	Sichuan	137	12902	27	1497
贵 州	Guizhou	30	1989	14	539
云 南	Yunnan	44	2315	16	521
西 藏	Tibet			1	76
陕 西	Shaanxi	28	9995	14	835
甘 肃	Gansu	16	1125	9	1120
青 海	Qinghai	5	289	1	241
宁 夏	Ningxia	5	152	2	140
新 疆	Xinjiang	34	2733	6	704

地区	Region	医药及医疗器材批发 Wholesale of Medicines and Medical Appliances 法人单位数(个) Number of Corporation Enterprises (unit)	年末从业人数(人) Engaged Persons at the Year-end (person)	矿产品、建材及化工产品批发 Wholesale of Mineral Products, Building Material and Chemical Products 法人单位数(个) Number of Corporation Enterprises (unit)	年末从业人数(人) Engaged Persons at the Year-end (person)
全　国	**National Total**	**5175**	**454928**	**40665**	**1370425**
北　京	Beijing	353	35413	1556	64637
天　津	Tianjin	106	5866	2486	39701
河　北	Hebei	150	14818	886	51749
山　西	Shanxi	57	5862	703	67979
内蒙古	Inner Mongolia	31	2751	405	17184
辽　宁	Liaoning	182	8739	1807	40251
吉　林	Jilin	63	3934	95	6666
黑龙江	Heilongjiang	89	5540	294	16891
上　海	Shanghai	235	44046	2253	69760
江　苏	Jiangsu	270	35129	6633	129257
浙　江	Zhejiang	276	24655	4455	106701
安　徽	Anhui	224	16026	567	26945
福　建	Fujian	135	9023	1746	44433
江　西	Jiangxi	97	13260	142	12291
山　东	Shandong	276	23402	4352	159974
河　南	Henan	148	15827	1160	49827
湖　北	Hubei	257	29560	1115	65826
湖　南	Hunan	189	15434	688	23655
广　东	Guangdong	956	57306	4830	160150
广　西	Guangxi	83	7586	553	25503
海　南	Hainan	73	7719	57	2576
重　庆	Chongqing	211	15974	973	38253
四　川	Sichuan	324	23129	808	34060
贵　州	Guizhou	61	4888	342	12213
云　南	Yunnan	121	11909	626	28392
西　藏	Tibet	5	1742		
陕　西	Shaanxi	64	5053	332	30451
甘　肃	Gansu	71	4974	226	9638
青　海	Qinghai	12	1214	75	6975
宁　夏	Ningxia	8	700	106	5377
新　疆	Xinjiang	48	3449	394	23110

地 区	Region	机械设备、五金产品及电子产品批发 Wholesale of Machinery, Hardware and Electronic Products		贸易经纪与代理 Trade Broker and Agency		其他批发业 Other Wholesale not Classified Elsewhere	
		法人单位数（个） Number of Corporation Enterprises (unit)	年末从业人数（人） Engaged Persons at the Year-end (person)	法人单位数（个） Number of Corporation Enterprises (unit)	年末从业人数（人） Engaged Persons at the Year-end (person)	法人单位数（个） Number of Corporation Enterprises (unit)	年末从业人数（人） Engaged Persons at the Year-end (person)
全 国	**National Total**	**14184**	**685221**	**1098**	**43663**	**3476**	**125345**
北 京	Beijing	1776	110831	66	4558	72	4425
天 津	Tianjin	561	18223	61	6040	332	6067
河 北	Hebei	178	31848	5	177	34	1088
山 西	Shanxi	120	5998	3	136	25	1054
内蒙古	Inner Mongolia	80	2961	2	10	7	212
辽 宁	Liaoning	651	15922	11	1442	68	1803
吉 林	Jilin	56	2405	1	12	7	155
黑龙江	Heilongjiang	120	3429	10	166	18	713
上 海	Shanghai	1282	102251	218	10326	306	19387
江 苏	Jiangsu	1679	53751	139	2488	547	11696
浙 江	Zhejiang	1341	44371	134	1610	377	6426
安 徽	Anhui	267	10847	14	167	109	4387
福 建	Fujian	509	15910	45	2098	148	4107
江 西	Jiangxi	57	2894	3	86	31	943
山 东	Shandong	1049	49207	53	2421	277	9370
河 南	Henan	295	13084	3	37	94	3310
湖 北	Hubei	489	14561	11	1858	91	2946
湖 南	Hunan	277	8675	5	66	94	3205
广 东	Guangdong	2101	114114	279	9204	550	25551
广 西	Guangxi	151	6631	9	126	18	350
海 南	Hainan	31	2562			13	633
重 庆	Chongqing	302	12420	1	9	110	7513
四 川	Sichuan	266	17958	7	156	56	5335
贵 州	Guizhou	68	2815			12	478
云 南	Yunnan	124	5046	7	213	34	1949
西 藏	Tibet	4	312				
陕 西	Shaanxi	93	5750	2	115	13	915
甘 肃	Gansu	57	2307			10	313
青 海	Qinghai	13	802	1	10	2	94
宁 夏	Ningxia	39	1306			7	321
新 疆	Xinjiang	148	6030	8	132	14	599

3-1-5 各地区限额以上零售业企业基本情况

Basic Conditions of Enterprises above Designated Size of Retail Trade by Region

地区	Region	零售业 Retail Trade		#国有控股 State-controlled Enterprises	
		法人单位数（个） Number of Corporation Enterprises (unit)	年末从业人数（人） Engaged Persons at the Year-end (person)	法人单位数（个） Number of Corporation Enterprises (unit)	年末从业人数（人） Engaged Persons at the Year-end (person)
全国	**National Total**	**80366**	**6553444**	**5483**	**945599**
北京	Beijing	2490	349580	381	76645
天津	Tianjin	1092	107905	148	20370
河北	Hebei	2068	226718	104	23177
山西	Shanxi	1987	164057	245	28974
内蒙古	Inner Mongolia	1062	103109	73	17097
辽宁	Liaoning	3290	240759	187	43330
吉林	Jilin	925	89833	57	12410
黑龙江	Heilongjiang	1195	101589	131	11847
上海	Shanghai	1693	328380	393	70980
江苏	Jiangsu	8681	590079	302	52376
浙江	Zhejiang	4216	339558	358	38303
安徽	Anhui	3444	233188	181	31436
福建	Fujian	3383	217203	175	24729
江西	Jiangxi	1150	102383	55	14422
山东	Shandong	8703	608396	246	53901
河南	Henan	4823	346041	428	44280
湖北	Hubei	5061	367114	303	80569
湖南	Hunan	3420	241317	247	42906
广东	Guangdong	6790	615992	428	80473
广西	Guangxi	1321	103924	125	13607
海南	Hainan	240	27275	18	5564
重庆	Chongqing	2358	187399	120	47591
四川	Sichuan	3838	304591	139	37269
贵州	Guizhou	1178	67485	108	10249
云南	Yunnan	1813	134564	135	13808
西藏	Tibet	64	4530	14	1627
陕西	Shaanxi	2261	192671	193	23454
甘肃	Gansu	810	61912	96	8114
青海	Qinghai	141	13987	8	1507
宁夏	Ningxia	256	28272	23	1778
新疆	Xinjiang	613	53633	62	12806

3-1-6 各地区限额以上零售业企业基本情况(按登记注册类型分)

Basic Conditions of Enterprises above Designated Size of Retail Trade by Region and Type of Registration

地区	Region	内资企业 Domestic Funded Enterprises		国有企业 State-owned Enterprises	
		法人单位数(个) Number of Corporation Enterprises (unit)	年末从业人数(人) Engaged Persons at the Year-end (person)	法人单位数(个) Number of Corporation Enterprises (unit)	年末从业人数(人) Engaged Persons at the Year-end (person)
全国	**National Total**	**78329**	**5724548**	**1979**	**155817**
北京	Beijing	2337	279089	93	8228
天津	Tianjin	1028	82694	46	3181
河北	Hebei	2055	220561	44	3473
山西	Shanxi	1971	160570	144	5812
内蒙古	Inner Mongolia	1051	101516	24	5802
辽宁	Liaoning	3202	210254	96	7815
吉林	Jilin	908	85804	7	316
黑龙江	Heilongjiang	1177	95714	99	5225
上海	Shanghai	1457	185928	67	4424
江苏	Jiangsu	8502	463986	83	5668
浙江	Zhejiang	4068	298565	26	1616
安徽	Anhui	3375	214433	43	5263
福建	Fujian	3280	178922	39	3621
江西	Jiangxi	1128	95539	18	937
山东	Shandong	8592	580964	106	11049
河南	Henan	4786	334958	275	21135
湖北	Hubei	5005	341643	137	9653
湖南	Hunan	3378	228592	96	6684
广东	Guangdong	6406	479728	126	15043
广西	Guangxi	1296	98431	45	2611
海南	Hainan	233	24728	3	129
重庆	Chongqing	2322	177122	25	3133
四川	Sichuan	3752	265680	43	5528
贵州	Guizhou	1158	62931	48	1369
云南	Yunnan	1783	125242	64	2710
西藏	Tibet	63	4516	5	421
陕西	Shaanxi	2213	172275	90	10187
甘肃	Gansu	806	61145	41	1754
青海	Qinghai	140	13898		
宁夏	Ningxia	254	28098	19	782
新疆	Xinjiang	603	51022	27	2248

地 区	Region	集体企业 Collective-owned Enterprises 法人单位数(个) Number of Corporation Enterprises (unit)	集体企业 Collective-owned Enterprises 年末从业人数(人) Engaged Persons at the Year-end (person)	股份合作企业 Cooperative Enterprises 法人单位数(个) Number of Corporation Enterprises (unit)	股份合作企业 Cooperative Enterprises 年末从业人数(人) Engaged Persons at the Year-end (person)
全 国	**National Total**	**2048**	**113339**	**357**	**19946**
北 京	Beijing	61	2790	42	928
天 津	Tianjin	36	3785	10	543
河 北	Hebei	89	4373	13	3892
山 西	Shanxi	86	4325	2	57
内 蒙 古	Inner Mongolia	6	168	1	30
辽 宁	Liaoning	90	4209	15	286
吉 林	Jilin	29	745	6	1993
黑 龙 江	Heilongjiang	39	2023	15	911
上 海	Shanghai	31	1442	12	263
江 苏	Jiangsu	121	4952	16	468
浙 江	Zhejiang	47	2388	24	580
安 徽	Anhui	23	730	8	447
福 建	Fujian	69	2308	3	74
江 西	Jiangxi	5	238	6	724
山 东	Shandong	332	19202	31	3221
河 南	Henan	343	23897	10	341
湖 北	Hubei	108	12429	8	299
湖 南	Hunan	45	3576	9	467
广 东	Guangdong	185	6653	38	789
广 西	Guangxi	33	1708	2	54
海 南	Hainan	1	25		
重 庆	Chongqing	21	1247	16	542
四 川	Sichuan	61	1661	24	1238
贵 州	Guizhou	7	82	3	245
云 南	Yunnan	40	2511	30	1004
西 藏	Tibet				
陕 西	Shaanxi	111	4752	8	342
甘 肃	Gansu	25	1010	2	111
青 海	Qinghai	1	10	2	18
宁 夏	Ningxia	1	13		
新 疆	Xinjiang	2	87	1	79

地区	Region	联营企业 Joint Ownership Enterprises 法人单位数（个）Number of Corporation Enterprises (unit)	联营企业 Joint Ownership Enterprises 年末从业人数（人）Engaged Persons at the Year-end (person)	有限责任公司 Limited Liability Corporations 法人单位数（个）Number of Corporation Enterprises (unit)	有限责任公司 Limited Liability Corporations 年末从业人数（人）Engaged Persons at the Year-end (person)
全国	**National Total**	**165**	**7623**	**25531**	**2460216**
北京	Beijing	7	240	896	142131
天津	Tianjin	8	119	363	38609
河北	Hebei			824	96850
山西	Shanxi	2	54	272	33775
内蒙古	Inner Mongolia			393	40263
辽宁	Liaoning	5	69	865	83739
吉林	Jilin			380	44682
黑龙江	Heilongjiang	4	116	413	39291
上海	Shanghai	29	542	595	100052
江苏	Jiangsu	8	574	1666	154499
浙江	Zhejiang	11	196	1220	123927
安徽	Anhui	4	445	907	82548
福建	Fujian	4	147	1217	78512
江西	Jiangxi			457	42316
山东	Shandong	19	1499	2194	234612
河南	Henan	10	448	1823	156440
湖北	Hubei	4	209	1775	147452
湖南	Hunan	1	129	720	72850
广东	Guangdong	30	2049	2723	234442
广西	Guangxi			435	37196
海南	Hainan			177	18106
重庆	Chongqing	3	167	762	78450
四川	Sichuan	10	437	1250	114083
贵州	Guizhou	1	16	610	38180
云南	Yunnan	1	118	632	51395
西藏	Tibet			27	2063
陕西	Shaanxi	3	41	1222	106698
甘肃	Gansu	1	8	389	32559
青海	Qinghai			56	9397
宁夏	Ningxia			75	11351
新疆	Xinjiang			193	13748

地区 Region	股份有限公司 Share-holding Corporations Ltd.		私营企业 Private Enterprises	
	法人单位数(个) Number of Corporation Enterprises (unit)	年末从业人数(人) Engaged Persons at the Year-end (person)	法人单位数(个) Number of Corporation Enterprises (unit)	年末从业人数(人) Engaged Persons at the Year-end (person)
全 国 National Total	**2381**	**671552**	**44705**	**2237823**
北 京 Beijing	42	56278	1196	68494
天 津 Tianjin	17	12158	538	23846
河 北 Hebei	88	21998	977	89211
山 西 Shanxi	43	13353	1410	102544
内蒙古 Inner Mongolia	57	11681	559	42981
辽 宁 Liaoning	81	27258	2021	85516
吉 林 Jilin	56	13996	415	23620
黑龙江 Heilongjiang	68	13239	515	32425
上 海 Shanghai	41	18700	675	60275
江 苏 Jiangsu	207	47285	6123	238262
浙 江 Zhejiang	86	30166	2625	139091
安 徽 Anhui	96	20903	2256	102658
福 建 Fujian	69	10000	1834	80394
江 西 Jiangxi	70	17869	560	32960
山 东 Shandong	248	66072	5500	232713
河 南 Henan	245	29043	2029	101756
湖 北 Hubei	123	60281	2749	107423
湖 南 Hunan	140	32962	2336	110908
广 东 Guangdong	147	48028	3072	168249
广 西 Guangxi	61	12689	711	43915
海 南 Hainan	8	3252	44	3216
重 庆 Chongqing	65	29701	1385	62535
四 川 Sichuan	124	31517	2185	108826
贵 州 Guizhou	28	6365	455	16313
云 南 Yunnan	48	5863	935	60504
西 藏 Tibet	6	544	24	1416
陕 西 Shaanxi	67	12299	668	35067
甘 肃 Gansu	28	5799	313	19732
青 海 Qinghai	6	787	74	3652
宁 夏 Ningxia	9	3974	150	11978
新 疆 Xinjiang	7	7492	371	27343

地 区	Region	港、澳、台商投资企业 Enterprises with Funds from Hongkong, Macao and Taiwan		外商投资企业 Foreign Funded Enterprises	
		法人单位数 (个) Number of Corporation Enterprises (unit)	年末从业人数 (人) Engaged Persons at the Year-end (person)	法人单位数 (个) Number of Corporation Enterprises (unit)	年末从业人数 (人) Engaged Persons at the Year-end (person)
全 国	**National Total**	**1053**	**387113**	**984**	**441783**
北 京	Beijing	71	21606	82	48885
天 津	Tianjin	32	12163	32	13048
河 北	Hebei	2	303	11	5854
山 西	Shanxi	11	2066	5	1421
内蒙古	Inner Mongolia	10	1294	1	299
辽 宁	Liaoning	52	14908	36	15597
吉 林	Jilin	7	2475	10	1554
黑龙江	Heilongjiang	10	3390	8	2485
上 海	Shanghai	133	63031	103	79421
江 苏	Jiangsu	95	65375	84	60718
浙 江	Zhejiang	78	18419	70	22574
安 徽	Anhui	33	9563	36	9192
福 建	Fujian	38	17751	65	20530
江 西	Jiangxi	12	4625	10	2219
山 东	Shandong	56	16000	55	11432
河 南	Henan	17	7074	20	4009
湖 北	Hubei	31	10689	25	14782
湖 南	Hunan	21	5289	21	7436
广 东	Guangdong	211	69525	173	66739
广 西	Guangxi	17	3582	8	1911
海 南	Hainan	3	684	4	1863
重 庆	Chongqing	23	5515	13	4762
四 川	Sichuan	34	14025	52	24886
贵 州	Guizhou	10	1777	10	2777
云 南	Yunnan	15	3539	15	5783
西 藏	Tibet			1	14
陕 西	Shaanxi	21	10516	27	9880
甘 肃	Gansu	3	662	1	105
青 海	Qinghai	1	89		
宁 夏	Ningxia	1	91	1	83
新 疆	Xinjiang	5	1087	5	1524

3-1-7 各地区限额以上零售业企业基本情况(按国民经济行业分)

Basic Conditions of Enterprises above Designated Size of Retail Trade by Region and Sector

地 区	Region	综合零售 Integrated Retail		食品、饮料及烟草制品专门零售 Special Retail of Food, Beverages and Tobaccos	
		法人单位数 (个) Number of Corporation Enterprises (unit)	年末从业人数 (人) Engaged Persons at the Year-end (person)	法人单位数 (个) Number of Corporation Enterprises (unit)	年末从业人数 (人) Engaged Persons at the Year-end (person)
全 国	**National Total**	**12180**	**2660357**	**6657**	**312066**
北 京	Beijing	219	137920	112	16479
天 津	Tianjin	116	41779	80	5362
河 北	Hebei	473	134660	67	1708
山 西	Shanxi	351	59630	131	5853
内蒙古	Inner Mongolia	149	32602	29	1450
辽 宁	Liaoning	385	114399	163	5057
吉 林	Jilin	182	44382	58	2256
黑龙江	Heilongjiang	254	44644	51	2306
上 海	Shanghai	251	128075	108	20632
江 苏	Jiangsu	944	238319	1050	40085
浙 江	Zhejiang	464	119493	183	11200
安 徽	Anhui	643	109554	404	15582
福 建	Fujian	448	74032	537	25139
江 西	Jiangxi	181	42428	46	4786
山 东	Shandong	1363	271308	752	26491
河 南	Henan	1110	152093	292	15189
湖 北	Hubei	871	161936	649	28318
湖 南	Hunan	490	93598	296	13723
广 东	Guangdong	732	189670	414	18792
广 西	Guangxi	246	44987	44	1723
海 南	Hainan	51	7925	11	417
重 庆	Chongqing	259	86017	215	8293
四 川	Sichuan	573	116327	407	16271
贵 州	Guizhou	188	22229	119	2956
云 南	Yunnan	326	37932	180	9900
西 藏	Tibet	13	1485	3	165
陕 西	Shaanxi	573	93277	186	7260
甘 肃	Gansu	181	23218	49	3552
青 海	Qinghai	24	5952	2	87
宁 夏	Ningxia	37	12671	8	735
新 疆	Xinjiang	83	17815	11	299

地 区	Region	纺织、服装及日用品专门零售 Special Retail of Textiles, Garments and Daily Consumer Articles		文化、体育用品及器材专门零售 Special Retail of Culture, Sports Appliances and Equipments	
		法人单位数 (个) Number of Corporation Enterprises (unit)	年末从业人数 (人) Engaged Persons at the Year-end (person)	法人单位数 (个) Number of Corporation Enterprises (unit)	年末从业人数 (人) Engaged Persons at the Year-end (person)
全 国	**National Total**	**5046**	**517542**	**3914**	**251432**
北 京	Beijing	220	36951	192	15835
天 津	Tianjin	71	8250	99	8426
河 北	Hebei	81	9201	45	6517
山 西	Shanxi	114	14798	124	5664
内蒙古	Inner Mongolia	63	13077	44	1870
辽 宁	Liaoning	223	11774	162	7486
吉 林	Jilin	70	6176	58	3116
黑龙江	Heilongjiang	79	9834	73	6481
上 海	Shanghai	209	81237	128	12468
江 苏	Jiangsu	689	35714	614	27751
浙 江	Zhejiang	199	26240	221	13314
安 徽	Anhui	178	10616	125	5499
福 建	Fujian	262	15371	123	4401
江 西	Jiangxi	38	3549	26	6459
山 东	Shandong	510	31584	284	16255
河 南	Henan	312	18567	239	18942
湖 北	Hubei	367	26425	226	8357
湖 南	Hunan	190	12790	203	11294
广 东	Guangdong	532	74405	315	26443
广 西	Guangxi	28	2077	84	3563
海 南	Hainan	7	2808	17	640
重 庆	Chongqing	147	13649	52	5408
四 川	Sichuan	210	23042	85	13872
贵 州	Guizhou	27	2034	50	1834
云 南	Yunnan	46	6339	84	7588
西 藏	Tibet	2	24	3	59
陕 西	Shaanxi	102	10156	116	5776
甘 肃	Gansu	32	4358	73	2530
青 海	Qinghai	5	1249	5	251
宁 夏	Ningxia	9	1709	20	626
新 疆	Xinjiang	24	3538	24	2707

3-1-7 续表 2 Continued 2

地　区	Region	医药及医疗器材专门零售 Special Retail of Medicines and Medical Appliances 法人单位数（个） Number of Corporation Enterprises (unit)	医药及医疗器材专门零售 年末从业人数（人） Engaged Persons at the Year-end (person)	汽车、摩托车、燃料及零配件专门零售 Special Retail of Motor Vehicles, Motorcycles, Fuel and Parts 法人单位数（个） Number of Corporation Enterprises (unit)	汽车、摩托车、燃料及零配件专门零售 年末从业人数（人） Engaged Persons at the Year-end (person)
全　国	**National Total**	**4391**	**430423**	**28717**	**1534216**
北　京	Beijing	382	19117	705	63688
天　津	Tianjin	33	3633	431	30595
河　北	Hebei	76	9507	827	43218
山　西	Shanxi	79	8870	765	48832
内蒙古	Inner Mongolia	53	3857	534	37504
辽　宁	Liaoning	196	22604	1263	50185
吉　林	Jilin	60	6315	304	20044
黑龙江	Heilongjiang	112	11740	370	14895
上　海	Shanghai	94	13576	674	39042
江　苏	Jiangsu	469	33834	2679	133059
浙　江	Zhejiang	219	20514	2058	114385
安　徽	Anhui	171	15667	1026	46713
福　建	Fujian	122	10077	1072	57954
江　西	Jiangxi	51	8385	519	21653
山　东	Shandong	441	37501	3033	130113
河　南	Henan	223	24201	1473	73544
湖　北	Hubei	294	21042	1193	75939
湖　南	Hunan	155	19922	1268	62158
广　东	Guangdong	377	41158	2670	172629
广　西	Guangxi	79	11065	519	26609
海　南	Hainan	3	1511	101	10129
重　庆	Chongqing	141	13255	864	34228
四　川	Sichuan	184	14778	1547	80261
贵　州	Guizhou	67	6936	494	23603
云　南	Yunnan	92	23110	752	38269
西　藏	Tibet			35	2198
陕　西	Shaanxi	105	13043	731	39519
甘　肃	Gansu	45	6489	296	14641
青　海	Qinghai	12	1339	69	3994
宁　夏	Ningxia	22	2036	112	7456
新　疆	Xinjiang	34	5341	333	17159

3-1-7 续表 3 Continued 3

地 区	Region	家用电器及电子产品专门零售 Special Retail of Household Electric Appliances and Electronic Products		五金、家具及室内装饰材料专门零售 Special Retail of Hardware, Furniture and Interior Decoration Materials		货摊、无店铺及其他零售业 Stall, Non-shop and Other Retails	
		法人单位数（个） Number of Corporation Enterprises (unit)	年末从业人数（人） Engaged Persons at the Year-end (person)	法人单位数（个） Number of Corporation Enterprises (unit)	年末从业人数（人） Engaged Persons at the Year-end (person)	法人单位数（个） Number of Corporation Enterprises (unit)	年末从业人数（人） Engaged Persons at the Year-end (person)
全 国	**National Total**	**10609**	**483502**	**5301**	**198470**	**3551**	**165436**
北 京	Beijing	379	28799	107	7097	174	23694
天 津	Tianjin	73	4756	73	2060	116	3044
河 北	Hebei	391	16764	76	3330	32	1813
山 西	Shanxi	238	9300	99	3423	86	7687
内蒙古	Inner Mongolia	103	6372	41	4224	46	2153
辽 宁	Liaoning	425	16807	258	7568	215	4879
吉 林	Jilin	96	4987	44	1119	53	1438
黑龙江	Heilongjiang	144	8309	47	1519	65	1861
上 海	Shanghai	88	13962	70	6226	71	13162
江 苏	Jiangsu	1078	47958	812	19110	346	14249
浙 江	Zhejiang	554	23886	123	3357	195	7169
安 徽	Anhui	558	16886	223	9464	116	3207
福 建	Fujian	436	19674	240	5563	143	4992
江 西	Jiangxi	220	11087	33	2294	36	1742
山 东	Shandong	1015	39966	821	40492	484	14686
河 南	Henan	690	26498	295	10819	189	6188
湖 北	Hubei	797	24866	482	12821	182	7410
湖 南	Hunan	480	17188	207	6212	131	4432
广 东	Guangdong	810	58906	470	13023	470	20966
广 西	Guangxi	245	10211	27	618	49	3071
海 南	Hainan	38	3122	5	364	7	359
重 庆	Chongqing	364	16353	247	7349	69	2847
四 川	Sichuan	535	22108	218	11449	79	6483
贵 州	Guizhou	176	5245	27	296	30	2352
云 南	Yunnan	212	7149	54	2456	67	1821
西 藏	Tibet	6	564			2	35
陕 西	Shaanxi	252	12574	158	9341	38	1725
甘 肃	Gansu	73	2745	28	3500	33	879
青 海	Qinghai	12	597	3	129	9	389
宁 夏	Ningxia	39	2364	6	387	3	288
新 疆	Xinjiang	82	3499	7	2860	15	415

3-2-1 限额以上批发和零售业企业商品购、销、存情况

项 目	Item	商品购进额 Total Purchases Value	# 进口 Imports
总 计	**Total**	**4512650707**	**373587337**
一、批发业	**Wholesale Trade**	**3652504565**	**348128718**
#国有控股	State-controlled Enterprises	1608583265	131582699
(一)按登记注册类型分	**by Type of Registration**		
1.内资企业	**Domestic Funded Enterprises**	**3256686304**	**222859863**
国有企业	State-owned Enterprises	366010174	21930945
集体企业	Collective-owned Enterprises	12876233	643051
股份合作企业	Cooperative Enterprises	4471331	267114
联营企业	Joint Ownership Enterprises	2253645	80663
国有联营企业	State Joint Ownership Enterprises	1568092	22995
集体联营企业	Collective Joint Ownership Enterprises	178841	41992
国有与集体联营企业	Joint State-collective Enterprises	428635	1008
其他联营企业	Other Joint Ownership Enterprises	78077	14668
有限责任公司	Limited Liability Corporations	1561977231	125280853
国有独资公司	State Sole Funded Corporations	309735328	16947616
其他有限责任公司	Other Limited Liability Corporations	1252241904	108333237
股份有限公司	Share-holding Corporations Ltd.	395752859	23609078
私营企业	Private Enterprises	901540315	50828198
私营独资企业	Private-funded Enterprises	6424363	53973
私营合伙企业	Private Partnership Enterprises	1316693	1867
私营有限责任公司	Private Limited Liability Corporations	866324159	48480364
私营股份有限公司	Private Share-holding Corporations Ltd.	27475100	2291994
其他企业	Other Enterprises	11804516	219963
2.港、澳、台商投资企业	**Enterprises with Funds from Hongkong, Macao and Taiwan**	**111836924**	**29993649**
合资经营企业	Joint-venture Enterprises	15927859	1752214
合作经营企业	Cooperative Enterprises	1136759	3987
独资经营企业	Enterprises with Sole Investment	92234283	28215839
投资股份有限公司	Share-holding Corporations Ltd. with Investment	2457759	21609
其他港澳台商投资企业	Other Enterprises with Funds from Hongkong, Macao and Taiwan	80265	
3.外商投资企业	**Foreign Funded Enterprises**	**283981337**	**95275206**
中外合资经营企业	Joint-venture Enterprises	70179205	6029329
中外合作经营企业	Cooperative Enterprises	7571451	43703
外资企业	Enterprises with Sole Foreign Investment	199175896	89046945
外商投资股份有限公司	Share-holding Corporations Ltd. with Foreign Investment	3884387	147186
其他外商投资企业	Other Foreign Funded Enterprises	3170398	8044

Total Purchases, Sales and Inventory of Enterprises above Designated Size of Wholesale and Retail Trades

单位：万元
Unit: 10000 yuan

商品销售额 Total Sales Value	#出口 Exports	期末商品库存额 Inventory (year-end)
4966037964	**224525990**	**324220478**
3981165384	**224027918**	**232607032**
1741956776	66176975	96823538
3496434504	**190582469**	**196335596**
420230776	13685743	28669656
14836003	1018166	1166181
4787534	38911	214073
2304637	35999	174699
1582522	28085	44760
176500	4178	14486
457974	3736	104711
87641		10743
1646031600	85712871	87983815
321258407	7700159	14343106
1324773193	78012712	73640710
421844127	21656360	22064616
973007932	68254497	55384031
6869581	111691	407330
1340509	46490	123260
933737209	66261649	53114019
31060633	1834667	1739422
13391894	179922	678524
129788328	**11566497**	**11651186**
17278147	537824	1155334
1255218	15549	13916
108478917	11002030	10263394
2699846	11095	203503
76200		15041
354942552	**21878952**	**24620251**
97646158	1989900	4189641
7706774	4141	85840
242573765	19841554	19739604
3696832	43356	404431
3319022		200735

项 目	Item	商品购进额 Total Purchases Value	# 进口 Imports
(二)按国民经济行业分	**by Sector**		
农、林、牧产品批发	holesale of Agricultural, Forestry and Livestock Products	77913131	9862171
食品、饮料及烟草制品批发	Wholesale of Food, Beverages and Tobaccos	285594731	10727042
米、面制品及食用油批发	Wholesale of Rice, Flour and Edible Oil	46873593	4474280
肉、禽、蛋、奶及水产品批发	Wholesale of Meal, Fowls, Eggs and Aquatic Products	22149191	1313158
酒、饮料及茶叶批发	Wholesale of Wine, Beverages and Teas	38758741	1751466
烟草制品批发	Wholesales of Tobaccos	121345982	561294
纺织、服装及家庭用品批发	Wholesale of Textiles, Wearing Apparel and Household Articles	275233640	31111867
服装批发	Wholesale of Garments	64007476	4329388
鞋帽批发	Wholesale of Shoes and Hats	14474688	1105556
家用电器批发	Wholesale of Household Electrical Appliances	93031338	14367015
文化、体育用品及器材批发	Wholesale of Culture, Sports Appliances and Equipments	58735488	3305519
文具用品批发	Wholesale of Stationeries	15853355	880191
体育用品及器材批发	Wholesale of Sports Appliances and Equipments	1647154	82154
图书批发	Wholesale of Books	7065368	141739
医药及医疗器材批发	Wholesale of Medicines and Medical Appliances	136887904	10267300
西药批发	Wholesale of Western Medicine	91685064	3852345
中药批发	Wholesale of Chinese Traditional Medicine	29040242	791356
矿产品、建材及化工产品批发	Wholesale of Mineral Products, Building Materials and Chemical Products	2266061504	168328492
煤炭及制品批发	Wholesale of Coal and Related Products	310207439	9747368
石油及制品批发	Wholesale of Petroleum and Related Products	660281964	51910021
金属及金属矿批发	Wholesale of Metal Materials	829299207	64219641
建材批发	Wholesale of Building Materials	110348689	8105265
化肥批发	Wholesale of Chemical Fertilizer	49556267	1809406
农药批发	Wholesale of Pesticides	3228546	559365
机械设备、五金产品及电子产品批发	Wholesale of Machinery, Hardware and Electronic Products	426393868	90773683
汽车批发	Wholesale of Motor Vehicles	134755763	43202262
计算机、软件及辅助设备批发	Wholesale of Computer, Software and Assistant Appliances	40523101	6244288
通讯及广播电视设备批发	Wholesale of Communication, Radios and Televisions Equipments	69009005	14001440
贸易经纪与代理	Trade Broker and Agency	45993022	7238067
其他批发业	Other Wholesale not Classified Elsewhere	79691278	16514578

单位：万元
Unit: 10000 yuan

商品销售额 Total Sales Value	#出口 Exports	期末商品库存额 Inventory (year-end)
81139328	1233776	14597573
346346024	6859964	32121929
47565204	2133492	8953238
24630615	1944030	1228972
51238339	427901	4049343
158649795	260204	12820827
318609905	77846037	23985237
79224432	27816591	6136179
17343771	6833360	1344257
99028917	8456436	7735590
64906852	5113064	7987476
16688588	1108635	1197915
2404332	686003	249492
6953419	38115	1773705
153669431	2439329	13886532
101152471	1480140	8665075
32059512	213589	2876592
2385853491	57652499	94512115
329270537	1310900	10379394
704928942	7278359	24153415
866026214	22497982	35539494
116890719	5273855	5063144
51679668	1756790	5492849
3490390	576888	448955
494719716	46877635	37133338
175402213	4301942	11737976
42944988	2374781	3413762
72055732	3743871	4097226
49643842	11947489	2666977
86276795	14058126	5715856

项 目	Item	商品购进额 Total Purchases Value	# 进 口 Imports
二、零售业	**Retail Trade**	**860146142**	**25458618**
#国有控股	State-controlled Enterprises	177893743	2260885
(一)按登记注册类型分	**by Type of Registration**		
1.内资企业	**Domestic Funded Enterprises**	**766701640**	**19879869**
国有企业	State-owned Enterprises	23465029	224456
集体企业	Collective-owned Enterprises	13555333	11320
股份合作企业	Cooperative Enterprises	1718125	13601
联营企业	Joint Ownership Enterprises	1077288	7968
国有联营企业	State Joint Ownership Enterprises	259616	
集体联营企业	Collective Joint Ownership Enterprises	251460	3361
国有与集体联营企业	Joint State-collective Enterprises	345103	4607
其他联营企业	Other Joint Ownership Enterprises	221109	
有限责任公司	Limited Liability Corporations	322263146	10182726
国有独资公司	State Sole Funded Corporations	13015306	365037
其他有限责任公司	Other Limited Liability Corporations	309247840	9817689
股份有限公司	Share-holding Corporations Ltd.	119458323	416671
私营企业	Private Enterprises	279607068	9004637
私营独资企业	Private-funded Enterprises	11967586	103926
私营合伙企业	Private Partnership Enterprises	1513296	16661
私营有限责任公司	Private Limited Liability Corporations	251341983	8428584
私营股份有限公司	Private Share-holding Corporations Ltd.	14784203	455465
其他企业	Other Enterprises	5557327	18491
2.港、澳、台商投资企业	**Enterprises with Funds from Hongkong, Macao and Taiwan**	**41183154**	**3426719**
合资经营企业	Joint-venture Enterprises	10758278	624689
合作经营企业	Cooperative Enterprises	695722	
独资经营企业	Enterprises with Sole Investment	28003344	2683430
投资股份有限公司	Share-holding Corporations Ltd. with Investment	731980	118600
其他港澳台商投资企业	Other Enterprises with Funds from Hongkong, Macao and Taiwan	993829	
3.外商投资企业	**Foreign Funded Enterprises**	**52261348**	**2152030**
中外合资经营企业	Joint-venture Enterprises	24572750	436054
中外合作经营企业	Cooperative Enterprises	2425895	17705
外资企业	Enterprises with Sole Foreign Investment	23531585	1694789
外商投资股份有限公司	Share-holding Corporations Ltd. with Foreign Investment	1393920	1229
其他外商投资企业	Other Foreign Funded Enterprises	337198	2254

单位：万元
Unit: 10000 yuan

商品销售额 Total Sales Value	#出口 Exports	期末商品库存额 Inventory (year-end)
984872580	**498072**	**91613446**
226417333	134873	12606161
869831273	**463495**	**79831364**
25461201	8176	1527239
14671790	1088	729803
1824507		200186
1180277		56354
290613		8158
264993		23926
378302		10839
246369		13432
356559988	149177	34980720
15087952	9528	910137
341472036	139649	34070583
160249242	67562	8098690
303737977	235162	33703193
12997900	203	855513
1656672		103828
272973048	233012	28674639
16110357	1947	4069214
6146293	2330	535178
50960081	**5916**	**6290909**
13817892	571	1388409
781801		31910
34231721	5345	4595869
1023928		155269
1104740		119452
64081227	**28661**	**5491172**
30089576	14479	1772068
2756726		258599
29170931	14182	3283060
1655167		155427
408827		22018

项　目	Item	商品购进额 Total Purchases Value	# 进口 Imports
(二)按国民经济行业分	**by Sector**		
综合零售	Integrated Retail	203665032	959357
百货零售	Retail of General Merchandise	106711326	740552
超级市场零售	Retail of Supermarkets	86805413	178039
食品、饮料及烟草制品专门零售	Special Retail of Food, Beverages and Tobaccos	23545654	260515
粮油零售	Retail of Cereal and Oil	3325860	12235
肉、禽、蛋、奶及水产品零售	Retail of Meat, Poultry, Eggs, Milk and Aquatic Products	4426392	13492
酒、饮料及茶叶零售	Retail of Wine, Beverages and Teas	6091361	33461
烟草制品零售	Retail of Tobaccos	2173542	110187
纺织、服装及日用品专门零售	Special Retail of Textiles, Garments and Daily Consumer Articles	30749392	1583057
服装零售	Retail of Garments	19844026	1164053
文化、体育用品及器材专门零售	Special Retail of Culture, Sports Appliances and Equipments	26891502	827514
体育用品及器材零售	Retail of Sports Appliances and Equipments	1742900	144
图书、报刊零售	Retail of Books, Newspaper and Magazines	8781731	292054
医药及医疗器材专门零售	Special Retail of Medicines and Medical Appliances	42385126	263973
药品零售	Retail of Medicines	39548674	15892
汽车、摩托车、燃料及零配件专门零售	Special Retail of Motor Vehicles, Motorcycles Fuel and Parts	405882312	20980958
汽车零售	Retail of Motor Vehicles	289685178	20857080
机动车燃料零售	Retail of Fuel of Motor Vehicles	107944143	51818
家用电器及电子产品专门零售	Special Retail of Household Electric Appliances and Electronic Products	71739648	176786
日用家电设备零售	Retail of Household Electric Appliances	30498313	62413
计算机、软件及辅助设备零售	Retail of Computer, Software and Assistant Appliances	18624866	20516
通信设备零售	Retail of Communication Equipments	7815667	27428
五金、家具及室内装饰材料专门零售	Special Retail of Hardware, Furniture and Interior Decoration Materials	24351688	92474
货摊、无店铺及其他零售业	Stall, Non-shop and Other Retails	30935786	313984
互联网零售	Retail on the Internet	14804481	23277
(三)按零售业态分	**by Mode of Business Operation**		
有店铺零售	Store-based Retailing	829046198	25354586
超市	Supermarket	27272070	92449
大型超市	Hypermarket	78346852	117099
百货店	Department Store	104973909	1061298
专业店	Speciality Store	320808857	7915026
专卖店	Exclusive Shop	251917484	15652157
无店铺零售	Non-Store Selling	31059416	104033

单位：万元
Unit: 10000 yuan

商品销售额 Total Sales Value	#出 口 Exports	期末商品库存额 Inventory (year-end)
244213421	37848	20563086
137846128	8972	9005392
95026752	25419	10761337
26944314	66936	2591800
3432899	6384	482527
4977675	2907	206343
7003887	6498	846549
2556549	34382	408931
40612444	70560	6966095
26202614	22879	4097505
30350434	42102	5577983
2024504	1947	319359
9315154	8192	1851969
47263980	9800	4955942
43806333	9471	4674089
454679062	199726	37711196
303980077	168305	33640433
141591073	1891	3245559
77591820	5920	9137199
32980190	673	5748477
19999830	4550	1073393
8580716		843958
28268770	28812	1988943
34948336	36369	2121201
16076433	14483	1081514
951210506	470078	89444491
29515074	27610	3585632
88859939	3289	9356693
134654053	39313	8538985
368570142	184162	29712690
277636656	183140	33836304
33611350	27994	2150011

3-2-2 各地区限额以上批发业企业商品购、销、存情况

Total Purchases, Sales and Inventory of Enterprises above Designated Size of Wholesale Trade by Region

单位：万元
Unit: 10000 yuan

地 区	Region	商品购进额 Total Purchases Value	#进口 Imports	商品销售额 Total Sales Value	#出口 Exports	期末商品库存额 Inventory (year-end)
全 国	**National Total**	**3652504565**	**348128718**	**3981165384**	**224027918**	**232607032**
北 京	Beijing	467841925	82516143	492769564	22222463	40782745
天 津	Tianjin	249254877	13152142	262715331	5323647	10473983
河 北	Hebei	76634757	737147	84569690	858967	3316223
山 西	Shanxi	94315376	3479141	98709602	542121	3548599
内蒙古	Inner Mongolia	26511631	1366712	29096537	609172	2451373
辽 宁	Liaoning	115539668	4404595	127696771	4132975	5972591
吉 林	Jilin	19720689	988419	20544556	139330	2009819
黑龙江	Heilongjiang	37254825	9170237	41963025	1758597	3371281
上 海	Shanghai	454551370	82702571	523433545	30409447	31008456
江 苏	Jiangsu	333934814	19447847	361809378	25053939	17054297
浙 江	Zhejiang	293962014	21081707	320237784	42944874	15212078
安 徽	Anhui	52752527	2198074	59440671	2001909	3399129
福 建	Fujian	119000086	12390666	126301157	14861235	8492227
江 西	Jiangxi	15654766	78346	21758666	712739	1287074
山 东	Shandong	193799042	12555443	220741893	9943972	9823834
河 南	Henan	57605082	1974055	66544545	838512	4799613
湖 北	Hubei	98781286	1217020	104595110	1379913	6143310
湖 南	Hunan	42935705	761684	41229762	703803	3100471
广 东	Guangdong	493467830	46941449	526177379	50074234	30743330
广 西	Guangxi	34919153	423337	37405447	470110	2566555
海 南	Hainan	21605084	1586196	23007611	1605172	585785
重 庆	Chongqing	64547224	1589732	69031108	1260033	3809694
四 川	Sichuan	60126531	839097	66763416	1180904	4926752
贵 州	Guizhou	18789749	1263936	23918861	1622668	2232259
云 南	Yunnan	49595834	3166914	57038280	1906150	5556526
西 藏	Tibet	539103	50	867324		80620
陕 西	Shaanxi	50399911	2344641	53753866	742273	1761116
甘 肃	Gansu	23287077	21267	30405000	101691	1932185
青 海	Qinghai	11161531	405	11694756	95082	620286
宁 夏	Ningxia	7035527	68356	7592366	45353	372801
新 疆	Xinjiang	66979571	19661389	69352384	486636	5172023

3-2-2 续表 Continued

国有控股

State-controlled Enterprises

单位：万元

Unit: 10000 yuan

地 区	Region	商品购进额 Total Purchases Value	#进 口 Imports	商品销售额 Total Sales Value	#出 口 Exports	期末商品库存额 Inventory (year-end)
全 国	**National Total**	**1608583265**	**131582699**	**1741956776**	**66176975**	**96823538**
北 京	Beijing	326982585	46884833	329768010	17856743	25139153
天 津	Tianjin	142790684	6166999	146427680	3072722	5204978
河 北	Hebei	36335396	98010	41272663	212739	1220084
山 西	Shanxi	76807322	3045383	80336663	65695	2114207
内蒙古	Inner Mongolia	15887703	287398	17306042	534043	1267461
辽 宁	Liaoning	67113011	2383408	74375416	810400	2881506
吉 林	Jilin	13013318	790005	13401265	40633	1392430
黑龙江	Heilongjiang	22143233	7985007	24684020	28835	2294484
上 海	Shanghai	136561908	7055625	164228845	6603356	6773517
江 苏	Jiangsu	62342555	5009456	66879745	7982376	4254046
浙 江	Zhejiang	73445962	4607802	82096853	5388975	4003455
安 徽	Anhui	24251611	1314927	27978005	944860	1428944
福 建	Fujian	49462954	7345375	52322723	2797229	4005467
江 西	Jiangxi	10042225	49195	15125181	187249	825748
山 东	Shandong	50600963	2792375	60361603	1427154	2260184
河 南	Henan	26955691	1202467	33538158	280665	2804449
湖 北	Hubei	48005419	415366	50666148	862456	2472391
湖 南	Hunan	21324518	259535	17802322	215909	1519201
广 东	Guangdong	184261396	11203142	193507222	13294817	9046568
广 西	Guangxi	17944481	69694	19199570	28402	953109
海 南	Hainan	2525360	1073	2827727	32429	115909
重 庆	Chongqing	23616031	1232461	25801023	315798	1408765
四 川	Sichuan	21129583	97101	24588677	221679	1830671
贵 州	Guizhou	12972589	1093382	17556815	1596731	1711876
云 南	Yunnan	29388068	591848	35201420	666039	3855012
西 藏	Tibet	375893	50	500884		69018
陕 西	Shaanxi	30959279	84547	34021614	618726	972102
甘 肃	Gansu	14861912	73	21451415	31232	1252295
青 海	Qinghai	7059669	405	7548061		191256
宁 夏	Ningxia	5067532	36505	5570163	184	139302
新 疆	Xinjiang	54354414	19479254	55610841	58900	3415950

3-2-3 各地区限额以上批发业企业商品购、销、存情况（按登记注册类型分）

Total Purchases, Sales and Inventory of Enterprises above Designated Size of Wholesale Trade by Region and Type of Registration

内资企业 单位：万元

Domestic Funded Enterprises Unit: 10000 yuan

地 区	Region	商品购进额 Total Purchases Value	#进 口 Imports	商品销售额 Total Sales Value	#出 口 Exports	期末商品库存额 Inventory (year-end)
全 国	**National Total**	**3256686304**	**222859863**	**3496434504**	**190582469**	**196335596**
北 京	Beijing	392221535	53204333	398219158	20471501	32379631
天 津	Tianjin	232421571	8539017	243210648	4483329	9269502
河 北	Hebei	76157712	737147	84084018	858967	3296267
山 西	Shanxi	94209138	3479141	98597650	542121	3537473
内蒙古	Inner Mongolia	26420493	1366712	29003343	609172	2447523
辽 宁	Liaoning	113783269	4157022	125615672	3998871	5859466
吉 林	Jilin	18259026	988419	18956425	139330	1986565
黑龙江	Heilongjiang	37023053	9169340	41702970	1757807	3370672
上 海	Shanghai	279093332	12984971	294941493	14098319	13564461
江 苏	Jiangsu	308177235	17062500	332517038	23590830	15246349
浙 江	Zhejiang	283191748	19749769	308987371	42330708	14747983
安 徽	Anhui	51573218	2192663	57515939	1982169	3293768
福 建	Fujian	108999599	11406942	115442699	14530423	7762082
江 西	Jiangxi	15498466	63784	21308619	425437	1282266
山 东	Shandong	191809138	12338211	217543591	9092287	9633388
河 南	Henan	57287686	1967190	66198481	782786	4780983
湖 北	Hubei	96040998	1151730	101166283	1364383	5899212
湖 南	Hunan	42359170	761177	40547273	682168	3071949
广 东	Guangdong	437542529	32942056	464613888	39488859	26455761
广 西	Guangxi	34833937	372313	37290542	470110	2550114
海 南	Hainan	21440134	1567531	22801026	1605067	565781
重 庆	Chongqing	57192523	1508081	61542682	1114880	3356158
四 川	Sichuan	58032692	829809	64572335	1171088	4743424
贵 州	Guizhou	18773882	1263936	23907050	1622668	2218203
云 南	Yunnan	49301621	3124421	56678601	1901391	5378896
西 藏	Tibet	539103	50	867324		80620
陕 西	Shaanxi	46986135	180182	50313265	742012	1722902
甘 肃	Gansu	23265072	21267	30379214	101691	1931248
青 海	Qinghai	10328597	405	11087439	95082	387648
宁 夏	Ningxia	7009557	68356	7545581	45353	372343
新 疆	Xinjiang	66914138	19661389	69276887	483658	5142961

国有企业　　单位：万元
State-owned Enterprises　　Unit: 10000 yuan

地　区	Region	商品购进额 Total Purchases Value	#进口 Imports	商品销售额 Total Sales Value	#出口 Exports	期末商品库存额 Inventory (year-end)
全　国	**National Total**	**366010174**	**21930945**	**420230776**	**13685743**	**28669656**
北　京	Beijing	48127713	12580857	50065957	4292370	3974698
天　津	Tianjin	18411318	316174	19577701	497820	486963
河　北	Hebei	4783820	24958	7045980	30322	366680
山　西	Shanxi	9940300	2918495	10805284	6152	455045
内蒙古	Inner Mongolia	7547745	332	8571103	512968	1109832
辽　宁	Liaoning	8719129	1879963	9923726	109937	980999
吉　林	Jilin	5306221	386843	5445164	18386	1060993
黑龙江	Heilongjiang	5035260	10058	6149672	214	643791
上　海	Shanghai	41079370	703908	42248527	619386	844216
江　苏	Jiangsu	14894851	591998	17302402	918489	1493198
浙　江	Zhejiang	10050624	201556	12530327	539248	638821
安　徽	Anhui	4749602	8487	5829982	18130	519064
福　建	Fujian	6618297	537211	8290894	835035	455868
江　西	Jiangxi	2899561		4212298	65291	419322
山　东	Shandong	19840468	53565	21393709	906371	804884
河　南	Henan	8681664	384	11073759	44368	1790492
湖　北	Hubei	12050098	94830	12773552	432084	1504898
湖　南	Hunan	6504443	48557	7823085	7275	783801
广　东	Guangdong	70116820	1351262	85098100	3367751	2285266
广　西	Guangxi	5317717	1853	6395202	3720	309820
海　南	Hainan	1887913		2138631	21825	98585
重　庆	Chongqing	5697697	22151	7541603	30032	471423
四　川	Sichuan	7946386	23505	10345119	140883	1379903
贵　州	Guizhou	6806680	123419	8183174	213696	1392301
云　南	Yunnan	14042153	21499	17288291	24817	2960825
西　藏	Tibet	324440	50	452187		60664
陕　西	Shaanxi	5772442	20668	7116168	23882	269707
甘　肃	Gansu	2011172	73	2607470		106759
青　海	Qinghai	1207333	405	1432344		19102
宁　夏	Ningxia	490554		640199		43768
新　疆	Xinjiang	9148386	7885	9929169	5290	937971

集体企业 单位：万元

Collective-owned Enterprises Unit: 10000 yuan

地 区	Region	商品购进额 Total Purchases Value	#进 口 Imports	商品销售额 Total Sales Value	#出 口 Exports	期末商品库存额 Inventory (year-end)
全 国	**National Total**	**12876233**	**643051**	**14836003**	**1018166**	**1166181**
北 京	Beijing	759126	424687	814614		128535
天 津	Tianjin	717053	18793	753981	329	21838
河 北	Hebei	280612		286917		26136
山 西	Shanxi	902479	10031	954855	2460	59753
内蒙古	Inner Mongolia	119069		129391		1326
辽 宁	Liaoning	405949		449218		16179
吉 林	Jilin	14080		14136		980
黑龙江	Heilongjiang	61275		65579		2361
上 海	Shanghai	424396	128949	454109	125749	63398
江 苏	Jiangsu	556311	7138	736526	12555	89584
浙 江	Zhejiang	310407	14863	324346	48309	20376
安 徽	Anhui	66929		70051		3055
福 建	Fujian	415898	1740	461992	60459	73324
江 西	Jiangxi	21000		23005		2742
山 东	Shandong	1889701	1591	3089798	620212	142100
河 南	Henan	1354245	11170	1393327		28380
湖 北	Hubei	155438		183128		15755
湖 南	Hunan	144895		152694		11437
广 东	Guangdong	664926	13505	716629	117206	43885
广 西	Guangxi	193531	10585	203777		13682
海 南	Hainan					
重 庆	Chongqing	645756		671141		31117
四 川	Sichuan	1766458		1845985	30886	235129
贵 州	Guizhou	87924		90353		15087
云 南	Yunnan	194115		201430		16112
西 藏	Tibet					
陕 西	Shaanxi	165511		169903		3398
甘 肃	Gansu	119536		128465		7319
青 海	Qinghai	3366		3307		121
宁 夏	Ningxia					
新 疆	Xinjiang	436250		447346		93076

3-2-3 续表 3　Continued 3

股份合作企业
Cooperative Enterprises

单位：万元
Unit: 10000 yuan

地　区	Region	商品购进额 Total Purchases Value	#进口 Imports	商品销售额 Total Sales Value	#出口 Exports	期末商品库存额 Inventory (year-end)
全　国	**National Total**	**4471331**	**267114**	**4787534**	**38911**	**214073**
北　京	Beijing	745248	5492	756377	5893	41400
天　津	Tianjin	521313		641235		26678
河　北	Hebei	8995		15893		4717
山　西	Shanxi	3056		3271		2013
内蒙古	Inner Mongolia					
辽　宁	Liaoning	103654		117223		3175
吉　林	Jilin					
黑龙江	Heilongjiang					
上　海	Shanghai	11422		11859	5985	545
江　苏	Jiangsu	561273	3389	592144	1687	12908
浙　江	Zhejiang	171595	184	171657	3430	12803
安　徽	Anhui	1196260	243218	1246696		9481
福　建	Fujian	80331		81102		3072
江　西	Jiangxi	2665		3104		594
山　东	Shandong	136818		179231		18779
河　南	Henan	20403		20374		572
湖　北	Hubei	34387		37786		1508
湖　南	Hunan					
广　东	Guangdong	225949	14832	235451	21916	16186
广　西	Guangxi	1738		3469		148
海　南	Hainan					
重　庆	Chongqing	519007		533486		46745
四　川	Sichuan	20184		24133		930
贵　州	Guizhou	2032		2281		589
云　南	Yunnan	16089		22235		2191
西　藏	Tibet					
陕　西	Shaanxi	25963		25761		202
甘　肃	Gansu	61443		61484		8402
青　海	Qinghai	1503		1283		436
宁　夏	Ningxia					
新　疆	Xinjiang					

3-2-3 续表 4 Continued 4

联营企业　　　　　　　　　　　　　　　　　　单位：万元

Joint Ownership Enterprises　　　　　　　　　　Unit: 10000 yuan

地　区	Region	商品购进额 Total Purchases Value	#进口 Imports	商品销售额 Total Sales Value	#出口 Exports	期末商品库存额 Inventory (year-end)
全　国	**National Total**	**2253645**	**80663**	**2304637**	**35999**	**174699**
北　京	Beijing	133229	6846	138392	3736	1212
天　津	Tianjin					
河　北	Hebei	15443		16405		210
山　西	Shanxi	2500		2308		192
内蒙古	Inner Mongolia					
辽　宁	Liaoning	1729		11541		1955
吉　林	Jilin					
黑龙江	Heilongjiang					
上　海	Shanghai	214724	8985	215291	19556	72651
江　苏	Jiangsu	5956		5933		64
浙　江	Zhejiang					
安　徽	Anhui	15778		16101		1059
福　建	Fujian					
江　西	Jiangxi	22441		15738		15197
山　东	Shandong	1511687	8173	1527643		14186
河　南	Henan	21169		15237		8777
湖　北	Hubei	1459		1545		0
湖　南	Hunan					
广　东	Guangdong	165131	14668	198230	8529	48025
广　西	Guangxi					
海　南	Hainan					
重　庆	Chongqing					
四　川	Sichuan					
贵　州	Guizhou					
云　南	Yunnan	138427	41992	136266	4178	11015
西　藏	Tibet					
陕　西	Shaanxi					
甘　肃	Gansu					
青　海	Qinghai					
宁　夏	Ningxia					
新　疆	Xinjiang	3973		4010		156

有限责任公司
Limited Liability Corporations

单位：万元
Unit: 10000 yuan

地区	Region	商品购进额 Total Purchases Value	#进口 Imports	商品销售额 Total Sales Value	#出口 Exports	期末商品库存额 Inventory (year-end)
全国	**National Total**	**1561977231**	**125280853**	**1646031600**	**85712871**	**87983815**
北京	Beijing	276759165	34880164	277970837	11816045	21613461
天津	Tianjin	143917158	6150003	147986925	2442636	4533544
河北	Hebei	46254400	485270	48217602	386853	1699364
山西	Shanxi	66225661	127704	69049732	64270	1474224
内蒙古	Inner Mongolia	8306673	124601	9115965	43343	463022
辽宁	Liaoning	36509835	1140797	39575696	2573434	2548124
吉林	Jilin	5457938	559366	5612892	65310	420508
黑龙江	Heilongjiang	20589459	8166081	22931027	1590674	1768799
上海	Shanghai	121366832	8945361	128520348	6870402	7087877
江苏	Jiangsu	83507209	5460481	92280161	10493229	4114021
浙江	Zhejiang	110433422	6701589	115763006	14166221	5332089
安徽	Anhui	19135632	562057	21818298	764502	1287790
福建	Fujian	52643433	3929364	54031961	6060546	3948458
江西	Jiangxi	9079108	63784	10789165	251638	571849
山东	Shandong	78390145	7280718	91941036	3792396	3710037
河南	Henan	31126155	1276679	33859271	533220	1938690
湖北	Hubei	47284866	968153	49557933	619062	1998227
湖南	Hunan	12880348	243326	13612386	352601	881118
广东	Guangdong	210412832	18606375	219691761	18678046	12889925
广西	Guangxi	11865702	189292	12542323	97091	1017311
海南	Hainan	17751785	1524920	18706616	1545904	377977
重庆	Chongqing	33881666	1357537	35124127	572104	1883706
四川	Sichuan	29553968	332539	31286163	690481	1532673
贵州	Guizhou	8337900	92989	11722554	104036	606484
云南	Yunnan	19784914	2183442	20866401	760012	1278547
西藏	Tibet	201981		404986		17424
陕西	Shaanxi	18327456	135060	19830398	201246	781861
甘肃	Gansu	7016227	26	7461272	63908	459074
青海	Qinghai	4928382		5024691	40245	126734
宁夏	Ningxia	1713943	38858	1755274	1756	87662
新疆	Xinjiang	28333040	13754320	28980792	71658	1533238

股份有限公司
Share-holding Corporations Ltd.

单位：万元
Unit: 10000 yuan

地 区	Region	商品购进额 Total Purchases Value	#进口 Imports	商品销售额 Total Sales Value	#出口 Exports	期末商品库存额 Inventory (year-end)
全 国	**National Total**	**395752859**	**23609078**	**421844127**	**21656360**	**22064616**
北 京	Beijing	28492524	3441959	28824260	3452599	3208179
天 津	Tianjin	13116577	60046	13731351	573016	1489842
河 北	Hebei	6528297	4344	8675046	72898	320500
山 西	Shanxi	3079291		3180401		323415
内蒙古	Inner Mongolia	5716009	401590	5784398	9196	251304
辽 宁	Liaoning	40237021	114830	44956034	226279	672184
吉 林	Jilin	4561390		4776131	11001	54015
黑龙江	Heilongjiang	5466338	259323	6194816	46040	309215
上 海	Shanghai	21910273	342458	23456453	2078559	941021
江 苏	Jiangsu	35809310	867286	35361134	2331326	2052838
浙 江	Zhejiang	35190452	2318769	42381604	3433851	1509475
安 徽	Anhui	11713067	1115249	12904033	850187	426125
福 建	Fujian	16696696	4926445	17153534	1393394	1347365
江 西	Jiangxi	1594431		4260428		116967
山 东	Shandong	10508587	688349	12990400	196846	457494
河 南	Henan	6413346	6420	9437390	38356	290516
湖 北	Hubei	19389157	9936	20238391	29516	1079015
湖 南	Hunan	10224095	38658	4970098	99429	392217
广 东	Guangdong	37986525	1903248	31024906	4770335	2156902
广 西	Guangxi	8081894	3211	7847284	40851	315554
海 南	Hainan	502982		552295	122	19310
重 庆	Chongqing	3936185	643	4358834	95	262169
四 川	Sichuan	3293572	1244	3637481	81094	247919
贵 州	Guizhou	2307647	1046915	2574697	1304936	95315
云 南	Yunnan	5124079	305247	7247704	149126	293871
西 藏	Tibet					
陕 西	Shaanxi	19597839		20258620	459083	456913
甘 肃	Gansu	10662550		16523559		1069719
青 海	Qinghai	2042805		2307176		129867
宁 夏	Ningxia	3810749		4133690	1115	72963
新 疆	Xinjiang	21759172	5752908	22101980	7110	1702429

私营企业 单位：万元

Private Enterprises Unit: 10000 yuan

地区	Region	商品购进额 Total Purchases Value	#进口 Imports	商品销售额 Total Sales Value	#出口 Exports	期末商品库存额 Inventory (year-end)
全国	**National Total**	**901540315**	**50828198**	**973007932**	**68254497**	**55384031**
北京	Beijing	37204530	1864329	39648722	900857	3412146
天津	Tianjin	55611729	1994000	60386903	969528	2701130
河北	Hebei	18216751	204638	19739767	328315	872057
山西	Shanxi	14010051	422910	14556422	469239	1221775
内蒙古	Inner Mongolia	4723777	840189	5396803	43665	620503
辽宁	Liaoning	27731079	1017232	30486384	1085024	1632994
吉林	Jilin	2908133	42210	3093608	44632	448769
黑龙江	Heilongjiang	5832306	733878	6314897	120879	644646
上海	Shanghai	93995574	2855311	99936571	4298841	4547460
江苏	Jiangsu	169862856	10088561	182963972	9814052	7377875
浙江	Zhejiang	126894517	10507199	137661441	24139648	7227739
安徽	Anhui	14368068	260252	15249416	345961	1030493
福建	Fujian	32466303	2012183	35324277	6180989	1928749
江西	Jiangxi	1875782		2001403	108508	155590
山东	Shandong	75166009	4194004	81392140	3563404	4345676
河南	Henan	9416184	669372	10122134	166842	709979
湖北	Hubei	16093086	78807	17272401	279167	1181265
湖南	Hunan	11994427	427132	13175379	221623	931270
广东	Guangdong	117355347	11012342	126959551	12515996	8925985
广西	Guangxi	9350553	166945	10275167	324073	893475
海南	Hainan	1260654	42612	1370303	37215	66290
重庆	Chongqing	12298974	127750	13085849	512649	656198
四川	Sichuan	14985360	472092	16871843	227745	1299233
贵州	Guizhou	1229309	613	1331489		108418
云南	Yunnan	9951882	572241	10864926	963259	810673
西藏	Tibet	12683		10151		2532
陕西	Shaanxi	3028744	24454	2844391	57802	207771
甘肃	Gansu	3370876	21169	3572782	37783	278907
青海	Qinghai	2142671		2315951	54837	110409
宁夏	Ningxia	969600	29498	996080	42367	160111
新疆	Xinjiang	7212500	146276	7786812	399600	873914

其他企业
Other Enterprises

单位：万元
Unit: 10000 yuan

地 区	Region	商品购进额 Total Purchases Value	#进口 Imports	商品销售额 Total Sales Value	#出口 Exports	期末商品库存额 Inventory (year-end)
全 国	**National Total**	**11804516**	**219963**	**13391894**	**179922**	**678524**
北 京	Beijing					
天 津	Tianjin	126422		132552		9507
河 北	Hebei	69394	17938	86408	40580	6601
山 西	Shanxi	45801		45379		1057
内蒙古	Inner Mongolia	7220		5684		1537
辽 宁	Liaoning	74874	4200	95849	4197	3857
吉 林	Jilin	11264		14495		1300
黑龙江	Heilongjiang	38415		46979		1860
上 海	Shanghai	90742		98336	79841	7294
江 苏	Jiangsu	2979469	43647	3274767	19492	105862
浙 江	Zhejiang	140729	5610	154989		6680
安 徽	Anhui	327881	3401	381362	3390	16700
福 建	Fujian	78640		98940		5247
江 西	Jiangxi	3478		3479		5
山 东	Shandong	4365724	111812	5029634	13059	140232
河 南	Henan	254521	3165	276989		13578
湖 北	Hubei	1032505	5	1101548	4554	118544
湖 南	Hunan	610962	3504	813631	1240	72106
广 东	Guangdong	614997	25824	689259	9080	89587
广 西	Guangxi	22803	428	23321	4375	125
海 南	Hainan	36800		33182		3619
重 庆	Chongqing	213239		227642		4801
四 川	Sichuan	466765	430	561612		47638
贵 州	Guizhou	2391		2502		10
云 南	Yunnan	49963		51347		5662
西 藏	Tibet					
陕 西	Shaanxi	68180		68023		3051
甘 肃	Gansu	23269		24182		1069
青 海	Qinghai	2539		2687		979
宁 夏	Ningxia	24712		20339	115	7839
新 疆	Xinjiang	20816		26778		2178

3-2-3 续表 9 Continued 9

港、澳、台商投资企业　　　　单位：万元

Enterprises with Funds from Hongkong, Macao and Taiwan　　　　Unit: 10000 yuan

地区	Region	商品购进额 Total Purchases Value	#进口 Imports	商品销售额 Total Sales Value	#出口 Exports	期末商品库存额 Inventory (year-end)
全国	**National Total**	**111836924**	**29993649**	**129788328**	**11566497**	**11651186**
北京	Beijing	10985968	2706696	13096727	145509	1574270
天津	Tianjin	7346528	1269229	7669767	127926	497862
河北	Hebei	26734		30210		2309
山西	Shanxi	90123		94242		10833
内蒙古	Inner Mongolia	28457		30513		3850
辽宁	Liaoning	576674	11961	676022	9991	34895
吉林	Jilin	77980		80988		668
黑龙江	Heilongjiang	52029	897	53331	789	609
上海	Shanghai	40394988	13617859	49541730	1558333	4958165
江苏	Jiangsu	10321928	1334963	11812060	792393	786912
浙江	Zhejiang	3509013	434249	3937020	218546	191618
安徽	Anhui	63785		67840		720
福建	Fujian	3187867	834905	3370627	221041	409297
江西	Jiangxi	81962		85380	4413	3950
山东	Shandong	939566	26936	1876756	683972	117569
河南	Henan	163757	6865	165767	48838	10728
湖北	Hubei	641286	10252	779135	1797	130541
湖南	Hunan	242106		312274	21635	13367
广东	Guangdong	25107445	9638735	28281377	7727233	2322328
广西	Guangxi	19943	2850	25713		4863
海南	Hainan	93365	17734	114487		6619
重庆	Chongqing	6413946	79519	6372140	1300	299357
四川	Sichuan	249708		271706		8852
贵州	Guizhou					
云南	Yunnan	126188		144567	2780	3507
西藏	Tibet					
陕西	Shaanxi	383844		414501		24476
甘肃	Gansu	17425		21680		461
青海	Qinghai	686701		454148		232553
宁夏	Ningxia					
新疆	Xinjiang	7611		7620		8

外商投资企业
Foreign Funded Enterprises

单位：万元
Unit: 10000 yuan

地区	Region	商品购进额 Total Purchases Value	#进口 Imports	商品销售额 Total Sales Value	#出口 Exports	期末商品库存额 Inventory (year-end)
全国	**National Total**	**283981337**	**95275206**	**354942552**	**21878952**	**24620251**
北京	Beijing	64634422	26605113	81453679	1605453	6828844
天津	Tianjin	9486779	3343896	11834915	712392	706619
河北	Hebei	450311		455461		17647
山西	Shanxi	16114		17711		293
内蒙古	Inner Mongolia	62681		62681		
辽宁	Liaoning	1179726	235613	1405077	124113	78231
吉林	Jilin	1383683		1507143		22587
黑龙江	Heilongjiang	179743		206724		
上海	Shanghai	135063051	56099741	178950322	14752795	12485830
江苏	Jiangsu	15435651	1050385	17480280	670716	1021036
浙江	Zhejiang	7261253	897689	7313394	395620	272477
安徽	Anhui	1115524	5411	1856892	19740	104642
福建	Fujian	6812621	148819	7487831	109770	320848
江西	Jiangxi	74337	14561	364667	282888	858
山东	Shandong	1050339	190295	1321546	167713	72878
河南	Henan	153639		180297	6888	7902
湖北	Hubei	2099002	55038	2649692	13732	113556
湖南	Hunan	334430	508	370215		15156
广东	Guangdong	30817857	4360658	33282114	2858141	1965241
广西	Guangxi	65274	48173	89192		11579
海南	Hainan	71585	932	92097	105	13386
重庆	Chongqing	940755	2133	1116286	143854	154180
四川	Sichuan	1844131	9288	1919375	9816	174476
贵州	Guizhou	15867		11811		14056
云南	Yunnan	168026	42494	215112	1979	174123
西藏	Tibet					
陕西	Shaanxi	3029933	2164459	3026100	261	13737
甘肃	Gansu	4580		4106		476
青海	Qinghai	146233		153169		84
宁夏	Ningxia	25970		46785		458
新疆	Xinjiang	57823		67877	2978	29055

3-2-4 各地区限额以上批发业企业商品购、销、存情况（按国民经济行业分）

Total Purchases, Sales and Inventory of Enterprises above Designated Size of Wholesale Trade by Region and Sector

农、林、牧产品批发　　单位：万元

Wholesale of Agricultural, Forestry and Livestock Products　　Unit: 10000 yuan

地　区	Region	商品购进额 Total Purchases Value	#进 口 Imports	商品销售额 Total Sales Value	#出 口 Exports	期末商品库存额 Inventory (year-end)
全　国	**National Total**	**77913131**	**9862171**	**81139328**	**1233776**	**14597573**
北　京	Beijing	9449296	4174813	9809202	64764	1591743
天　津	Tianjin	880475	77171	1045560	56431	343471
河　北	Hebei	3262828	19594	3339114	4568	330508
山　西	Shanxi	299346	460	305383	7784	78973
内蒙古	Inner Mongolia	1830396		1743537	13481	861954
辽　宁	Liaoning	4385771	228491	4592850	206661	455961
吉　林	Jilin	3637692	369424	3170367	37666	1285837
黑龙江	Heilongjiang	3428711	13408	3380404	10636	910928
上　海	Shanghai	2908484	733406	2904323	26297	447546
江　苏	Jiangsu	5967599	350073	6745812	134230	752635
浙　江	Zhejiang	1745439	226857	1817431	84143	212063
安　徽	Anhui	1795102	11312	1795337	6431	358888
福　建	Fujian	1097408	133384	1148659	27734	465917
江　西	Jiangxi	252365		312747	3347	110582
山　东	Shandong	7740963	348217	8336532	114708	634630
河　南	Henan	3511385	384200	3792348	70653	1201025
湖　北	Hubei	3688834	17305	3512428	13486	1009860
湖　南	Hunan	1490601	10830	1641558	28964	218983
广　东	Guangdong	4171896	668915	4494705	180553	505204
广　西	Guangxi	273465		390926	19651	106191
海　南	Hainan	108231	13947	105362		10041
重　庆	Chongqing	594092	1362	634514	44086	51800
四　川	Sichuan	1271377	9726	1191111	32295	483603
贵　州	Guizhou	27709		32227		2685
云　南	Yunnan	1933519	1765175	1949294	13703	74677
西　藏	Tibet	22187	50	13066		8517
陕　西	Shaanxi	190952		202564	13075	29195
甘　肃	Gansu	260401	148	264364	17476	38259
青　海	Qinghai					
宁　夏	Ningxia	12032		10625		7943
新　疆	Xinjiang	11674574	303909	12456979	955	2007955

食品、饮料及烟草制品批发 单位：万元
Wholesale of Food, Beverages and Tobaccos Unit: 10000 yuan

地 区	Region	商品购进额 Total Purchases Value	#进 口 Imports	商品销售额 Total Sales Value	#出 口 Exports	期末商品库存额 Inventory (year-end)
全 国	**National Total**	**285594731**	**10727042**	**346346024**	**6859964**	**32121929**
北 京	Beijing	16243945	2255784	19019980	248387	3023300
天 津	Tianjin	8369773	617467	9119314	46847	472687
河 北	Hebei	5162615	4390	6756103	17710	388524
山 西	Shanxi	3969017	2460	4890740	2460	377089
内蒙古	Inner Mongolia	3108732	335	3938446		262327
辽 宁	Liaoning	5959892	229087	7454925	107375	646119
吉 林	Jilin	1859967	117	2284533		222172
黑龙江	Heilongjiang	5871567	125856	7275764	168837	1009902
上 海	Shanghai	25786432	2930123	30132377	850977	3345212
江 苏	Jiangsu	18553081	429133	22455869	278508	1662014
浙 江	Zhejiang	19663278	549650	24090075	813979	1281212
安 徽	Anhui	7374253	297136	9218027	471697	770138
福 建	Fujian	13700088	565093	16261028	1275893	1453685
江 西	Jiangxi	3183424	3625	4577824	32020	553406
山 东	Shandong	23676821	841428	28200509	531123	2029583
河 南	Henan	9318193	24665	11760213	20458	1172779
湖 北	Hubei	13318910	68949	15164948	65568	1226160
湖 南	Hunan	9187474	22708	10939176	71151	1150846
广 东	Guangdong	36122502	1528063	40935059	1507382	2775126
广 西	Guangxi	3820535	26108	5004480	13821	297884
海 南	Hainan	2042645	6950	2289421	289	116985
重 庆	Chongqing	8869903	11129	10563385	716	801086
四 川	Sichuan	11345985	41562	14839306	1103	1589768
贵 州	Guizhou	5298350	50088	9592201	54298	1487219
云 南	Yunnan	12450743	94615	15245998	196260	3095255
西 藏	Tibet	332410		468552		55186
陕 西	Shaanxi	3933543	45	5348772	4951	264148
甘 肃	Gansu	2125803	73	2691881	24386	202400
青 海	Qinghai	927231	405	1188234	2065	26105
宁 夏	Ningxia	656892		833476	115	46650
新 疆	Xinjiang	3360725		3805410	51588	316964

纺织、服装及家庭用品批发 单位：万元

Wholesale of Textiles, Wearing Apparel and Household Articles Unit: 10000 yuan

地区	Region	商品购进额 Total Purchases Value	#进口 Imports	商品销售额 Total Sales Value	#出口 Exports	期末商品库存额 Inventory (year-end)
全国	**National Total**	**275233640**	**31111867**	**318609905**	**77846037**	**23985237**
北京	Beijing	18843928	3942905	22255099	801883	2556429
天津	Tianjin	4111772	89252	5435620	632625	356111
河北	Hebei	1490598	6434	1570398	109876	174746
山西	Shanxi	425406		455399	1094	75392
内蒙古	Inner Mongolia	285806		291278		8386
辽宁	Liaoning	6572543	343209	7332687	926705	325217
吉林	Jilin	223040	7684	232503	5524	9552
黑龙江	Heilongjiang	1300788	5145	1572793	1129459	62306
上海	Shanghai	34535235	13808060	47225882	10481017	4960363
江苏	Jiangsu	49278634	5032042	55880921	12085821	3354660
浙江	Zhejiang	41054297	2342432	45799742	22129409	3258549
安徽	Anhui	6689161	68707	7694136	711461	393161
福建	Fujian	19932823	1245014	21294853	8665660	1185038
江西	Jiangxi	947710	3442	1033259	118121	16424
山东	Shandong	12873606	623932	14859804	2783603	917629
河南	Henan	3530057	139470	3680534	186477	318411
湖北	Hubei	2725995	13961	3065848	263240	398064
湖南	Hunan	1787150	16107	1894085	102944	189232
广东	Guangdong	45113490	3298505	53249512	15540220	3676584
广西	Guangxi	1871008	71921	1852100	194140	367842
海南	Hainan	497203		497961	43911	32001
重庆	Chongqing	14004778	14970	14200491	43804	675387
四川	Sichuan	2104098	10486	2323293	456649	199739
贵州	Guizhou	267916		344443		47049
云南	Yunnan	1163248		1275340	260116	187457
西藏	Tibet					
陕西	Shaanxi	2972449		2593311	54816	101412
甘肃	Gansu	177728		191455		32665
青海	Qinghai	88111		78244	46346	13239
宁夏	Ningxia	40096	16289	36858	19327	18247
新疆	Xinjiang	324966	11900	392057	51792	73948

文化、体育用品及器材批发
Wholesale of Culture, Sports Appliances and Equipments

单位：万元
Unit: 10000 yuan

地区	Region	商品购进额 Total Purchases Value	#进口 Imports	商品销售额 Total Sales Value	#出口 Exports	期末商品库存额 Inventory (year-end)
全国	**National Total**	**58735488**	**3305519**	**64906852**	**5113064**	**7987476**
北京	Beijing	13536473	287554	14272942	288147	1677860
天津	Tianjin	1730785	21895	1834971	156700	157065
河北	Hebei	566839		539871	5385	93470
山西	Shanxi	628256		704192	18156	110859
内蒙古	Inner Mongolia	60502	1325	59412	18	6111
辽宁	Liaoning	395917	2379	471090	38107	58572
吉林	Jilin	58987		70449		14668
黑龙江	Heilongjiang	102127		163297		9153
上海	Shanghai	8143536	1270555	9846341	524121	758367
江苏	Jiangsu	4126073	108051	4405192	403532	833234
浙江	Zhejiang	5592090	380534	5900729	1131597	608247
安徽	Anhui	882958	320247	1295185	342739	149923
福建	Fujian	1164583	79869	1324504	352433	77813
江西	Jiangxi	180871		197351	44564	8716
山东	Shandong	4362649	30412	4936094	66301	473398
河南	Henan	851392	1000	922449	95007	109108
湖北	Hubei	1126834	10496	1237509	1605	202179
湖南	Hunan	893328	5766	1011095	90582	82414
广东	Guangdong	11259474	702364	12430670	1418182	1921427
广西	Guangxi	267772		276918	18640	45140
海南	Hainan	12679		59696	3452	21158
重庆	Chongqing	623043	25570	736068		261566
四川	Sichuan	891880	306	914450	15278	77299
贵州	Guizhou	169785		171969		21237
云南	Yunnan	401870	57195	388363	67717	86059
西藏	Tibet	12189		12959		5475
陕西	Shaanxi	216621		265928	7671	26760
甘肃	Gansu	204983		203581	23133	44551
青海	Qinghai	18540		20319		6439
宁夏	Ningxia	21921		19075		5107
新疆	Xinjiang	230531		214185		34101

医药及医疗器材批发 单位：万元

Wholesale of Medicines and Medical Appliances Unit: 10000 yuan

地区	Region	商品购进额 Total Purchases Value	#进口 Imports	商品销售额 Total Sales Value	#出口 Exports	期末商品库存额 Inventory (year-end)
全　国	**National Total**	**136887904**	**10267300**	**153669431**	**2439329**	**13886532**
北　京	Beijing	12300552	2224875	13441557	367730	2021718
天　津	Tianjin	3748781	35251	4008292	98498	201554
河　北	Hebei	4877375	25268	5604372	158232	371885
山　西	Shanxi	1250796	817	1347478		97907
内蒙古	Inner Mongolia	434541	13231	461773	7075	54680
辽　宁	Liaoning	4034421	77153	4629072		260064
吉　林	Jilin	1280929	2206	1547869	6833	112283
黑龙江	Heilongjiang	2113112		2605564		72084
上　海	Shanghai	13139949	5081474	16545017	341162	2016043
江　苏	Jiangsu	7758614	160407	9914321	216271	839929
浙　江	Zhejiang	10592914	621805	11642356	717031	1012697
安　徽	Anhui	6655119	42681	7495148	85956	466287
福　建	Fujian	2494184	69819	2735365		231443
江　西	Jiangxi	2027897		2194765	36037	154545
山　东	Shandong	7336043	35366	8060931	22173	553431
河　南	Henan	6071511	221337	6390797	2471	422069
湖　北	Hubei	7328043	24895	7339259	40982	812971
湖　南	Hunan	4075948	50450	4381369	4346	362393
广　东	Guangdong	18363501	1186247	20285168	184143	2003423
广　西	Guangxi	1086781	50	1214212	5451	83665
海　南	Hainan	1065005	72863	1306018	918	131094
重　庆	Chongqing	4541735	127740	4964900	33546	351082
四　川	Sichuan	6393509	15158	6793806	45378	502835
贵　州	Guizhou	842311	113783	1034859		103991
云　南	Yunnan	3020299	28664	3115137	55338	270952
西　藏	Tibet	124086		322236		3935
陕　西	Shaanxi	1618864		1793850		143670
甘　肃	Gansu	1018808	26	1158126	48	101830
青　海	Qinghai	381374		384694		9760
宁　夏	Ningxia	185663		190280	1563	22362
新　疆	Xinjiang	725242	35735	760843	8148	93951

矿产品、建材及化工产品批发
Wholesale of Mineral Products, Building Materials and Chemical Products

单位：万元
Unit: 10000 yuan

地区	Region	商品购进额 Total Purchases Value	#进口 Imports	商品销售额 Total Sales Value	#出口 Exports	期末商品库存额 Inventory (year-end)
全国	**National Total**	**2266061504**	**168328492**	**2385853491**	**57652499**	**94512115**
北京	Beijing	281054587	34647238	281666410	11336779	16721284
天津	Tianjin	192900432	7533059	200521628	2462578	5474368
河北	Hebei	53441291	615847	58471872	315493	1530800
山西	Shanxi	81994633	3186705	85074862	162453	2581656
内蒙古	Inner Mongolia	20283478	1328827	22003713	558192	1103531
辽宁	Liaoning	85371642	2519830	93476516	2179498	3087820
吉林	Jilin	10829767	588940	11250520	78096	275200
黑龙江	Heilongjiang	22022729	8926541	24033788	185997	1067497
上海	Shanghai	252777260	14730362	263000997	6384208	9398098
江苏	Jiangsu	210373102	9852758	220686086	6144808	7269143
浙江	Zhejiang	184043617	15430563	197630104	9345166	7464099
安徽	Anhui	22689171	885554	24940027	148909	681735
福建	Fujian	66510821	8370697	68813076	2442670	3857412
江西	Jiangxi	7990102	50918	12016572	88190	374237
山东	Shandong	114509681	8610376	129336398	3263602	3976793
河南	Henan	29114117	1142708	34296325	211814	1232870
湖北	Hubei	56454380	869739	59471831	391619	1781744
湖南	Hunan	23079368	523084	18602021	332902	890171
广东	Guangdong	293788750	21253674	304726101	7534902	14015666
广西	Guangxi	26014530	305027	26939597	157103	1487618
海南	Hainan	15321690	1486261	16008154	1529995	173268
重庆	Chongqing	27130895	1103968	28487031	147701	1247751
四川	Sichuan	30698117	733886	32765145	213323	1384981
贵州	Guizhou	11200719	1090928	11711457	1517172	472069
云南	Yunnan	26228690	1054865	30143873	234832	1479007
西藏	Tibet					
陕西	Shaanxi	39070850	2266825	40822709	134971	990269
甘肃	Gansu	18773826	21021	25145186	5416	1434027
青海	Qinghai	8821987		9076042	40245	531155
宁夏	Ningxia	5819125	37852	6190755	23233	202272
新疆	Xinjiang	47752148	19160441	48544697	80631	2325574

机械设备、五金产品及电子产品批发 单位：万元
Wholesale of Machinery, Hardware and Electronic Products Unit: 10000 yuan

地区	Region	商品购进额 Total Purchases Value	#进口 Imports	商品销售额 Total Sales Value	#出口 Exports	期末商品库存额 Inventory (year-end)
全国	**National Total**	**426393868**	**90773683**	**494719716**	**46877635**	**37133338**
北京	Beijing	107408885	32380038	123581509	7848668	11462310
天津	Tianjin	24609099	4055124	26940775	670406	2669401
河北	Hebei	7639189	58673	8070813	186437	412563
山西	Shanxi	5031046	2027	5113853	3593	164710
内蒙古	Inner Mongolia	472503		560126	446	150927
辽宁	Liaoning	7924895	900062	8564354	634248	981034
吉林	Jilin	1781776	20049	1936867	5675	86567
黑龙江	Heilongjiang	1748517	25149	2169730	248948	214083
上海	Shanghai	97886690	38946488	131335464	7788709	8228983
江苏	Jiangsu	26604129	2604462	29073085	4476415	2015835
浙江	Zhejiang	23360174	807857	24913241	7499697	1050143
安徽	Anhui	4423886	556381	4475690	135057	493775
福建	Fujian	6911002	921659	7359446	797380	834836
江西	Jiangxi	672780	14561	996356	297747	57580
山东	Shandong	16389220	498601	19313845	2867730	877217
河南	Henan	4236912	45784	4593792	197222	293507
湖北	Hubei	5045901	162567	5702849	163512	414778
湖南	Hunan	1856885	113360	1989419	57521	178437
广东	Guangdong	56741807	8104044	60238475	10265423	4378442
广西	Guangxi	1287781	18691	1423154	36643	166582
海南	Hainan	1102871	953	1264085	16005	54254
重庆	Chongqing	7339208	228294	7839322	988792	366266
四川	Sichuan	6557648	24403	7087625	392054	591435
贵州	Guizhou	900489	9137	944876	51198	95451
云南	Yunnan	1629314	49783	1800403	438104	204619
西藏	Tibet	48232		50511		7507
陕西	Shaanxi	2270210	76998	2597789	506518	198627
甘肃	Gansu	710387		722439	31232	77323
青海	Qinghai	915857		938636		33022
宁夏	Ningxia	207649		215758	1115	62077
新疆	Xinjiang	2678927	148538	2905432	271144	311049

3-2-4 续表 7 Continued 7

贸易经纪与代理 单位：万元

Trade Broker and Agency Unit: 10000 yuan

地　区	Region	商品购进额 Total Purchases Value	#进口 Imports	商品销售额 Total Sales Value	#出口 Exports	期末商品库存额 Inventory (year-end)
全　国	**National Total**	**45993022**	**7238067**	**49643842**	**11947489**	**2666977**
北　京	Beijing	4161494	1363516	4563229	906406	278329
天　津	Tianjin	4561557	253763	4898331	790940	357470
河　北	Hebei	51590	1583	57668	55908	253
山　西	Shanxi	316409	285073	401960	346579	14079
内蒙古	Inner Mongolia	22994	22994	22613	20955	2339
辽　宁	Liaoning	342072	33858	561838	19067	112082
吉　林	Jilin	3009		3187		135
黑龙江	Heilongjiang	36313	10076	42852	14720	896
上　海	Shanghai	7443480	1963468	8388790	1747952	641529
江　苏	Jiangsu	2979133	535866	3253567	911342	57041
浙　江	Zhejiang	935003	153364	1033770	765178	45508
安　徽	Anhui	43199	8048	97541	85420	8542
福　建	Fujian	1390759	58001	1508200	785491	73511
江　西	Jiangxi	63853		63793	58391	232
山　东	Shandong	1722898	877427	1997262	82112	157304
河　南	Henan	12371		12693	9222	309
湖　北	Hubei	8420495	44463	8405520	438614	244901
湖　南	Hunan	47352	105	50565	15393	2598
广　东	Guangdong	12024006	1524845	12800066	4449452	607344
广　西	Guangxi	209048	1539	210311	24086	9348
海　南	Hainan					
重　庆	Chongqing	1026		1390	1390	52
四　川	Sichuan	69309	2136	71212	20989	5087
贵　州	Guizhou					
云　南	Yunnan	1015090	96303	1069113	363702	43247
西　藏	Tibet					
陕　西	Shaanxi	30406	774	30590	20273	3287
甘　肃	Gansu					
青　海	Qinghai	6302		6427	6427	0
宁　夏	Ningxia					
新　疆	Xinjiang	83858	866	91355	7480	1555

其他批发业
Other Wholesale not Classified Elsewhere

单位：万元
Unit: 10000 yuan

地 区	Region	商品购进额 Total Purchases Value	#进口 Imports	商品销售额 Total Sales Value	#出口 Exports	期末商品库存额 Inventory (year-end)
全 国	**National Total**	**79691278**	**16514578**	**86276795**	**14058126**	**5715856**
北 京	Beijing	4842766	1239420	4159637	359699	1449772
天 津	Tianjin	8342202	469162	8910839	408623	441857
河 北	Hebei	142432	5359	159479	5359	13475
山 西	Shanxi	400467	1600	415736		47934
内蒙古	Inner Mongolia	12679		15640	9005	1118
辽 宁	Liaoning	552515	70527	613441	21314	45723
吉 林	Jilin	45524		48261	5536	3405
黑龙江	Heilongjiang	630961	64063	718835		24432
上 海	Shanghai	11930306	3238634	14054353	2265005	1212315
江 苏	Jiangsu	8294449	375056	9394526	403013	269806
浙 江	Zhejiang	6975202	568645	7410337	458675	279560
安 徽	Anhui	2199676	8008	2429580	14238	76681
福 建	Fujian	5798419	947131	5856026	513974	312572
江 西	Jiangxi	335764	5799	366000	34321	11353
山 东	Shandong	5187162	689684	5700517	212620	203849
河 南	Henan	959143	14892	1095394	45188	49535
湖 北	Hubei	671893	4646	694917	1286	52654
湖 南	Hunan	517599	19274	720474		25398
广 东	Guangdong	15882404	8674793	17017622	8993977	860113
广 西	Guangxi	88234		93749	576	2286
海 南	Hainan	1454761	5224	1476914	10603	46984
重 庆	Chongqing	1442543	76700	1604006		54703
四 川	Sichuan	794610	1434	777470	3836	92006
贵 州	Guizhou	82470		86830		2559
云 南	Yunnan	1753062	20314	2050759	276379	115253
西 藏	Tibet					
陕 西	Shaanxi	96017		98353		3748
甘 肃	Gansu	15141		27970		1130
青 海	Qinghai	2129		2161		566
宁 夏	Ningxia	92150	14215	95540		8143
新 疆	Xinjiang	148598		181426	14899	6927

3-2-5 各地区限额以上零售业企业商品购、销、存情况

Total Purchases, Sales and Inventory of Enterprises above Designated Size of Retail Trade by Region

单位：万元

Unit: 10000 yuan

地区	Region	商品购进额 Total Purchases Value	#进口 Imports	商品销售额 Total Sales Value	#出口 Exports	期末商品库存额 Inventory (year-end)
全国	**National Total**	**860146142**	**25458618**	**984872580**	**498072**	**91613446**
北京	Beijing	70015001	1646062	76937882	37936	7682642
天津	Tianjin	20026384	706439	22701632	14283	1566672
河北	Hebei	25781785	367599	27975530	821	3450051
山西	Shanxi	18018558	251998	22016910		2187880
内蒙古	Inner Mongolia	12938931	218069	15470950	8922	1698943
辽宁	Liaoning	30068266	895614	36782089	17764	2895196
吉林	Jilin	11036085	104813	15280207		1197704
黑龙江	Heilongjiang	11931586	141344	15018972	23	1378255
上海	Shanghai	43290373	2986444	51279775	19456	5770629
江苏	Jiangsu	83439435	2370687	94199548	10324	7568758
浙江	Zhejiang	57686169	2783060	63642502	58232	6673700
安徽	Anhui	26862937	199149	29577163	12313	2929860
福建	Fujian	26952336	796993	33991847	23205	2749893
江西	Jiangxi	10580588	96125	12237544	100	1237074
山东	Shandong	80806945	819539	91192149	41401	9191378
河南	Henan	32264532	872266	35691945	11717	3124921
湖北	Hubei	45351060	938361	49873297	5261	4272091
湖南	Hunan	27313002	940268	35178007	15282	2534380
广东	Guangdong	81484982	4060327	94649256	138138	9464950
广西	Guangxi	10129439	291199	11269728		1228407
海南	Hainan	3925097	295953	4260764		531687
重庆	Chongqing	22801297	708086	26183262	6216	1784233
四川	Sichuan	40239281	1206338	43621485	39929	3341308
贵州	Guizhou	9708737	376961	11439609	1476	891118
云南	Yunnan	17166511	588875	18976796	29212	2087452
西藏	Tibet	853359	3269	935536	1	110038
陕西	Shaanxi	20987237	405039	23338708	288	1914986
甘肃	Gansu	7014364	89321	8275942	2986	644962
青海	Qinghai	1268761	23530	1601956		123119
宁夏	Ningxia	2969508	104818	3128215	2288	449733
新疆	Xinjiang	7233598	170074	8143375	500	931429

国有控股
State-controlled Enterprises

单位：万元
Unit: 10000 yuan

地 区	Region	商品购进额 Total Purchases Value	#进口 Imports	商品销售额 Total Sales Value	#出口 Exports	期末商品库存额 Inventory (year-end)
全 国	**National Total**	**177893743**	**2260885**	**226417333**	**134873**	**12606161**
北 京	Beijing	20272602	528205	22074600	6322	2120040
天 津	Tianjin	6750083	46701	7497716	110	325243
河 北	Hebei	4073023		4285634		225608
山 西	Shanxi	4995916	4275	7610725		481834
内蒙古	Inner Mongolia	4587272	11633	5846140		236604
辽 宁	Liaoning	6620854	18072	9198173	9537	535972
吉 林	Jilin	1828921	126	4749596		315631
黑龙江	Heilongjiang	1957130	2355	2287202		389024
上 海	Shanghai	10162624	395937	11914057	4756	1006242
江 苏	Jiangsu	11518728	45850	13978001		683218
浙 江	Zhejiang	9979330	126007	12113671	574	552222
安 徽	Anhui	7225570	565	8454199		394453
福 建	Fujian	4941232	51196	9319139	228	275561
江 西	Jiangxi	2105095	71	2680990		188211
山 东	Shandong	6811455	660	9247752	3815	324264
河 南	Henan	4237761	70616	4845550	1105	235604
湖 北	Hubei	13823382	56084	15685836		888056
湖 南	Hunan	5257310	47938	11984585		252805
广 东	Guangdong	15875324	434729	22081126	68653	1105127
广 西	Guangxi	1394017		1538154		121242
海 南	Hainan	1509776	193218	1711595		164369
重 庆	Chongqing	6453403	141643	8465633		471258
四 川	Sichuan	9980697	28146	10662835	39774	421457
贵 州	Guizhou	3003509	35011	4339533		171423
云 南	Yunnan	3941379	18181	4232586		189523
西 藏	Tibet	505837		627396		21780
陕 西	Shaanxi	2473646	896	2641509		187324
甘 肃	Gansu	2723838	2771	3144885		76713
青 海	Qinghai	282313		290778		8191
宁 夏	Ningxia	321859		343431		11380
新 疆	Xinjiang	2279855		2564307		225784

3-2-6 各地区限额以上零售业企业商品购、销、存情况（按登记注册类型分）

Total Purchases, Sales and Inventory of Enterprises above Designated Size of Retail Trade by Region and Type of Registration

内资企业　　　　　　　　　　　　　　　　单位：万元

Domestic Funded Enterprises　　　　　　　　Unit: 10000 yuan

地区	Region	商品购进额 Total Purchases Value	#进口 Imports	商品销售额 Total Sales Value	#出口 Exports	期末商品库存额 Inventory (year-end)
全国	**National Total**	**766701640**	**19879869**	**869831273**	**463495**	**79831364**
北京	Beijing	60124190	1102000	64492589	36533	5910629
天津	Tianjin	17109041	680657	19015108	3679	1299396
河北	Hebei	25545626	342055	27632947	821	3418773
山西	Shanxi	17683700	193054	21637003		2138601
内蒙古	Inner Mongolia	12746320	217569	15259086	8922	1676590
辽宁	Liaoning	27473032	666254	33502820	17764	2607787
吉林	Jilin	10729352	48787	14685756		1119793
黑龙江	Heilongjiang	11172283	93996	14179358	23	1315873
上海	Shanghai	30604617	1188216	33998459	10184	3133647
江苏	Jiangsu	70487117	1798383	79444070	10324	6179978
浙江	Zhejiang	50457479	2293257	55233639	57694	5817654
安徽	Anhui	25234319	199149	27874847	12313	2761778
福建	Fujian	23491705	698328	27146648	23205	2459798
江西	Jiangxi	9884484	96125	11518487	100	1179160
山东	Shandong	77264537	753647	87067593	41401	8722068
河南	Henan	31010892	843574	33721813	11717	3006095
湖北	Hubei	42324408	839963	46545321	5261	3957707
湖南	Hunan	26206818	919441	33966020	15282	2407915
广东	Guangdong	64804296	2889628	75644589	125377	7814123
广西	Guangxi	9535108	217104	10482302		1162061
海南	Hainan	3640750	272065	3990289		493983
重庆	Chongqing	21933043	708086	25020689	6216	1696284
四川	Sichuan	35829143	1200149	38666593	39929	2908181
贵州	Guizhou	9173181	330894	10831283	1476	847979
云南	Yunnan	15597567	579107	17187822	29212	1893858
西藏	Tibet	850336	3269	931646	1	109825
陕西	Shaanxi	17734362	358333	19673576	288	1673294
甘肃	Gansu	6938223	89321	8129547	2986	641120
青海	Qinghai	1252674	23530	1579782		121020
宁夏	Ningxia	2944949	104818	3099571	2288	447095
新疆	Xinjiang	6918092	129110	7672018	500	909301

3-2-6 续表 1 Continued 1

国有企业
State-owned Enterprises

单位：万元
Unit: 10000 yuan

地区	Region	商品购进额 Total Purchases Value	#进口 Imports	商品销售额 Total Sales Value	#出口 Exports	期末商品库存额 Inventory (year-end)
全国	**National Total**	**23465029**	**224456**	**25461201**	**8176**	**1527239**
北京	Beijing	1298915	116877	1345225	5669	193529
天津	Tianjin	286265	2046	356389	110	46245
河北	Hebei	210589		254674		15731
山西	Shanxi	569390		606456		41284
内蒙古	Inner Mongolia	2176559		2803949		68821
辽宁	Liaoning	1803363		1874347		90316
吉林	Jilin	26869		27279		3243
黑龙江	Heilongjiang	770890		822550		35154
上海	Shanghai	1075779	14412	1253059	1696	89863
江苏	Jiangsu	1098993	82	1170860		147307
浙江	Zhejiang	225008		235140		31874
安徽	Anhui	935947		936632		37259
福建	Fujian	564553	1560	872477		21296
江西	Jiangxi	63524		70563		4173
山东	Shandong	1080622	585	1144881	397	55737
河南	Henan	1059270	11587	1123990	305	65789
湖北	Hubei	2062534	53373	2262825		83883
湖南	Hunan	774162		788429		45605
广东	Guangdong	1715827		1786946		124306
广西	Guangxi	182213		198021		16436
海南	Hainan	10925		8682		1494
重庆	Chongqing	907644		1097580		21440
四川	Sichuan	2509072		2185110		71654
贵州	Guizhou	202304	19294	211870		13884
云南	Yunnan	628576	1869	704533		34945
西藏	Tibet	110945		144930		11216
陕西	Shaanxi	602895		652945		68108
甘肃	Gansu	263570	2771	264614		17548
青海	Qinghai					
宁夏	Ningxia	40341		43356		5299
新疆	Xinjiang	207487		212891		63804

集体企业 单位：万元

Collective-owned Enterprises Unit: 10000 yuan

地 区	Region	商品购进额 Total Purchases Value	#进口 Imports	商品销售额 Total Sales Value	#出口 Exports	期末商品库存额 Inventory (year-end)
全 国	**National Total**	**13555333**	**11320**	**14671790**	**1088**	**729803**
北 京	Beijing	472423	490	502800		36275
天 津	Tianjin	162458		205059		9636
河 北	Hebei	549024		581374		24652
山 西	Shanxi	537190		574983		31621
内蒙古	Inner Mongolia	81769		86769		3056
辽 宁	Liaoning	281788	321	312010		20063
吉 林	Jilin	64112		67970		4049
黑龙江	Heilongjiang	150281		156553		21805
上 海	Shanghai	91654		105989		7890
江 苏	Jiangsu	704543		728607		34828
浙 江	Zhejiang	409955		478769		24967
安 徽	Anhui	30716		39005		1739
福 建	Fujian	220165		234086		11836
江 西	Jiangxi	49451		51045		1838
山 东	Shandong	3560226		3658369		106486
河 南	Henan	1798586	7387	1905398		70070
湖 北	Hubei	1253404		1556169		142948
湖 南	Hunan	321560		344685		23177
广 东	Guangdong	1329506	3122	1548133	1088	81855
广 西	Guangxi	214440		224212		14840
海 南	Hainan	3183		3180		38
重 庆	Chongqing	49805		54214		1490
四 川	Sichuan	268713		275051		10236
贵 州	Guizhou	26871		25824		2777
云 南	Yunnan	348944		369516		11678
西 藏	Tibet					
陕 西	Shaanxi	431595		437472		20478
甘 肃	Gansu	132922		132465		8599
青 海	Qinghai	1722		1937		11
宁 夏	Ningxia	2718		2895		19
新 疆	Xinjiang	5612		7254		848

股份合作企业
Cooperative Enterprises

单位：万元
Unit: 10000 yuan

地 区	Region	商品购进额 Total Purchases Value	#进口 Imports	商品销售额 Total Sales Value	#出口 Exports	期末商品库存额 Inventory (year-end)
全 国	**National Total**	**1718125**	**13601**	**1824507**		**200186**
北 京	Beijing	324821		340361		17102
天 津	Tianjin	43578		39946		8160
河 北	Hebei	86253		54857		37003
山 西	Shanxi	31788		32553		5236
内蒙古	Inner Mongolia	623		681		71
辽 宁	Liaoning	40590		48861		5244
吉 林	Jilin	8700		45643		4977
黑龙江	Heilongjiang	37589		40512		7659
上 海	Shanghai	38393		41316		1063
江 苏	Jiangsu	47370	3	53848		3729
浙 江	Zhejiang	70145		73466		6959
安 徽	Anhui	34989		37139		2316
福 建	Fujian	7513		7512		3830
江 西	Jiangxi	31282		31373		2686
山 东	Shandong	283199		294528		20194
河 南	Henan	28584	13597	31031		2267
湖 北	Hubei	30895		30772		1003
湖 南	Hunan	60440		59434		1422
广 东	Guangdong	93196		101566		10622
广 西	Guangxi	3612		4011		39
海 南	Hainan					
重 庆	Chongqing	45765		52424		3313
四 川	Sichuan	117265		136469		8752
贵 州	Guizhou	40111		43853		32753
云 南	Yunnan	161260		169713		11430
西 藏	Tibet					
陕 西	Shaanxi	44070		43259		1300
甘 肃	Gansu	4171		6286		126
青 海	Qinghai	1669		1647		854
宁 夏	Ningxia					
新 疆	Xinjiang	255		1444		74

联营企业
Joint Ownership Enterprises

单位：万元
Unit: 10000 yuan

地 区	Region	商品购进额 Total Purchases Value	#进口 Imports	商品销售额 Total Sales Value	#出口 Exports	期末商品库存额 Inventory (year-end)
全 国	**National Total**	**1077288**	**7968**	**1180277**		**56354**
北 京	Beijing	52574		60511		15046
天 津	Tianjin	46305		49270		1702
河 北	Hebei					
山 西	Shanxi	8707		10112		417
内蒙古	Inner Mongolia					
辽 宁	Liaoning	24326		24775		206
吉 林	Jilin					
黑龙江	Heilongjiang	35785		35456		845
上 海	Shanghai	195960	2272	228353		4763
江 苏	Jiangsu	80744		86390		8522
浙 江	Zhejiang	80208		86372		1307
安 徽	Anhui	28887		33571		3921
福 建	Fujian	33745		37213		444
江 西	Jiangxi					
山 东	Shandong	148899		155110		6344
河 南	Henan	51684		54622		2824
湖 北	Hubei	30130		30249		429
湖 南	Hunan	4419		2312		718
广 东	Guangdong	133716	3361	159539		4304
广 西	Guangxi					
海 南	Hainan					
重 庆	Chongqing	13477		15083		585
四 川	Sichuan	57141		58203		1227
贵 州	Guizhou	24329		23631		798
云 南	Yunnan	13539	2335	17040		1704
西 藏	Tibet					
陕 西	Shaanxi	9192		8945		247
甘 肃	Gansu	3523		3522		1
青 海	Qinghai					
宁 夏	Ningxia					
新 疆	Xinjiang					

3-2-6 续表 5 Continued 5

有限责任公司 单位：万元

Limited Liability Corporations Unit: 10000 yuan

地　区	Region	商品购进额 Total Purchases Value	#进口 Imports	商品销售额 Total Sales Value	#出口 Exports	期末商品库存额 Inventory (year-end)
全　国	**National Total**	**322263146**	**10182726**	**356559988**	**149177**	**34980720**
北　京	Beijing	36942549	693695	38809917	14693	3227396
天　津	Tianjin	6567490	240514	7169186	50	672113
河　北	Hebei	9229272	168972	10539156	421	1209007
山　西	Shanxi	2485139	733	3382066		481859
内蒙古	Inner Mongolia	3962575	39308	4585373	5426	707144
辽　宁	Liaoning	9477474	226163	11861156	10466	911298
吉　林	Jilin	4361275	31183	5080931		358884
黑龙江	Heilongjiang	4332095	82171	5752654		458434
上　海	Shanghai	16645468	861106	18734006	1103	1655781
江　苏	Jiangsu	23704801	618181	25941886	5714	2215380
浙　江	Zhejiang	21439310	681769	22931499	3229	2302927
安　徽	Anhui	9625572	82239	10309332	4717	1481913
福　建	Fujian	10754342	316598	12417786	2643	1185481
江　西	Jiangxi	5089802	74842	5840921		536304
山　东	Shandong	28460872	452387	30975567	13977	2622298
河　南	Henan	13669624	495365	15053146	800	1485348
湖　北	Hubei	17548132	297431	19136985	5233	1652399
湖　南	Hunan	8380599	389118	9169068		787253
广　东	Guangdong	28863009	1697143	31971003	13098	4218250
广　西	Guangxi	4285635	133192	4810022		505360
海　南	Hainan	2095641	244134	2322088		337661
重　庆	Chongqing	9881227	607045	10499495		1013879
四　川	Sichuan	13816494	886316	15159199	39774	1407583
贵　州	Guizhou	4660519	289144	5013323	1476	485373
云　南	Yunnan	6641214	200972	7785770	25569	859433
西　藏	Tibet	468759	1226	473276	1	76456
陕　西	Shaanxi	11001968	221154	12296858	288	1123976
甘　肃	Gansu	2978203	52980	3316255		352394
青　海	Qinghai	858802	19387	1024362		75733
宁　夏	Ningxia	1265141	216	1260388		212772
新　疆	Xinjiang	2770149	78044	2937316	500	360631

3-2-6 续表 6 Continued 6

股份有限公司 单位：万元
Share-holding Corporations Ltd. Unit: 10000 yuan

地 区	Region	商品购进额 Total Purchases Value	#进 口 Imports	商品销售额 Total Sales Value	#出 口 Exports	期末商品库存额 Inventory (year-end)
全 国	**National Total**	**119458323**	**416671**	**160249242**	**67562**	**8098690**
北 京	Beijing	10602439	55405	11948054		1021577
天 津	Tianjin	5134234		5654688		173118
河 北	Hebei	4079915	3853	4293676		208169
山 西	Shanxi	3861380	3543	5954236		208432
内蒙古	Inner Mongolia	2170905	26269	2824130		159440
辽 宁	Liaoning	4517133	42578	6752517	1414	411148
吉 林	Jilin	2467540	36	5382033		376633
黑龙江	Heilongjiang	2060293	4701	2959334		404922
上 海	Shanghai	2346513		2470938		197157
江 苏	Jiangsu	8771183	270	11407302		376650
浙 江	Zhejiang	5881659	38761	7687618		372156
安 徽	Anhui	5079864		6242258		222161
福 建	Fujian	2275029	1900	2856601		146405
江 西	Jiangxi	1521558	71	2108314		268910
山 东	Shandong	9593868	28888	14002883		599022
河 南	Henan	3456002	3000	4003572	1500	230041
湖 北	Hubei	9266005	30	10345454		693124
湖 南	Hunan	3719809	28501	9919167		299465
广 东	Guangdong	9734303	83964	15219488	64648	550567
广 西	Guangxi	1593998	1554	1804418		168207
海 南	Hainan	1250090		1354247		95816
重 庆	Chongqing	3507861		5271784		180273
四 川	Sichuan	7138805	17865	7953862		323036
贵 州	Guizhou	2417498	4342	3675835		106569
云 南	Yunnan	1503097		1673615		66893
西 藏	Tibet	163385		207413		7774
陕 西	Shaanxi	1712618	71144	1974262		145827
甘 肃	Gansu	1935448		2388402		31817
青 海	Qinghai	111550		115200		3065
宁 夏	Ningxia	630854		651432		17948
新 疆	Xinjiang	953487		1146508		32371

3-2-6 续表 7 Continued 7

私营企业 单位：万元

Private Enterprises Unit: 10000 yuan

地区	Region	商品购进额 Total Purchases Value	#进口 Imports	商品销售额 Total Sales Value	#出口 Exports	期末商品库存额 Inventory (year-end)
全国	**National Total**	**279607068**	**9004637**	**303737977**	**235162**	**33703193**
北京	Beijing	10430469	235533	11485722	16171	1399704
天津	Tianjin	4759610	438097	5379627	3519	383662
河北	Hebei	11317368	169231	11836435	400	1915888
山西	Shanxi	10147631	188778	11033410		1361507
内蒙古	Inner Mongolia	4308099	151993	4896583	3496	726708
辽宁	Liaoning	11238188	397193	12538868	5884	1151816
吉林	Jilin	3628259	17569	3907275		364748
黑龙江	Heilongjiang	3680172	7123	4253981	23	375000
上海	Shanghai	10192957	310414	11144834	5055	1175531
江苏	Jiangsu	35573580	1179846	39479772	4611	3363984
浙江	Zhejiang	22295385	1572024	23680866	54465	3070737
安徽	Anhui	9373861	116910	10137454	7596	1003562
福建	Fujian	9343737	378271	10368056	20562	1063302
江西	Jiangxi	3105382	19512	3393085	100	363913
山东	Shandong	32318101	268476	34882331	27027	5137678
河南	Henan	10806518	312637	11399990	9113	1139396
湖北	Hubei	11714428	489130	12733428	28	1364303
湖南	Hunan	12836492	501822	13565714	15282	1220826
广东	Guangdong	22351421	1101700	24212516	46543	2767025
广西	Guangxi	3217228	82358	3405994		454318
海南	Hainan	280910	27931	302093		58975
重庆	Chongqing	7322493	90514	7819723	6216	451183
四川	Sichuan	11600197	295968	12524542	155	1052528
贵州	Guizhou	1799149	18113	1832877		205252
云南	Yunnan	6175911	372840	6333151	3644	878777
西藏	Tibet	106047	2044	104883		14147
陕西	Shaanxi	3810107	65228	4136441		305011
甘肃	Gansu	1611937	33570	2008031	2986	229941
青海	Qinghai	277972	4144	435680		41266
宁夏	Ningxia	1005896	104602	1141500	2288	211056
新疆	Xinjiang	2977565	51066	3363118		451451

3-2-6 续表 8 Continued 8

其他企业 单位：万元

Other Enterprises Unit: 10000 yuan

地 区	Region	商品购进额 Total Purchases Value	#进口 Imports	商品销售额 Total Sales Value	#出口 Exports	期末商品库存额 Inventory (year-end)
全 国	**National Total**	**5557327**	**18491**	**6146293**	**2330**	**535178**
北 京	Beijing					
天 津	Tianjin	109103		160943		4760
河 北	Hebei	73205		72775		8323
山 西	Shanxi	42475		43189		8246
内蒙古	Inner Mongolia	45790		61602		11351
辽 宁	Liaoning	90171		90287		17696
吉 林	Jilin	172598		174625		7259
黑龙江	Heilongjiang	105178	1	158318		12054
上 海	Shanghai	17894	12	19966	2330	1599
江 苏	Jiangsu	505903		575406		29579
浙 江	Zhejiang	55811	703	59910		6729
安 徽	Anhui	124483		139457		8908
福 建	Fujian	292621		352917		27203
江 西	Jiangxi	23485	1700	23186		1335
山 东	Shandong	1818751	3312	1953924		174308
河 南	Henan	140624		150064		10361
湖 北	Hubei	418882		449439		19619
湖 南	Hunan	109336		117212		29449
广 东	Guangdong	583317	338	645398		57193
广 西	Guangxi	37983		35624		2860
海 南	Hainan					
重 庆	Chongqing	204771	10527	210387		24121
四 川	Sichuan	321455		374158		33165
贵 州	Guizhou	2401		4069		574
云 南	Yunnan	125027	1092	134484		28998
西 藏	Tibet	1201		1144		232
陕 西	Shaanxi	121917	807	123394		8347
甘 肃	Gansu	8450		9973		696
青 海	Qinghai	959		957		91
宁 夏	Ningxia					
新 疆	Xinjiang	3537		3486		123

港、澳、台商投资企业
Enterprises with Funds from Hong Kong, Macao and Taiwan

单位：万元
Unit: 10000 yuan

地区	Region	商品购进额 Total Purchases Value	#进口 Imports	商品销售额 Total Sales Value	#出口 Exports	期末商品库存额 Inventory (year-end)
全国	**National Total**	**41183154**	**3426719**	**50960081**	**5916**	**6290909**
北京	Beijing	3275248	221287	3987225	1403	538566
天津	Tianjin	1071652	2639	1444635	170	128629
河北	Hebei	18934		17175		1759
山西	Shanxi	283315	58944	319197		40931
内蒙古	Inner Mongolia	186801	500	207376		21031
辽宁	Liaoning	1393657	116215	1938759		127542
吉林	Jilin	125940	25552	405184		59927
黑龙江	Heilongjiang	400507	47348	452584		25569
上海	Shanghai	5562405	1028168	7917579	2992	1637442
江苏	Jiangsu	6252572	388106	7104612		856737
浙江	Zhejiang	2820517	134076	3611654	538	431141
安徽	Anhui	781597		854565		67725
福建	Fujian	1272600	34181	1329177		116567
江西	Jiangxi	367270		373111		15426
山东	Shandong	1476416	29815	1789106		224853
河南	Henan	696592		1367000		54388
湖北	Hubei	1394228	98398	1462392		185481
湖南	Hunan	526683	20828	562478		81246
广东	Guangdong	7736722	987111	9156253	814	1021381
广西	Guangxi	517013	74095	675687		48021
海南	Hainan	52676	23261	58401		9231
重庆	Chongqing	395995		641801		42756
四川	Sichuan	1667690	2460	1871956		233059
贵州	Guizhou	272031	46067	311261		20358
云南	Yunnan	789154		872604		108885
西藏	Tibet					
陕西	Shaanxi	1562104	46706	1855621		170151
甘肃	Gansu	75499		125130		3359
青海	Qinghai	16087		22174		2099
宁夏	Ningxia	22524		22710		2561
新疆	Xinjiang	168728	40964	202677		14091

外商投资企业 单位：万元

Foreign Funded Enterprises Unit: 10000 yuan

地区	Region	商品购进额 Total Purchases Value	#进口 Imports	商品销售额 Total Sales Value	#出口 Exports	期末商品库存额 Inventory (year-end)
全国	**National Total**	**52261348**	**2152030**	**64081227**	**28661**	**5491172**
北京	Beijing	6615563	322775	8458068		1233446
天津	Tianjin	1845692	23143	2241890	10434	138647
河北	Hebei	217225	25543	325408		29520
山西	Shanxi	51544		60710		8347
内蒙古	Inner Mongolia	5810		4488		1322
辽宁	Liaoning	1201576	113144	1340509		159867
吉林	Jilin	180793	30474	189267		17984
黑龙江	Heilongjiang	358796		387030		36814
上海	Shanghai	7123351	770061	9363737	6280	999540
江苏	Jiangsu	6699746	184198	7650866		532042
浙江	Zhejiang	4408173	355728	4797209		424904
安徽	Anhui	847021		847750		100357
福建	Fujian	2188032	64484	5516023		173529
江西	Jiangxi	328835		345946		42488
山东	Shandong	2065993	36077	2335451		244457
河南	Henan	557048	28692	603133		64438
湖北	Hubei	1632424		1865583		128904
湖南	Hunan	579502		649509		45220
广东	Guangdong	8943965	183588	9848415	11947	629446
广西	Guangxi	77318		111739		18325
海南	Hainan	231672	627	212075		28473
重庆	Chongqing	472259		520773		45194
四川	Sichuan	2742449	3730	3082936		200067
贵州	Guizhou	263525		297066		22781
云南	Yunnan	779790	9767	916369		84709
西藏	Tibet	3023		3890		214
陕西	Shaanxi	1690770		1809511		71541
甘肃	Gansu	643		21265		483
青海	Qinghai					
宁夏	Ningxia	2035		5934		77
新疆	Xinjiang	146777		268680		8037

3-2-7 各地区限额以上零售业企业商品购、销、存情况（按国民经济行业分）

Total Purchases, Sales and Inventory of Enterprises above Designated Size of Retail Trade by Region and Sector

综合零售 Integrated Retail

单位：万元 Unit: 10000 yuan

地区	Region	商品购进额 Total Purchases Value	#进口 Imports	商品销售额 Total Sales Value	#出口 Exports	期末商品库存额 Inventory (year-end)
全国	**National Total**	**203665032**	**959357**	**244213421**	**37848**	**20563086**
北京	Beijing	15124160	215338	17619852		1786326
天津	Tianjin	2974062	13	3525619		258916
河北	Hebei	8343935	20697	9565453		831003
山西	Shanxi	2730121	1049	3323769		447216
内蒙古	Inner Mongolia	1679830	2116	2220838		432860
辽宁	Liaoning	7450822	28594	11059632	1093	701045
吉林	Jilin	2671510		6204958		365863
黑龙江	Heilongjiang	3516537	2355	5265500		197511
上海	Shanghai	12467201	269125	14719483	2917	1049520
江苏	Jiangsu	20574039	77801	23801822	5548	1994597
浙江	Zhejiang	12193577	7690	13980372		1205335
安徽	Anhui	8197076	6412	8557195		1225323
福建	Fujian	5038940	15313	5777703	1782	420932
江西	Jiangxi	2189869		2555333		307246
山东	Shandong	24376457	2398	28941711		1958844
河南	Henan	7628178	20038	9378045		737934
湖北	Hubei	15188031	42378	16899261		1543517
湖南	Hunan	6641399	4402	6938019		715366
广东	Guangdong	15193841	137165	18035991	1088	1615346
广西	Guangxi	2426013	4478	3096846		224998
海南	Hainan	509500	858	565834		73839
重庆	Chongqing	5140071	14687	7225432		414580
四川	Sichuan	8001769	2102	9494231		658767
贵州	Guizhou	1387842	4342	1461924		115690
云南	Yunnan	2972200		3406868	25419	407838
西藏	Tibet	115868	2063	81490	1	42793
陕西	Shaanxi	5267548	77914	6097202		427176
甘肃	Gansu	1211948	31	1624265		195571
青海	Qinghai	374461		447973		26767
宁夏	Ningxia	863099		877060		85491
新疆	Xinjiang	1215132		1463740		94877

食品、饮料及烟草制品专门零售
Special Retail of Food, Beverages and Tobaccos

单位：万元
Unit: 10000 yuan

地 区	Region	商品购进额 Total Purchases Value	#进 口 Imports	商品销售额 Total Sales Value	#出 口 Exports	期末商品库存额 Inventory (year-end)
全 国	**National Total**	**23545654**	**260515**	**26944314**	**66936**	**2591800**
北 京	Beijing	619472	1082	816588		145462
天 津	Tianjin	418737	1484	482314	50	49581
河 北	Hebei	115633		125351		26275
山 西	Shanxi	404100	2011	478650		90614
内蒙古	Inner Mongolia	180112	150	159628		53147
辽 宁	Liaoning	442518	3617	506913		44946
吉 林	Jilin	444038		481473		28272
黑龙江	Heilongjiang	254837		282412		12439
上 海	Shanghai	795523	39	895737		92652
江 苏	Jiangsu	2769432	18771	3213708	1162	263460
浙 江	Zhejiang	702001	703	826669		69940
安 徽	Anhui	902261	8862	1143568	4554	86148
福 建	Fujian	1689842	11951	1931175	113	198387
江 西	Jiangxi	225131		262281		28333
山 东	Shandong	2776515	3847	3071771	15474	144695
河 南	Henan	997264	8023	1094105	800	88745
湖 北	Hubei	3325561	1504	3720842		194680
湖 南	Hunan	913688	16568	964310	1030	114811
广 东	Guangdong	1262182	156396	1643900	6385	267751
广 西	Guangxi	82957	1018	87655		17516
海 南	Hainan	25459		27525		9277
重 庆	Chongqing	796488	2787	878192		61950
四 川	Sichuan	1382626	9395	1558691	34382	156986
贵 州	Guizhou	282732		329576		44288
云 南	Yunnan	898851	9336	982513		124531
西 藏	Tibet	37480		45600		6355
陕 西	Shaanxi	559133	2974	659014		122603
甘 肃	Gansu	202669		233500	2986	33766
青 海	Qinghai	1145		5980		155
宁 夏	Ningxia	20409		18397		7191
新 疆	Xinjiang	16862		16279		6846

纺织、服装及日用品专门零售

Special Retail of Textiles, Garments and Daily Consumer Articles

单位：万元

Unit: 10000 yuan

地区	Region	商品购进额 Total Purchases Value	#进口 Imports	商品销售额 Total Sales Value	#出口 Exports	期末商品库存额 Inventory (year-end)
全国	**National Total**	**30749392**	**1583057**	**40612444**	**70560**	**6966095**
北京	Beijing	1774917	210962	2794264	16355	528696
天津	Tianjin	430400	7851	737581		117741
河北	Hebei	531538	602	633471	421	97067
山西	Shanxi	870855		1029264		140453
内蒙古	Inner Mongolia	493801		591894	8922	72126
辽宁	Liaoning	1104974	38479	1337552		205968
吉林	Jilin	509670	36	663118		56273
黑龙江	Heilongjiang	438375	338	584540		45393
上海	Shanghai	3923883	933258	6920032	2373	1485036
江苏	Jiangsu	2224019	13983	2580733	1740	355188
浙江	Zhejiang	1753480	33146	2351280	1915	624294
安徽	Anhui	586724	417	711411	7427	101079
福建	Fujian	1079978	587	1249483	546	401047
江西	Jiangxi	130663	527	185457		31752
山东	Shandong	3216699	21830	3858237	1846	393176
河南	Henan	1037257	4543	1083955	8535	91493
湖北	Hubei	1411315	3917	1686271		232735
湖南	Hunan	925033	452	1021589		112381
广东	Guangdong	3710682	111317	5231603	19980	1061824
广西	Guangxi	90685		110939		26312
海南	Hainan	368241	193218	453423		113133
重庆	Chongqing	648640	938	773141		100662
四川	Sichuan	1193394	923	1438112		313297
贵州	Guizhou	110724		133968		27650
云南	Yunnan	314953	5736	412437		85264
西藏	Tibet	3152		3974		259
陕西	Shaanxi	1471371		1512973		89753
甘肃	Gansu	93948		104344		27205
青海	Qinghai	28908		33858		5215
宁夏	Ningxia	21306		22347		6052
新疆	Xinjiang	249807		361193	500	17572

3-2-7 续表 3 Continued 3

文化、体育用品及器材专门零售 单位：万元

Special Retail of Culture, Sports Appliances and Equipments Unit: 10000 yuan

地 区	Region	商品购进额 Total Purchases Value	#进口 Imports	商品销售额 Total Sales Value	#出口 Exports	期末商品库存额 Inventory (year-end)
全 国	**National Total**	**26891502**	**827514**	**30350434**	**42102**	**5577983**
北 京	Beijing	2074059	254511	2316982	6280	856726
天 津	Tianjin	1103101	15455	1348891		105680
河 北	Hebei	371597		381036		59012
山 西	Shanxi	465021		518489		127830
内蒙古	Inner Mongolia	94548		105656		41907
辽 宁	Liaoning	640394		740104		115059
吉 林	Jilin	178064		186901		37870
黑龙江	Heilongjiang	287945		415692		91828
上 海	Shanghai	3255485	496810	4012830	5517	834588
江 苏	Jiangsu	3095776	1642	3474891	337	582890
浙 江	Zhejiang	1557981		1615175	574	448781
安 徽	Anhui	712450		723899		101913
福 建	Fujian	799511	4891	1219749	2106	122858
江 西	Jiangxi	699649		776474		36647
山 东	Shandong	1300421	974	1527632	3416	221704
河 南	Henan	929225	182	936739		145318
湖 北	Hubei	845805		894906		119225
湖 南	Hunan	1299041	19799	1392503	13160	138912
广 东	Guangdong	3232254	4626	3524324	10481	558611
广 西	Guangxi	218111	840	231903		34894
海 南	Hainan	23441		30122		9944
重 庆	Chongqing	1164951		1142781		80622
四 川	Sichuan	770233		759005		202519
贵 州	Guizhou	148433	19294	149624		22184
云 南	Yunnan	509252	6489	789910	233	229830
西 藏	Tibet	3323		4395		319
陕 西	Shaanxi	661121	2000	667860		113321
甘 肃	Gansu	208648		208438		27300
青 海	Qinghai	3551		9827		1312
宁 夏	Ningxia	35842		35789		9321
新 疆	Xinjiang	202270		207909		99059

医药及医疗器材专门零售 单位：万元

Special Retail of Medicines and Medical Appliances Unit: 10000 yuan

地 区	Region	商品购进额 Total Purchases Value	#进 口 Imports	商品销售额 Total Sales Value	#出 口 Exports	期末商品库存额 Inventory (year-end)
全 国	**National Total**	**42385126**	**263973**	**47263980**	**9800**	**4955942**
北 京	Beijing	4605997	188512	5139894	329	577121
天 津	Tianjin	527881	1663	574278		47254
河 北	Hebei	318802	1984	381625		76056
山 西	Shanxi	291398	695	721621		79887
内蒙古	Inner Mongolia	264048	2083	306788		36920
辽 宁	Liaoning	1844393	466	2025616	9216	170490
吉 林	Jilin	533372		582275		66594
黑龙江	Heilongjiang	1414415	1	1470303		385861
上 海	Shanghai	1589405	186	1806348		142551
江 苏	Jiangsu	6072493	14179	6788914		521361
浙 江	Zhejiang	2175156	2173	2382532		271741
安 徽	Anhui	2069080	1492	2248665		187912
福 建	Fujian	1008898	1275	1204026		98409
江 西	Jiangxi	911288		979631		178863
山 东	Shandong	3867824	5207	4202194		373047
河 南	Henan	1378578	1206	1517188	255	166597
湖 北	Hubei	2904437	13441	3055275		219487
湖 南	Hunan	1950187	378	2050669		150363
广 东	Guangdong	2344739	21991	2993156		349149
广 西	Guangxi	1457983	2916	1564562		134380
海 南	Hainan	39583		37972		15023
重 庆	Chongqing	1010453		1127350		113982
四 川	Sichuan	621097	2082	712495		82321
贵 州	Guizhou	527842	81	574437		56900
云 南	Yunnan	834385	25	802971		111573
西 藏	Tibet					
陕 西	Shaanxi	509272		592170		91722
甘 肃	Gansu	228674		263968		34154
青 海	Qinghai	36559		39941		11311
宁 夏	Ningxia	228378	1940	233232		38022
新 疆	Xinjiang	818513		883887		166890

汽车、摩托车、燃料及零配件专门零售
Special Retail of Motor Vehicles, Motorcycles, Fuel and Parts

单位：万元
Unit: 10000 yuan

地区	Region	商品购进额 Total Purchases Value	#进口 Imports	商品销售额 Total Sales Value	#出口 Exports	期末商品库存额 Inventory (year-end)
全国	**National Total**	**405882312**	**20980958**	**454679062**	**199726**	**37711196**
北京	Beijing	26039058	582021	26808640		2547231
天津	Tianjin	11695215	647005	13036716	10416	759638
河北	Hebei	14420630	344240	15062317		2114730
山西	Shanxi	11463305	245132	13942268		1056374
内蒙古	Inner Mongolia	8880411	213290	10442714		851100
辽宁	Liaoning	14702463	818752	16939442	7455	1319917
吉林	Jilin	5763818	104153	5969051		562841
黑龙江	Heilongjiang	4075009	108771	4793710	23	462131
上海	Shanghai	13251045	1254095	13710896	5929	1341085
江苏	Jiangsu	36425360	2223492	40516211		2973772
浙江	Zhejiang	35021901	2737070	37712525	55743	3526757
安徽	Anhui	11112571	171479	12668939		910468
福建	Fujian	13215649	734988	17981529	8934	1119591
江西	Jiangxi	4828005	95599	5745251		456296
山东	Shandong	31709749	764145	34840197	17528	2547828
河南	Henan	16115946	826082	17254363	1550	1507613
湖北	Hubei	14545222	873992	15354273	5233	1345842
湖南	Hunan	11957086	890291	18864933	800	1056961
广东	Guangdong	43672326	3479566	49838771	72835	4535931
广西	Guangxi	4792195	278243	4965358		628829
海南	Hainan	2612203	100707	2769855		256504
重庆	Chongqing	9673070	683207	10406651	6216	761381
四川	Sichuan	23001409	1185617	23980690	52	1530438
贵州	Guizhou	6491569	353243	7926584	1476	564402
云南	Yunnan	10285938	567288	10970743	3253	999244
西藏	Tibet	642990	1206	759264		46738
陕西	Shaanxi	8510993	315302	9138152		884230
甘肃	Gansu	4569041	85503	5239267		271667
青海	Qinghai	738197	23530	893354		67846
宁夏	Ningxia	1487348	102878	1619734	2288	256089
新疆	Xinjiang	4182593	170074	4526665		447723

家用电器及电子产品专门零售 单位：万元

Special Retail of Household Electric Appliances and Electronic Products Unit: 10000 yuan

地区	Region	商品购进额 Total Purchases Value	#进口 Imports	商品销售额 Total Sales Value	#出口 Exports	期末商品库存额 Inventory (year-end)
全国	**National Total**	**71739648**	**176786**	**77591820**	**5920**	**9137199**
北京	Beijing	13307688	58104	14122123	5	849887
天津	Tianjin	943945	2142	921889	110	75235
河北	Hebei	1353967		1434413		214276
山西	Shanxi	949282	295	1003768		183912
内蒙古	Inner Mongolia	685193		776295		91309
辽宁	Liaoning	2302675	305	2481251		211691
吉林	Jilin	583707		682841		50330
黑龙江	Heilongjiang	1296943	29880	1479901		115641
上海	Shanghai	2490415		3062350		215599
江苏	Jiangsu	6636683	12248	7300246		564791
浙江	Zhejiang	2734575	1778	3025749		383647
安徽	Anhui	2154240	7403	2287392	170	220776
福建	Fujian	2219344	6602	2459114		214115
江西	Jiangxi	1029661		1106235		118569
山东	Shandong	6429460	13253	6611880	95	3079004
河南	Henan	2781378	5215	2848662	577	279097
湖北	Hubei	3852798	1690	4145594		466030
湖南	Hunan	2104269	568	2229745	292	176968
广东	Guangdong	7099681	22749	7758947	4428	617337
广西	Guangxi	739914	70	860090		127119
海南	Hainan	305706	1170	327845		41510
重庆	Chongqing	2164775	6467	2247994		183888
四川	Sichuan	3198732	1861	3327378		241377
贵州	Guizhou	539088		584275		48064
云南	Yunnan	730324		919653		85370
西藏	Tibet	42777		36813		9806
陕西	Shaanxi	2038928	4988	2431811	242	125743
甘肃	Gansu	244197		282484		29035
青海	Qinghai	56267		93880		3719
宁夏	Ningxia	286350		291362		35982
新疆	Xinjiang	436685		449843		77373

五金、家具及室内装饰材料专门零售 单位：万元

Special Retail of Hardware, Furniture and Interior Decoration Materials Unit: 10000 yuan

地区	Region	商品购进额 Total Purchases Value	#进口 Imports	商品销售额 Total Sales Value	#出口 Exports	期末商品库存额 Inventory (year-end)
全国	**National Total**	**24351688**	**92474**	**28268770**	**28812**	**1988943**
北京	Beijing	947582	13376	1145651	125	124691
天津	Tianjin	356280	328	370134	1483	49215
河北	Hebei	214553	76	270953		22916
山西	Shanxi	397345	2668	521769		32226
内蒙古	Inner Mongolia	272708		333238		26049
辽宁	Liaoning	768731	4861	761587		62810
吉林	Jilin	179002	625	187156		13815
黑龙江	Heilongjiang	93783		170102		10305
上海	Shanghai	447731	11544	700813	2720	86069
江苏	Jiangsu	4033632	4134	4598344	1538	250416
浙江	Zhejiang	452881	500	557148		82026
安徽	Anhui	761629	2542	811867	163	74202
福建	Fujian	1199123	9607	1318880	3156	90784
江西	Jiangxi	389522		406867		51464
山东	Shandong	4037344	2118	4696089	303	346435
河南	Henan	767552	171	895920		74961
湖北	Hubei	1481105	560	1829501		74510
湖南	Hunan	729279	7812	787928		39962
广东	Guangdong	1510199	23864	1775361	19176	222382
广西	Guangxi	31500	1582	34154		7618
海南	Hainan	12691		16396		3880
重庆	Chongqing	1886220		2049940		43691
四川	Sichuan	843086	460	989057	103	76693
贵州	Guizhou	34873		38553		4461
云南	Yunnan	440930		498163		32965
西藏	Tibet					
陕西	Shaanxi	1818725	1861	2079680	46	54516
甘肃	Gansu	143516	3787	166363		9240
青海	Qinghai			34011		
宁夏	Ningxia	19882		21190		10686
新疆	Xinjiang	80289		201958		9958

3-2-7 续表 8 Continued 8

货摊、无店铺及其他零售业
Stalls, Non-shop and Other Retails

单位：万元
Unit: 10000 yuan

地 区	Region	商品购进额 Total Purchases Value	#进口 Imports	商品销售额 Total Sales Value	#出口 Exports	期末商品库存额 Inventory (year-end)
全 国	**National Total**	**30935786**	**313984**	**34948336**	**36369**	**2121201**
北 京	Beijing	5522067	122155	6173888	14842	266500
天 津	Tianjin	1576764	30499	1704210	2224	103411
河 北	Hebei	111130		120913	400	8718
山 西	Shanxi	447132	148	477312		29368
内蒙古	Inner Mongolia	388280	430	533901		93524
辽 宁	Liaoning	811295	541	929993		63270
吉 林	Jilin	172905		322434		15845
黑龙江	Heilongjiang	553742		556813		57148
上 海	Shanghai	5069687	21389	5451288		523528
江 苏	Jiangsu	1608004	4439	1924680		62283
浙 江	Zhejiang	1094618		1191052		61179
安 徽	Anhui	366905	543	424226		22040
福 建	Fujian	701051	11780	850189	6568	83771
江 西	Jiangxi	176801		220016	100	27906
山 东	Shandong	3092477	5768	3442440	2739	126645
河 南	Henan	629154	6807	682968		33164
湖 北	Hubei	1796786	878	2287374	28	76066
湖 南	Hunan	793021		928311		28656
广 东	Guangdong	3459080	102656	3847202	3766	236618
广 西	Guangxi	290084	2052	318221		26741
海 南	Hainan	28275		31793		8577
重 庆	Chongqing	316629		331781		23479
四 川	Sichuan	1226935	3898	1361826	5392	78909
贵 州	Guizhou	185635		240669		7481
云 南	Yunnan	179679		193538	309	10838
西 藏	Tibet	7768		4000		3769
陕 西	Shaanxi	150145		159848		5922
甘 肃	Gansu	111722		153315		17023
青 海	Qinghai	29673		43132		6794
宁 夏	Ningxia	6893		9105		900
新 疆	Xinjiang	31447		31900		11131

3-2-8 限额以上批发和零售业商品销售类值

Sale Values of Enterprises above Designated Size of Wholesale and Retail Trades by Category of Commodities

单位：万元

Unit: 10000 yuan

项目	Item	合计 Total Sale Value		批发额 Wholesale Value		零售额 Retail Value	
		2013	2012	2013	2012	2013	2012
1.粮油、食品、饮料、烟酒类	Grain and Oil, Food, Beverages, Tobacco and Liquor	504318599	428669815	355985425	304607428	148333174	124062387
(1)粮油、食品类	Grain and Oil, foods	255233650	207642212	154582200	123441374	100651450	84200838
#粮油类	Grain and Oil	90161153	76384009	64940820	55084505	25220333	21299504
肉禽蛋类	Meat, Poultry and Eggs	29955328	24342006	13905956	10765778	16049372	13576228
(2)饮料类	Beverages	37234317	30261109	21892049	17644844	15342268	12616265
(3)烟酒类	Tobacco and Liquor	211850632	191145883	179511176	163851925	32339456	27293958
2.服装、鞋帽、针纺织品类	Clothing, Shoes, Hats and Textiles	260457801	219403858	146314730	121626059	114143071	97777799
(1)服装类	Clothing	155764436	131641126	73966699	61426351	81797737	70214775
(2)鞋帽类	Shoes and Hats	39942825	34213431	19127084	16645356	20815741	17568075
(3)针、纺织品类	Knitwear and Textiles	64750540	53552845	53220947	43554965	11529593	9997880
3.化妆品类	Cosmetics	25086287	21626841	8837461	8225670	16248826	13401171
4.金银珠宝类	Gold, Silver and Jewellery	60462547	44658611	30869974	22564202	29592573	22094409
5.日用品类	Articles for Daily Use	82743187	69535698	43120127	35894324	39623060	33641374
#洗涤用品类	Washing Articles	19350317	16006317	9055091	7254916	10295226	8751401
儿童玩具类	Children Toys	3852650	3195255	1484746	1243564	2367904	1951691
6.五金、电料类	Hardware and Electrical Materials	28951574	25330578	20082622	18511464	8868952	6819114
7.体育、娱乐用品类	Sports and Recreation Articles	11780992	11971067	7249783	7863295	4531209	4107772
8.书报杂志类	Newspapers and Magazines	16058599	14996778	6752208	6235503	9306391	8761275
9.电子出版物及音像制品类	E-journals and Video Products	1875683	1624245	765696	683186	1109987	941059
10.家用电器和音像器材类	Household Appliances and Video Appliances	152913393	133641533	83468768	74283048	69444625	59358485
11.中西药品类	Traditional Chinese and Western Medicines	179697467	145969962	120462330	97834025	59235137	48135937
#西药类	Western Medicines	125754425	102544427	83959109	68860424	41795316	33684003
中草药及中成药类	Traditional Chinese Medicines	30043930	24538512	20195690	16538245	9848240	8000267
12.文化办公用品类	Cultural and Offices Appliances	125154366	99741923	100799243	77915705	24355123	21826218
13.家具类	Furniture	25754435	21182506	6179281	5141077	19575154	16041429
14.通讯器材类	Communication Appliances	104438759	75019229	84066256	59620933	20372503	15398296
15.煤炭及制品类	Coal and Related Products	298638118	251428100	287932602	242643160	10705516	8784940
16.木材及制品类	Wood and Wooden Products	12035680	10139783	12035680	10139783		
17.石油及制品类	Petroleum and Related Products	825536825	716470801	640011627	549903128	185525198	166567673
18.化工材料及制品类	Chemical Materials and Related Products	323412041	250148051	323412041	250148051		
#化肥类	Fertilizers	52163542	45371023	52163542	45371023		
19.金属材料类	Metal Materials	860996244	725898284	860996244	725898284		
20.建筑及装潢材料类	Building and Decoration Materials	64204242	51940405	39168273	32161077	25035969	19779328
21.机电产品及设备类	Mechanical and Electrical Products	163553441	143162022	153412726	133980216	10140715	9181807
#农机类	Agricultural Machineries	5916107	4742763	5916107	4742763		
22.汽车类	Automobiles	496020526	415090213	207170853	177055785	288849673	238034428
23.种子饲料类	Seeds and Feedstuff	9526511	8614155	9526511	8614155		
24.棉麻类	Cotton, Hemp	26495807	18953141	26257853	18784922	237954	168219
25.其他类	Others	174963376	146254234	153159486	127837944	21803890	18416290

3-2-9 各地区限额以上批发和零售业商品销售类值

Sale Values of Enterprises above Designated Size of Wholesale and Retail Trades by Category of Commodities and Region

粮油、食品、饮料、烟酒类 单位：万元

Grain and Oil, Food, Beverages, Tobacco and Liquor Unit: 10000 yuan

地 区	Region	合 计 Total Sale Value		批发额 Wholesale Value		零售额 Retail Value	
		2013	2012	2013	2012	2013	2012
全 国	**National Total**	**504318599**	**428669815**	**355985425**	**304607428**	**148333174**	**124062387**
北 京	Beijing	30966936	33261879	24159351	26926083	6807585	6335796
天 津	Tianjin	15723391	9015007	13531805	7158222	2191586	1856785
河 北	Hebei	10858489	9827171	7533661	6949599	3324828	2877572
山 西	Shanxi	7280285	6291786	5062140	4557095	2218146	1734691
内蒙古	Inner Mongolia	6343108	5925585	4636558	4469226	1706550	1456359
辽 宁	Liaoning	14178970	11706350	9880883	8168202	4298087	3538148
吉 林	Jilin	7751863	6599691	4546351	4011079	3205512	2588612
黑龙江	Heilongjiang	11268886	9343510	8318829	7101586	2950057	2241924
上 海	Shanghai	31512089	29576300	23120075	21821382	8392014	7754918
江 苏	Jiangsu	35515932	31835200	22219451	20219537	13296481	11615663
浙 江	Zhejiang	31483392	28848588	24972273	22985923	6511119	5862665
安 徽	Anhui	16079957	13513849	10524168	9280761	5555789	4233088
福 建	Fujian	23355535	19327724	17701803	14992035	5653732	4335689
江 西	Jiangxi	6591905	5757084	4979849	4440414	1612056	1316670
山 东	Shandong	53795479	40778776	33608887	23868490	20186592	16910286
河 南	Henan	19235410	16251552	12881828	10993757	6353582	5257796
湖 北	Hubei	29671756	23291619	14250621	10697992	15421135	12593627
湖 南	Hunan	16017452	13610265	10557082	9235100	5460370	4375165
广 东	Guangdong	48617932	38672239	39095838	30414198	9522094	8258041
广 西	Guangxi	6697526	5588646	5598184	4642248	1099343	946398
海 南	Hainan	2883690	2526937	2609995	2290175	273695	236762
重 庆	Chongqing	16348236	13987752	11386722	9229101	4961514	4758651
四 川	Sichuan	20274241	16224788	12805301	10895480	7468940	5329308
贵 州	Guizhou	8787672	7438716	7437926	6322882	1349746	1115834
云 南	Yunnan	13560929	13003852	10251734	10632733	3309195	2371119
西 藏	Tibet	536168	32220	467769	26220	68399	6000
陕 西	Shaanxi	8302128	6961677	5282954	4499079	3019174	2462598
甘 肃	Gansu	3497395	2836102	2511530	2155701	985865	680400
青 海	Qinghai	1238649	1099735	1065148	953267	173501	146468
宁 夏	Ningxia	1071696	949378	749340	659298	322356	290080
新 疆	Xinjiang	4871503	4585840	4237371	4010565	634132	575275

3-2-9 续表 1 Continued 1

粮油、食品类
Grain and Oil, Food

单位：万元
Unit: 10000 yuan

地 区	Region	合 计 Total Sale Value		批发额 Wholesale Value		零售额 Retail Value	
		2013	2012	2013	2012	2013	2012
全 国	**National Total**	**255233650**	**207642212**	**154582201**	**123441374**	**100651450**	**84200838**
北 京	Beijing	19025327	22451731	14004048	17714737	5021280	4736994
天 津	Tianjin	12448726	6744803	10791889	5359294	1656837	1385509
河 北	Hebei	4380968	3977502	2089302	1979706	2291666	1997796
山 西	Shanxi	2519958	1888069	1087436	759246	1432522	1128822
内蒙古	Inner Mongolia	3170205	2991577	1871618	1852685	1298587	1138893
辽 宁	Liaoning	8500182	6771807	5305556	4126930	3194626	2644878
吉 林	Jilin	4883933	4012160	2465784	2157705	2418149	1854456
黑龙江	Heilongjiang	7235373	6056045	4996640	4301495	2238733	1754550
上 海	Shanghai	19362397	17363499	13613102	12195841	5749295	5167658
江 苏	Jiangsu	19561570	17106896	10691488	9251143	8870081	7855753
浙 江	Zhejiang	12647013	10996742	7774690	6644824	4872324	4351918
安 徽	Anhui	7127920	5626663	3614729	2940258	3513191	2686405
福 建	Fujian	10456945	8174854	6981573	5484780	3475372	2690074
江 西	Jiangxi	2069980	1660271	924935	740712	1145044	919560
山 东	Shandong	34506111	23928658	20988043	12632039	13518068	11296619
河 南	Henan	7649913	6040831	3732686	2907635	3917227	3133196
湖 北	Hubei	15434537	12588446	5326681	4229783	10107856	8358663
湖 南	Hunan	5634089	4407986	2109529	1587392	3524561	2820594
广 东	Guangdong	27597673	20577537	20723618	14744404	6874055	5833133
广 西	Guangxi	2709727	2068855	1875257	1366665	834470	702190
海 南	Hainan	616744	514556	443780	363209	172964	151348
重 庆	Chongqing	8760797	7447375	4916618	3693364	3844179	3754011
四 川	Sichuan	7383157	5304705	3070110	2237591	4313048	3067113
贵 州	Guizhou	928753	610054	419202	265327	509552	344727
云 南	Yunnan	4863075	3717298	2311418	1905915	2551657	1811383
西 藏	Tibet	25339	10496	3400		21938	10496
陕 西	Shaanxi	2517561	2029990	700847	549266	1816714	1480724
甘 肃	Gansu	1166161	686175	547511	308429	618650	377746
青 海	Qinghai	150541	113397	17472	3605	133069	109791
宁 夏	Ningxia	355285	290102	112405	72679	242880	217422
新 疆	Xinjiang	1543691	1483135	1070836	1064716	472855	418419

3-2-9 续表 2 Continued 2

粮油类 单位：万元

Grain and Oil Unit: 10000 yuan

地 区	Region	合 计 Total Sale Value		批发额 Wholesale Value		零售额 Retail Value	
		2013	2012	2013	2012	2013	2012
全 国	**National Total**	**90161153**	**76384009**	**64940820**	**55084505**	**25220333**	**21299504**
北 京	Beijing	7877834	11370946	7275288	10765292	602546	605654
天 津	Tianjin	4682982	2150507	4331841	1833436	351141	317071
河 北	Hebei	1893370	1907632	1328709	1411329	564661	496303
山 西	Shanxi	1037165	808986	494849	358732	542316	450254
内蒙古	Inner Mongolia	955099	936780	680534	725098	274565	211682
辽 宁	Liaoning	4820472	3833576	3961650	3127713	858822	705864
吉 林	Jilin	2858571	2457910	2063315	1865644	795256	592266
黑龙江	Heilongjiang	3968525	3900232	3410251	3227978	558274	672254
上 海	Shanghai	6503759	5630030	5317263	4443844	1186495	1186187
江 苏	Jiangsu	7592516	6246868	5402601	4347673	2189916	1899195
浙 江	Zhejiang	4122869	3294616	2888263	2273967	1234606	1020649
安 徽	Anhui	2266775	1942715	1305770	1140033	961005	802682
福 建	Fujian	3646088	2832593	2885359	2222507	760730	610086
江 西	Jiangxi	749514	601344	444807	324339	304707	277005
山 东	Shandong	8870491	6102556	6109449	3730485	2761042	2372071
河 南	Henan	3600819	2778672	2328982	1826875	1271837	951797
湖 北	Hubei	3553198	2853113	1287224	1023450	2265974	1829663
湖 南	Hunan	2236020	1747916	1109551	784549	1126470	963367
广 东	Guangdong	6632748	6167108	4812502	4564760	1820246	1602348
广 西	Guangxi	732577	422521	542275	242833	190301	179688
海 南	Hainan	204172	191572	133869	127648	70303	63924
重 庆	Chongqing	4288637	2575664	3085519	1609786	1203118	965879
四 川	Sichuan	2652928	1917221	1413023	981249	1239906	935972
贵 州	Guizhou	375972	219589	228878	117364	147094	102225
云 南	Yunnan	1749435	1480389	854354	849674	895081	630715
西 藏	Tibet	8658	1422	2741	1192	5917	231
陕 西	Shaanxi	954866	764689	256545	184562	698321	580127
甘 肃	Gansu	339683	243182	193104	151292	146578	91890
青 海	Qinghai	35419	32584			35419	32584
宁 夏	Ningxia	82985	56520	47706	23666	35280	32853
新 疆	Xinjiang	867010	914558	744601	797539	122409	117020

3-2-9 续表 3 Continued 3

肉禽蛋类

Meat, Poultry and Eggs

单位：万元

Unit: 10000 yuan

地 区	Region	合计 Total Sale Value		批发额 Wholesale Value		零售额 Retail Value	
		2013	2012	2013	2012	2013	2012
全 国	**National Total**	**29955328**	**24342006**	**13905956**	**10765778**	**16049372**	**13576228**
北 京	Beijing	1691108	1424335	988760	714754	702349	709581
天 津	Tianjin	307898	210852	162013	51944	145884	158908
河 北	Hebei	387617	339206	36485	40869	351133	298337
山 西	Shanxi	236422	186065	71103	44250	165319	141815
内蒙古	Inner Mongolia	237719	204344	85342	81936	152377	122409
辽 宁	Liaoning	645025	561146	166555	136993	478470	424153
吉 林	Jilin	227848	205179	14536	19150	213312	186029
黑龙江	Heilongjiang	591153	210221	219993	1916	371160	208305
上 海	Shanghai	2687131	2273178	1912332	1513109	774800	760069
江 苏	Jiangsu	2156644	2135219	1012284	1056023	1144360	1079196
浙 江	Zhejiang	1244413	1216197	639971	619802	604442	596396
安 徽	Anhui	935566	675956	289960	187765	645606	488192
福 建	Fujian	876651	840471	345304	351857	531347	488614
江 西	Jiangxi	339658	264745	159321	141850	180336	122896
山 东	Shandong	3033757	2512281	1039864	785053	1993893	1727229
河 南	Henan	1244941	1043876	506727	453521	738214	590355
湖 北	Hubei	3889399	3218556	1329243	1091848	2560156	2126708
湖 南	Hunan	746711	634170	115019	107396	631692	526774
广 东	Guangdong	5108420	3433733	3885746	2542700	1222674	891033
广 西	Guangxi	194067	189247	85576	113973	108491	75274
海 南	Hainan	11038	10463	4	1	11034	10462
重 庆	Chongqing	756984	786584	317993	314498	438991	472085
四 川	Sichuan	1112661	808017	278942	239980	833719	568037
贵 州	Guizhou	140472	112668	38306	38220	102166	74448
云 南	Yunnan	633807	450397	75727	42829	558080	407568
西 藏	Tibet	1299	1314	12	974	1288	340
陕 西	Shaanxi	231151	203573	29094	26260	202057	177313
甘 肃	Gansu	66601	44926	5150	10128	61451	34798
青 海	Qinghai	26503	14304	9038		17465	14304
宁 夏	Ningxia	51234	44291	19260	15675	31975	28616
新 疆	Xinjiang	141432	86493	66298	20505	75134	65989

饮料类
Beverages

单位：万元
Unit: 10000 yuan

地 区	Region	合 计 Total Sale Value		批发额 Wholesale Value		零售额 Retail Value	
		2013	2012	2013	2012	2013	2012
全 国	**National Total**	**37234317**	**30261109**	**21892049**	**17644844**	**15342268**	**12616265**
北 京	Beijing	3679339	3023656	3117482	2479272	561856	544384
天 津	Tianjin	235495	157547	96885	21326	138609	136221
河 北	Hebei	474157	378958	49642	25267	424516	353691
山 西	Shanxi	383507	308053	96828	82370	286679	225683
内蒙古	Inner Mongolia	263113	175668	121427	74702	141686	100966
辽 宁	Liaoning	722726	594190	312337	258026	410389	336164
吉 林	Jilin	246872	226968	32197	34416	214675	192552
黑龙江	Heilongjiang	386847	229533	183538	92789	203309	136744
上 海	Shanghai	1868368	1680103	1258545	1109730	609823	570372
江 苏	Jiangsu	2186844	1629434	913247	557361	1273597	1072072
浙 江	Zhejiang	7647445	7133501	7018877	6565717	628568	567784
安 徽	Anhui	998746	907092	343980	436747	654766	470345
福 建	Fujian	2496906	1798484	1067578	758038	1429328	1040446
江 西	Jiangxi	253313	236492	88928	102993	164385	133499
山 东	Shandong	2267618	1827537	542339	412839	1725280	1414698
河 南	Henan	1149158	917945	234146	142722	915012	775223
湖 北	Hubei	1779218	1431419	304035	208159	1475182	1223260
湖 南	Hunan	1236652	1019787	554183	487675	682470	532113
广 东	Guangdong	4700038	2878655	3708238	1997224	991800	881431
广 西	Guangxi	376477	313808	259250	208688	117227	105120
海 南	Hainan	59130	61084	32644	38101	26486	22982
重 庆	Chongqing	506946	443282	165702	131696	341244	311585
四 川	Sichuan	1363494	1047863	609014	496960	754481	550903
贵 州	Guizhou	196418	139983	115805	95400	80613	44583
云 南	Yunnan	509883	393877	160559	145215	349324	248663
西 藏	Tibet	2433	399334	18	356935	2415	42399
陕 西	Shaanxi	914886	625323	325830	159279	589056	466044
甘 肃	Gansu	149799	98359	84044	58104	65755	40256
青 海	Qinghai	23244	21864	13649	14455	9595	7409
宁 夏	Ningxia	71404	69131	46882	47288	24522	21843
新 疆	Xinjiang	83842	92181	34219	45351	49623	46830

3-2-9 续表 5 Continued 5

烟酒类

Tobacco and Liquor

单位：万元

Unit: 10000 yuan

地区	Region	合计 Total Sale Value 2013	2012	批发额 Wholesale Value 2013	2012	零售额 Retail Value 2013	2012
全国	**National Total**	**211850632**	**191145883**	**179511176**	**163851925**	**32339456**	**27293958**
北京	Beijing	8262270	7786492	7037821	6732074	1224449	1054418
天津	Tianjin	3039171	2112657	2643030	1777602	396141	335056
河北	Hebei	6003364	5470712	5394718	4944628	608646	526085
山西	Shanxi	4376820	4095664	3877875	3715479	498945	380186
内蒙古	Inner Mongolia	2909789	2758340	2643512	2541840	266277	216500
辽宁	Liaoning	4956063	4340352	4262991	3783246	693072	557106
吉林	Jilin	2621058	2360563	2048371	1818959	572687	541604
黑龙江	Heilongjiang	3646667	3057932	3138652	2707301	508014	350630
上海	Shanghai	10281324	10532699	8248427	8515811	2032896	2016888
江苏	Jiangsu	13767518	13098870	10614716	10411032	3152802	2687838
浙江	Zhejiang	11188934	10718346	10178706	9775382	1010228	942963
安徽	Anhui	7953292	6980094	6565460	5903756	1387832	1076338
福建	Fujian	10401684	9354385	9652653	8749216	749031	605169
江西	Jiangxi	4268612	3860321	3965985	3596709	302627	263612
山东	Shandong	17021750	15022581	12078505	10823612	4943245	4198969
河南	Henan	10436339	9292776	8914996	7943400	1521343	1349377
湖北	Hubei	12458002	9271754	8619906	6260049	3838096	3011705
湖南	Hunan	9146710	8182491	7893371	7160032	1253340	1022459
广东	Guangdong	16320221	15216047	14663982	13672570	1656239	1543477
广西	Guangxi	3611322	3205984	3463676	3066896	147645	139088
海南	Hainan	2207816	1951297	2133570	1888866	74245	62432
重庆	Chongqing	7080493	6097095	6304402	5404040	776091	693055
四川	Sichuan	11527589	9872220	9126177	8160928	2401412	1711292
贵州	Guizhou	7662500	6688679	6902919	5962155	759582	726524
云南	Yunnan	8187971	8892677	7779756	8581604	408215	311074
西藏	Tibet	508396	1780	464351		44045	1780
陕西	Shaanxi	4869682	4306365	4256277	3790535	613405	515830
甘肃	Gansu	2181434	2051567	1879975	1789169	301460	262398
青海	Qinghai	1064864	964474	1034027	935207	30837	29268
宁夏	Ningxia	645008	590146	590052	539332	54955	50814
新疆	Xinjiang	3243970	3010523	3132316	2900498	111653	110026

3-2-9 续表 6 Continued 6

服装、鞋帽、针纺织品类　　　　单位：万元

Clothing, Shoes, Hats and Textiles　　　　Unit: 10000 yuan

地　区	Region	合　计 Total Sale Value		批发额 Wholesale Value		零售额 Retail Value	
		2013	2012	2013	2012	2013	2012
全　国	**National Total**	**260457801**	**219403858**	**146314730**	**121626059**	**114143071**	**97777799**
北　京	Beijing	11293866	10808398	4520367	3990501	6773499	6817897
天　津	Tianjin	5270859	4572021	3031142	2822219	2239717	1749802
河　北	Hebei	4049267	3498092	362620	296177	3686647	3201916
山　西	Shanxi	2311022	1916002	140786	145787	2170236	1770214
内蒙古	Inner Mongolia	2128223	1752615	101977	107118	2026246	1645498
辽　宁	Liaoning	7310232	6477728	1060466	984361	6249766	5493367
吉　林	Jilin	3369834	3186002	45359	50662	3324476	3135339
黑龙江	Heilongjiang	4288905	4086420	738835	914357	3550070	3172063
上　海	Shanghai	23501707	22007848	15860694	14955238	7641013	7052611
江　苏	Jiangsu	34675977	29302619	24966413	20886802	9709564	8415817
浙　江	Zhejiang	31736521	28577202	25972667	23268793	5763854	5308409
安　徽	Anhui	4357630	3481815	1671624	1323777	2686005	2158038
福　建	Fujian	18414756	15104626	15599445	12979660	2815311	2124966
江　西	Jiangxi	1158059	1027980	223144	200473	934915	827507
山　东	Shandong	17133465	15132731	6356744	5700082	10776721	9432649
河　南	Henan	4848976	4199485	634063	573513	4214913	3625972
湖　北	Hubei	7423880	6154570	1148197	928031	6275683	5226539
湖　南	Hunan	5639259	4946307	1699059	1540957	3940200	3405350
广　东	Guangdong	47236128	32160071	36001697	24284471	11234431	7875600
广　西	Guangxi	1202692	1025498	201748	141037	1000944	884461
海　南	Hainan	301941	303690	59238	101015	242704	202675
重　庆	Chongqing	3452743	3308339	329234	355179	3123509	2953161
四　川	Sichuan	5982341	4960312	1150729	1101949	4831613	3858363
贵　州	Guizhou	641287	550335	52484	48432	588803	501903
云　南	Yunnan	4569347	3974062	2936247	2699267	1633101	1274795
西　藏	Tibet	24401	6666	3982	6	20419	6660
陕　西	Shaanxi	5856442	4921404	1125617	982502	4730825	3938903
甘　肃	Gansu	676227	502243	37579	11968	638648	490275
青　海	Qinghai	191641	182207	31043	38323	160598	143884
宁　夏	Ningxia	349122	339322	21630	24022	327492	315300
新　疆	Xinjiang	1061052	937247	229904	169382	831149	767865

3-2-9 续表 7 Continued 7

服装类 单位：万元

Clothing Unit: 10000 yuan

地 区	Region	合 计 Total Sale Value		批发额 Wholesale Value		零售额 Retail Value	
		2013	2012	2013	2012	2013	2012
全 国	**National Total**	**155764436**	**131641126**	**73966699**	**61426351**	**81797737**	**70214775**
北 京	Beijing	7433908	7442346	2315907	2168653	5118001	5273693
天 津	Tianjin	4070477	3600980	2362114	2282088	1708364	1318892
河 北	Hebei	2569807	2222504	197843	176885	2371964	2045620
山 西	Shanxi	1672625	1360515	101027	97808	1571598	1262707
内蒙古	Inner Mongolia	1468858	1167396	52344	55756	1416514	1111640
辽 宁	Liaoning	5426388	4775268	773229	729802	4653159	4045466
吉 林	Jilin	2217006	2115076	26350	33090	2190656	2081986
黑龙江	Heilongjiang	2828466	2679464	254720	322510	2573745	2356955
上 海	Shanghai	15983152	14870572	9562134	9053521	6421018	5817051
江 苏	Jiangsu	16210345	14187642	9364133	8178694	6846212	6008948
浙 江	Zhejiang	13384586	12153572	8938464	7994092	4446123	4159480
安 徽	Anhui	2723099	2145615	869068	677993	1854031	1467622
福 建	Fujian	6996479	6586340	5363862	5339391	1632617	1246949
江 西	Jiangxi	779718	731524	134330	153859	645388	577665
山 东	Shandong	9885465	8778900	3034589	2743183	6850876	6035717
河 南	Henan	3283120	2724310	299649	259418	2983471	2464892
湖 北	Hubei	5016847	4203980	665664	583678	4351183	3620302
湖 南	Hunan	4176542	3696931	1427004	1285867	2749538	2411064
广 东	Guangdong	31652645	20464638	23696066	14959303	7956579	5505336
广 西	Guangxi	812070	704387	85859	72320	726211	632067
海 南	Hainan	210133	177613	32796	30589	177337	147025
重 庆	Chongqing	2578003	2483681	151271	186193	2426731	2297489
四 川	Sichuan	3945248	3469873	701452	804797	3243796	2665077
贵 州	Guizhou	473206	411257	38756	35922	434449	375335
云 南	Yunnan	3630678	3133452	2349696	2176298	1280981	957154
西 藏	Tibet	17005	558	3975	341	13030	217
陕 西	Shaanxi	4786116	4006019	1024599	888116	3761517	3117903
甘 肃	Gansu	474682	348739	27479	9547	447203	339192
青 海	Qinghai	107702	97765	90	711	107613	97054
宁 夏	Ningxia	235063	223042	19819	20426	215244	202616
新 疆	Xinjiang	715001	677166	92411	105501	622591	571665

3-2-9 续表 8 Continued 8

鞋帽类
Shoes and Hats

单位：万元
Unit: 10000 yuan

地 区	Region	合 计 Total Sale Value		批发额 Wholesale Value		零售额 Retail Value	
		2013	2012	2013	2012	2013	2012
全 国	**National Total**	**39942825**	**34213431**	**19127084**	**16645356**	**20815741**	**17568075**
北 京	Beijing	2355289	1930784	1072829	776953	1282460	1153831
天 津	Tianjin	550506	470483	112628	115551	437879	354932
河 北	Hebei	820021	714678	24654	25635	795367	689043
山 西	Shanxi	397611	346526	36005	35328	361605	311198
内蒙古	Inner Mongolia	446138	388904	20407	24352	425731	364552
辽 宁	Liaoning	1126977	1030860	86938	71049	1040039	959812
吉 林	Jilin	630503	596406	1041	716	629462	595690
黑龙江	Heilongjiang	1116994	1141484	422974	532053	694019	609431
上 海	Shanghai	2150538	2188569	1295908	1316590	854631	871978
江 苏	Jiangsu	4124314	3711280	2348426	2198795	1775888	1512485
浙 江	Zhejiang	3569703	3557432	2796126	2884886	773577	672546
安 徽	Anhui	840244	653010	325712	229403	514532	423607
福 建	Fujian	5839302	4692892	5066116	4157377	773186	535515
江 西	Jiangxi	174675	160733	4609	5042	170067	155691
山 东	Shandong	3636757	3097986	1328560	1147064	2308197	1950922
河 南	Henan	833749	775242	64059	59771	769690	715472
湖 北	Hubei	1337629	1142007	239685	207255	1097943	934752
湖 南	Hunan	774944	650286	65864	68603	709081	581683
广 东	Guangdong	5418840	3797787	3201552	2280549	2217288	1517239
广 西	Guangxi	221033	232765	29516	58922	191517	173843
海 南	Hainan	49688	43678	4794	4876	44894	38802
重 庆	Chongqing	498697	450099	24394	14102	474303	435997
四 川	Sichuan	1419668	1020606	229808	157109	1189860	863497
贵 州	Guizhou	118364	104437	13150	9243	105214	95194
云 南	Yunnan	481638	420183	258299	209412	223339	210772
西 藏	Tibet	6066	9168			6066	9168
陕 西	Shaanxi	637843	563341	45130	46801	592713	516539
甘 肃	Gansu	117077	89081	4397	976	112680	88105
青 海	Qinghai	37329	30979			37329	30979
宁 夏	Ningxia	64705	61637	1008	1260	63697	60377
新 疆	Xinjiang	145985	140110	2495	5685	143489	134426

针、纺织品类 单位：万元

Knitwear and Textiles Unit: 10000 yuan

地 区	Region	合 计 Total Sale Value		批发额 Wholesale Value		零售额 Retail Value	
		2013	2012	2013	2012	2013	2012
全 国	**National Total**	**64750540**	**53552845**	**53220947**	**43554965**	**11529593**	**9997880**
北 京	Beijing	1504669	1435268	1131632	1044894	373038	390374
天 津	Tianjin	649876	500558	556401	424580	93475	75978
河 北	Hebei	659439	560911	140123	93657	519316	467254
山 西	Shanxi	240786	208961	3753	12651	237033	196310
内蒙古	Inner Mongolia	213227	196316	29225	27010	184001	169306
辽 宁	Liaoning	756867	671600	200299	183510	556569	488090
吉 林	Jilin	522325	474520	17967	16856	504358	457664
黑龙江	Heilongjiang	343445	265471	61140	59794	282306	205677
上 海	Shanghai	5368017	4948708	5002653	4585127	365365	363581
江 苏	Jiangsu	14341318	11403696	13253853	10509313	1087465	894384
浙 江	Zhejiang	14782231	12866198	14238077	12389815	544154	476383
安 徽	Anhui	794287	683190	476845	416380	317443	266809
福 建	Fujian	5578975	3825395	5169467	3482892	409508	342503
江 西	Jiangxi	203666	135723	84205	41572	119461	94152
山 东	Shandong	3611243	3255845	1993594	1809835	1617649	1446010
河 南	Henan	732106	699933	270354	254324	461752	445609
湖 北	Hubei	1069405	808584	242848	137098	826557	671486
湖 南	Hunan	687773	599091	206191	186487	481582	412604
广 东	Guangdong	10164643	7897645	9104078	7044620	1060564	853026
广 西	Guangxi	169590	88346	86373	9795	83216	78551
海 南	Hainan	42121	82400	21647	65551	20473	16849
重 庆	Chongqing	376044	374558	153569	154883	222475	219675
四 川	Sichuan	617426	469833	219469	140044	397957	329789
贵 州	Guizhou	49717	34641	578	3268	49139	31374
云 南	Yunnan	457032	420427	328252	313557	128780	106870
西 藏	Tibet	1330	484	7	279	1323	205
陕 西	Shaanxi	432483	352045	55888	47584	376595	304461
甘 肃	Gansu	84469	64423	5704	1445	78765	62977
青 海	Qinghai	46610	53463	30953	37612	15657	15852
宁 夏	Ningxia	49353	54643	803	2335	48550	52308
新 疆	Xinjiang	200067	119971	134998	58197	65069	61775

化妆品类
Cosmetics

单位：万元
Unit: 10000 yuan

地区	Region	合计 Total Sale Value		批发额 Wholesale Value		零售额 Retail Value	
		2013	2012	2013	2012	2013	2012
全国	**National Total**	**25086287**	**21626841**	**8837461**	**8225670**	**16248826**	**13401171**
北京	Beijing	2464512	2219470	916829	802134	1547683	1417336
天津	Tianjin	371680	308432	132515	107403	239165	201028
河北	Hebei	487635	441131	50902	49514	436733	391618
山西	Shanxi	191681	167402	6412	7362	185269	160039
内蒙古	Inner Mongolia	190364	148413	2574	685	187791	147728
辽宁	Liaoning	704495	637682	68167	61681	636329	576001
吉林	Jilin	284620	245631	3354	2856	281266	242775
黑龙江	Heilongjiang	344483	267740	76938	24401	267546	243338
上海	Shanghai	6355001	5603113	4247708	4196732	2107293	1406381
江苏	Jiangsu	1577047	1375780	327639	317201	1249408	1058578
浙江	Zhejiang	1268245	1106421	485366	428845	782879	677576
安徽	Anhui	743761	647363	313392	309277	430369	338087
福建	Fujian	317173	259338	30847	27729	286326	231610
江西	Jiangxi	112724	93305	5369	5226	107355	88079
山东	Shandong	1472774	1237292	265739	192681	1207035	1044611
河南	Henan	638452	576773	47223	68677	591230	508096
湖北	Hubei	1532881	1238250	127571	108632	1405309	1129618
湖南	Hunan	538812	438381	69735	57157	469077	381224
广东	Guangdong	2558990	2255984	1079761	1043486	1479229	1212497
广西	Guangxi	175338	150934	32748	33628	142590	117306
海南	Hainan	189894	161709	9577	10851	180317	150858
重庆	Chongqing	495564	323288	181813	46724	313752	276564
四川	Sichuan	811185	649777	162542	123459	648643	526319
贵州	Guizhou	102340	64459	399	81	101940	64378
云南	Yunnan	289867	251577	62161	60347	227706	191230
西藏	Tibet	11009	6880	45		10964	6880
陕西	Shaanxi	480019	417530	54314	58089	425705	359441
甘肃	Gansu	135871	111802	36634	41047	99237	70755
青海	Qinghai	25093	21508			25093	21508
宁夏	Ningxia	42976	36626		39	42976	36586
新疆	Xinjiang	171801	162853	39189	39726	132613	123127

3-2-9 续表 11 Continued 11

金银珠宝类 单位：万元

Gold, Silver and Jewellery Unit: 10000 yuan

地 区	Region	合 计 Total Sale Value		批发额 Wholesale Value		零售额 Retail Value	
		2013	2012	2013	2012	2013	2012
全 国	**National Total**	**60462547**	**44658611**	**30869974**	**22564202**	**29592573**	**22094409**
北 京	Beijing	13596560	11306930	9645581	8029048	3950979	3277883
天 津	Tianjin	798256	545395	135256	36124	663000	509272
河 北	Hebei	903533	652591	26855	3300	876678	649291
山 西	Shanxi	602922	440715	66256	64358	536665	376357
内蒙古	Inner Mongolia	335613	333270	44263	137592	291350	195677
辽 宁	Liaoning	1640535	1245425	40968	30213	1599567	1215212
吉 林	Jilin	671865	484891	2052	2561	669813	482330
黑龙江	Heilongjiang	504534	415105	23955	6999	480579	408106
上 海	Shanghai	9220472	5960068	6987011	4443607	2233461	1516461
江 苏	Jiangsu	4513335	3324074	1385519	952947	3127816	2371127
浙 江	Zhejiang	2910688	1783425	1121833	431363	1788854	1352062
安 徽	Anhui	903246	683636	200719	156034	702527	527603
福 建	Fujian	1065359	633880	269138	139466	796221	494414
江 西	Jiangxi	262789	196291	1830	6197	260959	190094
山 东	Shandong	3838819	2861413	1309578	961969	2529241	1899444
河 南	Henan	867241	522044	83745	21263	783496	500781
湖 北	Hubei	1787354	1305038	351473	282296	1435881	1022741
湖 南	Hunan	878274	587687	94183	12573	784091	575114
广 东	Guangdong	9868258	7348092	7376987	5532104	2491270	1815988
广 西	Guangxi	249667	172397	2433	2122	247234	170275
海 南	Hainan	120686	98524	19442	17715	101244	80809
重 庆	Chongqing	1116065	748378	610731	318510	505334	429868
四 川	Sichuan	1318877	1013877	702497	550219	616380	463658
贵 州	Guizhou	95301	73487	22	41	95279	73446
云 南	Yunnan	920685	784098	275996	354121	644689	429977
西 藏	Tibet	19437	344			19437	344
陕 西	Shaanxi	689977	565152	12709	14661	677268	550491
甘 肃	Gansu	269796	194387	61923	51466	207874	142921
青 海	Qinghai	41316	28676			41316	28676
宁 夏	Ningxia	157710	117409		383	157710	117025
新 疆	Xinjiang	293380	231914	17017	4952	276364	226962

日用品类
Articles for Daily Use

单位：万元
Unit: 10000 yuan

地 区	Region	合 计 Total Sale Value		批发额 Wholesale Value		零售额 Retail Value	
		2013	2012	2013	2012	2013	2012
全 国	**National Total**	**82743187**	**69535698**	**43120127**	**35894324**	**39623060**	**33641374**
北 京	Beijing	6513348	5084062	3220236	2319712	3293112	2764350
天 津	Tianjin	1690238	758033	988758	258886	701480	499147
河 北	Hebei	1048489	942308	159188	169418	889301	772890
山 西	Shanxi	449844	393968	61681	48224	388163	345744
内蒙古	Inner Mongolia	329196	317784	52533	39191	276663	278593
辽 宁	Liaoning	1944735	1682771	433152	343771	1511583	1339000
吉 林	Jilin	665765	571100	40004	26091	625761	545009
黑龙江	Heilongjiang	1202655	998685	582762	427128	619893	571558
上 海	Shanghai	11213175	9858845	7976067	6977414	3237108	2881432
江 苏	Jiangsu	6019579	5179003	2312752	1987721	3706827	3191281
浙 江	Zhejiang	9311902	8647983	7045996	6775010	2265907	1872973
安 徽	Anhui	2277300	2020776	1342956	1262237	934344	758540
福 建	Fujian	2584366	2149884	1266749	1069738	1317617	1080147
江 西	Jiangxi	459734	382056	64922	82352	394812	299704
山 东	Shandong	5014141	4354615	1078305	903210	3935837	3451405
河 南	Henan	2107458	1946983	342332	373987	1765126	1572996
湖 北	Hubei	2810258	2301153	456728	369387	2353531	1931765
湖 南	Hunan	1504774	1263096	219956	216419	1284817	1046677
广 东	Guangdong	17422677	13916747	13061132	10188549	4361545	3728198
广 西	Guangxi	648922	591524	239658	216521	409264	375003
海 南	Hainan	293996	248105	58593	59223	235402	188882
重 庆	Chongqing	1654673	1512531	334485	345793	1320188	1166738
四 川	Sichuan	1941189	1541578	594123	477217	1347066	1064361
贵 州	Guizhou	184657	142210	8222	4756	176435	137454
云 南	Yunnan	1780225	1266976	921960	702354	858265	564622
西 藏	Tibet	6043	109	1155		4888	109
陕 西	Shaanxi	1010821	903452	156439	155391	854382	748061
甘 肃	Gansu	238063	171039	41616	28516	196447	142522
青 海	Qinghai	50514	40592	1303	1652	49211	38940
宁 夏	Ningxia	94732	87841	133	1729	94599	86112
新 疆	Xinjiang	269721	259894	56231	62730	213489	197164

洗涤用品类
Washing Articles

单位：万元
Unit: 10000 yuan

地区	Region	合计 Total Sale Value		批发额 Wholesale Value		零售额 Retail Value	
		2013	2012	2013	2012	2013	2012
全国	**National Total**	**19350317**	**16006317**	**9055091**	**7254916**	**10295226**	**8751401**
北京	Beijing	1172319	760425	615231	333338	557088	427087
天津	Tianjin	734972	179613	585938	31655	149034	147958
河北	Hebei	322942	274826	34019	29541	288923	245286
山西	Shanxi	213097	182712	43327	41833	169770	140879
内蒙古	Inner Mongolia	100661	107751	12453	14135	88207	93616
辽宁	Liaoning	337391	291388	38176	36872	299215	254516
吉林	Jilin	149287	117548	21022	6415	128265	111133
黑龙江	Heilongjiang	165060	140846	14150	14148	150910	126698
上海	Shanghai	772266	692767	372031	372543	400235	320225
江苏	Jiangsu	1635842	1385781	454605	395203	1181237	990578
浙江	Zhejiang	2128140	2066167	1549875	1559871	578266	506296
安徽	Anhui	757296	726531	492019	502161	265277	224370
福建	Fujian	611865	548199	198868	179229	412997	368970
江西	Jiangxi	192920	166251	28601	22075	164319	144176
山东	Shandong	1430677	1246923	294402	257965	1136275	988958
河南	Henan	389945	359406	66665	83769	323280	275637
湖北	Hubei	774438	648086	110801	120630	663637	527456
湖南	Hunan	491004	419515	47706	63874	443297	355641
广东	Guangdong	4138208	3338225	3058066	2312601	1080142	1025624
广西	Guangxi	224800	190932	71521	57807	153279	133126
海南	Hainan	90375	83634	55827	52900	34548	30735
重庆	Chongqing	495491	479790	75378	96747	420113	383044
四川	Sichuan	880097	693226	405616	328589	474481	364638
贵州	Guizhou	77325	49939	4748	3923	72577	46015
云南	Yunnan	477064	379434	261755	207661	215309	171774
西藏	Tibet	3773		65		3708	
陕西	Shaanxi	363131	301368	114628	104637	248503	196731
甘肃	Gansu	87366	59966	11663	6393	75703	53573
青海	Qinghai	7276	6247	1303	1652	5973	4595
宁夏	Ningxia	28567	22589		7	28567	22582
新疆	Xinjiang	96726	86232	14633	16746	82093	69486

儿童玩具类 单位：万元
Children Toys Unit: 10000 yuan

地 区	Region	合 计 Total Sale Value		批发额 Wholesale Value		零售额 Retail Value	
		2013	2012	2013	2012	2013	2012
全 国	**National Total**	**3852650**	**3195255**	**1484746**	**1243564**	**2367904**	**1951691**
北 京	Beijing	153279	124981	41848	30784	111431	94197
天 津	Tianjin	33930	21417	3446	1752	30484	19665
河 北	Hebei	93444	78180	402	225	93042	77954
山 西	Shanxi	40574	36946	907	958	39667	35988
内蒙古	Inner Mongolia	21402	18686	1219	801	20183	17885
辽 宁	Liaoning	124638	126604	331	183	124307	126422
吉 林	Jilin	33403	28392	13	41	33390	28351
黑龙江	Heilongjiang	18876	29672	135	11806	18742	17866
上 海	Shanghai	393434	330663	199087	196505	194347	134157
江 苏	Jiangsu	677802	518053	364738	293950	313064	224102
浙 江	Zhejiang	314015	278146	224082	193711	89934	84435
安 徽	Anhui	81345	65026	15958	11244	65387	53782
福 建	Fujian	120983	89514	54690	37944	66292	51569
江 西	Jiangxi	26623	20172	5926	4209	20697	15963
山 东	Shandong	352325	295382	56673	44514	295651	250868
河 南	Henan	81414	74279	1596	996	79819	73283
湖 北	Hubei	136875	106260	5969	5879	130906	100381
湖 南	Hunan	98315	81367	4646	5815	93670	75552
广 东	Guangdong	670803	533963	449597	336480	221206	197483
广 西	Guangxi	16414	13933	61	96	16353	13838
海 南	Hainan	7119	5379		7	7119	5372
重 庆	Chongqing	50600	47236	7837	10200	42763	37036
四 川	Sichuan	90863	72501	2141	2246	88722	70255
贵 州	Guizhou	14250	11738	190	4	14059	11734
云 南	Yunnan	52317	50211	18177	22319	34141	27893
西 藏	Tibet	197	255			197	255
陕 西	Shaanxi	111216	103913	13745	19300	97471	84613
甘 肃	Gansu	11333	7805	863	519	10470	7286
青 海	Qinghai	1186	766			1186	766
宁 夏	Ningxia	1649	1279	1	24	1649	1254
新 疆	Xinjiang	22026	22541	10472	11054	11554	11487

五金、电料类　　　　单位：万元

Hardware and Electrical Materials　　　　Unit: 10000 yuan

地区	Region	合计 Total Sale Value		批发额 Wholesale Value		零售额 Retail Value	
		2013	2012	2013	2012	2013	2012
全国	**National Total**	**28951574**	**25330578**	**20082623**	**18511464**	**8868952**	**6819114**
北京	Beijing	1128120	1166546	1005389	1035344	122731	131201
天津	Tianjin	1121155	1044537	983113	975953	138041	68584
河北	Hebei	330593	342622	205078	232533	125515	110088
山西	Shanxi	224970	178874	61701	46807	163270	132067
内蒙古	Inner Mongolia	77892	75510	14958	19584	62934	55926
辽宁	Liaoning	926680	849752	484286	449482	442394	400270
吉林	Jilin	116560	99637	4855	5831	111706	93805
黑龙江	Heilongjiang	181036	161458	10931	17611	170105	143846
上海	Shanghai	4798555	4958829	4678116	4818809	120439	140020
江苏	Jiangsu	3739163	2887191	2190651	1966221	1548512	920970
浙江	Zhejiang	3626386	3603310	3464605	3470791	161781	132519
安徽	Anhui	334385	252405	199025	147918	135360	104488
福建	Fujian	1108003	899566	917843	749279	190159	150287
江西	Jiangxi	101258	93094	68417	68613	32841	24482
山东	Shandong	3026735	2136953	1211940	783484	1814796	1353468
河南	Henan	688159	643038	163101	198358	525057	444681
湖北	Hubei	860500	660390	136706	78608	723795	581783
湖南	Hunan	592695	436376	101883	91612	490812	344764
广东	Guangdong	4267023	3235791	3564062	2804761	702961	431030
广西	Guangxi	54437	39843	22973	8899	31464	30944
海南	Hainan	21890	34302	17618	30321	4272	3982
重庆	Chongqing	475368	651514	201206	240738	274162	410776
四川	Sichuan	342629	247363	128681	61588	213948	185775
贵州	Guizhou	32412	20166	14453	10948	17959	9218
云南	Yunnan	204379	137055	106146	66758	98233	70297
西藏	Tibet	115	80		77	115	3
陕西	Shaanxi	420731	358168	89358	86878	331373	271290
甘肃	Gansu	97833	63659	5716	5943	92116	57716
青海	Qinghai	1075	1158			1075	1158
宁夏	Ningxia	5868	6265	3485	3534	2384	2731
新疆	Xinjiang	44971	45126	26329	34182	18642	10944

体育、娱乐用品类
Sports and Recreation Articles

单位：万元
Unit: 10000 yuan

地　区	Region	合　计 Total Sale Value		批发额 Wholesale Value		零售额 Retail Value	
		2013	2012	2013	2012	2013	2012
全　国	**National Total**	**11780992**	**11971067**	**7249783**	**7863295**	**4531209**	**4107772**
北　京	Beijing	5085513	5786846	4086215	4894866	999298	891980
天　津	Tianjin	261384	219112	174758	179586	86626	39526
河　北	Hebei	118040	101624	816	1822	117224	99803
山　西	Shanxi	68707	67540	19003	23814	49704	43726
内蒙古	Inner Mongolia	41247	34299	2339	66	38908	34233
辽　宁	Liaoning	159881	200676	29237	63319	130645	137358
吉　林	Jilin	112894	100063	615	1061	112279	99002
黑龙江	Heilongjiang	76860	70043	20	58	76840	69985
上　海	Shanghai	654811	621326	314088	324423	340723	296903
江　苏	Jiangsu	1300757	1317187	786865	823224	513892	493962
浙　江	Zhejiang	423995	362422	264501	219342	159494	143080
安　徽	Anhui	135695	130125	52729	49793	82966	80332
福　建	Fujian	270470	220166	184397	158815	86073	61351
江　西	Jiangxi	27836	39690	7050	17039	20786	22650
山　东	Shandong	378494	340701	75099	47120	303395	293581
河　南	Henan	125850	112277	4501	3961	121349	108316
湖　北	Hubei	201936	167332	25936	8267	176001	159066
湖　南	Hunan	125297	113931	26595	25046	98702	88885
广　东	Guangdong	1528757	1346541	1085992	944797	442766	401744
广　西	Guangxi	48913	54577	8437	18567	40476	36009
海　南	Hainan	10845	10230			10845	10230
重　庆	Chongqing	115455	78198	23318	6284	92137	71914
四　川	Sichuan	106655	97908	4722	5094	101933	92814
贵　州	Guizhou	27412	17516	521	199	26891	17317
云　南	Yunnan	49550	53144	9428	10631	40122	42513
西　藏	Tibet	97	13626			97	13626
陕　西	Shaanxi	270150	234544	60961	33306	209189	201238
甘　肃	Gansu	15113	18242	354	1076	14759	17166
青　海	Qinghai	2805	3048			2805	3048
宁　夏	Ningxia	14973	16697	286	374	14688	16323
新　疆	Xinjiang	20601	21438	1003	1345	19598	20093

书报杂志类 单位：万元

Newspapers and Magazines Unit: 10000 yuan

地区	Region	合计 Total Sale Value		批发额 Wholesale Value		零售额 Retail Value	
		2013	2012	2013	2012	2013	2012
全国	**National Total**	**16058599**	**14996778**	**6752207**	**6235503**	**9306391**	**8761275**
北京	Beijing	2022098	2225642	881493	976786	1140605	1248856
天津	Tianjin	344376	142835	112514	95946	231863	46889
河北	Hebei	569513	508561	295963	279187	273550	229374
山西	Shanxi	473316	364973	232922	160646	240395	204326
内蒙古	Inner Mongolia	52668	50105	19105	11004	33564	39101
辽宁	Liaoning	233091	226696	65983	69622	167108	157074
吉林	Jilin	141891	138096	42638	40922	99253	97174
黑龙江	Heilongjiang	241133	159915	74891	62988	166242	96928
上海	Shanghai	207832	295825	89974	102790	117858	193035
江苏	Jiangsu	1727644	1542790	456643	429182	1271001	1113609
浙江	Zhejiang	775729	699506	327524	266905	448205	432601
安徽	Anhui	750590	695388	349349	320450	401241	374938
福建	Fujian	561669	526438	231894	216131	329775	310307
江西	Jiangxi	535687	413766	247456	165480	288231	248286
山东	Shandong	790593	1230494	496238	582355	294355	648139
河南	Henan	759047	653438	327943	289237	431104	364201
湖北	Hubei	911801	806084	337648	270803	574153	535281
湖南	Hunan	1007938	881410	330294	303014	677644	578396
广东	Guangdong	1040633	801130	687982	528802	352651	272328
广西	Guangxi	299687	225335	136885	106103	162802	119232
海南	Hainan	62664	65730	32924	32371	29741	33359
重庆	Chongqing	344793	365086	178465	189902	166328	175184
四川	Sichuan	509930	478234	45908	79304	464022	398929
贵州	Guizhou	229031	227043	135447	137730	93584	89313
云南	Yunnan	414125	369235	204644	178155	209481	191081
西藏	Tibet	11968	627	7530		4438	627
陕西	Shaanxi	423490	360536	118160	98944	305330	261592
甘肃	Gansu	212783	175276	91852	65414	120931	109862
青海	Qinghai	23372	17813	17637	13534	5734	4278
宁夏	Ningxia	38925	32524	16754	12792	22172	19732
新疆	Xinjiang	340582	316247	157548	149004	183034	167243

3-2-9 续表 18 Continued 18

电子出版物及音像制品类
E-journals and Video Products

单位：万元
Unit: 10000 yuan

地 区	Region	合 计 Total Sale Value		批发额 Wholesale Value		零售额 Retail Value	
		2013	2012	2013	2012	2013	2012
全 国	**National Total**	**1875683**	**1624245**	**765696**	**683185**	**1109987**	**941059**
北 京	Beijing	550330	472614	236565	278511	313765	194104
天 津	Tianjin	10940	12054	362	2155	10577	9900
河 北	Hebei	27188	28540	180	709	27008	27831
山 西	Shanxi	23885	16191	12701	6824	11184	9367
内蒙古	Inner Mongolia	4992	4380	7	33	4985	4347
辽 宁	Liaoning	38990	36061	8977	13166	30013	22894
吉 林	Jilin	28055	24228			28055	24227
黑龙江	Heilongjiang	213943	9803	203493	177	10451	9625
上 海	Shanghai	26255	64711	16027	30992	10228	33718
江 苏	Jiangsu	120379	142293	27472	30778	92908	111515
浙 江	Zhejiang	65648	61859	43218	35980	22429	25879
安 徽	Anhui	28745	27018	11765	7757	16980	19261
福 建	Fujian	25016	28695	7819	10621	17197	18074
江 西	Jiangxi	70376	53993	97	42	70278	53952
山 东	Shandong	85364	89806	5752	5687	79611	84119
河 南	Henan	30996	39481	1954	14259	29042	25222
湖 北	Hubei	44013	39217	2846	1954	41167	37262
湖 南	Hunan	66900	46253	14586	8226	52314	38027
广 东	Guangdong	240768	219879	121892	158563	118876	61316
广 西	Guangxi	10245	22227	3970	14812	6275	7415
海 南	Hainan	3224	11969		7609	3224	4360
重 庆	Chongqing	39531	36122	12790	12007	26741	24114
四 川	Sichuan	52170	76069	11315	22275	40855	53793
贵 州	Guizhou	6645	2320	896	666	5750	1655
云 南	Yunnan	23575	22110	17988	16454	5587	5655
西 藏	Tibet	44	154	3	143	41	11
陕 西	Shaanxi	23172	22428	2640	2111	20531	20318
甘 肃	Gansu	3780	4067	101	368	3678	3699
青 海	Qinghai	3409	3692	155		3254	3692
宁 夏	Ningxia	3191	2399			3191	2399
新 疆	Xinjiang	3916	3612	126	307	3790	3305

3-2-9 续表 19 Continued 19

家用电器和音像器材类

Household Appliances and Video Appliances

单位：万元

Unit: 10000 yuan

地 区	Region	合 计 Total Sale Value		批发额 Wholesale Value		零售额 Retail Value	
		2013	2012	2013	2012	2013	2012
全 国	**National Total**	**152913393**	**133641533**	**83468768**	**74283048**	**69444625**	**59358485**
北 京	Beijing	11442244	9788545	8061105	7130343	3381139	2658202
天 津	Tianjin	1802330	1306603	814290	457474	988040	849129
河 北	Hebei	2779732	2679276	407897	527673	2371834	2151603
山 西	Shanxi	1514721	1268818	287684	278085	1227037	990733
内蒙古	Inner Mongolia	846350	708397	106365	126169	739985	582228
辽 宁	Liaoning	3668893	3173812	854914	837872	2813979	2335940
吉 林	Jilin	1488743	1461115	130719	293180	1358024	1167935
黑龙江	Heilongjiang	1412655	1329002	195431	185767	1217224	1143234
上 海	Shanghai	9581579	9278787	6048918	5549314	3532661	3729473
江 苏	Jiangsu	18798466	16377481	12231820	10574256	6566645	5803225
浙 江	Zhejiang	9434902	8251000	6441731	5438514	2993171	2812486
安 徽	Anhui	7504183	7088334	4838601	4842600	2665582	2245734
福 建	Fujian	3842267	3110541	1980853	1406131	1861413	1704409
江 西	Jiangxi	1972635	1580685	949473	794325	1023162	786359
山 东	Shandong	14165644	13221876	6287522	6516287	7878121	6705589
河 南	Henan	5218740	4858904	2088756	2089250	3129984	2769653
湖 北	Hubei	5750022	4542255	1218356	824051	4531666	3718204
湖 南	Hunan	4513215	3558582	1195092	942089	3318123	2616492
广 东	Guangdong	17560782	14784969	11755110	10064577	5805672	4720393
广 西	Guangxi	2559807	1776111	1389570	936465	1170237	839646
海 南	Hainan	399992	367342	169831	162034	230161	205308
重 庆	Chongqing	15362331	13536549	12777657	11291571	2584674	2244978
四 川	Sichuan	4921700	4243053	893272	893143	4028428	3349909
贵 州	Guizhou	881463	643534	370942	282256	510521	361278
云 南	Yunnan	1670861	1369670	855008	645181	815853	724490
西 藏	Tibet	19374		6		19368	
陕 西	Shaanxi	2432248	2035565	606135	638254	1826113	1397311
甘 肃	Gansu	492317	500555	239484	316937	252833	183618
青 海	Qinghai	127642	113836	27221	25658	100421	88178
宁 夏	Ningxia	186817	171693	17056	11956	169761	159737
新 疆	Xinjiang	560742	514645	227948	201636	332793	313009

3-2-9 续表 20 Continued 20

中西药品类 单位：万元

Traditional Chinese and Western Medicines Unit: 10000 yuan

地 区	Region	合 计 Total Sale Value		批发额 Wholesale Value		零售额 Retail Value	
		2013	2012	2013	2012	2013	2012
全 国	**National Total**	**179697467**	**145969962**	**120462330**	**97834025**	**59235137**	**48135937**
北 京	Beijing	14669748	13068515	7559015	6855481	7110733	6213034
天 津	Tianjin	4965648	4146882	4731810	3944199	233838	202684
河 北	Hebei	5646673	4396295	4163352	3239803	1483321	1156493
山 西	Shanxi	2188450	1780339	1507474	1303461	680977	476878
内蒙古	Inner Mongolia	763936	638715	469772	391093	294164	247621
辽 宁	Liaoning	6296355	5247891	3142812	2862145	3153544	2385746
吉 林	Jilin	2302666	1356823	1555010	823281	747656	533542
黑龙江	Heilongjiang	4555543	2888139	2990820	1854201	1564723	1033938
上 海	Shanghai	11611895	11284633	8826553	8556789	2785342	2727844
江 苏	Jiangsu	15392270	12780399	9044149	7881733	6348120	4898666
浙 江	Zhejiang	12238722	10453290	6756408	5602160	5482315	4851130
安 徽	Anhui	8779213	7406832	5585394	4925236	3193819	2481597
福 建	Fujian	3682697	3000190	2486004	2253576	1196692	746615
江 西	Jiangxi	3279869	2695872	2354192	1968829	925677	727044
山 东	Shandong	11597518	9133858	7418844	5727269	4178674	3406589
河 南	Henan	7811442	6020800	6301006	4735403	1510437	1285397
湖 北	Hubei	7222910	5169270	3961176	2747178	3261734	2422091
湖 南	Hunan	6185207	4661714	3710438	2591097	2474770	2070617
广 东	Guangdong	22316672	17530868	18027918	13686680	4288754	3844189
广 西	Guangxi	2539883	1884381	1249969	993809	1289914	890572
海 南	Hainan	1487291	1394970	1430098	1359744	57193	35226
重 庆	Chongqing	5411147	4357278	3319717	2731281	2091430	1625998
四 川	Sichuan	7825440	6609000	6349132	5543643	1476309	1065357
贵 州	Guizhou	1295702	946976	883594	701061	412107	245915
云 南	Yunnan	3673460	2851794	2791802	2210267	881657	641527
西 藏	Tibet	329412	140	328800		612	140
陕 西	Shaanxi	2241929	1707856	1529765	1141301	712165	566555
甘 肃	Gansu	1280080	761264	1025869	587106	254212	174158
青 海	Qinghai	141338	121960	79626	62805	61712	59154
宁 夏	Ningxia	408485	337832	74109	84743	334377	253089
新 疆	Xinjiang	1555867	1335187	807706	468656	748162	866532

3-2-9 续表 21 Continued 21

西药类
Western Medicines

单位：万元
Unit: 10000 yuan

地区	Region	合计 Total Sale Value		批发额 Wholesale Value		零售额 Retail Value	
		2013	2012	2013	2012	2013	2012
全国	**National Total**	**125754425**	**102544427**	**83959109**	**68860424**	**41795316**	**33684003**
北京	Beijing	9943783	8641179	5052732	4403311	4891051	4237868
天津	Tianjin	2560636	2254095	2449590	2167785	111046	86310
河北	Hebei	4199136	3412207	3119401	2548881	1079735	863326
山西	Shanxi	1486635	1155826	1015223	815708	471412	340118
内蒙古	Inner Mongolia	462632	383785	264814	207470	197818	176315
辽宁	Liaoning	4162954	3374653	2098573	1891821	2064381	1482832
吉林	Jilin	1409461	675475	1106402	485889	303059	189586
黑龙江	Heilongjiang	2538732	2043789	1433866	1262955	1104866	780834
上海	Shanghai	9173494	8160451	7115162	6531122	2058332	1629330
江苏	Jiangsu	12242236	10242822	7204926	6381645	5037310	3861178
浙江	Zhejiang	9076372	7770994	4872363	3994781	4204009	3776213
安徽	Anhui	6295651	5279586	4191977	3646730	2103674	1632857
福建	Fujian	2826294	2330699	1924135	1773509	902159	557191
江西	Jiangxi	2090663	1662671	1411576	1117874	679087	544796
山东	Shandong	6600942	5118132	4105127	3054295	2495815	2063838
河南	Henan	4702113	3587995	3931230	2938518	770883	649477
湖北	Hubei	5678803	4235800	3179419	2390388	2499384	1845412
湖南	Hunan	4588293	3470195	2982546	2048577	1605746	1421618
广东	Guangdong	14883952	11673975	11898782	9101881	2985171	2572094
广西	Guangxi	1854196	1356210	848346	669078	1005850	687132
海南	Hainan	1174558	1062626	1125114	1033612	49444	29014
重庆	Chongqing	4193612	3367411	2636067	2135085	1557545	1232326
四川	Sichuan	5215071	4752265	4226279	3954804	988792	797461
贵州	Guizhou	906229	676007	600629	481337	305600	194671
云南	Yunnan	3101830	2456324	2451392	1985677	650438	470648
西藏	Tibet	8178		7839		340	
陕西	Shaanxi	1673325	1324291	1116557	881402	556768	442890
甘肃	Gansu	996224	602414	811171	466428	185053	135986
青海	Qinghai	101940	90159	53037	42153	48903	48006
宁夏	Ningxia	327584	273767	50867	62763	276718	211004
新疆	Xinjiang	1278897	1108624	673967	384948	604930	723676

中草药及中成药类
Traditional Chinese Medicines

单位：万元
Unit: 10000 yuan

地区	Region	合计 Total Sale Value		批发额 Wholesale Value		零售额 Retail Value	
		2013	2012	2013	2012	2013	2012
全国	**National Total**	**30043930**	**24538512**	**20195690**	**16538245**	**9848240**	**8000267**
北京	Beijing	2313331	2035604	1027144	898922	1286187	1136682
天津	Tianjin	1913652	1565384	1849952	1506200	63699	59184
河北	Hebei	956922	633195	659187	417803	297736	215392
山西	Shanxi	483181	416759	340557	309441	142624	107318
内蒙古	Inner Mongolia	98779	92677	74776	70393	24003	22284
辽宁	Liaoning	868774	691053	361526	331018	507248	360035
吉林	Jilin	228456	128763	147699	77398	80757	51365
黑龙江	Heilongjiang	729159	606811	580739	464524	148419	142287
上海	Shanghai	1530007	1488445	927895	938295	602113	550150
江苏	Jiangsu	2153445	1864137	1172817	1063825	980627	800312
浙江	Zhejiang	2179412	1881060	1212253	995474	967159	885586
安徽	Anhui	1276698	950301	801373	643306	475325	306996
福建	Fujian	333000	280576	194154	185119	138846	95458
江西	Jiangxi	1021845	960795	817553	800679	204292	160116
山东	Shandong	1789921	1377320	973619	745520	816302	631801
河南	Henan	893788	640283	614674	417703	279114	222580
湖北	Hubei	782649	535159	394148	217618	388501	317541
湖南	Hunan	842302	661881	505696	365022	336606	296859
广东	Guangdong	5231077	4009155	4552943	3421149	678134	588006
广西	Guangxi	428344	339623	200184	160776	228160	178847
海南	Hainan	152404	154479	144655	148379	7749	6101
重庆	Chongqing	741198	682680	431727	448802	309471	233878
四川	Sichuan	1617931	1450400	1273979	1274175	343952	176226
贵州	Guizhou	220846	166235	171759	139123	49086	27112
云南	Yunnan	467120	328175	322363	211571	144756	116604
西藏	Tibet	2890	15785	2890			15785
陕西	Shaanxi	289505	198598	173785	111080	115721	87518
甘肃	Gansu	195284	138873	155430	108152	39853	30721
青海	Qinghai	13612	11104	803	238	12809	10866
宁夏	Ningxia	79590	64052	23232	21979	56358	42074
新疆	Xinjiang	208810	169149	86177	44564	122633	124586

文化办公用品类
Cultural and Offices Appliances

单位：万元
Unit: 10000 yuan

地区	Region	合计 Total Sale Value		批发额 Wholesale Value		零售额 Retail Value	
		2013	2012	2013	2012	2013	2012
全国	**National Total**	**125154366**	**99741923**	**100799243**	**77915705**	**24355123**	**21826218**
北京	Beijing	20400211	19627442	15782498	15768529	4617713	3858913
天津	Tianjin	581364	703199	306496	339729	274868	363470
河北	Hebei	377263	208363	169262	12747	208001	195616
山西	Shanxi	381018	331854	227083	182120	153935	149734
内蒙古	Inner Mongolia	220907	175490	103519	76314	117388	99175
辽宁	Liaoning	1607598	1357925	651512	525582	956086	832343
吉林	Jilin	325065	293586	60874	70988	264191	222597
黑龙江	Heilongjiang	910161	694159	240519	250036	669642	444123
上海	Shanghai	15345016	14443365	13548555	12928606	1796461	1514759
江苏	Jiangsu	7418874	7059655	5308133	4960058	2110741	2099597
浙江	Zhejiang	4611216	4471268	3893995	3796016	717221	675252
安徽	Anhui	1518611	875623	1050918	447569	467693	428054
福建	Fujian	1634251	1361530	826023	691187	808228	670343
江西	Jiangxi	421067	409307	183193	161224	237874	248083
山东	Shandong	4152287	3868813	2460013	2331318	1692274	1537495
河南	Henan	979725	832426	422519	389866	557206	442560
湖北	Hubei	2258067	1924976	1227587	1096540	1030481	828436
湖南	Hunan	1043986	829905	453673	387335	590312	442570
广东	Guangdong	53041365	24899159	48956099	22053906	4085266	2845253
广西	Guangxi	400354	377058	192247	185405	208107	191653
海南	Hainan	149928	190962	96428	129082	53500	61880
重庆	Chongqing	928043	9385599	206831	7535876	721212	1849723
四川	Sichuan	4344417	3385902	3369141	2533127	975275	852776
贵州	Guizhou	139821	129417	59439	57125	80381	72293
云南	Yunnan	737724	679328	413173	379783	324552	299545
西藏	Tibet	453		4		448	
陕西	Shaanxi	749981	738531	358364	378474	391617	360057
甘肃	Gansu	130669	128590	62443	63288	68226	65302
青海	Qinghai	8985	8141			8985	8141
宁夏	Ningxia	75950	81009	17085	23346	58865	57663
新疆	Xinjiang	259993	269342	151618	160531	108375	108812

3-2-9 续表 24 Continued 24

家具类
Furniture

单位：万元
Unit: 10000 yuan

地　区	Region	合计 Total Sale Value		批发额 Wholesale Value		零售额 Retail Value	
		2013	2012	2013	2012	2013	2012
全　国	**National Total**	**25754435**	**21182506**	**6179281**	**5141077**	**19575154**	**16041429**
北　京	Beijing	1091898	1007705	150021	173816	941877	833889
天　津	Tianjin	380676	224588	217905	102490	162771	122098
河　北	Hebei	307456	218477	12072	18852	295385	199625
山　西	Shanxi	332539	237404	2534	2373	330005	235031
内蒙古	Inner Mongolia	364354	250620	507	614	363847	250006
辽　宁	Liaoning	493239	419969	48051	39516	445188	380453
吉　林	Jilin	472882	364459	1902	3373	470980	361085
黑龙江	Heilongjiang	471811	360603	13080	20567	458731	340035
上　海	Shanghai	1197025	874520	770255	572491	426770	302029
江　苏	Jiangsu	1577159	1327364	152655	82315	1424504	1245049
浙　江	Zhejiang	915797	861393	530217	578742	385581	282651
安　徽	Anhui	444933	327708	14335	19065	430598	308643
福　建	Fujian	1276833	934178	568091	337264	708742	596914
江　西	Jiangxi	378210	277471	1535	1905	376674	275566
山　东	Shandong	4569773	3999939	444419	366115	4125354	3633824
河　南	Henan	994150	776314	54616	34128	939534	742186
湖　北	Hubei	1664467	1323915	271980	232352	1392488	1091563
湖　南	Hunan	933140	733763	63955	32492	869185	701270
广　东	Guangdong	3620164	2591578	2289865	2023782	1330300	567796
广　西	Guangxi	33630	29868	17979	15060	15651	14809
海　南	Hainan	5876	6792		373	5876	6419
重　庆	Chongqing	1852778	1920906	502560	439899	1350218	1481008
四　川	Sichuan	784916	583522	28375	28200	756541	555322
贵　州	Guizhou	5935	5483	701	854	5234	4629
云　南	Yunnan	233491	156171	7899	8536	225592	147635
西　藏	Tibet		432698				432698
陕　西	Shaanxi	1117398	744055	12074	3266	1105324	740788
甘　肃	Gansu	71426	14513	1098	1543	70328	12969
青　海	Qinghai	2385	50			2385	50
宁　夏	Ningxia	17255	7582		108	17255	7475
新　疆	Xinjiang	142838	168902	601	987	142237	167914

通讯器材类
Communication Appliances

单位：万元
Unit: 10000 yuan

地 区	Region	合 计 Total Sale Value		批发额 Wholesale Value		零售额 Retail Value	
		2013	2012	2013	2012	2013	2012
全 国	**National Total**	**104438759**	**75019229**	**84066257**	**59620933**	**20372503**	**15398296**
北 京	Beijing	33756663	25961804	29054813	23034056	4701850	2927748
天 津	Tianjin	1310308	532489	1007718	247697	302590	284792
河 北	Hebei	436666	390930	72289	65948	364377	324982
山 西	Shanxi	107592	118674	5968	21868	101624	96806
内蒙古	Inner Mongolia	181592	129428	79230	27442	102363	101985
辽 宁	Liaoning	1551546	1079055	539355	409534	1012191	669521
吉 林	Jilin	264140	218997	8410	9282	255729	209715
黑龙江	Heilongjiang	639073	405311	223978	90926	415095	314385
上 海	Shanghai	17847239	14107834	16443799	12987979	1403440	1119855
江 苏	Jiangsu	5976985	5029091	4234381	3524783	1742604	1504309
浙 江	Zhejiang	2675511	2145395	1883904	1524951	791607	620444
安 徽	Anhui	493733	462196	217632	203823	276101	258373
福 建	Fujian	1419398	1085294	1059985	815990	359412	269304
江 西	Jiangxi	161240	160708	19591	24584	141649	136124
山 东	Shandong	1836465	1420309	423007	226828	1413458	1193482
河 南	Henan	659539	617839	155563	167726	503975	450113
湖 北	Hubei	637187	428107	135090	43395	502097	384713
湖 南	Hunan	688073	568813	236201	187171	451872	381643
广 东	Guangdong	28966526	16030475	25721172	13866803	3245354	2163672
广 西	Guangxi	292328	293469	140176	145093	152152	148376
海 南	Hainan	186800	204181	130991	164894	55810	39287
重 庆	Chongqing	1210615	1214719	706140	757304	504475	457415
四 川	Sichuan	1394131	1368616	650165	715408	743966	653207
贵 州	Guizhou	92435	78284	47671	38533	44764	39751
云 南	Yunnan	631816	402713	419212	217478	212603	185235
西 藏	Tibet	18105	19253		18676	18105	577
陕 西	Shaanxi	413332	338150	70643	48309	342689	289842
甘 肃	Gansu	98999	66819	12326	6022	86673	60797
青 海	Qinghai	345653	2129	343856		1797	2129
宁 夏	Ningxia	54343	56140	7129	6335	47214	49806
新 疆	Xinjiang	90730	82007	15863	22097	74867	59910

3-2-9 续表 26 Continued 26

煤炭及制品类

Coal and Related Products

单位：万元

Unit: 10000 yuan

地 区	Region	合 计 Total Sale Value		批发额 Wholesale Value		零售额 Retail Value	
		2013	2012	2013	2012	2013	2012
全 国	**National Total**	**298638118**	**251428100**	**287932602**	**242643160**	**10705516**	**8784940**
北 京	Beijing	34712039	34044287	34696665	34023879	15374	20408
天 津	Tianjin	27171154	15616877	26485009	15168334	686146	448543
河 北	Hebei	22909142	21395724	22803137	21240686	106005	155038
山 西	Shanxi	44034585	39581091	43778624	39470890	255961	110200
内蒙古	Inner Mongolia	11780259	11240189	11199906	10399749	580353	840440
辽 宁	Liaoning	7912525	5676194	7614250	5495233	298276	180961
吉 林	Jilin	460398	367018	251236	181869	209162	185149
黑龙江	Heilongjiang	929065	779780	745049	641719	184016	138061
上 海	Shanghai	17212326	14358762	17187869	14325674	24457	33088
江 苏	Jiangsu	19959654	17339248	19425745	16886140	533909	453108
浙 江	Zhejiang	13661379	13222520	13635754	13188993	25625	33527
安 徽	Anhui	3472854	2788491	3386148	2718120	86705	70371
福 建	Fujian	4440831	3021482	4302201	2879168	138630	142314
江 西	Jiangxi	2108285	2067797	2078814	2044524	29472	23273
山 东	Shandong	28268972	18082806	24553355	15124574	3715617	2958233
河 南	Henan	6550946	6277284	6047683	5888478	503263	388806
湖 北	Hubei	4235551	3248951	3807024	2898911	428528	350041
湖 南	Hunan	2210086	1823041	1595741	1325195	614345	497846
广 东	Guangdong	18295827	16494258	18089508	16323393	206319	170864
广 西	Guangxi	2963411	1795707	2957182	1790139	6229	5568
海 南	Hainan	115965	102205	115626	101874	339	331
重 庆	Chongqing	3353981	2784439	3229116	2672921	124865	111518
四 川	Sichuan	2614340	2562196	2318472	2388933	295868	173263
贵 州	Guizhou	2105291	1481305	2086094	1470530	19198	10775
云 南	Yunnan	2419802	1908937	2237032	1773099	182770	135838
西 藏	Tibet		3572				3572
陕 西	Shaanxi	12368809	11601508	11091478	10586915	1277331	1014594
甘 肃	Gansu	270416	210449	164752	119675	105665	90775
青 海	Qinghai	705128	823425	661854	794731	43274	28694
宁 夏	Ningxia	255638	255261	254644	251035	994	4226
新 疆	Xinjiang	1139459	473298	1132638	467783	6821	5514

3-2-9 续表 27 Continued 27

木材及制品类

Wood and Wooden Products

单位：万元

Unit: 10000 yuan

地 区	Region	合 计 Total Sale Value		批发额 Wholesale Value		零售额 Retail Value	
		2013	2012	2013	2012	2013	2012
全 国	**National Total**	**12035680**	**10139783**	**12035680**	**10139783**		
北 京	Beijing	1595709	1021889	1595709	1021889		
天 津	Tianjin	175701	74121	175701	74121		
河 北	Hebei	15364	31565	15364	31565		
山 西	Shanxi	14587	10339	14587	10339		
内蒙古	Inner Mongolia	283245	47047	283245	47047		
辽 宁	Liaoning	58665	49030	58665	49030		
吉 林	Jilin	3299	1003	3299	1003		
黑龙江	Heilongjiang	306314	396343	306314	396343		
上 海	Shanghai	649986	649441	649986	649441		
江 苏	Jiangsu	1124917	956320	1124917	956320		
浙 江	Zhejiang	1565069	1487381	1565069	1487381		
安 徽	Anhui	56386	38800	56386	38800		
福 建	Fujian	2041968	1931296	2041968	1931296		
江 西	Jiangxi	264366	201605	264366	201605		
山 东	Shandong	1522223	1294841	1522223	1294841		
河 南	Henan	68742	50126	68742	50126		
湖 北	Hubei	13621	10935	13621	10935		
湖 南	Hunan	17487	16212	17487	16212		
广 东	Guangdong	1667913	1364840	1667913	1364840		
广 西	Guangxi	43655	19573	43655	19573		
海 南	Hainan		8406		8406		
重 庆	Chongqing	131996	360257	131996	360257		
四 川	Sichuan	49680	19785	49680	19785		
贵 州	Guizhou	2296	2495	2296	2495		
云 南	Yunnan	345063	94838	345063	94838		
西 藏	Tibet						
陕 西	Shaanxi	2	4	2	4		
甘 肃	Gansu	16266	357	16266	357		
青 海	Qinghai						
宁 夏	Ningxia	1159	830	1159	830		
新 疆	Xinjiang		108		108		

石油及制品类
Petroleum and Related Products

单位：万元
Unit: 10000 yuan

地区	Region	合计 Total Sale Value		批发额 Wholesale Value		零售额 Retail Value	
		2013	2012	2013	2012	2013	2012
全国	**National Total**	**825536825**	**716470801**	**640011627**	**549903128**	**185525198**	**166567673**
北京	Beijing	65674278	57659217	59853229	51665894	5821048	5993322
天津	Tianjin	57395740	55996964	52456014	52030370	4939726	3966594
河北	Hebei	12322563	12216092	8274406	8457430	4048156	3758662
山西	Shanxi	8068253	7863485	2093798	2350903	5974455	5512581
内蒙古	Inner Mongolia	10490062	8600685	4538862	2488874	5951201	6111811
辽宁	Liaoning	61388826	60868480	54731439	55008117	6657387	5860363
吉林	Jilin	8763908	8356636	4506941	4358971	4256966	3997665
黑龙江	Heilongjiang	17808899	18273870	14071996	14808638	3736904	3465233
上海	Shanghai	67083749	62055057	62416708	57531479	4667042	4523578
江苏	Jiangsu	36302551	33496642	25406118	23934402	10896432	9562240
浙江	Zhejiang	45420707	39983270	33140842	28834470	12279865	11148799
安徽	Anhui	10968045	10454775	5528966	5938240	5439079	4516535
福建	Fujian	20373725	16157133	13324131	9706353	7049594	6450780
江西	Jiangxi	6526740	5933605	1449351	1514425	5077389	4419180
山东	Shandong	39743844	29666828	25587515	16898944	14156329	12767884
河南	Henan	14574972	13294809	7665320	6979791	6909652	6315018
湖北	Hubei	41585531	38842268	34733667	32781798	6851865	6060470
湖南	Hunan	11312788	9727953	3308179	2541008	8004609	7186946
广东	Guangdong	152189541	102602477	131238876	84089186	20950665	18513291
广西	Guangxi	8981480	8405792	5479908	5303650	3501573	3102143
海南	Hainan	3527123	3651159	1753780	1971111	1773343	1680048
重庆	Chongqing	9553413	7465127	6213230	4439555	3340183	3025572
四川	Sichuan	19899323	18471233	9353989	9094071	10545334	9377162
贵州	Guizhou	5898389	4843614	1595401	1172567	4302988	3671047
云南	Yunnan	11259588	9801650	5762170	5146037	5497418	4655614
西藏	Tibet	532726		78372		454354	
陕西	Shaanxi	19959598	18149234	14918112	13773951	5041486	4375284
甘肃	Gansu	20761409	18663319	17147446	15299737	3613963	3363582
青海	Qinghai	1982790	1696388	999526	861740	983264	834648
宁夏	Ningxia	5737454	5400186	5066843	4713063	670610	687123
新疆	Xinjiang	29448810	27872855	27316491	26208355	2132319	1664500

化工材料及制品类
Chemical Materials and Related Products

单位：万元
Unit: 10000 yuan

地 区	Region	合 计 Total Sale Value		批发额 Wholesale Value		零售额 Retail Value	
		2013	2012	2013	2012	2013	2012
全 国	**National Total**	**323412041**	**250148051**	**323412041**	**250147784**		
北 京	Beijing	68758524	49227116	68758524	49227116		
天 津	Tianjin	9532934	8226331	9532934	8226331		
河 北	Hebei	3191943	2525082	3191943	2525082		
山 西	Shanxi	1078532	1247167	1078532	1247167		
内蒙古	Inner Mongolia	960742	1005828	960742	1005828		
辽 宁	Liaoning	8580328	7447669	8580328	7447669		
吉 林	Jilin	717665	731267	717665	731267		
黑龙江	Heilongjiang	3330927	3693751	3330927	3693751		
上 海	Shanghai	41826616	29681458	41826616	29681458		
江 苏	Jiangsu	29504992	22368169	29504992	22368169		
浙 江	Zhejiang	35718992	33028457	35718992	33028457		
安 徽	Anhui	2506806	2540685	2506806	2540685		
福 建	Fujian	13294698	9796044	13294698	9796044		
江 西	Jiangxi	219668	139706	219668	139706		
山 东	Shandong	17434510	13527326	17434510	13527326		
河 南	Henan	4260406	3108046	4260406	3108046		
湖 北	Hubei	3254817	1606813	3254817	1606813		
湖 南	Hunan	1048291	796835	1048291	796835		
广 东	Guangdong	35129263	29212975	35129263	29212975		
广 西	Guangxi	1459817	1329367	1459817	1329367		
海 南	Hainan	12036501	6717835	12036501	6717835		
重 庆	Chongqing	4584489	3802336	4584489	3802336		
四 川	Sichuan	6419350	6284827	6419350	6284827		
贵 州	Guizhou	4255235	1957679	4255235	1957679		
云 南	Yunnan	8255209	5425731	8255209	5425731		
西 藏	Tibet	16287	4353	16287	4353		
陕 西	Shaanxi	1625420	1026553	1625420	1026553		
甘 肃	Gansu	1112708	870138	1112708	870138		
青 海	Qinghai	186182	141645	186182	141645		
宁 夏	Ningxia	130895	110744	130895	110744		
新 疆	Xinjiang	2979297	2566121	2979297	2566121		

3-2-9 续表 30 Continued 30

化肥类
Fertilizers

单位：万元
Unit: 10000 yuan

地 区	Region	合 计 Total Sale Value		批发额 Wholesale Value		零售额 Retail Value	
		2013	2012	2013	2012	2013	2012
全 国	**National Total**	**52163542**	**45371023**	**52163542**	**45371023**		
北 京	Beijing	11007575	10354728	11007575	10354728		
天 津	Tianjin	164152	268535	164152	268535		
河 北	Hebei	1074071	1086793	1074071	1086793		
山 西	Shanxi	505534	474352	505534	474352		
内蒙古	Inner Mongolia	556717	671464	556717	671464		
辽 宁	Liaoning	1050130	1095005	1050130	1095005		
吉 林	Jilin	115233	132945	115233	132945		
黑龙江	Heilongjiang	2561204	2862646	2561204	2862646		
上 海	Shanghai	1139361	1422352	1139361	1422352		
江 苏	Jiangsu	1623853	1410578	1623853	1410578		
浙 江	Zhejiang	1525222	1396293	1525222	1396293		
安 徽	Anhui	1080771	1209537	1080771	1209537		
福 建	Fujian	943971	831667	943971	831667		
江 西	Jiangxi	100292	64170	100292	64170		
山 东	Shandong	6495409	5173203	6495409	5173203		
河 南	Henan	1987080	1347417	1987080	1347417		
湖 北	Hubei	1561506	871025	1561506	871025		
湖 南	Hunan	337202	351223	337202	351223		
广 东	Guangdong	1530021	1519645	1530021	1519645		
广 西	Guangxi	847646	825042	847646	825042		
海 南	Hainan	80582	95754	80582	95754		
重 庆	Chongqing	2054841	1728330	2054841	1728330		
四 川	Sichuan	2553175	2926686	2553175	2926686		
贵 州	Guizhou	3382884	1293401	3382884	1293401		
云 南	Yunnan	4788214	3128630	4788214	3128630		
西 藏	Tibet	16287	14295	16287	14295		
陕 西	Shaanxi	119808	110993	119808	110993		
甘 肃	Gansu	803900	586138	803900	586138		
青 海	Qinghai	131523	120429	131523	120429		
宁 夏	Ningxia	90627	85546	90627	85546		
新 疆	Xinjiang	1934755	1912205	1934755	1912205		

3-2-9 续表 31 Continued 31

金属材料类

Metal Materials

单位：万元

Unit: 10000 yuan

地 区	Region	合 计 Total Sale Value		批发额 Wholesale Value		零售额 Retail Value	
		2013	2012	2013	2012	2013	2012
全 国	**National Total**	**860996244**	**725898284**	**860996244**	**725898284**		
北 京	Beijing	116742213	101544576	116742213	101544576		
天 津	Tianjin	98686221	75835645	98686221	75835645		
河 北	Hebei	23486437	16271674	23486437	16271674		
山 西	Shanxi	36446166	23743348	36446166	23743348		
内 蒙 古	Inner Mongolia	3095633	2872462	3095633	2872462		
辽 宁	Liaoning	18937212	18011286	18937212	18011286		
吉 林	Jilin	3061064	2676938	3061064	2676938		
黑 龙 江	Heilongjiang	2775179	3057905	2775179	3057905		
上 海	Shanghai	104001926	99422426	104001926	99422426		
江 苏	Jiangsu	95517175	82970588	95517175	82970588		
浙 江	Zhejiang	86587754	78498569	86587754	78498569		
安 徽	Anhui	7413881	8129085	7413881	8129085		
福 建	Fujian	20698377	18341641	20698377	18341641		
江 西	Jiangxi	3790511	3012838	3790511	3012838		
山 东	Shandong	41982634	32341391	41982634	32341391		
河 南	Henan	10950796	8910492	10950796	8910492		
湖 北	Hubei	17189187	14012494	17189187	14012494		
湖 南	Hunan	8333123	6890678	8333123	6890678		
广 东	Guangdong	88649052	70622131	88649052	70622131		
广 西	Guangxi	11793652	8983484	11793652	8983484		
海 南	Hainan	1536978	1056771	1536978	1056771		
重 庆	Chongqing	10551327	8804816	10551327	8804816		
四 川	Sichuan	11719172	12519010	11719172	12519010		
贵 州	Guizhou	1525865	772976	1525865	772976		
云 南	Yunnan	11222707	9787831	11222707	9787831		
西 藏	Tibet		13617		13617		
陕 西	Shaanxi	7576083	6920801	7576083	6920801		
甘 肃	Gansu	4512716	3232768	4512716	3232768		
青 海	Qinghai	5592039	1537612	5592039	1537612		
宁 夏	Ningxia	728428	661209	728428	661209		
新 疆	Xinjiang	5892738	4441222	5892738	4441222		

建筑及装潢材料类
Building and Decoration Materials

单位：万元
Unit: 10000 yuan

地区	Region	合计 Total Sale Value		批发额 Wholesale Value		零售额 Retail Value	
		2013	2012	2013	2012	2013	2012
全国	**National Total**	**64204242**	**51940405**	**39168273**	**32161077**	**25035969**	**19779328**
北京	Beijing	2914280	3702832	2663964	3406448	250316	296384
天津	Tianjin	1460908	1050389	1225006	822868	235902	227520
河北	Hebei	432669	275265	257919	227902	174750	47362
山西	Shanxi	1160224	793329	257766	138894	902459	654434
内蒙古	Inner Mongolia	753112	942775	498055	699908	255057	242867
辽宁	Liaoning	2905644	1900282	2132989	1175961	772655	724321
吉林	Jilin	1386716	1458711	760839	944786	625877	513925
黑龙江	Heilongjiang	884430	908054	219008	359982	665421	548073
上海	Shanghai	2245990	2642909	1892620	2322603	353370	320306
江苏	Jiangsu	7623107	5956130	2829540	2330696	4793567	3625434
浙江	Zhejiang	3505980	2496283	3055342	2214994	450637	281288
安徽	Anhui	1462080	1191665	587354	527769	874725	663896
福建	Fujian	4207139	3261914	3124290	2481131	1082849	780783
江西	Jiangxi	379974	260927	155856	90601	224119	170327
山东	Shandong	8095818	6078354	4515966	3242236	3579853	2836118
河南	Henan	1463999	1117471	1035904	762453	428095	355018
湖北	Hubei	3207377	2481424	575151	399241	2632227	2082183
湖南	Hunan	1492282	1326108	494452	420094	997830	906014
广东	Guangdong	9293267	5997533	8075188	5330947	1218079	666585
广西	Guangxi	553207	264744	541113	256066	12094	8679
海南	Hainan	41508	52818	35705	48620	5803	4199
重庆	Chongqing	2700025	3154587	1540503	1738810	1159522	1415777
四川	Sichuan	2621106	2080990	1349010	998180	1272096	1082810
贵州	Guizhou	267053	114376	246495	106384	20558	7993
云南	Yunnan	1023974	785883	375300	392843	648675	393040
西藏	Tibet						
陕西	Shaanxi	1709890	1161279	395231	269799	1314659	891479
甘肃	Gansu	230424	342684	148194	310469	82230	32215
青海	Qinghai	526	11309	526	11309		
宁夏	Ningxia	2887	1270	2441	982	446	288
新疆	Xinjiang	178648	128112	176545	128103	2103	9

机电产品及设备类
Mechanical and Electrical Products

单位：万元
Unit: 10000 yuan

地 区	Region	合 计 Total Sale Value		批发额 Wholesale Value		零售额 Retail Value	
		2013	2012	2013	2012	2013	2012
全 国	**National Total**	**163553441**	**143162022**	**153412726**	**133980216**	**10140715**	**9181807**
北 京	Beijing	27640967	21890489	27112035	21225465	528932	665024
天 津	Tianjin	2323873	2420589	2202841	2363452	121031	57137
河 北	Hebei	1405980	827157	1326191	747361	79790	79797
山 西	Shanxi	2699380	853897	2594512	741304	104868	112594
内 蒙 古	Inner Mongolia	332067	348653	171739	185276	160328	163378
辽 宁	Liaoning	4232485	3803357	4062144	3649375	170341	153982
吉 林	Jilin	379401	249384	264185	177476	115216	71908
黑 龙 江	Heilongjiang	881930	581095	747602	526595	134328	54499
上 海	Shanghai	36730264	32475774	36628639	32352730	101626	123045
江 苏	Jiangsu	12489170	11330677	11687800	10697780	801370	632898
浙 江	Zhejiang	7754842	7246882	7693798	7197337	61043	49545
安 徽	Anhui	1983646	1620407	1858848	1503332	124798	117075
福 建	Fujian	4190886	3550226	3712878	3227714	478008	322512
江 西	Jiangxi	328648	305998	299054	268656	29594	37342
山 东	Shandong	13205266	11213119	10925318	9239442	2279948	1973677
河 南	Henan	2462396	2470158	2015777	2057550	446620	412608
湖 北	Hubei	2695614	2253285	2218258	1821958	477356	431327
湖 南	Hunan	1030901	735258	677861	451214	353040	284045
广 东	Guangdong	30737476	30267074	28821386	28190248	1916089	2076826
广 西	Guangxi	747597	766737	665216	697771	82381	68966
海 南	Hainan	164743	144279	141851	106856	22892	37423
重 庆	Chongqing	2995292	2780470	2427171	2281744	568122	498726
四 川	Sichuan	2385507	1613054	1746695	1121706	638812	491348
贵 州	Guizhou	320696	237132	292850	218042	27846	19089
云 南	Yunnan	1146048	992736	987054	879014	158994	113721
西 藏	Tibet	37413	2063	36977		436	2063
陕 西	Shaanxi	749463	638331	664475	566744	84988	71587
甘 肃	Gansu	255988	217253	207303	180961	48684	36292
青 海	Qinghai	292139	159526	291625	158744	514	782
宁 夏	Ningxia	77982	103793	72177	98850	5805	4943
新 疆	Xinjiang	875383	1063169	858469	1045519	16914	17651

3-2-9 续表 34 Continued 34

农机类 单位：万元

Agricultural Machineries Unit: 10000 yuan

地区	Region	合计 Total Sale Value		批发额 Wholesale Value		零售额 Retail Value	
		2013	2012	2013	2012	2013	2012
全国	**National Total**	**5916107**	**4742763**	**5916107**	**4742763**		
北京	Beijing	307242	313274	307242	313274		
天津	Tianjin	16603	13316	16603	13316		
河北	Hebei	98749	91765	98749	91765		
山西	Shanxi	72514	85746	72514	85746		
内蒙古	Inner Mongolia	101125	95415	101125	95415		
辽宁	Liaoning	236027	255692	236027	255692		
吉林	Jilin	35511	19853	35511	19853		
黑龙江	Heilongjiang	299963	263985	299963	263985		
上海	Shanghai	361706	302802	361706	302802		
江苏	Jiangsu	750095	492413	750095	492413		
浙江	Zhejiang	83952	101597	83952	101597		
安徽	Anhui	89414	72173	89414	72173		
福建	Fujian	47595	19188	47595	19188		
江西	Jiangxi	18440	16110	18440	16110		
山东	Shandong	1101999	944380	1101999	944380		
河南	Henan	791332	824942	791332	824942		
湖北	Hubei	123907	105805	123907	105805		
湖南	Hunan	140311	82369	140311	82369		
广东	Guangdong	57854	88145	57854	88145		
广西	Guangxi	13486	13996	13486	13996		
海南	Hainan	11492	6525	11492	6525		
重庆	Chongqing	111679	97872	111679	97872		
四川	Sichuan	639236	95839	639236	95839		
贵州	Guizhou	12621	8256	12621	8256		
云南	Yunnan	91215	72788	91215	72788		
西藏	Tibet	34587	5586	34587	5586		
陕西	Shaanxi	14496	12858	14496	12858		
甘肃	Gansu	30264	26349	30264	26349		
青海	Qinghai	43653	43132	43653	43132		
宁夏	Ningxia	10535	13365	10535	13365		
新疆	Xinjiang	168506	157228	168506	157228		

汽车类 单位：万元
Automobiles Unit: 10000 yuan

地区	Region	合计 Total Sale Value		批发额 Wholesale Value		零售额 Retail Value	
		2013	2012	2013	2012	2013	2012
全国	**National Total**	**496020526**	**415090213**	**207170853**	**177055785**	**288849673**	**238034428**
北京	Beijing	78083697	72448472	60530685	57134185	17553012	15314287
天津	Tianjin	26219423	23239371	18865912	17534267	7353511	5705104
河北	Hebei	17316783	13757920	8143944	6284072	9172839	7473848
山西	Shanxi	6979079	5928430	279679	304350	6699400	5624080
内蒙古	Inner Mongolia	4439975	4101027	323568	358539	4116408	3742487
辽宁	Liaoning	12314059	10480152	1965149	1884673	10348910	8595479
吉林	Jilin	5309594	4765966	1545203	1494015	3764391	3271951
黑龙江	Heilongjiang	4297542	3881035	311727	396300	3985814	3484735
上海	Shanghai	84010974	65903824	70364231	54507121	13646743	11396702
江苏	Jiangsu	31848355	25128613	2673198	1233201	29175157	23895412
浙江	Zhejiang	33089580	29728270	6135901	5589482	26953679	24138788
安徽	Anhui	9631366	7157473	2209599	1497524	7421766	5659949
福建	Fujian	11430020	9590131	1384474	1503892	10045546	8086240
江西	Jiangxi	4771800	3609551	626407	514425	4145393	3095126
山东	Shandong	28564452	24790453	3704412	3902794	24860040	20887659
河南	Henan	15030801	12065402	2021329	1673379	13009471	10392022
湖北	Hubei	12002471	9266983	2198861	1785155	9803611	7481827
湖南	Hunan	10231224	7954178	412637	357817	9818588	7596361
广东	Guangdong	42066338	31428054	14025429	9269302	28040909	22034735
广西	Guangxi	5121684	4161417	699217	595541	4422467	3565876
海南	Hainan	2126494	1961755	933514	909719	1192980	1052037
重庆	Chongqing	11049864	10470596	3939813	3884137	7110051	6586458
四川	Sichuan	13713930	10722386	688904	832927	13025025	9889459
贵州	Guizhou	3906982	3310129	446510	632651	3460472	2677478
云南	Yunnan	6263996	5181924	368819	295530	5895178	4886393
西藏	Tibet	210909	125408	1927	391	208982	124018
陕西	Shaanxi	7885756	7174462	917424	1069736	6968331	6104727
甘肃	Gansu	2599550	1862478	237271	210267	2362279	1652211
青海	Qinghai	622842	446619	55666	83527	567177	363092
宁夏	Ningxia	1330643	1203205	240975	219615	1089669	983590
新疆	Xinjiang	3550345	3244532	918469	972234	2631876	2272297

种子饲料类 单位：万元

Seeds and Feedstuff Unit: 10000 yuan

地 区	Region	合 计 Total Sale Value		批发额 Wholesale Value		零售额 Retail Value	
		2013	2012	2013	2012	2013	2012
全 国	**National Total**	**9526511**	**8614155**	**9526511**	**8614155**		
北 京	Beijing	915063	915744	915063	915744		
天 津	Tianjin	225448	177324	225448	177324		
河 北	Hebei	72622	63084	72622	63084		
山 西	Shanxi	55136	28866	55136	28866		
内蒙古	Inner Mongolia	33930	40032	33930	40032		
辽 宁	Liaoning	427654	399977	427654	399977		
吉 林	Jilin	63466	55424	63466	55424		
黑龙江	Heilongjiang	77988	99119	77988	99119		
上 海	Shanghai	955691	774886	955691	774886		
江 苏	Jiangsu	438397	323543	438397	323543		
浙 江	Zhejiang	455859	394997	455859	394997		
安 徽	Anhui	421528	382741	421528	382741		
福 建	Fujian	514866	312771	514866	312771		
江 西	Jiangxi	2851	3105	2851	3105		
山 东	Shandong	1559823	1468265	1559823	1468265		
河 南	Henan	946264	774916	946264	774916		
湖 北	Hubei	169584	126010	169584	126010		
湖 南	Hunan	163966	129676	163966	129676		
广 东	Guangdong	1233115	1470373	1233115	1470373		
广 西	Guangxi	44668	17719	44668	17719		
海 南	Hainan	12028	12274	12028	12274		
重 庆	Chongqing	103065	82070	103065	82070		
四 川	Sichuan	127832	136647	127832	136647		
贵 州	Guizhou	18472	14333	18472	14333		
云 南	Yunnan	107982	108832	107982	108832		
西 藏	Tibet						
陕 西	Shaanxi	11888	11996	11888	11996		
甘 肃	Gansu	79773	43627	79773	43627		
青 海	Qinghai	289		289			
宁 夏	Ningxia	1155	950	1155	950		
新 疆	Xinjiang	286111	244854	286111	244854		

棉麻类
Cotton, Hemp

单位：万元
Unit: 10000 yuan

地区	Region	合计 Total Sale Value		批发额 Wholesale Value		零售额 Retail Value	
		2013	2012	2013	2012	2013	2012
全国	**National Total**	**26495807**	**18953141**	**26257852**	**18784922**	**237954**	**168219**
北京	Beijing	3287506	3177081	3286997	3175226	508	1855
天津	Tianjin	487005	296886	483469	296886	3536	
河北	Hebei	1221897	787682	1221867	787682	29	
山西	Shanxi	1133	1847	12	479	1120	1368
内蒙古	Inner Mongolia	14	12			14	12
辽宁	Liaoning	55282	24163	54928	24018	354	145
吉林	Jilin	1204	1221			1204	1221
黑龙江	Heilongjiang	12529	1493	7664	778	4866	715
上海	Shanghai	407936	629512	407936	629512		
江苏	Jiangsu	2035222	1496738	2023800	1495793	11422	944
浙江	Zhejiang	811622	1072297	811622	1072297		
安徽	Anhui	248110	162247	237994	152145	10116	10101
福建	Fujian	187219	143345	182055	142918	5163	427
江西	Jiangxi	49351	12430	46393	12430	2958	
山东	Shandong	2170294	1553137	2118334	1508933	51960	44205
河南	Henan	662631	678557	651060	669138	11571	9419
湖北	Hubei	1721641	1174135	1654039	1126458	67602	47677
湖南	Hunan	412967	390220	403028	390220	9939	
广东	Guangdong	1017938	555253	1015006	554357	2931	896
广西	Guangxi	35753	37671	35014	36972	739	699
海南	Hainan						
重庆	Chongqing	90084	115872	83126	107425	6958	8447
四川	Sichuan	202518	144740	195265	141119	7253	3621
贵州	Guizhou	554	451			554	451
云南	Yunnan	37492	16019	35409	14734	2084	1286
西藏	Tibet						
陕西	Shaanxi	3391	1762	3184	1717	207	45
甘肃	Gansu	83044	75537	48177	42674	34867	32863
青海	Qinghai						
宁夏	Ningxia						
新疆	Xinjiang	11251474	6402834	11251474	6401011		1823

3-2-9 续表 38 Continued 38

其他类 单位：万元

Others Unit: 10000 yuan

地区	Region	合计 Total Sale Value 2013	2012	批发额 Wholesale Value 2013	2012	零售额 Retail Value 2013	2012
全国	**National Total**	**174963376**	**146254234**	**153159486**	**127837944**	**21803890**	**18416290**
北京	Beijing	16212651	14571252	14925598	13346510	1287053	1224742
天津	Tianjin	13073239	9034894	12303456	8353189	769783	681705
河北	Hebei	1050777	933988	964441	838175	86336	95813
山西	Shanxi	3169997	1830271	2708285	1318301	461712	511970
内蒙古	Inner Mongolia	782183	758757	348703	424813	433480	333944
辽宁	Liaoning	5000199	3910139	4305210	3460638	694988	449502
吉林	Jilin	641888	492356	196875	129393	445013	362962
黑龙江	Heilongjiang	1590761	1120897	1077882	786669	512879	334229
上海	Shanghai	27811680	21774375	26672664	20305499	1139015	1468876
江苏	Jiangsu	7975274	7848418	7358712	7442697	616563	405721
浙江	Zhejiang	14383566	11837436	13713875	11210091	669691	627346
安徽	Anhui	5691657	5798823	5102200	5390843	589457	407980
福建	Fujian	9237988	8132040	8111598	7329407	1126391	802632
江西	Jiangxi	762288	747741	546278	557099	216010	190642
山东	Shandong	11483092	9769251	8920358	7410438	2562734	2358813
河南	Henan	3576897	3411218	2967715	2924971	609182	486247
湖北	Hubei	1917117	1323284	974001	622952	943117	700332
湖南	Hunan	4738427	3797811	3665989	2910441	1072437	887371
广东	Guangdong	24885026	18426264	20913319	15718566	3971707	2707698
广西	Guangxi	1123958	1136643	807743	808553	316215	328090
海南	Hainan	274771	1686836	199447	1617641	75325	69195
重庆	Chongqing	3485070	2923686	2557917	2095936	927152	827751
四川	Sichuan	3767070	3899878	2822475	2870659	944596	1029219
贵州	Guizhou	1793744	1543501	1504049	1406450	289695	137051
云南	Yunnan	8736098	7021351	8295118	6695837	440980	325514
西藏	Tibet	7918	1033840	73	846147	7844	187692
陕西	Shaanxi	568116	387820	168617	80643	399499	307177
甘肃	Gansu	284739	273151	172989	185572	111751	87579
青海	Qinghai	108655	20085	92805	6737	15850	13348
宁夏	Ningxia	292131	257898	286676	252177	5455	5722
新疆	Xinjiang	536402	550331	474419	490903	61983	59428

3-3-1 限额以上批发和零售业企业年末资产负债

项目	Item	流动资产合计 Total Current Assets	#存货 Stock	固定资产原价 Original Value of Fixed Assets
总　计	**Total**	**1535565039**	**285085457**	**210184288**
一、批发业	**Wholesale Trade**	**1240327093**	**212854376**	**114314780**
#国有控股	State-controlled Enterprises	443343705	92902007	53729805
(一)按登记注册类型分	**by Type of Registration**			
1.内资企业	**Domestic Funded Enterprises**	**1078272613**	**180332854**	**104983746**
国有企业	State-owned Enterprises	109425017	29234107	19756264
集体企业	Collective-owned Enterprises	5171710	1094022	885852
股份合作企业	Cooperative Enterprises	1565650	200123	171619
联营企业	Joint Ownership Enterprises	469750	123080	61672
国有联营企业	State Joint Ownership Enterprises	177404	24751	23455
集体联营企业	Collective Joint Ownership Enterprises	35480	11977	14725
国有与集体联营企业	Joint State-collective Enterprises	207117	75722	8223
其他联营企业	Other Joint Ownership Enterprises	49748	10630	15270
有限责任公司	Limited Liability Corporations	518799377	79925985	35415221
国有独资公司	State Sole Funded Corporations	68852265	12496874	7186866
其他有限责任公司	Other Limited Liability Corporations	449947112	67429111	28228355
股份有限公司	Share-holding Corporations Ltd.	101400239	22009261	19217014
私营企业	Private Enterprises	338750888	47321626	28499381
私营独资企业	Private-funded Enterprises	1301960	315513	513286
私营合伙企业	Private Partnership Enterprises	278917	45956	41221
私营有限责任公司	Private Limited Liability Corporations	324592681	45433727	26817603
私营股份有限公司	Private Share-holding Corporations Ltd.	12577330	1526430	1127272
其他企业	Other Enterprises	2689981	424649	976723
2.港、澳、台商投资企业	**Enterprises with Funds from Hongkong, Macao and Taiwan**	**51565622**	**10545710**	**3235038**
合资经营企业	Joint-venture Enterprises	6855601	976014	506538
合作经营企业	Cooperative Enterprises	347415	17302	37006
独资经营企业	Enterprises with Sole Investment	43249202	9351360	2566035
投资股份有限公司	Share-holding Corporations Ltd. with Investment	1035165	185994	124851
其他港澳台商投资企业	Other Enterprises with Funds from Hongkong, Macao and Taiwan	78239	15041	608
3.外商投资企业	**Foreign Funded Enterprises**	**110488858**	**21975813**	**6095995**
中外合资经营企业	Joint-venture Enterprises	20969039	4457527	1058628
中外合作经营企业	Cooperative Enterprises	795506	36213	33684
外资企业	Enterprises with Sole Foreign Investment	87502117	17111663	4670777
外商投资股份有限公司	Share-holding Corporations Ltd. with Foreign Investment	519712	169126	240066
其他外商投资企业	Other Foreign Funded Enterprises	702485	201284	92839

Assets and Liabilities of Enterprises above Designated Size of Wholesale and Retail Trades at the Year-end

单位：万元
Unit:10000 yuan

累计折旧 Accumulated Depreciation	#本年折旧 Current Year Depreciation	资产总计 Total Assets	负债合计 Total Liabilities	所有者权益合计 Total Owners' Equities	实收资本 Paicl-up Capitals	#国家资本 State-owned Capitals	#港澳台资本 Capitals from Hongkong, Macao and Taiwan	#外商资本 Foreign Capitals
67787247	**13699875**	**2011320106**	**1478533777**	**534220565**	**293700164**	**57036805**	**14371450**	**21183581**
37916173	**7421284**	**1566935689**	**1158244738**	**409800719**	**212704979**	**47060190**	**9117664**	**15556655**
18982749	2976487	604273724	419968269	185415728	78078761	45494024	114864	764132
33839167	**6422025**	**1369389975**	**1025600145**	**344899259**	**184555609**	**46560487**	**141324**	**512972**
7475127	1143046	139898760	80760331	59159988	11454974	7319279		1068
318313	35681	6926296	5683685	1242611	618906	2596		
55817	7922	1897444	1701320	196125	186714	13578		
17161	2720	613719	500034	113685	100622	57309		
7345	1121	214953	169634	45319	29168	22953		
2069	497	63849	53503	10345	8535			
2304	603	264630	211800	52831	46825	34356		
5443	500	70287	65097	5190	16094			
10873016	2108292	647103120	509029985	138121343	80353718	22852556	66235	70245
2186894	369209	104278925	73584374	30743538	14699493	8909701		660
8686122	1739083	542824195	435445612	107377805	65654225	13942855	66235	69586
6679755	1036824	163316118	106701744	57654101	27551564	16107295	64168	437833
8240711	2028895	405614133	318741733	86872336	63425226	203455	8518	3650
92431	27649	1944453	1193352	751101	367581	570	1	1
13053	3138	319578	234539	85039	62120	27		
7836146	1929066	387756045	305173982	82581998	60929343	200875	8143	3642
299081	69042	15594057	12139859	3454198	2066183	1983	373	7
179266	58646	4020386	2481314	1539071	863884	4420	2404	176
1209210	**309029**	**63261166**	**43008002**	**20253503**	**10207092**	**150789**	**8716889**	**152494**
174725	29974	8856710	6331030	2526019	1588074	149889	745956	84209
15015	4440	396883	225831	171052	69508		27439	780
969585	265727	52625009	35399643	17225365	8391576	900	7845369	65044
49620	8765	1298094	971438	326656	152934		93125	2461
264	124	84471	80060	4411	5000		5000	
2867797	**690230**	**134284548**	**89636591**	**44647957**	**17942278**	**348914**	**259451**	**14891189**
458866	74080	24280101	19001583	5278518	2509802	346369	134862	832513
15578	3296	967064	663267	303797	180757	2011	4483	70482
2220904	595265	107372429	69106462	38265968	14944412		118585	13909986
109298	12651	911443	516874	394569	235807		1384	51098
63151	4938	753510	348407	405104	71500	535	137	27110

项　目	Item	流动资产合计 Total Current Assets	#存货 Stock	固定资产原价 Original Value of Fixed Assets
(二)按国民经济行业分	by Sector			
农、林、牧产品批发	Wholesale of Agricultural, Forestry and Livestock Products	40839379	15069394	7041692
食品、饮料及烟草制品批发	Wholesale of Food, Beverages and Tobaccos	120772573	28661717	22016523
米、面制品及食用油批发	Wholesale of Rice, Flour and Edible Oil	25565470	7807896	2568648
肉、禽、蛋、奶及水产品批发	Wholesale of Meal, Fowls, Eggs, Milk and Aquatic Products	5273617	1039826	2712334
酒、饮料及茶叶批发	Wholesale of Wine, Beverages and Teas	22390442	3879949	1558706
烟草制品批发	Wholesale of Tobaccos	46442903	12489946	10712927
纺织、服装及家庭用品批发	Wholesale of Textiles, Wearing Apparel and Household Articles	121207454	22411628	10320969
服装批发	Wholesale of Garments	30619168	5703607	3359649
鞋帽批发	Wholesale of Shoes and Hats	7836959	1159927	584326
家用电器批发	Wholesale of Household Electrical Appliances	36872764	8223855	2766184
文化、体育用品及器材批发	Wholesale of Culture, Sports Appliances and Equipments	27576702	7402968	2389659
文具用品批发	Wholesale of Stationeries	6484750	883505	463674
体育用品及器材批发	Wholesale of Sports Appliances and Equipments	1152403	239221	162833
图书批发	Wholesale of Books	5592064	1435267	998898
医药及医疗器材批发	Wholesale of Medicines and Medical Appliances	62038995	12364034	4883743
西药批发	Wholesale of Western Medicine	39695232	7644785	2521653
中药批发	Wholesale of Chinese Traditional Medicine	13495097	2644319	963563
矿产品、建材及化工产品批发	Wholesale of Mineral Products, Building Materials and Chemical Products	611298666	84575009	54115171
煤炭及制品批发	Wholesale of Coal and Related Products	98292657	9230904	7040786
石油及制品批发	Wholesale of Petroleum and Related Products	108093785	22540057	28461675
金属及金属矿批发	Wholesale of Metal Materials	262755403	32498228	9431768
建材批发	Wholesale of Building Materials	43303663	4508824	3189231
化肥批发	Wholesale of Chemical Fertilizer	21386097	5444705	1722424
农药批发	Wholesale of Pesticides	1787955	416451	130575
机械设备、五金产品及电子产品批发	Wholesale of Machinery, Hardware and Electronic Products	188317492	34693019	10211794
汽车批发	Wholesale of Motor Vehicles	52724698	12020867	1780221
计算机、软件及辅助设备批发	Wholesale of Computer, Software and Assistant Appliances	13683562	2806411	415505
通讯及广播电视设备批发	Wholesale of Communication, Radios and Televisions Equipments	19991443	3576947	1271676
贸易经纪与代理	Trade Broker and Agency	37243487	2634276	803509
其他批发业	Other Wholesale not Classified Elsewhere	31032345	5042332	2531721

单位：万元
Unit:10000 yuan

累计折旧 Accumulated Depreciation	#本年折旧 Current Year Depreciation	资产总计 Total Assets	负债合计 Total Liabilities	所有者权益合计 Total Owners' Equities	实收资本 Paicl-up Capitals	#国家资本 State-owned Capitals	# 港澳台资本 Capitals from Hongkong, Macao and Taiwan	# 外商资本 Foreign Capitals
1900272	340478	58161490	41904650	16256840	7429701	2208577	297931	245552
8123795	1355537	156160649	82591271	73569378	14128632	2854176	556251	634613
739113	120203	31388220	26897878	4490342	2691732	801494	47193	53362
731244	213301	8431008	5452111	2978897	1251893	122515	18091	36873
500648	113598	28855054	17876796	10978258	2722792	139832	257180	102797
4851481	660480	56914416	11242044	45672372	2622297	751896		
3338703	799039	145124300	107905290	37219010	17772648	1003338	2032594	3100577
991186	229073	38452617	25999347	12453270	6012847	336112	854382	488223
188799	43856	9280085	6529427	2750658	942277	56050	151986	40417
661298	149825	42504026	33376249	9127777	3596161	134954	225985	1772584
840027	163596	35864485	24784501	11079984	5823987	1695981	573044	389734
178829	32524	7278192	5845002	1433191	931937	61790	87758	172012
72036	20583	1367112	1071496	295617	179076	286	78945	11914
332190	53787	8767000	4914294	3852706	1473312	901072	3000	20617
1785113	432538	72512506	55687227	16825279	8788126	1107291	247820	461450
826229	183430	46165868	36203963	9961904	5667390	951843	130768	288480
334155	67391	15563455	12125812	3437643	2035354	107400	55268	25488
17254897	3307702	790713899	612092281	179731048	123671939	33585346	2492757	4394755
1934826	462715	134854016	100409304	34444580	19151862	3894117	56991	456903
9537465	1635290	161275776	115805377	46580443	33513014	19019652	576091	547395
2985101	590009	315072981	259511730	55561251	43581115	6863266	727257	1002186
820129	226802	55571405	42207491	13363914	9587888	423053	674547	144689
443932	81087	27883191	22080050	5803141	3312191	697673	5400	771010
32109	8126	2493346	1785404	707943	348219	8279	298	775
3699389	803830	226921180	167323502	59597678	26387727	2959990	2034194	5678016
550382	175892	62666087	48175347	14490740	4493281	347663	112829	1525675
162631	31025	15237334	11448633	3788701	2649959	63805	422134	328748
603855	111636	24741889	16645565	8096324	3155223	91405	370110	882405
264980	44224	41742576	35313682	6428894	3505333	1150501	160825	333991
708998	174343	39734604	30642334	9092609	5196885	494989	722247	317968

项 目	Item	流动资产合计 Total Current Assets	#存 货 Stock	固定资产原 价 Original Value of Fixed Assets
二、零售业	**Retail Trade**	**295237947**	**72231080**	**95869509**
#国有控股	State-controlled Enterprises	49279325	10693474	24111056
(一)按登记注册类型分	**by Type of Registration**			
1.内资企业	**Domestic Funded Enterprises**	**252763647**	**62737384**	**80732562**
国有企业	State-owned Enterprises	5229486	1301982	2986031
集体企业	Collective-owned Enterprises	1926631	450036	1315408
股份合作企业	Cooperative Enterprises	334421	113948	182717
联营企业	Joint Ownership Enterprises	166262	43993	73509
国有联营企业	State Joint Ownership Enterprises	33000	8198	20924
集体联营企业	Collective Joint Ownership Enterprises	55464	17571	20401
国有与集体联营企业	Joint State-collective Enterprises	41839	9894	20237
其他联营企业	Other Joint Ownership Enterprises	35959	8329	11947
有限责任公司	Limited Liability Corporations	111333189	28017037	31946652
国有独资公司	State Sole Funded Corporations	2803491	723447	2084636
其他有限责任公司	Other Limited Liability Corporations	108529698	27293590	29862016
股份有限公司	Share-holding Corporations Ltd.	38172167	7214508	19108901
私营企业	Private Enterprises	94284883	25220391	24457122
私营独资企业	Private-funded Enterprises	1894507	632099	1420859
私营合伙企业	Private Partnership Enterprises	291652	85317	158477
私营有限责任公司	Private Limited Liability Corporations	86733193	23313753	21543585
私营股份有限公司	Private Share-holding Corporations Ltd.	5365532	1189223	1334201
其他企业	Other Enterprises	1316608	375490	662222
2.港、澳、台商投资企业	**Enterprises with Funds from Hongkong, Macao and Taiwan**	**21098733**	**5087613**	**7223622**
合资经营企业	Joint-venture Enterprises	6180398	1063346	1507931
合作经营企业	Cooperative Enterprises	402450	31190	204877
独资经营企业	Enterprises with Sole Investment	13155600	3765809	4009495
投资股份有限公司	Share-holding Corporations Ltd. with Investment	805469	152735	1357486
其他港澳台商投资企业	Other Enterprises with Funds from Hongkong, Macao and Taiwan	554817	74533	143833
3.外商投资企业	**Foreign Funded Enterprises**	**21375567**	**4406084**	**7913325**
中外合资经营企业	Joint-venture Enterprises	7115742	1684724	3022286
中外合作经营企业	Cooperative Enterprises	971397	239217	315773
外资企业	Enterprises with Sole Foreign Investment	12714167	2401029	4177658
外商投资股份有限公司	Share-holding Corporations Ltd. with Foreign Investment	431954	59855	359372
其他外商投资企业	Other Foreign Funded Enterprises	142307	21259	38236

3-3-1 Continued 2

单位：万元
Unit:10000 yuan

累计折旧 Accumulated Depreciation	#本年折旧 Current Year Depreciation	资产总计 Total Assets	负债合计 Total Liabilities	所有者权益合计 Total Owners' Equities	实收资本 Paicl-up Capitals	#国家资本 State-owned Capitals	# 港澳台资本 Capitals from Hongkong, Macao and Taiwan	# 外商资本 Foreign Capitals
29871073	**6278591**	**444384417**	**320289038**	**124419846**	**80995186**	**9976616**	**5253786**	**5626926**
7830870	1295053	88620702	55744670	33191591	15326195	9143698	79582	239357
23803138	**5270100**	**377847308**	**270758781**	**107412995**	**66957207**	**9795150**	**114990**	**149123**
1014303	187751	9320210	5806900	3513310	1999775	1711604	12	105
426017	83639	3311956	2100455	1211501	649094	3371	27	170
65360	8602	545809	354644	191165	115444	1274		
33863	5077	230786	130225	100561	52926	12984		
10806	2900	47458	29075	18383	12563	7116		
6079	926	81770	50364	31406	21201	80		
11961	802	55083	23319	31765	10607	4891		
5016	448	46475	27467	19008	8555	896		
9564442	2170392	159879837	120021522	39863893	25556490	3618536	26190	108121
630375	90910	5970362	3211210	2759152	998545	723380		2947
8934067	2079482	153909476	116810313	37104741	24557945	2895156	26190	105174
5936270	1011227	72016533	45610767	26721325	11153703	4396332	63238	33459
6599718	1764730	130390026	95485988	34907368	26962167	47273	23848	7218
288692	84186	3482548	1617603	1864945	1228449	9502	84	75
45806	8986	480311	289003	191307	148728	165	200	
5880351	1568851	118793415	88384150	30412595	24329163	37196	23410	6913
384869	102707	7633753	5195232	2438521	1255828	410	155	231
163166	38683	2152151	1248279	903872	467609	3777	1675	50
2976676	**506179**	**35542731**	**25937935**	**9604796**	**6801585**	**101205**	**5067317**	**299026**
534837	94826	8652399	5802128	2850271	1389374	52555	706970	111699
80292	8223	633294	434397	198898	149661	2209	125585	6270
1255682	353096	23628177	18262099	5366079	4660894	42235	4053977	181057
1057838	35082	1655739	1016650	639089	496937	4205	149764	
48027	14951	973122	422662	550460	104718		31021	
3091259	**502312**	**30994378**	**23592323**	**7402055**	**7236394**	**80261**	**71479**	**5178778**
1240932	153480	10409685	7824341	2585345	2201617	62509	30834	1169297
202167	37852	1172936	893261	279675	236125	810	21076	171448
1571365	293923	18291897	14028942	4262955	4544581		19569	3727955
65672	16750	935505	685257	250248	210746	16942		73353
11123	307	184355	160522	23833	43325			36725

项　目	Item	流动资产合　计 Total Current Assets	#存 货 Stock	固定资产原　价 Original Value of Fixed Assets
(二)按国民经济行业分	**by Sector**			
综合零售	Integrated Retail	81486800	14930021	38949038
百货零售	Retail of General Merchandise	47797445	6204238	24508860
超级市场零售	Retail of Supermarkets	31554386	8158268	13330424
食品、饮料及烟草制品专门零售	Special Retail of Food, Beverages and Tobaccos	8604746	2445720	3447211
粮油零售	Retail of Cereal and Oil	1249431	496087	525754
肉、禽、蛋、奶及水产品零售	Retail of Meat, Poultry, Eggs, Milk and Aquatic Products	981991	222990	715441
酒、饮料及茶叶零售	Retail of Wine, Beverages and Teas	3088635	817544	900770
烟草制品零售	Retail of Tobaccos	1014387	375838	162681
纺织、服装及日用品专门零售	Special Retail of Textiles, Garments and Daily Consumer Articles	16496144	5799694	4680431
服装零售	Retail of Garments	10728065	3251462	3287004
文化、体育用品及器材专门零售	Special Retail of Culture, Sports Appliances and Equipments	13239913	4613313	4452120
体育用品及器材零售	Retail of Sports Appliances and Equipments	820725	309526	123992
图书、报刊零售	Retail of Books, Newspapers and Magazines	5628658	1286742	2591350
医药及医疗器材专门零售	Special Retail of Medicines and Medical Appliances	19731027	4118784	2291568
药品零售	Retail of Medicines	18004167	3871484	2091717
汽车、摩托车、燃料及零配件专门零售	Special Retail of Motor Vehicles, Motorcycles, Fuel and Parts	111130314	31977354	29734749
汽车零售	Retail of Motor Vehicles	93657392	28113497	17446179
机动车燃料零售	Retail of Automotive Fuels	14970265	2973478	11667778
家用电器及电子产品专门零售	Special Retail of Household Electric Appliances and Electronic Products	26381395	4981556	4151361
日用家电设备零售	Retail of Household Electric Appliances	14332827	2340825	2270348
计算机、软件及辅助设备零售	Retail of Computer, Software and Assistant Appliances	4494522	855188	504423
通信设备零售	Retail of Communication Equipments	2404157	627365	247454
五金、家具及室内装饰材料专门零售	Special Retail of Hardware, Furniture and Interior Decoration Materials	7744726	1480405	4817258
货摊、无店铺及其他零售业	Stalls, Non-shop and Other Retails	10422883	1884234	3345772
互联网零售	Retail on the Internet	3909904	880308	189270
(三)按零售业态分	**by Mode of Business Operation**			
有店铺零售	Store-based Retailing	286862446	70419004	95332263
超市	Supermarket	9140351	2773379	4081768
大型超市	Hypermarket	29315117	7126130	12710207
百货店	Department Store	47089844	5945565	24001906
专业店	Speciality Store	102498165	24875289	29089881
专卖店	Exclusive Shop	84776754	26459741	18562498
无店铺零售	Non-Store Selling	8326603	1792145	467969

3-3-1 Continued 3

单位：万元
Unit:10000 yuan

累计折旧 Accumulated Depreciation	#本年折旧 Current Year Depreciation	资产总计 Total Assets	负债合计 Total Liabilities	所有者权益合计 Total Owners' Equities	实收资本 Paicl-up Capitals	#国家资本 State-owned Capitals	# 港澳台资本 Capitals from Hongkong, Macao and Taiwan	# 外商资本 Foreign Capitals
12546967	2246910	139156374	103291267	35870685	20193232	1253817	2408070	3000056
7349407	1258387	87902569	62495317	25412575	11719160	1004568	1546585	1273694
4856162	924581	47772683	38278719	9494219	7450646	165618	781615	1515050
873254	210317	13723367	7315520	6407848	3160451	356712	103931	37636
137842	23643	1957778	1286340	671438	346333	101267	24849	
164722	38311	1976829	904648	1072180	552909	32326	7395	3516
237691	60820	4598220	2572477	2025743	1077745	96297	25684	1741
59033	9747	1381038	620790	760249	197895	81562	45	10
1402280	352462	23465469	16183942	7284858	5084496	242462	1088655	790785
978286	239683	15687156	11120663	4569823	3245906	49968	750181	556369
1439575	247848	19253374	11593706	7659669	3936012	1283441	390887	319544
41472	8476	1014306	681052	333255	247946	2139	119976	58755
952998	117592	8960830	4836406	4124424	1634116	1109599	216	36300
755778	158260	24581903	18974606	5607297	3140895	554015	53356	58262
692897	141571	22633406	17523477	5109929	2865799	551344	51165	16778
9114652	2317945	160583559	117730462	43168656	32731646	5932795	797582	588410
5070520	1558049	121352490	95546417	25806073	22481611	755065	764575	273022
3853782	707412	35967503	19971874	16311188	9569620	5165849	30629	299972
1087679	326462	34386475	23946061	10440414	6866160	54154	167309	282077
577902	189153	19298848	13726215	5572633	3101067	7666	132378	202654
162157	42513	5440385	3394402	2045983	1318307	9855	9262	39046
82151	21664	2908528	2171661	736867	1190386	10747	21794	17825
1835861	222699	14240283	9249361	4990923	2899205	45627	60583	290508
815028	195689	14993613	12004116	2989497	2983089	253593	183414	259649
58514	26006	4308435	5084530	-776094	798281	47946	108536	178004
29691361	6219806	434983295	311073287	124234475	79302352	9813025	5024764	5288900
1177630	275202	14538425	10007590	4536414	3039235	133496	123507	105221
4557759	874345	49293415	41000999	8292416	6605027	113516	962503	1559522
7191385	1216533	81948349	56164954	25783395	11969912	1227594	1537963	1162503
8784469	1986445	152100597	103497282	48930020	30249113	7110040	903230	721066
5478777	1557615	113828810	84453998	29366995	22820264	919131	1260594	1100550
164521	54854	9267188	9101975	165213	1643731	163591	229022	294588

3-3-2 各地区限额以上批发业企业年末资产负债

Assets and Liabilities of Enterprises above Designated Size of Wholesale Trade by Region at the Year-end

单位：万元

Unit: 10000 yuan

地区	Region	资产总计 Total Assets	#流动资产合计 Total Current Assets	#固定资产合计 Total Fixed Assets	负债合计 Total Liabilities	所有者权益合计 Total Owners' Equities
全国	**National Total**	**1566935689**	**1240327093**	**78806134**	**1158244738**	**409800719**
北京	Beijing	279330467	203998636	5972540	199314685	80015782
天津	Tianjin	83875288	69573703	2251358	66770929	17104360
河北	Hebei	34378757	26606919	2922142	24586825	9791932
山西	Shanxi	35696229	28353217	1837736	28921044	6775185
内蒙古	Inner Mongolia	13967888	10044014	1135468	9887683	4080204
辽宁	Liaoning	49177923	40476234	3125810	38480805	10560621
吉林	Jilin	8535177	7265119	745808	5888831	2646346
黑龙江	Heilongjiang	15816708	13326336	1034981	13132162	2684546
上海	Shanghai	163603213	136087237	4884354	118040001	45563212
江苏	Jiangsu	124659986	101165595	7408935	92466299	32976228
浙江	Zhejiang	136108309	110717724	5387401	105972010	30136299
安徽	Anhui	23013285	18519625	1402283	15865749	7147536
福建	Fujian	66737134	50685363	2744484	45463454	21273679
江西	Jiangxi	7300561	5369802	884374	4346396	2954165
山东	Shandong	77104644	59626176	8023498	56821808	20282836
河南	Henan	22023701	16959086	2518194	14998061	7074627
湖北	Hubei	32735970	25225530	3822042	23576464	9159506
湖南	Hunan	16537424	12290342	1827410	10538687	5998737
广东	Guangdong	204762043	169971229	10846747	161200039	43615501
广西	Guangxi	16900863	12774381	862122	12273078	4627785
海南	Hainan	6577923	4534046	192268	3336971	3240952
重庆	Chongqing	24011794	20207943	1515936	17764097	6247697
四川	Sichuan	27584798	23981454	1434045	20397751	7187047
贵州	Guizhou	14544283	8963346	631473	9098144	5446139
云南	Yunnan	32059423	25581770	1672193	22390329	9669094
西藏	Tibet	416899	323106	52982	209441	207457
陕西	Shaanxi	15560032	11508967	982478	11481458	4146986
甘肃	Gansu	6815634	5722608	587972	3759758	3055876
青海	Qinghai	3795706	2741342	260584	2428957	1366748
宁夏	Ningxia	2691720	1752635	319082	1912586	779135
新疆	Xinjiang	20611906	15973610	1519438	16920235	3984500

国有控股
State-controlled Enterprises

单位：万元
Unit: 10000 yuan

地 区	Region	资产总计 Total Assets	#流动资产合计 Total Current Assets	#固定资产合计 Total Fixed Assets	负债合计 Total Liabilities	所有者权益合计 Total Owners' Equities
全 国	**National Total**	**604273724**	**443343705**	**35404116**	**419968269**	**185415728**
北 京	Beijing	190705436	134496809	4018601	138843605	51861831
天 津	Tianjin	39606746	31223225	1315676	31635421	7971326
河 北	Hebei	12476133	9417377	1543217	7311245	5164888
山 西	Shanxi	23992964	19313981	1137686	19469720	4523243
内 蒙 古	Inner Mongolia	7341512	5078283	567382	4903851	2437660
辽 宁	Liaoning	18051399	14265640	1203357	12803154	5111748
吉 林	Jilin	4668337	3878310	518220	3636824	1031513
黑 龙 江	Heilongjiang	7836835	6547038	572915	6300822	1536013
上 海	Shanghai	37270336	28113980	1404724	26535688	10734648
江 苏	Jiangsu	29297245	23031546	2056641	20650677	9429383
浙 江	Zhejiang	23511264	17509335	1571542	14086225	9425039
安 徽	Anhui	10684900	8140557	668753	6181420	4503480
福 建	Fujian	21641745	14507868	1151553	13170807	8470938
江 西	Jiangxi	4334465	2935781	665172	2120308	2214157
山 东	Shandong	16505383	12262233	1800146	11253904	5251479
河 南	Henan	8887250	6695769	1159226	5577018	3359220
湖 北	Hubei	11142669	7826268	1482635	7522890	3619779
湖 南	Hunan	6757347	4690927	852935	3286094	3471252
广 东	Guangdong	52865088	38680718	5500745	37364797	15554018
广 西	Guangxi	5965615	3113495	679067	2867948	3097667
海 南	Hainan	715426	551277	86586	148050	567376
重 庆	Chongqing	9149966	7199598	763886	5951078	3198888
四 川	Sichuan	8171176	6924190	656808	4837960	3333216
贵 州	Guizhou	10033436	5449022	514709	5381327	4652108
云 南	Yunnan	17657548	13041401	1182228	9878953	7778595
西 藏	Tibet	271679	188574	44245	96162	175518
陕 西	Shaanxi	8505089	5897152	552067	6053102	2520399
甘 肃	Gansu	2697702	2117335	383877	583058	2114644
青 海	Qinghai	1231666	864115	196579	659562	572104
宁 夏	Ningxia	872386	509257	226686	463498	408887
新 疆	Xinjiang	11424983	8872645	926254	10393102	1324711

3-3-3 各地区限额以上批发业企业年末资产负债(按登记注册类型分)

Assets and Liabilities of Enterprises above Designated Size of Wholesale Trade by Region and Type of Registration at the Year-end

内资企业
Domestic Funded Enterprises

单位：万元
Unit: 10000 yuan

地区	Region	资产总计 Total Assets	#流动资产合计 Total Current Assets	#固定资产合计 Total Fixed Assets	负债合计 Total Liabilities	所有者权益合计 Total Owners' Equities
全国	**National Total**	**1369389975**	**1078272613**	**73368302**	**1025600145**	**344899259**
北京	Beijing	231252298	168519145	4901475	171273469	59978829
天津	Tianjin	76988500	63733411	2129934	61502196	15486304
河北	Hebei	34071052	26410069	2917348	24326979	9744073
山西	Shanxi	35631469	28298201	1830485	28884709	6746759
内蒙古	Inner Mongolia	13948080	10033135	1135376	9867157	4080924
辽宁	Liaoning	46848280	38789127	3105711	36892245	9819538
吉林	Jilin	8352928	7098891	741678	5762877	2590051
黑龙江	Heilongjiang	15802419	13312393	1034634	13112051	2690368
上海	Shanghai	82061913	64821612	2981361	60744043	21317870
江苏	Jiangsu	113721244	92271532	6837005	85411178	29092267
浙江	Zhejiang	131913209	107090913	5247882	102987187	28926022
安徽	Anhui	22466128	17989431	1395228	15094250	7371878
福建	Fujian	60017381	45910931	2429180	40902765	19114616
江西	Jiangxi	7098516	5185974	875434	4222105	2876411
山东	Shandong	75323065	58176036	7909441	55922337	19400728
河南	Henan	21860004	16814678	2516916	14935905	6973087
湖北	Hubei	31446618	24067128	3761045	22360067	9086551
湖南	Hunan	16391074	12196162	1801971	10438990	5952083
广东	Guangdong	177800603	147762910	9859141	142740407	35113693
广西	Guangxi	16845561	12724572	861475	12234473	4611088
海南	Hainan	6360026	4372022	191092	3216493	3143533
重庆	Chongqing	22651128	18934991	1493025	16748480	5902649
四川	Sichuan	26860379	23287998	1424084	19866082	6994296
贵州	Guizhou	14538142	8958636	630041	9087789	5450353
云南	Yunnan	31696657	25278171	1662047	22196024	9500633
西藏	Tibet	416899	323106	52982	209441	207457
陕西	Shaanxi	14336650	10566826	969688	10458392	3946670
甘肃	Gansu	6809491	5716611	587826	3755607	3053884
青海	Qinghai	2702005	2004713	260513	1695866	1006139
宁夏	Ningxia	2635519	1706012	313222	1886365	749154
新疆	Xinjiang	20542739	15917277	1511063	16864217	3971351

3-3-3 续表 1 Continued 1

国有企业
State-owned Enterprises

单位：万元
Unit: 10000 yuan

地　区	Region	资产总计 Total Assets	#流动资产合计 Total Current Assets	#固定资产合计 Total Fixed Assets	负债合计 Total Liabilities	所有者权益合计 Total Owners' Equities
全　国	**National Total**	**139898760**	**109425017**	**12431416**	**80760331**	**59159988**
北　京	Beijing	28849571	20642714	782396	20512322	8337248
天　津	Tianjin	4664756	3769649	169164	3272702	1392054
河　北	Hebei	2512223	1536173	898000	983296	1528927
山　西	Shanxi	3243330	2632908	355381	1978029	1265301
内蒙古	Inner Mongolia	3456725	3096514	211012	2517080	939645
辽　宁	Liaoning	5484090	4459919	254677	3474402	2009688
吉　林	Jilin	2869238	2351978	402732	2143514	725724
黑龙江	Heilongjiang	2031362	1679043	248968	1074244	957117
上　海	Shanghai	4337584	3475571	348814	3490377	847207
江　苏	Jiangsu	8750693	7769267	680910	4100300	4650393
浙　江	Zhejiang	4977255	4302961	337353	1030012	3947243
安　徽	Anhui	2560758	2040387	254746	833375	1727383
福　建	Fujian	3767811	3053232	327936	1386770	2381042
江　西	Jiangxi	1775282	1323822	277636	483092	1292190
山　东	Shandong	4432844	3529143	436629	2807451	1625393
河　南	Henan	4443980	3663816	465992	2212614	2231366
湖　北	Hubei	5476135	4498232	421372	3689966	1786169
湖　南	Hunan	3064816	2386038	377784	888859	2175957
广　东	Guangdong	14263866	9465912	2619906	9937300	4326566
广　西	Guangxi	1842618	1120400	245145	648247	1194371
海　南	Hainan	558178	461234	56583	92337	465841
重　庆	Chongqing	2130657	1612874	236040	945635	1185022
四　川	Sichuan	4436437	3745802	458080	1869279	2567158
贵　州	Guizhou	3864735	3115671	357574	2178246	1686489
云　南	Yunnan	9376894	8313202	573738	4758992	4617902
西　藏	Tibet	213948	145644	37756	61086	152862
陕　西	Shaanxi	2121766	1602972	225682	932090	1211236
甘　肃	Gansu	707525	575095	72905	105572	601954
青　海	Qinghai	301711	255398	24339	31261	270451
宁　夏	Ningxia	274375	221051	29347	46057	228318
新　疆	Xinjiang	3107601	2578400	242820	2275825	831775

集体企业
Collective-owned Enterprises

单位：万元
Unit: 10000 yuan

地区	Region	资产总计 Total Assets	#流动资产合计 Total Current Assets	#固定资产合计 Total Fixed Assets	负债合计 Total Liabilities	所有者权益合计 Total Owners' Equities
全国	**National Total**	**6926296**	**5171710**	**590712**	**5683685**	**1242611**
北京	Beijing	912511	540962	37602	695072	217439
天津	Tianjin	228102	183927	8288	169499	58603
河北	Hebei	188095	118711	11954	152945	35150
山西	Shanxi	360245	241449	56137	254749	105497
内蒙古	Inner Mongolia	12878	9784	2655	5435	7443
辽宁	Liaoning	90259	79012	6759	76741	13518
吉林	Jilin	3143	3083	60	3054	88
黑龙江	Heilongjiang	26541	14920	6680	17141	9401
上海	Shanghai	273926	212738	13937	214869	59057
江苏	Jiangsu	608391	342576	74691	542430	65962
浙江	Zhejiang	181423	158489	13941	154494	26930
安徽	Anhui	23496	11776	7318	10587	12909
福建	Fujian	163651	143757	11810	134867	28784
江西	Jiangxi	11515	9492	1094	8487	3028
山东	Shandong	1393049	1210177	76162	1278473	114576
河南	Henan	343685	235370	76926	232195	111490
湖北	Hubei	103153	88635	8438	94816	8338
湖南	Hunan	15227	5043	3520	7311	7916
广东	Guangdong	294506	236142	25710	227715	66792
广西	Guangxi	61552	46741	7697	48532	13020
海南	Hainan					
重庆	Chongqing	169271	154876	3397	144536	24735
四川	Sichuan	849148	662625	52958	709562	139587
贵州	Guizhou	69078	43789	13718	48589	20488
云南	Yunnan	51506	40041	8661	37179	14327
西藏	Tibet					
陕西	Shaanxi	112941	69912	13849	98246	14695
甘肃	Gansu	73570	54032	9520	65754	7817
青海	Qinghai	3838	2634	1173	2499	1339
宁夏	Ningxia					
新疆	Xinjiang	301596	251017	36060	247912	53684

股份合作企业
Cooperative Enterprises

单位：万元
Unit: 10000 yuan

地 区	Region	资产总计 Total Assets	#流动资产合计 Total Current Assets	#固定资产合计 Total Fixed Assets	负债合计 Total Liabilities	所有者权益合计 Total Owners' Equities
全 国	**National Total**	**1897444**	**1565650**	**123843**	**1701320**	**196125**
北 京	Beijing	831928	657514	34194	846615	-14687
天 津	Tianjin	159237	148962	6290	137236	22000
河 北	Hebei	11493	8290	3203	10353	1140
山 西	Shanxi	3897	2082	122	2223	1674
内 蒙 古	Inner Mongolia					
辽 宁	Liaoning	14932	12596	2330	8517	6415
吉 林	Jilin					
黑 龙 江	Heilongjiang					
上 海	Shanghai	7388	7102	76	6457	931
江 苏	Jiangsu	145992	102312	31549	106594	39398
浙 江	Zhejiang	77754	68858	4298	55880	21874
安 徽	Anhui	163057	146339	3093	143254	19802
福 建	Fujian	15398	12173	2209	7093	8304
江 西	Jiangxi	702	697	6	1385	-683
山 东	Shandong	70900	50533	12627	46710	24190
河 南	Henan	1970	1391	268	1744	226
湖 北	Hubei	7839	6521	1317	5426	2413
湖 南	Hunan					
广 东	Guangdong	79835	62376	6531	55697	24139
广 西	Guangxi	756	381	374	607	149
海 南	Hainan					
重 庆	Chongqing	241720	223787	9521	222143	19577
四 川	Sichuan	7758	7537	144	5068	2690
贵 州	Guizhou	878	667	211	733	146
云 南	Yunnan	9924	5919	2419	6199	3724
西 藏	Tibet					
陕 西	Shaanxi	13534	11323	1793	10239	3295
甘 肃	Gansu	29210	27150	1266	20014	9197
青 海	Qinghai	1344	1139	4	1134	211
宁 夏	Ningxia					
新 疆	Xinjiang					

3-3-3 续表 4 Continued 4

联营企业
Joint Ownership Enterprises

单位：万元
Unit: 10000 yuan

地 区	Region	资产总计 Total Assets	#流动资产合计 Total Current Assets	#固定资产合计 Total Fixed Assets	负债合计 Total Liabilities	所有者权益合计 Total Owners' Equities
全 国	**National Total**	**613719**	**469750**	**44548**	**500034**	**113685**
北 京	Beijing	100317	63186	809	64248	36069
天 津	Tianjin					
河 北	Hebei	7925	5313	2572	5063	2862
山 西	Shanxi	482	221	206	418	64
内 蒙 古	Inner Mongolia					
辽 宁	Liaoning	8174	6885	937	6121	2053
吉 林	Jilin					
黑 龙 江	Heilongjiang					
上 海	Shanghai	149561	148206	954	130145	19416
江 苏	Jiangsu	433	230	148	35	398
浙 江	Zhejiang					
安 徽	Anhui	6505	5904	601	2998	3507
福 建	Fujian					
江 西	Jiangxi	4429	3738	691	3571	858
山 东	Shandong	174416	115465	21277	156365	18051
河 南	Henan	22447	8623	4357	19569	2878
湖 北	Hubei	1382	1343	39	1281	100
湖 南	Hunan					
广 东	Guangdong	68227	58841	3507	46405	21822
广 西	Guangxi					
海 南	Hainan					
重 庆	Chongqing					
四 川	Sichuan					
贵 州	Guizhou					
云 南	Yunnan	68456	51121	8213	63540	4916
西 藏	Tibet					
陕 西	Shaanxi					
甘 肃	Gansu					
青 海	Qinghai					
宁 夏	Ningxia					
新 疆	Xinjiang	966	674	237	275	691

有限责任公司
Limited Liability Corporations

单位：万元
Unit: 10000 yuan

地 区	Region	资产总计 Total Assets	#流动资产合计 Total Current Assets	#固定资产合计 Total Fixed Assets	负债合计 Total Liabilities	所有者权益合计 Total Owners' Equities
全 国	**National Total**	**647103120**	**518799377**	**25482905**	**509029985**	**138121343**
北 京	Beijing	148679005	114355168	3287458	115154030	33524975
天 津	Tianjin	45938927	36317985	1330569	36853869	9085058
河 北	Hebei	14655216	12470367	705617	11893372	2761845
山 西	Shanxi	18988345	15430473	865797	15878078	3110267
内 蒙 古	Inner Mongolia	5748572	3480074	467867	3687410	2061162
辽 宁	Liaoning	24425624	21378692	1605849	21634955	2790669
吉 林	Jilin	2740076	2318429	163402	2163629	576446
黑 龙 江	Heilongjiang	7292085	6239168	338828	6519290	772795
上 海	Shanghai	37641468	29957944	1233325	27749229	9892239
江 苏	Jiangsu	30803460	24764824	1998991	24289214	6513698
浙 江	Zhejiang	45595405	36021770	1730126	35754742	9840664
安 徽	Anhui	9476567	8008572	361691	7031630	2444938
福 建	Fujian	28127158	20774942	968683	19630237	8496921
江 西	Jiangxi	3262583	2737616	175306	2600716	661867
山 东	Shandong	33939257	29292344	2017348	28166771	5772486
河 南	Henan	10796289	8502847	986237	8026908	2818368
湖 北	Hubei	13113978	10622465	1094850	9864188	3249791
湖 南	Hunan	5654183	4231285	428009	4211926	1442256
广 东	Guangdong	84357267	73867920	2516170	70907035	13450002
广 西	Guangxi	5168937	4422262	112389	4337723	831214
海 南	Hainan	4658210	3129966	87851	2385428	2272782
重 庆	Chongqing	12882434	11239260	509540	10403754	2478681
四 川	Sichuan	12088465	10650634	425074	9763117	2325348
贵 州	Guizhou	8680463	4347956	224906	5333451	3347012
云 南	Yunnan	12042684	8856504	335842	9147386	2895298
西 藏	Tibet	200212	174736	15212	147848	52364
陕 西	Shaanxi	6887732	4950714	444411	5136165	1751567
甘 肃	Gansu	2754822	2316361	245560	2011291	743531
青 海	Qinghai	1015321	753995	65039	639262	376059
宁 夏	Ningxia	995341	614219	60379	878174	117167
新 疆	Xinjiang	8493036	6569888	680579	6829161	1663875

股份有限公司
Share-holding Corporations Ltd.

单位：万元
Unit: 10000 yuan

地区	Region	资产总计 Total Assets	#流动资产合计 Total Current Assets	#固定资产合计 Total Fixed Assets	负债合计 Total Liabilities	所有者权益合计 Total Owners' Equities
全国	**National Total**	**163316118**	**101400239**	**12750304**	**106701744**	**57654101**
北京	Beijing	32353479	15794904	267697	18803583	13549895
天津	Tianjin	3799857	3165027	138317	2965076	834781
河北	Hebei	8303030	5299662	516897	4522469	3780561
山西	Shanxi	3837139	2644526	134513	3032476	804663
内蒙古	Inner Mongolia	1593199	984406	193570	1054857	538342
辽宁	Liaoning	4525394	2721852	384195	1942249	2446648
吉林	Jilin	480128	385252	51382	400014	80114
黑龙江	Heilongjiang	3682380	3092424	194607	3212376	470004
上海	Shanghai	6332552	3553206	401153	3464352	2868200
江苏	Jiangsu	18965646	15090063	784965	15758091	3990370
浙江	Zhejiang	12721489	7465696	984657	8514363	4207126
安徽	Anhui	4920210	3490297	344625	3156728	1763482
福建	Fujian	8793402	6118436	290631	5884672	2908730
江西	Jiangxi	1102769	314516	319970	366932	735837
山东	Shandong	5331004	2756399	1068643	3114063	2216941
河南	Henan	1596823	757551	469600	1242055	354768
湖北	Hubei	4855025	2466771	1338956	2767255	2087770
湖南	Hunan	1745673	1040979	280717	1041704	703969
广东	Guangdong	17022301	10599360	2377277	10736832	6339197
广西	Guangxi	2729739	963286	369878	1201322	1528417
海南	Hainan	655314	419674	21714	443525	211790
重庆	Chongqing	1831730	1160489	315142	894036	937695
四川	Sichuan	1282063	1037864	83478	995261	286802
贵州	Guizhou	1050555	650699	12527	812479	238076
云南	Yunnan	2768043	1536438	467793	1711845	1056198
西藏	Tibet					
陕西	Shaanxi	3910617	2937459	194706	3277361	680109
甘肃	Gansu	1500093	1235011	168255	213799	1286294
青海	Qinghai	589526	330859	151259	387503	202023
宁夏	Ningxia	390381	129952	152708	265757	124624
新疆	Xinjiang	4646559	3257181	270473	4518709	420679

私营企业 单位：万元

Private Enterprises Unit: 10000 yuan

地 区	Region	资产总计 Total Assets	#流动资产合计 Total Current Assets	#固定资产合计 Total Fixed Assets	负债合计 Total Liabilities	所有者权益合计 Total Owners' Equities
全 国	**National Total**	**405614133**	**338750888**	**21125543**	**318741733**	**86872336**
北 京	Beijing	19525489	16464698	491319	15197599	4327890
天 津	Tianjin	22095892	20051518	476161	18020270	4075622
河 北	Hebei	8362087	6946993	773792	6739939	1622148
山 西	Shanxi	9192783	7342678	416968	7737075	1455707
内蒙古	Inner Mongolia	3135734	2461635	260116	2601419	534315
辽 宁	Liaoning	12265169	10121220	835329	9738368	2526801
吉 林	Jilin	2253923	2035344	122869	1049906	1204017
黑龙江	Heilongjiang	2760329	2280084	243937	2282200	478129
上 海	Shanghai	33280321	27429809	982682	25657034	7623288
江 苏	Jiangsu	53363694	43372022	3077433	39855655	13507975
浙 江	Zhejiang	68315190	59039845	2169110	57447275	10867915
安 徽	Anhui	5244449	4234881	408759	3868160	1376290
福 建	Fujian	19094416	15762853	822883	13821061	5273355
江 西	Jiangxi	939766	795307	100172	757287	182479
山 东	Shandong	28938636	20612259	4055238	19700434	9238202
河 南	Henan	4567179	3614002	486267	3168524	1398655
湖 北	Hubei	7581322	6228607	785775	5778076	1803245
湖 南	Hunan	5620929	4414033	582267	4193340	1427589
广 东	Guangdong	61376173	53199572	2293693	50565938	10810234
广 西	Guangxi	7023455	6154711	124474	5980339	1043117
海 南	Hainan	458070	339436	24675	272436	185634
重 庆	Chongqing	5345371	4505384	412156	4111121	1234250
四 川	Sichuan	7948122	6984729	372205	6417401	1530721
贵 州	Guizhou	872225	799800	20954	714163	158062
云 南	Yunnan	7355563	6456146	261996	6453923	901641
西 藏	Tibet	2739	2725	13	507	2232
陕 西	Shaanxi	1262373	978145	81136	992069	270304
甘 肃	Gansu	1738093	1505735	87749	1337082	401011
青 海	Qinghai	785492	655957	18658	629657	155835
宁 夏	Ningxia	940311	713765	65973	671156	269155
新 疆	Xinjiang	3968841	3246995	270785	2982320	986522

其他企业 单位：万元

Other Enterprises Unit: 10000 yuan

地 区	Region	资产总计 Total Assets	#流动资产合计 Total Current Assets	#固定资产合计 Total Fixed Assets	负债合计 Total Liabilities	所有者权益合计 Total Owners' Equities
全 国	**National Total**	**4020386**	**2689981**	**819032**	**2481314**	**1539071**
北 京	Beijing					
天 津	Tianjin	101730	96344	1145	83545	18185
河 北	Hebei	30983	24559	5312	19543	11440
山 西	Shanxi	5248	3865	1361	1661	3587
内蒙古	Inner Mongolia	973	723	156	955	17
辽 宁	Liaoning	34639	8951	15637	10893	23745
吉 林	Jilin	6421	4806	1234	2760	3661
黑龙江	Heilongjiang	9722	6754	1614	6800	2922
上 海	Shanghai	39114	37036	420	31581	7533
江 苏	Jiangsu	1082935	830238	188319	758860	324075
浙 江	Zhejiang	44693	33294	8398	30422	14271
安 徽	Anhui	71086	51276	14395	47519	23567
福 建	Fujian	55547	45539	5029	38067	17480
江 西	Jiangxi	1469	786	561	634	835
山 东	Shandong	1042960	609715	221518	652070	390890
河 南	Henan	87632	31078	27270	32296	55336
湖 北	Hubei	307786	154554	110298	159060	148726
湖 南	Hunan	290245	118785	129673	95850	194396
广 东	Guangdong	338428	272788	16348	263485	74943
广 西	Guangxi	18504	16790	1517	17704	801
海 南	Hainan	30254	21712	270	22767	7487
重 庆	Chongqing	49946	38321	7229	27256	22690
四 川	Sichuan	248386	198808	32146	106393	141992
贵 州	Guizhou	208	55	151	128	80
云 南	Yunnan	23588	18801	3386	16961	6628
西 藏	Tibet					
陕 西	Shaanxi	27688	16301	8111	12223	15465
甘 肃	Gansu	6178	3229	2571	2097	4081
青 海	Qinghai	4773	4731	42	4550	223
宁 夏	Ningxia	35111	27025	4815	25221	9891
新 疆	Xinjiang	24140	13122	10109	10015	14125

港、澳、台商投资企业
Enterprises with Funds from Hong Kong, Macao and Taiwan

单位：万元
Unit: 10000 yuan

地 区	Region	资产总计 Total Assets	#流动资产合计 Total Current Assets	#固定资产合计 Total Fixed Assets	负债合计 Total Liabilities	所有者权益合计 Total Owners' Equities
全 国	**National Total**	**63261166**	**51565622**	**2157667**	**43008002**	**20253503**
北 京	Beijing	8560565	6233865	260838	5631769	2928796
天 津	Tianjin	2957102	2404606	60546	2158620	798483
河 北	Hebei	34764	32500	326	11105	23659
山 西	Shanxi	48568	47487	1035	26416	22152
内蒙古	Inner Mongolia	19609	10681	92	14846	4763
辽 宁	Liaoning	1342278	934605	9554	1114197	228082
吉 林	Jilin	48599	37773	3335	14841	33757
黑龙江	Heilongjiang	9868	9619	250	10998	-1130
上 海	Shanghai	20630042	18174420	623416	13991800	6638242
江 苏	Jiangsu	5729390	4637664	410079	3692657	2037072
浙 江	Zhejiang	1976706	1682617	91668	1402652	574054
安 徽	Anhui	11168	10471	477	9523	1645
福 建	Fujian	3750345	2533671	103234	2482355	1267990
江 西	Jiangxi	21826	18205	3560	14605	7222
山 东	Shandong	1055860	828387	64890	589614	466247
河 南	Henan	118071	98907	1168	33571	84500
湖 北	Hubei	436993	333969	46280	300926	136066
湖 南	Hunan	84917	52328	13167	48446	36472
广 东	Guangdong	14324068	11750817	446390	9955993	4368075
广 西	Guangxi	14774	9503	461	9303	5471
海 南	Hainan	48263	47730	462	27457	20806
重 庆	Chongqing	859012	841105	2314	677598	181414
四 川	Sichuan	50320	48019	1995	43138	7182
贵 州	Guizhou					
云 南	Yunnan	51371	39884	4114	23085	28285
西 藏	Tibet					
陕 西	Shaanxi	101354	92807	7008	87920	13433
甘 肃	Gansu	4529	4425	104	2598	1931
青 海	Qinghai	966063	645682	71	631944	334119
宁 夏	Ningxia					
新 疆	Xinjiang	4742	3876	834	27	4715

3-3-3 续表 10 Continued 10

外商投资企业

Foreign Funded Enterprises

单位：万元

Unit: 10000 yuan

地区	Region	资产总计 Total Assets	#流动资产合计 Total Current Assets	#固定资产合计 Total Fixed Assets	负债合计 Total Liabilities	所有者权益合计 Total Owners' Equities
全国	**National Total**	**134284548**	**110488858**	**3280166**	**89636591**	**44647957**
北京	Beijing	39517603	29245626	810227	22409446	17108157
天津	Tianjin	3929686	3435686	60877	3110113	819573
河北	Hebei	272942	164350	4468	248741	24201
山西	Shanxi	16193	7529	6216	9919	6274
内蒙古	Inner Mongolia	198	198		5681	-5483
辽宁	Liaoning	987365	752502	10544	474363	513002
吉林	Jilin	133651	128455	795	111114	22538
黑龙江	Heilongjiang	4421	4324	97	9114	-4692
上海	Shanghai	60911258	53091205	1279578	43304158	17607100
江苏	Jiangsu	5209352	4256400	161851	3362464	1846888
浙江	Zhejiang	2218393	1944194	47850	1582171	636222
安徽	Anhui	535990	519723	6578	761976	-225987
福建	Fujian	2969408	2240761	212069	2078335	891074
江西	Jiangxi	180219	165623	5381	109686	70533
山东	Shandong	725719	621753	49167	309858	415861
河南	Henan	45625	45502	109	28585	17040
湖北	Hubei	852359	824433	14717	915470	-63111
湖南	Hunan	61433	41853	12273	51251	10182
广东	Guangdong	12637372	10457503	541215	8503639	4133733
广西	Guangxi	40528	40307	187	29302	11226
海南	Hainan	169635	114294	714	93022	76613
重庆	Chongqing	501654	431847	20598	338019	163635
四川	Sichuan	674099	645436	7966	488531	185568
贵州	Guizhou	6141	4710	1432	10355	-4214
云南	Yunnan	311395	263716	6032	171220	140175
西藏	Tibet					
陕西	Shaanxi	1122029	849334	5783	935146	186882
甘肃	Gansu	1614	1572	43	1553	61
青海	Qinghai	127638	90947		101148	26490
宁夏	Ningxia	56201	46623	5860	26221	29981
新疆	Xinjiang	64426	52457	7541	55991	8435

3-3-4 各地区限额以上批发业企业年末资产负债(按国民经济行业分)

Assets and Liabilities of Enterprises above Designated Size of Wholesale Trade by Region and Sector at the Year-end

农、林、牧产品批发　　　　单位：万元

Wholesale of Agricultural, Forestry and Livestock Products　　　　Unit: 10000 yuan

地　区	Region	资产总计 Total Assets	#流动资产合计 Total Current Assets	#固定资产合计 Total Fixed Assets	负债合计 Total Liabilities	所有者权益合计 Total Owners' Equities
全　国	**National Total**	**58161490**	**40839379**	**5252225**	**41904650**	**16256840**
北　京	Beijing	15933788	8079107	288367	10806217	5127570
天　津	Tianjin	696682	641970	31591	495875	200807
河　北	Hebei	1042912	792317	156932	769119	273793
山　西	Shanxi	228338	147275	53699	139728	88611
内蒙古	Inner Mongolia	1698084	1369462	221410	1390515	307569
辽　宁	Liaoning	2651232	2229567	137707	2349061	302172
吉　林	Jilin	3698793	3316021	245380	2378647	1320146
黑龙江	Heilongjiang	2364040	1931922	300804	2089052	274988
上　海	Shanghai	2445802	1795945	185710	1686884	758918
江　苏	Jiangsu	3166077	2355259	461347	2313983	852094
浙　江	Zhejiang	992275	722941	137738	744010	248264
安　徽	Anhui	957741	628440	140922	532009	425732
福　建	Fujian	1067880	826878	175921	795305	272575
江　西	Jiangxi	259020	165808	57601	225212	33808
山　东	Shandong	3897816	2531938	713061	2390860	1506956
河　南	Henan	3481351	2464803	505734	2418566	1062786
湖　北	Hubei	2216413	1747302	319478	1624396	592017
湖　南	Hunan	927105	622336	184974	513746	413359
广　东	Guangdong	2054751	1666469	153289	1577976	476775
广　西	Guangxi	504372	343877	34775	325929	178443
海　南	Hainan	24878	17913	3388	16628	8250
重　庆	Chongqing	224134	124002	42883	109708	114426
四　川	Sichuan	902161	753757	76335	713976	188185
贵　州	Guizhou	16101	11806	2442	6344	9757
云　南	Yunnan	428750	370994	29536	308639	120111
西　藏	Tibet	48264	32599	7445	27003	21261
陕　西	Shaanxi	192237	113568	33672	145218	47018
甘　肃	Gansu	174201	143914	22373	141091	33110
青　海	Xinjiang					
宁　夏	Ningxia	15932	11984	3916	11719	4213
新　疆	Xinjiang	5850364	4879207	523798	4857237	993127

食品、饮料及烟草制品批发
Wholesale of Food, Beverages and Tobaccos

单位：万元
Unit: 10000 yuan

地　区	Region	资产总计 Total Assets	#流动资产合计 Total Current Assets	#固定资产合计 Total Fixed Assets	负债合计 Total Liabilities	所有者权益合计 Total Owners' Equities
全　国	**National Total**	**156160649**	**120772573**	**14337302**	**82591271**	**73569378**
北　京	Beijing	17007574	13612751	455026	10798147	6209427
天　津	Tianjin	3159335	2606790	125982	2297233	862102
河　北	Hebei	2167256	1767989	219656	689070	1478187
山　西	Shanxi	1527598	1071333	307226	507625	1019973
内蒙古	Inner Mongolia	1269610	973958	161695	412914	856696
辽　宁	Liaoning	3469904	2932572	360666	1626261	1843644
吉　林	Jilin	839072	646806	150654	225395	613677
黑龙江	Heilongjiang	3141256	2510757	206509	1859988	1281268
上　海	Shanghai	12178768	10098485	517358	9240727	2938041
江　苏	Jiangsu	10699410	8703615	1113481	4799321	5900089
浙　江	Zhejiang	12391549	9889887	870601	6757949	5633600
安　徽	Anhui	4476298	3704109	355401	1944139	2532159
福　建	Fujian	7740544	5385155	630927	3649021	4091523
江　西	Jiangxi	1914487	1428263	256929	559658	1354829
山　东	Shandong	9057042	6381264	1648167	4786150	4270892
河　南	Henan	4040842	3163290	583024	1527395	2513446
湖　北	Hubei	6162237	4651060	988970	3375987	2786250
湖　南	Hunan	4831789	3294405	685579	1921452	2910337
广　东	Guangdong	17541749	13579803	1563940	11319196	6222553
广　西	Guangxi	2481060	1926074	217961	1553778	927282
海　南	Hainan	682519	576719	60403	217767	464753
重　庆	Chongqing	3943476	3001712	435827	2183971	1759505
四　川	Sichuan	6123704	5107593	641290	2909081	3214623
贵　州	Guizhou	5914638	2709087	426909	2149851	3764786
云　南	Yunnan	8146551	6955383	656724	3565373	4581178
西　藏	Tibet	213655	143312	38638	49873	163781
陕　西	Shaanxi	1733398	1350295	259636	564086	1169311
甘　肃	Gansu	1072359	842537	143257	279113	793247
青　海	Xinjiang	377792	322037	31501	58925	318867
宁　夏	Ningxia	363781	291556	53721	90676	273105
新　疆	Xinjiang	1491397	1143978	169644	671151	820246

3-3-4 续表 2 Continued 2

纺织、服装及家庭用品批发 单位：万元

Wholesale of Textiles, Wearing Apparel and Household Articles Unit: 10000 yuan

地 区	Region	资产总计 Total Assets	#流动资产合计 Total Current Assets	#固定资产合计 Total Fixed Assets	负债合计 Total Liabilities	所有者权益合计 Total Owners' Equities
全 国	**National Total**	**145124300**	**121207454**	**7165303**	**107905290**	**37219010**
北 京	Beijing	12330567	9375328	290522	7351696	4978871
天 津	Tianjin	1483755	1340720	59560	1239487	244269
河 北	Hebei	701265	658079	20435	633116	68149
山 西	Shanxi	274348	239215	6436	172608	101740
内蒙古	Inner Mongolia	50124	26701	22914	44852	5273
辽 宁	Liaoning	2697908	1595588	796190	1388628	1309280
吉 林	Jilin	38079	31901	2462	33593	4485
黑龙江	Heilongjiang	298028	220958	21059	197364	100664
上 海	Shanghai	21138389	17258051	761795	13921311	7217078
江 苏	Jiangsu	25831051	21395337	1020386	19420343	6410708
浙 江	Zhejiang	26535689	23272172	811276	22078167	4457522
安 徽	Anhui	2095824	1888955	76401	2079540	16284
福 建	Fujian	12993895	11149245	385238	9343186	3650709
江 西	Jiangxi	446842	415459	7294	347200	99642
山 东	Shandong	5130983	4178407	351536	3865401	1265582
河 南	Henan	1952758	1642743	233381	1640161	312597
湖 北	Hubei	1459142	1325459	66361	1243527	215615
湖 南	Hunan	970928	875055	27744	842534	128394
广 东	Guangdong	22078290	18119749	2021514	16174252	5904038
广 西	Guangxi	920743	866039	19861	824300	96443
海 南	Hainan	226669	223840	1292	218299	8370
重 庆	Chongqing	2725344	2625976	21808	2606143	119201
四 川	Sichuan	705907	575525	54926	551852	154055
贵 州	Guizhou	99223	95529	2635	86971	12252
云 南	Yunnan	813718	803737	3873	693447	120271
西 藏	Tibet					
陕 西	Shaanxi	489893	435327	29725	422374	67519
甘 肃	Gansu	385592	373462	7282	280832	104760
青 海	Xinjiang	24522	23801	666	19203	5319
宁 夏	Ningxia	44992	32829	10132	18264	26728
新 疆	Xinjiang	179831	142268	30602	166639	13192

3-3-4 续表 3 Continued 3

文化、体育用品及器材批发 单位：万元

Wholesale of Culture, Sports Appliances and Equipments Unit: 10000 yuan

地 区	Region	资产总计 Total Assets	#流动资产合计 Total Current Assets	#固定资产合计 Total Fixed Assets	负债合计 Total Liabilities	所有者权益合计 Total Owners' Equities
全 国	**National Total**	**35864485**	**27576702**	**1600708**	**24784501**	**11079984**
北 京	Beijing	7767163	5154656	270873	5633935	2133228
天 津	Tianjin	1518697	1112136	32883	1151565	367133
河 北	Hebei	440935	253715	38825	244272	196663
山 西	Shanxi	500055	459309	20390	434468	65586
内蒙古	Inner Mongolia	76735	13237	19695	42340	34395
辽 宁	Liaoning	254525	203515	15911	172998	81526
吉 林	Jilin	94066	56680	14473	59196	34871
黑龙江	Heilongjiang	49208	28426	14764	37035	12173
上 海	Shanghai	3477766	2946352	85842	2349197	1128569
江 苏	Jiangsu	3165937	2323040	187448	1678014	1487922
浙 江	Zhejiang	2815861	2350762	101897	2068188	747673
安 徽	Anhui	1008825	745402	16891	552658	456168
福 建	Fujian	639747	467407	42953	422281	217466
江 西	Jiangxi	73890	54634	12789	52405	21485
山 东	Shandong	2192106	1752844	197711	1685414	506692
河 南	Henan	690420	359029	44565	299945	390476
湖 北	Hubei	716804	551364	104095	455033	261770
湖 南	Hunan	713386	423834	24774	407026	306360
广 东	Guangdong	7320304	6545911	214350	5420826	1899478
广 西	Guangxi	295284	164298	19985	137273	158011
海 南	Hainan	99140	48218	17274	35552	63588
重 庆	Chongqing	484388	456304	17140	327399	156989
四 川	Sichuan	368548	315902	14632	349805	18742
贵 州	Guizhou	192041	175716	9435	152611	39430
云 南	Yunnan	315182	234425	9253	231599	83583
西 藏	Tibet	8649	6153	2368	5587	3062
陕 西	Shaanxi	216988	128112	11313	133187	83801
甘 肃	Gansu	163240	118328	8877	116712	46528
青 海	Xinjiang	26098	19234	6864	19928	6170
宁 夏	Ningxia	20563	10442	1830	6401	14163
新 疆	Xinjiang	157936	97320	20608	101652	56284

3-3-4　续表 4　Continued 4

医药及医疗器材批发　　　　　　　　　　　　　　　　　　　　　　　　单位：万元

Wholesale of Medicines and Medical Appliances　　　　　　　　　　　　Unit: 10000 yuan

地　区	Region	资产总计 Total Assets	#流动资产合计 Total Current Assets	#固定资产合计 Total Fixed Assets	负债合计 Total Liabilities	所有者权益合计 Total Owners' Equities
全　国	**National Total**	**72512506**	**62038995**	**3186048**	**55687227**	**16825279**
北　京	Beijing	8517543	6529491	195859	5885170	2632373
天　津	Tianjin	1747337	1592638	68869	1325648	421689
河　北	Hebei	2137065	1957687	67969	1893417	243649
山　西	Shanxi	688024	607960	42750	580788	107237
内蒙古	Inner Mongolia	255336	231807	10850	215860	39477
辽　宁	Liaoning	1811571	1574225	118772	1378551	433020
吉　林	Jilin	971973	872954	61058	795688	176285
黑龙江	Heilongjiang	499451	455621	19346	418692	80759
上　海	Shanghai	7392607	6350746	569182	5343500	2049107
江　苏	Jiangsu	5125485	4376927	229173	4160833	964652
浙　江	Zhejiang	4933593	4227257	232457	3653493	1280100
安　徽	Anhui	2522706	2224808	156649	2126507	396199
福　建	Fujian	1680176	1503356	44882	1354850	325327
江　西	Jiangxi	946049	818241	53324	746446	199603
山　东	Shandong	3688780	3085833	195057	3086495	602286
河　南	Henan	2644807	2480116	74360	2267552	377255
湖　北	Hubei	3449799	2911921	254632	2663795	786003
湖　南	Hunan	1893719	1656853	119432	1515711	378008
广　东	Guangdong	9661551	8251221	251288	7232879	2428672
广　西	Guangxi	603631	539812	25455	478644	124987
海　南	Hainan	1151096	865579	8492	799949	351147
重　庆	Chongqing	2336189	1921064	108461	1632159	704031
四　川	Sichuan	3731514	3323370	105761	2900428	831086
贵　州	Guizhou	631207	562784	19784	512032	119175
云　南	Yunnan	1482785	1296477	57929	1062738	420048
西　藏	Tibet	129882	126850	2368	117410	12472
陕　西	Shaanxi	748556	693219	12833	653349	95207
甘　肃	Gansu	535553	481246	28417	426081	109472
青　海	Xinjiang	86454	79223	5177	58514	27941
宁　夏	Ningxia	87661	77370	5964	67656	20006
新　疆	Xinjiang	420406	362341	39498	332395	88011

矿产品、建材及化工产品批发
Wholesale of Mineral Products, Building Materials and Chemical Products

单位：万元
Unit: 10000 yuan

地 区	Region	资产总计 Total Assets	#流动资产合计 Total Current Assets	#固定资产合计 Total Fixed Assets	负债合计 Total Liabilities	所有者权益合计 Total Owners' Equities
全 国	**National Total**	**790713899**	**611298666**	**38050465**	**612092281**	**179731048**
北 京	Beijing	124510892	87359250	2892673	91265292	33245600
天 津	Tianjin	58121757	47606424	1312086	46141167	11980590
河 北	Hebei	21687783	17136369	2166508	15303102	6384681
山 西	Shanxi	30995916	24543724	1327475	25820488	5175428
内蒙古	Inner Mongolia	10151452	7039715	666626	7397727	2753725
辽 宁	Liaoning	31287094	26247919	1474670	25719317	5431280
吉 林	Jilin	2456512	1967625	238562	2053145	403367
黑龙江	Heilongjiang	8253996	7131720	423727	7489573	764424
上 海	Shanghai	61595239	50077706	1708608	45917310	15677928
江 苏	Jiangsu	59060054	47572744	3191174	47117081	12725175
浙 江	Zhejiang	74228195	58333242	2734072	59398601	14829595
安 徽	Anhui	8561009	6262874	527028	5742902	2818108
福 建	Fujian	33757395	23980113	1224784	23412922	10344472
江 西	Jiangxi	3127121	2022700	462631	2013370	1113751
山 东	Shandong	43286443	33663694	3965220	33678510	9607933
河 南	Henan	7219823	5162588	901144	5259981	2008829
湖 北	Hubei	13212470	9291287	1848503	9748255	3464215
湖 南	Hunan	6201973	4724451	635718	4692199	1509775
广 东	Guangdong	99547157	80310989	5513307	81504774	18095880
广 西	Guangxi	11172860	8108567	517059	8181505	2991355
海 南	Hainan	3270536	2507543	90088	1801971	1468565
重 庆	Chongqing	10715925	8940362	765299	8243690	2472235
四 川	Sichuan	12716892	11122892	440562	10522920	2193972
贵 州	Guizhou	7073866	4861771	150758	5686588	1387278
云 南	Yunnan	17932306	13298243	850374	14405411	3526895
西 藏	Tibet					
陕 西	Shaanxi	10896277	7618369	589573	8432925	2531764
甘 肃	Gansu	4149667	3471875	358418	2224615	1925053
青 海	Xinjiang	3028891	2069091	209011	2075137	953754
宁 夏	Ningxia	1768182	1041975	226082	1419771	348411
新 疆	Xinjiang	10726219	7822844	638727	9422035	1597013

机械设备、五金产品及电子产品批发 单位：万元
Wholesale of Machinery, Hardware and Electronic Products Unit: 10000 yuan

地区	Region	资产总计 Total Assets	#流动资产合计 Total Current Assets	#固定资产合计 Total Fixed Assets	负债合计 Total Liabilities	所有者权益合计 Total Owners' Equities
全国	**National Total**	**226921180**	**188317492**	**6778950**	**167323502**	**59597678**
北京	Beijing	65807632	50896067	1373544	43472685	22334947
天津	Tianjin	11433342	9592952	429182	9341630	2091712
河北	Hebei	6031432	3925470	205828	4919152	1112280
山西	Shanxi	1194031	1042453	52626	1036974	157056
内蒙古	Inner Mongolia	439093	368079	31313	367033	72059
辽宁	Liaoning	6430082	5156662	199504	5423713	1006369
吉林	Jilin	408627	356639	26973	319233	89395
黑龙江	Heilongjiang	962523	814934	42303	820256	142267
上海	Shanghai	44963637	38486257	724060	32093950	12869688
江苏	Jiangsu	13445620	11214285	887597	9906263	3539357
浙江	Zhejiang	11377744	9488707	365943	8923270	2454474
安徽	Anhui	2205193	2014637	70333	1918940	286254
福建	Fujian	4259054	3519931	137882	2918269	1340786
江西	Jiangxi	460498	404375	26855	367190	93309
山东	Shandong	7303472	6140960	663180	5426172	1877301
河南	Henan	1602150	1414757	84228	1288541	313609
湖北	Hubei	2338647	2010346	155414	1800228	538419
湖南	Hunan	823919	586887	101630	567104	256815
广东	Guangdong	32910838	29675414	785782	26354016	6556822
广西	Guangxi	862177	770678	23460	721712	140465
海南	Hainan	205808	184883	4627	146022	59786
重庆	Chongqing	3154207	2791803	97387	2388507	765700
四川	Sichuan	2800828	2596769	81145	2285441	515386
贵州	Guizhou	548432	503600	12449	460756	87676
云南	Yunnan	1303385	1123678	39769	1058902	244483
西藏	Tibet	16449	14192	2163	9569	6881
陕西	Shaanxi	1245161	1142144	40766	1106083	139078
甘肃	Gansu	322537	282343	16742	280795	41741
青海	Xinjiang	240943	222447	4881	191307	49636
宁夏	Ningxia	210113	186408	10290	186239	23875
新疆	Xinjiang	1613607	1388736	81095	1223551	390055

贸易经纪与代理
Trade Broker and Agency

单位：万元
Unit: 10000 yuan

地区	Region	资产总计 Total Assets	#流动资产合计 Total Working Capitals	#固定资产合计 Total Fixed Assets	负债合计 Total Liabilities	所有者权益合计 Total Owners' Equities
全国	**National Total**	**41742576**	**37243487**	**566766**	**35313682**	**6428894**
北京	Beijing	21768396	19754549	147542	18819720	2948677
天津	Tianjin	1478732	1298550	59923	1372616	106117
河北	Hebei	17680	17274	145	16539	1141
山西	Shanxi	171230	141185	16745	134369	36861
内蒙古	Inner Mongolia	8279	8278	1	6749	1530
辽宁	Liaoning	266390	261070	4591	178026	88364
吉林	Jilin	206	123	59	16	190
黑龙江	Heilongjiang	34822	32084	2177	28764	6058
上海	Shanghai	3326425	3030050	69837	2427079	899346
江苏	Jiangsu	970721	743624	47625	658525	312196
浙江	Zhejiang	482380	442465	20394	407840	74540
安徽	Anhui	28951	28224	685	20070	8881
福建	Fujian	794614	601743	35419	617491	177123
江西	Jiangxi	12323	11418	382	7453	4870
山东	Shandong	847365	696353	26451	719008	128357
河南	Henan	2668	2419	240	1434	1235
湖北	Hubei	2824654	2483889	20477	2437640	387014
湖南	Hunan	12167	11505	538	10940	1227
广东	Guangdong	8037734	7051887	102758	6852603	1185131
广西	Guangxi	27463	26673	546	24500	2963
海南	Hainan					
重庆	Chongqing	182	182		18	163
四川	Sichuan	32302	25823	2426	17648	14654
贵州	Guizhou					
云南	Yunnan	500883	492146	1607	477928	22955
西藏	Tibet					
陕西	Shaanxi	10750	10051	356	9556	1193
甘肃	Gansu					
青海	Xinjiang	939	937	2	469	470
宁夏	Ningxia					
新疆	Xinjiang	84323	70988	5842	66683	17639

3-3-4 续表 8 Continued 8

其他批发业 单位：万元

Other Wholesale not Classified Elsewhere Unit: 10000 yuan

地 区	Region	资产总计 Total Assets	#流动资产合计 Total Current Assets	#固定资产合计 Total Fixed Assets	负债合计 Total Liabilities	所有者权益合计 Total Owners' Equities
全 国	**National Total**	**39734604**	**31032345**	**1868368**	**30642334**	**9092609**
北 京	Beijing	5686912	3237437	58134	5281823	405089
天 津	Tianjin	4235653	3781523	131283	3405710	829943
河 北	Hebei	152429	98020	45843	119039	33390
山 西	Shanxi	116689	100763	10389	93995	22694
内蒙古	Inner Mongolia	19175	12778	965	9694	9481
辽 宁	Liaoning	309219	275116	17798	244252	64967
吉 林	Jilin	27850	16370	6188	23919	3931
黑龙江	Heilongjiang	213385	199914	4292	191440	21945
上 海	Shanghai	7084582	6043646	261963	5060043	2024539
江 苏	Jiangsu	3195631	2480765	270703	2411935	784035
浙 江	Zhejiang	2351022	1990290	113022	1940492	410531
安 徽	Anhui	1156738	1022178	57973	948986	207752
福 建	Fujian	3803830	3251534	66478	2950131	853699
江 西	Jiangxi	60330	48905	6570	27461	32869
山 东	Shandong	1700637	1194884	263118	1183799	516838
河 南	Henan	388882	269343	91519	294486	94396
湖 北	Hubei	355806	252902	64110	227604	128202
湖 南	Hunan	162438	95018	47022	67975	94463
广 东	Guangdong	5609669	4769786	240520	4763517	846152
广 西	Guangxi	33273	28364	3021	25437	7836
海 南	Hainan	917278	109351	6704	100785	816493
重 庆	Chongqing	427950	346538	27131	272502	155448
四 川	Sichuan	202944	159825	16968	146600	56343
贵 州	Guizhou	68777	43054	7061	42992	25785
云 南	Yunnan	1135862	1006687	23129	586292	549570
西 藏	Tibet					
陕 西	Shaanxi	26775	17882	4606	14681	12094
甘 肃	Gansu	12485	8903	2607	10520	1965
青 海	Xinjiang	10067	4571	2482	5476	4591
宁 夏	Ningxia	180496	100072	7148	111861	68635
新 疆	Xinjiang	87825	65929	9622	78891	8934

3-3-5 各地区限额以上零售业企业年末资产负债

Assets and Liabilities of Enterprises above Designated Size of Retail Trade by Region at the Year-end

单位：万元

Unit: 10000 yuan

地区	Region	资产总计 Total Assets	#流动资产合计 Total Current Assets	#固定资产合计 Original Value of Fixed Assets	负债合计 Total Liabilities	所有者权益合计 Total Owners' Equities
全国	**National Total**	**444384417**	**295237947**	**68021570**	**320289038**	**124419846**
北京	Beijing	38263719	29254226	3043109	29885287	8378432
天津	Tianjin	10801296	6092612	1981744	7523709	3277586
河北	Hebei	10517042	7056129	2001060	8340490	2176552
山西	Shanxi	10396056	7038125	1814844	7934091	2461965
内蒙古	Inner Mongolia	8150040	5536503	1217452	6285541	1864499
辽宁	Liaoning	18495662	11103137	3547626	13330413	5148099
吉林	Jilin	6313935	3595433	1746152	4744118	1569816
黑龙江	Heilongjiang	5829789	3854200	1177191	4337035	1492753
上海	Shanghai	30091063	18611943	3498363	23582265	6508798
江苏	Jiangsu	42282654	26510497	6903810	30524223	12098957
浙江	Zhejiang	29906012	21023218	4087575	22942063	6963949
安徽	Anhui	14458690	10093802	2154705	9853874	4604816
福建	Fujian	12816342	9084242	1584407	8100171	4716171
江西	Jiangxi	5683693	3650776	961583	3679118	2004575
山东	Shandong	36184635	23439263	7428115	25983922	10200713
河南	Henan	14057435	9903309	2351632	10337768	3719666
湖北	Hubei	20666245	12779481	4411987	14319775	6352048
湖南	Hunan	13316629	7814480	2610587	8505603	4811026
广东	Guangdong	44579003	32039294	4372428	30780242	13802091
广西	Guangxi	5341171	4021906	653106	3855746	1485425
海南	Hainan	2065652	1441703	406707	1339514	726138
重庆	Chongqing	9474767	6272089	1545712	6310444	3164322
四川	Sichuan	17252319	10767145	2684158	11477983	5774336
贵州	Guizhou	4981299	3059861	608100	3805870	1175429
云南	Yunnan	10618835	7025574	1426812	7049882	3568953
西藏	Tibet	269500	155595	84527	156048	113452
陕西	Shaanxi	11049627	7115357	1885268	7500168	3549459
甘肃	Gansu	3089884	1874205	592345	2073478	1008589
青海	Qinghai	807956	502562	214064	588398	219558
宁夏	Ningxia	1487680	1050664	235504	1153511	334169
新疆	Xinjiang	5135791	3470618	790900	3988287	1147504

3-3-5 续表 Continued

国有控股 单位：万元

State-controlled Enterprises Unit: 10000 yuan

地区	Region	资产总计 Total Assets	#流动资产合计 Total Current Assets	#固定资产合计 Total Fixed Assets	负债合计 Total Liabilities	所有者权益合计 Total Owners' Equities
全国	**National Total**	**88620702**	**49279325**	**16710923**	**55744670**	**33191591**
北京	Beijing	11825579	7259744	1363268	7758921	4066658
天津	Tianjin	2395361	876661	879113	1188758	1206602
河北	Hebei	1629076	1153403	294218	1323052	306023
山西	Shanxi	2748943	1751485	660431	2019209	729734
内蒙古	Inner Mongolia	1213823	579514	390396	1042441	171382
辽宁	Liaoning	3116515	1435232	990835	1708785	1390580
吉林	Jilin	1477113	567065	636987	1118920	358194
黑龙江	Heilongjiang	574927	429392	113489	417924	157002
上海	Shanghai	6496792	4256931	1169740	4082199	2414593
江苏	Jiangsu	4578465	2568680	753820	3295299	1623692
浙江	Zhejiang	3809801	2195920	596684	2164501	1645301
安徽	Anhui	4157790	3046899	475809	2605697	1552092
福建	Fujian	1803339	984289	266234	862381	940959
江西	Jiangxi	1240586	695418	246490	659826	580761
山东	Shandong	5180470	3607915	791950	4226667	953804
河南	Henan	1307499	696559	347337	1060140	247360
湖北	Hubei	5046149	2347884	1545787	3564020	1482129
湖南	Hunan	4008192	1591572	969205	2137030	1871162
广东	Guangdong	11231551	6255850	1158201	5554374	5677176
广西	Guangxi	786312	375185	260535	418552	367760
海南	Hainan	626433	446139	115624	250547	375885
重庆	Chongqing	2899835	1817634	526640	1911082	988752
四川	Sichuan	3453952	1208583	732922	1639579	1814373
贵州	Guizhou	1544498	482328	223963	1122726	421772
云南	Yunnan	2203771	919695	353655	1158225	1045545
西藏	Tibet	97697	30448	57198	29701	67997
陕西	Shaanxi	1226764	584536	272887	747202	479562
甘肃	Gansu	305102	176568	106559	190130	107154
青海	Qinghai	69694	36093	23725	44841	24853
宁夏	Ningxia	66510	28696	32458	21964	44545
新疆	Xinjiang	1498165	873010	354764	1419976	78189

3-3-6 各地区限额以上零售业企业年末资产负债(按登记注册类型分)

Assets and Liabilities of Enterprises above Designated Size of Retail Trade by Region and Type of Registration at the Year-end

内资企业
Domestic Funded Enterprises

单位：万元
Unit: 10000 yuan

地区	Region	资产总计 Total Assets	#流动资产合计 Total Current Assets	#固定资产合计 Total Fixed Assets	负债合计 Total Liabilities	所有者权益合计 Total Owners' Equities
全国	**National Total**	**377847308**	**252763647**	**58830779**	**270758781**	**107412995**
北京	Beijing	29599164	21920435	2603123	22844764	6754401
天津	Tianjin	8809468	5204742	1523587	5997505	2811963
河北	Hebei	10341448	6946932	1956757	8133007	2208441
山西	Shanxi	10141742	6890578	1735993	7754054	2387688
内蒙古	Inner Mongolia	7826880	5367945	1162562	6040508	1786372
辽宁	Liaoning	15898603	9937631	2955855	11514492	4366961
吉林	Jilin	5561721	3166840	1618867	4104583	1457138
黑龙江	Heilongjiang	5401689	3653720	1008494	3898243	1503446
上海	Shanghai	15712057	11740978	1993686	11571734	4140323
江苏	Jiangsu	35016854	21466129	5795502	25376257	9981123
浙江	Zhejiang	25688960	18357922	3311131	20037779	5651181
安徽	Anhui	13570019	9524024	1918013	9114307	4455712
福建	Fujian	10878790	7781255	1359987	7017249	3861541
江西	Jiangxi	5385942	3474810	904133	3432251	1953690
山东	Shandong	34380007	22165325	7043140	24644704	9735303
河南	Henan	12770643	9144874	2074606	9330087	3440556
湖北	Hubei	19011886	11531035	4198415	13045299	5972165
湖南	Hunan	12649475	7410415	2497292	8116113	4533362
广东	Guangdong	35238709	25296026	3075980	24278925	10963114
广西	Guangxi	5007257	3755089	606989	3634196	1373061
海南	Hainan	1925229	1337260	382303	1239630	685599
重庆	Chongqing	8696840	5686171	1450679	5821077	2875763
四川	Sichuan	14730756	9258186	2243103	9739546	4991211
贵州	Guizhou	4636642	2813472	569288	3561172	1075470
云南	Yunnan	9657590	6306648	1277135	6524884	3132706
西藏	Tibet	268985	155236	84448	155583	113402
陕西	Shaanxi	9370121	6032107	1731133	6464361	2905761
甘肃	Gansu	3050526	1848676	581957	2051185	991523
青海	Qinghai	800365	498046	211403	584261	216104
宁夏	Ningxia	1469780	1045308	225934	1143429	326350
新疆	Xinjiang	4349162	3045831	729286	3587594	761568

3-3-6 续表 1 Continued 1

国有企业 State-owned Enterprises

单位：万元 Unit: 10000 yuan

地区	Region	资产总计 Total Assets	#流动资产合计 Total Current Assets	#固定资产合计 Total Fixed Assets	负债合计 Total Liabilities	所有者权益合计 Total Owners' Equities
全国	**National Total**	**9320210**	**5229486**	**2165546**	**5806900**	**3513310**
北京	Beijing	820684	606546	138741	464131	356553
天津	Tianjin	260999	177649	73388	174503	86496
河北	Hebei	113374	51279	39384	94780	18594
山西	Shanxi	261012	143139	54701	162267	98745
内蒙古	Inner Mongolia	438005	205954	152639	399256	38749
辽宁	Liaoning	747490	203575	491729	314666	432824
吉林	Jilin	10955	6433	2880	8685	2270
黑龙江	Heilongjiang	109507	63083	40993	75434	34073
上海	Shanghai	545193	472720	33049	441964	103229
江苏	Jiangsu	603090	514041	60214	509866	93224
浙江	Zhejiang	135271	100694	16878	92561	42709
安徽	Anhui	349013	245669	53971	257237	91776
福建	Fujian	137336	58532	30376	45575	91761
江西	Jiangxi	27508	20063	3674	21306	6202
山东	Shandong	337753	218057	61450	295090	42663
河南	Henan	356080	204074	102002	242644	113436
湖北	Hubei	676311	451005	138571	494539	181772
湖南	Hunan	236574	106052	64180	69899	166675
广东	Guangdong	1357142	444489	221054	569716	787426
广西	Guangxi	112899	52913	25052	63740	49158
海南	Hainan	6525	3336	1775	3981	2544
重庆	Chongqing	191223	43961	45658	119959	71264
四川	Sichuan	339833	160388	59534	216045	123788
贵州	Guizhou	235967	170077	24151	169251	66716
云南	Yunnan	267790	102402	57177	115160	152630
西藏	Tibet	34235	15753	17788	10330	23906
陕西	Shaanxi	286571	208920	60950	206903	79668
甘肃	Gansu	73755	46959	21323	44256	29499
青海	Qinghai					
宁夏	Ningxia	29209	19422	9119	16614	12595
新疆	Xinjiang	218907	112305	63146	106543	112365

3-3-6 续表 2 Continued 2

集体企业 单位：万元

Collective-owned Enterprises Unit: 10000 yuan

地区	Region	资产总计 Total Assets	#流动资产合计 Total Current Assets	#固定资产合计 Total Fixed Assets	负债合计 Total Liabilities	所有者权益合计 Total Owners' Equities
全国	**National Total**	**3311956**	**1926631**	**916226**	**2100455**	**1211501**
北京	Beijing	303226	237841	42504	262706	40520
天津	Tianjin	72847	53298	6427	50475	22373
河北	Hebei	108941	61893	38459	75767	33174
山西	Shanxi	125504	87151	26516	84409	41096
内蒙古	Inner Mongolia	8099	6605	1452	3786	4313
辽宁	Liaoning	117993	62536	32729	68664	49330
吉林	Jilin	11075	4462	3401	5557	5518
黑龙江	Heilongjiang	60945	37470	22172	27752	33194
上海	Shanghai	56524	34480	8938	32683	23842
江苏	Jiangsu	201717	90794	93373	104179	97539
浙江	Zhejiang	138844	88431	24743	100315	38529
安徽	Anhui	9125	5074	2637	4996	4129
福建	Fujian	42679	19012	18676	21612	21067
江西	Jiangxi	12253	8999	2028	9594	2659
山东	Shandong	760613	386596	225905	402992	357622
河南	Henan	293755	166893	75728	163536	130219
湖北	Hubei	335380	168640	134031	260938	74441
湖南	Hunan	69293	32971	28136	39386	29908
广东	Guangdong	242819	160991	38040	140614	102205
广西	Guangxi	53634	38201	8302	45981	7653
海南	Hainan	347	263	21	308	40
重庆	Chongqing	13863	9740	2650	7455	6408
四川	Sichuan	38061	25335	8454	21454	16607
贵州	Guizhou	24424	20126	2296	5038	19386
云南	Yunnan	84396	40606	33989	60563	23832
西藏	Tibet					
陕西	Shaanxi	87109	55991	23049	71848	15262
甘肃	Gansu	33045	18452	10489	23559	9485
青海	Qinghai	596	227	270	425	171
宁夏	Ningxia	267	264	3	348	-81
新疆	Xinjiang	4581	3289	807	3518	1063

股份合作企业
Cooperative Enterprises

单位：万元
Unit: 10000 yuan

地 区	Region	资产总计 Total Assets	#流动资产合计 Total Current Assets	#固定资产合计 Total Fixed Assets	负债合计 Total Liabilities	所有者权益合计 Total Owners' Equities
全 国	**National Total**	**545809**	**334421**	**135823**	**354644**	**191165**
北 京	Beijing	60057	49276	6260	46113	13944
天 津	Tianjin	15506	12606	2456	11698	3808
河 北	Hebei	40757	21175	18347	23800	16957
山 西	Shanxi	15765	5198	2957	10758	5008
内蒙古	Inner Mongolia	333	288	44	168	165
辽 宁	Liaoning	24108	19147	2531	16297	7811
吉 林	Jilin	12392	7935	3934	7982	4410
黑龙江	Heilongjiang	24214	7559	10066	18521	5693
上 海	Shanghai	12533	10932	688	5854	6679
江 苏	Jiangsu	23131	16685	3980	16856	6275
浙 江	Zhejiang	30310	22633	3432	24737	5573
安 徽	Anhui	9783	6868	2258	4708	5074
福 建	Fujian	8112	7380	728	7171	941
江 西	Jiangxi	13468	9711	3757	6004	7464
山 东	Shandong	95157	50595	27515	53906	41251
河 南	Henan	8405	5060	2729	2097	6308
湖 北	Hubei	11128	5274	4578	4735	6393
湖 南	Hunan	14718	2985	7656	11716	3003
广 东	Guangdong	30682	20303	3647	25128	5554
广 西	Guangxi	1122	701	29	954	168
海 南	Hainan					
重 庆	Chongqing	13962	7360	4059	6456	7506
四 川	Sichuan	27969	16101	7694	17542	10427
贵 州	Guizhou	14435	8469	4234	11584	2851
云 南	Yunnan	25266	14650	6806	16835	8431
西 藏	Tibet					
陕 西	Shaanxi	8938	2983	4700	1123	7814
甘 肃	Gansu	1036	851	116	344	692
青 海	Qinghai	1135	991	144	785	350
宁 夏	Ningxia					
新 疆	Xinjiang	1389	705	480	773	616

联营企业 单位：万元

Joint Ownership Enterprises Unit: 10000 yuan

地区	Region	资产总计 Total Assets	#流动资产合计 Total Current Assets	#固定资产合计 Total Fixed Assets	负债合计 Total Liabilities	所有者权益合计 Total Owners' Equities
全国	**National Total**	**230786**	**166262**	**39886**	**130225**	**100561**
北京	Beijing	19790	18289	1423	15975	3814
天津	Tianjin	9993	8654	1080	2425	7568
河北	Hebei					
山西	Shanxi	3528	2832	345	1426	2102
内蒙古	Inner Mongolia					
辽宁	Liaoning	8227	7276	771	5900	2327
吉林	Jilin					
黑龙江	Heilongjiang	7192	6200	928	6411	780
上海	Shanghai	22427	18249	3030	6537	15890
江苏	Jiangsu	17316	13381	2654	11722	5594
浙江	Zhejiang	9307	6444	2127	3649	5658
安徽	Anhui	8213	7851	196	6071	2141
福建	Fujian	5190	3290	714	1230	3960
江西	Jiangxi					
山东	Shandong	45758	25921	8408	26684	19074
河南	Henan	7746	3673	2746	3383	4363
湖北	Hubei	5944	3963	1681	1163	4781
湖南	Hunan	2097	1523	491	1861	235
广东	Guangdong	29458	22391	4683	19030	10428
广西	Guangxi					
海南	Hainan					
重庆	Chongqing	2248	1654	580	509	1739
四川	Sichuan	11698	6081	4100	8355	3343
贵州	Guizhou	9094	4328	3455	3978	5115
云南	Yunnan	4099	3526	185	3632	467
西藏	Tibet					
陕西	Shaanxi	510	229	231	257	253
甘肃	Gansu	953	508	59	25	928
青海	Qinghai					
宁夏	Ningxia					
新疆	Xinjiang					

3-3-6 续表 5 Continued 5

有限责任公司
Limited Liability Corporations

单位：万元
Unit: 10000 yuan

地 区	Region	资产总计 Total Assets	#流动资产合计 Total Current Assets	#固定资产合计 Total Fixed Assets	负债合计 Total Liabilities	所有者权益合计 Total Owners' Equities
全 国	**National Total**	**159879837**	**111333189**	**23273526**	**120021522**	**39863893**
北 京	Beijing	15044011	11307300	1201979	12509037	2534974
天 津	Tianjin	4150736	2554720	582754	3104478	1046258
河 北	Hebei	5112386	3217733	1180632	4017272	1095114
山 西	Shanxi	2053450	1279262	525758	1726596	326854
内蒙古	Inner Mongolia	2694347	1870176	407280	2083888	610459
辽 宁	Liaoning	6338515	3994961	969665	4969967	1368548
吉 林	Jilin	2115563	1401849	456901	1626606	488957
黑龙江	Heilongjiang	2252686	1314078	464646	1740307	512380
上 海	Shanghai	7417290	5570839	1088679	5761118	1656173
江 苏	Jiangsu	10678942	7015370	1857613	8116985	2561957
浙 江	Zhejiang	11342583	8086121	1417226	8741567	2601017
安 徽	Anhui	4732750	3360979	716490	3374634	1358115
福 建	Fujian	5147419	3616745	666639	3419312	1728107
江 西	Jiangxi	2579980	1759134	376882	1572691	1007288
山 东	Shandong	13231320	8617311	2680730	9938476	3292844
河 南	Henan	6531332	4831983	967771	4959518	1571814
湖 北	Hubei	9387435	5944739	1546079	6631802	2761211
湖 南	Hunan	3910034	2763942	617257	2958610	951424
广 东	Guangdong	15066264	11619809	1230753	11357905	3708359
广 西	Guangxi	2035508	1609551	186441	1488271	547237
海 南	Hainan	1432618	1053640	257245	930567	502051
重 庆	Chongqing	3730574	2647595	544362	2657706	1072868
四 川	Sichuan	6772214	4940126	729450	4955901	1816313
贵 州	Guizhou	2454799	1825937	259554	1925591	529208
云 南	Yunnan	3803304	2563644	534240	2518595	1284709
西 藏	Tibet	165603	102684	37990	115826	49778
陕 西	Shaanxi	5773465	3785988	1047375	3982057	1791408
甘 肃	Gansu	1384773	877563	277533	946525	438248
青 海	Qinghai	552526	323710	172714	405628	146898
宁 夏	Ningxia	693256	485801	103691	558339	134917
新 疆	Xinjiang	1294156	989900	167199	925749	368407

3-3-6 续表 6 Continued 6

股份有限公司
Share-holding Corporations Ltd.

单位：万元
Unit: 10000 yuan

地　区	Region	资产总计 Total Assets	#流动资产合计 Total Current Assets	#固定资产合计 Total Fixed Assets	负债合计 Total Liabilities	所有者权益合计 Total Owners' Equities
全　国	**National Total**	**72016533**	**38172167**	**13408771**	**45610767**	**26721325**
北　京	Beijing	7327340	4357090	906323	4378069	2949271
天　津	Tianjin	1483136	378061	613773	622403	860733
河　北	Hebei	1719781	1166820	237726	1334208	385573
山　西	Shanxi	1518326	1120248	253496	1070024	448302
内蒙古	Inner Mongolia	760743	347910	231930	634009	126733
辽　宁	Liaoning	2515812	1188379	529213	1588147	910515
吉　林	Jilin	1609110	527279	781207	1173182	435928
黑龙江	Heilongjiang	1212394	862083	203878	704631	507763
上　海	Shanghai	2466078	1482674	441442	1277094	1188984
江　苏	Jiangsu	6855642	3096082	1179591	4802449	2393719
浙　江	Zhejiang	2922631	1539935	475218	1803638	1118993
安　徽	Anhui	3386960	2361225	412757	2139807	1247153
福　建	Fujian	1304888	755130	137640	707044	597844
江　西	Jiangxi	1204894	625759	279426	744751	460143
山　东	Shandong	7858463	4973656	1307664	5995976	1862487
河　南	Henan	1134051	671284	228099	921316	212735
湖　北	Hubei	3561984	1700461	1131724	2463540	1098444
湖　南	Hunan	3682681	1379986	786712	1794987	1887695
广　东	Guangdong	8039084	4572545	772381	4073672	3965412
广　西	Guangxi	921607	595982	226269	567204	354403
海　南	Hainan	337742	169738	106224	192677	145064
重　庆	Chongqing	1810004	1148370	357927	1100941	709063
四　川	Sichuan	2847208	861219	697131	1257349	1589859
贵　州	Guizhou	1085884	137224	192178	815491	270393
云　南	Yunnan	1574269	728912	189890	949681	624588
西　藏	Tibet	32380	10207	20719	8930	23449
陕　西	Shaanxi	1632734	914050	318208	1229210	403524
甘　肃	Gansu	344514	112801	114802	194278	142418
青　海	Qinghai	34086	12472	10983	36127	-2041
宁　夏	Ningxia	59701	24670	27052	34490	25211
新　疆	Xinjiang	772411	349913	237191	995444	-223033

3-3-6 续表 7 Continued 7

私营企业 单位：万元

Private Enterprises Unit: 10000 yuan

地区	Region	资产总计 Total Assets	#流动资产合计 Total Current Assets	#固定资产合计 Total Fixed Assets	负债合计 Total Liabilities	所有者权益合计 Total Owners' Equities
全国	**National Total**	**130390026**	**94284883**	**18376711**	**95485988**	**34907368**
北京	Beijing	6024056	5344093	305893	5168731	855324
天津	Tianjin	2587982	1870027	226895	1868000	719981
河北	Hebei	3227812	2412444	440546	2574019	653793
山西	Shanxi	6125330	4224820	865644	4670164	1455166
内蒙古	Inner Mongolia	3896156	2923409	357808	2905779	990377
辽宁	Liaoning	6111250	4435877	922264	4523802	1587449
吉林	Jilin	1747491	1182849	353820	1247721	499770
黑龙江	Heilongjiang	1700525	1340090	257801	1305817	394708
上海	Shanghai	5175778	4139049	413944	4038332	1137445
江苏	Jiangsu	16406788	10619221	2501734	11739789	4666999
浙江	Zhejiang	11066148	8479873	1364519	9241077	1825071
安徽	Anhui	5017212	3496614	716226	3288598	1728614
福建	Fujian	4132984	3255541	485482	2751687	1381297
江西	Jiangxi	1539836	1047447	235641	1074977	464859
山东	Shandong	11590354	7671500	2586740	7696517	3893837
河南	Henan	4395716	3245456	673139	3029321	1366395
湖北	Hubei	4914317	3203594	1192923	3132225	1782093
湖南	Hunan	4700857	3115585	979498	3216495	1484362
广东	Guangdong	10219271	8228998	785220	7911305	2311296
广西	Guangxi	1869545	1446926	160198	1459320	410225
海南	Hainan	147997	110284	17038	112097	35900
重庆	Chongqing	2843948	1754756	486267	1852504	991444
四川	Sichuan	4575298	3167174	722783	3184372	1390926
贵州	Guizhou	806109	643969	81596	627946	178163
云南	Yunnan	3836998	2811427	446612	2826161	1010837
西藏	Tibet	36687	26593	7950	20498	16189
陕西	Shaanxi	1532640	1036194	259186	948152	584488
甘肃	Gansu	1205192	786888	155527	841078	364114
青海	Qinghai	211925	160550	27292	141215	70710
宁夏	Ningxia	687347	515150	86070	533639	153708
新疆	Xinjiang	2056476	1588486	260455	1554651	501825

其他企业 单位：万元

Other Enterprises Unit: 10000 yuan

地 区	Region	资产总计 Total Assets	#流动资产合计 Total Current Assets	#固定资产合计 Total Fixed Assets	负债合计 Total Liabilities	所有者权益合计 Total Owners' Equities
全 国	**National Total**	**2152151**	**1316608**	**514290**	**1248279**	**903872**
北 京	Beijing					
天 津	Tianjin	228270	149728	16814	163524	64747
河 北	Hebei	18398	15587	1663	13162	5236
山 西	Shanxi	38827	27927	6577	28412	10416
内蒙古	Inner Mongolia	29199	13605	11410	13623	15576
辽 宁	Liaoning	35208	25881	6955	27050	8158
吉 林	Jilin	55135	36034	16725	34849	20286
黑龙江	Heilongjiang	34226	23157	8010	19370	14856
上 海	Shanghai	16234	12033	3917	8153	8082
江 苏	Jiangsu	230228	100555	96343	74411	155817
浙 江	Zhejiang	43865	33792	6989	30235	13630
安 徽	Anhui	56963	39746	13479	38255	18708
福 建	Fujian	100182	65626	19731	63619	36564
江 西	Jiangxi	8003	3696	2726	2928	5075
山 东	Shandong	460589	221690	144728	235064	225525
河 南	Henan	43558	16450	22394	8272	35286
湖 北	Hubei	119387	53358	48827	56357	63030
湖 南	Hunan	33222	7370	13363	23161	10061
广 东	Guangdong	253988	226500	20201	181554	72434
广 西	Guangxi	12943	10816	698	8726	4217
海 南	Hainan					
重 庆	Chongqing	91018	72736	9176	75547	15471
四 川	Sichuan	118477	81762	13956	78528	39948
贵 州	Guizhou	5931	3342	1824	2294	3636
云 南	Yunnan	61468	41481	8236	34256	27212
西 藏	Tibet	80				80
陕 西	Shaanxi	48155	27753	17433	24811	23344
甘 肃	Gansu	7259	4654	2108	1120	6139
青 海	Qinghai	96	96		81	15
宁 夏	Ningxia					
新 疆	Xinjiang	1241	1233	8	917	324

3-3-6 续表 9 Continued 9

港、澳、台商投资企业 单位：万元

Enterprises with Funds from Hong Kong, Macao and Taiwan Unit: 10000 yuan

地区	Region	资产总计 Total Assets	#流动资产合计 Total Current Assets	#固定资产合计 Total Fixed Assets	负债合计 Total Liabilities	所有者权益合计 Total Owners' Equities
全国	**National Total**	**35542731**	**21098733**	**4325146**	**25937935**	**9604796**
北京	Beijing	1892686	1643994	116633	1389444	503242
天津	Tianjin	491705	344226	58693	376238	115467
河北	Hebei	28854	26330	2345	35867	-7013
山西	Shanxi	225318	128552	70944	151116	74202
内蒙古	Inner Mongolia	314398	165313	51113	237374	77024
辽宁	Liaoning	1417458	636954	266485	915084	502374
吉林	Jilin	587203	341005	58744	463326	123877
黑龙江	Heilongjiang	280045	117392	115930	243375	36670
上海	Shanghai	9780090	3824979	652104	8356113	1423977
江苏	Jiangsu	3515077	2437038	604374	2634732	880345
浙江	Zhejiang	1980701	1171456	350566	1254790	725911
安徽	Anhui	426833	259961	112388	288045	138787
福建	Fujian	1197306	713567	130227	557404	639902
江西	Jiangxi	184863	95601	41580	171064	13799
山东	Shandong	682443	420009	222640	462761	219682
河南	Henan	1056771	595306	245057	813770	243001
湖北	Hubei	825651	723989	67125	622489	203161
湖南	Hunan	351937	192809	54318	204079	147858
广东	Guangdong	5818903	4291999	602743	3985982	1832922
广西	Guangxi	273812	222579	40042	175711	98101
海南	Hainan	27561	18562	5620	17003	10558
重庆	Chongqing	541341	401479	72706	356305	185036
四川	Sichuan	1109906	627549	189962	770116	339790
贵州	Guizhou	139332	105906	15866	88172	51160
云南	Yunnan	538277	436985	37237	288182	250095
西藏	Tibet					
陕西	Shaanxi	1107571	776753	72334	708945	398625
甘肃	Gansu	33540	20076	10023	18075	15465
青海	Qinghai	7591	4516	2660	4137	3453
宁夏	Ningxia	14119	3812	8454	9257	4862
新疆	Xinjiang	691442	350036	46234	338979	352463

外商投资企业
Foreign Funded Enterprises

单位：万元
Unit: 10000 yuan

地 区	Region	资产总计 Total Assets	#流动资产合计 Total Current Assets	#固定资产合计 Total Fixed Assets	负债合计 Total Liabilities	所有者权益合计 Total Owners' Equities
全 国	**National Total**	**30994378**	**21375567**	**4865645**	**23592323**	**7402055**
北 京	Beijing	6771869	5689797	323354	5651080	1120790
天 津	Tianjin	1500122	543644	399464	1149967	350156
河 北	Hebei	146739	82867	41958	171616	-24877
山 西	Shanxi	28996	18995	7906	28921	75
内蒙古	Inner Mongolia	8762	3245	3776	7658	1103
辽 宁	Liaoning	1179601	528552	325286	900837	278764
吉 林	Jilin	165011	87587	68541	176209	-11198
黑龙江	Heilongjiang	148054	83088	52767	195417	-47363
上 海	Shanghai	4598917	3045986	852573	3654419	944498
江 苏	Jiangsu	3750723	2607330	503934	2513234	1237489
浙 江	Zhejiang	2236352	1493840	425877	1649494	586858
安 徽	Anhui	461839	309817	124303	451522	10317
福 建	Fujian	740246	589419	94194	525518	214728
江 西	Jiangxi	112889	80365	15871	75803	37086
山 东	Shandong	1122186	853929	162336	876457	245729
河 南	Henan	230021	163129	31969	193912	36109
湖 北	Hubei	828708	524458	146447	651987	176721
湖 南	Hunan	315217	211257	58977	185412	129805
广 东	Guangdong	3521391	2451269	693705	2515335	1006056
广 西	Guangxi	60102	44237	6075	45839	14263
海 南	Hainan	112863	85881	18783	82881	29981
重 庆	Chongqing	236586	184438	22327	133062	103524
四 川	Sichuan	1411657	881410	251093	968321	443335
贵 州	Guizhou	205326	140484	22946	156526	48800
云 南	Yunnan	422968	281942	112441	236816	186152
西 藏	Tibet	515	358	80	465	50
陕 西	Shaanxi	571936	306497	81801	326863	245073
甘 肃	Gansu	5817	5452	365	4217	1601
青 海	Qinghai					
宁 夏	Ningxia	3782	1544	1116	824	2957
新 疆	Xinjiang	95187	74751	15381	61714	33473

3-3-7 各地区限额以上零售业企业年末资产负债(按国民经济行业分)

Assets and Liabilities of Enterprises above Designated Size of Retail Trade by Region and Sector at the Year-end

综合零售
Integrated Retail

单位：万元
Unit: 10000 yuan

地 区	Region	资产总计 Total Assets	#流动资产合计 Total Currents Assets	#固定资产合计 Total Fixed Assets	负债合计 Total Liabilities	所有者权益合计 Total Owners' Equities
全 国	**National Total**	**139156374**	**81486800**	**27178926**	**103291267**	**35870685**
北 京	Beijing	11504543	7655251	1279905	7808136	3696408
天 津	Tianjin	3028303	1486772	607438	2527168	501135
河 北	Hebei	4467869	2605459	1176231	3638384	829486
山 西	Shanxi	2429288	1428467	409406	1956524	472763
内蒙古	Inner Mongolia	1536818	983705	255951	1254489	282329
辽 宁	Liaoning	7934270	4243705	1562046	6059245	1875024
吉 林	Jilin	2867178	1277535	1114361	2231630	635549
黑龙江	Heilongjiang	2206250	1258936	623066	1576499	629751
上 海	Shanghai	13540345	5934393	1719448	11117970	2422375
江 苏	Jiangsu	13064983	8076267	2678361	9970139	3094844
浙 江	Zhejiang	9790172	6035561	1659426	7232280	2557892
安 徽	Anhui	4160917	2351492	962643	3099511	1061406
福 建	Fujian	3285524	2139945	441572	2132322	1153202
江 西	Jiangxi	1450896	800022	369000	1045182	405714
山 东	Shandong	14643484	8702100	3352139	11024499	3618985
河 南	Henan	3782888	2284520	843162	2946938	835950
湖 北	Hubei	6591718	3495831	1915300	4754366	1842930
湖 南	Hunan	4191078	2544651	880607	2700813	1490265
广 东	Guangdong	10774167	7579334	1419915	7850309	2923858
广 西	Guangxi	1566326	978172	345155	1078660	487666
海 南	Hainan	410945	263139	92450	327800	83145
重 庆	Chongqing	2793189	1758503	566457	1871963	921226
四 川	Sichuan	4009782	2281580	860523	2710262	1299520
贵 州	Guizhou	743770	438494	160796	559837	183933
云 南	Yunnan	1963651	1166323	408613	1236499	727152
西 藏	Tibet	35342	20091	12608	24444	10898
陕 西	Shaanxi	3633376	2234929	718646	2512459	1120917
甘 肃	Gansu	880131	447160	197089	551944	328186
青 海	Qinghai	262000	99268	133324	202631	59369
宁 夏	Ningxia	299475	188885	88798	235417	64058
新 疆	Xinjiang	1307700	726309	324492	1052950	254750

3-3-7 续表 1 Continued 1

食品、饮料及烟草制品专门零售 单位：万元

Special Retail of Food, Beverages and Tobaccos Unit: 10000 yuan

地区	Region	资产总计 Total Assets	#流动资产合计 Total Currents Assets	#固定资产合计 Total Fixed Assets	负债合计 Total Liabilities	所有者权益合计 Total Owners' Equities
全国	**National Total**	**13723367**	**8604746**	**2675503**	**7315520**	**6407848**
北京	Beijing	709432	523431	139585	350329	359103
天津	Tianjin	465677	171776	16032	154933	310744
河北	Hebei	134319	76971	15334	110801	23518
山西	Shanxi	258993	147506	70027	165799	93194
内蒙古	Inner Mongolia	154149	111590	21629	111506	42643
辽宁	Liaoning	215839	141792	38861	112517	103322
吉林	Jilin	117304	86705	16223	66587	50718
黑龙江	Heilongjiang	69351	53582	12750	44228	25123
上海	Shanghai	536584	357939	67839	398649	137935
江苏	Jiangsu	1357045	785706	350978	698055	658989
浙江	Zhejiang	517254	368024	70299	322858	194395
安徽	Anhui	539367	354629	78097	263109	276259
福建	Fujian	681349	442768	145576	253956	427393
江西	Jiangxi	256898	170753	20798	66931	189967
山东	Shandong	1044726	550281	346814	558431	486295
河南	Henan	444992	257228	126989	229736	215255
湖北	Hubei	1069231	640943	297197	457329	611902
湖南	Hunan	475507	219914	108329	214344	261163
广东	Guangdong	1446700	1022501	145641	766491	680209
广西	Guangxi	61027	47747	4444	37691	23336
海南	Hainan	27839	21934	3698	22319	5520
重庆	Chongqing	329832	175834	61697	139122	190710
四川	Sichuan	959771	738511	110711	574701	385070
贵州	Guizhou	264201	174592	28241	134152	130049
云南	Yunnan	504156	295640	116442	288065	216090
西藏	Tibet	16149	9358	6791	4406	11743
陕西	Shaanxi	862428	533421	223674	617100	245328
甘肃	Gansu	141124	77639	22889	96081	45044
青海	Qinghai	4479	935	3077	2152	2327
宁夏	Ningxia	18848	16230	1981	13086	5762
新疆	Xinjiang	38800	28869	2864	40058	-1258

纺织、服装及日用品专门零售 单位：万元

Special Retail of Textiles, Garments and Daily Consumer Articles Unit: 10000 yuan

地 区	Region	资产总计 Total Assets	#流动资产合计 Total Current Capitals	#固定资产合计 Total Fixed Assets	负债合计 Total Liabilities	所有者权益合计 Total Owners' Equities
全 国	**National Total**	**23465469**	**16496144**	**3380900**	**16183942**	**7284858**
北 京	Beijing	1596450	1247656	139112	1357640	238810
天 津	Tianjin	698593	307390	146134	436686	261907
河 北	Hebei	403194	201312	127348	332897	70296
山 西	Shanxi	558905	320143	120711	428606	130299
内蒙古	Inner Mongolia	302105	200267	44309	250174	51931
辽 宁	Liaoning	774711	494142	130423	549854	224857
吉 林	Jilin	369417	189992	145577	289525	79893
黑龙江	Heilongjiang	387132	266161	88066	210853	176279
上 海	Shanghai	4687455	3452143	638107	3513432	1174023
江 苏	Jiangsu	1470144	879532	218851	883129	587014
浙 江	Zhejiang	1803241	1259312	161554	1340260	462981
安 徽	Anhui	417257	307156	35929	216003	201254
福 建	Fujian	569264	493626	42251	337439	231825
江 西	Jiangxi	86232	68842	5649	58097	28135
山 东	Shandong	1008290	691829	216604	602565	405724
河 南	Henan	412260	280940	80246	262396	149864
湖 北	Hubei	844906	554424	231465	497338	347568
湖 南	Hunan	411938	247432	96472	275757	136180
广 东	Guangdong	3340368	2837288	143697	2221566	1122132
广 西	Guangxi	65270	55382	5633	58098	7172
海 南	Hainan	550329	396049	113054	213021	337308
重 庆	Chongqing	497317	298464	115981	341023	156294
四 川	Sichuan	1003678	733607	69078	674463	329214
贵 州	Guizhou	95865	57525	16582	71383	24482
云 南	Yunnan	264268	225235	17555	211980	52289
西 藏	Tibet	644	358	80	525	119
陕 西	Shaanxi	445817	175617	153237	189006	256811
甘 肃	Gansu	80365	54601	13001	62031	18335
青 海	Qinghai	29466	17006	7476	28596	870
宁 夏	Ningxia	49865	41375	2427	54348	-4483
新 疆	Xinjiang	240725	141336	54293	215251	25475

文化、体育用品及器材专门零售
Special Retail of Culture, Sports Appliances and Equipments

单位：万元
Unit: 10000 yuan

地 区	Region	资产总计 Total Assets	#流动资产合计 Total Current Assets	#固定资产合计 Total Fixed Assets	负债合计 Total Liabilities	所有者权益合计 Total Owners' Equities
全 国	**National Total**	**19253374**	**13239913**	**3109343**	**11593706**	**7659669**
北 京	Beijing	2422931	2117175	146632	1944411	478520
天 津	Tianjin	816619	426692	288884	584736	231883
河 北	Hebei	359313	224312	52454	198215	161098
山 西	Shanxi	364022	223943	58563	192269	171753
内蒙古	Inner Mongolia	105318	79907	18973	84676	20642
辽 宁	Liaoning	467382	213208	114382	313440	153942
吉 林	Jilin	98316	62242	20739	72510	25806
黑龙江	Heilongjiang	224960	187676	23090	120029	104931
上 海	Shanghai	1589558	1226498	141143	1082733	506825
江 苏	Jiangsu	1588179	1174078	219578	1043548	544631
浙 江	Zhejiang	1337331	906521	233429	815468	521863
安 徽	Anhui	388506	281524	63685	148779	239727
福 建	Fujian	650522	426847	77593	359337	291185
江 西	Jiangxi	736624	439842	159934	203615	533009
山 东	Shandong	682896	458431	139990	414064	268832
河 南	Henan	568336	350668	120217	324502	243833
湖 北	Hubei	624527	377440	143295	350186	274341
湖 南	Hunan	657997	494908	79013	256990	401008
广 东	Guangdong	1561521	1047170	244666	906830	654691
广 西	Guangxi	205700	89831	42357	81205	124495
海 南	Hainan	56301	36901	13236	58871	-2570
重 庆	Chongqing	586660	343727	122913	362168	224492
四 川	Sichuan	1086458	593796	148616	487057	599401
贵 州	Guizhou	203544	179542	7136	146825	56718
云 南	Yunnan	891063	699161	95109	569454	321609
西 藏	Tibet	3197	1770	1422	1694	1502
陕 西	Shaanxi	481314	311578	147319	249588	231726
甘 肃	Gansu	204457	84899	116333	81577	122879
青 海	Qinghai	12795	9298	2736	8074	4721
宁 夏	Ningxia	29020	19354	8822	16714	12306
新 疆	Xinjiang	248009	150973	57084	114142	133867

医药及医疗器材专门零售

Special Retail of Medicines and Medical Appliances

单位：万元

Unit: 10000 yuan

地区	Region	资产总计 Total Assets	#流动资产合计 Total Current Assets	#固定资产合计 Total Fixed Assets	负债合计 Total Liabilities	所有者权益合计 Total Owners' Equities
全国	**National Total**	**24581903**	**19731027**	**1571640**	**18974606**	**5607297**
北京	Beijing	4437257	2954857	102369	3492888	944369
天津	Tianjin	362381	323021	10087	245261	117119
河北	Hebei	182012	143163	17798	156031	25981
山西	Shanxi	395331	346913	17115	257970	137360
内蒙古	Inner Mongolia	154767	128163	14516	122273	32494
辽宁	Liaoning	911754	799964	58743	730256	181498
吉林	Jilin	379528	314067	28984	297850	81678
黑龙江	Heilongjiang	554732	471482	65625	428826	125905
上海	Shanghai	714521	608792	36495	548403	166118
江苏	Jiangsu	2897568	2538604	181889	2288918	608650
浙江	Zhejiang	1015161	880209	74643	785153	230008
安徽	Anhui	1046491	921138	71007	860831	185660
福建	Fujian	598611	460471	45714	398662	199949
江西	Jiangxi	510670	377714	34943	431843	78827
山东	Shandong	2051008	1612410	223325	1552009	498999
河南	Henan	576978	482259	55444	415343	161635
湖北	Hubei	1735889	1424010	131871	1329106	406783
湖南	Hunan	964641	775672	61864	738611	226030
广东	Guangdong	1532852	1236461	98559	1132506	400347
广西	Guangxi	807782	698618	19598	672169	135614
海南	Hainan	28247	21577	380	17858	10389
重庆	Chongqing	534769	382554	41164	411617	123152
四川	Sichuan	310250	246755	30454	242838	67412
贵州	Guizhou	325572	304713	9620	277546	48025
云南	Yunnan	423553	306299	53898	267217	156337
西藏	Tibet					
陕西	Shaanxi	304037	267474	21228	258928	45109
甘肃	Gansu	114068	83016	11416	98300	15768
青海	Qinghai	53566	42259	4427	44458	9109
宁夏	Ningxia	129748	109268	10491	104819	24928
新疆	Xinjiang	528159	469123	37976	366115	162044

汽车、摩托车、燃料及零配件专门零售 单位：万元

Special Retail of Motor Vehicles, Motorcycles, Fuel and Parts Unit: 10000 yuan

地区	Region	资产总计 Total Assets	#流动资产合计 Total Current Assets	#固定资产合计 Total Fixed Assets	负债合计 Total Liabilities	所有者权益合计 Total Owners' Equities
全国	**National Total**	**160583559**	**111130314**	**21334485**	**117730462**	**43168656**
北京	Beijing	8849438	6950512	1001724	6809162	2040276
天津	Tianjin	4218574	2624418	739996	2600322	1618252
河北	Hebei	3950825	3003896	488558	3114333	836492
山西	Shanxi	4782264	3720135	598365	3705631	1076632
内蒙古	Inner Mongolia	4138985	2742091	680609	3306310	832675
辽宁	Liaoning	6305794	4057511	1230242	4311037	1977607
吉林	Jilin	2003642	1319693	329547	1501635	502008
黑龙江	Heilongjiang	1639452	1321234	203705	1400822	238630
上海	Shanghai	4761159	3795600	403592	3522762	1238397
江苏	Jiangsu	12909198	8268022	2064588	9655957	3593767
浙江	Zhejiang	12994056	9723504	1556953	10581015	2413041
安徽	Anhui	5821433	4274052	708060	4108296	1713137
福建	Fujian	4971923	3602388	607338	3275263	1696659
江西	Jiangxi	1918946	1247936	270264	1405995	512951
山东	Shandong	11294352	8031090	1889319	8364553	2929798
河南	Henan	6524002	5068468	727249	5084968	1439034
湖北	Hubei	6572255	4319657	975019	4800580	1771675
湖南	Hunan	5497108	2936895	1073318	3684114	1812993
广东	Guangdong	20089514	13669240	1794682	13586322	6503192
广西	Guangxi	1981774	1593600	192372	1480533	501241
海南	Hainan	832999	569261	172554	576222	256778
重庆	Chongqing	3369329	2388650	436199	2430926	938403
四川	Sichuan	7805410	4682374	1164048	5354927	2450483
贵州	Guizhou	2964196	1609150	347748	2352737	611458
云南	Yunnan	5565358	3672493	602350	3986641	1578717
西藏	Tibet	187880	99983	62269	106226	81654
陕西	Shaanxi	3972531	2698430	414682	2960699	1011832
甘肃	Gansu	1340356	895792	171949	973939	358600
青海	Qinghai	328917	242493	48244	241572	87344
宁夏	Ningxia	770721	504465	114354	581489	189232
新疆	Xinjiang	2221173	1497282	264590	1865475	355698

3-3-7 续表 6 .Continued 6

家用电器及电子产品专门零售 单位：万元

Special Retail of Household Electric Appliances and Electronic Products Unit: 10000 yuan

地 区	Region	资产总计 Total Assets	#流动资产合计 Total Current Assets	#固定资产合计 Total Fixed Assets	负债合计 Total Liabilities	所有者权益合计 Total Owners' Equities
全 国	**National Total**	**34386475**	**26381395**	**3150781**	**23946061**	**10440414**
北 京	Beijing	5942510	5376940	88000	4815280	1127230
天 津	Tianjin	343310	295542	30153	228500	114809
河 北	Hebei	775545	666540	47295	614091	161454
山 西	Shanxi	458322	338587	80843	356374	101948
内 蒙 古	Inner Mongolia	508992	404834	46043	360188	148805
辽 宁	Liaoning	942426	676581	120768	646437	295990
吉 林	Jilin	280246	209683	51276	190284	89962
黑 龙 江	Heilongjiang	529139	187452	104806	434187	94953
上 海	Shanghai	1549283	1245173	87756	1041963	507320
江 苏	Jiangsu	5160319	2862153	560986	3417633	1742686
浙 江	Zhejiang	1423690	1205486	103137	1080620	343070
安 徽	Anhui	1481046	1270246	58368	780896	700150
福 建	Fujian	1098942	866800	105434	737280	361663
江 西	Jiangxi	482715	395726	52199	315235	167480
山 东	Shandong	2032696	1406240	365542	1389337	643359
河 南	Henan	1056648	806234	165244	715994	340654
湖 北	Hubei	1644160	1087071	376117	1056749	587411
湖 南	Hunan	600458	386575	103118	352486	247973
广 东	Guangdong	3492551	3093903	133817	2672722	819829
广 西	Guangxi	439074	395407	17438	323299	115775
海 南	Hainan	127119	106876	9795	101309	25811
重 庆	Chongqing	714300	557443	117633	433988	280312
四 川	Sichuan	1028544	793804	129993	652012	376532
贵 州	Guizhou	240189	211362	14094	174970	65220
云 南	Yunnan	691564	448596	91247	273491	418073
西 藏	Tibet	19265	17838	595	15984	3281
陕 西	Shaanxi	753713	547211	71403	345226	408487
甘 肃	Gansu	132436	112483	5412	96379	36057
青 海	Qinghai	58826	54411	3058	27913	30913
宁 夏	Ningxia	144928	130979	5208	106807	38121
新 疆	Xinjiang	233518	223219	4002	188427	45092

五金、家具及室内装饰材料专门零售

Special Retail of Hardware, Furniture and Interior Decoration Materials

单位：万元

Unit: 10000 yuan

地区	Region	资产总计 Total Assets	#流动资产合计 Total Current Assets	#固定资产合计 Total Fixed Assets	负债合计 Total Liabilities	所有者权益合计 Total Owners' Equities
全国	**National Total**	**14240283**	**7744726**	**3040074**	**9249361**	**4990923**
北京	Beijing	715276	553401	86691	562531	152745
天津	Tianjin	422073	79303	114004	366309	55764
河北	Hebei	167890	97669	45274	124089	43801
山西	Shanxi	333507	188703	47520	165227	168280
内蒙古	Inner Mongolia	324736	190843	58920	171250	153486
辽宁	Liaoning	451177	219882	156814	356137	95040
吉林	Jilin	126544	82928	25405	51938	74606
黑龙江	Heilongjiang	85383	39417	22717	60298	25084
上海	Shanghai	661556	274620	232040	465368	196188
江苏	Jiangsu	2766390	1165505	412719	1837489	928901
浙江	Zhejiang	525792	337634	133810	406059	119733
安徽	Anhui	412977	216232	143468	274301	138676
福建	Fujian	543029	374833	54355	325077	217952
江西	Jiangxi	76405	45053	14869	32206	44199
山东	Shandong	1713575	924573	552527	918595	794981
河南	Henan	351641	211409	94044	179300	172341
湖北	Hubei	882390	546980	171729	591820	290570
湖南	Hunan	242729	108731	68799	131228	111501
广东	Guangdong	1153856	725864	181848	805412	348444
广西	Guangxi	44188	38547	2184	35975	8213
海南	Hainan	8251	8019	221	7053	1198
重庆	Chongqing	489052	250072	72069	243971	245080
四川	Sichuan	646064	376441	129803	495656	150409
贵州	Guizhou	18116	10876	3727	10037	8079
云南	Yunnan	159616	103335	20336	106311	53305
西藏	Tibet					
陕西	Shaanxi	491995	281354	115299	313855	178140
甘肃	Gansu	99423	39132	39782	45386	54037
青海	Qinghai	5879	2299	3252	4432	1447
宁夏	Ningxia	39465	37514	1393	39157	309
新疆	Xinjiang	281310	213557	34460	122894	158416

货摊、无店铺及其他零售业
Stalls, Non-shop and Other Retails

单位：万元
Unit: 10000 yuan

地 区	Region	资产总计 Total Assets	#流动资产合计 Total Currents Assets	#固定资产合计 Total Fixed Assets	负债合计 Total Liabilities	所有者权益合计 Total Owners' Equities
全 国	**National Total**	**14993613**	**10422883**	**2579918**	**12004116**	**2989497**
北 京	Beijing	2085882	1875002	59093	2744910	-659028
天 津	Tianjin	445766	377697	29016	379794	65973
河 北	Hebei	76076	36807	30767	51650	24427
山 西	Shanxi	815425	323729	412294	705691	109734
内蒙古	Inner Mongolia	924170	695104	76502	624675	299495
辽 宁	Liaoning	492310	256352	135348	251491	240819
吉 林	Jilin	71758	52588	14040	42160	29598
黑龙江	Heilongjiang	133390	68260	33366	61294	72097
上 海	Shanghai	2050602	1716785	171944	1890985	159617
江 苏	Jiangsu	1068829	760630	215859	729355	339474
浙 江	Zhejiang	499317	306968	94325	378350	120967
安 徽	Anhui	190697	117334	33448	102149	88548
福 建	Fujian	417180	276564	64575	280835	136345
江 西	Jiangxi	164306	104886	33928	120014	44292
山 东	Shandong	1713607	1062308	341856	1159869	553739
河 南	Henan	339691	161583	139038	178590	161101
湖 北	Hubei	701169	333126	169993	482301	218867
湖 南	Hunan	275173	99704	139069	151261	123912
广 东	Guangdong	1187475	827534	209602	838084	349391
广 西	Guangxi	170030	124602	23924	88116	81914
海 南	Hainan	23623	17947	1318	15064	8559
重 庆	Chongqing	160320	116841	11600	75667	84653
四 川	Sichuan	402362	320276	40933	286067	116296
贵 州	Guizhou	125848	73607	20156	78384	47465
云 南	Yunnan	155606	108492	21264	110225	45381
西 藏	Tibet	7024	6198	764	2768	4255
陕 西	Shaanxi	104418	65342	19780	53308	51109
甘 肃	Gansu	97524	79483	14474	67841	29683
青 海	Qinghai	52028	34592	8470	28570	23458
宁 夏	Ningxia	5611	2594	2031	1674	3936
新 疆	Xinjiang	36397	19950	11140	22976	13422

3-4-1 限额以上批发和零售业企业损益及分配

项　目	Item	主营业务收入 Revenue from Principal Business	主营业务成本 Cost of Principal Business
总　计	**Total**	**4438865567**	**4095585070**
一、批发业	**Wholesale Trade**	**3576617652**	**3337317086**
#国有控股	State-controlled Enterprises	1544775445	1460093705
(一)按登记注册类型分	**by Type of Registration**		
1.内资企业	**Domestic Funded Enterprises**	**3140879434**	**2956356877**
国有企业	State-owned Enterprises	372731277	331022914
集体企业	Collective-owned Enterprises	13865850	12682545
股份合作企业	Cooperative Enterprises	4182390	3986536
联营企业	Joint Ownership Enterprises	2072077	1957319
国有联营企业	State Joint Ownership Enterprises	1377208	1344193
集体联营企业	Collective Joint Ownership Enterprises	173020	166283
国有与集体联营企业	Joint State-collective Enterprises	435774	387314
其他联营企业	Other Joint Ownership Enterprises	86075	59528
有限责任公司	Limited Liability Corporations	1469171115	1402693029
国有独资公司	State Sole Funded Corporations	280598506	269867658
其他有限责任公司	Other Limited Liability Corporations	1188572609	1132825372
股份有限公司	Share-holding Corporations Ltd.	384308741	367474904
私营企业	Private Enterprises	881776665	825376094
私营独资企业	Private-funded Enterprises	6355532	5366594
私营合伙企业	Private Partnership Enterprises	1229704	1085838
私营有限责任公司	Private Limited Liability Corporations	845771586	793115103
私营股份有限公司	Private Share-holding Corporations Ltd.	28419842	25808559
其他企业	Other Enterprises	12771319	11163537
2.港、澳、台商投资企业	**Enterprises with Funds from Hongkong, Macao and Taiwan**	**118800395**	**103428988**
合资经营企业	Joint-venture Enterprises	15622000	14664595
合作经营企业	Cooperative Enterprises	1057008	929648
独资经营企业	Enterprises with Sole Investment	99586156	85712231
投资股份有限公司	Share-holding Corporations Ltd. with Investment	2459031	2057369
其他港澳台商投资企业	Other Enterprises with Funds from Hongkong, Macao and Taiwan	76200	65146
3.外商投资企业	**Foreign Funded Enterprises**	**316937823**	**277531221**
中外合资经营企业	Joint-venture Enterprises	85587569	78442607
中外合作经营企业	Cooperative Enterprises	6628496	6411850
外资企业	Enterprises with Sole Foreign Investment	218035338	186672369
外商投资股份有限公司	Share-holding Corporations Ltd. with Foreign Investment	3279593	2805934
其他外商投资企业	Other Foreign Funded Enterprises	3406827	3198461

Income and Distribution of Enterprises above Designated Size of Wholesale and Retail Trades

主营业务税金及附加 Taxes and Other Charges on Principal Business	主营业务利润 Profits from Principal Business	其他业务利润 Profits from Other Business	销售费用 Selling Expenses	管理费用 Administrative Expenses	#税金 Taxes
20247144	**323033353**	**15316077**	**133876461**	**73435887**	**3518968**
14898461	**224402105**	**6267467**	**84971219**	**46791330**	**2362273**
8145795	76535946	1508974	21945926	15189065	719276
13003490	**171519066**	**4117505**	**54899922**	**35958100**	**2130499**
6397628	35310735	-274700	5759696	7207883	247917
59911	1123395	31287	364446	309423	14007
8790	187065	7412	66510	48514	3383
2624	112134	1288	50390	13278	650
1046	31969	401	4023	4067	360
552	6185	679	1603	1943	27
761	47699	119	41491	4062	94
266	26282	89	3273	3206	169
3382494	63095592	2705456	22766677	12911059	990542
569182	10161667	627892	2914058	2084090	112131
2813312	52933925	2077564	19852618	10826969	878411
510406	16323431	399930	7262120	3152125	205528
2539029	53861542	1235010	18352889	12096600	652044
78397	910541	2702	181188	135043	10184
7829	136037	1256	41643	22172	999
2298196	50358288	1149545	17458142	11506255	615867
154607	2456676	81507	671916	433130	24994
102609	1505173	11823	277194	219219	16429
274799	**15096608**	**432167**	**8101065**	**3290114**	**58050**
20370	937035	68584	527387	221982	6588
1839	125521	451	52674	23429	216
245030	13628896	347111	7312160	2975652	49168
7377	394285	9518	195551	65303	2018
183	10872	6504	13293	3749	61
1620172	**37786431**	**1717795**	**21970232**	**7543116**	**173724**
102313	7042650	88103	4309070	533772	49836
2541	214105	4771	69965	16218	341
1505795	29857175	1620013	17208191	6886615	119098
6282	467378	4670	316299	76762	4054
3242	205123	239	66708	29749	395

项 目	Item	财务费用 Financial Expenses	#利息支出 Interest Expense
总 计	**Total**	**18969809**	**18710996**
一、批发业	**Wholesale Trade**	**12995593**	**14653264**
#国有控股	State-controlled Enterprises	3133793	6205064
(一)按登记注册类型分	**by Type of Registration**		
1.内资企业	**Domestic Funded Enterprises**	**13209591**	**14035530**
国有企业	State-owned Enterprises	237145	1056033
集体企业	Collective-owned Enterprises	74476	70951
股份合作企业	Cooperative Enterprises	34362	29233
联营企业	Joint Ownership Enterprises	10006	9506
国有联营企业	State Joint Ownership Enterprises	5077	5326
集体联营企业	Collective Joint Ownership Enterprises	1497	1291
国有与集体联营企业	Joint State-collective Enterprises	3406	2477
其他联营企业	Other Joint Ownership Enterprises	25	413
有限责任公司	Limited Liability Corporations	5627745	6948236
国有独资公司	State Sole Funded Corporations	809544	1256709
其他有限责任公司	Other Limited Liability Corporations	4818200	5691527
股份有限公司	Share-holding Corporations Ltd.	1277966	1709014
私营企业	Private Enterprises	5876445	4187072
私营独资企业	Private-funded Enterprises	42104	16034
私营合伙企业	Private Partnership Enterprises	9120	2958
私营有限责任公司	Private Limited Liability Corporations	5628324	4043840
私营股份有限公司	Private Share-holding Corporations Ltd.	196898	124240
其他企业	Other Enterprises	71446	25486
2.港、澳、台商投资企业	**Enterprises with Funds from Hongkong, Macao and Taiwan**	**298960**	**437241**
合资经营企业	Joint-venture Enterprises	48920	53603
合作经营企业	Cooperative Enterprises	1473	539
独资经营企业	Enterprises with Sole Investment	229140	370405
投资股份有限公司	Share-holding Corporations Ltd. with Investment	19385	12694
其他港澳台商投资企业	Other Enterprises with Funds from Hongkong, Macao and Taiwan	42	
3.外商投资企业	**Foreign Funded Enterprises**	**-512958**	**180493**
中外合资经营企业	Joint-venture Enterprises	147333	183738
中外合作经营企业	Cooperative Enterprises	-1104	1317
外资企业	Enterprises with Sole Foreign Investment	-665378	-6697
外商投资股份有限公司	Share-holding Corporations Ltd. with Foreign Investment	4948	1166
其他外商投资企业	Other Foreign Funded Enterprises	1243	969

3-4-1 Continued 1

单位：万元
Unit: 10000 yuan

营业利润 Operating Profits	利润总额 Total Profits	应交所得税 Income Tax Payable	应付职工薪酬 Payables to Employees	应交增值税 VAT Payable
113242916	**112317345**	**20917135**	**64101937**	**56761761**
86132739	**86751703**	**16436655**	**36687603**	**39978398**
35925968	37026276	8149780	13696718	16440998
70533809	**69815510**	**12918398**	**27210363**	**32644982**
17866875	18512618	4407808	5875668	7106575
453232	409425	33394	194165	103747
45958	26357	5919	31937	18008
19896	18575	2081	13586	12928
3508	4028	997	3727	2698
1820	-180	53	2076	3668
7280	7332	349	6800	4453
7288	7395	682	984	2108
26142157	25988872	4739457	9863044	12099698
5935994	6334114	1282679	1598903	2481722
20206163	19654759	3456778	8264141	9617976
6011684	6127715	1071864	3583878	3819541
19056481	17848616	2598790	7408250	9266674
556159	483227	45285	82860	155110
55964	52755	6545	16249	13913
17237336	16167367	2436407	7017301	8791069
1207022	1145267	110553	291840	306582
937527	883330	59087	239837	217810
4514374	**4934582**	**960558**	**2780292**	**1842081**
244041	252741	51286	219140	149114
48392	49932	10325	27511	22448
4088267	4492978	886515	2439113	1632069
133383	138721	12432	89717	37201
292	210		4812	1250
11084557	**12001611**	**2557700**	**6696948**	**5491335**
2159227	2193570	512203	607882	1054809
140364	128873	8688	38652	20320
8595215	9482776	2001360	5935455	4353698
74002	82500	7315	89446	48347
115748	113892	28134	25512	14161

项 目	Item	主营业务收入 Revenue from Principal Business	主营业务成本 Cost of Principal Business
(二)按国民经济行业分	**by Sector**		
农、林、牧产品批发	Wholesale of Agricultural, Forestry and Livestock Products	76137379	70388043
食品、饮料及烟草制品批发	Wholesale of Food, Beverages and Tobaccos	308565913	251576724
米、面制品及食用油批发	Wholesale of Rice, Flour and Edible Oil	44426473	41755324
肉、禽、蛋、奶及水产品批发	Wholesale of Meal, Fowls, Eggs, Milk and Aquatic Products	21675914	19077645
酒、饮料及茶叶批发	Wholesale of Wine, Beverages and Teas	45159379	33758208
烟草制品批发	Wholesale of Tobaccos	139357518	107104468
纺织、服装及家庭用品批发	Wholesale of Textiles, Wearing Apparel and Household Articles	286316033	251530366
服装批发	Wholesale of Garments	73059697	62011857
鞋帽批发	Wholesale of Shoes and Hats	16203929	13839331
家用电器批发	Wholesale of Household Electrical Appliances	84410539	76951568
文化、体育用品及器材批发	Wholesale of Culture, Sports Appliances and Equipments	58630598	53964530
文具用品批发	Wholesale of Stationeries	15018504	14029704
体育用品及器材批发	Wholesale of Sports Appliances and Equipments	2249189	1929560
图书批发	Wholesale of Books	5955262	5100935
医药及医疗器材批发	Wholesale of Medicines and Medical Appliances	134987141	121062228
西药批发	Wholesale of Western Medicine	87590187	80643659
中药批发	Wholesale of Chinese Traditional Medicine	28405284	25450067
矿产品、建材及化工产品批发	Wholesale of Mineral Products, Building Materials and Chemical Products	2150107340	2073163954
煤炭及制品批发	Wholesale of Coal and Related Products	298315503	284669742
石油及制品批发	Wholesale of Petroleum and Related Products	640994849	616656463
金属及金属矿批发	Wholesale of Metal Materials	767161465	747941894
建材批发	Wholesale of Building Materials	105729449	100362686
化肥批发	Wholesale of Chemical Fertilizer	50780265	48562810
农药批发	Wholesale of Pesticides	3364267	3076974
机械设备、五金产品及电子产品批发	Wholesale of Machinery, Hardware and Electronic Products	436928012	398493810
汽车批发	Wholesale of Motor Vehicles	153895162	139080508
计算机、软件及辅助设备批发	Wholesale of Computer, Software and Assistant Appliances	38840989	36716959
通讯及广播电视设备批发	Wholesale of Communication, Radios and Televisions Equipments	54399184	50801867
贸易经纪与代理	Trade Broker and Agency	44873336	42506703
其他批发业	Other Wholesale not Classified Elsewhere	80071899	74630727

单位：万元
Unit: 10000 yuan

主营业务税金及附加 Taxes and Other Charges on Principal Business	主营业务利润 Profits from Principal Business	其他业务利润 Profits from Other Business	销售费用 Selling Expenses	管理费用 Administrative Expenses	#税金 Taxes
282849	5466487	152719	1459331	1558686	369396
7793353	49195836	695694	14070225	10195495	319736
85273	2585876	111371	1596604	664410	20239
155054	2443215	86965	798999	472303	18360
365380	11035791	119200	5070507	1082086	47197
6792547	25460503	105160	3167663	6228309	165247
793515	33992151	692888	17148983	7178052	187381
291710	10756131	160383	4152375	2958869	67464
78460	2286138	55531	811604	784252	12578
141439	7317533	138033	4259470	1042258	38471
146090	4519978	147568	1980828	1215091	40738
23628	965172	29045	333424	243275	10536
6342	313287	-30607	207150	88284	2268
18674	835654	81459	381010	351364	10700
341116	13583797	733213	6940918	3181780	90675
191878	6754651	328211	3290431	1595826	57566
81092	2874125	225681	1532415	545370	17970
3099412	73843974	1572097	23754377	13278043	947565
658133	12987629	553425	4478466	2344014	240983
659503	23678884	469340	7466181	2884183	210938
784450	18435121	-56798	5335998	3686794	258767
271317	5095447	229594	1363411	1134268	76489
176397	2041059	50012	857028	459933	31825
6649	280644	14514	111208	72995	2556
2065283	36368919	1926678	17031676	8366540	330149
1440664	13373990	479803	7242162	1311266	107091
40472	2083558	75530	923061	577113	14096
77060	3520258	495716	1651931	1329877	55393
64544	2302089	183882	1043748	617696	26378
312298	5128875	162728	1541133	1199946	50256

项　目	Item	财务费用 Financial Expenses	#利息支出 Interest Expenses
(二)按国民经济行业分	**by Sector**		
农、林、牧产品批发	Wholesale of Agricultural, Forestry and Livestock Products	928370	888759
食品、饮料及烟草制品批发	Wholesale of Food, Beverages and Tobaccos	101829	515516
米、面制品及食用油批发	Wholesale of Rice, Flour and Edible Oil	364041	370498
肉、禽、蛋、奶及水产品批发	Wholesale of Meal, Fowls, Eggs, Milk and Aquatic Products	241323	76907
酒、饮料及茶叶批发	Wholesale of Wine, Beverages and Teas	80318	126720
烟草制品批发	Wholesale of Tobaccos	-587848	16719
纺织、服装及家庭用品批发	Wholesale of Textiles, Wearing Apparel and Household Articles	809717	958134
服装批发	Wholesale of Garments	284858	321725
鞋帽批发	Wholesale of Shoes and Hats	74653	66401
家用电器批发	Wholesale of Household Electrical Appliances	-24614	101218
文化、体育用品及器材批发	Wholesale of Culture, Sports Appliances and Equipments	220935	267096
文具用品批发	Wholesale of Stationeries	60224	58161
体育用品及器材批发	Wholesale of Sports Appliances and Equipments	18369	14677
图书批发	Wholesale of Books	-4281	38772
医药及医疗器材批发	Wholesale of Medicines and Medical Appliances	661841	596989
西药批发	Wholesale of Western Medicine	494284	425512
中药批发	Wholesale of Chinese Traditional Medicine	150992	124732
矿产品、建材及化工产品批发	Wholesale of Mineral Products, Building Materials and Chemical Products	8555691	8889401
煤炭及制品批发	Wholesale of Coal and Related Products	1735833	1587302
石油及制品批发	Wholesale of Petroleum and Related Products	1024254	1413112
金属及金属矿批发	Wholesale of Metal Materials	3925577	3961960
建材批发	Wholesale of Building Materials	653549	568338
化肥批发	Wholesale of Chemical Fertilizer	411817	405322
农药批发	Wholesale of Pesticides	27223	20209
机械设备、五金产品及电子产品批发	Wholesale of Machinery, Hardware and Electronic Products	1130965	1686201
汽车批发	Wholesale of Motor Vehicles	208952	489978
计算机、软件及辅助设备批发	Wholesale of Computer, Software and Assistant Appliances	80148	89490
通讯及广播电视设备批发	Wholesale of Communication, Radios and Televisions Equipments	-7242	195683
贸易经纪与代理	Trade Broker and Agency	-28548	359586
其他批发业	Other Wholesale not Classified Elsewhere	614794	491581

单位：万元
Unit: 10000 yuan

营业利润 Operating Profits	利润总额 Total Profits	应交所得税 Income Tax Payable	应付职工薪酬 Payables to Employees	应交增值税 VAT Payable
2804973	2991150	210467	880377	365899
25954784	26508739	5907275	8596728	9694311
269403	654745	72686	499215	399682
994706	988816	87965	400891	155252
5077538	5166393	1188165	1232143	1767894
16849254	17390578	4214982	5001571	6198424
9943589	10127669	1876665	5582346	4719713
3792162	3746175	636199	1722529	1566494
733440	734088	156585	399209	281756
2143112	2246128	477450	1198876	1070488
1526379	1566917	249971	1171617	612233
332584	324879	33379	164042	106840
23808	21514	27249	69568	53062
300929	341066	22030	308118	82325
3692921	3561463	731388	3277691	2286886
1881670	1834722	363619	1726100	1255323
764098	660327	113023	593198	548848
26806588	25677294	4272608	9448075	14422199
5077110	4584175	727325	1173675	2824828
7663704	6944525	1388068	3609700	5330253
6647435	6740749	1101004	1963240	3221000
2693258	2604104	273064	657678	1196195
462192	576518	84256	353588	190416
126137	127200	12678	54203	12366
12459480	13406610	2645748	6486498	6030967
5365191	5483971	1318406	903435	2748617
625228	651020	96043	476565	236891
1187706	1524486	163315	1163184	528190
948314	988727	211147	461679	357579
1995712	1923135	331386	782592	1488612

项 目	Item	主营业务收入 Revenue from Principal Business	主营业务成本 Cost of Principal Business
二、零售业	**Retail Trade**	**862247916**	**758267984**
#国有控股	State-controlled Enterprises	188149574	169117396
(一)按登记注册类型分	**by Type of Registration**		
1.内资企业	**Domestic Funded Enterprises**	**765244587**	**677903749**
国有企业	State-owned Enterprises	22661459	20016921
集体企业	Collective-owned Enterprises	13377962	11531954
股份合作企业	Cooperative Enterprises	1638257	1424729
联营企业	Joint Ownership Enterprises	1096160	967834
国有联营企业	State Joint Ownership Enterprises	267627	243107
集体联营企业	Collective Joint Ownership Enterprises	244991	206235
国有与集体联营企业	Joint State-collective Enterprises	348002	316382
其他联营企业	Other Joint Ownership Enterprises	235541	202110
有限责任公司	Limited Liability Corporations	317870438	282304442
国有独资公司	State Sole Funded Corporations	13463445	12032667
其他有限责任公司	Other Limited Liability Corporations	304406994	270271775
股份有限公司	Share-holding Corporations Ltd.	133405062	120241497
私营企业	Private Enterprises	269433941	236544721
私营独资企业	Private-funded Enterprises	12227803	9976044
私营合伙企业	Private Partnership Enterprises	1541437	1289501
私营有限责任公司	Private Limited Liability Corporations	241103307	212694593
私营股份有限公司	Private Share-holding Corporations Ltd.	14561394	12584583
其他企业	Other Enterprises	5761309	4871652
2.港、澳、台商投资企业	**Enterprises with Funds from Hongkong, Macao and Taiwan**	**44804221**	**36619659**
合资经营企业	Joint-venture Enterprises	11846985	9801398
合作经营企业	Cooperative Enterprises	740438	636983
独资经营企业	Enterprises with Sole Investment	30320556	24835046
投资股份有限公司	Share-holding Corporations Ltd. with Investment	927205	602925
其他港澳台商投资企业	Other Enterprises with Funds from Hongkong, Macao and Taiwan	969037	743307
3.外商投资企业	**Foreign Funded Enterprises**	**52199108**	**43744576**
中外合资经营企业	Joint-venture Enterprises	22510076	19424230
中外合作经营企业	Cooperative Enterprises	2412230	2081493
外资企业	Enterprises with Sole Foreign Investment	25696754	20874541
外商投资股份有限公司	Share-holding Corporations Ltd. with Foreign Investment	1222231	1048374
其他外商投资企业	Other Foreign Funded Enterprises	357816	315938

单位：万元
Unit: 10000 yuan

主营业务税金及附加 Taxes and Other Charges on Principal Business	主营业务利润 Profits from Principal Business	其他业务利润 Profits from Other Business	销售费用 Selling Expenses	管理费用 Administrative Expenses	#税金 Taxes
5348683	**98631248**	**9048610**	**48905242**	**26644557**	**1156695**
772702	18259475	1433013	8995147	4422470	209163
4835928	**82504909**	**7011874**	**38007748**	**21908345**	**1057908**
138053	2506485	173189	938123	679393	37223
162550	1683458	39437	443658	392647	25132
14593	198935	12100	69137	58676	3083
8062	120265	4797	43577	23895	1424
1347	23173	771	7416	6994	230
3440	35316	158	11458	5346	584
2143	29477	3337	10799	3611	138
1132	32299	531	13904	7944	472
1799053	33766943	3667278	17763296	9175771	413433
71681	1359096	133590	578012	409624	15520
1727371	32407847	3533689	17185284	8766146	397913
564464	12599101	1310863	6268264	3019655	160812
2093273	30795947	1785990	12216983	8388026	407612
215487	2036272	19336	420133	389398	34397
35432	216504	8747	70949	47487	5907
1688733	26719980	1637440	10897550	7540319	348613
153621	1823190	120468	828351	410823	18695
55881	833776	18219	264709	170282	9189
257676	**7926886**	**886864**	**5189399**	**2306761**	**42317**
68827	1976760	248016	1196255	463925	14115
4211	99244	5194	55935	42214	1221
157705	5327805	615607	3695818	1578496	23513
21572	302709	9897	92199	160951	2758
5361	220369	8150	149194	61176	711
255079	**8199453**	**1149872**	**5708096**	**2429452**	**56470**
97627	2988220	437483	2029058	817977	17032
11142	319596	59062	223626	87676	1436
137479	4684734	619393	3355073	1410333	34580
7353	166504	32169	75639	102548	3354
1479	40399	1765	24700	10917	70

项　目	Item	财务费用 Financial Expenses	#利息支出 Interest Expenses
二、零售业	**Retail Trade**	**5974217**	**4057732**
#国有控股	State-controlled Enterprises	539830	475021
(一)按登记注册类型分	**by Type of Registration**		
1.内资企业	**Domestic Funded Enterprises**	**5565153**	**3702170**
国有企业	State-owned Enterprises	76895	51741
集体企业	Collective-owned Enterprises	76185	32914
股份合作企业	Cooperative Enterprises	7177	3110
联营企业	Joint Ownership Enterprises	3180	1746
国有联营企业	State Joint Ownership Enterprises	425	385
集体联营企业	Collective Joint Ownership Enterprises	1268	257
国有与集体联营企业	Joint State-collective Enterprises	481	328
其他联营企业	Other Joint Ownership Enterprises	1007	776
有限责任公司	Limited Liability Corporations	2263606	1598736
国有独资公司	State Sole Funded Corporations	24122	21257
其他有限责任公司	Other Limited Liability Corporations	2239484	1577478
股份有限公司	Share-holding Corporations Ltd.	534772	442468
私营企业	Private Enterprises	2565837	1553886
私营独资企业	Private-funded Enterprises	118308	34022
私营合伙企业	Private Partnership Enterprises	11492	5384
私营有限责任公司	Private Limited Liability Corporations	2328148	1453477
私营股份有限公司	Private Share-holding Corporations Ltd.	107889	61004
其他企业	Other Enterprises	37501	17570
2.港、澳、台商投资企业	**Enterprises with Funds from Hongkong, Macao and Taiwan**	**238661**	**202488**
合资经营企业	Joint-venture Enterprises	100413	61360
合作经营企业	Cooperative Enterprises	1200	2092
独资经营企业	Enterprises with Sole Investment	108791	112528
投资股份有限公司	Share-holding Corporations Ltd. with Investment	19420	26487
其他港澳台商投资企业	Other Enterprises with Funds from Hongkong, Macao and Taiwan	8837	22
3.外商投资企业	**Foreign Funded Enterprises**	**170403**	**153073**
中外合资经营企业	Joint-venture Enterprises	42374	41562
中外合作经营企业	Cooperative Enterprises	1046	4014
外资企业	Enterprises with Sole Foreign Investment	107347	93819
外商投资股份有限公司	Share-holding Corporations Ltd. with Foreign Investment	17640	13599
其他外商投资企业	Other Foreign Funded Enterprises	1996	79

单位：万元
Unit: 10000 yuan

营业利润 Operating Profits	利润总额 Total Profits	应交所得税 Income Tax Payable	应付职工薪酬 Payables to Employees	应交增值税 VAT Payable
27110176	**25565643**	**4480480**	**27414335**	**16783364**
6307797	6143659	883622	5596978	3970488
24655247	**22766638**	**3617750**	**23061234**	**14619220**
847321	799165	78635	847593	537279
822648	734758	83449	318044	214684
76133	54705	6176	51576	20678
48546	48684	8439	35592	16730
9009	9036	2258	13160	3881
15000	14576	1397	7730	4282
15131	14457	3051	7169	4925
9406	10616	1734	7534	3641
8561240	8092562	1560349	10119439	6131091
499000	527663	83534	396217	459137
8062239	7564899	1476815	9723222	5671954
4593295	4373566	558172	3570027	2487416
9320001	8331227	1290982	7907125	5083663
1111852	964096	97875	351574	240890
96311	85728	6010	45304	22555
7428456	6661255	1101151	7101931	4513230
683382	620149	85946	408316	306988
386064	331972	31548	211839	127678
1269767	**1509939**	**435602**	**1998296**	**1029007**
609683	618572	142656	478314	354525
11122	15549	6323	21589	11638
508890	724536	263420	1374570	618244
77612	80553	16562	66500	32435
62461	70730	6640	57324	12165
1185162	**1289066**	**427128**	**2354805**	**1135136**
594391	646157	167978	917562	426111
76798	80073	18944	83353	64129
503825	537541	234330	1277778	606320
5589	20304	4992	70471	31066
4560	4991	884	5641	7510

项 目	Item	主营业务收入 Revenue from Principal Business	主营业务成本 Cost of Principal Business
(二)按国民经济行业分	**by Sector**		
综合零售	Integrated Retail	206035197	174450847
百货零售	Retail of General Merchandise	112096940	94351116
超级市场零售	Retail of Supermarkets	83579909	71491164
食品、饮料及烟草制品专门零售	Special Retail of Food, Beverages and Tobaccos	25285616	20398098
粮油零售	Retail of Cereal and Oil	3293175	2869114
肉、禽、蛋、奶及水产品零售	Retail of Meat, Poultry, Eggs, Milk and Aquatic Products	4735094	3905347
酒、饮料及茶叶零售	Retail of Wine, Beverages and Teas	6439442	5061297
烟草制品零售	Retail of Tobaccos	2320479	1895164
纺织、服装及日用品专门零售	Special Retail of Textiles, Garments and Daily Consumer Articles	36248289	26540764
服装零售	Retail of Garments	23290447	16802409
文化、体育用品及器材专门零售	Special Retail of Culture, Sports Appliances and Equipments	27120370	22153285
体育用品及器材零售	Retail of Sports Appliances and Equipments	1793742	1525777
图书、报刊零售	Retail of Books, Newspapers and Magazines	8649831	6708516
医药及医疗器材专门零售	Special Retail of Medicines and Medical Appliances	41886802	36364583
药品零售	Retail of Medicines	38780955	33887311
汽车、摩托车、燃料及零配件专门零售	Special Retail of Motor Vehicles, Motorcycles, Fuel and Parts	400360051	369980037
汽车零售	Retail of Motor Vehicles	272204870	252070660
机动车燃料零售	Retail of Fuel of Motor Vehicles	119608149	110470414
家用电器及电子产品专门零售	Special Retail of Household Electric Appliances and Electronic Products	68773833	60771768
日用家电设备零售	Retail of Household Electric Appliances	29283117	25516774
计算机、软件及辅助设备零售	Retail of Computer, Software and Assistant Appliances	17587888	16149444
通信设备零售	Retail of Communication Equipments	7380339	6633110
五金、家具及室内装饰材料专门零售	Special Retail of Hardware, Furniture and Interior Decoration Materials	25119186	20003970
货摊、无店铺及其他零售业	Stalls, Non-shop and Other Retails	31418572	27604631
互联网零售	Retail on the Internet	13810123	12862514
(三)按零售业态分	**by Mode of Business Operation**		
有店铺零售	Store-based Retailing	833207419	731648239
超市	Supermarket	27238795	22762158
大型超市	Hypermarket	76975050	66260993
百货店	Department Store	110135934	91778230
专业店	Speciality Store	326094039	290991365
专卖店	Exclusive Shop	246297644	220867869
无店铺零售	Non-Store Selling	28994305	26580249

单位：万元
Unit: 10000 yuan

主营业务税金及附加 Taxes and Other Charges on Principal Business	主营业务利润 Profits from Principal Business	其他业务利润 Profits from Other Business	销售费用 Selling Expenses	管理费用 Administrative Expenses	#税金 Taxes
1928782	29655568	5752626	18207877	9387504	390496
1269410	16476414	3020725	7993167	5753968	261418
520424	11568322	2566698	9394009	3192895	110109
332453	4555066	177628	1706587	1004101	47163
33726	390335	20176	145945	97484	5596
68329	761418	15375	220629	160185	6870
110478	1267667	80888	521554	281088	15845
19915	405399	21658	118370	116879	3235
404590	9302934	341835	5295830	2433782	62863
267275	6220762	205390	3538210	1700433	36645
262217	4704868	303904	2122360	1509389	52789
7889	260076	3821	137811	84902	2721
45366	1895949	154746	820884	762582	28029
189620	5332599	178697	2463227	1376106	43028
164250	4729394	151637	2190330	1185793	39256
1178383	29201631	1445702	11769345	7212496	381111
825550	19308661	1272205	7661422	5811679	278185
266625	8871110	151088	3815764	1167475	89735
399022	7603043	646969	4056143	1781276	86087
181229	3585115	258646	2094251	846433	38682
70284	1368160	58034	584151	345323	14914
35637	711591	226238	492095	215863	8155
465300	4649916	112670	1312619	1005994	60101
188318	3625624	88580	1971256	933911	33057
18189	929421	-7313	1075840	227313	6856
5293166	96266013	8919588	46788090	25999807	1141350
295330	4181308	401505	2140048	1075245	57342
445908	10268148	2505135	8745974	2892733	91953
1273075	17084629	2843999	7991675	5870904	266576
1638961	33463713	1499707	13826928	7864967	364818
1071827	24357949	1197544	11200551	6590566	287791
55345	2358711	129023	2102513	642325	14766

项　目	Item	财务费用 Financial Expense	#利息支出 Interest Expenses
(二)按国民经济行业分	**by Sector**		
综合零售	Integrated Retail	1342025	938448
百货零售	Retail of General Merchandise	963468	673636
超级市场零售	Retail of Supermarkets	329850	233610
食品、饮料及烟草制品专门零售	Special Retail of Food, Beverages and Tobaccos	192964	100797
粮油零售	Retail of Cereal and Oil	28710	17867
肉、禽、蛋、奶及水产品零售	Retail of Meat, Poultry, Eggs, Milk and Aquatic Products	40813	13522
酒、饮料及茶叶零售	Retail of Wine, Beverages and Teas	63642	27509
烟草制品零售	Retail of Tobaccos	2201	7642
纺织、服装及日用品专门零售	Special Retail of Textiles, Garments and Daily Consumer Articles	230249	146738
服装零售	Retail of Garments	161536	107096
文化、体育用品及器材专门零售	Special Retail of Culture, Sports Appliances and Equipments	160122	126221
体育用品及器材零售	Retail of Sports Appliances and Equipments	6592	5560
图书、报刊零售	Retail of Books, Newspapers and Magazines	-1225	9905
医药及医疗器材专门零售	Special Retail of Medicines and Medical Appliances	361474	277059
药品零售	Retail of Medicines	345807	266574
汽车、摩托车、燃料及零配件专门零售	Special Retail of Motor Vehicles, Motorcycles, Fuel and Parts	3004812	2093979
汽车零售	Retail of Motor Vehicles	2693547	1892185
机动车燃料零售	Retail of Fuel of Motor Vehicles	254585	174848
家用电器及电子产品专门零售	Special Retail of Household Electric Appliances and Electronic Products	283928	163787
日用家电设备零售	Retail of Household Electric Appliances	123731	72082
计算机、软件及辅助设备零售	Retail of Computer, Software and Assistant Appliances	42105	29055
通信设备零售	Retail of Communication Equipments	46311	30371
五金、家具及室内装饰材料专门零售	Special Retail of Hardware, Furniture and Interior Decoration Materials	274754	136401
货摊、无店铺及其他零售业	Stalls, Non-shop and Other Retails	123889	74302
互联网零售	Retail on the Internet	-889	11912
(三)按零售业态分	**by Mode of Business Operation**		
有店铺零售	Store-based Retailing	5962648	4030272
超市	Supermarket	221022	132360
大型超市	Hypermarket	259051	199717
百货店	Department Store	961209	673039
专业店	Speciality Store	2053382	1388272
专卖店	Exclusive Shop	2111425	1427195
无店铺零售	Non-Store Selling	13009	27359

单位：万元
Unit: 10000 yuan

营业利润 Operating Profits	利润总额 Total Profits	应交所得税 Income Tax Payable	应付职工薪酬 Payables to Employees	应交增值税 VAT Payable
7764214	7550330	1628669	9727078	4121099
5526196	5415001	1183402	4755154	2446902
1798436	1818355	401238	4534352	1491326
1848708	1749816	249988	1081719	640056
151864	176110	17471	88070	36132
345532	287794	22738	180988	82678
466554	422721	72034	265133	189751
214750	232730	43999	112479	121033
1766234	1682785	401015	2259707	1193013
1085326	1020904	253878	1463800	762036
1198994	1185652	150704	1457562	498389
27194	32718	7566	71160	40031
452963	455685	35608	811029	185945
1398172	1262126	238601	1792059	896738
1258256	1143476	213187	1641188	784410
8393404	7849819	1142355	7663339	7102147
4422387	4193217	784762	5540287	4465337
3508226	3246924	293456	1924818	2434910
2109498	1856794	294361	1886874	1111919
810870	708719	118560	823946	462271
418213	362132	57996	352485	220967
186867	183208	40574	295277	179657
2098542	1789029	212331	743538	490678
532411	639291	162457	802459	729324
-595458	-337544	22141	315036	310498
27585128	25752769	4427868	26793076	16215940
1244840	1058414	129843	1391408	550172
1408138	1431368	394527	4057843	1347748
5769139	5645982	1208331	4601512	2475496
10933843	10122667	1421737	8592091	6256899
5735193	5368137	972073	6476745	4578669
-466890	-179273	52499	615748	566550

3-4-2 各地区限额以上批发业企业损益及分配

地　区	Region	主营业务收入 Revenue from Principal Business	主营业务成本 Cost of Principal Business	主营业务税金及附加 Taxes and Other Charges on Principal Business	主营业务利润 Profits from Principal Business	其他业务利润 Profits from Other Business	销售费用 Selling Expenses	管理费用 Administrative Expenses
全　国	**National Total**	**3576617652**	**3337317086**	**14898461**	**224402105**	**6267467**	**84971219**	**46791330**
北　京	Beijing	415163136	392592571	625801	21944764	1246993	11803715	6183731
天　津	Tianjin	224695900	215003904	1560583	8131413	219641	2971773	1429667
河　北	Hebei	82380311	78642463	346297	3391551	126897	1307560	735207
山　西	Shanxi	89032920	85982046	263426	2787448	350053	1254641	862109
内蒙古	Inner Mongolia	26745966	24559058	242336	1944572	41470	653312	374463
辽　宁	Liaoning	126079030	120310789	463811	5304430	137600	1785658	1388741
吉　林	Jilin	19409926	18130526	146266	1133134	120477	532624	251301
黑龙江	Heilongjiang	39382463	36588957	294424	2499082	1570	783444	465093
上　海	Shanghai	478401222	441641398	605452	36154372	1099477	19912148	7306553
江　苏	Jiangsu	320491608	295079012	996579	24416017	447918	6686566	4295615
浙　江	Zhejiang	287473952	274224830	772206	12476916	447627	5348502	3072329
安　徽	Anhui	50402486	45841941	390385	4170160	66605	1863552	804179
福　建	Fujian	112864739	106324371	450395	6089973	176219	2254974	1366419
江　西	Jiangxi	19581295	17536821	230389	1814085	20812	466153	313777
山　东	Shandong	208640296	189245816	1698453	17696027	298058	4124207	2980870
河　南	Henan	60356994	54678585	673387	5005022	60702	1243427	1098472
湖　北	Hubei	90090881	82533416	744117	6813348	114020	2292311	1299021
湖　南	Hunan	37181590	32644262	611883	3925445	44739	1079477	1024759
广　东	Guangdong	477168566	445509406	1190957	30468203	700764	9579783	6157096
广　西	Guangxi	33325333	31303412	210792	1811129	35390	676813	449335
海　南	Hainan	21077327	19822512	58106	1196709	7416	316411	141817
重　庆	Chongqing	63789749	58444785	519546	4825418	125270	1766071	853922
四　川	Sichuan	59469635	54369820	491966	4607849	100378	1657361	982257
贵　州	Guizhou	21577617	16972030	320001	4285586	36428	802784	523066
云　南	Yunnan	52056804	46829183	315169	4912452	64669	1466219	1077625
西　藏	Tibet	805088	511443	27873	265772	1112	179729	37812
陕　西	Shaanxi	49131856	45936811	337410	2857635	60919	862304	557714
甘　肃	Gansu	27324520	26470935	122912	730673	49499	299548	211723
青　海	Qinghai	11130440	10537375	36759	556306	11159	142173	73042
宁　夏	Ningxia	7045695	6716752	36643	292300	10794	109979	62622
新　疆	Xinjiang	64340308	62331857	114135	1894316	42790	748000	410994

Income and Distribution of Enterprises above Designated Size of Wholesale Trade by Region

单位：万元
Unit: 10000 yuan

#税金 Taxes	财务费用 Financial Expenses	#利息支出 Interest Expenses	营业利润 Operating Profits	利润总额 Total Profits	应交所得税 Income Tax Payable	应付职工薪酬 Payables to Employees	应交增值税 VAT Payable
2362273	**12995593**	**14653264**	**86132739**	**86751703**	**16436655**	**36687603**	**39978398**
189834	688225	2844464	8084893	9341808	1843734	5278263	3376080
55743	1180469	936596	2515978	2595035	506373	758682	1956992
59027	527365	468031	994912	958685	211022	636439	587962
35931	389635	313984	601216	649228	208418	557140	964348
42520	128349	82424	607309	660245	116014	313489	654405
95955	489711	315759	1743382	1783486	312350	768700	949744
9582	107078	94272	582169	389724	80410	235463	274323
20670	188533	238804	732162	594807	128415	409743	483091
142321	232948	442868	10330562	10908122	2561511	5797963	3892794
169799	1346923	1179388	12959854	12066760	1976920	3055990	4003178
123699	1510436	1857964	3668263	4219709	1037835	2512008	2207980
47379	164571	201505	1385873	1394711	259334	639081	837276
75518	509455	654804	2438546	2604968	459214	1117332	952174
13782	38181	41815	960435	902624	186639	337708	418799
279501	1085847	649952	9800532	9078900	1255595	2216369	3070902
57973	252320	169888	2517403	2396264	345233	902090	812823
80892	336552	275565	2792601	2757738	504587	1191829	1667479
45816	224481	142192	1669439	1517818	258359	720843	632772
275103	1924220	1978197	9051155	9338316	1523527	4690203	5688880
22918	257568	205225	504572	543142	154671	413112	516714
6805	30441	32133	823291	799141	76968	136529	128062
43338	190921	214715	2159729	2010133	282241	670279	1070469
39086	390103	343809	1479303	1588987	384034	870344	852652
14126	55840	121205	2906844	2925083	687959	460072	782175
338809	288450	373187	2197054	2353367	557887	658612	988956
1864	1977	1554	47367	65435	11028	41155	33395
38847	121592	128790	1375845	1162664	229698	540439	1005148
8583	69674	66716	177693	172809	46087	182762	102821
3575	19768	353	316016	129961	23802	78959	61758
4283	34926	19202	95544	110479	23530	87971	218570
18997	209035	257906	612799	731553	183263	408035	785676

国有控股
State-controlled Enterprises

地 区	Region	主营业务收入 Revenue from Principal Business	主营业务成本 Cost of Principal Business	主营业务税金及附加 Taxes and Other Charges on Principal Business	主营业务利润 Profits from Principal Business	其他业务利润 Profits from Other Business	销售费用 Selling Expenses	管理费用 Administrative Expenses
全 国	**National Total**	**1544775445**	**1460093705**	**8145795**	**76535946**	**1508974**	**21945926**	**15189065**
北 京	Beijing	276646493	267958203	330691	8357599	-18768	4071260	2200737
天 津	Tianjin	125739468	123181879	107994	2449595	112276	578047	416262
河 北	Hebei	40224217	38289986	265074	1669157	48509	517656	377025
山 西	Shanxi	71909408	69896982	228657	1783769	307834	596049	608989
内蒙古	Inner Mongolia	15704928	14616444	174495	913989	15848	179990	208858
辽 宁	Liaoning	75905242	74222872	240990	1441380	60516	503301	427910
吉 林	Jilin	12713391	11928872	118336	666183	12301	321550	142384
黑龙江	Heilongjiang	23089078	21530205	150855	1408018	-24504	423920	253429
上 海	Shanghai	136989387	131825229	198853	4965305	169942	2388460	778079
江 苏	Jiangsu	61850155	57021953	480616	4347586	63009	1057988	821893
浙 江	Zhejiang	70296706	66492172	511020	3293514	99725	894981	794083
安 徽	Anhui	22502216	20368990	274931	1858295	17001	618103	371722
福 建	Fujian	46144636	43266366	293661	2584609	74340	860730	494047
江 西	Jiangxi	13425743	12097557	194827	1133359	8709	258041	221464
山 东	Shandong	61747328	56767174	690870	4289284	22711	1067356	958806
河 南	Henan	29879231	26762065	467048	2650118	31005	644799	711917
湖 北	Hubei	44181856	41424053	335515	2422288	49487	581328	484967
湖 南	Hunan	15814010	13617077	379586	1817347	12025	395449	570608
广 东	Guangdong	173083741	160873311	662696	11547734	239299	1899724	1370687
广 西	Guangxi	16741334	15425942	191162	1124230	11781	343700	260973
海 南	Hainan	2474826	2212258	48489	214079	1471	21501	47674
重 庆	Chongqing	24244092	22006917	306763	1930412	32506	424001	440746
四 川	Sichuan	21587100	19149577	364162	2073361	22680	455986	430564
贵 州	Guizhou	15782445	11627695	301356	3853394	25610	577178	425616
云 南	Yunnan	31727125	27883128	282551	3561446	23243	998745	519333
西 藏	Tibet	444103	355273	22055	66775	1112	13943	32439
陕 西	Shaanxi	31050932	28906604	256831	1887497	34160	523376	362937
甘 肃	Gansu	19057646	18550488	103715	403443	14366	142435	144834
青 海	Qinghai	6763670	6282846	33147	447677	9269	82581	49021
宁 夏	Ningxia	5208114	4957130	34113	216871	4166	69724	37042
新 疆	Xinjiang	51846826	50594457	94735	1157634	27346	434026	224021

单位：万元
Unit: 10000 yuan

#税金 Taxes	财务费用 Financial Expenses	#利息支出 Interest Expenses	营业利润 Operating Profits	利润总额 Total Profits	应交所得税 Income Tax Payable	应付职工薪酬 Payables to Employees	应交增值税 VAT Payable
719276	**3133793**	**6205064**	**35925968**	**37026276**	**8149780**	**13696718**	**16440998**
126031	527570	2229763	4497462	4934444	943109	1911776	1180774
18891	565034	702979	864824	945201	234002	239359	334180
16159	125335	139748	724199	747874	162167	344232	358599
27625	211693	196885	626837	667790	184916	417707	492496
13728	31927	27233	280663	405267	94801	222817	425425
26510	150334	144778	387559	438462	184719	379505	304356
7131	61351	63694	191028	280586	62777	191928	214257
12791	96114	142586	295198	349918	97182	299658	386082
39912	138890	240942	2046358	2313248	533640	706232	873129
35273	96252	279144	2713677	2537522	538090	663868	1474815
28130	-25212	202781	1920839	2073418	519033	813000	570694
22669	30630	98919	843270	849788	172333	325415	339438
20196	144291	255431	1402197	1524514	278854	511360	442728
9510	6800	19643	603158	615266	153260	230643	220481
38640	121061	84617	2206392	1992721	336576	804241	979692
24405	74489	68721	1288944	1221740	261230	569530	489341
25168	33291	72703	1214655	1278911	253162	489625	784681
17370	33096	56118	850447	916402	208676	385277	362114
83619	287656	468504	3450373	3459387	733435	1338172	1756761
13089	54654	55667	496725	515256	136537	272201	412815
1908	-6195	1840	174261	152882	34725	43780	50044
14439	72532	116722	1022586	1011267	166033	303049	407672
15491	55700	66756	986477	1046294	252050	399031	397924
11006	-10713	65813	2861618	2880296	676688	388936	622295
20335	67315	166749	2049170	2202389	523763	498137	739715
1790	980	570	20339	30118	5035	25780	23336
23849	44195	37968	992235	825166	187059	400989	781665
6438	21663	24973	101470	120559	35236	124038	60785
3218	5123	11245	302426	106893	21929	64318	47709
2800	3452	2582	99605	111009	21629	68300	208423
11159	114490	158991	410978	471690	137135	263818	698575

3-4-3 各地区限额以上批发业企业损益及分配(按登记注册类型分)

内资企业

Domestic Funded Enterprises

地 区	Region	主营业务收入 Revenue from Principal Business	主营业务成本 Cost of Principal Business	主营业务税金及附加 Taxes and Other Charges on Principal Business	主营业务利润 Profits from Principal Business	其他业务利润 Profits from Other Business	销售费用 Selling Expenses	管理费用 Administrative Expenses
全 国	**National Total**	**3140879434**	**2956356877**	**13003490**	**171519066**	**4117505**	**54899922**	**35958100**
北 京	Beijing	337308910	325200169	397890	11710851	223556	5746722	3510089
天 津	Tianjin	208976121	201739054	488869	6748198	183458	2114577	1180497
河 北	Hebei	81939747	78223493	345609	3370645	126734	1299502	728814
山 西	Shanxi	88923735	85882232	263259	2778244	349727	1248605	859242
内蒙古	Inner Mongolia	26654952	24471078	242300	1941574	41469	649033	373477
辽 宁	Liaoning	124151663	118638125	459018	5054520	125669	1661318	1329782
吉 林	Jilin	17821795	16669017	144183	1008595	120477	413769	243882
黑龙江	Heilongjiang	39144736	36366788	294198	2483750	1458	768781	464875
上 海	Shanghai	264520517	256836149	265225	7419143	362838	3296225	2071035
江 苏	Jiangsu	295159203	273663474	931119	20564610	357987	4845244	3374674
浙 江	Zhejiang	277149941	264461742	763188	11925011	424449	5103723	2955821
安 徽	Anhui	48715180	44709779	382295	3623106	53768	1345082	750838
福 建	Fujian	103418787	97661130	427161	5330496	135269	1933774	1201512
江 西	Jiangxi	19193491	17192500	229045	1771946	20537	451379	309041
山 东	Shandong	205696521	186686123	1683057	17327341	294836	3989518	2905442
河 南	Henan	60031234	54392457	672697	4966080	60452	1223511	1095491
湖 北	Hubei	87094965	80132420	733313	6229232	106892	1799217	1201852
湖 南	Hunan	36578036	32092785	610713	3874538	44607	1059480	1019361
广 东	Guangdong	420830159	393949628	1089794	25790737	546517	7254917	5109081
广 西	Guangxi	33225413	31211538	210636	1803239	35271	673435	448191
海 南	Hainan	20884485	19664923	57498	1162064	7373	291493	134249
重 庆	Chongqing	57185798	52221680	513608	4450510	125120	1590741	821210
四 川	Sichuan	57410320	52415299	490123	4504898	93128	1607253	937818
贵 州	Guizhou	21567522	16963892	319975	4283655	36428	798578	523066
云 南	Yunnan	51733312	46546335	314601	4872376	63532	1439942	1070056
西 藏	Tibet	805088	511443	27873	265772	1112	179729	37812
陕 西	Shaanxi	45870582	42716256	336645	2817681	60606	833217	551554
甘 肃	Gansu	27298064	26449013	122819	726232	49499	296593	211519
青 海	Qinghai	10309103	9726056	36206	546841	11159	133897	70827
宁 夏	Ningxia	7005369	6691134	36488	277747	10794	104666	60685
新 疆	Xinjiang	64274686	62271167	114090	1889429	42787	746000	406309

Income and Distribution of Enterprises above Designated Size of Wholesale Trade by Region and Type of Registration

单位：万元

Unit: 10000 yuan

#税金 Taxes	财务费用 Financial Expenses	#利息支出 Interest Expenses	营业利润 Operating Profits	利润总额 Total Profits	应交所得税 Income Tax Payable	应付职工薪酬 Payables to Employees	应交增值税 VAT Payable
2130499	**13209591**	**14035530**	**70533809**	**69815510**	**12918398**	**27210363**	**32644982**
139554	891680	2607845	4841824	5354562	1081070	2805770	1640553
48997	1146735	887476	2247154	2293348	438638	526864	1129382
58817	527054	466255	988443	952105	208901	620821	584675
34986	389521	313899	600659	648639	208277	552541	950749
42490	128324	82420	609571	658989	115991	311398	654243
93832	475261	306971	1679374	1716677	295206	724728	912347
9515	108314	94072	581485	387862	80407	223526	257136
20667	188511	238804	731300	595583	128406	407455	481278
42198	669517	550420	2122872	2362353	586293	1660631	1217901
162748	1301686	1125672	11720750	10785521	1735718	2244106	3500503
119254	1489148	1817174	3432624	3988646	973495	2419692	2138321
45772	156003	200680	1416470	1393454	258948	572850	770058
69840	500081	628028	2106632	2263817	389958	967002	801648
13531	33467	40352	934937	879137	185331	331448	373298
274476	1073535	643025	9649496	8948797	1244923	2153829	3045375
57722	252360	169670	2499274	2378077	341285	896768	806961
79531	323879	266773	2815792	2743925	490219	1100076	1535772
45437	224493	141915	1643947	1492158	256164	710340	625386
237631	1676517	1687737	7389257	7598613	1277241	3532193	4745125
22693	257931	204459	500574	539140	154268	411735	515697
6743	30747	32009	818683	794044	75804	125140	124361
39525	188406	213996	2005018	1823698	251909	640662	1028303
36310	375527	337792	1481576	1582579	380800	849677	842721
14126	55841	121205	2909118	2927361	687943	458171	781958
338692	283802	368338	2194798	2349143	556306	649171	985015
1864	1977	1554	47367	65435	11028	41155	33395
38317	122708	128742	1371749	1155667	227698	524074	998677
8580	69695	66715	176390	171499	45736	181478	102098
3575	22948	14544	313807	128151	23760	76135	60694
4158	34773	19085	88395	103316	23530	84196	215968
18920	209153	257905	614475	733213	183150	406735	785384

国有企业

State-owned Enterprises

地　区	Region	主营业务收入 Revenue from Principal Business	主营业务成本 Cost of Principal Business	主营业务税金及附加 Taxes and Other Charges on Principal Business	主营业务利润 Profits from Principal Business	其他业务利润 Profits from Other Business	销售费用 Selling Expenses	管理费用 Administrative Expenses
全　国	**National Total**	**372731277**	**331022914**	**6397628**	**35310735**	**-274700**	**5759696**	**7207883**
北　京	Beijing	44974350	43165886	139100	1669364	-598017	625741	415933
天　津	Tianjin	16776468	16330137	63865	382466	5037	55255	100057
河　北	Hebei	6221218	5095462	249229	876527	5724	148655	224786
山　西	Shanxi	10117146	9210274	187848	719024	16273	109754	223158
内蒙古	Inner Mongolia	7701285	6964720	163164	573401	4602	76454	159401
辽　宁	Liaoning	9151774	8108278	214972	828524	15284	111980	215564
吉　林	Jilin	4984871	4397781	112854	474236	1372	158016	116025
黑龙江	Heilongjiang	5482486	4783022	130790	568674	2813	124420	164311
上　海	Shanghai	36997979	36349814	28488	619677	12746	95650	94841
江　苏	Jiangsu	15513691	13292214	422182	1799295	16279	196509	348683
浙　江	Zhejiang	10917424	8769350	469537	1678537	16101	128234	340931
安　徽	Anhui	5152538	4109694	227661	815183	3970	98158	212708
福　建	Fujian	7237019	5971692	243284	1022043	9538	153518	252927
江　西	Jiangxi	3808065	2925037	186505	696523	5784	84353	166031
山　东	Shandong	18834316	16774193	418257	1641866	9382	309211	393485
河　南	Henan	10251877	7996351	444666	1810860	12445	316585	552777
湖　北	Hubei	11245357	9656881	288080	1300396	42097	181021	339566
湖　南	Hunan	7222488	5565921	353602	1302965	4438	217365	406876
广　东	Guangdong	74053623	66322039	261843	7469741	66079	735861	383154
广　西	Guangxi	5474074	4664208	179616	630250	4742	101965	188306
海　南	Hainan	1856684	1609225	48141	199318	906	14476	43795
重　庆	Chongqing	7136726	5857766	287182	991778	8562	162347	305547
四　川	Sichuan	9090909	7267717	330021	1493171	9095	250676	344703
贵　州	Guizhou	7404249	6000432	229703	1174114	16856	306866	332543
云　南	Yunnan	15491819	12468751	267316	2755752	5117	641574	389954
西　藏	Tibet	395551	304626	22046	68879	445	10040	30565
陕　西	Shaanxi	6560936	5524567	203801	832568	18328	193663	216746
甘　肃	Gansu	2418742	1985218	98595	334929	3459	49338	90571
青　海	Qinghai	919481	793676	29495	96310	310	9310	28123
宁　夏	Ningxia	553180	422796	30188	100196	872	9283	26482
新　疆	Xinjiang	8784953	8335189	65599	384165	4661	83418	99331

单位：万元
Unit: 10000 yuan

#税金 Taxes	财务费用 Financial Expenses	#利息支出 Interest Expenses	营业利润 Operating Profits	利润总额 Total Profits	应交所得税 Income Tax Payable	应付职工薪酬 Payables to Employees	应交增值税 VAT Payable
247917	**237145**	**1056033**	**17866875**	**18512618**	**4407808**	**5875668**	**7106575**
24375	107122	307426	825376	986796	209628	353854	149683
4590	31688	50643	221173	226676	59544	61560	68225
4954	-12759	6120	520573	524168	131031	172823	181378
6234	-4733	11684	424366	435284	110133	178840	223641
8795	9143	19800	320398	363378	88223	166692	261159
9441	1634	4981	523087	547245	146731	170134	136817
4974	42982	42907	167190	242050	59226	156067	181364
4826	8794	33699	309477	335022	82154	170124	142430
2269	41737	48115	411104	508187	126604	63915	176137
20746	-49702	46363	1316199	1324475	326997	242096	801409
7710	-84848	13769	1310877	1294826	324866	300979	355917
9393	-29795	18361	552943	568213	120967	156528	156255
6388	-719	15668	640184	657865	165998	214776	200318
3721	-10646	4529	463142	480987	125193	144101	147702
13127	59402	23770	911568	834425	135617	215237	396079
14233	34777	28787	964976	937325	229841	427687	333803
12197	-20030	38137	715395	702862	170172	276885	404574
10629	-19002	4429	703279	773321	189376	255324	278846
17622	103329	137596	1441274	1350900	295903	366696	521762
7645	2351	17439	342341	359835	93227	162193	136412
1802	-6773	1097	170332	147722	33487	39553	32884
6724	-11176	16905	540542	546397	101854	146524	272073
10135	28881	18721	831774	890889	228034	300564	318334
8349	6813	25792	513410	571824	130763	329751	204337
12108	-17954	62830	1758680	1901837	499750	380314	610830
1790	399	-9	27802	26801	4798	24267	23297
5823	8950	9233	435020	415928	103809	169194	187452
1652	-2480	1512	209734	210224	28984	82456	41636
797	-3053	207	46512	66388	17712	23148	22438
414	-3421	928	58817	70107	17972	37618	42818
4458	26237	44598	189332	210662	49215	85771	96566

3-4-3 续表 2

集体企业
Collective-owned Enterprises

地 区	Region	主营业务收入 Revenue from Principal Business	主营业务成本 Cost of Principal Business	主营业务税金及附加 Taxes and Other Charges on Principal Business	主营业务利润 Profits from Principal Business	其他业务利润 Profits from Other Business	销售费用 Selling Expenses	管理费用 Administr-ative Expenses
全 国	**National Total**	**13865850**	**12682545**	**59911**	**1123395**	**31287**	**364446**	**309423**
北 京	Beijing	765430	748307	422	16701	6568	7996	11916
天 津	Tianjin	625384	604342	345	20697	905	3866	9491
河 北	Hebei	260343	234607	1181	24555	1267	5125	7727
山 西	Shanxi	950004	784020	4925	161059	3974	105234	37822
内蒙古	Inner Mongolia	129391	122149	825	6417		3620	3212
辽 宁	Liaoning	403812	383417	1759	18636	498	7007	4729
吉 林	Jilin	14136			14136		1200	210
黑龙江	Heilongjiang	49462	44263	794	4405	716	1591	1549
上 海	Shanghai	417182	399009	276	17897	2308	10445	9912
江 苏	Jiangsu	655634	558761	2327	94546	117	20199	15786
浙 江	Zhejiang	288390	276623	901	10866	1914	4199	5789
安 徽	Anhui	66729	58838	322	7569		2324	1067
福 建	Fujian	448477	417870	1122	29485	556	14784	10069
江 西	Jiangxi	21931	20301	704	926	37	300	402
山 东	Shandong	2906889	2569222	10978	326689	2332	76514	80287
河 南	Henan	1307211	1196070	17756	93385	2264	14551	17503
湖 北	Hubei	165009	152552	1756	10701		1303	6832
湖 南	Hunan	142997	108594	1428	32975	-1	11159	11778
广 东	Guangdong	689922	622454	3387	64081	2690	14416	14776
广 西	Guangxi	187174	173369	269	13536	1021	2834	3302
海 南	Hainan							
重 庆	Chongqing	590729	569934	2925	17870	580	8241	3010
四 川	Sichuan	1784881	1727716	2688	54477	44	21581	28591
贵 州	Guizhou	88901	79197	1181	8523	188	3706	4026
云 南	Yunnan	188536	170898	561	17077	332	6642	4413
西 藏	Tibet							
陕 西	Shaanxi	166234	143162	397	22675	343	2944	3254
甘 肃	Gansu	128465	120804	199	7462	143	5720	1187
青 海	Qinghai	3278	2987	10	281		147	179
宁 夏	Ningxia							
新 疆	Xinjiang	419318	393083	474	25761	2493	6798	10606

单位：万元
Unit: 10000 yuan

#税金 Taxes	财务费用 Financial Expenses	#利息支出 Interest Expenses	营业利润 Operating Profits	利润总额 Total Profits	应交所得税 Income Tax Payable	应付职工薪酬 Payables to Employees	应交增值税 VAT Payable
14007	**74476**	**70951**	**453232**	**409425**	**33394**	**194165**	**103747**
916	7810	8227	37037	30080	477	7120	3264
251	1360	1124	7458	5548	1038	5209	3104
644	1339	1078	13766	4474	467	4535	461
1155	4454	3994	17848	10302	2627	13741	20016
31	126	126	1056	1081	4	555	551
330	1062	158	6380	6138	709	2518	2538
	220	220				18	
6	615	415	1635	1210	11	6222	479
192	3975	4153	-2189	4321	350	4384	1240
1010	3081	2260	55961	27423	2084	8339	8380
164	3124	2472	76	2102	528	3498	7838
292	152	150	3758	3339	159	1644	2226
181	1187	344	3234	3781	282	4053	873
20	167	107	190	244		519	383
3789	9116	12513	164014	156095	9471	42033	13160
1772	5176	1980	56836	54809	3713	17658	11902
223	706	565	4379	3195	25	5327	523
150	1900	31	6959	2502	36	2870	321
759	2867	2549	34601	34276	1319	12355	10316
103	554	478	6988	2942	447	2181	753
50	949	1030	6261	7822	672	3399	2167
1324	18256	21109	-1390	20151	4762	30803	9202
24	1152	825	-552	391	27	2786	92
135	1830	1699	4160	4327	146	2554	913
87	475	414	16345	14381	3462	2692	1094
27	782	80	-69	-718		1041	285
	78	78	-521	13	3	148	
372	1965	2773	9011	9195	577	5964	1666

股份合作企业
Cooperative Enterprises

地区	Region	主营业务收入 Revenue from Principal Business	主营业务成本 Cost of Principal Business	主营业务税金及附加 Taxes and Other Charges on Principal Business	主营业务利润 Profits from Principal Business	其他业务利润 Profits from Other Business	销售费用 Selling Expenses	管理费用 Administrative Expenses
全国	**National Total**	**4182390**	**3986536**	**8790**	**187065**	**7412**	**66510**	**48514**
北京	Beijing	649575	631769	379	17427	1922	10465	8681
天津	Tianjin	556452	525334	498	30620	457	7280	4860
河北	Hebei	15733	13521	130	2082	32	709	1152
山西	Shanxi	3271	3235	12	24	128	414	27
内蒙古	Inner Mongolia							
辽宁	Liaoning	103335	96683	457	6195	175	2665	2022
吉林	Jilin							
黑龙江	Heilongjiang							
上海	Shanghai	11653	11016	9	628		229	222
江苏	Jiangsu	512200	489270	422	22508	1590	9141	3932
浙江	Zhejiang	151069	142598	257	8214	177	3132	2550
安徽	Anhui	1069245	1058308	234	10703		682	2763
福建	Fujian	78367	71422	1164	5781		3327	1272
江西	Jiangxi	2653	2150	8	495		401	150
山东	Shandong	157536	137852	734	18950	589	4665	4200
河南	Henan	20853	19653	242	958	58	233	394
湖北	Hubei	32642	27152	218	5272	-82	3057	1043
湖南	Hunan							
广东	Guangdong	214207	198741	492	14974	637	6081	7006
广西	Guangxi	3220	3007	8	205	117	152	174
海南	Hainan							
重庆	Chongqing	462668	427560	2828	32280		11179	4418
四川	Sichuan	27818	25250	167	2401		826	985
贵州	Guizhou	1950	1794	11	145	63	82	106
云南	Yunnan	19379	17177	82	2120	24	832	559
西藏	Tibet							
陕西	Shaanxi	25761	22523	433	2805	340	45	1379
甘肃	Gansu	61484	59276	6	2202	1185	879	612
青海	Qinghai	1317	1246		71		34	7
宁夏	Ningxia							
新疆	Xinjiang							

单位：万元
Unit: 10000 yuan

#税金 Taxes	财务费用 Financial Expenses	#利息支出 Interest Expenses	营业利润 Operating Profits	利润总额 Total Profits	应交所得税 Income Tax Payable	应付职工薪酬 Payables to Employees	应交增值税 VAT Payable
3383	**34362**	**29233**	**45958**	**26357**	**5919**	**31937**	**18008**
119	20177	19941	-19763	-19885	222	5907	3910
63	1952	1104	16944	7632	796	3083	1436
57	127	124	126	111	26	1082	575
1			-288	-290		38	35
93	113	11	1405	1405	212	1962	452
	37	1	142	142	36	277	72
163	2497	2757	8525	8211	238	3387	3095
107	1115	905	1657	1592	254	1752	1431
754	548	170	6930	3755	269	2495	828
39	827	413	355	354	12	302	292
2	3		-59	-59		167	101
440	1189	750	10619	3621	830	3795	1091
9	91	22	298	287	13	298	663
59	234	192	856	1478	4	865	176
202	1907	668	1630	2507	254	3179	1362
1	3	3	-7	1		116	16
1170	2627	1262	14076	12243	2393	1367	1523
7	69	31	481	483	62	847	93
2	16	14	5	5	1	52	35
12	89	102	648	724	189	326	423
68	138	138	1244	1576	105	389	402
16	577	597	134	464	3	237	
1	29	29	2	2		15	

联营企业
Joint Ownership Enterprises

地区	Region	主营业务收入 Revenue from Principal Business	主营业务成本 Cost of Principal Business	主营业务税金及附加 Taxes and Other Charges on Principal Business	主营业务利润 Profits from Principal Business	其他业务利润 Profits from Other Business	销售费用 Selling Expenses	管理费用 Administrative Expenses
全国	**National Total**	**2072077**	**1957319**	**2624**	**112134**	**1288**	**50390**	**13278**
北京	Beijing	121393	119226	117	2050	119	624	1841
天津	Tianjin							
河北	Hebei	12988	12026	812	150		78	57
山西	Shanxi	1196	1062	2	132		69	58
内蒙古	Inner Mongolia							
辽宁	Liaoning	11476	10750	26	700	173	622	109
吉林	Jilin							
黑龙江	Heilongjiang							
上海	Shanghai	211125	184174	333	26618	50	21389	1628
江苏	Jiangsu	2472	2292	1	179		105	1
浙江	Zhejiang							
安徽	Anhui	14115	12018	228	1869		988	943
福建	Fujian							
江西	Jiangxi	12867	12195		672		442	414
山东	Shandong	1327456	1300200	408	26848	679	21224	2550
河南	Henan	14762	12573	168	2021	178	735	522
湖北	Hubei	1320	1251	1	68		47	20
湖南	Hunan							
广东	Guangdong	200939	170718	389	29832	89	1688	2101
广西	Guangxi							
海南	Hainan							
重庆	Chongqing							
四川	Sichuan							
贵州	Guizhou							
云南	Yunnan	136213	115117	138	20958		2341	2940
西藏	Tibet							
陕西	Shaanxi							
甘肃	Gansu							
青海	Qinghai							
宁夏	Ningxia							
新疆	Xinjiang	3754	3716	1	37		39	93

3-4-3 Continued 4

单位：万元
Unit: 10000 yuan

#税金 Taxes	财务费用 Financial Expenses	#利息支出 Interest Expenses	营业利润 Operating Profits	利润总额 Total Profits	应交所得税 Income Tax Payable	应付职工薪酬 Payables to Employees	应交增值税 VAT Payable
650	**10006**	**9506**	**19896**	**18575**	**2081**	**13586**	**12928**
89	940	2425	5516	5515		1390	681
			15	15	6	45	
			5	5	1	48	
3	-4		145	135	5	256	148
6	2026	15	1673	1680	401	3786	2590
1	1		72	72	19	24	4
	115	103	-177	-177		93	121
	382	378	-566	-96		281	141
375	5494	5115	-176	-329	216	3349	4186
150	119	71	644	645		753	1463
1						36	12
25	-431	109	13649	11721	1331	3070	2470
	1363	1291	-810	-717	100	424	1112
1			-95	106	1	33	

有限责任公司
Limited Liability Corporations

地　区	Region	主营业务收入 Revenue from Principal Business	主营业务成本 Cost of Principal Business	主营业务税金及附加 Taxes and Other Charges on Principal Business	主营业务利润 Profits from Principal Business	其他业务利润 Profits from Other Business	销售费用 Selling Expenses	管理费用 Administrative Expenses
全　国	**National Total**	**1469171115**	**1402693029**	**3382494**	**63095592**	**2705456**	**22766677**	**12911059**
北　京	Beijing	230582546	223519984	196668	6865894	653310	3488997	1953296
天　津	Tianjin	126891788	123240967	292905	3357916	108828	904159	445820
河　北	Hebei	48852419	47605957	42077	1204385	47945	527954	238970
山　西	Shanxi	61245843	60026984	45293	1173566	301927	536527	431941
内蒙古	Inner Mongolia	8485877	7915842	32194	537841	11476	222756	117284
辽　宁	Liaoning	36580435	34153635	90694	2336106	61396	749558	589706
吉　林	Jilin	5335609	5100848	9984	224777	114241	139550	62690
黑龙江	Heilongjiang	22052735	20845282	61485	1145968	-12764	317402	208152
上　海	Shanghai	119385255	116030302	185268	3169685	219238	1482009	842678
江　苏	Jiangsu	82138713	77129953	121712	4887048	173799	1414561	792844
浙　江	Zhejiang	104048233	100202509	121506	3724218	175371	1850912	922980
安　徽	Anhui	19289141	17777243	95995	1415903	27189	655162	230796
福　建	Fujian	47964653	45922247	61895	1980511	55765	767089	466036
江　西	Jiangxi	9799871	9178223	22795	598853	13174	210584	88757
山　东	Shandong	83071993	76355118	608034	6108841	108788	1489552	943946
河　南	Henan	30316428	28557369	114474	1644585	36534	476731	296446
湖　北	Hubei	43301834	40616827	270775	2414232	28446	665005	396354
湖　南	Hunan	12011180	11111601	71668	827911	16961	325598	194162
广　东	Guangdong	199479903	190671481	500099	8308323	309754	2825364	1861446
广　西	Guangxi	11276555	10895340	10060	371155	10573	161002	90497
海　南	Hainan	17272825	16421943	6570	844312	4998	222950	60626
重　庆	Chongqing	32493971	30247486	123247	2123238	77832	968069	279674
四　川	Sichuan	27654664	26393052	65973	1195639	49798	550147	262492
贵　州	Guizhou	10508227	7596932	71228	2840067	13705	393274	151645
云　南	Yunnan	19344258	18259059	20052	1065147	30324	390073	470856
西　藏	Tibet	399386	197931	5814	195641	666	169417	7218
陕　西	Shaanxi	18167414	16830674	80246	1256494	31791	399319	250943
甘　肃	Gansu	6965800	6702611	15934	247255	7572	134062	52648
青　海	Qinghai	5034643	4729506	3603	301534	1727	34224	15569
宁　夏	Ningxia	1580676	1538223	2382	40071	2123	17427	12799
新　疆	Xinjiang	27638239	26917901	31866	688472	22971	277243	171788

3-4-3 Continued 5

单位：万元
Unit: 10000 yuan

#税金 Taxes	财务费用 Financial Expenses	#利息支出 Interest Expenses	营业利润 Operating Profits	利润总额 Total Profits	应交所得税 Income Tax Payable	应付职工薪酬 Payables to Employees	应交增值税 VAT Payable
990542	**5627745**	**6948236**	**26142157**	**25988872**	**4739457**	**9863044**	**12099698**
91623	459581	1607300	3249015	3541160	726109	1681566	1117882
21896	693611	684061	1286595	1364100	289240	263310	588614
14675	235865	213076	273763	274648	54311	168424	196043
21705	218456	207529	220098	244817	78337	266302	289860
21830	49948	29084	30840	123633	19315	55958	152847
43803	216141	132474	686796	662215	62356	252914	323650
2798	37262	35803	30687	55710	9958	31817	35674
7793	132620	140691	121118	52490	27506	91694	76244
26026	196352	255360	1143814	1195156	248036	737220	533165
30361	361772	324347	2667983	2376870	366024	695476	925885
37847	443196	621245	1028694	1250204	271033	772463	622044
14028	91597	94629	396173	425523	88871	165326	365482
27203	253350	339275	679037	780361	108348	357139	297374
5326	27017	24300	276637	214542	31678	112114	142481
61887	407115	289051	3408618	3072581	480583	752345	1068785
20944	101565	73570	794641	737332	67476	253327	272796
28078	150417	125745	1184719	1145699	191498	314413	557404
10846	68643	50674	259665	214244	27878	147242	129890
103349	712577	878094	3161223	3299891	635341	1457226	2231594
6546	85422	70147	57850	69704	20201	71714	56080
3657	27327	19708	617856	614251	35302	66693	73802
20753	122070	144295	829662	741445	101133	253428	433776
13637	176104	182450	237152	264459	53298	237198	271256
3732	42455	72110	2272481	2233116	553359	96962	554971
318166	140203	154707	129932	146997	31258	107496	149125
75	1474	1460	18717	37529	6230	16509	10098
16362	66258	49070	577772	498625	80249	221759	334601
5033	26756	23987	49577	55954	9412	44170	24195
1651	12266	8407	244343	33812	5697	13089	9558
1169	6937	5691	3949	6816	4017	11618	6294
7745	63388	89898	202752	254991	55405	146132	248229

股份有限公司
Share-holding Corporations Ltd.

地　区	Region	主营业务收入 Revenue from Principal Business	主营业务成本 Cost of Principal Business	主营业务税金及附加 Taxes and Other Charges on Principal Business	主营业务利润 Profits from Principal Business	其他业务利润 Profits from Other Business	销售费用 Selling Expenses	管理费用 Administrative Expenses
全　国	**National Total**	**384308741**	**367474904**	**510406**	**16323431**	**399930**	**7262120**	**3152125**
北　京	Beijing	25664670	24608002	21754	1034914	63384	512945	299469
天　津	Tianjin	11973295	11683240	10638	279417	23466	79298	66778
河　北	Hebei	7846499	7282858	11387	552254	56751	319754	110316
山　西	Shanxi	3108891	3058213	1974	48704	96	37885	8367
内蒙古	Inner Mongolia	5064902	4824718	9235	230949	5319	110335	27715
辽　宁	Liaoning	49304015	49137819	17478	148718	5146	241477	108833
吉　林	Jilin	4688141	4571178	3385	113578	1503	66656	7148
黑龙江	Heilongjiang	5503156	5175669	16794	310693	3028	180968	28028
上　海	Shanghai	12708435	12124041	9515	574879	12159	283689	182670
江　苏	Jiangsu	33124410	30744367	36786	2343257	12129	671259	292469
浙　江	Zhejiang	35932955	34484771	31674	1416510	54297	782481	349213
安　徽	Anhui	9235440	8788141	8763	438536	8791	253029	81218
福　建	Fujian	15514879	14813632	26899	674348	37202	367509	92926
江　西	Jiangxi	3702367	3382089	3750	316528	780	106654	30948
山　东	Shandong	20033454	18843679	28559	1161216	15897	495743	232137
河　南	Henan	8325489	7876216	18565	430708	1624	202688	86941
湖　北	Hubei	16973051	15900855	51550	1020646	8409	525158	175427
湖　南	Hunan	4256254	3926220	14066	315968	3098	101346	107427
广　东	Guangdong	28830270	26746407	71061	2012802	30704	651077	497352
广　西	Guangxi	6961524	6534635	8808	418081	3457	221090	53767
海　南	Hainan	496381	453529	1201	41651	537	21444	6559
重　庆	Chongqing	4064266	3733515	15164	315587	6403	129787	46605
四　川	Sichuan	3203137	2814564	12122	376451	1865	149454	57338
贵　州	Guizhou	2338460	2150657	14718	173085	2359	46362	12889
云　南	Yunnan	6303683	5844763	8538	450382	9051	170139	67022
西　藏	Tibet							
陕　西	Shaanxi	18335293	17766546	39405	529342	3844	191005	42416
甘　肃	Gansu	14442462	14431460	3004	7998	9914	45519	34858
青　海	Qinghai	2035177	1943747	1493	89937	7724	62869	14356
宁　夏	Ningxia	3892692	3802648	2392	87652	2537	52479	3444
新　疆	Xinjiang	20445093	20026724	9729	408640	8457	182024	27491

单位：万元
Unit: 10000 yuan

#税金 Taxes	财务费用 Financial Expenses	#利息支出 Interest Expenses	营业利润 Operating Profits	利润总额 Total Profits	应交所得税 Income Tax Payable	应付职工薪酬 Payables to Employees	应交增值税 VAT Payable
205528	**1277966**	**1709014**	**6011684**	**6127715**	**1071864**	**3583878**	**3819541**
13175	139216	492482	581412	632835	72763	221920	41151
1353	22684	43864	123591	130812	35324	18887	19086
31902	129698	117698	32089	9979	8406	173785	87323
647	37334	2965	-11136	-2066	261	10973	12563
4445	24098	18652	-5548	8231	2015	49137	106546
7357	69091	70416	-144504	-145655	3779	120045	100763
617	8205	5708	33699	36255	1654	15515	20639
3761	9453	36239	84124	103469	9961	94391	235066
3327	27249	20683	141077	141034	42800	123053	74826
11630	32086	134285	1530951	1500370	309340	270680	261443
14891	140599	197129	343814	530785	140761	430055	201395
5620	20650	33234	128017	112860	13745	104333	93922
2499	25272	85346	352138	372466	61852	128573	83579
2458	4179	1680	120546	115059	22798	51496	37565
12483	36863	20873	403406	373265	48350	291921	248066
5420	25954	19000	119914	107826	9961	89466	73070
12210	61207	10357	273628	258996	48832	281305	324361
3263	28079	28541	89927	76479	12370	92513	33014
39080	207453	127596	811806	849010	72342	417798	305017
3413	28316	16011	131277	135138	35116	100133	261393
334	6376	7534	11430	11567	3752	5140	6493
2096	16431	8212	149854	120945	5525	77768	37081
1570	16942	9858	36102	26606	6641	53773	25735
995	-2329	16634	113676	113133	1271	11019	7213
3186	28954	27918	218788	215997	9253	75852	84653
11428	26907	53874	264371	181758	29963	101395	450847
996	18060	17291	-110476	-111689	3438	25488	13746
1013	2273	3592	14902	18587	91	33339	20122
1672	5578	434	27472	27167	58	24544	160402
2691	81089	80908	145337	176498	59444	89580	392463

私营企业
Private Enterprises

地　区	Region	主营业务收入 Revenue from Principal Business	主营业务成本 Cost of Principal Business	主营业务税金及附加 Taxes and Other Charges on Principal Business	主营业务利润 Profits from Principal Business	其他业务利润 Profits from Other Business	销售费用 Selling Expenses	管理费用 Administrative Expenses
全　国	**National Total**	**881776665**	**825376094**	**2539029**	**53861542**	**1235010**	**18352889**	**12096600**
北　京	Beijing	34550945	32406994	39450	2104501	96269	1099954	818954
天　津	Tianjin	52042796	49253612	119824	2669360	44765	1063909	552474
河　北	Hebei	18647278	17902413	40706	704159	14718	294186	143779
山　西	Shanxi	13452300	12755666	23176	673458	27328	457569	156971
内蒙古	Inner Mongolia	5270591	4640919	36880	592792	20072	235862	65749
辽　宁	Liaoning	28508620	26674304	132922	1701394	40994	546214	405945
吉　林	Jilin	2783916	2585787	17928	180201	3361	47282	57487
黑龙江	Heilongjiang	6013380	5479934	82247	451199	7666	144048	62506
上　海	Shanghai	94691555	91648285	41326	3001944	116336	1397775	936710
江　苏	Jiangsu	160223929	148807312	332428	11084189	152973	2469361	1870806
浙　江	Zhejiang	125658061	120441481	139209	5077371	176529	2334097	1332831
安　徽	Anhui	13538137	12602648	47284	888205	13805	324718	213710
福　建	Fujian	32076680	30378998	92536	1605146	32186	625721	376586
江　西	Jiangxi	1842507	1669521	15201	157785	763	48593	22295
山　东	Shandong	74437919	66272645	591308	7573966	157570	1531198	1203365
河　南	Henan	9520838	8519835	72772	928231	7349	204868	134835
湖　北	Hubei	14311300	12847858	104902	1358540	26026	401678	257263
湖　南	Hunan	12137052	10807399	151465	1178188	19718	360232	263523
广　东	Guangdong	116723057	108657096	251302	7814659	133423	3000977	2330405
广　西	Guangxi	9299593	8920086	11873	367634	15288	184887	111631
海　南	Hainan	1230023	1154157	1549	74317	932	31806	22170
重　庆	Chongqing	12219900	11191192	79628	949080	31727	307059	178967
四　川	Sichuan	15131454	13760946	67319	1303189	32051	611922	230102
贵　州	Guizhou	1223233	1132489	3133	87611	3256	48275	21791
云　南	Yunnan	10199256	9623532	17804	557920	17557	227000	133424
西　藏	Tibet	10151	8886	13	1252		272	28
陕　西	Shaanxi	2547842	2370189	11219	166434	5481	44893	35211
甘　肃	Gansu	3257319	3128302	4146	124871	27214	60872	31132
青　海	Qinghai	2312296	2252207	1605	58484	1173	27240	12484
宁　夏	Ningxia	958318	910064	1453	46801	4276	24647	16926
新　疆	Xinjiang	6956419	6571341	6421	378657	4205	195775	96545

单位：万元
Unit: 10000 yuan

#税金 Taxes	财务费用 Financial Expenses	#利息支出 Interest Expenses	营业利润 Operating Profits	利润总额 Total Profits	应交所得税 Income Tax Payable	应付职工薪酬 Payables to Employees	应交增值税 VAT Payable
652044	**5876445**	**4187072**	**19056481**	**17848616**	**2598790**	**7408250**	**9266674**
9258	156835	170045	163231	178060	71872	534013	323983
20835	392745	106678	588185	555475	52668	174211	419878
6498	172639	128064	146498	137118	14447	97870	117849
5243	133989	87716	-50451	-39630	16871	82332	404370
7384	44976	14726	262807	162647	6429	38904	133140
32653	186552	98795	597148	639129	81263	175116	346493
1117	19625	9414	349651	53283	9459	19613	19389
4266	37015	27759	212875	103406	8773	44774	26786
10378	397913	221974	427033	511050	167765	726013	429855
96491	940216	612852	5931772	5355405	721237	949091	1469289
58530	985591	981333	740729	902202	236029	908627	949317
14291	71735	53843	303016	254196	34317	134060	148135
33475	219402	186539	422816	446832	53303	260978	219090
2004	12334	9326	75011	68424	5662	22748	44916
175969	538422	283590	4405260	4162498	540495	804265	1204857
14208	82897	45696	521604	500335	28702	99952	109703
23884	125855	89461	568791	543837	73946	197781	236013
19361	122755	54217	470423	353572	24816	170624	173161
76263	646179	539111	1884485	2010930	270023	1262509	1667662
4977	140543	99651	-36401	-27007	5277	74594	61034
950	3516	3363	18819	20170	3201	13165	10867
8608	57240	41686	451012	384303	39448	155362	280182
9330	132886	104071	336256	339016	80971	215561	210627
1022	7732	5830	10071	8865	2515	17584	15310
5030	129278	119721	82587	79172	15541	81416	137829
	104	104	848	1105		379	
4505	19095	15407	73476	40159	9849	26678	23579
857	25883	23133	26795	16686	3899	27911	22252
114	11355	2232	8528	9309	257	6359	8575
896	24722	11063	-2048	-1562	1247	9772	6074
3651	36420	39673	65656	79633	18508	75990	46459

其他企业
Other Enterprises

地 区	Region	主营业务收入 Revenue from Principal Business	主营业务成本 Cost of Principal Business	主营业务税金及附加 Taxes and Other Charges on Principal Business	主营业务利润 Profits from Principal Business	其他业务利润 Profits from Other Business	销售费用 Selling Expenses	管理费用 Administr-ative Expenses
全 国	**National Total**	**12771319**	**11163537**	**102609**	**1505173**	**11823**	**277194**	**219219**
北 京	Beijing							
天 津	Tianjin	109937	101423	794	7720		811	1016
河 北	Hebei	83268	76649	87	6532	297	3042	2027
山 西	Shanxi	45083	42780	29	2274		1153	899
内蒙古	Inner Mongolia	2908	2731	1	176	1	7	116
辽 宁	Liaoning	88196	73239	710	14247	2003	1794	2874
吉 林	Jilin	15122	13424	32	1666		1065	322
黑龙江	Heilongjiang	43516	38619	2088	2809		352	329
上 海	Shanghai	97334	89509	10	7815	1	5040	2374
江 苏	Jiangsu	2988154	2639304	15262	333588	1099	64109	50153
浙 江	Zhejiang	153810	144411	105	9294	61	668	1527
安 徽	Anhui	349835	302891	1809	45135	14	10021	7635
福 建	Fujian	98713	85269	261	13183	24	1827	1696
江 西	Jiangxi	3231	2984	82	165		53	44
山 东	Shandong	4926957	4433214	24778	468965	-401	61412	45470
河 南	Henan	273777	214390	4054	55333		7120	6072
湖 北	Hubei	1064451	929044	16030	119377	1996	21949	25345
湖 南	Hunan	808065	573051	18484	216530	392	43780	35596
广 东	Guangdong	638239	560692	1222	76325	3141	19453	12842
广 西	Guangxi	23273	20894	3	2376	73	1504	513
海 南	Hainan	28572	26069	37	2466		818	1100
重 庆	Chongqing	217538	194227	2635	20676	16	4060	2990
四 川	Sichuan	517456	426054	11832	79570	276	22648	13608
贵 州	Guizhou	2502	2391	2	109		15	66
云 南	Yunnan	50168	47038	110	3020	1128	1341	888
西 藏	Tibet							
陕 西	Shaanxi	67102	58595	1145	7362	479	1348	1606
甘 肃	Gansu	23791	21343	936	1512	12	202	510
青 海	Qinghai	2912	2687		225	225	73	111
宁 夏	Ningxia	20503	17403	73	3027	987	831	1034
新 疆	Xinjiang	26909	23214		3695		703	455

单位：万元
Unit: 10000 yuan

#税金 Taxes	财务费用 Financial Expenses	#利息支出 Interest Expenses	营业利润 Operating Profits	利润总额 Total Profits	应交所得税 Income Tax Payable	应付职工薪酬 Payables to Employees	应交增值税 VAT Payable
16429	**71446**	**25486**	**937527**	**883330**	**59087**	**239837**	**217810**
10	2696	2	3209	3107	28	604	29039
87	146	95	1614	1592	208	2258	1046
1	21	11	218	218	48	268	263
6	34	33	19	19	4	152	
154	673	135	8917	6066	152	1783	1487
9	20	20	258	564	111	496	69
16	14		2073	-14	2	251	274
	228	119	218	783	301	1983	17
2347	11735	2809	209287	192696	9778	75012	30999
4	371	321	6778	6935	23	2317	379
1395	1002	192	25809	25745	621	8372	3088
55	763	444	8869	2157	163	1180	123
	32	32	36	36		23	9
6407	15934	7364	346186	346643	29361	40884	109153
988	1782	544	40359	39518	1580	7627	3562
2879	5490	2317	68022	87858	5742	23464	12709
1189	22118	4024	113695	72042	1688	41766	10154
330	2635	2014	40589	39378	728	9360	4942
9	742	729	-1472	-1472	1	805	8
	302	308	245	334	64	590	316
124	265	606	13612	10544	884	2815	1501
306	2389	1553	41201	40974	7032	10933	7474
3	2		27	27	7	18	
56	40	72	813	806	69	790	130
44	886	606	3522	3239	261	1966	703
	116	116	696	579		176	-16
			41	41		38	2
8	957	969	205	788	236	644	380
1	56	54	2482	2129		3265	

港、澳、台商投资企业
Enterprises with Funds from Hong Kong, Macao and Taiwan

地 区	Region	主营业务收入 Revenue from Principal Business	主营业务成本 Cost of Principal Business	主营业务税金及附加 Taxes and Other Charges on Principal Business	主营业务利润 Profits from Principal Business	其他业务利润 Profits from Other Business	销售费用 Selling Expenses	管理费用 Administr-ative Expenses
全 国	**National Total**	**118800395**	**103428988**	**274799**	**15096608**	**432167**	**8101065**	**3290114**
北 京	Beijing	10873051	9117989	42085	1712977	12695	1024335	334273
天 津	Tianjin	6723355	6271557	11754	440044	2367	133246	59512
河 北	Hebei	28808	22989	163	5656		4028	2877
山 西	Shanxi	94048	86478	119	7451	9	5191	1228
内蒙古	Inner Mongolia	28332	26420	25	1887	1	2254	156
辽 宁	Liaoning	603257	539302	1545	62410	7330	28560	16379
吉 林	Jilin	80988	77995	105	2888		754	3067
黑龙江	Heilongjiang	58750	56098	59	2593	112	4494	144
上 海	Shanghai	46955021	39275800	104787	7574434	185530	4358582	1598231
江 苏	Jiangsu	10285589	8709435	29292	1546862	40738	582055	522137
浙 江	Zhejiang	3560287	3266297	5320	288670	16875	190441	60206
安 徽	Anhui	58156	54543	131	3482	16	1877	1062
福 建	Fujian	3007899	2705845	7235	294819	36840	111835	86253
江 西	Jiangxi	76346	68748	635	6963	53	3143	2126
山 东	Shandong	1704216	1521055	8670	174491	2237	75502	40253
河 南	Henan	162739	156006	75	6658	250	4713	2038
湖 北	Hubei	694204	544606	2317	147281	5997	87004	18294
湖 南	Hunan	273522	247726	655	25141		13420	3733
广 东	Guangdong	26412547	23931244	53024	2428279	120259	1269198	510660
广 西	Guangxi	23593	17802	125	5666	94	3172	509
海 南	Hainan	106999	90012	395	16592	40	14796	2011
重 庆	Chongqing	5578776	5295971	5170	277635	84	135632	15886
四 川	Sichuan	238145	227260	208	10677	1	7207	2011
贵 州	Guizhou							
云 南	Yunnan	125891	111575	267	14049	637	7535	2841
西 藏	Tibet							
陕 西	Shaanxi	349286	316796	548	31942		22841	2961
甘 肃	Gansu	21680	18026	77	3577		2304	90
青 海	Qinghai	668168	665086	14	3068		6943	848
宁 夏	Ningxia							
新 疆	Xinjiang	6744	6329		415			328

单位：万元
Unit: 10000 yuan

#税金 Taxes	财务费用 Financial Expenses	#利息支出 Interest Expenses	营业利润 Operating Profits	利润总额 Total Profits	应交所得税 Income Tax Payable	应付职工薪酬 Payables to Employees	应交增值税 VAT Payable
58050	**298960**	**437241**	**4514374**	**4934582**	**960558**	**2780292**	**1842081**
8078	32625	79318	501645	758600	134041	404428	248421
1611	13161	27165	223993	236059	25069	70823	85036
33	-439	1116	-778	-906	127	1571	311
915	-199	-199	1287	1313	135	3659	13549
30	7	4	-501	-497	22	375	149
294	9692	7897	15263	16537	3878	13659	9064
67	-37		271	1699		1534	681
2	20		-1625	-3262	9	1916	415
10339	-29708	38380	1916967	2074381	496704	1131662	752375
4962	44674	39988	499901	524856	101800	243474	224189
2392	13726	16561	40509	43523	16772	47235	42382
	-5		562	563	155	847	938
2149	4155	12119	154948	155394	27322	73452	57017
9	242	144	8811	5761	1308	1514	1236
2862	11403	4140	49893	49868	2869	37949	8865
185	87	185	1852	1898	166	4614	669
403	10843	7595	11350	11427	3884	26308	25008
85	-60	183	7882	7887	352	6978	4095
19784	192147	216340	948018	906790	115674	665656	309258
7	-101	15	2402	2404	2	1050	705
45	33	114	334	706	874	4628	1650
3580	-406	39	119679	128692	26760	10088	47537
14	326	322	1554	1178	288	5373	524
50	-30	7	4274	3828	525	5503	2252
149	4		6137	6134	1474	13813	5102
3	-21	1	1204	1205	307	1251	594
	-3180	-14191	-1543	-1542	42	902	61
2	-1		87	87		33	

外商投资企业
Foreign Funded Enterprises

地区	Region	主营业务收入 Revenue from Principal Business	主营业务成本 Cost of Principal Business	主营业务税金及附加 Taxes and Other Charges on Principal Business	主营业务利润 Profits from Principal Business	其他业务利润 Profits from Other Business	销售费用 Selling Expenses	管理费用 Administrative Expenses
全国	**National Total**	**316937823**	**277531221**	**1620172**	**37786431**	**1717795**	**21970232**	**7543116**
北京	Beijing	66981176	58274414	185827	8520935	1010743	5032658	2339369
天津	Tianjin	8996424	6993293	1059960	943171	33817	723950	189657
河北	Hebei	411756	395981	525	15250	163	4029	3516
山西	Shanxi	15137	13336	49	1752	317	846	1640
内蒙古	Inner Mongolia	62681	61560	12	1109		2024	830
辽宁	Liaoning	1324110	1133362	3248	187500	4601	95780	42579
吉林	Jilin	1507143	1383514	1979	121650		118100	4352
黑龙江	Heilongjiang	178977	166071	168	12738		10169	74
上海	Shanghai	166925684	145529449	235441	21160794	551109	12257341	3637286
江苏	Jiangsu	15046817	12706104	36168	2304545	49192	1259266	398804
浙江	Zhejiang	6763725	6496791	3699	263235	6303	54339	56302
安徽	Anhui	1629151	1077618	7960	543573	12821	516594	52279
福建	Fujian	6438053	5957396	15999	464658	4110	209365	78655
江西	Jiangxi	311458	275573	709	35176	222	11630	2609
山东	Shandong	1239559	1038639	6726	194194	985	59188	35176
河南	Henan	163021	130122	615	32284		15203	944
湖北	Hubei	2301712	1856391	8487	436834	1131	406090	78875
湖南	Hunan	330033	303751	515	25767	132	6577	1665
广东	Guangdong	29925860	27628534	48138	2249188	33988	1055667	537355
广西	Guangxi	76327	74072	31	2224	25	206	636
海南	Hainan	85843	67578	214	18051	3	10123	5558
重庆	Chongqing	1025175	927134	768	97273	66	39697	16826
四川	Sichuan	1821170	1727261	1635	92274	7249	42900	42427
贵州	Guizhou	10095	8138	27	1930	1	4205	
云南	Yunnan	197600	171274	301	26025	501	18742	4729
西藏	Tibet							
陕西	Shaanxi	2911987	2903759	217	8011	313	6246	3200
甘肃	Gansu	4776	3895	15	866		651	114
青海	Qinghai	153169	146233	540	6396		1333	1367
宁夏	Ningxia	40326	25619	156	14551		5313	1938
新疆	Xinjiang	58879	54361	45	4473	3	2000	4357

单位：万元
Unit: 10000 yuan

#税金 Taxes	财务费用 Financial Expenses	#利息支出 Interest Expenses	营业利润 Operating Profits	利润总额 Total Profits	应交所得税 Income Tax Payable	应付职工薪酬 Payables to Employees	应交增值税 VAT Payable
173724	**-512958**	**180493**	**11084557**	**12001611**	**2557700**	**6696948**	**5491335**
42202	-236079	157301	2741424	3228647	628622	2068066	1487107
5136	20574	21955	44832	65628	42666	160995	742574
177	751	660	7246	7486	1995	14046	2976
30	314	284	-730	-725	6	940	51
	17		-1762	1754	1	1717	12
1829	4758	891	48746	50271	13266	30313	28332
	-1200	200	413	163	3	10403	16507
	2		2486	2486		373	1398
89784	-406861	-145932	6290723	6471389	1478515	3005670	1922518
2089	563	13728	739203	756382	139403	568410	278486
2052	7562	24229	195130	187540	47569	45081	27277
1607	8572	824	-31158	694	231	65384	66280
3529	5219	14657	176966	185757	41934	76879	93510
241	4472	1319	16687	17727		4747	44266
2163	909	2787	101144	80234	7803	24592	16661
66	-127	33	16277	16289	3782	709	5193
959	1830	1197	-34540	2386	10484	65445	106698
293	47	93	17610	17772	1844	3525	3292
17688	55556	74121	713880	832913	130612	492354	634497
218	-263	751	1596	1598	401	326	312
18	-339	10	4274	4391	290	6762	2051
233	2922	680	35032	57743	3572	19529	-5370
2763	14251	5695	-3826	5229	2946	15294	9408
			-2275	-2278	16	1901	217
67	4678	4842	-2018	396	1056	3938	1689
380	-1120	48	-2041	863	526	2552	1369
			100	105	44	33	129
			3753	3353		1923	1003
125	152	117	7149	7164	1	3775	2602
76	-118	1	-1762	-1747	113	1267	292

3-4-4 各地区限额以上批发业企业损益及分配(按国民经济行业分)

农、林、牧产品批发

Wholesale of Agricultural, Forestry and Livestock Products

地区	Region	主营业务收入 Revenue from Principal Business	主营业务成本 Cost of Principal Business	主营业务税金及附加 Taxes and Other Charges on Principal Business	主营业务利润 Profits from Principal Business	其他业务利润 Profits from Other Business	销售费用 Selling Expenses	管理费用 Administrative Expenses
全国	**National Total**	**76137379**	**70388043**	**282849**	**5466487**	**152719**	**1459331**	**1558686**
北京	Beijing	8926121	8604463	8873	312785	37338	135175	183637
天津	Tianjin	945973	904436	451	41086	941	35978	11754
河北	Hebei	3189796	3091552	1510	96734	6734	39666	24376
山西	Shanxi	304949	269471	214	35264	384	7443	9786
内蒙古	Inner Mongolia	1747608	1508799	4748	234061	3292	34476	25282
辽宁	Liaoning	4221271	4047796	9804	163671	8801	83010	37421
吉林	Jilin	2874649	2816604	2268	55777	13453	72767	40094
黑龙江	Heilongjiang	3349886	3120807	31052	198027	11336	80677	54337
上海	Shanghai	2871535	2836026	803	34706	5272	47567	32689
江苏	Jiangsu	6381224	5660488	23794	696942	5866	145391	123345
浙江	Zhejiang	1728836	1651067	1651	76118	9513	26942	32034
安徽	Anhui	1697172	1521602	10100	165470	641	41724	35297
福建	Fujian	1090633	1002810	1760	86063	1508	35290	24967
江西	Jiangxi	288826	272217	569	16040	3391	7704	10300
山东	Shandong	7868687	6808996	55979	1003712	3163	142051	128816
河南	Henan	3776168	3328467	49327	398374	5154	76388	75798
湖北	Hubei	3248749	2866030	36158	346561	8128	55099	64430
湖南	Hunan	1573692	1287539	22520	263633	2251	60495	61775
广东	Guangdong	4196475	3899366	7009	290100	9765	137872	77597
广西	Guangxi	348451	299323	2038	47090	1430	9191	11125
海南	Hainan	102485	99293	84	3108	19	833	944
重庆	Chongqing	530900	475025	3425	52450	211	9045	10266
四川	Sichuan	1113679	1046818	1798	65063	1555	21707	26119
贵州	Guizhou	32749	30019	120	2610		570	1196
云南	Yunnan	1958910	1586065	1215	371630	484	32989	317699
西藏	Tibet	13066	18134	5	-5073	28	2429	1215
陕西	Shaanxi	201951	181334	1559	19058	739	5658	5745
甘肃	Gansu	254889	242056	1242	11591	940	5153	4585
青海	Qinghai							
宁夏	Ningxia	10625	10044	27	554	105	338	318
新疆	Xinjiang	11287426	10901399	2749	383278	10278	105703	125743

Income and Distribution of Enterprises above Designated Size of Wholesale Trade by Region and Sector

单位：万元
Unit: 10000 yuan

#税金 Taxes	财务费用 Financial Expenses	#利息支出 Interest Expenses	营业利润 Operating Profits	利润总额 Total Profits	应交所得税 Income Tax Payable	应付职工薪酬 Payables to Employees	应交增值税 VAT Payable
369396	**928370**	**888759**	**2804973**	**2991150**	**210467**	**880377**	**365899**
5083	170891	246027	656137	743941	32320	102611	9438
203	11950	11093	-11492	17233	2118	10072	2832
1482	26838	19931	13252	25510	1752	13504	3084
266	3792	2307	15013	8750	166	4379	210
2539	32696	21550	144578	183744	1036	13191	3243
3932	46737	46020	10992	21215	4892	18328	21725
869	60617	57014	221782	19143	1905	28445	22940
1890	62602	57094	-30259	40626	1723	37841	7505
359	23196	27589	-50251	34047	5469	13659	684
4759	62456	40315	373968	370439	38175	100867	41685
907	27760	27056	2466	25379	4691	22714	18347
1007	14130	11202	80380	84315	6878	27412	5424
1591	20288	20627	6903	23653	5544	17049	5100
53	5427	3408	-4610	6796	136	8272	1476
11392	73663	48590	671375	661618	49634	93784	96440
5276	63392	45381	208876	190628	14868	58106	28256
5651	40836	42384	194762	138312	11524	58409	31200
2753	34176	11027	105514	84905	3091	45095	14456
2407	21226	22192	54486	86659	5342	54492	18782
28	6774	5541	21361	23169	591	8153	695
93	171	180	1879	2068	156	591	361
699	2991	3407	30790	27625	1378	9302	2724
1162	27587	24600	-7935	30771	3687	32948	5675
7	189	158	626	453	20	813	31
309802	3825	4066	17551	15422	342	4246	626
	457	500	-7776	2500	135	911	
206	2904	1735	4483	5658	494	3778	1131
49	2904	1566	-698	2881	113	2849	685
14	102	100	-115	111	18	303	
4918	77795	86101	80935	113579	12273	88256	21145

食品、饮料及烟草制品批发
Wholesale of Food, Beverages and Tobaccos

地　区	Region	主营业务收入 Revenue from Principal Business	主营业务成本 Cost of Principal Business	主营业务税金及附加 Taxes and Other Charges on Principal Business	主营业务利润 Profits from Principal Business	其他业务利润 Profits from Other Business	销售费用 Selling Expenses	管理费用 Administr-ative Expenses
全　国	**National Total**	**308565913**	**251576724**	**7793353**	**49195836**	**695694**	**14070225**	**10195495**
北　京	Beijing	16083316	13789401	145488	2148427	115124	1523098	350530
天　津	Tianjin	7877715	7155275	128319	594121	8977	141290	124800
河　北	Hebei	5867519	4558443	261915	1047161	5264	239297	262577
山　西	Shanxi	4218177	3345592	185322	687263	7826	98435	191357
内蒙古	Inner Mongolia	3571973	2825214	158636	588123	3037	84995	169252
辽　宁	Liaoning	6701475	5521351	228932	951192	7621	177800	215224
吉　林	Jilin	2118274	1628995	111055	378224	-660	49903	108165
黑龙江	Heilongjiang	6964636	5946274	217517	800845	-27771	173378	194983
上　海	Shanghai	27823318	24062089	178664	3582565	84991	2482610	737373
江　苏	Jiangsu	20028552	16157391	458005	3413156	20464	690626	519657
浙　江	Zhejiang	21220571	17639007	507712	3073852	85893	1004157	634591
安　徽	Anhui	8196762	6454486	273515	1468761	9611	414842	301622
福　建	Fujian	13975377	12137612	256985	1580780	17164	436898	366756
江　西	Jiangxi	4187331	3148605	192044	846682	4244	128350	168493
山　东	Shandong	25461060	20362760	717394	4380906	110514	871653	859005
河　南	Henan	10762464	8334075	452496	1975893	10411	358863	563459
湖　北	Hubei	12358137	9327546	364614	2665977	18922	914295	536502
湖　南	Hunan	10119442	7883220	381917	1854305	9519	418354	519364
广　东	Guangdong	36803977	32077552	609480	4116945	113416	1293301	992986
广　西	Guangxi	4347195	3510996	178104	658095	6317	140019	186967
海　南	Hainan	2005587	1765264	49058	191265	819	20778	47227
重　庆	Chongqing	9962244	8338301	305892	1318051	22864	254433	358519
四　川	Sichuan	13203832	10295938	398787	2509107	25260	664674	482563
贵　州	Guizhou	8442207	4621505	274726	3545976	6793	514275	384634
云　南	Yunnan	13550166	10480969	268223	2800974	7825	603457	410310
西　藏	Tibet	410850	316600	23928	70322	279	10046	31238
陕　西	Shaanxi	4913895	3764099	213216	936580	10688	184921	224877
甘　肃	Gansu	2508557	1961602	105799	441156	3990	88380	105312
青　海	Qinghai	947539	813901	30573	103065	250	9324	29344
宁　夏	Ningxia	618950	464482	30653	123815	694	15907	28572
新　疆	Xinjiang	3314816	2888180	84385	342251	5350	61866	89238

单位：万元
Unit: 10000 yuan

#税金 Taxes	财务费用 Financial Expenses	#利息支出 Interest Expenses	营业利润 Operating Profits	利润总额 Total Profits	应交所得税 Income Tax Payable	应付职工薪酬 Payables to Employees	应交增值税 VAT Payable
319736	**101829**	**515516**	**25954784**	**26508739**	**5907275**	**8596728**	**9694311**
9243	-23428	78243	670377	863157	139640	407002	261984
2659	38824	5219	296650	302116	66759	76453	174668
14203	-9888	8057	561043	534993	134901	186916	196081
5417	1977	3964	397522	403679	105575	161957	170665
21855	-5419	6197	330258	328683	75720	170709	103140
7561	16015	-3340	550623	570051	140679	165210	169396
3003	3262	3166	217142	219269	55313	101234	75024
3836	34952	52560	418654	388739	89913	170290	133110
13477	-302560	-315201	840620	671533	178541	550463	385917
26036	-19508	43224	2274442	2216395	487787	446670	1062258
14848	-10369	80635	1632368	1703245	419319	583532	574816
7026	-32011	30830	825688	845417	181733	216182	296760
12212	64084	69891	849715	872134	186817	343295	307273
4157	-13168	3138	567017	562730	144330	156019	167630
30116	80497	38311	2647852	2638180	456732	680197	716486
15736	13270	15770	1080024	1053460	233950	458679	355167
22138	-3662	23450	1131013	1174461	264575	448111	638827
13466	20101	33621	914762	936293	206392	373875	327878
26386	226289	151200	1840658	2093019	406821	831583	988920
5364	24539	28479	320605	338973	93236	173815	137403
2003	-7005	1115	152466	147698	33339	43924	32741
8584	23971	49570	689401	680240	116527	203602	370914
15383	41549	28950	1147172	1221788	287961	403683	433384
7815	-27258	15801	2647168	2668800	670281	354052	626113
12065	-38497	37449	1824246	1971538	498282	389908	588219
1790	445	-1	28382	27230	4868	24759	29033
7135	10478	5084	520021	467174	104111	227039	182033
1751	-147	2744	258403	243498	36143	98493	57330
869	-2779	190	51660	72220	17921	24199	22659
825	-1350	1716	71722	83509	19221	41950	45402
2778	-1375	15485	197113	208522	49891	82928	63082

纺织、服装及家庭用品批发
Wholesale of Textiles, Wearing Apparel and Household Articles

地 区	Region	主营业务收入 Revenue from Principal Business	主营业务成本 Cost of Principal Business	主营业务税金及附加 Taxes and Other Charges on Principal Business	主营业务利润 Profits from Principal Business	其他业务利润 Profits from Other Business	销售费用 Selling Expenses	管理费用 Administrative Expenses
全 国	**National Total**	**286316033**	**251530366**	**793515**	**33992152**	**692888**	**17148983**	**7178052**
北 京	Beijing	15735342	12831776	47893	2855673	160108	1927243	701796
天 津	Tianjin	4731468	4061263	18203	652002	4180	215186	53671
河 北	Hebei	1658654	1584542	1325	72787	1405	35349	12225
山 西	Shanxi	427502	385682	1153	40667	2554	24197	9991
内蒙古	Inner Mongolia	284990	261325	5041	18624	216	8354	2635
辽 宁	Liaoning	7059485	5577118	34847	1447520	10373	461434	381965
吉 林	Jilin	225257	206551	484	18222	964	8650	3151
黑龙江	Heilongjiang	1410021	1237436	1891	170694	2969	33255	48999
上 海	Shanghai	44934559	35615943	108547	9210069	111099	5949756	1671485
江 苏	Jiangsu	49251327	43720065	93877	5437385	65442	1945991	1292717
浙 江	Zhejiang	43292651	40263527	68592	2960532	79371	1352931	691261
安 徽	Anhui	6725123	5915737	13022	796364	17810	662352	109346
福 建	Fujian	19850065	18338233	74036	1437796	54140	566519	325895
江 西	Jiangxi	919044	846829	1862	70353	630	21899	8521
山 东	Shandong	13449989	12284406	52958	1112625	21326	407674	168807
河 南	Henan	3291471	3088001	12619	190851	1980	71365	29170
湖 北	Hubei	2743890	2396983	16161	330746	14172	156909	59234
湖 南	Hunan	1694893	1519159	11267	164467	2412	81837	35918
广 东	Guangdong	47704840	42173773	167315	5363752	116184	2184022	1372628
广 西	Guangxi	1692991	1579844	2120	111027	3741	46952	30890
海 南	Hainan	436867	418909	399	17559	150	14060	2532
重 庆	Chongqing	12288627	11341215	16701	930711	1746	672782	71546
四 川	Sichuan	2191464	1990001	11788	189675	11241	117178	37275
贵 州	Guizhou	297198	271454	712	25032	186	16785	5622
云 南	Yunnan	1130546	992140	3799	134607	1931	82739	8053
西 藏	Tibet							
陕 西	Shaanxi	2229902	2023900	25964	180038	4289	54553	27811
甘 肃	Gansu	176521	157410	473	18638	192	8382	4574
青 海	Qinghai	78787	77480	17	1290	375	1222	781
宁 夏	Ningxia	34323	30633	23	3667		2817	922
新 疆	Xinjiang	368237	339034	427	28776	1704	16591	8632

单位：万元
Unit: 10000 yuan

#税金 Taxes	财务费用 Financial Expenses	#利息支出 Interest Expenses	营业利润 Operating Profits	利润总额 Total Profits	应交所得税 Income Tax Payable	应付职工薪酬 Payables to Employees	应交增值税 VAT Payable
187381	**809717**	**958134**	**9943589**	**10127669**	**1876665**	**5582346**	**4719713**
10024	-34242	34069	540487	629873	117951	763140	356891
2964	14601	8776	360813	369506	97093	81394	116662
277	-1137	2349	22485	22926	3220	26488	6559
1010	957	991	3557	5030	2009	9674	18566
86	302	77	8199	11727	29	5919	560
20418	39796	8044	576608	537016	6225	140423	66186
56	343	119	5378	6707	275	3897	2433
589	9252	8938	84389	18967	1983	7012	27931
8166	43806	60930	1853814	2023162	486960	1367997	775386
20984	160930	179972	2341857	2309159	478558	758545	691039
22293	319135	359861	741439	777927	158928	596141	535972
3674	14943	14504	10945	24247	12641	105047	123846
23751	70940	108834	510002	534876	75130	243235	143776
655	-587	2182	47774	46161	2207	12212	11738
13949	25819	24277	546914	543427	63186	164278	131491
2293	6053	4799	89453	82188	9719	30380	22524
2677	12144	10263	90469	83694	17647	43916	80186
1371	5347	2388	42509	33445	6909	43440	19240
38155	109236	100536	1671724	1668876	259041	979565	1332511
703	3224	3890	35120	34818	6961	22135	14981
65	2621	825	-816	-587	362	5384	4817
9911	-8732	8290	185426	204913	49418	43688	113998
1082	5630	5203	28887	33314	8851	58888	24915
269	775	1349	1879	2159	629	8170	23087
688	2851	2678	38646	39605	5649	10295	42922
684	1782	1760	100388	83332	3983	36368	25836
159	855	347	3999	171	186	4007	2351
9	238	29	-951	-664	48	1074	-186
125	370	234	-453	-179	62	643	100
299	2466	1625	2649	1874	808	8992	3393

文化、体育用品及器材批发
Wholesale of Culture, Sports Appliances and Equipments

地区	Region	主营业务收入 Revenue from Principal Business	主营业务成本 Cost of Principal Business	主营业务税金及附加 Taxes and Other Charges on Principal Business	主营业务利润 Profits from Principal Business	其他业务利润 Profits from Other Business	销售费用 Selling Expenses	管理费用 Administr-ative Expenses
全国	**National Total**	**58630598**	**53964530**	**146090**	**4519978**	**147568**	**1980828**	**1215091**
北京	Beijing	12747650	12061014	21872	664764	35733	416063	242301
天津	Tianjin	1319940	1197645	7632	114663	3652	37323	36907
河北	Hebei	386034	349785	968	35281	176	5906	13176
山西	Shanxi	631857	599046	811	32000	111	10290	11066
内蒙古	Inner Mongolia	52787	50878	54	1855	5009	2120	4175
辽宁	Liaoning	420844	373224	1034	46586	3044	16079	13455
吉林	Jilin	54332	44932	216	9184	3951	2834	7906
黑龙江	Heilongjiang	136714	117120	83	19511	766	3556	3561
上海	Shanghai	9007980	8398856	25339	583785	22453	304809	155101
江苏	Jiangsu	3775599	3342877	13765	418957	3022	180308	98369
浙江	Zhejiang	5397833	5124077	6518	267238	6940	119053	80917
安徽	Anhui	1159417	1090242	1078	68097	1318	34943	13953
福建	Fujian	1217248	1122987	3593	90668	2808	29657	30546
江西	Jiangxi	173215	146408	642	26165		3378	2156
山东	Shandong	4341948	3899328	14015	428605	5680	128336	94349
河南	Henan	846537	779208	4593	62736	3306	24416	19520
湖北	Hubei	1111714	974515	2912	134287	345	57424	40544
湖南	Hunan	893158	762430	9142	121586	2022	31242	24540
广东	Guangdong	12141184	10998727	25133	1117324	18213	442999	256478
广西	Guangxi	229138	200943	303	27892	502	13075	6949
海南	Hainan	44281	39434	130	4717	410	2950	2181
重庆	Chongqing	682805	588539	2354	91912	21967	52412	14590
四川	Sichuan	794836	741996	1388	51452	665	10855	7353
贵州	Guizhou	157927	142047	420	15460	458	4726	2259
云南	Yunnan	282534	259166	666	22702	2021	13388	7130
西藏	Tibet	8571	7457	19	1095		460	604
陕西	Shaanxi	237372	216661	358	20353	679	11055	7155
甘肃	Gansu	187916	169850	396	17670		7030	8413
青海	Qinghai	20319	14187	186	5946	1257	3796	3037
宁夏	Ningxia	15279	13084	17	2178	139	687	1287
新疆	Xinjiang	153631	137870	454	15307	926	9659	5112

单位：万元
Unit: 10000 yuan

#税金 Taxes	财务费用 Financial Expenses	#利息支出 Interest Expenses	营业利润 Operating Profits	利润总额 Total Profits	应交所得税 Income Tax Payable	应付职工薪酬 Payables to Employees	应交增值税 VAT Payable
40738	**220935**	**267096**	**1526379**	**1566917**	**249971**	**1171617**	**612233**
9617	70512	101146	71344	97194	66973	254328	113901
1074	7958	5628	41833	38911	9804	22299	16988
994	3972	4315	16494	7412	50	6443	184
486	1253	1228	9909	8952	1882	5634	2870
15	-144	-1	-841	-280	34	1840	218
728	3411	2222	14760	17664	1215	7327	5414
356	19	55	2394	3016	448	5134	194
183	131	175	12272	12287	18	1847	831
2041	24028	30792	206824	263898	52922	127860	74119
2998	7468	16584	212389	210993	24182	129548	56364
2868	30420	25827	61741	67176	9098	60151	38228
613	-9508	1612	36630	36108	597	14730	942
932	6443	3495	27102	25329	1479	24225	8042
33	338	89	20293	19612	313	1449	4322
3747	-9381	5232	226808	213210	14411	103420	50524
778	3147	1527	16698	15154	1151	16997	8066
1310	3421	3395	32585	32416	3918	42936	8527
1101	-2308	3790	67541	40352	1983	22444	20156
8366	68089	43555	357187	359448	51336	231256	167144
320	1125	1234	8866	11740	203	6355	2976
3	-60	4	56	1145	3	3001	785
219	3214	352	43648	47506	4002	46278	4291
83	9649	8276	8079	3746	562	4510	14721
274	269	274	8267	8557	69	4041	1219
364	-2721	4990	13351	13727	900	4766	3888
	-9	-9	39	194	36	235	-281
532	-285	398	4289	4395	656	5930	1682
163	301	422	1952	406	5	3707	1745
43	-55		490	805	149	5040	672
58	-5	2	211	341		916	146
442	247	486	3171	5505	1575	6973	3355

医药及医疗器材批发
Wholesale of Medicines and Medical Appliances

地　区	Region	主营业务收入 Revenue from Principal Business	主营业务成本 Cost of Principal Business	主营业务税金及附加 Taxes and Other Charges on Principal Business	主营业务利润 Profits from Principal Business	其他业务利润 Profits from Other Business	销售费用 Selling Expenses	管理费用 Administrative Expenses
全　国	**National Total**	**134987141**	**121062228**	**341116**	**13583797**	**733213**	**6940918**	**3181780**
北　京	Beijing	11652616	10198944	26264	1427408	119116	830769	351324
天　津	Tianjin	3450304	3224044	5539	220721	4178	72116	62720
河　北	Hebei	5029443	4830405	4814	194224	4003	63155	54117
山　西	Shanxi	1228228	1125376	2202	100650	2455	56956	25390
内蒙古	Inner Mongolia	438906	395565	1308	42033	86	15898	9389
辽　宁	Liaoning	4026941	3681657	13638	331646	20435	124747	86976
吉　林	Jilin	1492268	1263313	6168	222787	99347	124492	42746
黑龙江	Heilongjiang	2374437	2272747	7626	94064	3315	61858	26481
上　海	Shanghai	13856305	10985132	23152	2848021	143437	1593383	761085
江　苏	Jiangsu	8653153	7355490	27025	1270638	140858	890947	196247
浙　江	Zhejiang	10092215	9228709	17305	846201	29364	363585	191555
安　徽	Anhui	6591523	6269773	13836	307914	7156	135842	84903
福　建	Fujian	2374362	2229899	4338	140125	3584	52690	38455
江　西	Jiangxi	2087891	1817499	9658	260734	7067	107774	34893
山　东	Shandong	7068715	6511291	17404	540020	8562	233841	117087
河　南	Henan	5736407	5426810	10992	298605	10441	78617	66860
湖　北	Hubei	6363277	5793567	28159	541551	4693	205177	128108
湖　南	Hunan	3807476	3483520	27850	296106	6756	132489	70273
广　东	Guangdong	18219526	16334873	43360	1841293	69629	911764	438395
广　西	Guangxi	1125854	1032177	3061	90616	5413	35549	32834
海　南	Hainan	1167970	933808	3423	230739	1154	157353	37567
重　庆	Chongqing	4438035	4103348	9450	325237	19683	114890	93822
四　川	Sichuan	6028220	5613766	15478	398976	6672	182349	98712
贵　州	Guizhou	920725	842866	2551	75308	2176	32796	23792
云　南	Yunnan	2795427	2568302	4287	222838	4258	109516	45488
西　藏	Tibet	322236	123593	3904	194739	138	164998	3754
陕　西	Shaanxi	1574102	1484178	4488	85436	6250	34168	24306
甘　肃	Gansu	1087212	1022321	2482	62409	1754	24307	14133
青　海	Qinghai	109448	101058	226	8164	7	3474	2304
宁　夏	Ningxia	166444	157031	189	9224	80	3403	2290
新　疆	Xinjiang	707480	651170	940	55370	1148	22014	15775

3-4-4　Continued 4

单位：万元

Unit: 10000 yuan

#税金 Taxes	财务费用 Financial Expenses	#利息支出 Interest Expenses	营业利润 Operating Profits	利润总额 Total Profits	应交所得税 Income Tax Payable	应付职工薪酬 Payables to Employees	应交增值税 VAT Payable
90675	**661841**	**596989**	**3692921**	**3561463**	**731388**	**3277691**	**2286886**
5355	26276	64694	416852	425081	90505	439312	206434
1558	21929	21692	67054	72082	16809	45848	33487
1985	32101	31131	41679	34908	9182	41513	35263
1386	8423	7243	12740	11201	3250	27730	15106
970	1616	582	15056	15181	1522	8590	2675
3159	21096	14225	101860	97985	24878	42762	61700
502	13038	1712	48633	53722	7242	12639	36664
962	2472	1423	4940	-1089	2377	16984	9665
7143	7999	26204	666073	703870	191997	742006	254089
4703	45671	56328	294913	286964	69137	480745	144243
4887	44303	55140	310657	314671	70024	157708	129997
6117	18259	13598	75265	62849	10568	57542	61226
1376	18877	14864	41693	42924	9667	39195	33468
1393	12346	10880	106443	65858	4411	66356	78445
5363	44909	32774	153814	131302	23954	98579	149294
2889	40310	30233	126955	127739	16113	55533	38930
6435	59616	18957	176415	161642	29756	126666	90489
4192	21283	16683	83562	60393	7977	60633	43577
16784	97126	102241	536538	509665	79998	374145	505549
956	8877	6167	1787	1772	1575	24737	17243
1057	8070	9300	33344	27302	8149	46820	40822
3228	26662	16822	132171	119463	9811	79142	83496
3669	34433	13394	91306	86317	16841	96618	94350
400	7146	4182	13880	12671	2143	16694	11725
1431	16057	12487	55468	52674	7621	45501	36984
75	856	881	25456	33456	5887	14151	4603
1350	12289	5738	19018	16867	4628	21395	10359
491	6836	5110	15898	9794	2061	15605	12560
16	303	95	2152	2305	290	2992	1325
88	595	684	2906	3176	427	3524	1310
758	2067	1525	18395	18723	2590	16030	41808

矿产品、建材及化工产品批发

Wholesale of Mineral Products, Building Materials and Chemical Products

地 区	Region	主营业务收入 Revenue from Principal Business	主营业务成本 Cost of Principal Business	主营业务税金及附加 Taxes and Other Charges on Principal Business	主营业务利润 Profits from Principal Business	其他业务利润 Profits from Other Business	销售费用 Selling Expenses	管理费用 Administr-ative Expenses
全 国	**National Total**	**2150107340**	**2073163954**	**3099412**	**73843974**	**1572097**	**23754377**	**13278043**
北 京	Beijing	242993604	238442431	138619	4412554	-391129	1902278	1371937
天 津	Tianjin	172145746	166976227	231839	4937680	116282	1646998	727081
河 北	Hebei	57957977	56264425	62804	1630748	70043	741351	292079
山 西	Shanxi	77000251	75160258	69149	1770844	334544	993684	566029
内蒙古	Inner Mongolia	20054415	18984979	70328	999108	28173	468392	140946
辽 宁	Liaoning	94655601	92729067	135935	1790599	59188	732840	475488
吉 林	Jilin	10661995	10362684	21051	278260	1376	139994	26125
黑龙江	Heilongjiang	22540181	21627313	17437	895431	8127	349613	91003
上 海	Shanghai	237367960	231765626	84503	5517831	256463	2192886	1445546
江 苏	Jiangsu	195167478	184611146	265401	10290931	152087	2105382	1458891
浙 江	Zhejiang	174626400	170731267	114557	3780576	196849	1729187	1019360
安 徽	Anhui	19687733	18695031	37739	954963	16884	394882	161006
福 建	Fujian	60839661	58602412	80092	2157157	83241	898572	409347
江 西	Jiangxi	10632381	10127251	16883	488247	2730	167060	68443
山 东	Shandong	125543880	116761736	682965	8099179	105209	1826495	1229801
河 南	Henan	30736948	28984626	123771	1628551	20670	431739	268050
湖 北	Hubei	51828032	49395537	253874	2178621	24974	709504	331198
湖 南	Hunan	16526606	15511299	113572	901735	13285	254742	227073
广 东	Guangdong	275183180	262072876	217086	12893218	253020	2854130	1627038
广 西	Guangxi	23996350	23194602	22188	779560	11828	373703	149704
海 南	Hainan	14826681	14349343	3346	473992	4039	59814	32673
重 庆	Chongqing	26974152	25600940	90522	1282690	32677	400980	186657
四 川	Sichuan	28977435	27976605	47547	953283	31505	418396	205272
贵 州	Guizhou	10828309	10222856	39775	565678	20231	201463	86386
云 南	Yunnan	27764923	26633857	29011	1102055	37263	482548	224967
西 藏	Tibet							
陕 西	Shaanxi	37537226	35996359	85589	1455278	32613	492619	228292
甘 肃	Gansu	22397109	22217994	11658	167457	19418	147892	63228
青 海	Qinghai	9023153	8599725	5557	417871	8600	118988	33471
宁 夏	Ningxia	5909458	5771430	4995	133033	7377	76331	18568
新 疆	Xinjiang	45722516	44794052	21621	906843	14528	441914	112386

3-4-4 Continued 5

单位：万元
Unit: 10000 yuan

#税金 Taxes	财务费用 Financial Expenses	#利息支出 Interest Expenses	营业利润 Operating Profits	利润总额 Total Profits	应交所得税 Income Tax Payable	应付职工薪酬 Payables to Employees	应交增值税 VAT Payable
947565	**8555691**	**8889401**	**26806588**	**25677294**	**4272608**	**9448075**	**14422199**
83545	597332	1578352	1771865	1923178	416417	1011818	887903
35025	903788	696426	1491519	1485091	204339	252785	633772
19032	339790	282307	381676	348544	43671	262593	318972
26173	358433	290804	165653	212767	91114	321524	734575
16314	95098	50761	117821	129173	36507	95019	537197
46109	273661	193789	343361	382894	104615	292717	499385
4252	28408	30783	73485	76705	12495	65827	113340
9379	70618	114601	55241	94617	26164	149617	292866
38825	439692	412548	1775141	1848147	515649	1020336	773058
76875	839635	641776	6081968	5376536	670275	752132	1386284
57234	872689	1116308	738764	1003551	286960	753598	527927
24560	123614	95249	263018	228972	27602	135327	155400
27699	251614	349318	760235	885122	138741	319574	331769
6239	25110	19055	177936	167145	32453	75672	99719
184434	710356	432517	4468296	3941630	531533	783930	1654860
26346	103053	55765	844708	778383	51487	206882	302955
30181	189448	138355	925472	977943	149743	365002	673443
16990	124812	66753	336912	262217	23118	122847	153599
112761	988008	1141705	3123579	3056785	469603	1192505	1605931
13763	203127	152350	108065	122699	50361	148337	329141
2807	24075	17730	441564	426133	31770	22213	32383
12734	111728	96503	628731	475133	35292	202879	226311
14103	232586	232030	148911	142864	40753	161190	154171
4223	68024	92764	234547	230300	12780	61604	106532
12187	280846	282410	198612	202220	38045	161675	284359
27213	89913	109676	686534	565251	110407	210909	754159
5804	56292	54519	-102483	-84795	7026	50184	23804
2250	17374	-3002	256327	48647	4963	43122	34572
2977	24392	12780	18190	20855	3570	34887	169749
7533	112178	134471	290940	348587	105159	171370	624064

机械设备、五金产品及电子产品批发
Wholesale of Machinery, Hardware and Electronic Products

地 区	Region	主营业务收入 Revenue from Principal Business	主营业务成本 Cost of Principal Business	主营业务税金及附加 Taxes and Other Charges on Principal Business	主营业务利润 Profits from Principal Business	其他业务利润 Profits from Other Business	销售费用 Selling Expenses	管理费用 Administr-ative Expenses
全 国	**National Total**	**436928012**	**398493810**	**2065283**	**36368919**	**1926678**	**17031676**	**8366540**
北 京	Beijing	98465014	88878977	206905	9379132	1097051	4855131	2773969
天 津	Tianjin	23480949	21297102	1143980	1039867	55465	488701	289970
河 北	Hebei	8096659	7786523	12243	297893	37499	175765	71825
山 西	Shanxi	4524480	4428700	3888	91892	1834	49506	38768
内蒙古	Inner Mongolia	555290	497495	2046	55749	1657	37197	19820
辽 宁	Liaoning	7858565	7310538	34425	513602	27626	170373	157594
吉 林	Jilin	1931264	1759976	4389	166899	2047	133722	22196
黑龙江	Heilongjiang	1890734	1606941	12216	271577	2424	62400	41841
上 海	Shanghai	121531958	108798274	157153	12576531	333660	6445094	1923813
江 苏	Jiangsu	25887841	23740832	65699	2081310	50974	588579	481048
浙 江	Zhejiang	23240537	21931432	30332	1278773	35506	686233	365171
安 徽	Anhui	4107385	3841872	9006	256507	5328	129499	51429
福 建	Fujian	6529617	6107710	14366	407541	8672	141728	115755
江 西	Jiangxi	896486	807800	6095	82591	2620	26498	16330
山 东	Shandong	17693696	16078315	117572	1497809	34261	378356	282560
河 南	Henan	4125292	3766639	13144	345509	8646	181577	59524
湖 北	Hubei	4724475	4256717	27566	440192	8740	154653	86304
湖 南	Hunan	1846296	1611272	16016	219008	6360	70581	55091
广 东	Guangdong	54310565	50518227	90649	3701689	97952	1410638	1103576
广 西	Guangxi	1286291	1197145	2551	86595	6158	52860	28644
海 南	Hainan	1051399	916735	1289	133375	777	57317	14067
重 庆	Chongqing	7297141	6664816	70745	561580	25244	237705	96660
四 川	Sichuan	6393426	5993944	10178	389304	22860	221040	112468
贵 州	Guizhou	817322	768700	1134	47488	4652	29050	15780
云 南	Yunnan	1665759	1556541	2930	106288	9909	60647	35664
西 藏	Tibet	50365	45659	17	4689	666	1796	1001
陕 西	Shaanxi	2312511	2160279	4871	147361	5660	73366	36255
甘 肃	Gansu	684391	673424	588	10379	22904	17768	10722
青 海	Qinghai	937899	918851	178	18870	639	4579	3741
宁 夏	Ningxia	196936	180956	504	15476	2393	9597	7884
新 疆	Xinjiang	2537469	2391418	2609	143442	6495	79720	47072

3-4-4 Continued 6

单位：万元
Unit: 10000 yuan

#税金 Taxes	财务费用 Financial Expenses	#利息支出 Interest Expenses	营业利润 Operating Profits	利润总额 Total Profits	应交所得税 Income Tax Payable	应付职工薪酬 Payables to Employees	应交增值税 VAT Payable
330149	**1130965**	**1686201**	**12459480**	**13406610**	**2645748**	**6486498**	**6030967**
60709	-28336	452143	3384869	4055766	842603	2130939	1490725
8828	125318	161915	213784	256833	81798	174755	861135
20924	134858	119263	-47567	-22361	17323	95236	27053
923	12027	6580	-6231	-4411	2171	22921	16213
661	4473	3149	-8167	-8564	854	16430	7020
13758	78566	51562	136493	144506	27979	89204	101110
541	1174	1331	10972	8873	2655	17871	23363
3727	6052	1415	162618	36699	5911	23054	7980
63230	-13576	156563	4628134	4916831	1004956	1593320	1442406
25971	166874	154363	908211	848114	144242	319311	307522
17310	149047	130596	178474	288291	75566	287755	163683
3248	18691	21551	52999	52039	9799	46686	45071
5035	25056	30508	143684	114005	26790	84081	83483
803	7682	2699	31117	24017	1341	14398	47433
19977	111913	42192	733271	715203	84787	237103	183299
3166	15520	11025	88911	88531	13241	64648	34907
5966	29640	13341	169670	130427	22498	77629	97104
3193	11458	6656	85990	71041	6859	41375	21567
55207	161841	207288	1150342	1236496	198449	837162	684189
1553	8355	6313	8238	9514	1512	27204	12163
666	-208	343	62997	63055	1974	10886	15138
5742	24636	34243	249386	252028	28573	70106	157833
3024	32260	25292	51378	59016	23064	91924	114014
976	5652	5544	-868	-411	1424	12101	10455
816	13433	12133	12502	18162	4051	26868	21824
	228	183	1267	2056	102	1100	39
1550	4185	4077	37116	16029	4809	30228	25206
154	2604	1988	533	764	516	7284	4162
383	4678	3030	6382	6636	419	2073	2547
133	2931	2321	-3507	-2959	111	4160	1690
1977	13933	16594	16483	30386	9372	28686	20634

贸易经纪与代理

Trade Broker and Agency

地区	Region	主营业务收入 Revenue from Principal Business	主营业务成本 Cost of Principal Business	主营业务税金及附加 Taxes and Other Charges on Principal Business	主营业务利润 Profits from Principal Business	其他业务利润 Profits from Other Business	销售费用 Selling Expenses	管理费用 Administrative Expenses
全国	**National Total**	**44873336**	**42506703**	**64544**	**2302089**	**183882**	**1043748**	**617696**
北京	Beijing	4572890	4053900	24137	494853	56850	132973	148800
天津	Tianjin	3001462	2774200	9268	217994	17103	229072	40550
河北	Hebei	57638	53071	4	4563	7	3652	577
山西	Shanxi	344699	336401	322	7976	92	2595	2426
内蒙古	Inner Mongolia	19998	19867	13	118		77	33
辽宁	Liaoning	540657	523129	268	17260	70	8108	5374
吉林	Jilin	3187	2892	96	199		60	43
黑龙江	Heilongjiang	42537	38682	152	3703	212	2026	1281
上海	Shanghai	7823013	7252022	6785	564206	52627	322881	179203
江苏	Jiangsu	2985703	2754863	4110	226730	3133	45259	32593
浙江	Zhejiang	1040988	1000696	666	39626	126	14624	11755
安徽	Anhui	93922	91441	37	2444	55	1109	907
福建	Fujian	1441359	1366164	2582	72613	2420	34368	15889
江西	Jiangxi	63632	63103	157	372		105	302
山东	Shandong	1949139	1800854	6474	141811	4514	52084	15806
河南	Henan	12346	11005	157	1184		128	196
湖北	Hubei	6968510	6907963	670	59877	33826	17839	36057
湖南	Hunan	50275	44357	1675	4243		1356	896
广东	Guangdong	12364041	11981525	5764	376752	10702	124452	118140
广西	Guangxi	210312	207594	37	2681	2	1442	769
海南	Hainan							
重庆	Chongqing	2168	1622	98	448		86	41
四川	Sichuan	68017	64637	59	3321	469	2185	1222
贵州	Guizhou							
云南	Yunnan	1089783	1035536	659	53588	255	42980	2576
西藏	Tibet							
陕西	Shaanxi	30835	27401	2	3432		2535	467
甘肃	Gansu							
青海	Qinghai	6427	6365		62		29	89
宁夏	Ningxia							
新疆	Xinjiang	89799	87416	351	2032	1420	1723	1704

单位：万元
Unit: 10000 yuan

#税金 Taxes	财务费用 Financial Expenses	#利息支出 Interest Expenses	营业利润 Operating Profits	利润总额 Total Profits	应交所得税 Income Tax Payable	应付职工薪酬 Payables to Employees	应交增值税 VAT Payable
26378	**-28548**	**359586**	**948314**	**988727**	**211147**	**461679**	**357579**
5020	-123968	249544	474022	492222	110400	114548	24567
1503	7097	7476	-40910	-39001	8907	59209	17295
6	198	313	143	175	6	529	15
138	1616	18	1572	1605	1491	111	1262
12	-157	105	165	742	192	35	115
48	1494	1035	2389	2599	607	5162	1185
			97			29	8
30	119	52	621	1184	39	730	61
1899	-7538	6942	132247	144559	38484	154586	70321
1232	17371	13148	135159	132833	11386	15251	27597
339	4623	2964	8788	10990	2025	7619	1512
35	296	145	267	503	126	540	211
873	5543	2669	37982	39452	9795	9719	16864
5	12		26	81	2	185	20
1385	14469	14401	66778	69007	7268	13555	16855
56	27	7	832	835	206	120	15
4621	-708	21925	3109	4491	932	18044	26453
23	186		1805	1809	5	162	1004
8542	42038	25643	121538	121821	20291	55856	149117
87	887	770	-1115	-513	7	654	303
	65		256			19	
138	130	182	578	660	171	1197	181
309	7400	11932	1718	2318	-1353	2545	74
5	17	57	440	439	3	518	10
			-55	1		30	
73	236	260	-136	-86	160	728	2535

其他批发业

Other Wholesale not Classified Elsewhere

地　区	Region	主营业务收入 Revenue from Principal Business	主营业务成本 Cost of Principal Business	主营业务税金及附加 Taxes and Other Charges on Principal Business	主营业务利润 Profits from Principal Business	其他业务利润 Profits from Other Business	销售费用 Selling Expenses	管理费用 Administrative Expenses
全　国	**National Total**	**80071899**	**74630727**	**312298**	**5128875**	**162728**	**1541133**	**1199946**
北　京	Beijing	3986585	3731665	5752	249168	16802	80985	59437
天　津	Tianjin	7742342	7413712	15351	313279	8863	105109	82213
河　北	Hebei	136593	123719	713	12161	1768	3420	4255
山　西	Shanxi	352777	331521	365	20891	253	11536	7297
内蒙古	Inner Mongolia	19999	14937	163	4899		1803	2931
辽　宁	Liaoning	594192	546909	4928	42355	443	11267	15243
吉　林	Jilin	48702	44580	540	3582		202	876
黑龙江	Heilongjiang	673316	621637	6451	45228	193	16682	2608
上　海	Shanghai	13184594	11927429	20508	1236657	89476	573161	400258
江　苏	Jiangsu	8360732	7735861	44904	579967	6073	94082	92749
浙　江	Zhejiang	6833922	6655048	24873	154001	4064	51790	45685
安　徽	Anhui	2143450	1961758	32052	149640	7802	48360	45717
福　建	Fujian	5546418	5416545	12643	117230	2684	59252	38811
江　西	Jiangxi	332489	307109	2479	22901	130	3384	4339
山　东	Shandong	5263182	4738130	33693	491359	4829	83718	84640
河　南	Henan	1069361	959755	6288	103318	95	20334	15895
湖　北	Hubei	744097	614557	14003	115537	220	21411	16645
湖　南	Hunan	669752	541466	27925	100361	2135	28381	29831
广　东	Guangdong	16244779	15452487	25160	767132	11883	220606	170259
广　西	Guangxi	88752	80789	392	7571		4021	1452
海　南	Hainan	1442058	1299726	377	141955	49	3307	4626
重　庆	Chongqing	1613677	1330979	20360	262338	878	23738	21823
四　川	Sichuan	698725	646115	4942	47668	152	18977	11272
贵　州	Guizhou	81181	72584	563	8034	1932	3119	3399
云　南	Yunnan	1818756	1716609	4380	97767	724	37957	25739
西　藏	Tibet							
陕　西	Shaanxi	94061	82602	1363	10096		3429	2807
甘　肃	Gansu	27926	26277	275	1374	302	635	756
青　海	Qinghai	6869	5809	23	1037	31	762	274
宁　夏	Ningxia	93679	89093	236	4350	7	899	2781
新　疆	Xinjiang	158934	141319	598	17017	941	8809	5330

单位：万元
Unit: 10000 yuan

#税金 Taxes	财务费用 Financial Expenses	#利息支出 Interest Expenses	营业利润 Operating Profits	利润总额 Total Profits	应交所得税 Income Tax Payable	应付职工薪酬 Payables to Employees	应交增值税 VAT Payable
50256	**614794**	**491581**	**1995712**	**1923135**	**331386**	**782592**	**1488612**
1238	33188	40245	98940	111398	26924	54565	24237
1930	49005	18371	96727	92265	18747	35868	100152
125	632	365	5707	6579	918	3218	751
133	1157	849	1481	1656	762	3210	4883
69	-117	5	240	-161	121	1756	235
242	8936	2202	6296	9555	1261	7567	23642
2	217	91	2286	2289	78	386	359
74	2335	2545	23686	2777	289	2368	3143
7181	17901	36503	277960	302076	86533	227736	116815
6242	66027	33678	336948	315327	53180	52921	286186
3013	72829	59579	-6433	28480	11224	42790	217499
1100	16157	12814	40683	60264	9392	35615	148397
2049	46611	54598	61231	67475	5252	36959	22398
447	1021	365	14441	10225	1447	3146	8016
9138	33604	11658	285425	165324	24090	41525	71654
1434	7548	5381	60947	59347	4498	10746	22004
1913	5816	3494	69107	54352	3995	11117	21249
2726	9427	1274	30843	27363	2026	10973	31296
6497	210369	183839	195103	205547	32647	133640	236738
143	659	481	1645	971	226	1721	1808
112	2778	2637	131802	132326	1215	3711	1015
2219	6387	5529	199921	203226	37240	15264	110903
443	6281	5883	10927	10512	2145	19387	11243
161	1044	1134	1344	2553	613	2597	3013
1148	5256	5041	34961	37702	4350	12808	10060
173	310	265	3558	3520	609	4274	4733
13	29	21	90	90	37	634	183
6	8	10	12	12	11	430	169
63	7891	1366	6589	5624	122	1588	173
220	1488	1361	3249	4464	1436	4072	5661

3-4-5 各地区限额以上零售业企业损益及分配

地区	Region	主营业务收入 Revenue from Principal Business	主营业务成本 Cost of Principal Business	主营业务税金及附加 Taxes and Other Charges on Principal Business	主营业务利润 Profits from Principal Business	其他业务利润 Profits from Other Business	销售费用 Selling Expenses	管理费用 Administrative Expenses
全国	**National Total**	**862247916**	**758267984**	**5348683**	**98631248**	**9048610**	**48905242**	**26644557**
北京	Beijing	65855557	58903336	241821	6710400	1344227	4969964	2148090
天津	Tianjin	18825436	17100480	53715	1671241	250270	1095127	560077
河北	Hebei	19637300	17829049	102821	1705430	248227	929591	657588
山西	Shanxi	19647879	18042636	67856	1537387	159286	831049	509227
内蒙古	Inner Mongolia	14391131	12755131	73468	1562532	83304	627362	380230
辽宁	Liaoning	32416650	28773096	250826	3392728	393350	1493598	1336986
吉林	Jilin	12434629	10855818	78943	1499868	109320	588822	532091
黑龙江	Heilongjiang	12824802	11246291	104421	1474090	130324	526274	451785
上海	Shanghai	46583974	39139819	228848	7215307	755201	5047756	2380419
江苏	Jiangsu	81932016	71877152	436783	9618081	777846	4210272	2606200
浙江	Zhejiang	54909745	49805382	196008	4908355	653096	2966923	1590895
安徽	Anhui	25981263	23097409	116025	2767829	180063	1282371	707353
福建	Fujian	25974246	22933499	132314	2908433	176045	1563340	738117
江西	Jiangxi	11085503	9790542	89891	1205070	70951	514214	293547
山东	Shandong	82421391	71171777	829810	10419804	538141	3358880	2233036
河南	Henan	31856716	27902528	304767	3649421	325909	1325946	901555
湖北	Hubei	42532338	36176907	487260	5868171	355207	2292860	1343621
湖南	Hunan	32424356	28535273	288293	3600790	208097	1658535	920591
广东	Guangdong	85122220	74720815	350410	10050995	883176	5822542	2458473
广西	Guangxi	10178717	9077170	38874	1062673	169954	617689	315197
海南	Hainan	3724387	3239058	20495	464834	50983	220248	134120
重庆	Chongqing	23738563	20317622	250597	3170344	237468	1288263	601271
四川	Sichuan	39340135	34997657	223010	4119468	374504	2171998	1013596
贵州	Guizhou	10204029	8888434	37158	1278437	68749	464270	221597
云南	Yunnan	17156614	15132324	60455	1963835	106566	936850	457569
西藏	Tibet	883419	765670	3933	113816	3639	30529	19227
陕西	Shaanxi	21155325	18213956	202230	2739139	240056	1060759	600796
甘肃	Gansu	7558581	6774444	33905	750232	32742	308566	146843
青海	Qinghai	1503837	1343786	4904	155147	18690	83064	47334
宁夏	Ningxia	2532972	2278685	8262	246025	42216	169818	72921
新疆	Xinjiang	7414189	6582239	30586	801364	61006	447763	264205

Income and Distribution of Enterprises above Designated Size of Retail Trade by Region

单位：万元

Unit: 10000 yuan

#税金 Taxes	财务费用 Financial Expenses	#利息支出 Interest Expenses	营业利润 Operating Profits	利润总额 Total Profits	应交所得税 Income Tax Payable	应付职工薪酬 Payables to Employees	应交增值税 VAT Payable
1156695	**5974217**	**4057732**	**27110176**	**25565643**	**4480480**	**27414335**	**16783364**
44654	314698	366868	1044530	1123194	367268	2463433	1017971
13891	129702	71919	125898	133102	61559	516561	300314
24838	159457	84246	263515	260417	72823	646466	256731
14733	154648	90952	176568	90650	30434	444841	284390
30988	121936	74460	457691	268359	34771	371288	466215
76477	308073	192308	780806	812681	141677	1083291	834173
19285	114993	54302	399819	325923	85696	300239	207613
24700	95182	62185	537910	367862	59806	485725	145932
23077	174252	111111	318120	798855	298929	1841822	896084
96507	632214	384391	3052293	2674463	495690	2443262	1797964
58335	453818	421571	669427	708621	258631	1701587	791142
31929	166238	108381	737698	697031	98880	761513	410734
33966	172602	109761	674803	595685	105593	835709	386209
17059	75465	55344	381783	334785	55061	342267	244110
141110	645597	370560	4738216	4636749	696004	2248477	1767572
62672	250146	126525	1452832	1403112	145107	1027559	462031
103382	329447	242195	2292566	1973199	294751	1441537	915047
44965	191466	100353	1063328	869944	129865	855693	421986
97877	471747	318447	2481791	2578891	409525	3102772	2067070
20146	66580	52719	197352	192340	40772	359555	241473
4106	24565	16251	126249	131787	37345	130466	78367
27652	144163	88114	1339834	1180625	120891	798760	420914
36939	262272	182845	1018161	925100	170954	1238913	792351
8802	65162	49225	618715	494414	38238	247799	324319
25131	142701	119365	555765	683673	75607	513497	528892
495	780	479	67192	54626	1535	23780	10476
45962	167672	100496	1141914	843748	86697	573907	373205
8156	47080	30431	203530	163037	20633	208735	111395
1887	14015	8177	17989	22532	6781	49011	33195
6025	23822	15082	8161	39541	11686	92030	28542
10951	53726	48671	165723	180694	27270	263839	166950

国有控股
State-controlled Enterprises

地　区	Region	主营业务收入 Revenue from Principal Business	主营业务成本 Cost of Principal Business	主营业务税金及附加 Taxes and Other Charges on Principal Business	主营业务利润 Profits from Principal Business	其他业务利润 Profits from Other Business	销售费用 Selling Expenses	管理费用 Administrative Expenses
全　国	**National Total**	**188149574**	**169117396**	**772702**	**18259475**	**1433013**	**8995147**	**4422470**
北　京	Beijing	18906013	17064085	88833	1753095	288256	971434	562078
天　津	Tianjin	6270449	5885039	12248	373162	27865	232796	137124
河　北	Hebei	3075831	2805390	16260	254181	41248	124443	123324
山　西	Shanxi	6567924	6140192	9959	417773	24825	249389	90976
内蒙古	Inner Mongolia	5214677	4791061	7738	415878	6809	203867	26920
辽　宁	Liaoning	7891077	7147252	41118	702707	22677	369210	242932
吉　林	Jilin	2617358	2221093	12109	384156	4988	199158	113655
黑龙江	Heilongjiang	1969475	1769832	11705	187938	17037	52922	76356
上　海	Shanghai	10098414	8819818	54871	1223725	195462	742500	518734
江　苏	Jiangsu	12259020	11260933	24337	973750	61748	500455	211106
浙　江	Zhejiang	9725740	8913804	28422	783514	62384	349909	183152
安　徽	Anhui	7160295	6447757	24951	687587	32065	289831	151948
福　建	Fujian	4451636	4041823	9113	400700	25559	223130	66349
江　西	Jiangxi	2444913	2165317	22452	257144	7634	102402	73119
山　东	Shandong	8026033	7083601	42898	899534	80696	368348	162934
河　南	Henan	4391520	3924115	29030	438375	20498	179834	103699
湖　北	Hubei	10965090	9616418	70074	1278598	97587	722031	283943
湖　南	Hunan	10652394	9628683	54234	969477	36108	474941	221302
广　东	Guangdong	19744646	17629666	63386	2051594	159469	920839	342036
广　西	Guangxi	1412611	1238585	9273	164753	21236	90937	70019
海　南	Hainan	1510359	1289107	11499	209753	2759	83985	32794
重　庆	Chongqing	7135475	6285796	34047	815632	122518	496190	177172
四　川	Sichuan	9398375	8576002	42197	780176	21394	407806	157187
贵　州	Guizhou	3924745	3297327	5405	622013	7902	109102	40701
云　南	Yunnan	3733685	3416183	11084	306418	17159	149142	51508
西　藏	Tibet	581845	489353	2773	89719	736	22688	9419
陕　西	Shaanxi	2377317	2085854	15405	276058	10813	130665	71648
甘　肃	Gansu	2709722	2439925	4209	265588	3869	82189	23387
青　海	Qinghai	296732	271790	641	24301	1491	14459	5303
宁　夏	Ningxia	294190	274952	643	18595	1465	13980	3889
新　疆	Xinjiang	2342014	2096643	11792	233579	8756	116566	87754

单位：万元
Unit: 10000 yuan

#税金 Taxes	财务费用 Financial Expenses	#利息支出 Interest Expenses	营业利润 Operating Profits	利润总额 Total Profits	应交所得税 Income Tax Payable	应付职工薪酬 Payables to Employees	应交增值税 VAT Payable
209163	**539830**	**475021**	**6307797**	**6143659**	**883622**	**5596978**	**3970488**
15535	84936	115131	659753	691792	130557	719361	273116
4716	32121	23179	17797	24255	14975	129008	125575
4160	7198	6149	81755	81386	18107	76226	34143
3477	15457	10467	74928	43987	11035	123888	128104
4756	12955	6189	166009	53473	5456	108859	311907
14536	12223	13294	219906	215534	20687	330080	310774
6471	16804	-10460	90491	58646	42559	72530	102106
3839	5019	3151	53816	50706	9784	46107	32398
9138	1739	12475	355656	405722	77775	411850	213050
10835	42114	32982	297497	284585	32440	265044	353916
6811	8970	19247	323687	296326	63358	252366	110262
7158	9705	12579	205258	206238	26377	157010	82260
4061	7984	4220	136134	112563	16756	125450	73418
2849	2304	3772	86372	99584	21491	72782	36044
9902	44758	34095	310577	344226	54052	236317	214636
6663	20000	8281	147912	133957	12407	140392	61039
21854	40932	45825	408547	395173	55162	433790	174386
9990	34179	22592	274682	233680	46252	248497	128286
23356	43696	30281	942790	975273	104037	608820	408491
3153	3962	2583	24056	29597	8398	65572	31662
629	-24	28	94898	96240	24776	40788	19455
7459	9326	11489	240782	211022	20749	298334	160505
7243	29796	22051	229929	230700	32290	249712	116901
1678	5520	3503	474779	341360	6803	46248	92830
7217	13153	11744	133024	301797	8052	71354	173218
333	265	250	58137	49542	757	12253	8917
3299	11513	7118	67949	54763	5053	84956	40996
2856	5181	3925	54631	38571	3115	75565	62842
74	659	61	5340	6152	942	5996	3735
460	585	441	2108	3572	217	10952	4607
4656	16802	18378	68596	73239	9207	76873	80912

3-4-6 各地区限额以上零售业企业损益及分配(按登记注册类型分)

内资企业

Domestic Funded Enterprises

地区	Region	主营业务收入 Revenue from Principal Business	主营业务成本 Cost of Principal Business	主营业务税金及附加 Taxes and Other Charges on Principal Business	主营业务利润 Profits from Principal Business	其他业务利润 Profits from Other Business	销售费用 Selling Expenses	管理费用 Administr-ative Expenses
全国	**National Total**	**765244587**	**677903749**	**4835928**	**82504909**	**7011874**	**38007748**	**21908345**
北京	Beijing	55151522	50216975	183458	4751089	1064963	3546748	1552395
天津	Tianjin	15931575	14636220	37485	1257870	102907	745691	411622
河北	Hebei	19279323	17519185	101529	1658609	238192	877775	642921
山西	Shanxi	19290327	17742762	65623	1481942	157822	799811	494177
内蒙古	Inner Mongolia	14197068	12591908	72281	1532879	81015	615290	371278
辽宁	Liaoning	29522626	26268010	230979	3023637	221281	1205018	1152311
吉林	Jilin	11876012	10384211	76017	1415784	92033	551225	501553
黑龙江	Heilongjiang	12095734	10631972	101548	1362214	109527	459517	400713
上海	Shanghai	30522314	27298861	118344	3105109	453919	2206333	1068718
江苏	Jiangsu	69219115	60864394	388785	7965936	585658	3079585	2075658
浙江	Zhejiang	48482894	44235611	160818	4086465	538361	2430978	1320047
安徽	Anhui	24509420	21859994	107552	2541874	144675	1111451	644996
福建	Fujian	23369037	20780483	118477	2470077	155774	1257180	650297
江西	Jiangxi	10430802	9225723	84917	1120162	65733	456811	276954
山东	Shandong	78804217	68053621	812195	9938401	476739	3061803	2069692
河南	Henan	30139769	26403745	298121	3437903	251264	1230219	820120
湖北	Hubei	39615353	33659309	474867	5481177	219559	2049830	1227898
湖南	Hunan	31363058	27664231	282125	3416702	192772	1551981	863317
广东	Guangdong	68453583	60774542	268635	7410406	638602	3994644	1898506
广西	Guangxi	9436260	8458917	36461	940882	163160	549522	297948
海南	Hainan	3482729	3040642	19302	422785	45740	197991	124061
重庆	Chongqing	22724883	19498437	239113	2987333	212732	1194065	545848
四川	Sichuan	34948738	31257728	204175	3486835	313373	1791605	830481
贵州	Guizhou	9682368	8454032	33907	1194429	53029	412527	206553
云南	Yunnan	15582874	13811269	53420	1718185	88914	809445	410623
西藏	Tibet	879667	762729	3915	113023	3593	30019	19198
陕西	Shaanxi	17841931	15335353	187392	2319186	192137	826102	524465
甘肃	Gansu	7427587	6664512	32992	730083	32742	294458	144597
青海	Qinghai	1481887	1324262	4839	152786	18480	81838	46874
宁夏	Ningxia	2508354	2257080	8226	243048	42216	167626	72111
新疆	Xinjiang	6993559	6227032	28433	738094	54965	420661	242418

Income and Distribution of Enterprises above Designated Size of Retail Trade by Region and Type of Registration

单位：万元
Unit: 10000 yuan

# 税金 Taxes	财务费用 Financial Expenses	# 利息支出 Interest Expenses	营业利润 Operating Profits	利润总额 Total Profits	应交所得税 Income Tax Payable	应付职工薪酬 Payables to Employees	应交增值税 VAT Payable
1057908	**5565153**	**3702170**	**24655247**	**22766638**	**3617750**	**23061234**	**14619220**
35617	302033	330645	722906	801963	258857	1884047	737497
10352	106044	53021	116416	126017	44643	378087	231509
24331	156325	82190	275649	255850	71228	621938	251581
14380	151211	88909	167646	81846	26254	431267	278122
30302	113132	66672	459180	265420	32314	364965	461094
70380	268960	163363	766261	787456	109856	942220	770841
18588	101752	42724	380086	304965	77117	285234	195895
23282	86436	60516	534526	365198	58066	455185	135643
16261	116167	78821	430320	570049	150046	985013	548933
88982	613871	349191	2661969	2353649	400321	1926761	1597057
48715	413402	394332	474882	508979	170967	1449978	662137
28253	163500	106662	714059	686621	90144	689562	379777
32312	156186	103157	567594	477340	88113	705025	332509
16811	74592	54797	364609	320675	52865	320804	234354
136920	631994	359241	4659979	4568281	668457	2112603	1680531
60633	247155	123965	1346208	1294185	117618	983341	427938
100574	328676	232328	2121544	1790816	254715	1328734	856968
42352	187188	95596	1025112	845559	122392	803990	396124
73696	393544	248715	1948217	1952507	278340	2318589	1622726
19712	63289	48907	157831	166258	35558	336186	229478
3833	22087	15239	115282	123572	35186	119627	75665
27020	129984	86894	1287270	1121431	106954	757249	386459
33547	252127	171578	901927	807315	142741	1059669	716740
8362	61532	45472	588762	463708	31630	231992	313248
24680	140611	114966	472334	594861	61448	456856	465216
495	764	479	66906	54434	1535	23635	10345
41287	145695	84285	977108	717060	68600	495012	298818
8156	47000	30431	199053	158571	20296	206811	109125
1860	13919	8089	17589	22121	6669	48316	32474
6011	23426	14686	8400	40098	11556	91609	28294
10206	52554	46303	125620	139835	23265	246933	152122

3-4-6 续表 1

国有企业
State-owned Enterprises

地区	Region	主营业务收入 Revenue from Principal Business	主营业务成本 Cost of Principal Business	主营业务税金及附加 Taxes and Other Charges on Principal Business	主营业务利润 Profits from Principal Business	其他业务利润 Profits from Other Business	销售费用 Selling Expenses	管理费用 Administr-ative Expenses
全国	**National Total**	**22661459**	**20016921**	**138053**	**2506485**	**173189**	**938123**	**679393**
北京	Beijing	1196223	1012358	3869	179996	40978	78640	88326
天津	Tianjin	283319	233312	1662	48345	8621	20529	34695
河北	Hebei	239553	217492	1746	20315	1816	6154	11258
山西	Shanxi	540703	486892	2399	51412	4219	30629	17238
内蒙古	Inner Mongolia	2421152	2298058	2994	120100	2434	89284	14012
辽宁	Liaoning	1652209	1509146	5450	137613	5039	75605	40915
吉林	Jilin	24320	21264	177	2879	209	1089	1767
黑龙江	Heilongjiang	777082	693947	7950	75185	11191	26173	22381
上海	Shanghai	1111590	998770	3239	109581	12200	40340	53336
江苏	Jiangsu	999684	908647	2495	88542	6577	31213	29983
浙江	Zhejiang	208484	186005	460	22019	3873	13495	7955
安徽	Anhui	848350	767529	2359	78462	5103	51981	16560
福建	Fujian	514334	471608	914	41812	497	25086	7233
江西	Jiangxi	63137	55909	239	6989	117	3360	2113
山东	Shandong	1092746	866150	15215	211381	4019	26595	39103
河南	Henan	1070593	913496	15615	141482	2904	41418	42602
湖北	Hubei	2086945	1834398	25012	227535	2260	56792	30604
湖南	Hunan	757111	615269	11404	130438	347	43759	34439
广东	Guangdong	1804267	1507871	10879	285517	38119	58350	89553
广西	Guangxi	168455	141708	946	25801	3043	16325	8169
海南	Hainan	8138	9376	20	-1258	81	492	546
重庆	Chongqing	931365	860629	2350	68386	930	31788	7906
四川	Sichuan	1904562	1801764	3629	99169	1015	59963	7926
贵州	Guizhou	190185	166034	950	23201	897	10640	8883
云南	Yunnan	601103	556155	3959	40989	6476	23549	10461
西藏	Tibet	125358	105140	2077	18141	30	5196	3671
陕西	Shaanxi	587137	500567	8371	78199	6167	30116	26756
甘肃	Gansu	230051	108075	525	121451	836	10648	6474
青海	Qinghai							
宁夏	Ningxia	37454	30595	333	6526	1234	5118	2888
新疆	Xinjiang	185848	138757	817	46274	1957	23797	11644

3-4-6 Continued 1

单位：万元
Unit: 10000 yuan

#税金 Taxes	财务费用 Financial Expenses	#利息支出 Interest Expenses	营业利润 Operating Profits	利润总额 Total Profits	应交所得税 Income Tax Payable	应付职工薪酬 Payables to Employees	应交增值税 VAT Payable
37223	**76895**	**51741**	**847321**	**799165**	**78635**	**847593**	**537279**
1745	-451	2471	57591	67435	15782	85991	19744
1273	5562	1980	-296	1902	3111	21199	10835
752	102	329	2963	-50	31	10302	1268
826	690	286	5728	5615	1593	15345	5904
2169	4750	2026	44556	-26401	17	42344	149999
4016	6784	668	21194	21612	3164	103887	19863
85	59	40	136	129	3	1234	222
2418	2839	1194	15179	14463	494	10809	10440
734	-1312	434	34059	41129	4009	37210	13773
1100	6149	6269	26470	29284	5942	24449	49682
318	-179	263	4799	5476	1175	10560	3118
525	1115	716	11934	13335	1784	19006	17618
334	1172	651	10106	12659	840	12731	2370
68	173	113	1331	1164	116	2813	1718
1955	4128	1631	58818	87273	15933	45571	28963
3392	6293	1642	52701	48270	1494	51789	18975
5218	11469	17216	128390	121506	5205	38674	30461
1137	11712	323	39845	25456	1465	23590	3729
4152	781	2002	187267	188220	3946	146958	23372
442	788	631	1438	2432	849	9893	2688
5	25	27	-2224	769		537	60
440	1781	1684	30391	23431	198	18100	46019
801	6167	4829	28057	25867	1219	34312	19478
385	449	379	3691	4487	2425	6578	23870
949	2018	1715	32204	34344	2000	12039	5156
169	41	2	9405	9044	142	4065	5447
814	2879	1615	25542	22321	1470	27827	12167
321	797	383	2814	2460	237	6793	2788
57	68	2	-327	900	128	5391	991
624	47	223	13562	14633	3864	17599	6562

集体企业
Collective-owned Enterprises

地　区	Region	主营业务收入 Revenue from Principal Business	主营业务成本 Cost of Principal Business	主营业务税金及附加 Taxes and Other Charges on Principal Business	主营业务利润 Profits from Principal Business	其他业务利润 Profits from Other Business	销售费用 Selling Expenses	管理费用 Administr-ative Expenses
全　国	**National Total**	**13377962**	**11531954**	**162550**	**1683458**	**39437**	**443658**	**392647**
北　京	Beijing	369538	317482	2015	50041	15090	34782	23600
天　津	Tianjin	176617	161828	442	14347		7101	2609
河　北	Hebei	525221	471988	4166	49067	1094	16892	18383
山　西	Shanxi	537612	479710	2660	55242	1455	12470	17659
内蒙古	Inner Mongolia	83095	81031	100	1964		456	670
辽　宁	Liaoning	285872	237330	2826	45716	168	11683	10814
吉　林	Jilin	64299	55925	1127	7247	4	3099	1672
黑龙江	Heilongjiang	147625	130617	4064	12944	177	12538	10531
上　海	Shanghai	94383	80685	548	13150	1497	8591	6763
江　苏	Jiangsu	668787	566061	8211	94515	608	18990	17619
浙　江	Zhejiang	325014	296460	1093	27461	6751	13939	11074
安　徽	Anhui	38707	33719	160	4828	99	1284	1512
福　建	Fujian	215727	191225	1238	23264	148	8904	8817
江　西	Jiangxi	50799	46114	782	3903	85	901	811
山　东	Shandong	3436026	2791076	35223	609727	5117	91008	94539
河　南	Henan	1794507	1512984	50028	231495	638	64101	49446
湖　北	Hubei	1322538	1160426	21824	140288	1972	35474	42573
湖　南	Hunan	339374	295240	4578	39556	541	16561	10263
广　东	Guangdong	1465864	1340959	4374	120531	1456	35859	24296
广　西	Guangxi	185570	166405	2031	17134	376	7083	5174
海　南	Hainan	3120	2992	3	125		64	60
重　庆	Chongqing	51334	43414	396	7524	17	1829	1682
四　川	Sichuan	267566	244177	2345	21044	694	5866	4868
贵　州	Guizhou	23975	20372	120	3483	137	990	1202
云　南	Yunnan	351562	306960	1261	43341	505	18420	8952
西　藏	Tibet							
陕　西	Shaanxi	423750	372258	10416	41076	634	13525	14703
甘　肃	Gansu	118343	114524	476	3343	104	1107	1519
青　海	Qinghai	1937	1779	4	154	3	81	59
宁　夏	Ningxia	2580	2489	1	90	1	24	69
新　疆	Xinjiang	6620	5726	40	854	72	39	710

单位：万元
Unit: 10000 yuan

#税金 Taxes	财务费用 Financial Expenses	#利息支出 Interest Expenses	营业利润 Operating Profits	利润总额 Total Profits	应交所得税 Income Tax Payable	应付职工薪酬 Payables to Employees	应交增值税 VAT Payable
25132	**76185**	**32914**	**822648**	**734758**	**83449**	**318044**	**214684**
561	6076	5182	885	943	926	17037	6941
21	140	138	4854	3206	655	8831	3222
326	5676	243	9200	5281	1151	10059	3087
1130	1480	598	24933	4154	471	8883	3951
20	-3	-1	841	1217	95	645	371
643	2244	1371	21329	21227	2726	9537	7419
88	33	29	2567	2038	38	1472	345
216	458	165	5649	3178	193	4585	1852
215	54	57	6408	6622	470	6635	2096
801	4357	1490	52112	43028	7984	19522	10339
419	541	1034	5723	6264	1156	8876	4488
87	143	124	1977	1950	58	1488	559
255	473	172	5739	5332	504	5568	1849
19	213	150	2062	442	9	799	766
5837	23447	9543	409085	393420	51057	64581	84019
4935	6991	2840	111077	107476	5976	55658	32324
4640	12076	3747	49319	27751	1755	37118	18696
816	3214	139	9827	6524	293	7374	1618
1390	1368	759	55278	53826	4820	21048	18440
802	990	326	4032	3982	529	3750	1049
4			1	1		91	22
74	210	93	3815	3427	487	2723	358
91	395	194	9343	7444	547	4482	2296
4	-34	173	1412	1748	369	399	389
554	1041	612	15902	16495	795	5204	971
1167	4091	3421	8825	7243	303	9602	6943
14	488	295	267	265	21	1600	182
2		6	18	12	2	42	
	9		-11	-11		35	
4	13	14	183	272	60	400	96

股份合作企业
Cooperative Enterprises

地 区	Region	主营业务收入 Revenue from Principal Business	主营业务成本 Cost of Principal Business	主营业务税金及附加 Taxes and Other Charges on Principal Business	主营业务利润 Profits from Principal Business	其他业务利润 Profits from Other Business	销售费用 Selling Expenses	管理费用 Administr-ative Expenses
全 国	**National Total**	**1638257**	**1424729**	**14593**	**198935**	**12100**	**69137**	**58676**
北 京	Beijing	281568	266040	377	15151	1003	5712	9133
天 津	Tianjin	34685	30636	34	4015	202	3069	766
河 北	Hebei	53532	48286	273	4973	84	2729	2365
山 西	Shanxi	33162	23419	88	9655		36	619
内蒙古	Inner Mongolia	681	409	20	252			107
辽 宁	Liaoning	43486	39844	263	3379	53	1544	1355
吉 林	Jilin	43210	39853	397	2960		294	1226
黑龙江	Heilongjiang	38129	31830	148	6151	4	2311	2680
上 海	Shanghai	39837	36201	113	3523	139	1542	1323
江 苏	Jiangsu	45853	37183	138	8532	531	2345	1811
浙 江	Zhejiang	63760	58993	158	4609	384	2155	1583
安 徽	Anhui	34142	29043	669	4430	74	1311	1063
福 建	Fujian	6569	5992	12	565	64	325	277
江 西	Jiangxi	28327	25329	411	2587	78	740	656
山 东	Shandong	277474	231757	3329	42388	6640	17005	7366
河 南	Henan	29095	24193	688	4214		746	746
湖 北	Hubei	30449	24900	258	5291	21	972	1318
湖 南	Hunan	55337	43911	1512	9914		3529	3268
广 东	Guangdong	92368	80047	259	12062	828	6233	4181
广 西	Guangxi	3976	3679	8	289	70	129	274
海 南	Hainan							
重 庆	Chongqing	51987	44181	801	7005		1866	1717
四 川	Sichuan	123793	98509	2478	22806	173	7042	7396
贵 州	Guizhou	37481	34790	86	2605	56	976	1141
云 南	Yunnan	136648	125460	284	10904	957	5006	3590
西 藏	Tibet							
陕 西	Shaanxi	43259	31821	1777	9661	8	917	1630
甘 肃	Gansu	6286	5560	11	715	42	445	266
青 海	Qinghai	1717	1574	3	140		18	77
宁 夏	Ningxia							
新 疆	Xinjiang	1444	1289	1	154	689	144	744

单位：万元
Unit: 10000 yuan

#税金 Taxes	财务费用 Financial Expenses	#利息支出 Interest Expenses	营业利润 Operating Profits	利润总额 Total Profits	应交所得税 Income Tax Payable	应付职工薪酬 Payables to Employees	应交增值税 VAT Payable
3083	**7177**	**3110**	**76133**	**54705**	**6176**	**51576**	**20678**
47	31	420	1355	1354	396	4644	2314
5	130	1	779	820	156	1694	315
370	66		-103	-172	65	2733	559
	-9	21	9114	9116		71	
10			145	145	29	51	95
154	469	141	11	31	45	749	259
23	224	74	1217	263	19	3797	297
18	181	20	983	-117	13	2044	320
10	-86		1340	1313	329	1249	678
172	686	15	4223	2936	226	1630	530
174	326	319	912	1055	212	1820	632
132	96	2	2021	2065	409	746	1981
6	176	74	-150	-116	2	279	20
5	143	92	1048	1133	176	1426	636
295	1707	195	21741	7900	1134	11453	3305
128	74	24	2649	2649	39	800	325
187	385	140	3164	3249	409	940	728
70	696	354	2159	90	47	1670	173
48	122	64	2419	2983	-49	3186	1828
	2		-46	-45	4	150	63
91	514	318	2900	2192	152	1524	451
61	168	5	8549	8502	2152	4243	2244
3	203	200	297	510	106	773	669
23	386	424	2745	220	68	2282	314
1025	484	203	6604	6612	26	771	1819
4	4	3	43	45	11	443	94
15			45	2	1	55	15
10		2	-33	-29	1	355	15

3-4-6 续表 4

联营企业
Joint Ownership Enterprises

地 区	Region	主营业务收入 Revenue from Principal Business	主营业务成本 Cost of Principal Business	主营业务税金及附加 Taxes and Other Charges on Principal Business	主营业务利润 Profits from Principal Business	其他业务利润 Profits from Other Business	销售费用 Selling Expenses	管理费用 Administrative Expenses
全 国	**National Total**	**1096160**	**967834**	**8062**	**120265**	**4797**	**43577**	**23895**
北 京	Beijing	51761	43530	144	8087	1	6869	693
天 津	Tianjin	42378	39480	68	2830	513	998	325
河 北	Hebei							
山 西	Shanxi	10112	9650	12	450	52		344
内蒙古	Inner Mongolia							
辽 宁	Liaoning	23720	21974	81	1665	13	998	398
吉 林	Jilin							
黑龙江	Heilongjiang	35013	29284	101	5628		4791	568
上 海	Shanghai	217988	202451	285	15252	3112	5397	2232
江 苏	Jiangsu	81057	74155	193	6709	484	3136	2518
浙 江	Zhejiang	73822	68484	100	5238		1629	407
安 徽	Anhui	28502	23712	94	4696	234	2461	1638
福 建	Fujian	32063	29222	73	2768		728	802
江 西	Jiangxi							
山 东	Shandong	141148	116173	3373	21602	193	2625	1970
河 南	Henan	58476	50542	597	7337		1019	870
湖 北	Hubei	28901	26359	642	1900		510	506
湖 南	Hunan	2344	1927	9	408	134	255	287
广 东	Guangdong	147400	128386	1734	17280	62	4749	4658
广 西	Guangxi							
海 南	Hainan							
重 庆	Chongqing	12777	11695	59	1023		690	-22
四 川	Sichuan	57446	47440	112	9894		4174	3351
贵 州	Guizhou	23622	18994	26	4602		997	1199
云 南	Yunnan	15753	14086	42	1625		1237	505
西 藏	Tibet							
陕 西	Shaanxi	8356	6942	316	1098		248	558
甘 肃	Gansu	3522	3348	3	171		67	87
青 海	Qinghai							
宁 夏	Ningxia							
新 疆	Xinjiang							

单位：万元
Unit: 10000 yuan

#税金 Taxes	财务费用 Financial Expenses	#利息支出 Interest Expenses	营业利润 Operating Profits	利润总额 Total Profits	应交所得税 Income Tax Payable	应付职工薪酬 Payables to Employees	应交增值税 VAT Payable
1424	**3180**	**1746**	**48546**	**48684**	**8439**	**35592**	**16730**
17	174		502	1084	274	1608	1172
62	54	1	1462	1674	388	708	470
	53		52	104		121	
15	16		266	265	37	385	228
35	126	126	144	144	11	2588	57
16	84	39	8028	7990	2070	3526	2226
77	455	376	977	991	409	3157	799
81	-6		3208	3374	524	971	744
133	17	1	811	799	188	1894	851
42	73	61	1110	1103	300	543	455
266	763	348	14197	12473	1324	4608	4876
92	79	32	5365	5474	351	989	442
14	8	4	876	788	42	752	495
	26		-26	-31		154	
189	168	16	7165	8383	2092	10985	2166
15	16	14	339	276	67	641	140
7	619	604	1749	1504	345	1356	1220
	286		2125	2096		86	
	170	125	-109	-109		362	310
363			292	290	16	139	54
2	2		16	10	3	19	26

有限责任公司
Limited Liability Corporations

地 区	Region	主营业务收入 Revenue from Principal Business	主营业务成本 Cost of Principal Business	主营业务税金及附加 Taxes and Other Charges on Principal Business	主营业务利润 Profits from Principal Business	其他业务利润 Profits from Other Business	销售费用 Selling Expenses	管理费用 Administrative Expenses
全 国	**National Total**	**317870438**	**282304442**	**1799053**	**33766943**	**3667278**	**17763296**	**9175771**
北 京	Beijing	33305110	30673979	88436	2542695	497762	1953131	756600
天 津	Tianjin	6008816	5471143	17331	520342	62040	355644	176255
河 北	Hebei	9290011	8414377	45948	829686	138988	459430	335964
山 西	Shanxi	2998597	2735828	18125	244644	36170	134104	101440
内蒙古	Inner Mongolia	4375273	3839468	30370	505435	43265	209606	158692
辽 宁	Liaoning	10150834	8951882	83043	1115909	120360	490470	445821
吉 林	Jilin	4768192	4176370	28770	563052	47980	226968	213882
黑龙江	Heilongjiang	4874706	4315626	33553	525527	42339	197914	158963
上 海	Shanghai	16672037	14967697	76230	1628110	326939	1202630	594331
江 苏	Jiangsu	22309165	19725388	100539	2483238	266897	1298373	613996
浙 江	Zhejiang	19984032	18014586	75435	1894011	289934	1208476	551018
安 徽	Anhui	9191735	8200492	45935	945308	71143	483325	242758
福 建	Fujian	10873455	9717592	46131	1109732	97669	641536	271224
江 西	Jiangxi	5228644	4555537	46748	626359	32059	249262	149326
山 东	Shandong	28092784	24403445	257337	3432002	233844	1362562	753307
河 南	Henan	13630199	12028145	102003	1500051	159833	664655	407834
湖 北	Hubei	17874523	15383786	151800	2338937	103698	855367	535854
湖 南	Hunan	8104885	7085986	65003	953896	82825	529152	262608
广 东	Guangdong	29517372	26230559	119561	3167252	334506	1979865	813212
广 西	Guangxi	4312311	3851723	14038	446550	85478	269582	112721
海 南	Hainan	2054556	1726564	16822	311170	40688	142524	98221
重 庆	Chongqing	9686252	8376632	62174	1247446	86360	486960	227837
四 川	Sichuan	13798959	12263882	85356	1449721	154988	817335	345624
贵 州	Guizhou	4398386	3905965	21645	470776	41717	251981	141384
云 南	Yunnan	6969833	6173881	25533	770419	46243	356632	189434
西 藏	Tibet	476366	421245	1022	54099	2357	13672	9434
陕 西	Shaanxi	11081573	9554505	113233	1413835	147528	537231	320008
甘 肃	Gansu	3128766	2866687	11797	250282	20418	125186	65524
青 海	Qinghai	970915	859350	3989	107576	15206	60978	33246
宁 夏	Ningxia	1149840	1015798	4563	129479	25454	95294	37375
新 疆	Xinjiang	2592314	2396325	6583	189406	12593	103452	51879

3-4-6 Continued 5

单位：万元
Unit: 10000 yuan

#税金 Taxes	财务费用 Financial Expenses	#利息支出 Interest Expenses	营业利润 Operating Profits	利润总额 Total Profits	应交所得税 Income Tax Payable	应付职工薪酬 Payables to Employees	应交增值税 VAT Payable
413433	**2263606**	**1598736**	**8561240**	**8092562**	**1560349**	**10119439**	**6131091**
20270	218595	220394	227743	268706	139313	1006757	397058
5463	55751	29749	16969	20225	18162	177671	124411
13822	67319	42383	120731	119121	34092	335367	126099
2315	30534	21825	50454	-7829	8020	86868	46784
17871	37837	21237	107056	103421	17617	139789	128840
24127	116329	69099	190284	216307	43647	302991	178683
5941	46560	25018	121034	103350	11077	129877	39131
5592	29633	17835	180065	104220	21517	112177	48757
9594	43116	36439	247576	308198	88379	508414	328131
24820	158509	107905	648689	597201	123722	643661	559062
21101	134492	133106	285265	299319	86737	668765	296174
9676	54579	35011	254086	246959	35075	287284	155297
14344	67076	46930	226404	201213	47787	329087	146324
7830	33634	26937	214384	185320	33121	154018	130473
43824	223764	136932	1350839	1356988	218965	864527	620341
24494	109733	65966	471212	465472	47936	491863	196923
44822	151232	104547	866702	730115	113506	567883	396157
9607	43432	33008	206789	169393	28218	291105	135717
27978	186568	112678	670510	684935	148592	1080650	759135
11413	20817	15697	103017	100948	18600	148016	135743
2566	20635	14157	82382	90625	26817	85039	51018
8372	48832	27629	547290	496537	34942	308104	130189
11588	125432	87071	317787	308539	84648	475654	243019
5159	48940	37134	95614	105313	24850	142775	144228
5842	59933	49844	213792	197023	31345	201878	243885
212	569	422	32750	31736	692	11282	3989
25897	71382	43097	583743	437947	38906	315042	223737
2769	23896	13876	77847	62268	9050	115030	70558
1596	10375	6327	15765	21843	6065	34381	26108
2133	8653	3941	1838	29293	9533	42021	16858
2397	15447	12545	32623	37858	9422	61466	28263

股份有限公司
Share-holding Corporations Ltd.

地 区	Region	主营业务收入 Revenue from Principal Business	主营业务成本 Cost of Principal Business	主营业务税金及附加 Taxes and Other Charges on Principal Business	主营业务利润 Profits from Principal Business	其他业务利润 Profits from Other Business	销售费用 Selling Expenses	管理费用 Administr-ative Expenses
全 国	**National Total**	**133405062**	**120241497**	**564464**	**12599101**	**1310863**	**6268264**	**3019655**
北 京	Beijing	10014618	9157818	58644	798156	314763	637652	231334
天 津	Tianjin	4752017	4487246	7689	257082	6017	177733	56380
河 北	Hebei	3134676	2866243	16077	252356	28211	103502	102767
山 西	Shanxi	5093960	4794411	4285	295264	11406	164741	40955
内蒙古	Inner Mongolia	2520204	2239926	4366	275912	3689	106764	18564
辽 宁	Liaoning	5720768	5194899	34662	491207	14505	240505	191771
吉 林	Jilin	3059099	2627044	18662	413393	15961	211030	128143
黑龙江	Heilongjiang	2230659	1952928	17598	260133	31531	79220	93176
上 海	Shanghai	2034837	1732108	11681	291048	32343	180940	89585
江 苏	Jiangsu	9906290	8816298	40524	1049468	95621	400909	270159
浙 江	Zhejiang	6704747	6231165	23670	449912	74063	242894	129878
安 徽	Anhui	5112770	4595562	13857	503351	24701	189429	97994
福 建	Fujian	2223735	2021445	6040	196250	14925	114119	38096
江 西	Jiangxi	1879920	1688167	11421	180332	10737	80195	51214
山 东	Shandong	12265155	11075738	69936	1119481	129775	496849	302556
河 南	Henan	3671157	3330890	18496	321771	44174	139043	67137
湖 北	Hubei	6269174	5333572	40219	895383	88524	539940	230781
湖 南	Hunan	9138386	8395250	43146	699990	63752	364669	145586
广 东	Guangdong	13177852	11922580	32300	1222972	83063	626488	193095
广 西	Guangxi	1605753	1440910	9792	155051	25010	70814	66793
海 南	Hainan	1152484	1065433	1811	85240	1654	37904	14871
重 庆	Chongqing	4297933	3707441	28494	561998	101536	349637	118736
四 川	Sichuan	6917919	6316681	17330	583908	52499	317729	154391
贵 州	Guizhou	3335896	2786565	3004	546327	1588	82235	11566
云 南	Yunnan	1583356	1404763	3768	174825	5223	67995	26710
西 藏	Tibet	179367	147399	230	31738	68	8271	3101
陕 西	Shaanxi	1847598	1630660	12752	204186	24760	82571	55082
甘 肃	Gansu	2034395	1891530	4990	137875	4636	69654	16745
青 海	Qinghai	109445	102272	88	7085	202	4658	3763
宁 夏	Ningxia	302608	285007	430	17171	3849	18395	2070
新 疆	Xinjiang	1128285	999547	8503	120235	2078	61779	66658

单位：万元
Unit: 10000 yuan

#税金 Taxes	财务费用 Financial Expenses	#利息支出 Interest Expenses	营业利润 Operating Profits	利润总额 Total Profits	应交所得税 Income Tax Payable	应付职工薪酬 Payables to Employees	应交增值税 VAT Payable
160812	**534772**	**442468**	**4593295**	**4373566**	**558172**	**3570027**	**2487416**
8500	24772	56575	399842	417383	64313	360523	135027
1533	13695	10289	32192	37428	9598	80515	44029
3812	16912	13171	101507	98881	23250	55545	32969
1864	5260	2106	48048	45355	3228	69847	90756
2807	8171	4301	105075	74073	2373	60153	97407
11051	23399	31769	171322	156626	12540	195684	292628
7676	17610	-5151	106368	74659	45611	80572	106898
4960	5133	10700	148656	139393	26089	66516	41297
2412	1135	2004	142956	156590	19308	102508	36523
13202	55795	25757	313011	289936	48367	245696	268440
5191	23144	29761	154282	159476	37801	166018	72029
6037	11833	8857	160016	154643	14032	94472	65303
1901	11886	7706	53389	43045	5236	53145	45693
2674	13080	11541	50049	53469	9056	66659	28855
14142	94749	66135	382726	389174	43473	282942	207103
5209	19011	8120	118141	108093	6075	96073	36222
12586	28128	28404	263129	210866	45524	333987	115015
6892	15984	14001	260166	217976	41852	162207	106036
15449	42699	36065	469720	479933	29598	307073	237272
3119	6347	5521	39848	42849	9784	57032	32041
713	-891	1	34834	32249	7777	22458	16264
6755	7554	11664	179747	150501	18209	213737	84043
6884	26620	19307	155776	149419	18992	202728	89093
771	1507	252	453732	317950	130	25622	58815
5242	5585	5761	88234	247069	6296	39449	37501
92	51	51	20304	11640	526	4313	472
2476	37677	19060	66117	51369	5372	36036	21052
2641	5427	4790	47661	33724	2754	31402	18277
57	676	451	-2178	-1770	37	2856	1102
735	655	459	-10	676	85	9515	3327
3431	11167	13043	28634	30893	889	44745	65930

私营企业
Private Enterprises

地 区	Region	主营业务收入 Revenue from Principal Business	主营业务成本 Cost of Principal Business	主营业务税金及附加 Taxes and Other Charges on Principal Business	主营业务利润 Profits from Principal Business	其他业务利润 Profits from Other Business	销售费用 Selling Expenses	管理费用 Administrative Expenses
全 国	**National Total**	**269433941**	**236544721**	**2093273**	**30795947**	**1785990**	**12216983**	**8388026**
北 京	Beijing	9932705	8745769	29972	1156964	195367	829963	442710
天 津	Tianjin	4511527	4100765	10134	400628	19741	178620	135336
河 北	Hebei	5968781	5439265	33170	496346	67536	284712	171361
山 西	Shanxi	10033096	9173358	37429	822309	104497	456040	314595
内蒙古	Inner Mongolia	4742281	4082342	33881	626058	31597	208206	177531
辽 宁	Liaoning	11570059	10249531	104091	1216437	81048	380015	457625
吉 林	Jilin	3746361	3326104	26582	393675	27879	107500	146507
黑龙江	Heilongjiang	3842919	3355551	36744	450624	21619	131962	108090
上 海	Shanghai	10329609	9263120	26144	1040345	77588	765020	320022
江 苏	Jiangsu	34633465	30326898	225175	4081392	214615	1301811	1113168
浙 江	Zhejiang	21064199	19324958	59844	1679397	163307	947583	617562
安 徽	Anhui	9125133	8095254	43583	986296	43286	376877	279038
福 建	Fujian	9176501	8078885	62590	1035026	41245	434477	314415
江 西	Jiangxi	3157746	2835605	24788	297353	22567	121424	72122
山 东	Shandong	31791209	27063794	416537	4310878	94460	987957	841275
河 南	Henan	9743776	8425902	108989	1208885	43716	314551	247713
湖 北	Hubei	11569322	9543395	227382	1798545	22768	539694	373413
湖 南	Hunan	12850906	11145668	153324	1551914	45173	586978	399466
广 东	Guangdong	21550715	18951397	94632	2504686	178468	1249655	746365
广 西	Guangxi	3127075	2824026	9591	293458	49098	184008	104154
海 南	Hainan	264431	236277	647	27507	3316	17006	10363
重 庆	Chongqing	7489816	6282312	139412	1068092	23758	313617	181683
四 川	Sichuan	11534034	10180619	91438	1261977	102719	564369	296873
贵 州	Guizhou	1668754	1518234	8037	142483	8634	64633	40971
云 南	Yunnan	5798743	5117283	18284	663176	29079	332152	168128
西 藏	Tibet	97431	88202	540	8689	1138	2874	2983
陕 西	Shaanxi	3728282	3138159	39069	551054	12744	153037	100602
甘 肃	Gansu	1896290	1667822	15127	213341	6705	86076	53851
青 海	Qinghai	396916	358500	751	37665	3069	15992	9689
宁 夏	Ningxia	1015873	923191	2899	89783	11678	48796	29710
新 疆	Xinjiang	3075988	2682538	12485	380965	37576	231381	110707

单位：万元
Unit: 10000 yuan

#税金 Taxes	财务费用 Financial Expenses	#利息支出 Interest Expenses	营业利润 Operating Profits	利润总额 Total Profits	应交所得税 Income Tax Payable	应付职工薪酬 Payables to Employees	应交增值税 VAT Payable
407612	**2565837**	**1553886**	**9320001**	**8331227**	**1290982**	**7907125**	**5083663**
4478	52836	45602	34989	45059	37854	407489	175241
1745	30189	10656	52249	52554	12280	85719	47924
5198	66136	26003	40360	32068	12621	205915	87045
8233	112286	64057	30420	26507	12933	248417	130690
7328	62190	39065	200610	112297	12184	120575	84247
30039	119015	60192	358394	368427	47668	325239	271473
4708	36599	22712	126353	116386	19855	65633	47970
9800	47816	30253	164233	88835	9191	250636	31184
3276	72945	39678	-11299	46929	35381	324270	164917
48342	382643	205321	1515056	1303543	208026	947566	695986
21404	254927	229757	18375	31931	43237	591511	284907
11410	93981	60581	279476	263059	38069	280731	136129
14320	73481	46897	258023	204552	31279	284988	127704
6116	27179	15836	94928	78542	10357	93999	71181
69246	275928	139505	2325470	2226149	323404	773197	710680
21785	103480	45122	572352	544125	55535	281933	140129
31490	121969	76530	778523	668752	84135	336647	283867
23584	110441	47582	494851	420917	50422	315936	147838
23977	156402	95533	535306	506214	87250	730749	523788
3921	34215	26661	9118	15830	5738	116431	57637
545	2317	1055	290	-73	591	11503	8301
11108	68750	43407	513237	439087	52330	208758	125214
13965	91278	58909	367829	295629	33980	330315	356322
2033	10107	7281	31314	30922	3746	55053	85267
11958	70869	55859	114325	97611	20669	191456	175845
22	98	4	4111	2015	175	3796	438
8161	28591	16680	280201	186342	22467	99767	30947
2406	16384	11083	69481	59607	8212	51084	17189
190	2866	1305	3925	2022	563	10889	5249
3086	14040	10284	6910	9240	1810	34646	7118
3739	25877	20476	50593	56149	9019	122278	51238

其他企业

Other Enterprises

地　区	Region	主营业务收入 Revenue from Principal Business	主营业务成本 Cost of Principal Business	主营业务税金及附加 Taxes and Other Charges on Principal Business	主营业务利润 Profits from Principal Business	其他业务利润 Profits from Other Business	销售费用 Selling Expenses	管理费用 Administrative Expenses
全　国	**National Total**	**5761309**	**4871652**	**55881**	**833776**	**18219**	**264709**	**170282**
北　京	Beijing							
天　津	Tianjin	122217	111810	125	10282	5773	1997	5257
河　北	Hebei	67549	61535	150	5864	464	4358	824
山　西	Shanxi	43086	39493	624	2969	24	1792	1327
内蒙古	Inner Mongolia	54383	50675	550	3158	30	974	1701
辽　宁	Liaoning	75677	63405	564	11708	97	4198	3611
吉　林	Jilin	170532	137652	302	32578		1247	8357
黑龙江	Heilongjiang	149600	122189	1390	26021	2667	4608	4325
上　海	Shanghai	22032	17829	104	4099	101	1872	1127
江　苏	Jiangsu	574814	409764	11510	153540	326	22808	26404
浙　江	Zhejiang	58835	54959	58	3818	49	807	571
安　徽	Anhui	130082	114683	896	14503	35	4782	4434
福　建	Fujian	326653	264515	1478	60660	1227	32004	9435
江　西	Jiangxi	22230	19061	527	2642	90	928	712
山　东	Shandong	1707675	1505488	11246	190941	2692	77204	29577
河　南	Henan	141966	117593	1706	22667		4687	3773
湖　北	Hubei	433502	352474	7730	73298	317	21081	12849
湖　南	Hunan	114715	80982	3150	30583		7078	7399
广　东	Guangdong	697747	612743	4897	80107	2102	33445	23145
广　西	Guangxi	33119	30465	55	2599	85	1582	663
海　南	Hainan							
重　庆	Chongqing	203419	172133	5426	25860	131	7678	6309
四　川	Sichuan	344460	304657	1487	38316	1286	15128	10052
贵　州	Guizhou	4069	3078	39	952		75	208
云　南	Yunnan	125877	112681	290	12906	430	4455	2843
西　藏	Tibet	1144	744	46	354		6	9
陕　西	Shaanxi	121978	100443	1459	20076	295	8457	5125
甘　肃	Gansu	9934	6966	64	2904		1276	133
青　海	Qinghai	957	787	4	166		112	40
宁　夏	Ningxia							
新　疆	Xinjiang	3060	2850	3	207		70	76

单位：万元
Unit: 10000 yuan

#税金 Taxes	财务费用 Financial Expenses	#利息支出 Interest Expenses	营业利润 Operating Profits	利润总额 Total Profits	应交所得税 Income Tax Payable	应付职工薪酬 Payables to Employees	应交增值税 VAT Payable
9189	**37501**	**17570**	**386064**	**331971**	**31548**	**211839**	**127678**
250	522	210	8208	8207	293	1750	303
51	113	61	991	720	19	2017	555
13	916	15	-1102	-1177	9	1716	37
97	186	44	897	667		1408	135
337	705	125	3461	2960	31	3748	288
67	667	2	22412	8140	515	2651	1032
243	251	223	19618	15083	557	5831	1737
6	230	170	1252	1279	99	1200	589
467	5278	2058	101432	86728	5645	41080	12219
27	156	93	2318	2085	125	1457	46
254	1736	1371	3737	3812	529	3940	2040
1111	1849	667	12973	9552	2166	18684	8095
100	169	128	808	605	30	1091	725
1356	7509	4953	97104	94903	13168	65725	21246
599	1495	220	12714	12627	213	4236	2599
1618	3409	1740	31442	27790	4140	12733	11549
246	1683	189	11501	5233	95	1955	1014
514	5435	1598	20551	28014	2091	17940	56727
14	132	70	423	264	54	914	258
166	2326	2085	9552	5979	570	3662	45
150	1448	659	12838	10410	858	6580	3068
8	74	54	579	682	4	706	10
113	609	626	5240	2209	276	4185	1234
	5		335			180	
1383	592	209	5785	4936	41	5828	2100
	1	1	925	192	7	440	10
	2		13	13	2	94	
1	2		59	59	10	88	18

港、澳、台商投资企业

Enterprises with Funds from Hong Kong,Macao and Taiwan

地 区	Region	主营业务收入 Revenue from Principal Business	主营业务成本 Cost of Principal Business	主营业务税金及附加 Taxes and Other Charges on Principal Business	主营业务利润 Profits from Principal Business	其他业务利润 Profits from Other Business	销售费用 Selling Expenses	管理费用 Administr-ative Expenses
全 国	**National Total**	**44804221**	**36619659**	**257676**	**7926886**	**886864**	**5189399**	**2306761**
北 京	Beijing	3412947	2779455	19309	614183	87838	464569	166454
天 津	Tianjin	1209277	1047810	8214	153253	64394	178656	39500
河 北	Hebei	14680	13373	26	1281	1144	4053	
山 西	Shanxi	305359	257095	1963	46301	1375	22794	12069
内 蒙 古	Inner Mongolia	186793	156846	1125	28822	1882	10769	7760
辽 宁	Liaoning	1688866	1479573	12223	197070	47366	150684	106648
吉 林	Jilin	365902	302380	2190	61332	16859	22631	18500
黑 龙 江	Heilongjiang	411253	348049	2123	61081	9535	28319	32796
上 海	Shanghai	7245023	5014827	63564	2166632	82241	1467024	667119
江 苏	Jiangsu	6071181	5136273	20211	914697	91598	505160	344568
浙 江	Zhejiang	2977158	2511046	17355	448757	24421	240239	148744
安 徽	Anhui	749566	634706	4631	110229	8092	84524	33454
福 建	Fujian	1197248	1009406	5351	182491	8747	132481	52941
江 西	Jiangxi	332470	283451	2397	46622	2558	34550	4897
山 东	Shandong	1612790	1370987	7388	234415	21732	174821	38306
河 南	Henan	1195056	1028340	5563	161153	66821	52174	71788
湖 北	Hubei	1263120	1094632	4459	164029	119710	107745	48456
湖 南	Hunan	483599	393770	2499	87330	4741	52440	20137
广 东	Guangdong	8081359	6654462	44915	1381982	126942	986696	300760
广 西	Guangxi	651334	550014	1860	99460	6178	49244	14964
海 南	Hainan	50056	40273	168	9615	367	5691	2645
重 庆	Chongqing	541272	432498	8519	100255	14103	47358	29590
四 川	Sichuan	1647055	1406064	6932	234059	23882	134955	62566
贵 州	Guizhou	265791	226365	1625	37801	10427	24747	6626
云 南	Yunnan	768750	664006	2621	102123	6479	52589	17608
西 藏	Tibet							
陕 西	Shaanxi	1727451	1490974	8842	227635	34571	124435	42757
甘 肃	Gansu	115490	96550	835	18105		12303	1411
青 海	Qinghai	21950	19524	65	2361	210	1226	460
宁 夏	Ningxia	19410	18110	11	1289		1431	558
新 疆	Xinjiang	192018	158802	692	32524	2652	15091	12681

单位：万元
Unit: 10000 yuan

#税金 Taxes	财务费用 Financial Expenses	#利息支出 Interest Expenses	营业利润 Operating Profits	利润总额 Total Profits	应交所得税 Income Tax Payable	应付职工薪酬 Payables to Employees	应交增值税 VAT Payable
42317	**238661**	**202488**	**1269767**	**1509939**	**435602**	**1998296**	**1029007**
1564	10234	14272	93073	93981	36334	176051	91231
275	1009	1226	-1467	1531	10907	58078	26746
	7		-2783	-1634		269	218
326	2999	1677	11492	11351	4054	9186	4796
674	8804	7788	176	4377	2457	5687	4931
4176	21270	18148	-22189	-21713	12655	65260	38240
550	5906	6468	27275	27905	7333	11075	8712
867	5091	456	1927	1750	1579	15605	4915
3605	36089	22972	-161491	89344	70566	396305	139585
2713	17867	22639	186651	123005	39886	236468	98536
3896	19000	18322	143869	149918	45556	127309	67309
1482	1457	684	8282	3567	4094	34755	14419
1101	10419	3414	52355	62806	5598	67995	20582
32	565	66	9103	9269	309	12646	6097
1053	9898	5819	40139	42523	11058	71279	51287
1907	1302	1109	101491	104168	26420	21996	27919
1548	-5252	2181	130777	139238	28600	49184	24719
1464	4589	4431	21638	11622	2927	23645	12092
9008	51280	42513	307354	365144	77043	413887	234884
390	2559	3635	36143	22718	4182	17347	9914
	435	444	1360	1334	260	3744	1169
493	13812	1152	28673	33450	8037	24562	23923
1894	1073	4721	62186	70004	13163	74255	28401
91	1241	1562	16142	15761	3915	6803	4474
348	1428	3802	37321	40343	7050	20165	27247
2361	13892	10937	109169	77113	9406	41198	45470
	124		4267	4257	337	1646	1954
27	96	88	400	411	112	695	722
	308	308	-826	-1078		100	
474	1160	1657	27262	27475	1766	11104	8518

外商投资企业
Foreign Funded Enterprises

地 区	Region	主营业务收入 Revenue from Principal Business	主营业务成本 Cost of Principal Business	主营业务税金及附加 Taxes and Other Charges on Principal Business	主营业务利润 Profits from Principal Business	其他业务利润 Profits from Other Business	销售费用 Selling Expenses	管理费用 Administr-ative Expenses
全 国	**National Total**	**52199108**	**43744576**	**255079**	**8199453**	**1149872**	**5708096**	**2429452**
北 京	Beijing	7291089	5906907	39054	1345128	191425	958648	429242
天 津	Tianjin	1684584	1416450	8016	260118	82969	170780	108955
河 北	Hebei	343298	296490	1265	45543	8891	47763	14668
山 西	Shanxi	52193	42779	270	9144	89	8444	2980
内蒙古	Inner Mongolia	7270	6377	62	831	407	1303	1192
辽 宁	Liaoning	1205158	1025513	7624	172021	124702	137896	78027
吉 林	Jilin	192715	169227	736	22752	428	14966	12039
黑龙江	Heilongjiang	317816	266270	749	50797	11262	38438	18276
上 海	Shanghai	8816637	6826132	46940	1943565	219042	1374400	644582
江 苏	Jiangsu	6641721	5876485	27787	737449	100590	625527	185974
浙 江	Zhejiang	3449693	3058726	17835	373132	90314	295706	122104
安 徽	Anhui	722277	602709	3842	115726	27297	86396	28903
福 建	Fujian	1407960	1143610	8486	255864	11524	173679	34879
江 西	Jiangxi	322231	281368	2577	38286	2659	22853	11697
山 东	Shandong	2004383	1747169	10227	246987	39670	122256	125038
河 南	Henan	521891	470442	1083	50366	7825	43553	9647
湖 北	Hubei	1653865	1422966	7934	222965	15938	135285	67268
湖 南	Hunan	577699	477272	3669	96758	10583	54114	37138
广 东	Guangdong	8587278	7291811	36860	1258607	117631	841201	259208
广 西	Guangxi	91123	68240	553	22330	616	18924	2285
海 南	Hainan	191602	158143	1025	32434	4877	16566	7414
重 庆	Chongqing	472408	386688	2965	82755	10633	46841	25833
四 川	Sichuan	2744342	2333866	11903	398573	37249	245438	120550
贵 州	Guizhou	255870	208037	1626	46207	5293	26997	8418
云 南	Yunnan	804989	657050	4414	143525	11173	74817	29338
西 藏	Tibet	3753	2941	18	794	47	510	29
陕 西	Shaanxi	1585943	1387629	5996	192318	13347	110222	33575
甘 肃	Gansu	15504	13382	78	2044		1804	834
青 海	Qinghai							
宁 夏	Ningxia	5208	3494	25	1689		761	252
新 疆	Xinjiang	228612	196405	1461	30746	3390	12011	9107

单位：万元
Unit: 10000 yuan

#税金 Taxes	财务费用 Financial Expenses	#利息支出 Interest Expenses	营业利润 Operating Profits	利润总额 Total Profits	应交所得税 Income Tax Payable	应付职工薪酬 Payables to Employees	应交增值税 VAT Payable
56470	**170403**	**153073**	**1185162**	**1289066**	**427128**	**2354805**	**1135136**
7472	2431	21950	228551	227251	72077	403335	189243
3264	22650	17672	10949	5554	6010	80396	42060
508	3125	2056	-9350	6201	1594	24259	4932
28	439	367	-2571	-2546	126	4388	1471
12			-1664	-1439		637	190
1921	17843	10797	36734	46939	19165	75811	25092
148	7335	5111	-7542	-6947	1247	3931	3006
551	3654	1213	1457	914	162	14936	5374
3212	21996	9318	49292	139463	78317	460505	207566
4812	477	12561	203673	197810	55483	280032	102371
5724	21416	8917	50675	49724	42109	124301	61696
2194	1281	1036	15357	6844	4642	37197	16538
553	5997	3189	54854	55539	11882	62690	33117
216	308	482	8071	4841	1887	8817	3660
3137	3704	5501	38099	25945	16489	64595	35754
133	1689	1450	5132	4759	1070	22222	6174
1260	6023	7686	40245	43144	11437	63620	33360
1150	-312	326	16577	12764	4546	28058	13769
15173	26924	27219	226220	261240	54142	370296	209460
44	731	178	3378	3363	1031	6023	2081
272	2044	568	9606	6882	1899	7095	1533
139	368	69	23891	25745	5900	16949	10531
1498	9072	6547	54047	47781	15050	104989	47210
349	2389	2191	13812	14945	2693	9004	6597
103	661	596	46110	48469	7110	36476	36429
	15		287	192		145	130
2314	8085	5274	55637	49576	8691	37697	28917
	-44		210	210		278	317
13	89	88	587	521	130	322	248
271	12	712	12841	13384	2239	5802	6310

3-4-7 各地区限额以上零售业企业损益及分配(按国民经济行业分)

综合零售

Integrated Retail

地 区	Region	主营业务收入 Revenue from Principal Business	主营业务成本 Cost of Principal Business	主营业务税金及附加 Taxes and Other Charges on Principal Business	主营业务利润 Profits from Principal Business	其他业务利润 Profits from Other Business	销售费用 Selling Expenses	管理费用 Administrative Expenses
全 国	**National Total**	**206035197**	**174450847**	**1928782**	**29655568**	**5752626**	**18207877**	**9387504**
北 京	Beijing	14870228	12667214	120913	2082101	824235	1738352	721216
天 津	Tianjin	2670229	2293370	19564	357295	162733	360873	189212
河 北	Hebei	7353709	6489276	64072	800361	165848	509062	344387
山 西	Shanxi	2799021	2451001	20697	327323	91519	214926	118466
内蒙古	Inner Mongolia	2064091	1775677	23484	264930	44619	117752	91819
辽 宁	Liaoning	9213882	7824699	118119	1271064	316235	611449	698533
吉 林	Jilin	3853549	3252925	32187	568437	76139	206402	256527
黑龙江	Heilongjiang	4077222	3473321	42339	561562	96139	214775	204073
上 海	Shanghai	12936814	10756664	80799	2099351	474096	1638453	769699
江 苏	Jiangsu	20250290	17135669	151726	2962895	463409	1644344	989492
浙 江	Zhejiang	11745416	10101007	91741	1552668	443916	1149049	552931
安 徽	Anhui	7299697	6367952	52601	879144	113082	550881	294675
福 建	Fujian	4971764	4195082	36411	740271	88460	585740	164604
江 西	Jiangxi	2286297	1954980	26459	304858	39434	188417	79241
山 东	Shandong	25658959	21858179	310410	3490370	404319	1503289	912838
河 南	Henan	8213084	6866824	123785	1222475	222749	515247	376914
湖 北	Hubei	11987217	9865345	147582	1974290	284765	1029874	522138
湖 南	Hunan	6705486	5671240	77143	957103	142768	516523	297465
广 东	Guangdong	15788528	13043132	116180	2629216	392875	2039737	536155
广 西	Guangxi	2626519	2211966	20053	394500	113874	287044	117293
海 南	Hainan	496026	386043	3721	106262	28122	68011	38100
重 庆	Chongqing	6105722	5175167	55291	875264	171506	632216	185960
四 川	Sichuan	8414801	7140243	63955	1210603	245214	765455	308713
贵 州	Guizhou	1273717	1062049	11227	200441	32521	128880	54568
云 南	Yunnan	3035821	2594255	19216	422350	42007	210970	120669
西 藏	Tibet	76468	66239	847	9382	788	2079	3955
陕 西	Shaanxi	5451100	4534902	60298	855900	183036	456000	236607
甘 肃	Gansu	1484708	1276797	15537	192374	20925	97281	47585
青 海	Qinghai	381052	325008	2744	53300	10181	36617	17571
宁 夏	Ningxia	512475	430147	3857	78471	21587	68227	19285
新 疆	Xinjiang	1431307	1204474	15825	211008	35524	119952	116816

Income and Distribution of Enterprises above Designated Size of Retail Trade by Region and Sector

单位：万元
Unit: 10000 yuan

#税金 Taxes	财务费用 Financial Expenses	#利息支出 Interest Expenses	营业利润 Operating Profits	利润总额 Total Profits	应交所得税 Income Tax Payable	应付职工薪酬 Payables to Employees	应交增值税 VAT Payable
390496	**1342025**	**938448**	**7764214**	**7550330**	**1628669**	**9727078**	**4121099**
19626	74718	101475	583251	606548	152403	838648	310069
5518	33240	21648	-54901	-55559	10429	191346	51046
14195	58257	24371	116211	143532	43170	293047	95684
3108	42462	21412	43958	2031	8647	105837	62302
5421	31481	24522	81864	71747	13579	74221	44315
29964	120973	76102	284320	287819	69440	516179	218334
10118	49526	14692	202439	162373	55479	133514	36507
11137	27502	20928	235616	220392	40130	136696	49520
10350	21878	13069	276036	385300	113421	654591	256668
31582	82010	61962	843893	708110	176506	918547	492938
19498	70006	66804	289363	325619	114807	564642	214905
10918	40195	18983	160897	164048	41594	308672	144542
5875	29394	12727	117758	126222	25221	261310	105701
3946	18394	14765	59223	56290	10930	115423	39323
55305	211309	142180	1257493	1253124	197825	963693	465898
23552	50512	20037	472941	461257	51580	419251	161681
37003	81747	61083	683731	593413	110251	648964	278540
13658	36586	22470	295458	278835	45358	277242	98123
15004	58708	46933	591873	654421	144644	831507	378149
4588	14158	9290	70172	58038	12783	139512	76889
1460	5639	3217	14928	17857	7768	28149	6760
7515	24889	11098	209875	214995	34798	336081	126756
10007	54151	35522	293107	273839	61077	360645	135943
2395	10420	9055	59456	63405	13386	57449	29024
6326	21013	19143	113290	111380	19845	142089	56108
51	125		4155	2211	271	6706	561
20503	40429	36439	318311	247081	34470	231761	112158
2832	6396	3754	96793	61090	8579	45734	22935
1128	6344	5055	3004	7465	3344	22756	12100
2796	3025	1754	2430	4375	1770	29798	5467
5118	16538	17960	37269	43072	5166	73070	32156

食品、饮料及烟草制品专门零售
Special Retail of Food, Beverages and Tobaccos

地 区	Region	主营业务收入 Revenue from Principal Business	主营业务成本 Cost of Principal Business	主营业务税金及附加 Taxes and Other Charges on Principal Business	主营业务利润 Profits from Principal Business	其他业务利润 Profits from Other Business	销售费用 Selling Expenses	管理费用 Administrative Expenses
全 国	**National Total**	**25285616**	**20398098**	**332453**	**4555065**	**177628**	**1706587**	**1004101**
北 京	Beijing	871786	627737	5804	238245	48304	172880	50640
天 津	Tianjin	424864	348398	1870	74596	2158	28626	20902
河 北	Hebei	101070	86256	725	14089	399	9718	4456
山 西	Shanxi	469761	405716	3119	60926	2591	22864	15449
内蒙古	Inner Mongolia	151480	138169	699	12612	53	6164	4524
辽 宁	Liaoning	449520	386736	5175	57609	1637	21411	21076
吉 林	Jilin	473250	387916	6728	78606	2240	14158	33233
黑龙江	Heilongjiang	273848	232067	3685	38096	1765	17550	5216
上 海	Shanghai	883764	685771	5060	192933	8844	159037	53949
江 苏	Jiangsu	2949567	2293280	31553	624734	7768	158390	121513
浙 江	Zhejiang	739917	624602	2513	112802	11500	72515	36251
安 徽	Anhui	1008049	858357	6226	143466	1307	47608	33485
福 建	Fujian	1774276	1403880	24843	345553	27800	152770	78735
江 西	Jiangxi	239145	185211	4643	49291	6384	14558	13892
山 东	Shandong	2855326	2265138	47733	542455	2726	114317	83836
河 南	Henan	1055291	894077	13522	147692	1280	44231	26991
湖 北	Hubei	3540226	2781604	88729	669893	4227	191932	120462
湖 南	Hunan	926591	747602	14585	164404	10466	63894	42028
广 东	Guangdong	1547228	1177155	17877	352196	20398	148259	84716
广 西	Guangxi	74741	64022	431	10288	4186	7245	6716
海 南	Hainan	25358	23783	64	1511		1481	1684
重 庆	Chongqing	855410	715284	9995	130131	2863	42084	24519
四 川	Sichuan	1437845	1218115	17382	202348	1906	86310	38963
贵 州	Guizhou	309571	258241	3051	48279	737	15001	16020
云 南	Yunnan	932258	817651	5284	109323	5157	35013	25903
西 藏	Tibet	40715	33765	1961	4989	30	699	2102
陕 西	Shaanxi	632592	534023	7464	91105	-279	37403	27680
甘 肃	Gansu	207841	171876	1666	34299	866	18066	6831
青 海	Qinghai	5981	5091	25	865		277	486
宁 夏	Ningxia	14530	13544	5	981	41	1180	624
新 疆	Xinjiang	13816	13031	37	748	275	946	1220

3-4-7 Continued 1

单位：万元
Unit: 10000 yuan

#税金 Taxes	财务费用 Financial Expenses	#利息支出 Interest Expenses	营业利润 Operating Profits	利润总额 Total Profits	应交所得税 Income Tax Payable	应付职工薪酬 Payables to Employees	应交增值税 VAT Payable
47163	**192964**	**100797**	**1848708**	**1749816**	**249988**	**1081719**	**640056**
1297	2230	2165	60491	64084	19553	90993	43153
392	3447	448	24358	24176	5152	22852	12003
102	1512	822	-1192	543	655	4377	1062
341	3275	2526	20456	21243	792	14976	6239
137	4099	2346	-1962	2496	444	4332	1835
951	3667	985	12920	16272	2228	16074	8995
242	1163	697	30098	26928	5051	7849	8226
232	1109	374	6048	12195	840	12495	4115
245	852	1351	7744	18669	5662	70343	20330
3210	32509	12586	327354	282920	38568	138715	103289
1093	5313	3445	10685	13868	4529	45538	14394
1164	8284	6150	60538	61528	4638	43759	13262
4735	6786	3603	102575	97297	16623	82193	52171
1106	904	4555	21070	19995	4074	13490	9974
7615	25048	11280	319302	293677	37131	85065	69260
1982	7798	4552	71122	67270	4229	41014	10059
9435	20514	10566	340852	299206	41350	97695	113961
1600	10655	3412	56352	57813	5574	37765	15176
3468	1356	3404	159290	174607	28568	89910	72387
44	838	819	-306	1485	244	4708	963
5	418	409	-2072	890	68	1728	782
1767	8221	5022	58127	44037	4780	33984	9384
2811	11558	6978	67965	52581	6965	43796	16964
532	2019	1644	16703	19407	4873	15516	7342
844	7705	6573	48824	49323	3756	27379	5669
117	40		2178	689	92	2333	5345
1539	19559	2434	22975	18419	2573	17753	9504
80	1518	1121	8787	8477	941	11916	3828
2	63	64	39	39		240	223
36	334	297	-1302	55	31	1713	27
41	172	171	-1312	-372	7	1220	131

纺织、服装及日用品专门零售
Special Retail of Textiles, Garments and Daily Consumer Articles

地 区	Region	主营业务收入 Revenue from Principal Business	主营业务成本 Cost of Principal Business	主营业务税金及附加 Taxes and Other Charges on Principal Business	主营业务利润 Profits from Principal Business	其他业务利润 Profits from Other Business	销售费用 Selling Expenses	管理费用 Administrative Expenses
全 国	**National Total**	**36248289**	**26540764**	**404590**	**9302934**	**341835**	**5295830**	**2433782**
北 京	Beijing	2382569	1624524	17180	740865	54820	608184	177623
天 津	Tianjin	632996	490445	3053	139498	15100	96885	29390
河 北	Hebei	573088	469978	5799	97311	6287	31238	32532
山 西	Shanxi	901649	757237	7010	137402	12604	69207	52441
内蒙古	Inner Mongolia	615586	461738	11325	142523	6819	32696	38535
辽 宁	Liaoning	1136031	907317	11729	216985	16131	102023	86697
吉 林	Jilin	628143	530448	13159	84536	9607	32398	34526
黑龙江	Heilongjiang	497663	410724	8778	78161	2117	36236	25259
上 海	Shanghai	6306352	3703842	66006	2536504	44775	1633436	787481
江 苏	Jiangsu	2167438	1650522	19960	496956	44029	241587	107094
浙 江	Zhejiang	1965906	1405437	15172	545297	21935	367804	128754
安 徽	Anhui	639660	516094	6201	117365	19243	62077	29628
福 建	Fujian	1134284	918411	6984	208889	1785	102140	51008
江 西	Jiangxi	173274	137526	1566	34182	935	23455	6632
山 东	Shandong	3561106	2896652	37775	626679	5189	184673	113770
河 南	Henan	1017764	840964	21303	155497	3266	55917	37520
湖 北	Hubei	1493089	1126770	21765	344554	3711	165157	61920
湖 南	Hunan	956672	760989	19129	176554	4930	81710	41563
广 东	Guangdong	4628477	3252148	30555	1345774	23131	846933	339689
广 西	Guangxi	102636	75517	636	26483	310	19237	4710
海 南	Hainan	431439	288154	11526	131759	1750	34763	27528
重 庆	Chongqing	730278	526459	10858	192961	9240	75442	65837
四 川	Sichuan	1340950	987083	36441	317426	12721	185718	69061
贵 州	Guizhou	112614	87455	895	24264	1920	15268	5932
云 南	Yunnan	366336	287036	1922	77378	3035	50769	19043
西 藏	Tibet	3837	2996	29	812	47	510	33
陕 西	Shaanxi	1276026	1038274	12986	224766	5537	76970	27173
甘 肃	Gansu	96067	74834	1136	20097	129	8152	6132
青 海	Qinghai	30704	25946	81	4677	198	3350	3647
宁 夏	Ningxia	36377	31620	270	4487	3658	8756	4076
新 疆	Xinjiang	309282	253627	3362	52293	6878	43143	18549

单位：万元
Unit: 10000 yuan

#税金 Taxes	财务费用 Financial Expenses	#利息支出 Interest Expenses	营业利润 Operating Profits	利润总额 Total Profits	应交所得税 Income Tax Payable	应付职工薪酬 Payables to Employees	应交增值税 VAT Payable
62863	**230249**	**146738**	**1766234**	**1682785**	**401015**	**2259707**	**1193013**
1983	5539	5095	3037	155	15948	225035	101049
685	5751	2628	16724	19765	5394	32354	25436
1431	8423	7652	35546	1062	1546	25061	6816
1136	7880	5535	25797	28283	1040	37238	22619
893	4720	3038	23098	18277	999	34221	5189
4616	14919	9025	27848	27051	5232	39871	25006
1093	5265	4858	20673	15396	1768	17545	5879
1993	3681	1970	23220	13419	1349	25777	5039
3685	17835	3448	179001	245427	102163	434914	232242
4209	22983	8191	151587	130994	35678	137398	68883
5639	21564	16973	115618	120623	38885	152876	78159
1166	3324	1872	27291	24879	5781	32251	22652
2204	7728	2846	50560	54265	7574	64381	26337
313	1382	959	2794	1518	949	8772	4897
4545	17334	8095	318243	313313	52209	125106	85010
2645	8032	3102	57063	53304	3821	44479	18441
4899	2450	3639	118574	99534	18175	86650	50327
2286	9267	2357	49505	21522	3827	39514	21385
10988	17078	17491	200961	202310	51321	410547	263556
199	1615	176	2639	2356	759	5277	1827
245	5707	4292	64911	66005	16243	21635	9186
1320	15643	12581	52010	35195	5889	63413	19414
1066	1884	5827	79616	75969	11015	99646	33831
105	1610	1220	3565	2595	956	6668	10143
319	5221	5831	3697	3997	1965	23286	26853
	15		300	221		175	130
1971	4549	1928	122466	114032	6936	31163	13571
289	1661	720	4327	3696	319	10747	1679
64	492	424	-2635	-2429	2	2935	370
314	756	241	-3768	-3682	48	4083	340
566	5940	4724	-8035	-6265	3226	16691	6747

文化、体育用品及器材专门零售
Special Retail of Culture, Sports Appliances and Equipments

地 区	Region	主营业务收入 Revenue from Principal Business	主营业务成本 Cost of Principal Business	主营业务税金及附加 Taxes and Other Charges on Principal Business	主营业务利润 Profits from Principal Business	其他业务利润 Profits from Other Business	销售费用 Selling Expenses	管理费用 Administrative Expenses
全 国	**National Total**	**27120370**	**22153285**	**262217**	**4704868**	**303904**	**2122360**	**1509389**
北 京	Beijing	2102043	1713847	10237	377959	73675	254883	142687
天 津	Tianjin	1053858	915243	7405	131210	23289	84281	65205
河 北	Hebei	328941	257855	1669	69417	6517	17519	39909
山 西	Shanxi	447866	375284	5544	67038	2869	43060	16601
内蒙古	Inner Mongolia	103931	85645	1794	16492	822	7958	8354
辽 宁	Liaoning	659704	561946	10641	87117	5606	30133	43011
吉 林	Jilin	169701	139407	3595	26699	1856	8273	16610
黑龙江	Heilongjiang	377508	306928	1856	68724	2913	26562	15225
上 海	Shanghai	3715453	3203861	37570	474022	45313	414771	119290
江 苏	Jiangsu	3025026	2522702	34719	467605	25313	204513	131066
浙 江	Zhejiang	1398664	1187333	18758	192573	11610	114488	61373
安 徽	Anhui	658679	525341	3321	130017	3022	40757	31352
福 建	Fujian	1079117	865179	10996	202942	9476	65681	73717
江 西	Jiangxi	744346	580351	9428	154567	7537	30795	47290
山 东	Shandong	1398080	1156111	17856	224113	9871	58044	63894
河 南	Henan	965443	759141	9207	197095	9928	57857	58810
湖 北	Hubei	810796	634635	14654	161507	2798	50569	43820
湖 南	Hunan	1257258	959687	10163	287408	5091	124802	71837
广 东	Guangdong	2842615	2468225	15298	359092	24958	133379	161046
广 西	Guangxi	214600	171244	1726	41630	4063	21370	19271
海 南	Hainan	26469	20279	375	5815	659	3228	4252
重 庆	Chongqing	1130689	833957	7548	289184	45	42829	38597
四 川	Sichuan	786162	531353	6409	248400	12013	93231	105968
贵 州	Guizhou	132465	106493	1282	24690	1203	9366	10108
云 南	Yunnan	674159	445431	8693	220035	6938	106225	61507
西 藏	Tibet	4395	3594	17	784	338	262	651
陕 西	Shaanxi	595008	503694	8242	83072	2123	36230	26347
甘 肃	Gansu	196840	161124	1714	34002	2123	11192	15212
青 海	Qinghai	9527	7694	158	1675	224	781	912
宁 夏	Ningxia	31891	24886	125	6880	300	3414	3051
新 疆	Xinjiang	179137	124815	1219	53103	1413	25908	12416

单位：万元
Unit: 10000 yuan

#税金 Taxes	财务费用 Financial Expenses	#利息支出 Interest Expenses	营业利润 Operating Profits	利润总额 Total Profits	应交所得税 Income Tax Payable	应付职工薪酬 Payables to Employees	应交增值税 VAT Payable
52789	**160122**	**126221**	**1198994**	**1185652**	**150704**	**1457562**	**498389**
2072	14668	14130	40095	49923	17892	165427	32460
2631	9872	10201	11314	13370	4744	44667	21183
899	-10	698	14814	16944	193	25083	6943
526	4006	392	6377	4427	2694	18106	9734
193	1788	102	369	480	80	6158	1084
4339	9575	4545	9711	13012	3309	35082	13158
723	1482	775	2076	3753	130	9231	3262
482	1778	94	17772	13518	685	14352	2865
1471	21892	22989	-42384	-34220	13348	136761	26954
6008	20314	9447	137681	122889	16603	135513	75638
2471	14943	15580	15854	20282	3066	77484	28156
836	-1085	404	63863	65138	6372	29986	5816
1689	2269	1183	70695	69515	2752	42500	17054
2090	-844	683	81308	80612	20797	36688	8670
2483	12046	9389	99682	99603	15489	63100	30195
3748	6808	4236	81625	82297	1996	57233	21744
3347	8920	6709	60443	56289	6713	29387	17177
1883	4226	2183	77385	70109	1582	65939	25823
7165	2699	3896	91947	74148	7880	208716	62682
972	441	484	5684	7114	420	17949	8897
405	2391	2299	-1134	-1276	97	2383	1306
187	240	-573	201517	201261	1381	25094	4291
2668	5453	4423	54883	59136	879	89663	26180
231	421	124	5622	6204	642	7822	6462
823	10051	7676	49156	54128	13218	48439	22400
			207	515	9	284	3
1325	3892	3073	18101	13021	2959	29425	6552
436	1104	534	7955	6666	437	9148	2441
58	194	19	4	211	45	751	525
74	114	36	572	496	26	4039	692
553	475	490	15798	16090	4267	21149	8044

医药及医疗器材专门零售
Special Retail of Medicines and Medical Appliances

地区	Region	主营业务收入 Revenue from Principal Business	主营业务成本 Cost of Principal Business	主营业务税金及附加 Taxes and Other Charges on Principal Business	主营业务利润 Profits from Principal Business	其他业务利润 Profits from Other Business	销售费用 Selling Expenses	管理费用 Administrative Expenses
全国	**National Total**	**41886802**	**36364583**	**189620**	**5332599**	**178697**	**2463227**	**1376106**
北京	Beijing	4462506	3901030	13818	547658	37085	262337	171035
天津	Tianjin	495054	446052	973	48029	1353	19445	11534
河北	Hebei	351382	295905	995	54482	1286	27391	21901
山西	Shanxi	651682	585164	1479	65039	1146	36414	19879
内蒙古	Inner Mongolia	297186	233095	1495	62596	1224	16384	12245
辽宁	Liaoning	1782499	1560057	8237	214205	2537	115006	53821
吉林	Jilin	583599	503518	2007	78074	2266	29971	22284
黑龙江	Heilongjiang	1304562	1132102	9381	163079	936	38711	56900
上海	Shanghai	1607309	1394743	4502	208064	20932	113195	65781
江苏	Jiangsu	5859834	5277727	17905	564202	14625	241240	143440
浙江	Zhejiang	2059413	1812652	5087	241674	11385	122542	73633
安徽	Anhui	1993728	1814204	4065	175459	3400	80305	48592
福建	Fujian	1059956	932043	3717	124196	2404	54666	29755
江西	Jiangxi	856079	778724	2194	75161	988	43390	18136
山东	Shandong	3712147	3091716	28209	592222	6083	204618	134735
河南	Henan	1358440	1161356	11815	185269	4761	73363	41648
湖北	Hubei	2774346	2474922	12735	286689	8587	98505	70982
湖南	Hunan	1834623	1550640	16950	267033	6335	125402	56474
广东	Guangdong	2784329	2259724	13227	511378	23920	301999	107562
广西	Guangxi	1362948	1228489	3115	131344	4394	62390	33028
海南	Hainan	30018	22300	45	7673	121	5334	1622
重庆	Chongqing	1028191	874260	7492	146439	6864	61340	42205
四川	Sichuan	665856	548640	6100	111116	3814	60464	31040
贵州	Guizhou	493059	431397	1838	59824	629	27269	17707
云南	Yunnan	718486	522636	3593	192257	5023	132744	28663
西藏	Tibet							
陕西	Shaanxi	521127	441526	3610	75991	1231	39711	20180
甘肃	Gansu	232583	184093	2390	46100	-83	27800	14715
青海	Qinghai	38675	32615	121	5939	2491	3627	2085
宁夏	Ningxia	203677	183664	380	19633	512	9756	5842
新疆	Xinjiang	763511	689594	2146	71771	2445	27907	18685

3-4-7 Continued 4

单位：万元
Unit: 10000 yuan

#税金 Taxes	财务费用 Financial Expenses	#利息支出 Interest Expenses	营业利润 Operating Profits	利润总额 Total Profits	应交所得税 Income Tax Payable	应付职工薪酬 Payables to Employees	应交增值税 VAT Payable
43028	**361474**	**277059**	**1398172**	**1262126**	**238601**	**1792059**	**896738**
2266	68836	76647	142177	145123	29868	159220	106961
221	5295	6629	14215	14486	3862	13585	5638
416	1623	640	4595	3637	1095	23341	5505
631	2300	1844	7936	7045	2337	23360	11783
292	1131	664	33124	33252	447	11930	4885
3189	10691	5996	39369	39926	9248	70096	34589
1131	6442	1892	20260	20332	4716	18559	11486
1371	6112	4023	60817	29970	7350	193164	19073
789	1202	817	50051	53377	5709	129594	29874
4306	42147	31921	168004	139828	32254	137066	165112
1258	13057	11666	44321	46005	12214	90737	35782
1861	16515	14336	33178	32377	5752	48528	33271
1286	6680	4854	46871	28782	4278	35541	11070
1169	7944	2962	7608	7383	1982	32339	16609
4270	29310	14843	229688	201118	38228	124265	109141
2709	9622	5479	64887	59554	7344	63459	20561
3951	29957	27401	92072	75610	14662	70968	45422
2568	15300	11777	73896	61816	7468	62892	32776
2410	31111	7266	104307	109119	21939	188654	68888
1376	15550	14217	25355	25944	7268	36726	23584
238	524	127	194	315	30	4113	4356
916	9804	8332	39571	31668	3040	51057	17368
1204	4968	3560	15957	16502	4037	36218	15081
484	6881	4946	8143	8304	2028	18745	7264
787	4609	3445	29271	29424	5418	65100	31278
789	3729	2449	14018	10430	457	36535	8799
174	1513	1113	2224	1070	328	17761	4398
139	650	13	-425	-381	31	2471	679
194	1882	1747	2496	4112	969	8180	2723
635	6090	5453	23993	26002	4243	17854	12781

汽车、摩托车、燃料及零配件专门零售

Special Retail of Motor Vehicles, Motorcycles, Fuel and Parts

地 区	Region	主营业务收入 Revenue from Principal Business	主营业务成本 Cost of Principal Business	主营业务税金及附加 Taxes and Other Charges on Principal Business	主营业务利润 Profits from Principal Business	其他业务利润 Profits from Other Business	销售费用 Selling Expenses	管理费用 Administr-ative Expenses
全 国	**National Total**	**400360051**	**369980037**	**1178383**	**29201631**	**1445702**	**11769345**	**7212496**
北 京	Beijing	23228794	21859774	32041	1336979	180393	753784	462859
天 津	Tianjin	11232215	10540383	14268	677564	43497	357269	166929
河 北	Hebei	9142070	8625561	21238	495271	48980	230821	159059
山 西	Shanxi	12394316	11716985	14105	663226	34640	340814	198047
内蒙古	Inner Mongolia	9507808	8746235	24408	737165	18746	340383	131585
辽 宁	Liaoning	15322853	14143251	55232	1124370	25230	441180	302912
吉 林	Jilin	5575092	5042374	13138	519580	12628	248259	122522
黑龙江	Heilongjiang	4392991	4042660	20518	329813	11117	108075	87275
上 海	Shanghai	12967110	12178878	16195	772037	65183	349198	297231
江 苏	Jiangsu	35555399	32680206	104370	2770823	131014	1022059	682042
浙 江	Zhejiang	32828491	31021146	46905	1760440	119423	823424	603574
安 徽	Anhui	11235955	10291599	20187	924169	28771	329990	186929
福 建	Fujian	11826593	10980135	20057	826401	38171	376389	216237
江 西	Jiangxi	5215106	4787542	33013	394551	10913	126672	91363
山 东	Shandong	32036574	29011469	196023	2829082	55006	832957	584809
河 南	Henan	15101492	13867578	68944	1164970	63220	401015	242356
湖 北	Hubei	14649162	13127478	108540	1413144	19866	417334	336543
湖 南	Hunan	17014492	15736285	78026	1200181	21132	548331	278484
广 东	Guangdong	45531850	42061568	95204	3375078	276415	1453354	856906
广 西	Guangxi	4689567	4353006	9057	327504	33538	145902	95475
海 南	Hainan	2387855	2210304	3813	173738	16354	79369	48814
重 庆	Chongqing	9534803	8620963	52295	861545	26016	257152	147784
四 川	Sichuan	21483973	20014673	59356	1409944	67753	666054	319899
贵 州	Guizhou	7129654	6311597	12714	805343	17414	189554	90010
云 南	Yunnan	9932843	9218197	14763	699883	33085	316649	159345
西 藏	Tibet	720511	624889	1025	94597	1959	24808	11322
陕 西	Shaanxi	8505042	7764881	26844	713317	23433	256967	166390
甘 肃	Gansu	4790945	4416456	7733	366756	4925	122266	44102
青 海	Qinghai	894808	824745	1022	69041	2090	27291	16995
宁 夏	Ningxia	1450719	1349774	2131	98814	6133	48408	29186
新 疆	Xinjiang	4080969	3809449	5220	266300	8657	133619	75512

3-4-7 Continued 5

单位：万元
Unit: 10000 yuan

#税金 Taxes	财务费用 Financial Expenses	#利息支出 Interest Expenses	营业利润 Operating Profits	利润总额 Total Profits	应交所得税 Income Tax Payable	应付职工薪酬 Payables to Employees	应交增值税 VAT Payable
381111	**3004812**	**2093979**	**8393404**	**7849819**	**1142355**	**7663339**	**7102147**
8511	144386	135726	210397	224070	70212	499070	205500
3554	61389	28410	107674	103699	26043	169346	164493
6285	69596	44198	77766	78679	22401	214777	122738
6323	74034	45699	24318	27254	9914	179911	154817
21622	61157	37100	201618	84147	12629	197803	394305
25906	123399	84065	293581	297655	37490	321139	472050
4018	45398	28116	73399	70253	16357	93062	131166
6354	47721	32413	89577	65132	6023	57426	36803
2345	91825	55521	101036	130547	38825	232033	208520
28805	334848	232041	865666	789039	113625	632100	672068
24467	293298	279332	170283	155397	73817	622689	353569
11568	79870	56090	256936	234057	20890	197662	141539
10690	94573	68661	192905	149764	36217	239302	133025
6574	40591	27459	146908	127746	13173	89907	133793
34347	247764	137458	1261998	1255927	180835	569906	658024
16213	132649	75958	434514	436749	37167	278456	161089
29485	146720	114320	535621	440981	51681	342068	261974
15201	85198	52597	312919	247498	53818	283145	176419
45407	298937	188702	996793	1037206	107717	934123	965486
11932	27098	21486	73400	76414	14102	113567	108901
1500	8807	5468	49090	47183	12434	57786	50496
7887	67278	43860	395481	317533	32904	181837	165948
13497	150931	104657	347102	305254	69488	475571	280042
4019	40964	29771	503513	372397	11348	108296	245434
15082	85693	68999	197244	355291	26834	165409	368773
320	479	433	60078	50659	1129	12672	4347
9581	77028	43614	254839	191933	19961	152837	147993
3594	30342	20485	67601	65455	7062	98653	69497
356	6022	2734	12386	11354	2035	15435	16891
2037	14523	9414	12543	31291	7263	33507	11812
3631	22297	19197	66220	69258	8961	93846	84637

家用电器及电子产品专门零售
Special Retail of Household Electric Appliances and Electronic Products

地 区	Region	主营业务收入 Revenue from Principal Business	主营业务成本 Cost of Principal Business	主营业务税金及附加 Taxes and Other Charges on Principal Business	主营业务利润 Profits from Principal Business	其他业务利润 Profits from Other Business	销售费用 Selling Expenses	管理费用 Administr-ative Expenses
全 国	**National Total**	**68773833**	**60771768**	**399022**	**7603043**	**646969**	**4056143**	**1781276**
北 京	Beijing	12118456	11292765	24966	800725	106183	573579	218661
天 津	Tianjin	717951	642667	1730	73554	7983	54709	16397
河 北	Hebei	1428003	1289954	5590	132459	15760	87850	36969
山 西	Shanxi	996714	902343	2933	91438	7609	53974	28310
内蒙古	Inner Mongolia	786284	706476	1951	77857	6120	40276	27538
辽 宁	Liaoning	2337798	2098229	20704	218865	22918	110249	68185
吉 林	Jilin	663017	580330	2790	79897	4365	35039	28183
黑龙江	Heilongjiang	1249710	1089014	7477	153219	14618	52061	34349
上 海	Shanghai	2710783	2400839	7276	302668	53535	265699	52298
江 苏	Jiangsu	6307014	5454192	32718	820104	75783	441719	222900
浙 江	Zhejiang	2623025	2320310	8017	294698	27003	201125	77768
安 徽	Anhui	2019190	1787163	8429	223598	6874	111154	46023
福 建	Fujian	2163823	1933117	6885	223821	6727	130475	61946
江 西	Jiangxi	1011336	910100	5240	95996	2195	52874	20746
山 东	Shandong	5911597	5015446	63898	832253	37589	229060	141479
河 南	Henan	2632060	2292684	24673	314703	17926	132837	66805
湖 北	Hubei	3511301	2914120	41485	555696	23011	171758	113831
湖 南	Hunan	2050775	1729378	26031	295366	5740	118657	64944
广 东	Guangdong	6829500	6031624	25165	772711	105493	543196	194312
广 西	Guangxi	766640	682292	2383	81965	9435	51508	25180
海 南	Hainan	284974	253041	746	31187	3931	24546	9892
重 庆	Chongqing	2091306	1817486	21902	251918	15176	94273	40432
四 川	Sichuan	3065193	2726734	18430	320029	28803	181183	67283
贵 州	Guizhou	505893	442903	3731	59259	2553	37968	15271
云 南	Yunnan	824654	704442	2715	117497	8149	66144	23571
西 藏	Tibet	33753	30962	49	2742	478	1938	1019
陕 西	Shaanxi	2088056	1788474	27558	272024	11744	119191	48572
甘 肃	Gansu	261401	238766	1167	21468	1991	12632	5436
青 海	Qinghai	97622	87265	353	10004	2440	6520	2533
宁 夏	Ningxia	255062	222112	1133	31817	9774	22579	8948
新 疆	Xinjiang	430943	386542	898	43503	5064	31370	11493

3-4-7 Continued 6

单位：万元
Unit: 10000 yuan

#税金 Taxes	财务费用 Financial Expenses	#利息支出 Interest Expenses	营业利润 Operating Profits	利润总额 Total Profits	应交所得税 Income Tax Payable	应付职工薪酬 Payables to Employees	应交增值税 VAT Payable
86087	**283928**	**163787**	**2109498**	**1856794**	**294361**	**1886874**	**1111919**
3920	890	10223	201504	214475	31169	238464	150368
146	1154	296	9405	12650	1951	17133	5460
1219	17478	4464	5567	5005	1572	42868	14221
489	4806	2759	5079	4266	1532	20521	8008
1304	6166	4619	11000	16117	2965	21314	8063
3871	9604	5239	44761	43716	7830	50717	35132
349	2831	2269	21983	15020	1643	12574	8157
1965	5455	1716	65928	7734	2817	22227	13057
692	2228	2579	16183	18632	6557	60586	44677
9008	34404	14478	149816	120731	34881	197405	118632
2159	17476	14805	2018	2875	5823	99450	39887
1865	10024	6937	65857	56666	7844	59780	28650
3810	13222	9629	24992	22942	5974	69880	22306
1063	4448	2793	23553	17542	2019	32342	14114
12920	28762	14585	480679	434582	74942	131468	114727
5779	16281	7238	121915	118209	9207	80136	37759
8906	15937	7430	274622	244459	33137	96460	79603
4408	15686	3280	101425	60723	6154	58828	29497
7886	26945	18982	162317	163368	25613	272622	163751
559	6808	4807	6630	6090	1699	28849	11858
161	1050	399	-1252	-788	376	12411	3826
3739	8368	5329	105664	89643	5901	64601	28919
3639	14618	8090	80853	72441	7058	74340	55065
565	2640	2240	5950	4396	1046	18141	10889
636	4140	3516	31183	22089	2194	28794	9633
7	74		187	246	21	1530	43
4061	6509	2337	83550	65910	9058	42202	38473
75	2426	859	806	1572	203	6529	2290
114	369	49	2653	2595	749	2305	1555
470	1880	1383	758	8547	1551	8468	6804
304	1253	461	3917	4343	877	13930	6498

五金、家具及室内装饰材料专门零售
Special Retail of Hardware, Furniture and Interior Decoration Materials

地 区	Region	主营业务收入 Revenue from Principal Business	主营业务成本 Cost of Principal Business	主营业务税金及附加 Taxes and Other Charges on Principal Business	主营业务利润 Profits from Principal Business	其他业务利润 Profits from Other Business	销售费用 Selling Expenses	管理费用 Administr-ative Expenses
全 国	**National Total**	**25119186**	**20003970**	**465300**	**4649916**	**112670**	**1312619**	**1005994**
北 京	Beijing	687680	459468	7437	220775	16148	135945	53623
天 津	Tianjin	254290	181651	2520	70119	1498	40026	35950
河 北	Hebei	243373	207510	2337	33526	1085	10222	13404
山 西	Shanxi	501101	398420	9853	92828	1468	27700	23283
内蒙古	Inner Mongolia	321221	240100	3796	77325	3800	11952	46289
辽 宁	Liaoning	675933	569019	10823	96091	2280	26945	40947
吉 林	Jilin	185145	142758	3498	38889	218	6057	12549
黑龙江	Heilongjiang	158516	130397	1384	26735	617	6554	8496
上 海	Shanghai	573566	414622	5411	153533	21170	100131	58716
江 苏	Jiangsu	4064760	3388885	34998	640877	6715	165574	150566
浙 江	Zhejiang	451808	368524	4610	78674	3928	29090	24214
安 徽	Anhui	735630	612544	12791	110295	1120	25925	25112
福 建	Fujian	1209632	1050573	19991	139068	1038	42257	37806
江 西	Jiangxi	353084	306267	5660	41157	1967	10017	8693
山 东	Shandong	4088228	3203066	87939	797223	9696	144419	112783
河 南	Henan	845743	683478	21923	140342	1285	26931	32023
湖 北	Hubei	1660978	1327689	36566	296723	1861	70309	50100
湖 南	Hunan	744691	596511	18913	129267	10599	48109	32110
广 东	Guangdong	1677389	1357729	19599	300061	6022	128163	80843
广 西	Guangxi	32376	26450	187	5739	39	2275	2709
海 南	Hainan	14013	11649	36	2328		1302	752
重 庆	Chongqing	1942959	1460094	82348	400517	4157	75677	49443
四 川	Sichuan	922242	735655	11555	175032	1717	59211	42859
贵 州	Guizhou	37191	33737	316	3138	239	794	1058
云 南	Yunnan	478387	394112	3071	81204	604	11056	9568
西 藏	Tibet							
陕 西	Shaanxi	1928425	1491648	54075	382702	10357	31276	39150
甘 肃	Gansu	135894	120844	1626	13424	1620	2740	3361
青 海	Qinghai	3120	46	181	2893	1066	2822	1148
宁 夏	Ningxia	20066	15770	326	3970	5	6632	1200
新 疆	Xinjiang	171747	74755	1533	95459	355	62508	7241

3-4-7 Continued 7

单位：万元
Unit: 10000 yuan

#税金 Taxes	财务费用 Financial Expenses	#利息支出 Interest Expenses	营业利润 Operating Profits	利润总额 Total Profits	应交所得税 Income Tax Payable	应付职工薪酬 Payables to Employees	应交增值税 VAT Payable
60101	**274754**	**136401**	**2098542**	**1789029**	**212331**	**743538**	**490678**
1552	6185	10588	47969	51484	11910	51241	21638
213	8440	1427	-16258	-16192	215	8397	1500
174	1977	733	9263	9288	1436	8990	2907
1492	3869	1856	38509	17176	323	21119	3239
365	4391	1526	15279	12513	511	15194	2028
1976	10265	4739	20581	23914	4456	16070	12498
1494	2148	537	18397	3477	216	4185	1110
811	1061	388	10192	2524	205	14883	708
1839	11809	8073	3625	11821	5192	43073	11254
7553	48493	10255	284898	272375	36138	81025	67596
839	12996	8092	14873	15205	1583	16592	6714
2201	8235	2791	49117	38000	3887	29220	11920
2537	6629	2174	52866	27236	4802	18720	10242
273	1359	606	21167	7122	876	6726	9407
11776	40642	20626	478957	492136	61840	128658	108704
4167	11728	4279	69564	67192	4812	26525	14524
4187	17076	6249	138722	116980	13569	39380	36829
2008	8753	1246	42663	22464	1615	17062	8648
2450	27171	23977	93986	86003	8490	61713	45246
32	1490	1235	-92	47	125	1785	796
21	53	27	232	234	76	904	296
3746	8515	2073	270936	240575	31700	29952	46150
1482	14664	11472	61551	51833	6631	32174	13871
71	140	98	1089	1083	56	5625	246
230	2172	2123	58473	48489	1004	7250	4119
5884	11394	7918	286197	159539	9619	26284	32240
630	1158	1124	5956	6934	1006	5272	626
2	-5		-235	-230		372	69
50	1193	169	-5057	-5388	28	723	360
49	756		25123	25195	11	24427	15194

货摊、无店铺及其他零售业
Stalls, Non-shop and Other Retails

地 区	Region	主营业务收入 Revenue from Principal Business	主营业务成本 Cost of Principal Business	主营业务税金及附加 Taxes and Other Charges on Principal Business	主营业务利润 Profits from Principal Business	其他业务利润 Profits from Other Business	销售费用 Selling Expenses	管理费用 Administrative Expenses
全 国	**National Total**	**31418572**	**27604631**	**188318**	**3625623**	**88580**	**1971256**	**933911**
北 京	Beijing	5131496	4756979	9426	365091	3383	470021	149746
天 津	Tianjin	1343979	1242272	2333	99374	-7342	53012	24559
河 北	Hebei	115663	106755	396	8512	2066	5771	4972
山 西	Shanxi	485769	450487	3117	32165	4839	22090	36750
内 蒙 古	Inner Mongolia	543544	367997	4515	171032	1101	53797	19341
辽 宁	Liaoning	838431	721842	10168	106421	776	35202	21803
吉 林	Jilin	303132	276143	1841	25148	1	8265	5657
黑 龙 江	Heilongjiang	492783	429080	9003	54700	101	25751	14992
上 海	Shanghai	4882823	4400598	6029	476196	21354	373836	175974
江 苏	Jiangsu	1752689	1473969	8834	269886	9191	90847	58087
浙 江	Zhejiang	1097107	964371	3205	129531	2397	86886	32398
安 徽	Anhui	390675	324154	2204	64317	3245	33673	11559
福 建	Fujian	754799	655079	2431	97289	184	53222	24309
江 西	Jiangxi	206837	149841	1688	55308	598	24035	7554
山 东	Shandong	3199375	2674000	39968	485407	7662	87503	84893
河 南	Henan	667400	536426	9596	121378	1495	18548	18489
湖 北	Hubei	2105224	1924344	15204	165676	6381	97421	23826
湖 南	Hunan	933769	782940	27353	123476	1036	31106	35688
广 东	Guangdong	3492304	3069509	17304	405491	9965	227521	97245
广 西	Guangxi	308691	264184	1287	43220	116	20719	10814
海 南	Hainan	28234	23505	168	4561	46	2213	1476
重 庆	Chongqing	319206	293952	2868	22386	1599	7252	6494
四 川	Sichuan	1223114	1095163	3382	124569	563	74373	29812
贵 州	Guizhou	209866	154562	2105	53199	11533	40170	10923
云 南	Yunnan	193670	148565	1198	43907	2567	7280	9299
西 藏	Tibet	3741	3226	5	510		234	144
陕 西	Shaanxi	157951	116534	1154	40263	2873	7012	8697
甘 肃	Gansu	152302	129656	937	21709	245	8438	3469
青 海	Qinghai	42348	35377	220	6751		1780	1960
宁 夏	Ningxia	8176	7169	35	972	206	866	709
新 疆	Xinjiang	33475	25953	346	7176	397	2411	2275

单位：万元
Unit: 10000 yuan

#税金 Taxes	财务费用 Financial Expenses		营业利润 Operating Profits	利润总额 Total Profits	应交所得税 Income Tax Payable	应付职工薪酬 Payables to Employees	应交增值税 VAT Payable
		#利息支出 Interest Expenses					
33057	**123889**	**74302**	**532411**	**639291**	**162457**	**802459**	**729324**
3427	-2753	10817	-244391	-232666	18313	195334	46773
532	1114	231	13365	16707	3768	16881	13557
118	603	669	946	1727	755	8920	856
689	12017	8928	4138	-21074	3156	23774	5649
762	7003	544	93303	29329	3116	6115	4511
1666	4979	1613	47717	63318	2444	18065	14411
118	739	468	10494	8391	336	3722	1820
354	763	279	28741	2979	409	8706	14752
1662	4732	3264	-273172	-30696	8052	79927	65564
1826	14507	3510	123394	107580	11437	65493	33807
911	5167	4874	6412	8747	3908	31580	19578
352	876	819	20021	20337	2122	11655	9082
1141	5322	4085	15581	19663	2152	21882	8304
525	1287	562	18152	16579	260	6580	7323
7849	33380	12105	292173	293269	37506	57216	126612
1877	6714	1645	79200	57281	24952	17006	16173
2168	6126	4798	47930	46728	5215	29967	31214
1354	5794	1033	53724	49164	4470	13305	14139
3099	7741	7796	80317	77709	13353	104981	46924
443	-1417	206	13870	14852	3372	11183	7759
71	-23	14	1350	1368	253	1358	1359
575	1206	393	6654	5718	499	12741	2685
565	4046	2316	17127	17545	3804	26859	215373
400	67	127	14675	16624	3904	9538	7515
83	2097	2058	24628	9551	1374	5752	4060
	46	46	86	86	14	80	47
310	584	303	21458	23383	665	5947	3915
46	963	721	9082	8078	1760	2976	3700
25	-114	-179	3199	3908	574	1746	783
54	115	41	-512	-266		1520	318
55	207	216	2751	3372	512	1653	762

3-5-1 限额以上批发和零售业产业活动单位和个体经营户基本情况

Basic Conditions of Establishments and Getihus above Designated Size of Wholesale and Retail Trades

项　目	Item	单位数 (个) Number of Units (unit)	年末从业人数 (人) Engaged Persons the Year-end (person)
总　计	**Total**	**40379**	**812853**
一、批发业	**Wholesale Trade**	**6560**	**184620**
(一)按登记注册类型分	**by Type of Registration**		
1.内资企业	**Domestic Funded Enterprises**	**349**	**89747**
国有企业	State-owned Enterprises	101	11073
集体企业	Collective-owned Enterprises	10	442
股份合作企业	Cooperative Enterprises	4	568
联营企业	Joint Ownership Enterprises	2	342
国有联营企业	State Joint Ownership Enterprises		
集体联营企业	Collective Joint Ownership Enterprises		
国有与集体联营企业	Joint State-collective Enterprises	1	12
其他联营企业	Other Joint Ownership Enterprises	1	330
有限责任公司	Limited Liability Corporations	83	12702
国有独资公司	State Sole Funded Corporations	7	222
其他有限责任公司	Other Limited Liability Corporations	76	12480
股份有限公司	Share-holding Corporations Ltd.	52	6749
私营企业	Private Enterprises	80	57096
私营独资企业	Private-funded Enterprises	19	505
私营合伙企业	Private Partnership Enterprises	1	55
私营有限责任公司	Private Limited Liability Corporations	51	56369
私营股份有限公司	Private Share-holding Corporations Ltd.	9	167
其他内资企业	Other Domestic Funded Enterprises	17	775
2.港、澳、台商投资企业	**Enterprises with Funds from Hongkong, Macao and Taiwan**	**54**	**7736**
合资经营企业	Joint-venture Enterprises	11	785
合作经营企业	Cooperative Enterprises	1	25
独资经营企业	Enterprises with Sole Investment	32	6391
投资股份有限公司	Share-holding Corporations Ltd. with Investment	10	535
其他港澳台商投资企业	Other Enterprises with Funds from Hongkong, Macao and Taiwan		
3.外商投资企业	**Foreign Funded Enterprises**	**97**	**12954**
中外合资经营企业	Joint-venture Enterprises	34	3078
中外合作经营企业	Cooperative Enterprises	2	801
外资企业	Enterprises with Sole Foreign Investment	52	8117
外商投资股份有限公司	Share-holding Corporations Ltd. with Foreign Investment	8	858
其他外商投资企业	Other Foreign Funded Enterprises	1	100
4.个体经营户	**Getihus**	**6060**	**74183**

项　目	Item	单位数 (个) Number of Units (unit)	年末从业人数 (人) Engaged Persons the Year-end (person)
(二)按国民经济行业分	**by Sector**		
农、林、牧产品批发	Wholesale of Agricultural, Forestry and Livestock Products	443	7203
食品、饮料及烟草制品批发	Wholesale of Food, Beverages and Tobaccos	1798	43729
米、面制品及食用油批发	Wholesale of Rice, Flour and Edible Oil	127	2398
肉、禽、蛋、奶及水产品批发	Wholesale of Meal, Fowls, Eggs, Milk and Aquatic Products	459	8438
酒、饮料及茶叶批发	Wholesale of Wine, Beverages and Teas	220	8459
烟草制品批发	Wholesale of Tobaccos	13	1051
纺织、服装及家庭用品批发	Wholesale of Textiles, Wearing Apparel and Household Articles	1828	78973
服装批发	Wholesale of Garments	798	50919
鞋帽批发	Wholesale of Shoes and Hats	117	1802
家用电器批发	Wholesale of Household Electric Appliances	94	6579
文化、体育用品及器材批发	Wholesale of Culture, Sports Appliances and Equipments	327	4465
文具用品批发	Wholesale of Stationeries	34	355
体育用品及器材批发	Wholesale of Sports Appliances and Equipments	8	56
图书批发	Wholesale of Books	5	121
医药及医疗器材批发	Wholesale of Medicines and Medical Appliances	106	8694
西药批发	Wholesale of Western Medicine	10	1085
中药批发	Wholesale of Chinese Traditional Medicine	93	7539
矿产品、建材及化工产品批发	Wholesale of Mineral Products, Building Materials and Chemical Products	1075	23886
煤炭及制品批发	Wholesale of Coal and Related Products	65	4446
石油及制品批发	Wholesale of Petroleum and Related Products	34	3189
金属及金属矿批发	Wholesale of Metal Materials	230	3563
建材批发	Wholesale of Building Materials	447	8138
化肥批发	Wholesale of Chemical Fertilizer	160	2701
农药批发	Wholesale of Pesticides	11	173
机械设备、五金产品及电子产品批发	Wholesale of Machinery, Hardware and Electronic Products	879	13810
汽车批发	Wholesale of Motor Vehicles	2	323
计算机、软件及辅助设备批发	Wholesale of Computer, Software and Assistant Appliances	160	2548
通讯及广播电视设备批发	Wholesale of Communication, Radios and Televisions Equipments	170	1559
贸易经纪与代理	Trade Broker and Agency	8	65
其他批发业	Other Wholesale not Classified Elsewhere	96	3795

项 目	Item	单位数(个) Number of Units (unit)	年末从业人数(人) Engaged Persons the Year-end (person)	零售业营业面积(平方米) Business Area of Retail Trade at the Year-end (m²)
二、零售业	**Retail Trade**	**33819**	**628233**	**26175964**
(一)按登记注册类型分	**by Type of Registration**			
1.内资企业	**Domestic Funded Enterprises**	**739**	**69159**	**3291203**
国有企业	State-owned Enterprises	153	20107	348797
集体企业	Collective-owned Enterprises	35	1797	44767
股份合作企业	Cooperative Enterprises	8	352	6969
联营企业	Joint Ownership Enterprises			
国有联营企业	State Joint Ownership Enterprises			
集体联营企业	Collective Joint Ownership Enterprises			
国有与集体联营企业	Joint State-collective Enterprises			
其他联营企业	Other Joint Ownership Enterprises			
有限责任公司	Limited Liability Corporations	217	21055	1383351
国有独资公司	State Sole Funded Corporations	7	489	3648
其他有限责任公司	Other Limited Liability Corporations	210	20566	1379703
股份有限公司	Share-holding Corporations Ltd.	61	7436	795783
私营企业	Private Enterprises	234	16703	610947
私营独资企业	Private-funded Enterprises	38	1303	68077
私营合伙企业	Private Partnership Enterprises	8	101	4580
私营有限责任公司	Private Limited Liability Corporations	178	14738	513006
私营股份有限公司	Private Share-holding Corporations Ltd.	10	561	25284
其他企业	Other Enterprises	31	1709	100589
2.港、澳、台商投资企业	**Enterprises with Funds from Hongkong, Macao and Taiwan**	**114**	**11987**	**681908**
合资经营企业	Joint-venture Enterprises	17	3021	209956
合作经营企业	Cooperative Enterprises	3	17	395
独资经营企业	Enterprises with Sole Investment	90	8596	470057
投资股份有限公司	Share-holding Corporations Ltd. with Investment	4	353	1500
其他港澳台商投资企业	Other Enterprises with Funds from Hongkong, Macao and Taiwan			
3.外商投资企业	**Foreign Funded Enterprises**	**175**	**17161**	**694590**
中外合资经营企业	Joint-venture Enterprises	35	4566	234501
中外合作经营企业	Cooperative Enterprises	7	918	65720
外资企业	Enterprises with Sole Foreign Investment	126	11505	385889
外商投资股份有限公司	Share-holding Corporations Ltd. with Foreign Investment	5	151	8130
其他外商投资企业	Other Foreign Funded Enterprises	2	21	350
4.个体经营户	**Getihus**	**32791**	**529926**	**21508263**

项　　目	Item	单位数（个）Number of Units (unit)	年末从业人数（人）Engaged Persons the Year-end (person)	零售业营业面积（平方米）Business Area of Retail Trade at the Year-end (㎡)
（二）按国民经济行业分	**by Sector**			
综合零售	Integrated Retail	7841	225608	9512329
百货零售	Retail of General Merchandise	3494	89024	4317586
超级市场零售	Retail of Supermarkets	2942	108576	4262359
食品、饮料及烟草制品专门零售	Special Retail of Food, Beverages and Tobaccos	3500	54328	1516986
粮油零售	Retail of Cereal and Oil	336	4242	146619
肉、禽、蛋、奶及水产品零售	Retail of Meat, Poultry, Eggs, Milk and Aquatic Products	595	9129	231247
酒、饮料及茶叶零售	Retail of Wine, Beverages and Teas	1192	14941	339982
烟草制品零售	Retail of Tobaccos	271	2112	47864
纺织、服装及日用品专门零售	Special Retail of Textiles, Garments and Daily Consumer Articles	5117	86674	4043099
服装零售	Retail of Garments	2666	54095	3052415
文化、体育用品及器材专门零售	Special Retail of Culture, Sports Appliances and Equipments	2053	39722	607993
体育用品及器材零售	Retail of Sports Appliances and Equipments	68	1077	38993
图书、报刊零售	Retail of Books, Newspapers and Magazines	115	14064	90149
医药及医疗器材专门零售	Special Retail of Medicines and Medical Appliances	935	15134	396748
药品零售	Retail of Medicines	883	14634	368518
汽车、摩托车、燃料及零配件专门零售	Special Retail of Motor Vehicles, Motorcycles, Fuel and Parts	1998	23893	1483214
汽车零售	Retail of Motor Vehicles	269	4091	327156
机动车燃料零售	Retail of Automotive Fuels	728	10067	830351
家用电器及电子产品专门零售	Special Retail of Household Electric Appliances and Electronic Products	4772	70972	2016397
日用家电设备零售	Retail of Household Electric Appliances	2420	43317	1204959
计算机、软件及辅助设备零售	Retail of Computer, Software and Assistant Appliances	697	8100	142277
通信设备零售	Retail of Communication Equipments	457	6254	118132
五金、家具及室内装饰材料专门零售	Special Retail of Hardware, Furniture and Interior Decoration Materials	6944	97987	6004376
货摊、无店铺及其他零售业	Stalls, Non-shop and Other Retails	659	13915	594822
互联网零售	Retail on the Internet	11	50	285
（三）按零售业态分	**by Mode of Business Operation**			
有店铺零售	Store-based Retailing	33778	622560	26160168
超市	Supermarket	5564	146417	5496506
大型超市	Hypermarket	506	35906	1846168
百货店	Department Store	2480	60317	2812457
专业店	Speciality Store	12399	178071	7038740
专卖店	Exclusive Shop	7477	108261	4792680
无店铺零售	Non-Store Selling	41	5673	15796

3-5-2 各地区限额以上批发和零售业产业活动单位和个体经营户基本情况
Basic Conditions of Establishments and Getihus above Designated Size of Wholesale and Retail Trades by Region

地区	Region	批发业 Wholesale Trade		零售业 Retail Trade	
		单位数（个） Number of Units (unit)	年末从业人数（人） Engaged Persons at the Year-end (person)	单位数（个） Number of Units (unit)	年末从业人数（人） Engaged Persons at the Year-end (person)
全 国	**National Total**	**6560**	**184620**	**33819**	**628233**
北 京	Beijing	43	4004	143	6824
天 津	Tianjin	232	4326	561	4533
河 北	Hebei	64	2539	446	10760
山 西	Shanxi	41	1734	591	16439
内蒙古	Inner Mongolia	40	6655	312	13354
辽 宁	Liaoning	206	4684	1918	26284
吉 林	Jilin	28	697	1211	21287
黑龙江	Heilongjiang	139	1173	1134	19506
上 海	Shanghai	15	4255	10	835
江 苏	Jiangsu	749	10682	5066	59869
浙 江	Zhejiang	217	7653	847	18561
安 徽	Anhui	101	3315	938	24816
福 建	Fujian	129	3728	680	16321
江 西	Jiangxi	43	3783	483	14945
山 东	Shandong	533	11038	3649	71950
河 南	Henan	219	4951	2335	44583
湖 北	Hubei	75	15707	2864	75764
湖 南	Hunan	387	5049	2105	42945
广 东	Guangdong	2769	29879	3161	35426
广 西	Guangxi	29	3163	109	5855
海 南	Hainan	4	45	24	614
重 庆	Chongqing	245	3296	1500	20090
四 川	Sichuan	102	3842	2354	33678
贵 州	Guizhou	17	1602	105	4159
云 南	Yunnan	53	42753	503	20405
西 藏	Tibet			2	19
陕 西	Shaanxi	18	1127	502	12051
甘 肃	Gansu	10	675	65	2004
青 海	Qinghai			4	151
宁 夏	Ningxia			8	661
新 疆	Xinjiang	52	2265	189	3544

3-5-3 限额以上批发和零售业产业活动单位和个体经营户商品购、销、存总额

Total Purchases, Sales and Inventory of Establishments and Getihus above Designated Size of Wholesale and Retail Trades

单位：万元
UnKt: 10000 yuan

项　目	Item	商品购进额 Total Purchases Value	#进口 Imports	商品销售额 Total Sales Value	#出口 Exports	期末商品库存额 Inventory (year-end)
总　计	**Total**	**164020654**	**1277661**	**181728104**	**301182**	**8694324**
一、批发业	**Wholesale Trade**	**93842803**	**1186487**	**104218934**	**294506**	**4167355**
(一)按登记注册类型分	**by Type of Registration**					
1.内资企业	**Domestic Funded Enterprises**	**29883862**	**399109**	**32802660**	**202800**	**1356434**
国有企业	State-owned Enterprises	13718904	54	14586893	1923	349194
集体企业	Collective-owned Enterprises	150419		152953		5356
股份合作企业	Cooperative Enterprises	16810		69036		1054
联营企业	Joint Ownership Enterprises	63175		63484		265
国有联营企业	State Joint Ownership Enterprises					
集体联营企业	Collective Joint Ownership Enterprises					
国有与集体联营企业	Joint State-collective Enterprises	938		1247		265
其他联营企业	Other Joint Ownership Enterprises	62237		62237		0
有限责任公司	Limited Liability Corporations	5884991	398981	6201841	40850	388298
国有独资公司	State Sole Funded Corporations	569676		677357		9443
其他有限责任公司	Other Limited Liability Corporations	5315315	398981	5524484	40850	378855
股份有限公司	Share-holding Corporations Ltd.	3041309		3943682	90622	137008
私营企业	Private Enterprises	6769042	75	7503934	69404	466651
私营独资企业	Private-funded Enterprises	106691		111940		2288
私营合伙企业	Private Partnership Enterprises	82218		79218		3000
私营有限责任公司	Private Limited Liability Corporations	6474865	75	7206024	374	459702
私营股份有限公司	Private Share-holding Corporations Ltd.	105268		106753	69031	1660
其他企业	Other Enterprises	239213		280838		8609
2.港、澳、台商投资企业	**Enterprises with Funds from Hongkong, Macao and Taiwan**	**3597188**	**606598**	**3800703**		**863358**
合资经营企业	Joint-venture Enterprises	183096		202366		24733
合作经营企业	Cooperative Enterprises	2042		2042		
独资经营企业	Enterprises with Sole Investment	3153034	606598	3331587		836947
投资股份有限公司	Share-holding Corporations Ltd. with Investment	259016		264708		1677
其他港澳台商投资企业	Other Enterprises with Funds from Hongkong, Macao and Taiwan					
3.外商投资企业	**Foreign Funded Enterprises**	**3718344**	**43470**	**4486042**	**10098**	**135154**
中外合资经营企业	Joint-venture Enterprises	626697	41589	983343	9959	48322
中外合作经营企业	Cooperative Enterprises	72567	549	85305		4215
外资企业	Enterprises with Sole Foreign Investment	2844960	1333	3238864	140	70528
外商投资股份有限公司	Share-holding Corporations Ltd. with Foreign Investment	159038		162202		10758
其他外商投资企业	Other Foreign Funded Enterprises	15082		16329		1332
4.个体经营户	**Getihus**	**56643409**	**137310**	**63129529**	**81607**	**1812409**

单位：万元
Unit: 10000 yuan

项目	Item	商品购进额 Total Purchases Value	#进口 Imports	商品销售额 Total Sales Value	#出口 Exports	期末商品库存额 Inventory (year-end)
(二)按国民经济行业分	**by Sector**					
农、林、牧产品批发	Wholesale of Agricultural, Forestry and Livestock Products	2703940	105094	2935688		266997
食品、饮料及烟草制品批发	Wholesale of Food, Beverages and Tobaccos	16738773	349	18527380	57385	417426
米、面制品及食用油批发	Wholesale of Rice, Flour and Edible Oil	977018		1049566	364	48312
肉、禽、蛋、奶及水产品批发	Wholesale of Meal, Fowls, Eggs, Milk and Aquatic Products	3784408	349	4586471	45682	87905
酒、饮料及茶叶批发	Wholesale of Wine, Beverages and Teas	2222916		2584193		127186
烟草制品批发	Wholesale of Tobaccos	280745		461859		1747
纺织、服装及家庭用品批发	Wholesale of Textiles, Wearing Apparel and Household Articles	19219710	28719	22757191	55714	725701
服装批发	Wholesale of Garments	7441903	26717	9486390	29732	496630
鞋帽批发	Wholesale of Shoes and Hats	869748		1035541		8885
家用电器批发	Wholesale of Household Electrical Appliances	3030580		3262955	94	47122
文化、体育用品及器材批发	Wholesale of Culture, Sports Appliances and Equipments	2624705	196	3996588	7200	814100
文具用品批发	Wholesale of Stationeries	154471		171464	7082	3682
体育用品及器材批发	Wholesale of Sports Appliances and Equipments	35220		47990		486
图书批发	Wholesale of Books	18052		23298		2532
医药及医疗器材批发	Wholesale of Medicines and Medical Appliances	1928170		2037764	5040	115252
西药批发	Wholesale of Western Medicine	413224		399497		33180
中药批发	Wholesale of Chinese Traditional Medicine	1504525		1628039	5040	81480
矿产品、建材及化工产品批发	Wholesale of Mineral Products, Building Materials and Chemical Products	21865203	28623	23376329	79370	616372
煤炭及制品批发	Wholesale of Coal and Related Products	3254364		3569036		42867
石油及制品批发	Wholesale of Petroleum and Related Products	8392037	27290	9146621	29511	59275
金属及金属矿批发	Wholesale of Metal Materials	4463853		4673947	49859	267897
建材批发	Wholesale of Building Materials	3418762		3586891		148487
化肥批发	Wholesale of Chemical Fertilizer	1394607		1407806		79443
农药批发	Wholesale of Pesticides	56271		57849		2453
机械设备、五金产品及电子产品批发	Wholesale of Machinery, Hardware and Electronic Products	27751419	1023506	29472329	84128	1188381
汽车批发	Wholesale of Motor Vehicles	841713		920763		1
计算机、软件及辅助设备批发	Wholesale of Computer, Software and Assistant Appliances	8688165	977994	9485397	4511	448955
通讯及广播电视设备批发	Wholesale of Communication, Radios and Televisions Equipments	9148497	50	8840195	204	479665
贸易经纪与代理	Trade Broker and Agency	117082		136723		326
其他批发业	Other Wholesale not Classified Elsewhere	893801		978943	5669	22800

3-5-3 续表 2 Continued 2

单位：万元
Unit: 10000 yuan

项 目	Item	商品购进额 Total Purchases Value	#进口 Imports	商品销售额 Total Sales Value	#出口 Exports	期末商品库存额 Inventory (year-end)
二、零售业	**Retail Trade**	**70177852**	**91174**	**77509170**	**6677**	**4526969**
(一)按登记注册类型分	**by Type of Registration**					
1.内资企业	**Domestic Funded Enterprises**	**6431728**	**40273**	**7432834**	**4241**	**529561**
国有企业	State-owned Enterprises	1168592	23117	1531945	3334	116190
集体企业	Collective-owned Enterprises	200292		230245		30574
股份合作企业	Cooperative Enterprises	82714		99277		3656
联营企业	Joint Ownership Enterprises					
国有联营企业	State Joint Ownership Enterprises					
集体联营企业	Collective Joint Ownership Enterprises					
国有与集体联营企业	Joint State-collective Enterprises					
其他联营企业	Other Joint Ownership Enterprises					
有限责任公司	Limited Liability Corporations	2181564	15377	2402076	7	203989
国有独资公司	State Sole Funded Corporations	14299		17997		118
其他有限责任公司	Other Limited Liability Corporations	2167265	15377	2384079	7	203871
股份有限公司	Share-holding Corporations Ltd.	883299	880	1059572		78593
私营企业	Private Enterprises	1723100		1911548		81847
私营独资企业	Private-funded Enterprises	426757		444279		14418
私营合伙企业	Private Partnership Enterprises	25430		25851		800
私营有限责任公司	Private Limited Liability Corporations	1219327		1389355		63511
私营股份有限公司	Private Share-holding Corporations Ltd.	51586		52063		3119
其他企业	Other Enterprises	192168	900	198171	900	14711
2.港、澳、台商投资企业	**Enterprises with Funds from Hongkong, Macao and Taiwan**	**924104**	**18599**	**1345276**		**171589**
合资经营企业	Joint-venture Enterprises	303119		397772		32269
合作经营企业	Cooperative Enterprises	4414		6152		31
独资经营企业	Enterprises with Sole Investment	589091	18599	910147		137096
投资股份有限公司	Share-holding Corporations Ltd. with Investment	27481		31205		2194
其他港澳台商投资企业	Other Enterprises with Funds from Hongkong, Macao and Taiwan					
3.外商投资企业	**Foreign Funded Enterprises**	**2409899**	**6112**	**3267068**	**1562**	**231057**
中外合资经营企业	Joint-venture Enterprises	799636		1000080		65371
中外合作经营企业	Cooperative Enterprises	225482	3754	247451		21739
外资企业	Enterprises with Sole Foreign Investment	1324961	2357	1939257	1562	135442
外商投资股份有限公司	Share-holding Corporations Ltd. with Foreign Investment	50264		61730		7489
其他外商投资企业	Other Foreign Funded Enterprises	9556		18550		1018
4.个体经营户	**Getihus**	**60412120**	**26190**	**65463993**	**873**	**3594763**

单位：万元
Unit: 10000 yuan

项　目	Item	商品购进额 Total Purchases Value	#进口 Imports	商品销售额 Total Sales Value	#出口 Exports	期末商品库存额 Inventory (year-end)
(二)按国民经济行业分	**by Sector**					
综合零售	Integrated Retail	16113548	18941	17329580	1570	1196836
百货零售	Retail of General Merchandise	6905074	6761	7445920		508456
超级市场零售	Retail of Supermarkets	6623896	11009	7133324	1570	527847
食品、饮料及烟草制品专门零售	Special Retail of Food, Beverages and Tobaccos	7673647	2462	8563961	3341	373618
粮油零售	Retail of Cereal and Oil	762812	45	888292		34987
肉、禽、蛋、奶及水产品零售	Retail of Meat, Poultry, Eggs, Milk and Aquatic Products	1625228	13	1764412	7	45504
酒、饮料及茶叶零售	Retail of Wine, Beverages and Teas	1993542	3	2243091		124018
烟草制品零售	Retail of Tobaccos	314618	2291	342849	3334	20318
纺织、服装及日用品专门零售	Special Retail of Textiles, Garments and Daily Consumer Articles	9438022	21563	11255999		725355
服装零售	Retail of Garments	5204163	3972	5774123		461468
文化、体育用品及器材专门零售	Special Retail of Culture, Sports Appliances and Equipments	4377502	581	5653825		439014
体育用品及器材零售	Retail of Sports Appliances and Equipments	129805		140108		24712
图书、报刊零售	Retail of Books, Newspapers and Magazines	447956		554108		90139
医药及医疗器材专门零售	Special Retail of Medicines and Medical Appliances	1599490	906	1724387		100830
药品零售	Retail of Medicines	1505612	906	1633806		92114
汽车、摩托车、燃料及零配件专门零售	Special Retail of Motor Vehicles, Motorcycles, Fuel and Parts	5042011	30280	5442901	1700	239484
汽车零售	Retail of Motor Vehicles	967417	1675	1015495	1400	52090
机动车燃料零售	Retail of Fuel of Motor Vehicles	2463223	28105	2730782		104817
家用电器及电子产品专门零售	Special Retail of Household Electric and Electronic Products	9318763	4271	9790192		558204
日用家电设备零售	Retail of Household Electric Appliances	3990469	3489	4204628		256174
计算机、软件及辅助设备零售	Retail of Computer, Software and Assistant Appliances	1281771	102	1467454		49661
通信设备零售	Retail of Communication Equipments	2052142		2008760		143155
五金、家具及室内装饰材料专门零售	Special Retail of Hardware, Furniture and Interior Decoration Materials	14770436	12170	15679659		783251
货摊、无店铺及其他零售业	Stalls, Non-shop and Other Retails	1844433		2068669		110377
互联网零售	Retail on the Internet	140911		149619		361
(三)按零售业态分	**by Mode of Business Operation**					
有店铺零售	Store-based Retailing	69736247	91174	76826453	6677	4522646
超市	Supermarket	9801725	5323	10298627		668797
大型超市	Hypermarket	2424234	7489	2620872	1570	246001
百货店	Department Store	5266737	6765	5891086		371227
专业店	Speciality Store	26065179	28028	29226738	365	1601702
专卖店	Exclusive Shop	14302896	32351	16090647	3834	976699
无店铺零售	Non-Store Selling	441604		682717		4324

3-5-4 各地区限额以上批发业产业活动单位和个体经营户商品购、销、存情况

Total Purchases, Sales and Inventory of Establishments and Getihus above Designated Size of Wholesale Trade by Region

单位：万元
Unit: 10000 yuan

地区	Region	商品购进额 Total Purchases Value	#进口 Imports	商品销售额 Total Sales Value	#出口 Exports	期末商品库存额 Inventory (year-end)
全国	**National Total**	**93842803**	**1186487**	**104218934**	**294506**	**4167355**
北京	Beijing	4815906	978296	5005658	2073	520879
天津	Tianjin	2310917	27290	2896762	34551	123175
河北	Hebei	3825229	28719	3837240	19078	39045
山西	Shanxi	393201		478405		21198
内蒙古	Inner Mongolia	653043		901278		49539
辽宁	Liaoning	1778427	41337	2429629		67719
吉林	Jilin	163756		223064		3813
黑龙江	Heilongjiang	875313		796231		152994
上海	Shanghai	6618570		6780978		2454
江苏	Jiangsu	5399911		5616297		101864
浙江	Zhejiang	3782647	349	4112922	59111	121458
安徽	Anhui	1464405		1670101		40137
福建	Fujian	1453872		1618494		26547
江西	Jiangxi	832196		806908		44975
山东	Shandong	4953711		5473332		128624
河南	Henan	1435281		1764933	35723	83213
湖北	Hubei	2075093		2242883		35676
湖南	Hunan	2337627		2757045		136246
广东	Guangdong	36582005	5402	41119725	13376	1803170
广西	Guangxi	1028239		1059667	49859	99094
海南	Hainan	12297		16693		1086
重庆	Chongqing	2449403		2601072	364	43102
四川	Sichuan	1658305		2016633		44526
贵州	Guizhou	413675		472515		5524
云南	Yunnan	4692533	105094	5317715		406509
西藏	Tibet					
陕西	Shaanxi	183541		200794		4496
甘肃	Gansu	114765		166568		3134
青海	Qinghai					
宁夏	Ningxia					
新疆	Xinjiang	1538938		1835393	80370	57159

3-5-5 各地区限额以上零售业产业活动单位和个体经营户商品购、销、存情况

Total Purchases, Sales and Inventory of Establishments and Getihus above Designated Size of Retail Trade by Region

单位：万元
Unit: 10000 yuan

地区	Region	商品购进额 Total Purchases Value	#进口 Imports	商品销售额 Total Sales Value	#出口 Exports	期末商品库存额 Inventory (year-end)
全国	**National Total**	**70177852**	**91174**	**77509170**	**6677**	**4526969**
北京	Beijing	1070309	508	1473265		226949
天津	Tianjin	1210509		1307566		64981
河北	Hebei	727559		742206		61132
山西	Shanxi	1329462		1451401		71287
内蒙古	Inner Mongolia	1027891	5	1167134		58478
辽宁	Liaoning	3467624	7374	3759817	3334	342341
吉林	Jilin	2228475	1159	2490406		139312
黑龙江	Heilongjiang	2723172		2682427		216897
上海	Shanghai	118776		319517		5700
江苏	Jiangsu	7154830	12112	7817931	800	415066
浙江	Zhejiang	2242239	39187	2885398	2527	253598
安徽	Anhui	1294468		1454961		106144
福建	Fujian	1251190	4713	1542184		69970
江西	Jiangxi	773889		770981		59181
山东	Shandong	10670001	880	11145515		391795
河南	Henan	3217156		3520523		225453
湖北	Hubei	8535293	555	8974298		448243
湖南	Hunan	5285114	980	5437235		244715
广东	Guangdong	5685397	3724	7487263		443417
广西	Guangxi	223968	2873	270998		47235
海南	Hainan	21002	1395	24980		3984
重庆	Chongqing	2714336	1020	3086075		106739
四川	Sichuan	3163958	13845	3387930	15	231518
贵州	Guizhou	205048	8	255091		25231
云南	Yunnan	1967558		2070578		152670
西藏	Tibet	1581		1545		564
陕西	Shaanxi	1271155		1357312		61170
甘肃	Gansu	180917	836	189006		12508
青海	Qinghai	41462		41654		993
宁夏	Ningxia	36196		37051		5057
新疆	Xinjiang	337319		356926		34644

3-6-1 按业态分连锁零售企业基本情况

Basic Conditions of Chain Retail Enterprises by Business Categories

业 态	Business Categories	门店总数 (个) Number of Stores (unit)	从业人员 (万人) Engaged Persons (10 000 persons)	营业面积 (万平方米) Operating Area (10 000 sq.m)	商品销售额 (亿元) Total Sales Value (100 million yuan)	#零售额 Retail Value
总 计	**Total**	**204090**	**255.9**	**15640.3**	**38006.9**	**26340.8**
便利店	Convenience Store	14680	7.4	131.4	311.3	285.3
折扣店	Discount Store	408	0.3	17.7	32.9	30.1
超市	Supermarket	33835	46.7	1853.3	2889.2	2467.7
大型超市	Hypermarket	9380	55.6	3106.5	4734.2	3886.8
仓储会员店	Warehouse Club	107	1.6	64.8	234.6	234.6
百货店	Department Store	4514	27.7	1860.9	3704.0	3087.2
专业店	Specialty Store	104054	93.5	6848.2	22492.8	13964.6
#加油站	Gas Station	31073	28.6	4079.6	14791.7	9217.3
专卖店	Franchised Store	26113	16.1	477.8	1582.7	971.5
家居建材商店	Building Material Store	62	0.4	45.0	51.6	46.6
厂家直销中心	Factory Outlets Center	232	0.1	3.1	11.1	5.8
其他	Other Store	10705	6.6	1231.7	1962.4	1360.5

3-6-2 按登记注册类型分连锁零售企业基本情况

Basic Conditions of Chain Retail Enterprises by Status of Registration

项　　目	Item	门店总数（个）Number of Stores (unit)	从业人员（万人）Employed Person (10000 person)	营业面积（万平方米）Operational Area (10000 sq.m)	商品销售额（亿元）Total Sales Value (100 million yuan)	#零售额 Retail Value
合　　计	**Total**	**204090**	**255.9**	**15640.3**	**38006.9**	**26340.8**
内资企业	**Domestic Funded Enterprises**	**184844**	**205.5**	**13028.6**	**32368.0**	**21702.9**
国有企业	State-owned Enterprises	16330	14.8	1146.5	5110.3	2481.5
集体企业	Collective-owned Enterprises	2609	1.5	59.6	105.7	77.0
股份合作企业	Cooperative Enterprises	341	0.4	5.3	115.0	85.9
联营企业	Joint Ownership Enterprises	250	0.2	9.7	12.5	11.6
国有联营企业	State Joint Ownership Enterprises	204	0.2	8.7	8.7	8.7
集体联营企业	Collective Joint Ownership Enterprises					
国有与集体联营企业	Joint State-collective Enterprises	5	0.0	0.1	0.1	0.1
其他联营企业	Other Joint Ownership Enterprises	41	0.0	0.9	3.7	2.8
有限责任公司	Limited Liability Corporations	65664	67.0	3048.5	5881.1	4457.0
国有独资公司	State Sole Funded Corporations	1155	0.7	14.9	90.8	33.5
其他有限责任公司	Other Limited Liability Corporations	64509	66.3	3033.6	5790.3	4423.5
股份有限公司	Share-holding Corporations Ltd.	50040	82.2	7433.6	18985.4	12712.0
私营企业	Private Enterprises	47289	37.8	1281.3	2102.4	1823.2
私营独资企业	Private-funded Enterprises	1794	0.8	22.0	26.3	22.4
私营合伙企业	Private Partnership Enterprises	302	0.4	28.6	22.6	22.6
私营有限责任公司	Private Limited Liability Corporations	39123	31.0	1042.6	1679.7	1484.5
私营股份有限公司	Private Share-holding Corporations Ltd.	6070	5.6	188.2	373.9	293.6
其他企业	Other Enterprises	2321	1.6	44.0	55.6	54.9
港、澳、台商投资企业	**Enterprises with Funds from Hong Kong, Macao and Taiwan**	**7773**	**21.6**	**1154.8**	**2520.0**	**1956.3**
港、澳、台商合资经营企业	Joint-venture Enterprises	2922	4.0	182.0	423.6	388.8
港、澳、台商合作经营企业	Cooperative Enterprises	201	4.9	242.8	802.2	407.0
港、澳、台商独资经营企业	Enterprises with Sole Investment	3955	9.5	382.8	1033.4	904.7
港、澳、台商投资股份有限公司	Share-holding Corporations Ltd. with Investment	453	0.4	7.6	21.7	16.6
其他港澳台商投资企业	Other Enterprises with Funds from Hongkong, Macao and Taiwan	242	2.8	339.5	239.1	239.1
外商投资企业	**Foreign Funded Enterprises**	**11473**	**28.8**	**1456.9**	**3118.8**	**2681.5**
中外合资经营企业	Joint-venture Enterprises	4470	18.2	989.5	2113.2	1815.6
中外合作经营企业	Cooperative Enterprises	1490	2.5	77.6	255.9	158.8
外资企业	Enterprises with Sole Foreign Investment	5500	8.1	387.0	747.5	704.8
外商投资股份有限公司	Share-holding Corporations Ltd. with Foreign Investment	9	0.0	2.8	2.1	2.1
其他外商投资企业	Other Foreign Funded Enterprises	4	0.0	0.09	0.25	0.2451

3-6-3 按行业分连锁零售企业基本情况

Basic Conditions of Chain Retail Enterprises by Sector

项　　目	Item	门店总数 (个) Number of Stores (unit)	从业人员 (万人) Employed Person (10000 person)	营业面积 (万平方米) Operational Area (10000 sq.m)
总　　计	**Total**	**204090**	**255.9**	**15640.3**
一、批发业	**Wholesale Trade**	**54254**	**34.3**	**4069.8**
农、林、牧产品批发	Wholesale of Farm Produce and Livestock Products	3808	1.0	7.4
食品、饮料及烟草制品专门批发	Wholesale of Food, Beverages and Tobaccos	6330	3.5	66.6
纺织、服装及家庭用品批发	Wholesale of Textiles, Garments and Daily Consumer Articles	5324	3.7	186.4
文化、体育用品及器材批发	Wholesale of Culture, Sports Appliances and Equipments	675	1.6	78.7
医药及医疗器材批发	Wholesale of Medicines and Medical Appliances	2384	1.0	24.0
矿产品、建材及化工产品批发	Wholesale of Mineral Products, Building Materials and	33678	22.1	3582.9
机械设备、五金产品及电子产品批发	Wholesale of Machinery, Hardware and Electronic Equipment	592	0.6	11.3
贸易经济及代理	Trade Broker and Agency			
其他批发业	Other Wholesale not Classified Elsewhere	1463	0.9	112.6
二、零售业	**Retail Trade**	**149836**	**221.6**	**11570.5**
综合零售	Integrated Retail	65022	141.5	7178.6
食品、饮料及烟草制品专门零售	Retail of Food, Beverages and Tobaccos	11865	5.7	71.1
纺织、服装及日用品专门零售	Special Retail of Textiles, Garments and Daily	11858	7.1	223.7
文化、体育用品及器材专门零售	Retail of Culture, Sports Appliances and Equipments	1651	3.9	98.9
医药及医疗器材专门零售	Retail of Medicines and Medical Appliances	39319	22.8	490.6
汽车、摩托车、燃料及零配件专门零售	Retail of Motor Vehicles, Motorcycles, Fuel	12792	13.5	1961.0
家用电器及电子产品专门零售	Special Retail of Household Electric Appliances and Electronic Products	6982	26.3	1496.9
五金、家具及室内装饰材料专门零售	Special Retail of Hardware, Furniture and Decoration Materials	163	0.6	46.8
货摊、无店铺及其他零售业	Non-shop and Other Retails	184	0.1	2.9

3-6-3 续表 Continued

项　目	Item	商品销售额（亿元） Total Sales (100 million yuan)	#零售额 Retail
总　计	**Total**	**38006.9**	**26340.8**
一、批发业	**Wholesale Trade**	**13526.8**	**6997.2**
农、林、牧产品批发	Wholesale of Farm Produce and Livestock Products	166.0	1.6
食品、饮料及烟草制品专门批发	Wholesale of Food, Beverages and Tobaccos	834.6	42.8
纺织、服装及家庭用品批发	Wholesale of Textiles, Garments and Daily Consumer Articles	335.8	151.5
文化、体育用品及器材批发	Wholesale of Culture, Sports Appliances and Equipments	300.0	112.8
医药及医疗器材批发	Wholesale of Medicines and Medical Appliances	77.0	33.7
矿产品、建材及化工产品批发	Wholesale of Mineral Products, Building Materials and	11423.5	6372.6
机械设备、五金产品及电子产品批发	Wholesale of Machinery, Hardware and Electronic Equipment	96.0	56.9
贸易经济及代理	Trade Broker and Agency		
其他批发业	Other Wholesale not Classified Elsewhere	293.9	225.4
二、零售业	**Retail Trade**	**24480.1**	**19343.6**
综合零售	Integrated Retail	12569.1	10351.1
食品、饮料及烟草制品专门零售	Retail of Food, Beverages and Tobaccos	294.4	270.5
纺织、服装及日用品专门零售	Special Retail of Textiles, Garments and Daily	376.7	339.5
文化、体育用品及器材专门零售	Retail of Culture, Sports Appliances and Equipments	453.4	193.1
医药及医疗器材专门零售	Retail of Medicines and Medical Appliances	782.5	720.7
汽车、摩托车、燃料及零配件专门零售	Retail of Motor Vehicles, Motorcycles, Fuel	6568.2	4854.3
家用电器及电子产品专门零售	Special Retail of Household Electric Appliances and Electronic Products	3352.6	2544.0
五金、家具及室内装饰材料专门零售	Special Retail of Hardware, Furniture and Decoration Materials	67.9	62.9
货摊、无店铺及其他零售业	Non-shop and Other Retails	15.3	7.5

3-6-4 各地区连锁零售企业基本情况

Basic Conditions of Chain Retail Enterprises by Region

年份 Year	地区 Region	门店总数（个）Number of Stores (unit)	从业人数（万人）Employed Person (10 000 persons)	营业面积（万平方米）Selling Space (10 000 sq.m)	商品销售额（亿元）Total Revenue of Sales (100 million yuan)	#零售额 Retail Sales
2004		77631	128.2	7202.6	8393.6	6163.1
2005		105684	160.1	8687.5	12587.8	8569.5
2006		128924	187.1	8979.0	14952.2	10764.8
2007		145366	186.2	10044.0	17754.3	13066.8
2008		168502	197.1	10197.8	20466.5	14369.7
2009		175677	210.9	11809.2	22240.0	15860.3
2010		176792	225.2	12756.8	27385.4	19009.5
2011		195779	249.1	13670.7	34510.7	23812.5
2012		192870	256.3	14765.9	35462.1	24605.3
2013		204090	255.9	15640.3	38006.9	26340.8
北京	Beijing	7388	15.8	715.0	2515.8	1893.1
天津	Tianjin	2672	4.0	275.7	783.9	553.1
河北	Hebei	4362	5.3	612.1	1107.1	745.3
山西	Shanxi	3047	4.3	244.5	579.2	474.3
内蒙古	Inner Mongolia	255	0.6	23.0	38.7	38.7
辽宁	Liaoning	5925	6.6	457.2	895.3	610.0
吉林	Jilin	849	1.0	36.9	169.7	146.3
黑龙江	Heilongjiang	1725	2.2	72.4	233.3	201.9
上海	Shanghai	17643	25.6	915.6	3593.0	2115.8
江苏	Jiangsu	18459	38.7	1953.7	4741.6	2738.7
浙江	Zhejiang	28817	16.7	1117.0	2389.5	1714.0
安徽	Anhui	9667	10.0	541.7	1476.2	889.4
福建	Fujian	4756	8.2	681.8	1246.2	1107.0
江西	Jiangxi	3725	5.4	294.8	1124.8	713.1
山东	Shandong	11728	17.9	1343.8	2812.0	2346.8
河南	Henan	5514	7.2	668.7	867.0	707.9
湖北	Hubei	5923	14.8	666.6	1710.9	1459.6
湖南	Hunan	6478	7.6	556.5	1042.0	873.5
广东	Guangdong	24546	27.3	2429.7	5244.1	3817.6
广西	Guangxi	3701	4.0	358.0	852.9	435.7
海南	Hainan	613	0.6	32.5	178.1	154.6
重庆	Chongqing	12453	9.9	407.3	1067.7	741.1
四川	Sichuan	9759	7.9	281.9	558.0	446.4
贵州	Guizhou	1139	1.1	29.6	48.3	47.6
云南	Yunnan	4418	3.9	198.1	518.7	344.1
西藏	Tibet	3	0.1	2.2	1.9	1.9
陕西	Shaanxi	1934	3.5	219.3	1026.8	339.3
甘肃	Gansu	700	0.7	76.4	227.8	189.6
青海	Qinghai	135	0.7	24.7	26.4	26.1
宁夏	Ningxia	1736	1.3	62.6	139.3	87.2
新疆	Xinjiang	4020	3.1	341.2	790.9	381.2

年 份 Year	地 区 Region	商品购进总额(亿元) Total Purchases (100 million yuan)	统一配送商品购进额(亿元) Centralized Purchase and Delivery (100 million yuan)	自有配送中心配送商品购进额 Self Centralized Purchase and Delivery	非自有配送中心配送商品购进额 Non-self Centralized Purchase and Delivery
2004		7130.1	5545.6	4481.7	1063.9
2005		10734.6	8409.4	6696.1	1251.8
2006		13447.4	10565.7	7729.7	1384.0
2007		15917.0	12542.4	9057.0	1707.3
2008		17193.1	13782.1	8654.9	3118.8
2009		19343.7	14723.1	9616.9	2647.2
2010		24044.6	17412.5	10910.3	3373.4
2011		29653.0	22919.6	13458.8	3384.1
2012		30825.5	23975.8	13932.9	3522.8
2013		32258.7	25341.8	14598.7	4554.0
北 京	Beijing	2143.8	1114.5	409.5	108.4
天 津	Tianjin	739.3	533.7	349.1	26.9
河 北	Hebei	949.4	634.8	378.0	18.2
山 西	Shanxi	404.8	281.0	146.3	18.7
内蒙古	Inner Mongolia	31.9	27.7	19.0	0.5
辽 宁	Liaoning	800.0	470.1	148.5	119.0
吉 林	Jilin	149.1	141.3	123.8	0.4
黑龙江	Heilongjiang	245.7	229.5	176.7	24.3
上 海	Shanghai	2833.4	2141.6	902.7	276.6
江 苏	Jiangsu	3934.5	3528.1	3215.2	234.2
浙 江	Zhejiang	2244.6	2055.7	1887.3	60.4
安 徽	Anhui	1572.1	1199.2	594.4	36.5
福 建	Fujian	924.7	626.5	241.4	96.0
江 西	Jiangxi	620.8	581.7	382.6	64.6
山 东	Shandong	2489.3	1823.5	1245.6	132.1
河 南	Henan	784.7	484.8	275.4	1.6
湖 北	Hubei	1493.1	1101.6	844.9	78.4
湖 南	Hunan	882.8	658.7	338.0	34.5
广 东	Guangdong	4803.1	4317.4	1198.2	2780.7
广 西	Guangxi	380.0	345.5	121.6	3.3
海 南	Hainan	163.5	163.5	0.6	37.0
重 庆	Chongqing	848.4	556.7	379.2	140.7
四 川	Sichuan	550.4	474.5	194.0	15.4
贵 州	Guizhou	43.3	25.1	15.5	0.6
云 南	Yunnan	318.3	307.0	120.3	19.7
西 藏	Tibet	2.0	2.0		
陕 西	Shaanxi	857.3	613.1	347.1	29.1
甘 肃	Gansu	182.0	144.1	32.3	0.1
青 海	Qinghai	20.1	6.7	0.9	2.2
宁 夏	Ningxia	136.2	135.2	127.3	4.7
新 疆	Xinjiang	710.1	617.2	383.5	189.2

住宿和餐饮业

HOTELS AND CATERING SERVICES

第4篇

4-1-1 限额以上住宿和餐饮业企业基本情况

Basic Conditions of Enterprises above Designated Size of Hotels and Catering Services

项　目	Item	法人单位数（个）Number of Corporation Enterprises (unit)	年末从业人数（人）Engaged Persons at the Year-end (person)	年末餐饮营业面积（平方米）Business Area of Catering Services at the Year-end (㎡)
总　计	**Total**	**45180**	**4561878**	**94738420**
一、住宿业	**Hotels**	**18437**	**2094185**	**38803242**
#国有控股	State-controlled Enterprises	3633	560542	8400336
(一)按登记注册类型分	**by Type of Registration**			
1.内资企业	**Domestic Funded Enterprises**	**17463**	**1854243**	**35829369**
国有企业	State-owned Enterprises	2289	296824	5007768
集体企业	Collective-owned Enterprises	489	39310	751438
股份合作企业	Cooperative Enterprises	99	7633	161742
联营企业	Joint Ownership Enterprises	35	3911	49416
国有联营企业	State Joint Ownership Enterprises	14	2090	17006
集体联营企业	Collective Joint Ownership Enterprises	12	883	23480
国有与集体联营企业	Joint State-collective Enterprises	6	718	3330
其他联营企业	Other Joint Ownership Enterprises	3	220	5600
有限责任公司	Limited Liability Corporations	5906	781652	13565762
国有独资公司	State Sole Funded Corporations	321	58988	867017
其他有限责任公司	Other Limited Liability Corporations	5585	722664	12698745
股份有限公司	Share-holding Corporations Ltd.	602	76515	1459612
私营企业	Private Enterprises	7760	627082	14295332
私营独资企业	Private-funded Enterprises	1178	65633	1766048
私营合伙企业	Private Partnership Enterprises	304	17498	432594
私营有限责任公司	Private Limited Liability Corporations	5869	507793	11235613
私营股份有限公司	Private Share-holding Corporations Ltd.	409	36158	861077
其他企业	Other Enterprises	283	21316	538299
2.港、澳、台商投资企业	**Enterprises with Funds from Hongkong, Macao and Taiwan**	**549**	**143306**	**1847227**
合资经营企业	Joint-venture Enterprises	242	70050	957605
合作经营企业	Cooperative Enterprises	61	16816	244045
独资经营企业	Enterprises with Sole Investment	215	50236	524932
投资股份有限公司	Share-holding Corporations Ltd. with Investment	27	5403	110456
其他港澳台商投资企业	Other Enterprises with Funds from Hongkong, Macao and Taiwan	4	801	10189
3.外商投资企业	**Foreign Funded Enterprises**	**425**	**96636**	**1126646**
中外合资经营企业	Joint-venture Enterprises	181	44537	527043
中外合作经营企业	Cooperative Enterprises	54	14458	161823
外资企业	Enterprises with Sole Foreign Investment	174	34841	382093
外商投资股份有限公司	Share-holding Corporations Ltd. with Foreign Investment	12	1995	30631
其他外商投资企业	Other Foreign Funded Enterprises	4	805	25056
(二)按国民经济行业分	**by Sector**			
旅游饭店	Tourist Hotel	12082	1700087	30372902
一般旅馆	Fonda	5770	347145	7444027
其他住宿业	Others	585	46953	986313

项　目	Item	法人单位数(个) Number of Corporation Enterprises (unit)	年末从业人数(人) Engaged Persons at the Year-end (person)	年末餐饮营业面积(平方米) Business Area of Catering Services at the Year-end (㎡)
二、餐饮业	**Catering Services**	**26743**	**2467693**	**55935178**
#国有控股	State-controlled Enterprises	907	128907	2684162
(一)按登记注册类型分	**by Type of Registration**			
1.内资企业	**Domestic Funded Enterprises**	**25507**	**1903042**	**49924945**
国有企业	State-owned Enterprises	499	47052	1139862
集体企业	Collective-owned Enterprises	273	13819	400224
股份合作企业	Cooperative Enterprises	150	9440	217927
联营企业	Joint Ownership Enterprises	10	667	16916
国有联营企业	State Joint Ownership Enterprises	1		500
集体联营企业	Collective Joint Ownership Enterprises	9	667	16416
国有与集体联营企业	Joint State-collective Enterprises			
其他联营企业	Other Joint Ownership Enterprises			
有限责任公司	Limited Liability Corporations	6304	578950	14363246
国有独资公司	State Sole Funded Corporations	111	16914	321057
其他有限责任公司	Other Limited Liability Corporations	6193	562036	14042189
股份有限公司	Share-holding Corporations Ltd.	510	67518	1914991
私营企业	Private Enterprises	17128	1152529	30973581
私营独资企业	Private-funded Enterprises	4223	177549	5205718
私营合伙企业	Private Partnership Enterprises	510	26439	807736
私营有限责任公司	Private Limited Liability Corporations	11759	895895	23387971
私营股份有限公司	Private Share-holding Corporations Ltd.	636	52646	1572156
其他企业	Other Enterprises	633	33067	898198
2.港、澳、台商投资企业	**Enterprises with Funds from Hongkong, Macao and Taiwan**	**659**	**173226**	**2126767**
合资经营企业	Joint-venture Enterprises	149	44069	547474
合作经营企业	Cooperative Enterprises	34	8660	123350
独资经营企业	Enterprises with Sole Investment	463	119507	1433103
投资股份有限公司	Share-holding Corporations Ltd. with Investment	10	812	17927
其他港澳台商投资企业	Other Enterprises with Funds from Hongkong, Macao and Taiwan	3	178	4913
3.外商投资企业	**Foreign Funded Enterprises**	**577**	**391425**	**3883466**
中外合资经营企业	Joint-venture Enterprises	148	82752	861071
中外合作经营企业	Cooperative Enterprises	25	5967	76060
外资企业	Enterprises with Sole Foreign Investment	377	299646	2884412
外商投资股份有限公司	Share-holding Corporations Ltd. with Foreign Investment	20	2451	43058
其他外商投资企业	Other Foreign Funded Enterprises	7	609	18865
(二)按国民经济行业分	**by Sector**			
正餐服务	Dinner	25105	1904408	50307440
快餐服务	Snack	909	445029	4236566
饮料及冷饮服务	Beverage and Cold Drink	209	36752	469367
其他餐饮业	Others	520	81504	921805

4-1-2 各地区限额以上住宿业企业基本情况
Basic Conditions of Enterprises above Designated Size of Hotels by Region

地 区	Region	住宿业 Hotels 法人单位数(个) Number of Corporation Enterprises (unit)	住宿业 Hotels 年末从业人数(人) Engaged Persons at the Year-end (person)	#国有控股 State-controlled Enterprises 法人单位数(个) Number of Corporation Enterprises (unit)	#国有控股 State-controlled Enterprises 年末从业人数(人) Engaged Persons at the Year-end (person)
全 国	**National Total**	**18437**	**2094185**	**3633**	**560542**
北 京	Beijing	1113	150808	473	79542
天 津	Tianjin	237	25202	69	9379
河 北	Hebei	495	64475	161	23319
山 西	Shanxi	408	46477	98	13427
内 蒙 古	Inner Mongolia	314	32062	56	8405
辽 宁	Liaoning	593	56719	119	15462
吉 林	Jilin	183	20261	59	8101
黑 龙 江	Heilongjiang	236	22072	85	9156
上 海	Shanghai	669	81402	179	34765
江 苏	Jiangsu	1042	118483	197	33638
浙 江	Zhejiang	1288	145708	181	28041
安 徽	Anhui	542	51127	90	11063
福 建	Fujian	741	87469	119	18688
江 西	Jiangxi	378	41114	84	9223
山 东	Shandong	1108	117079	191	36352
河 南	Henan	1067	96485	173	25057
湖 北	Hubei	847	70619	105	13963
湖 南	Hunan	747	92775	116	20164
广 东	Guangdong	2005	296719	255	44814
广 西	Guangxi	499	51005	80	10787
海 南	Hainan	264	56643	37	8421
重 庆	Chongqing	347	40877	55	8572
四 川	Sichuan	948	88799	139	18824
贵 州	Guizhou	395	32580	59	6821
云 南	Yunnan	566	62517	109	17756
西 藏	Tibet	60	5080	22	2627
陕 西	Shaanxi	684	74866	119	16081
甘 肃	Gansu	266	24747	69	9624
青 海	Qinghai	71	7172	18	2360
宁 夏	Ningxia	80	8299	12	2070
新 疆	Xinjiang	244	24544	104	14040

4-1-3 各地区限额以上住宿业企业基本情况(按登记注册类型分)

Basic Conditions of Enterprises above Designated Size of Hotels by Region and Type of Registration

地区	Region	内资企业 Domestic Funded Enterprises		国有企业 State-owned Enterprises	
		法人单位数(个) Number of Corporation Enterprises (unit)	年末从业人数(人) Engaged Persons at the Year-end (person)	法人单位数(个) Number of Corporation Enterprises (unit)	年末从业人数(人) Engaged Persons at the Year-end (person)
全国	**National Total**	**17463**	**1854243**	**2289**	**296824**
北京	Beijing	1045	125537	270	37128
天津	Tianjin	218	22765	44	4516
河北	Hebei	485	62469	134	17999
山西	Shanxi	406	45953	82	10376
内蒙古	Inner Mongolia	308	30690	36	4230
辽宁	Liaoning	532	47496	95	10663
吉林	Jilin	176	18621	50	6556
黑龙江	Heilongjiang	222	20094	56	6330
上海	Shanghai	615	67902	72	12534
江苏	Jiangsu	970	104626	115	17334
浙江	Zhejiang	1225	129842	84	9563
安徽	Anhui	526	48176	43	4168
福建	Fujian	660	67973	64	7646
江西	Jiangxi	359	38905	64	6980
山东	Shandong	1076	109621	145	24627
河南	Henan	1047	92278	129	17132
湖北	Hubei	824	65483	65	7694
湖南	Hunan	720	85887	80	10117
广东	Guangdong	1767	231858	148	23110
广西	Guangxi	477	44691	61	6951
海南	Hainan	233	44372	13	1853
重庆	Chongqing	337	37675	21	3177
四川	Sichuan	927	83550	71	7176
贵州	Guizhou	387	31436	40	3557
云南	Yunnan	543	58659	69	7051
西藏	Tibet	58	4796	20	2455
陕西	Shaanxi	667	69344	77	8827
甘肃	Gansu	264	24193	54	6678
青海	Qinghai	69	6744	13	1611
宁夏	Ningxia	79	8217	4	899
新疆	Xinjiang	241	24390	70	7886

地区	Region	集体企业 Collective-owned Enterprises 法人单位数(个) Number of Corporation Enterprises (unit)	集体企业 Collective-owned Enterprises 年末从业人数(人) Engaged Persons at the Year-end (person)	股份合作企业 Cooperative Enterprises 法人单位数(个) Number of Corporation Enterprises (unit)	股份合作企业 Cooperative Enterprises 年末从业人数(人) Engaged Persons at the Year-end (person)
全国	**National Total**	**489**	**39310**	**99**	**7633**
北京	Beijing	48	5980	33	2207
天津	Tianjin	13	965	1	479
河北	Hebei	16	1220	3	275
山西	Shanxi	20	1877		
内蒙古	Inner Mongolia	6	533	1	78
辽宁	Liaoning	36	1893	2	70
吉林	Jilin	5	215	2	130
黑龙江	Heilongjiang	4	209	2	450
上海	Shanghai	20	1401		
江苏	Jiangsu	28	2283		
浙江	Zhejiang	31	2446	7	321
安徽	Anhui	4	288	3	78
福建	Fujian	11	560	4	387
江西	Jiangxi	2	96	3	117
山东	Shandong	39	3380	3	276
河南	Henan	43	3203	4	336
湖北	Hubei	13	1478	6	314
湖南	Hunan	11	1041	3	282
广东	Guangdong	51	3162	8	494
广西	Guangxi	9	611	2	255
海南	Hainan	1	71	1	218
重庆	Chongqing	9	751	1	16
四川	Sichuan	10	1204	6	532
贵州	Guizhou	11	527		
云南	Yunnan	20	1462	2	156
西藏	Tibet	1	46		
陕西	Shaanxi	11	780	2	162
甘肃	Gansu	7	706		
青海	Qinghai	4	256		
宁夏	Ningxia				
新疆	Xinjiang	5	666		

地区	Region	联营企业 Joint Ownership Enterprises 法人单位数(个) Number of Corporation Enterprises (unit)	联营企业 Joint Ownership Enterprises 年末从业人数(人) Engaged Persons at the Year-end (person)	有限责任公司 Limited Liability Corporations 法人单位数(个) Number of Corporation Enterprises (unit)	有限责任公司 Limited Liability Corporations 年末从业人数(人) Engaged Persons at the Year-end (person)
全国	**National Total**	**35**	**3911**	**5906**	**781652**
北京	Beijing	2	200	404	59180
天津	Tianjin			78	11579
河北	Hebei	1	255	172	22822
山西	Shanxi			54	8925
内蒙古	Inner Mongolia	1	105	115	14072
辽宁	Liaoning	1	27	130	16509
吉林	Jilin			56	6083
黑龙江	Heilongjiang			80	7495
上海	Shanghai	3	571	177	29604
江苏	Jiangsu	1	130	260	35362
浙江	Zhejiang	3	396	369	55751
安徽	Anhui			170	19670
福建	Fujian	4	817	218	27624
江西	Jiangxi			118	16487
山东	Shandong			340	42008
河南	Henan	1	50	322	35286
湖北	Hubei	1	70	295	28053
湖南	Hunan	2	135	236	34714
广东	Guangdong	9	640	633	102867
广西	Guangxi			137	13719
海南	Hainan			172	34908
重庆	Chongqing			133	18640
四川	Sichuan	3	255	329	34269
贵州	Guizhou			168	17051
云南	Yunnan	2	221	192	26724
西藏	Tibet			13	752
陕西	Shaanxi			307	37085
甘肃	Gansu			109	10774
青海	Qinghai			18	1623
宁夏	Ningxia			22	2508
新疆	Xinjiang	1	39	79	9508

地区	Region	股份有限公司 Share-holding Corporations Ltd. 法人单位数(个) Number of Corporation Enterprises (unit)	股份有限公司 Share-holding Corporations Ltd. 年末从业人数(人) Engaged Persons at the Year-end (person)	私营企业 Private Enterprises 法人单位数(个) Number of Corporation Enterprises (unit)	私营企业 Private Enterprises 年末从业人数(人) Engaged Persons at the Year-end (person)
全国	**National Total**	**602**	**76515**	**7760**	**627082**
北京	Beijing	8	2092	280	18750
天津	Tianjin	3	215	75	4642
河北	Hebei	17	2930	138	16691
山西	Shanxi	9	1245	237	23002
内蒙古	Inner Mongolia	17	1285	125	9957
辽宁	Liaoning	13	763	249	17148
吉林	Jilin	8	797	52	4700
黑龙江	Heilongjiang	11	1121	65	4393
上海	Shanghai	17	1692	323	21242
江苏	Jiangsu	34	6193	523	42747
浙江	Zhejiang	18	4127	711	57143
安徽	Anhui	25	3632	279	20108
福建	Fujian	13	2258	331	27012
江西	Jiangxi	33	2839	132	11854
山东	Shandong	52	5358	481	32458
河南	Henan	57	4826	482	31110
湖北	Hubei	21	2951	399	24117
湖南	Hunan	38	6913	342	32305
广东	Guangdong	41	7563	825	89131
广西	Guangxi	28	3242	221	18477
海南	Hainan	11	1700	31	4898
重庆	Chongqing	13	1970	151	12718
四川	Sichuan	53	4938	436	33980
贵州	Guizhou	5	304	157	9707
云南	Yunnan	19	2242	219	19453
西藏	Tibet	5	364	18	1179
陕西	Shaanxi	21	1550	230	19484
甘肃	Gansu	4	184	86	5659
青海	Qinghai	1	432	31	2746
宁夏	Ningxia	1	175	52	4635
新疆	Xinjiang	6	614	79	5636

地区	Region	港、澳、台商投资企业 Enterprises with Funds from Hongkong, Macao and Taiwan 法人单位数(个) Number of Corporation Enterprises (unit)	年末从业人数(人) Engaged Persons at the Year-end (person)	外商投资企业 Foreign Funded Enterprises 法人单位数(个) Number of Corporation Enterprises (unit)	年末从业人数(人) Engaged Persons at the Year-end (person)
全 国	**National Total**	**549**	**143306**	**425**	**96636**
北 京	Beijing	40	17294	28	7977
天 津	Tianjin	8	686	11	1751
河 北	Hebei	7	1084	3	922
山 西	Shanxi	2	524		
内蒙古	Inner Mongolia	2	294	4	1078
辽 宁	Liaoning	27	5105	34	4118
吉 林	Jilin	2	365	5	1275
黑龙江	Heilongjiang	9	1116	5	862
上 海	Shanghai	22	6633	32	6867
江 苏	Jiangsu	29	6839	43	7018
浙 江	Zhejiang	35	10912	28	4954
安 徽	Anhui	9	1667	7	1284
福 建	Fujian	46	11390	35	8106
江 西	Jiangxi	11	1175	8	1034
山 东	Shandong	19	5341	13	2117
河 南	Henan	13	3366	7	841
湖 北	Hubei	18	4522	5	614
湖 南	Hunan	21	5943	6	945
广 东	Guangdong	151	36260	87	28601
广 西	Guangxi	17	5174	5	1140
海 南	Hainan	17	6883	14	5388
重 庆	Chongqing	5	1400	5	1802
四 川	Sichuan	13	3695	8	1554
贵 州	Guizhou	7	925	1	219
云 南	Yunnan	8	1579	15	2279
西 藏	Tibet	1	186	1	98
陕 西	Shaanxi	8	2744	9	2778
甘 肃	Gansu	1	179	1	375
青 海	Qinghai			2	428
宁 夏	Ningxia			1	82
新 疆	Xinjiang	1	25	2	129

4-1-4 各地区限额以上住宿业企业基本情况(按国民经济行业分)

Basic Conditions of Enterprises above Designated Size of Hotels by Region and Sector

地区	Region	旅游饭店 Tourist Hotel		一般旅馆 Fonda		其他住宿业 Others	
		法人单位数(个) Number of Corporation Enterprises (unit)	年末从业人数(人) Engaged Persons at the Year-end (person)	法人单位数(个) Number of Corporation Enterprises (unit)	年末从业人数(人) Engaged Persons at the Year-end (person)	法人单位数(个) Number of Corporation Enterprises (unit)	年末从业人数(人) Engaged Persons at the Year-end (person)
全　国	**National Total**	**12082**	**1700087**	**5770**	**347145**	**585**	**46953**
北　京	Beijing	662	122491	430	26647	21	1670
天　津	Tianjin	119	16517	96	6920	22	1765
河　北	Hebei	340	47307	135	13096	20	4072
山　西	Shanxi	221	32626	164	12212	23	1639
内蒙古	Inner Mongolia	214	24648	90	6553	10	861
辽　宁	Liaoning	421	49325	153	6604	19	790
吉　林	Jilin	142	17463	35	1988	6	810
黑龙江	Heilongjiang	169	17728	58	3525	9	819
上　海	Shanghai	318	60003	314	18169	37	3230
江　苏	Jiangsu	699	102748	311	13662	32	2073
浙　江	Zhejiang	874	125631	397	18838	17	1239
安　徽	Anhui	365	41533	165	8834	12	760
福　建	Fujian	515	72984	196	11841	30	2644
江　西	Jiangxi	274	32316	99	8417	5	381
山　东	Shandong	715	94846	364	20167	29	2066
河　南	Henan	603	69702	430	24568	34	2215
湖　北	Hubei	448	51473	380	17671	19	1475
湖　南	Hunan	488	74320	226	15840	33	2615
广　东	Guangdong	1386	249593	543	41168	76	5958
广　西	Guangxi	373	43425	119	6977	7	603
海　南	Hainan	251	55504	11	592	2	547
重　庆	Chongqing	215	33726	107	5324	25	1827
四　川	Sichuan	562	68481	366	18859	20	1459
贵　州	Guizhou	268	26256	116	5615	11	709
云　南	Yunnan	418	51266	129	9894	19	1357
西　藏	Tibet	59	5016			1	64
陕　西	Shaanxi	454	57622	200	14770	30	2474
甘　肃	Gansu	183	20252	71	3901	12	594
青　海	Qinghai	61	6846	8	255	2	71
宁　夏	Ningxia	66	7495	12	638	2	166
新　疆	Xinjiang	199	20944	45	3600		

4-1-5 各地区限额以上餐饮业企业基本情况

Basic Conditions of Enterprises above Designated Size of Catering Services by Region

地 区	Region	餐饮业 Catering Services		#国有控股 State-controlled Enterprises	
		法人单位数(个) Number of Corporation Enterprises (unit)	年末从业人数(人) Engaged Persons at the Year-end (person)	法人单位数(个) Number of Corporation Enterprises (unit)	年末从业人数(人) Engaged Persons at the Year-end (person)
全 国	**National Total**	**26743**	**2467693**	**907**	**128907**
北 京	Beijing	1822	233518	105	20554
天 津	Tianjin	423	57577	20	2120
河 北	Hebei	467	40007	20	2255
山 西	Shanxi	568	67599	39	6954
内蒙古	Inner Mongolia	427	36128	19	1830
辽 宁	Liaoning	715	46528	28	1773
吉 林	Jilin	162	11016	15	1614
黑龙江	Heilongjiang	210	15924	21	4420
上 海	Shanghai	1638	216755	52	9124
江 苏	Jiangsu	2402	228531	82	9127
浙 江	Zhejiang	1506	136523	30	6506
安 徽	Anhui	1032	72848	28	2532
福 建	Fujian	797	76123	15	2314
江 西	Jiangxi	241	25778	16	1454
山 东	Shandong	2430	156808	113	13301
河 南	Henan	1374	76477	26	1838
湖 北	Hubei	1861	126525	47	3813
湖 南	Hunan	587	58591	15	1512
广 东	Guangdong	2883	337224	57	13580
广 西	Guangxi	303	30456	14	813
海 南	Hainan	84	8553	2	1149
重 庆	Chongqing	1015	80297	20	2960
四 川	Sichuan	1611	140348	22	2132
贵 州	Guizhou	304	19645	16	2426
云 南	Yunnan	360	31189	17	2753
西 藏	Tibet	13	734		
陕 西	Shaanxi	958	91202	39	7788
甘 肃	Gansu	346	24301	17	1329
青 海	Qinghai	37	3537	2	238
宁 夏	Ningxia	90	8081	2	154
新 疆	Xinjiang	77	8870	8	544

4-1-6 各地区限额以上餐饮业企业基本情况(按登记注册类型分)
Basic Conditions of Enterprises above Designated Size of Catering Services by Region and Type of Registration

地区	Region	内资企业 Domestic Funded Enterprises		国有企业 State-owned Enterprises	
		法人单位数(个) Number of Corporation Enterprises (unit)	年末从业人数(人) Engaged Persons at the Year-end (person)	法人单位数(个) Number of Corporation Enterprises (unit)	年末从业人数(人) Engaged Persons at the Year-end (person)
全国	**National Total**	**25507**	**1903042**	**499**	**47052**
北京	Beijing	1682	160336	31	2463
天津	Tianjin	385	31393	12	1197
河北	Hebei	461	39502	16	1454
山西	Shanxi	562	60850	28	2766
内蒙古	Inner Mongolia	422	35654	13	1243
辽宁	Liaoning	645	33887	22	1316
吉林	Jilin	160	10949	9	1101
黑龙江	Heilongjiang	174	12238	16	1409
上海	Shanghai	1401	108507	14	1608
江苏	Jiangsu	2308	158308	37	3055
浙江	Zhejiang	1469	108593	10	819
安徽	Anhui	1021	71427	10	884
福建	Fujian	736	56709	11	1591
江西	Jiangxi	229	18352	11	903
山东	Shandong	2387	147799	77	8801
河南	Henan	1363	69985	23	1320
湖北	Hubei	1825	100882	30	1704
湖南	Hunan	571	49793	9	917
广东	Guangdong	2597	238807	30	4320
广西	Guangxi	295	23403	14	813
海南	Hainan	79	7817	1	75
重庆	Chongqing	1007	68578	5	1195
四川	Sichuan	1578	124227	11	1201
贵州	Guizhou	303	19398	10	700
云南	Yunnan	351	26257	10	686
西藏	Tibet	13	734		
陕西	Shaanxi	937	76992	17	1414
甘肃	Gansu	344	22234	14	1075
青海	Qinghai	37	3537		
宁夏	Ningxia	89	7835		
新疆	Xinjiang	76	8059	8	1022

地区	Region	集体企业 Collective-owned Enterprises 法人单位数(个) Number of Corporation Enterprises (unit)	集体企业 Collective-owned Enterprises 年末从业人数(人) Engaged Persons at the Year-end (person)	股份合作企业 Cooperative Enterprises 法人单位数(个) Number of Corporation Enterprises (unit)	股份合作企业 Cooperative Enterprises 年末从业人数(人) Engaged Persons at the Year-end (person)
全 国	**National Total**	**273**	**13819**	**150**	**9440**
北 京	Beijing	31	1379	54	2251
天 津	Tianjin	7	209		
河 北	Hebei	4	311	5	424
山 西	Shanxi	6	396	2	85
内蒙古	Inner Mongolia	3	180		
辽 宁	Liaoning	12	358	3	103
吉 林	Jilin	7	328		
黑龙江	Heilongjiang	2	81	1	25
上 海	Shanghai	17	1376	5	365
江 苏	Jiangsu	18	796	2	103
浙 江	Zhejiang	1	24	4	475
安 徽	Anhui	6	386	1	10
福 建	Fujian	4	426	1	21
江 西	Jiangxi	1	41	4	260
山 东	Shandong	30	1413	5	352
河 南	Henan	16	450	3	220
湖 北	Hubei	8	355	2	230
湖 南	Hunan	1	25		
广 东	Guangdong	39	2851	39	1924
广 西	Guangxi	5	181	5	313
海 南	Hainan				
重 庆	Chongqing	31	1088	3	109
四 川	Sichuan	11	484	6	2039
贵 州	Guizhou			2	30
云 南	Yunnan	3	175	1	46
西 藏	Tibet				
陕 西	Shaanxi	9	500	2	55
甘 肃	Gansu				
青 海	Qinghai				
宁 夏	Ningxia				
新 疆	Xinjiang	1	6		

地区	Region	联营企业 Joint Ownership Enterprises 法人单位数(个) Number of Corporation Enterprises (unit)	联营企业 Joint Ownership Enterprises 年末从业人数(人) Engaged Persons at the Year-end (person)	有限责任公司 Limited Liability Corporations 法人单位数(个) Number of Corporation Enterprises (unit)	有限责任公司 Limited Liability Corporations 年末从业人数(人) Engaged Persons at the Year-end (person)
全国	**National Total**	**10**	**667**	**6304**	**578950**
北京	Beijing			454	62545
天津	Tianjin			109	11676
河北	Hebei			159	13197
山西	Shanxi			74	11080
内蒙古	Inner Mongolia			152	13234
辽宁	Liaoning			113	7194
吉林	Jilin			59	4412
黑龙江	Heilongjiang			47	5312
上海	Shanghai	1	42	163	16635
江苏	Jiangsu	1	68	383	35966
浙江	Zhejiang	1	52	206	21211
安徽	Anhui			213	18947
福建	Fujian			167	11409
江西	Jiangxi			70	5765
山东	Shandong	2	115	599	43293
河南	Henan	1	62	336	23513
湖北	Hubei	1	262	569	44762
湖南	Hunan			193	17809
广东	Guangdong			531	68236
广西	Guangxi			66	5761
海南	Hainan			56	6018
重庆	Chongqing	1		261	17875
四川	Sichuan			489	41567
贵州	Guizhou			121	10327
云南	Yunnan			110	9124
西藏	Tibet			7	395
陕西	Shaanxi	1	34	439	39802
甘肃	Gansu	1	32	120	8071
青海	Qinghai			5	562
宁夏	Ningxia			17	1685
新疆	Xinjiang			16	1567

地 区	Region	股份有限公司 Share-holding Corporations Ltd. 法人单位数（个） Number of Corporation Enterprises (unit)	股份有限公司 Share-holding Corporations Ltd. 年末从业人数（人） Engaged Persons at the Year-end (person)	私营企业 Private Enterprises 法人单位数（个） Number of Corporation Enterprises (unit)	私营企业 Private Enterprises 年末从业人数（人） Engaged Persons at the Year-end (person)
全 国	**National Total**	**510**	**67518**	**17128**	**1152529**
北 京	Beijing	34	8350	1078	83348
天 津	Tianjin	6	1498	231	15533
河 北	Hebei	19	2144	250	21675
山 西	Shanxi	8	858	435	44941
内蒙古	Inner Mongolia	22	2595	217	17717
辽 宁	Liaoning	9	973	472	23186
吉 林	Jilin	12	597	70	4406
黑龙江	Heilongjiang	6	384	98	4828
上 海	Shanghai	7	1409	1182	86340
江 苏	Jiangsu	40	3984	1802	112780
浙 江	Zhejiang	8	3291	1231	82452
安 徽	Anhui	16	946	762	49735
福 建	Fujian	5	330	504	40871
江 西	Jiangxi	12	1151	127	10100
山 东	Shandong	65	9886	1536	80210
河 南	Henan	49	2320	895	40448
湖 北	Hubei	22	1859	1129	50048
湖 南	Hunan	13	1196	346	29146
广 东	Guangdong	23	5809	1826	148230
广 西	Guangxi	9	836	176	14369
海 南	Hainan	6	580	15	1076
重 庆	Chongqing	16	5496	646	41071
四 川	Sichuan	36	2758	992	74549
贵 州	Guizhou	4	403	156	7483
云 南	Yunnan	8	346	206	15338
西 藏	Tibet			6	339
陕 西	Shaanxi	32	5628	409	27203
甘 肃	Gansu	17	1249	184	11396
青 海	Qinghai	4	426	28	2549
宁 夏	Ningxia	1	80	70	6005
新 疆	Xinjiang	1	136	49	5157

地 区	Region	港、澳、台商投资企业 Enterprises with Funds from Hongkong, Macao and Taiwan		外商投资企业 Foreign Funded Enterprises	
		法人单位数 (个) Number of Corporation Enterprises (unit)	年末从业人数 (人) Engaged Persons at the Year-end (person)	法人单位数 (个) Number of Corporation Enterprises (unit)	年末从业人数 (人) Engaged Persons at the Year-end (person)
全 国	**National Total**	**659**	**173226**	**577**	**391425**
北 京	Beijing	65	23853	75	49329
天 津	Tianjin	13	1204	25	24980
河 北	Hebei	3	202	3	303
山 西	Shanxi	2	117	4	6632
内 蒙 古	Inner Mongolia	2	306	3	168
辽 宁	Liaoning	21	2265	49	10376
吉 林	Jilin			2	67
黑 龙 江	Heilongjiang	15	1435	21	2251
上 海	Shanghai	122	58227	115	50021
江 苏	Jiangsu	53	10999	41	59224
浙 江	Zhejiang	19	2876	18	25054
安 徽	Anhui	8	1190	3	231
福 建	Fujian	39	7751	22	11663
江 西	Jiangxi	8	1306	4	6120
山 东	Shandong	20	5359	23	3650
河 南	Henan	5	1195	6	5297
湖 北	Hubei	20	3053	16	22590
湖 南	Hunan	10	856	6	7942
广 东	Guangdong	195	37269	91	61148
广 西	Guangxi	4	450	4	6603
海 南	Hainan	5	736		
重 庆	Chongqing	2	997	6	10722
四 川	Sichuan	14	4816	19	11305
贵 州	Guizhou			1	247
云 南	Yunnan	5	1380	4	3552
西 藏	Tibet				
陕 西	Shaanxi	8	5262	13	8948
甘 肃	Gansu	1	122	1	1945
青 海	Qinghai				
宁 夏	Ningxia			1	246
新 疆	Xinjiang			1	811

4-1-7 各地区限额以上餐饮业企业基本情况(按国民经济行业分)

Basic Conditions of Enterprises above Designated Size of Catering Services by Region and Sector

地区	Region	正餐服务 Dinner		快餐服务 Snack	
		法人单位数(个) Number of Corporation Enterprises (unit)	年末从业人数(人) Engaged Persons at the Year-end (person)	法人单位数(个) Number of Corporation Enterprises (unit)	年末从业人数(人) Engaged Persons at the Year-end (person)
全　国	**National Total**	**25105**	**1904408**	**909**	**445029**
北　京	Beijing	1634	164370	119	53313
天　津	Tianjin	369	29190	28	25476
河　北	Hebei	459	39417	5	335
山　西	Shanxi	551	59956	12	7311
内蒙古	Inner Mongolia	420	35482	6	614
辽　宁	Liaoning	662	34415	28	10156
吉　林	Jilin	160	10950	1	1
黑龙江	Heilongjiang	201	15123	8	731
上　海	Shanghai	1467	145756	82	44689
江　苏	Jiangsu	2212	152191	91	63761
浙　江	Zhejiang	1389	103307	49	28750
安　徽	Anhui	983	62379	32	9555
福　建	Fujian	745	59442	28	15073
江　西	Jiangxi	232	19509	8	6224
山　东	Shandong	2333	144744	74	9399
河　南	Henan	1271	66548	74	8087
湖　北	Hubei	1810	101175	33	22663
湖　南	Hunan	562	47836	17	10445
广　东	Guangdong	2652	237592	118	85317
广　西	Guangxi	284	20766	13	8641
海　南	Hainan	80	8200	3	311
重　庆	Chongqing	964	73123	17	5155
四　川	Sichuan	1547	103261	26	13551
贵　州	Guizhou	299	19387	2	155
云　南	Yunnan	347	25423	4	4709
西　藏	Tibet	12	686	1	48
陕　西	Shaanxi	923	83923	20	6251
甘　肃	Gansu	340	21923	3	2154
青　海	Qinghai	37	3537		
宁　夏	Ningxia	88	7972	2	109
新　疆	Xinjiang	72	6825	5	2045

地 区	Region	饮料及冷饮服务 Beverage and Cold Drink 法人单位数(个) Number of Corporation Enterprises (unit)	饮料及冷饮服务 Beverage and Cold Drink 年末从业人数(人) Engaged Persons at the Year-end (person)	其他餐饮业 Others 法人单位数(个) Number of Corporation Enterprises (unit)	其他餐饮业 Others 年末从业人数(人) Engaged Persons at the Year-end (person)
全 国	**National Total**	**209**	**36752**	**520**	**81504**
北 京	Beijing	23	4093	46	11742
天 津	Tianjin			26	2911
河 北	Hebei	1	40	2	215
山 西	Shanxi			5	332
内蒙古	Inner Mongolia			1	32
辽 宁	Liaoning	13	592	12	1365
吉 林	Jilin			1	65
黑龙江	Heilongjiang	1	70		
上 海	Shanghai	18	17678	71	8632
江 苏	Jiangsu	23	2687	76	9892
浙 江	Zhejiang	21	742	47	3724
安 徽	Anhui	11	399	6	515
福 建	Fujian	10	668	14	940
江 西	Jiangxi	1	45		
山 东	Shandong	2	192	21	2473
河 南	Henan	3	48	26	1794
湖 北	Hubei	10	1642	8	1045
湖 南	Hunan	4	188	4	122
广 东	Guangdong	37	6056	76	8259
广 西	Guangxi	2	145	4	904
海 南	Hainan	1	42		
重 庆	Chongqing	2	60	32	1959
四 川	Sichuan	17	934	21	22602
贵 州	Guizhou	2	64	1	39
云 南	Yunnan	3	144	6	913
西 藏	Tibet				
陕 西	Shaanxi	2	33	13	995
甘 肃	Gansu	2	190	1	34
青 海	Qinghai				
宁 夏	Ningxia				
新 疆	Xinjiang				

4-2-1 限额以上住宿和餐饮业企业经营情况

项　　目	Item	营业额 Business Revenue	客房收入 from Hotel Rooms
总　　计	**Total**	**80613212**	**19696757**
一、住宿业	**Hotels**	**35279900**	**17054268**
#国有控股	State-controlled Enterprises	10034909	4616207
(一)按登记注册类型分	**by Type of Registration**		
1.内资企业	**Domestic Funded Enterprises**	**29810652**	**14356429**
国有企业	State-owned Enterprises	4950255	2274861
集体企业	Collective-owned Enterprises	616831	264065
股份合作企业	Cooperative Enterprises	118371	52226
联营企业	Joint Ownership Enterprises	68539	30266
国有联营企业	State Joint Ownership Enterprises	31445	15445
集体联营企业	Collective Joint Ownership Enterprises	18003	5789
国有与集体联营企业	Joint State-collective Enterprises	12918	5901
其他联营企业	Other Joint Ownership Enterprises	6174	3131
有限责任公司	Limited Liability Corporations	12533203	6079004
国有独资公司	State Sole Funded Corporations	1015461	457851
其他有限责任公司	Other Limited Liability Corporations	11517742	5621153
股份有限公司	Share-holding Corporations Ltd.	1276046	560249
私营企业	Private Enterprises	9894835	4927764
私营独资企业	Private-funded Enterprises	1094887	524957
私营合伙企业	Private Partnership Enterprises	261068	120994
私营有限责任公司	Private Limited Liability Corporations	7939605	4003994
私营股份有限公司	Private Share-holding Corporations Ltd.	599275	277820
其他企业	Other Enterprises	352572	167995
2.港、澳、台商投资企业	**Enterprises with Funds from Hongkong, Macao and Taiwan**	**3211762**	**1550624**
合资经营企业	Joint-venture Enterprises	1577430	732715
合作经营企业	Cooperative Enterprises	382200	175436
独资经营企业	Enterprises with Sole Investment	1138947	582963
投资股份有限公司	Share-holding Corporations Ltd. with Investment	99622	51887
其他港澳台商投资企业	Other Enterprises with Funds from Hongkong, Macao and Taiwan	13562	7623
3.外商投资企业	**Foreign Funded Enterprises**	**2257486**	**1147214**
中外合资经营企业	Joint-venture Enterprises	1077905	512139
中外合作经营企业	Cooperative Enterprises	309352	135795
外资企业	Enterprises with Sole Foreign Investment	822719	478878
外商投资股份有限公司	Share-holding Corporations Ltd. with Foreign Investment	36735	17722
其他外商投资企业	Other Foreign Funded Enterprises	10776	2680
(二)按国民经济行业分	**by Sector**		
旅游饭店	Tourist Hotel	28381848	12852381
一般旅馆	Fonda	6118494	3795724
其他住宿业	Others	779559	406163

Business of Enterprises above Designated Size of Hotels and Catering Services

单位：万元

Unit: 10000 yuan

			客房数 (间) Hotel Rooms (unit)	床位数 (个) Hotel Beds (unit)	餐位数 (位) Seats for Meal (unit)
餐费收入 from Meals	商品销售额 from Commodities	其他收入 Others			
54305178	**2134969**	**4476308**	**3182983**	**5322089**	**19576423**
13744508	**941697**	**3539428**	**2655144**	**4395387**	**6789218**
3752432	271856	1394415	587448	1006566	1624900
11797216	**810833**	**2846174**	**2342150**	**3933839**	**6242254**
1901753	138222	635420	303904	543684	948774
255210	17061	80495	48235	89844	140037
41325	6793	18027	10521	19732	28620
29433	2902	5939	5092	9377	13437
12397	428	3175	2389	4098	3805
10839	554	821	1612	3363	6906
3551	1702	1765	873	1528	1760
2646	218	179	218	388	966
4866682	305242	1282276	948197	1560419	2377852
381273	24000	152337	68617	109948	167598
4485409	281241	1129939	879580	1450471	2210254
520626	58401	136770	93689	159290	272861
4032457	268598	666016	905134	1505988	2378844
474720	44649	50561	91146	160807	302568
114819	11747	13507	28663	47685	70806
3176139	193948	565525	735348	1212311	1856861
266779	18253	36423	49977	85185	148609
149732	13615	21231	27378	45505	81829
1148807	**101544**	**410786**	**191542**	**283713**	**335298**
579612	36306	228798	64651	98863	165586
142241	8130	56394	14783	23423	33574
385485	55856	114643	105938	151870	119293
37960	726	9048	5341	8457	15240
3509	526	1904	829	1100	1605
798486	**29320**	**282467**	**121452**	**177835**	**211666**
391147	11240	163379	45259	68190	106101
133779	6071	33707	13005	20240	32219
254133	11612	78096	60034	83610	64607
12229	386	6398	2577	4095	5381
7199	10	887	577	1700	3358
11701866	763250	3064351	1955448	3247705	5550503
1780380	148547	393844	634632	1037465	1090784
262262	29900	81233	65064	110217	147931

项 目	Item	营业额 Business Revenue	客房收入 from Hotel Rooms
二、餐饮业	**Catering Services**	**45333312**	**2642489**
#国有控股	State-controlled Enterprises	2214974	277008
(一)按登记注册类型分	**by Type of Registration**		
1.内资企业	**Domestic Funded Enterprises**	**33467840**	**2563456**
国有企业	State-owned Enterprises	724194	155592
集体企业	Collective-owned Enterprises	269009	26957
股份合作企业	Cooperative Enterprises	174173	7508
联营企业	Joint Ownership Enterprises	54418	383
国有联营企业	State Joint Ownership Enterprises		
集体联营企业	Collective Joint Ownership Enterprises	54418	383
国有与集体联营企业	Joint State-collective Enterprises		
其他联营企业	Other Joint Ownership Enterprises		
有限责任公司	Limited Liability Corporations	9404109	879980
国有独资公司	State Sole Funded Corporations	321507	35610
其他有限责任公司	Other Limited Liability Corporations	9082602	844370
股份有限公司	Share-holding Corporations Ltd.	1379236	102742
私营企业	Private Enterprises	20907242	1346862
私营独资企业	Private-funded Enterprises	3841243	202390
私营合伙企业	Private Partnership Enterprises	450685	34761
私营有限责任公司	Private Limited Liability Corporations	15707709	1040121
私营股份有限公司	Private Share-holding Corporations Ltd.	907605	69590
其他企业	Other Enterprises	555461	43434
2.港、澳、台商投资企业	**Enterprises with Funds from Hongkong, Macao and Taiwan**	**3559144**	**49949**
合资经营企业	Joint-venture Enterprises	700585	13634
合作经营企业	Cooperative Enterprises	213426	3057
独资经营企业	Enterprises with Sole Investment	2622421	33185
投资股份有限公司	Share-holding Corporations Ltd. with Investment	19950	17
其他港澳台商投资企业	Other Enterprises with Funds from Hongkong, Macao and Taiwan	2762	56
3.外商投资企业	**Foreign Funded Enterprises**	**8306328**	**29084**
中外合资经营企业	Joint-venture Enterprises	1854146	17488
中外合作经营企业	Cooperative Enterprises	130166	1848
外资企业	Enterprises with Sole Foreign Investment	6258831	9085
外商投资股份有限公司	Share-holding Corporations Ltd. with Foreign Investment	44639	664
其他外商投资企业	Other Foreign Funded Enterprises	18546	
(二)按国民经济行业分	**by Sector**		
正餐服务	Restaurant	34015094	2611205
快餐服务	Snack	8987888	8613
饮料及冷饮服务	Beverage and Cold Drink	864292	638
其他餐饮业	Others	1466038	22034

单位：万元
Unit: 10000 yuan

餐费收入 from Meals	商品销售额 from Commodities	其他收入 Others	客房数 (间) Hotel Rooms (unit)	床位数 (个) Hotel Beds (unit)	餐位数 (位) Seats for Meal (unit)
40560670	**1193272**	**936880**	**527839**	**926702**	**12787205**
1654499	118737	164730	49875	91011	576190
29026839	**1068972**	**808573**	**513316**	**902657**	**10816004**
502561	22122	43919	29579	54715	241027
208717	17075	16259	6520	11738	104701
148392	11007	7266	1406	2330	54553
36221	17774	40	214	375	7647
36221	17774	40	214	375	7647
7842641	348530	332959	171887	299062	2954998
229226	26378	30294	6613	11409	71904
7613416	322151	302665	165274	287653	2883094
1165799	68833	41863	18055	30437	307079
18635351	566770	358260	276886	488411	6924621
3466033	139917	32903	37800	67787	1359608
400228	11280	4416	7301	12170	191600
13986977	390441	290171	217989	384786	5066895
782113	25132	30770	13796	23668	306518
487157	16862	8008	8769	15589	221378
3409579	**57581**	**42036**	**9119**	**15074**	**617172**
657378	16339	13235	2859	4644	130675
199034	8296	3038	764	1365	28984
2532190	31583	25462	5418	8968	453026
18682	951	301	50	55	3627
2295	411		28	42	860
8124252	**66720**	**86272**	**5404**	**8971**	**1354029**
1798133	15223	23302	2573	4298	301214
110274	197	17847	299	537	14083
6161884	43189	44674	1873	2838	1024479
42452	1074	449	659	1298	11415
11509	7037				2838
29563787	1039651	800451	519921	909987	10822522
8827444	62001	89831	3466	9724	1561228
802633	55794	5228	235	368	138619
1366807	35827	41371	4217	6623	264836

4-2-2 各地区限额以上住宿业企业经营情况

Business of Enterprises above Designated Size of Hotels by Region

单位：万元

Unit: 10000 yuan

地区	Region	营业额 Business Revenue	客房收入 from Hotel Rooms	餐费收入 from Meals	商品销售额 from Commodities	其他收入 Others
全国	**National Total**	**35279900**	**17054268**	**13744508**	**941697**	**3539428**
北京	Beijing	3528146	1805303	977473	55762	689608
天津	Tianjin	396842	204970	131795	5216	54862
河北	Hebei	749389	297970	365913	15175	70332
山西	Shanxi	462310	204917	207269	13569	36555
内蒙古	Inner Mongolia	407025	184410	195804	2580	24231
辽宁	Liaoning	1068736	476755	491127	24012	76843
吉林	Jilin	348797	151820	164027	6804	26145
黑龙江	Heilongjiang	340725	188080	118887	14831	18927
上海	Shanghai	2513618	1456914	689561	29897	337246
江苏	Jiangsu	2115897	870433	986966	67944	190554
浙江	Zhejiang	2759392	1194533	1280988	34453	249418
安徽	Anhui	682471	304252	310346	24428	43446
福建	Fujian	1472776	617381	651194	73544	130657
江西	Jiangxi	493642	257291	190997	15674	29681
山东	Shandong	2177031	917109	1050103	83480	126339
河南	Henan	1418671	674598	592261	61881	89931
湖北	Hubei	1236346	618062	495070	47985	75229
湖南	Hunan	1492313	674229	662488	68932	86664
广东	Guangdong	4804980	2382544	1720655	86385	615397
广西	Guangxi	606042	313211	219294	13763	59774
海南	Hainan	940032	588857	273958	12156	65062
重庆	Chongqing	696981	323900	286586	25573	60921
四川	Sichuan	1387783	706647	521250	46159	113727
贵州	Guizhou	419918	252470	131210	11262	24976
云南	Yunnan	840650	462813	233494	39454	104890
西藏	Tibet	59588	37348	13816	2131	6292
陕西	Shaanxi	1015654	451578	459434	41538	63104
甘肃	Gansu	335607	182426	128288	7141	17753
青海	Qinghai	81864	50098	24103	1656	6008
宁夏	Ningxia	88873	41841	38449	2215	6369
新疆	Xinjiang	337802	161511	131703	6097	38490

4-2-2 续表 Continued

国有控股
State-controlled Enterprises

单位：万元
Unit: 10000 yuan

地区	Region	营业额 Business Revenue	客房收入 from Hotel Rooms	餐费收入 from Meals	商品销售额 from Commodities	其他收入 Others
全国	**National Total**	**10034909**	**4616207**	**3752432**	**271856**	**1394415**
北京	Beijing	1798892	844593	540408	33857	380035
天津	Tianjin	129162	59584	45312	2208	22058
河北	Hebei	274687	102929	141704	6815	23239
山西	Shanxi	137423	62206	62875	1766	10576
内蒙古	Inner Mongolia	96905	37515	51528	726	7136
辽宁	Liaoning	292992	115590	157029	3021	17351
吉林	Jilin	134961	57302	65195	2078	10386
黑龙江	Heilongjiang	125231	58869	50881	8477	7005
上海	Shanghai	1263956	707353	312879	21322	222402
江苏	Jiangsu	612486	206632	279846	37045	88964
浙江	Zhejiang	564618	239014	255304	7252	63048
安徽	Anhui	152752	69229	64019	7203	12302
福建	Fujian	313363	145040	144496	2018	21809
江西	Jiangxi	113505	58240	45840	3315	6110
山东	Shandong	557874	224993	245795	21745	65342
河南	Henan	321913	133269	132933	21991	33720
湖北	Hubei	235993	120252	84208	8491	23042
湖南	Hunan	328287	131547	149654	20474	26612
广东	Guangdong	921980	453073	308404	6897	153607
广西	Guangxi	137114	56897	50606	7412	22200
海南	Hainan	145851	95658	38176	1418	10600
重庆	Chongqing	125161	55186	50313	4068	15593
四川	Sichuan	276975	130073	102011	9080	35811
贵州	Guizhou	100477	50032	38955	4236	7255
云南	Yunnan	243899	112827	77383	8582	45106
西藏	Tibet	31022	19061	7212	298	4451
陕西	Shaanxi	200094	84580	91840	9397	14277
甘肃	Gansu	141714	72923	56167	4157	8467
青海	Qinghai	31099	17412	9544	1379	2764
宁夏	Ningxia	25671	11343	9520	441	4368
新疆	Xinjiang	198856	82991	82397	4690	28778

4-2-3 各地区限额以上住宿业企业经营情况(按登记注册类型分)

Business of Enterprises above Designated Size of Hotels by Region and Type of Registration

内资企业
Domestic Funded Enterprises

单位：万元
Unit: 10000 yuan

地 区	Region	营业额 Business Revenue	客房收入 from Hotel Rooms	餐费收入 from Meals	商品销售额 from Commodities	其他收入 Others
全 国	**National Total**	**29810652**	**14356429**	**11797216**	**810833**	**2846174**
北 京	Beijing	2591162	1361912	732442	41054	455753
天 津	Tianjin	351220	175762	120286	5054	50118
河 北	Hebei	727430	290106	357966	13118	66239
山 西	Shanxi	455447	202181	203979	13557	35730
内蒙古	Inner Mongolia	377928	171213	183164	2504	21047
辽 宁	Liaoning	872390	386418	408847	15325	61800
吉 林	Jilin	309382	137015	147426	5758	19184
黑龙江	Heilongjiang	286424	157724	101163	12538	15000
上 海	Shanghai	2076311	1223975	520325	27313	304698
江 苏	Jiangsu	1865744	757644	869619	66113	172368
浙 江	Zhejiang	2357555	1034013	1086688	32188	204667
安 徽	Anhui	641001	286144	291725	23564	39567
福 建	Fujian	1056013	455454	472405	32770	95384
江 西	Jiangxi	463678	240285	182061	14659	26674
山 东	Shandong	2035659	854662	994741	76365	109891
河 南	Henan	1350892	644990	565387	58501	82014
湖 北	Hubei	1135533	566189	456885	46620	65840
湖 南	Hunan	1404983	633777	626961	66520	77725
广 东	Guangdong	3440222	1649659	1271376	62421	456766
广 西	Guangxi	517720	267771	183242	12437	54270
海 南	Hainan	661895	406712	192843	11298	51043
重 庆	Chongqing	629546	291407	266205	22972	48963
四 川	Sichuan	1246783	635156	474891	45065	91671
贵 州	Guizhou	402132	241590	125067	11068	24407
云 南	Yunnan	775968	427145	215402	38827	94594
西 藏	Tibet	52044	32391	11593	1769	6292
陕 西	Shaanxi	902866	401279	420584	34347	46657
甘 肃	Gansu	322489	174825	123422	7141	17102
青 海	Qinghai	76431	47065	21765	1656	5946
宁 夏	Ningxia	87574	41409	37582	2215	6369
新 疆	Xinjiang	336231	160559	131176	6097	38399

4-2-3 续表 1 Continued 1

国有企业 State-owned Enterprises

单位：万元 Unit: 10000 yuan

地 区	Region	营业额 Business Revenue	客房收入 from Hotel Rooms	餐费收入 from Meals	商品销售额 from Commodities	其他收入 Others
全 国	**National Total**	**4950255**	**2274861**	**1901753**	**138222**	**635420**
北 京	Beijing	720481	336685	225880	14973	142943
天 津	Tianjin	47666	21275	17515	950	7925
河 北	Hebei	200425	74494	107938	5425	12568
山 西	Shanxi	97527	43281	47834	1004	5409
内 蒙 古	Inner Mongolia	44099	17923	24717	195	1265
辽 宁	Liaoning	179310	72850	92810	2559	11091
吉 林	Jilin	107871	44019	55315	1666	6871
黑 龙 江	Heilongjiang	79351	35676	37048	2226	4402
上 海	Shanghai	657237	424113	115761	6239	111125
江 苏	Jiangsu	307512	96671	144943	12424	53474
浙 江	Zhejiang	186533	80919	82598	1873	21144
安 徽	Anhui	55679	20760	25868	3998	5054
福 建	Fujian	121292	52456	59883	387	8565
江 西	Jiangxi	73374	39531	27988	1983	3873
山 东	Shandong	392839	143706	193065	13681	42387
河 南	Henan	224216	86548	98582	17788	21298
湖 北	Hubei	121814	66549	43798	5121	6346
湖 南	Hunan	158710	67774	71733	11422	7782
广 东	Guangdong	424488	205625	144174	4585	70104
广 西	Guangxi	87669	34226	33342	5668	14433
海 南	Hainan	16891	9317	4408	419	2747
重 庆	Chongqing	41492	16931	17418	1847	5296
四 川	Sichuan	101875	47604	39502	3898	10872
贵 州	Guizhou	46967	24847	17273	1303	3544
云 南	Yunnan	89536	40344	26844	4281	18067
西 藏	Tibet	28824	17635	6544	298	4347
陕 西	Shaanxi	104366	43334	48980	6488	5564
甘 肃	Gansu	96110	48623	41161	3779	2547
青 海	Qinghai	16172	8453	6185	402	1131
宁 夏	Ningxia	14277	6443	6017	46	1771
新 疆	Xinjiang	105654	46247	36631	1295	21481

集体企业
Collective-owned Enterprises

单位：万元
Unit: 10000 yuan

地 区	Region	营业额 Business Revenue	客房收入 from Hotel Rooms	餐费收入 from Meals	商品销售额 from Commodities	其他收入 Others
全 国	**National Total**	**616831**	**264065**	**255210**	**17061**	**80495**
北 京	Beijing	108187	51243	24720	759	31466
天 津	Tianjin	23818	8311	11563	120	3824
河 北	Hebei	16165	7392	7945	178	650
山 西	Shanxi	17415	8148	8711	154	403
内蒙古	Inner Mongolia	3404	1628	1735	39	3
辽 宁	Liaoning	33654	15545	15294	159	2655
吉 林	Jilin	9308	3068	6241		
黑龙江	Heilongjiang	3044	2630	413	0	1
上 海	Shanghai	25560	7576	12172	914	4898
江 苏	Jiangsu	40442	13637	24159	647	1999
浙 江	Zhejiang	46420	25084	15221	351	5763
安 徽	Anhui	3428	1751	1555		123
福 建	Fujian	11973	2752	3780	2	5440
江 西	Jiangxi	2229	886	1269	48	26
山 东	Shandong	60994	21982	32924	3924	2164
河 南	Henan	39842	15836	18937	1997	3071
湖 北	Hubei	30409	10496	16998	514	2402
湖 南	Hunan	23189	9464	8557	4458	710
广 东	Guangdong	36125	15445	13927	222	6531
广 西	Guangxi	6870	2689	2516	313	1352
海 南	Hainan	690	492			199
重 庆	Chongqing	15133	7847	6520	455	311
四 川	Sichuan	10890	4923	4007	393	1567
贵 州	Guizhou	8315	5381	2029	296	609
云 南	Yunnan	14218	7802	4857	381	1178
西 藏	Tibet	548	305			243
陕 西	Shaanxi	8981	4129	2843	598	1411
甘 肃	Gansu	4006	2880	891	47	188
青 海	Qinghai	3377	2306	892		180
宁 夏	Ningxia					
新 疆	Xinjiang	8198	2439	4537	93	1130

4-2-3 续表 3 Continued 3

股份合作企业
Cooperative Enterprises

单位：万元
Unit: 10000 yuan

地 区	Region	营业额 Business Revenue	客房收入 from Hotel Rooms	餐费收入 from Meals	商品销售额 from Commodities	其他收入 Others
全 国	**National Total**	**118371**	**52226**	**41325**	**6793**	**18027**
北 京	Beijing	35963	19923	7509	616	7915
天 津	Tianjin	11066	1505	2218	402	6941
河 北	Hebei	3614	2423	1073		119
山 西	Shanxi					
内蒙古	Inner Mongolia	251	117	99		35
辽 宁	Liaoning	873	450	340	83	
吉 林	Jilin	5562	3399	2142		20
黑龙江	Heilongjiang	8378	1761	2564	3894	159
上 海	Shanghai					
江 苏	Jiangsu					
浙 江	Zhejiang	5062	3471	1281	36	274
安 徽	Anhui	1840	484	1251	92	13
福 建	Fujian	3536	1035	2124	85	292
江 西	Jiangxi	3659	1648	1473	445	92
山 东	Shandong	4994	2083	2534	250	128
河 南	Henan	4197	2256	1525	59	357
湖 北	Hubei	3504	1091	1775	193	446
湖 南	Hunan	2568	1587	931	11	38
广 东	Guangdong	5845	2110	3066	392	277
广 西	Guangxi	2397	1301	1025		71
海 南	Hainan	1858	687	946	71	154
重 庆	Chongqing	1127	1127			
四 川	Sichuan	7103	2453	4053	165	431
贵 州	Guizhou					
云 南	Yunnan	1010	482	264		263
西 藏	Tibet					
陕 西	Shaanxi	3966	833	3133		
甘 肃	Gansu					
青 海	Qinghai					
宁 夏	Ningxia					
新 疆	Xinjiang					

4-2-3 续表 4 Continued 4

联营企业 单位：万元
Joint Ownership Enterprises Unit: 10000 yuan

地区	Region	营业额 Business Revenue	客房收入 from Hotel Rooms	餐费收入 from Meals	商品销售额 from Commodities	其他收入 Others
全国	**National Total**	**68539**	**30266**	**29433**	**2902**	**5939**
北京	Beijing	5022	2553	1982		487
天津	Tianjin					
河北	Hebei	2668	820	1595		253
山西	Shanxi					
内蒙古	Inner Mongolia	1071	139	932		
辽宁	Liaoning	438	126	34	12	265
吉林	Jilin					
黑龙江	Heilongjiang					
上海	Shanghai	10120	4007	4207	249	1656
江苏	Jiangsu	3786	1576	1931	26	254
浙江	Zhejiang	5514	2548	1956	212	798
安徽	Anhui					
福建	Fujian	18960	8472	9497	237	755
江西	Jiangxi					
山东	Shandong					
河南	Henan	1212	627	294	162	129
湖北	Hubei	789	159	466	144	20
湖南	Hunan	4333	1254	2971	60	47
广东	Guangdong	7450	4670	1560	116	1104
广西	Guangxi					
海南	Hainan					
重庆	Chongqing					
四川	Sichuan	4789	1935	1174	1681	
贵州	Guizhou					
云南	Yunnan	2192	1217	802	4	170
西藏	Tibet					
陕西	Shaanxi					
甘肃	Gansu					
青海	Qinghai					
宁夏	Ningxia					
新疆	Xinjiang	196	163	31		1

4-2-3 续表 5 Continued 5

有限责任公司
Limited Liability Corporations

单位：万元
Unit: 10000 yuan

地 区	Region	营业额 Business Revenue	客房收入 from Hotel Rooms	餐费收入 from Meals	商品销售额 from Commodities	其他收入 Others
全 国	**National Total**	**12533203**	**6079004**	**4866682**	**305242**	**1282276**
北 京	Beijing	1309473	697681	365621	20060	226111
天 津	Tianjin	173397	85562	61362	2405	24068
河 北	Hebei	280836	118233	128246	3738	30619
山 西	Shanxi	100711	40682	45123	3624	11283
内蒙古	Inner Mongolia	174809	77990	83556	1569	11695
辽 宁	Liaoning	265507	120516	124333	2138	18520
吉 林	Jilin	96075	48728	39897	1999	5451
黑龙江	Heilongjiang	104827	60753	33676	3498	6900
上 海	Shanghai	799337	397002	261134	15313	125888
江 苏	Jiangsu	630229	270937	294466	14246	50580
浙 江	Zhejiang	1038040	439010	484936	15610	98484
安 徽	Anhui	254175	110594	114344	10563	18674
福 建	Fujian	451787	212479	176411	8166	54731
江 西	Jiangxi	211434	107503	81165	6807	15959
山 东	Shandong	717780	307282	352042	20052	38404
河 南	Henan	445959	229526	170576	14101	31756
湖 北	Hubei	446094	239365	160367	12301	34062
湖 南	Hunan	584272	248478	271554	23821	40419
广 东	Guangdong	1539022	707519	596404	34382	200717
广 西	Guangxi	155041	84135	49989	2683	18234
海 南	Hainan	529243	328804	153783	10661	35995
重 庆	Chongqing	313906	148222	128134	10736	26814
四 川	Sichuan	486695	254732	178274	14221	39468
贵 州	Guizhou	233815	136619	75339	5949	15908
云 南	Yunnan	402995	216085	114650	23332	48929
西 藏	Tibet	7105	4518	1122	1184	281
陕 西	Shaanxi	469590	232149	196563	15082	25797
甘 肃	Gansu	137941	74787	50959	2118	10076
青 海	Qinghai	17468	9569	4402	118	3379
宁 夏	Ningxia	26268	10978	10759	1149	3382
新 疆	Xinjiang	129373	58569	57497	3614	9693

4-2-3 续表 6 Continued 6

股份有限公司
Share-holding Corporations Ltd

单位：万元
Unit: 10000 yuan

地 区	Region	营业额 Business Revenue	客房收入 from Hotel Rooms	餐费收入 from Meals	商品销售额 from Commodities	其他收入 Others
全 国	**National Total**	**1276046**	**560249**	**520626**	**58401**	**136770**
北 京	Beijing	51925	21612	15487	1240	13586
天 津	Tianjin	2705	1629	431	4	642
河 北	Hebei	31379	10610	13905	676	6188
山 西	Shanxi	6839	2263	3350	119	1107
内蒙古	Inner Mongolia	15805	7770	6697	160	1179
辽 宁	Liaoning	30025	10063	19344	285	333
吉 林	Jilin	13058	6771	4807	12	1469
黑龙江	Heilongjiang	20546	16207	2896	495	947
上 海	Shanghai	38680	25824	8401	979	3475
江 苏	Jiangsu	138231	44799	50183	24398	18851
浙 江	Zhejiang	86271	33340	36328	4934	11669
安 徽	Anhui	51678	30409	19172	244	1852
福 建	Fujian	33344	17704	12694	179	2767
江 西	Jiangxi	40040	19202	18483	1688	667
山 东	Shandong	114011	38287	60534	7999	7192
河 南	Henan	83440	36572	38393	3218	5257
湖 北	Hubei	44940	20441	18510	2089	3900
湖 南	Hunan	117615	49246	56121	2425	9824
广 东	Guangdong	115606	46269	47243	1154	20941
广 西	Guangxi	36526	17873	13368	1257	4028
海 南	Hainan	25307	16314	7626	66	1301
重 庆	Chongqing	32661	14795	12282	277	5308
四 川	Sichuan	73150	34209	27318	2534	9089
贵 州	Guizhou	2364	1745	322	146	151
云 南	Yunnan	28533	16001	9843	346	2343
西 藏	Tibet	3179	1772	1054	70	283
陕 西	Shaanxi	15954	6226	7597	359	1772
甘 肃	Gansu	3764	2514	1236	7	8
青 海	Qinghai	10800	6026	3570	976	228
宁 夏	Ningxia	1449	558	885		5
新 疆	Xinjiang	6226	3203	2548	66	409

私营企业
Private Enterprises

单位：万元
Unit: 10000 yuan

地区	Region	营业额 Business Revenue	客房收入 from Hotel Rooms	餐费收入 from Meals	商品销售额 from Commodities	其他收入 Others
全 国	**National Total**	**9894835**	**4927764**	**4032457**	**268598**	**666016**
北 京	Beijing	360112	232216	91243	3408	33245
天 津	Tianjin	86889	54088	25694	913	6194
河 北	Hebei	186903	74233	94526	2300	15844
山 西	Shanxi	225869	106267	96256	6401	16946
内蒙古	Inner Mongolia	133230	63233	63255	301	6441
辽 宁	Liaoning	354122	165506	151503	8220	28893
吉 林	Jilin	71766	29669	35198	1695	5203
黑龙江	Heilongjiang	68902	39560	24359	2392	2591
上 海	Shanghai	506625	339662	108149	3619	55195
江 苏	Jiangsu	737227	326636	349401	14271	46919
浙 江	Zhejiang	988535	449004	463857	9162	66511
安 徽	Anhui	271289	120631	128590	8526	13542
福 建	Fujian	396459	152537	198783	23159	21981
江 西	Jiangxi	126716	68681	48709	3349	5977
山 东	Shandong	704311	326184	331026	28235	18867
河 南	Henan	544564	268985	234842	20593	20145
湖 北	Hubei	465087	218312	202190	26023	18561
湖 南	Hunan	509414	253171	213449	24160	18635
广 东	Guangdong	1245230	635018	439140	20108	150964
广 西	Guangxi	217622	121318	78188	2337	15779
海 南	Hainan	76345	43231	23129	80	9905
重 庆	Chongqing	213950	96765	97378	9111	10697
四 川	Sichuan	546975	282133	213294	21795	29753
贵 州	Guizhou	106197	70320	28403	3321	4154
云 南	Yunnan	218718	136080	53070	10417	19151
西 藏	Tibet	12389	8161	2873	217	1137
陕 西	Shaanxi	281167	108112	151391	11084	10581
甘 肃	Gansu	78395	44630	28292	1191	4282
青 海	Qinghai	27985	20123	6675	159	1028
宁 夏	Ningxia	45580	23430	19920	1020	1211
新 疆	Xinjiang	86261	49868	29677	1030	5686

其他企业
Other Enterprises

单位：万元
Unit: 10000 yuan

地区	Region	营业额 Business Revenue	客房收入 from Hotel Rooms	餐费收入 from Meals	商品销售额 from Commodities	其他收入 Others
全国	**National Total**	**352572**	**167995**	**149732**	**13615**	**21231**
北京	Beijing					
天津	Tianjin	5679	3392	1503	260	524
河北	Hebei	5440	1901	2738	801	
山西	Shanxi	7086	1541	2707	2256	582
内蒙古	Inner Mongolia	5259	2413	2175	241	431
辽宁	Liaoning	8463	1362	5190	1868	43
吉林	Jilin	5742	1360	3825	386	170
黑龙江	Heilongjiang	1375	1136	207	32	
上海	Shanghai	38752	25792	10501		2460
江苏	Jiangsu	8316	3387	4537	101	291
浙江	Zhejiang	1180	637	511	8	24
安徽	Anhui	2911	1516	947	140	308
福建	Fujian	18662	8019	9234	556	854
江西	Jiangxi	6227	2835	2974	338	81
山东	Shandong	40731	15140	22617	2225	750
河南	Henan	7463	4640	2238	584	
湖北	Hubei	22897	9776	12781	236	104
湖南	Hunan	4883	2803	1646	163	270
广东	Guangdong	66456	33002	25863	1462	6129
广西	Guangxi	11594	6229	4813	178	374
海南	Hainan	11562	7868	2952		742
重庆	Chongqing	11278	5720	4473	547	537
四川	Sichuan	15306	7166	7270	379	491
贵州	Guizhou	4474	2678	1702	54	41
云南	Yunnan	18767	9135	5072	67	4493
西藏	Tibet					
陕西	Shaanxi	18843	6497	10079	735	1533
甘肃	Gansu	2274	1392	882		
青海	Qinghai	630	589	42		
宁夏	Ningxia					
新疆	Xinjiang	324	70	254		

港、澳、台商投资企业
Enterprises with Funds from Hong Kong, Macao and Taiwan

单位：万元
Unit: 10000 yuan

地区	Region	营业额 Business Revenue	客房收入 from Hotel Rooms	餐费收入 from Meals	商品销售额 from Commodities	其他收入 Others
全国	**National Total**	**3211762**	**1550624**	**1148807**	**101544**	**410786**
北京	Beijing	619673	312610	163108	12582	131375
天津	Tianjin	14209	10712	1923	96	1478
河北	Hebei	12086	3633	3368	2048	3038
山西	Shanxi	6863	2736	3290	12	825
内蒙古	Inner Mongolia	4345	2567	1562	73	143
辽宁	Liaoning	119827	54765	51031	7711	6321
吉林	Jilin	5199	1468	2749	590	393
黑龙江	Heilongjiang	23429	11628	8220	1071	2510
上海	Shanghai	219357	110900	87673	56	20728
江苏	Jiangsu	121815	54417	58973	438	7987
浙江	Zhejiang	298455	114860	142836	1409	39351
安徽	Anhui	25698	12319	11038	786	1555
福建	Fujian	251879	91779	103737	37513	18851
江西	Jiangxi	14141	6964	5042	404	1731
山东	Shandong	105433	43842	39089	7001	15501
河南	Henan	50340	21364	20304	2046	6626
湖北	Hubei	93677	48356	35526	1247	8548
湖南	Hunan	74508	32726	31781	2411	7591
广东	Guangdong	709396	365010	237517	14769	92101
广西	Guangxi	75335	36510	32961	1327	4536
海南	Hainan	157863	103671	45246	591	8356
重庆	Chongqing	25019	15361	6405	606	2647
四川	Sichuan	81086	44915	23578	713	11880
贵州	Guizhou	14591	9433	4565	194	399
云南	Yunnan	27505	15444	8870	4	3187
西藏	Tibet	5684	3640	1714	331	
陕西	Shaanxi	50963	16745	15647	5519	13052
甘肃	Gansu	3105	1980	1058		67
青海	Qinghai					
宁夏	Ningxia					
新疆	Xinjiang	283	272			11

4-2-3 续表 10 Continued 10

外商投资企业 Foreign Funded Enterprises

单位：万元 Unit: 10000 yuan

地 区	Region	营业额 Business Revenue	客房收入 from Hotel Rooms	餐费收入 from Meals	商品销售额 from Commodities	其他收入 Others
全 国	**National Total**	**2257486**	**1147214**	**798486**	**29320**	**282467**
北 京	Beijing	317311	130781	81924	2126	102480
天 津	Tianjin	31414	18496	9585	66	3266
河 北	Hebei	9874	4231	4580	9	1055
山 西	Shanxi					
内蒙古	Inner Mongolia	24753	10630	11078	4	3041
辽 宁	Liaoning	76519	35572	31249	976	8722
吉 林	Jilin	34216	13338	13853	457	6569
黑龙江	Heilongjiang	30873	18728	9505	1223	1418
上 海	Shanghai	217950	122039	81564	2528	11820
江 苏	Jiangsu	128338	58371	58374	1393	10200
浙 江	Zhejiang	103382	45660	51464	857	5400
安 徽	Anhui	15773	5788	7582	78	2324
福 建	Fujian	164884	70148	75052	3262	16422
江 西	Jiangxi	15823	10042	3895	610	1275
山 东	Shandong	35938	18605	16274	113	947
河 南	Henan	17438	8244	6570	1333	1291
湖 北	Hubei	7136	3518	2660	118	840
湖 南	Hunan	12821	7726	3746	2	1348
广 东	Guangdong	655362	367875	211762	9195	66530
广 西	Guangxi	12987	8929	3091		967
海 南	Hainan	120274	78475	35869	267	5663
重 庆	Chongqing	42415	17132	13977	1995	9312
四 川	Sichuan	59915	26576	22781	381	10177
贵 州	Guizhou	3196	1447	1578		171
云 南	Yunnan	37178	20225	9221	623	7109
西 藏	Tibet	1860	1318	510	32	
陕 西	Shaanxi	61825	33554	23203	1672	3396
甘 肃	Gansu	10013	5620	3808		584
青 海	Qinghai	5433	3033	2339		62
宁 夏	Ningxia	1300	432	867		
新 疆	Xinjiang	1288	681	528		80

4-2-4 各地区限额以上住宿业企业经营情况(按国民经济行业分)

Business of Enterprises above Designated Size of Hotels by Region and Sector

旅游饭店 Tourist Hotel

单位：万元 Unit: 10000 yuan

地区	Region	营业额 Business Revenue	客房收入 from Hotel Rooms	餐费收入 from Meals	商品销售额 from Commodities	其他收入 Others
全国	**National Total**	**28381848**	**12852381**	**11701866**	**763250**	**3064351**
北京	Beijing	2910980	1366096	882021	48523	614340
天津	Tianjin	272241	139586	97348	3261	32046
河北	Hebei	540208	218994	263611	8726	48877
山西	Shanxi	336507	136567	159567	10607	29766
内蒙古	Inner Mongolia	315729	132388	159910	1806	21625
辽宁	Liaoning	920420	390284	442200	18979	68957
吉林	Jilin	302008	127982	143083	6615	24329
黑龙江	Heilongjiang	264129	139183	95171	13645	16130
上海	Shanghai	1650364	768162	588297	27068	266837
江苏	Jiangsu	1848590	703156	911654	62712	171068
浙江	Zhejiang	2404069	969031	1177969	31215	225854
安徽	Anhui	544477	231601	256117	18308	38451
福建	Fujian	1228128	489261	555935	68410	114522
江西	Jiangxi	394412	199268	155714	12609	26822
山东	Shandong	1667574	639089	855136	62235	111114
河南	Henan	938993	424735	398046	42222	73990
湖北	Hubei	875701	421134	365195	27755	61617
湖南	Hunan	1146190	505272	518898	47142	74877
广东	Guangdong	4102563	1895721	1584510	75634	546699
广西	Guangxi	524704	259473	200478	13041	51711
海南	Hainan	928876	583077	270125	12100	63574
重庆	Chongqing	579636	259288	243317	23106	53925
四川	Sichuan	1084351	521338	429982	36481	96549
贵州	Guizhou	346480	203085	113037	9726	20632
云南	Yunnan	684258	366834	199176	29052	89196
西藏	Tibet	58950	37080	13458	2131	6282
陕西	Shaanxi	780884	359585	335144	34339	51817
甘肃	Gansu	276129	143299	111066	6245	15519
青海	Qinghai	76599	45448	23739	1649	5763
宁夏	Ningxia	78901	37144	33455	2014	6287
新疆	Xinjiang	298802	139224	118509	5892	35177

4-2-4 续表 1 Continued 1

一般旅馆
Fonda

单位：万元
Unit: 10000 yuan

地 区	Region	营业额 Business Revenue	客房收入 from Hotel Rooms	餐费收入 from Meals	商品销售额 from Commodities	其他收入 Others
全 国	**National Total**	**6118494**	**3795724**	**1780380**	**148547**	**393844**
北 京	Beijing	589797	423864	89193	6749	69992
天 津	Tianjin	93060	51124	27303	1422	13211
河 北	Hebei	163027	61285	82027	4216	15499
山 西	Shanxi	107659	59370	42745	1889	3656
内 蒙 古	Inner Mongolia	83996	48767	32976	496	1758
辽 宁	Liaoning	129251	75439	42654	4901	6256
吉 林	Jilin	28833	17376	10370	189	898
黑 龙 江	Heilongjiang	63773	43098	18088	1167	1419
上 海	Shanghai	774401	620802	83935	2769	66896
江 苏	Jiangsu	229726	146309	63769	4749	14900
浙 江	Zhejiang	337495	213764	98768	3012	21951
安 徽	Anhui	126075	66922	49018	6019	4116
福 建	Fujian	189955	105915	69768	3013	11259
江 西	Jiangxi	93585	55094	32674	3061	2756
山 东	Shandong	459216	249233	177250	18353	14381
河 南	Henan	445075	230559	183336	17692	13488
湖 北	Hubei	328967	183855	124064	9138	11910
湖 南	Hunan	289104	145955	115294	18670	9186
广 东	Guangdong	628667	444299	115723	10277	58369
广 西	Guangxi	72007	50162	17624	589	3632
海 南	Hainan	6385	4365	1873	16	132
重 庆	Chongqing	88986	52244	32038	1412	3293
四 川	Sichuan	277977	168906	83418	9634	16020
贵 州	Guizhou	67024	45531	16063	1377	4054
云 南	Yunnan	144097	88959	31300	10003	13834
西 藏	Tibet					
陕 西	Shaanxi	199542	77886	110113	6436	5107
甘 肃	Gansu	48809	34099	11580	896	2234
青 海	Qinghai	4499	4112	136	7	245
宁 夏	Ningxia	8508	4144	4088	194	82
新 疆	Xinjiang	39000	22288	13194	205	3313

其他住宿业
Others

单位：万元
Unit: 10000 yuan

地　区	Region	营业额 Business Revenue	客房收入 from Hotel Rooms	餐费收入 from Meals	商品销售额 from Commodities	其他收入 Others
全　国	**National Total**	**779559**	**406163**	**262262**	**29900**	**81233**
北　京	Beijing	27369	15344	6259	490	5276
天　津	Tianjin	31542	14260	7145	533	9604
河　北	Hebei	46155	17691	20276	2233	5955
山　西	Shanxi	18144	8981	4957	1073	3133
内蒙古	Inner Mongolia	7300	3255	2918	278	849
辽　宁	Liaoning	19066	11032	6272	132	1630
吉　林	Jilin	17955	6463	10575		918
黑龙江	Heilongjiang	12823	5798	5628	19	1378
上　海	Shanghai	88853	67950	17330	60	3513
江　苏	Jiangsu	37582	20968	11543	484	4586
浙　江	Zhejiang	17828	11738	4251	227	1613
安　徽	Anhui	11920	5728	5212	101	879
福　建	Fujian	54693	22205	25490	2122	4876
江　西	Jiangxi	5645	2929	2609	4	103
山　东	Shandong	50241	28787	17718	2892	844
河　南	Henan	34603	19304	10880	1966	2453
湖　北	Hubei	31678	13073	5811	11093	1702
湖　南	Hunan	57019	23002	28297	3120	2601
广　东	Guangdong	73750	42523	20422	475	10330
广　西	Guangxi	9332	3576	1192	133	4431
海　南	Hainan	4771	1415	1960	40	1356
重　庆	Chongqing	28359	12369	11231	1056	3704
四　川	Sichuan	25455	16403	7850	44	1158
贵　州	Guizhou	6414	3855	2110	159	290
云　南	Yunnan	12296	7020	3018	399	1860
西　藏	Tibet	638	269	359		11
陕　西	Shaanxi	35227	14107	14177	764	6180
甘　肃	Gansu	10669	5028	5642		
青　海	Qinghai	766	538	228		
宁　夏	Ningxia	1465	553	906	6	
新　疆	Xinjiang					

4-2-5 各地区限额以上餐饮业企业经营情况

Business of Enterprises above Designated Size of Catering Services by Region

单位：万元
Unit: 10000 yuan

地区	Region	营业额 Business Revenue	客房收入 from Hotel Rooms	餐费收入 from Meals	商品销售额 from Commodities	其他收入 Others
全国	**National Total**	**45333312**	**2642489**	**40560670**	**1193272**	**936880**
北京	Beijing	5207214	40651	4990607	67720	108236
天津	Tianjin	1036210	31541	962059	6314	36297
河北	Hebei	452088	60598	373138	10043	8309
山西	Shanxi	750047	131677	569741	32744	15884
内蒙古	Inner Mongolia	655439	83205	553134	10153	8946
辽宁	Liaoning	1427204	57980	1328204	17794	23227
吉林	Jilin	202328	40217	151960	4480	5671
黑龙江	Heilongjiang	246485	20509	198167	21739	6071
上海	Shanghai	4694840	60218	4515954	58824	59844
江苏	Jiangsu	3995380	303541	3520063	99365	72410
浙江	Zhejiang	2609944	182768	2318775	35060	73342
安徽	Anhui	1000772	109531	803695	64459	23088
福建	Fujian	1589031	55319	1488781	25477	19454
江西	Jiangxi	317909	34382	259671	21584	2272
山东	Shandong	3358823	371969	2722771	176068	88016
河南	Henan	1504460	122078	1286200	49998	46183
湖北	Hubei	2257860	195643	1955333	81128	25757
湖南	Hunan	1092942	103211	940400	28222	21109
广东	Guangdong	6040566	215590	5587750	105449	131777
广西	Guangxi	320162	19809	287718	6223	6411
海南	Hainan	104339	5086	90292	1144	7816
重庆	Chongqing	1629839	78626	1461584	61983	27647
四川	Sichuan	2313436	116862	2060189	77418	58967
贵州	Guizhou	211200	16983	179932	9193	5092
云南	Yunnan	496126	14386	447851	19507	14382
西藏	Tibet	9387	443	8841	7	97
陕西	Shaanxi	1256145	112540	1022593	89041	31971
甘肃	Gansu	307156	28176	272627	4966	1387
青海	Qinghai	37482	5846	31332	232	73
宁夏	Ningxia	86296	6765	70631	4785	4115
新疆	Xinjiang	122202	16339	100680	2155	3029

4-2-5 续表 Continued

国有控股
State-controlled Enterprises

单位：万元
Unit: 10000 yuan

地区	Region	营业额 Business Revenue	客房收入 from Hotel Rooms	餐费收入 from Meals	商品销售额 from Commodities	其他收入 Others
全国	**National Total**	**2214974**	**277008**	**1654499**	**118737**	**164730**
北京	Beijing	446964	6651	385629	16335	38349
天津	Tianjin	43304	4061	26925	907	11411
河北	Hebei	23501	5477	17319	471	234
山西	Shanxi	69170	24258	37133	2045	5734
内蒙古	Inner Mongolia	22801	5756	14537	1503	1005
辽宁	Liaoning	30914	6538	21565	634	2177
吉林	Jilin	25086	8172	15109	265	1540
黑龙江	Heilongjiang	37660	10709	22304	1125	3521
上海	Shanghai	275283	9876	233744	23060	8603
江苏	Jiangsu	135875	32469	89218	4216	9972
浙江	Zhejiang	123454	6197	114305	1617	1336
安徽	Anhui	39237	10880	24705	1797	1856
福建	Fujian	32760	3573	27841	173	1172
江西	Jiangxi	16136	5075	10506	469	86
山东	Shandong	212569	42296	147707	12648	9918
河南	Henan	33015	2611	27372	2286	746
湖北	Hubei	59517	13087	42089	850	3490
湖南	Hunan	18969	6129	12000	340	500
广东	Guangdong	273151	26336	184370	22576	39870
广西	Guangxi	7236	1542	4497	833	364
海南	Hainan	7601	1576	5982	10	32
重庆	Chongqing	50215	11021	34292	1399	3502
四川	Sichuan	31589	7482	20377	1602	2128
贵州	Guizhou	18671	2178	14383	820	1290
云南	Yunnan	41569	2891	28023	8194	2461
西藏	Tibet					
陕西	Shaanxi	107979	10156	72801	11863	13159
甘肃	Gansu	19094	5340	13178	516	60
青海	Qinghai	3135	1498	1625	6	6
宁夏	Ningxia	1796	693	772	142	189
新疆	Xinjiang	6729	2482	4195	34	18

4-2-6 各地区限额以上餐饮业企业经营情况(按登记注册类型分)

Business of Enterprises above Designated Size of Catering Services by Region and Type of Registration

内资企业 | 单位：万元
Domestic Funded Enterprises | Unit: 10000 yuan

地 区	Region	营业额 Business Revenue	客房收入 from Hotel Rooms	餐费收入 from Meals	商品销售额 from Commodities	其他收入 Others
全 国	**National Total**	**33467840**	**2563456**	**29026839**	**1068972**	**808573**
北 京	Beijing	3261260	40540	3096569	45520	78631
天 津	Tianjin	585228	30143	512931	6182	35974
河 北	Hebei	446498	59390	368815	9984	8309
山 西	Shanxi	664626	131478	484520	32744	15884
内 蒙 古	Inner Mongolia	499392	82862	402730	4854	8946
辽 宁	Liaoning	789963	56874	698875	15256	18958
吉 林	Jilin	201842	40204	151548	4419	5671
黑 龙 江	Heilongjiang	176558	20480	137817	12191	6071
上 海	Shanghai	2356421	57546	2218892	30965	49018
江 苏	Jiangsu	3026591	292541	2580167	88250	65633
浙 江	Zhejiang	2035403	167204	1771844	31783	64572
安 徽	Anhui	968954	108353	773262	64424	22915
福 建	Fujian	1197456	46018	1113798	23743	13897
江 西	Jiangxi	247966	33392	192768	19533	2272
山 东	Shandong	3013809	362234	2393330	173624	84621
河 南	Henan	1379393	122078	1175229	49723	32363
湖 北	Hubei	1875292	191756	1580491	80335	22709
湖 南	Hunan	934698	102636	790798	20581	20682
广 东	Guangdong	3825302	199085	3431218	84842	110156
广 西	Guangxi	245583	19809	213139	6223	6411
海 南	Hainan	89475	5086	77499	931	5960
重 庆	Chongqing	1439521	76736	1275252	61899	25633
四 川	Sichuan	2015556	115756	1769718	75074	55009
贵 州	Guizhou	207151	16983	175883	9193	5092
云 南	Yunnan	412336	14386	369865	17268	10817
西 藏	Tibet	9387	443	8841	7	97
陕 西	Shaanxi	1064716	112317	841444	87287	23668
甘 肃	Gansu	279184	28176	244655	4966	1387
青 海	Qinghai	37482	5846	31332	232	73
宁 夏	Ningxia	83914	6765	68249	4785	4115
新 疆	Xinjiang	96884	16339	75362	2155	3029

4-2-6 续表 1 Continued 1

国有企业 State-controlled Enterprises

单位：万元 Unit: 10000 yuan

地 区	Region	营业额 Business Revenue	客房收入 from Hotel Rooms	餐费收入 from Meals	商品销售额 from Commodities	其他收入 Others
全 国	**National Total**	**724194**	**155592**	**502561**	**22122**	**43919**
北 京	Beijing	47714	1757	38673	468	6817
天 津	Tianjin	19479	3588	13194	907	1790
河 北	Hebei	16260	3193	12492	428	146
山 西	Shanxi	18469	4722	12388	494	866
内 蒙 古	Inner Mongolia	13162	4164	7615	444	938
辽 宁	Liaoning	23441	7035	13878	344	2184
吉 林	Jilin	17883	6868	9371	265	1379
黑 龙 江	Heilongjiang	28695	7821	17216	178	3480
上 海	Shanghai	22331	1301	18798	283	1949
江 苏	Jiangsu	52057	10785	33655	2249	5368
浙 江	Zhejiang	34084	1187	32709	175	14
安 徽	Anhui	12732	5148	6723	500	362
福 建	Fujian	23630	1640	21409	173	407
江 西	Jiangxi	10071	2822	6830	414	5
山 东	Shandong	133690	33798	90671	5015	4206
河 南	Henan	28088	2532	22895	1955	706
湖 北	Hubei	33056	9539	21075	648	1794
湖 南	Hunan	11164	4218	6396	137	413
广 东	Guangdong	71756	16210	48646	841	6060
广 西	Guangxi	7236	1542	4497	833	364
海 南	Hainan	466		466		
重 庆	Chongqing	14832	2094	11209	511	1018
四 川	Sichuan	18191	4249	11516	1150	1275
贵 州	Guizhou	6579	1575	3423	451	1131
云 南	Yunnan	9187	2428	6318	385	55
西 藏	Tibet					
陕 西	Shaanxi	24375	6154	14869	2339	1013
甘 肃	Gansu	15156	4608	9971	516	60
青 海	Qinghai					
宁 夏	Ningxia					
新 疆	Xinjiang	10411	4615	5659	18	119

4-2-6 续表 2 Continued 2

集体企业 Collective-owned Enterprises

单位：万元 Unit: 10000 yuan

地 区	Region	营业额 Business Revenue	客房收入 from Hotel Rooms	餐费收入 from Meals	商品销售额 from Commodities	其他收入 Others
全 国	**National Total**	**269009**	**26957**	**208717**	**17075**	**16259**
北 京	Beijing	22637	182	21028	390	1037
天 津	Tianjin	3197		2723	65	409
河 北	Hebei	2238	488	872	195	683
山 西	Shanxi	4798	1764	2227	133	675
内蒙古	Inner Mongolia	1243	225	1018		
辽 宁	Liaoning	10356	503	9622	223	7
吉 林	Jilin	4948	1115	3529	55	249
黑龙江	Heilongjiang	806		806		
上 海	Shanghai	24229	688	22635		906
江 苏	Jiangsu	11869	2109	8483	918	358
浙 江	Zhejiang	440		440		
安 徽	Anhui	4415	351	3229	537	298
福 建	Fujian	10158	52	5485	4558	64
江 西	Jiangxi	360	24	269	67	
山 东	Shandong	33723	3341	28502	819	1062
河 南	Henan	11881	1770	10094	17	
湖 北	Hubei	10397	1217	9059	118	4
湖 南	Hunan	797	425	297	37	38
广 东	Guangdong	53078	7838	37929	1476	5835
广 西	Guangxi	1881	232	1566	67	16
海 南	Hainan					
重 庆	Chongqing	32167	1005	24863	5643	657
四 川	Sichuan	10626	1384	4308	974	3960
贵 州	Guizhou					
云 南	Yunnan	3217	897	2315	4	2
西 藏	Tibet					
陕 西	Shaanxi	9352	1247	7326	779	
甘 肃	Gansu					
青 海	Qinghai					
宁 夏	Ningxia					
新 疆	Xinjiang	196	103	93		

4-2-6 续表 3 Continued 3

股份合作企业
Cooperative Enterprises

单位：万元
Unit: 10000 yuan

地 区	Region	营业额 Business Revenue	客房收入 from Hotel Rooms	餐费收入 from Meals	商品销售额 from Commodities	其他收入 Others
全 国	**National Total**	**174173**	**7508**	**148392**	**11007**	**7266**
北 京	Beijing	44930	256	44216	258	201
天 津	Tianjin					
河 北	Hebei	7856		7767	89	
山 西	Shanxi	642	255	387		
内蒙古	Inner Mongolia					
辽 宁	Liaoning	1091	136	955		
吉 林	Jilin					
黑龙江	Heilongjiang	209		165	44	
上 海	Shanghai	5058	92	4825	49	93
江 苏	Jiangsu	1072	136	907	29	
浙 江	Zhejiang	9441	63	9041	97	240
安 徽	Anhui	779		486	293	
福 建	Fujian	475		475		
江 西	Jiangxi	2849		2244	606	
山 东	Shandong	3577	1114	2211	215	37
河 南	Henan	3546		2011	1255	280
湖 北	Hubei	3228	830	2398		
湖 南	Hunan					
广 东	Guangdong	42829	251	42444	79	55
广 西	Guangxi	3480	348	2793	141	198
海 南	Hainan					
重 庆	Chongqing	5259	2029	2538	692	
四 川	Sichuan	35073	1442	20406	7063	6162
贵 州	Guizhou	218		188	30	
云 南	Yunnan	405		405		
西 藏	Tibet					
陕 西	Shaanxi	2156	557	1532	68	
甘 肃	Gansu					
青 海	Qinghai					
宁 夏	Ningxia					
新 疆	Xinjiang					

4-2-6 续表 4 Continued 4

联营企业 单位：万元
Joint Ownership Enterprises Unit: 10000 yuan

地 区	Region	营业额 Business Revenue	客房收入 from Hotel Rooms	餐费收入 from Meals	商品销售额 from Commodities	其他收入 Others
全 国	**National Total**	**54418**	**383**	**36221**	**17774**	**40**
北 京	Beijing					
天 津	Tianjin					
河 北	Hebei					
山 西	Shanxi					
内蒙古	Inner Mongolia					
辽 宁	Liaoning					
吉 林	Jilin					
黑龙江	Heilongjiang					
上 海	Shanghai	571	66	486		18
江 苏	Jiangsu	962		962		
浙 江	Zhejiang	395	153	235	7	
安 徽	Anhui					
福 建	Fujian					
江 西	Jiangxi					
山 东	Shandong	3149	73	2971	84	22
河 南	Henan	1148	91	990	68	
湖 北	Hubei	46840		29225	17616	
湖 南	Hunan					
广 东	Guangdong					
广 西	Guangxi					
海 南	Hainan					
重 庆	Chongqing					
四 川	Sichuan					
贵 州	Guizhou					
云 南	Yunnan					
西 藏	Tibet					
陕 西	Shaanxi	939		939		
甘 肃	Gansu	414		414		
青 海	Qinghai					
宁 夏	Ningxia					
新 疆	Xinjiang					

4-2-6 续表 5 Continued 5

有限责任公司
Limited Liability Corporations

单位：万元
Unit: 10000 yuan

地区	Region	营业额 Business Revenue	客房收入 from Hotel Rooms	餐费收入 from Meals	商品销售额 from Commodities	其他收入 Others
全国	**National Total**	**9404109**	**879980**	**7842641**	**348530**	**332959**
北京	Beijing	1277008	15228	1183523	23206	55051
天津	Tianjin	236335	16447	200057	2651	17179
河北	Hebei	141142	18925	114624	4841	2753
山西	Shanxi	148263	33996	87336	20285	6646
内蒙古	Inner Mongolia	149996	30600	113712	1754	3930
辽宁	Liaoning	130834	12268	109685	1093	7789
吉林	Jilin	71154	13666	53354	1231	2904
黑龙江	Heilongjiang	61233	8639	45687	4985	1921
上海	Shanghai	350202	16589	319148	2533	11933
江苏	Jiangsu	629584	101491	480118	19671	28305
浙江	Zhejiang	399942	46511	307592	19128	26711
安徽	Anhui	256490	36964	190037	19835	9654
福建	Fujian	163113	16157	139244	4096	3616
江西	Jiangxi	82296	10136	64598	6903	659
山东	Shandong	684559	116957	508913	37218	21471
河南	Henan	329370	39480	267704	13274	8913
湖北	Hubei	720512	78631	614174	17703	10004
湖南	Hunan	334211	29126	294711	3981	6394
广东	Guangdong	1113191	68956	963465	37252	43518
广西	Guangxi	78814	2888	71887	2791	1248
海南	Hainan	64966	3651	57186	375	3753
重庆	Chongqing	397275	32542	341293	12231	11209
四川	Sichuan	645419	47659	549251	23011	25498
贵州	Guizhou	109532	4248	97757	4931	2597
云南	Yunnan	140587	1752	124972	11169	2695
西藏	Tibet	5454	440	4919		95
陕西	Shaanxi	545965	60461	422366	49759	13379
甘肃	Gansu	91353	8264	82212	856	21
青海	Qinghai	6242	1704	4514		24
宁夏	Ningxia	18130	2578	12601	552	2399
新疆	Xinjiang	20939	3026	16004	1216	692

股份有限公司
Share-holding Corporations Ltd.

单位：万元
Unit: 10000 yuan

地 区	Region	营业额 Business Revenue	客房收入 from Hotel Rooms	餐费收入 from Meals	商品销售额 from Commodities	其他收入 Others
全 国	**National Total**	**1379236**	**102742**	**1165799**	**68833**	**41863**
北 京	Beijing	236775		230980	3266	2529
天 津	Tianjin	20840	2943	16118	19	1760
河 北	Hebei	25176	3433	21507	201	36
山 西	Shanxi	5623	1385	3956	1	281
内蒙古	Inner Mongolia	96068	1941	92898	1099	129
辽 宁	Liaoning	33612	1986	31429	193	4
吉 林	Jilin	12307	1745	10455	78	28
黑龙江	Heilongjiang	4437	117	4059	219	42
上 海	Shanghai	144341	1293	121515	21462	71
江 苏	Jiangsu	71002	6179	62191	1754	878
浙 江	Zhejiang	62232	1783	58853	1009	588
安 徽	Anhui	10712	1540	8728	329	115
福 建	Fujian	5525	1044	3387		1095
江 西	Jiangxi	11676	2075	7970	1202	429
山 东	Shandong	196274	39778	132834	8523	15138
河 南	Henan	40936	4486	35144	1004	303
湖 北	Hubei	25623	4382	16732	2685	1824
湖 南	Hunan	33521	3007	30330	59	124
广 东	Guangdong	88118	5530	63077	13951	5560
广 西	Guangxi	4505	590	3771		143
海 南	Hainan	8537	882	7552	20	83
重 庆	Chongqing	81201	2102	75862	2456	780
四 川	Sichuan	39335	2794	33226	1714	1602
贵 州	Guizhou	6006	2268	3379	356	3
云 南	Yunnan	5636		5636		
西 藏	Tibet					
陕 西	Shaanxi	84844	6198	64759	6562	7325
甘 肃	Gansu	16644	1486	14762	37	359
青 海	Qinghai	5280	1498	3672	104	6
宁 夏	Ningxia	1013		486	527	
新 疆	Xinjiang	1440	279	531	4	626

私营企业
Private Enterprises

单位：万元
Unit: 10000 yuan

地 区	Region	营业额 Business Revenue	客房收入 from Hotel Rooms	餐费收入 from Meals	商品销售额 from Commodities	其他收入 Others
全 国	**National Total**	**20907242**	**1346862**	**18635351**	**566770**	**358260**
北 京	Beijing	1632197	23118	1578151	17933	12996
天 津	Tianjin	287857	7145	264426	2533	13753
河 北	Hebei	250485	32927	208652	4215	4691
山 西	Shanxi	480577	88311	373030	11821	7416
内蒙古	Inner Mongolia	232556	44792	182395	1430	3939
辽 宁	Liaoning	568823	33171	515082	12012	8558
吉 林	Jilin	92644	15712	73125	2695	1111
黑龙江	Heilongjiang	79755	3702	68792	6633	628
上 海	Shanghai	1797658	36587	1722044	6049	32978
江 苏	Jiangsu	2238808	169158	1976196	63543	29911
浙 江	Zhejiang	1526248	116971	1360926	11332	37019
安 徽	Anhui	679268	63194	560854	42741	12479
福 建	Fujian	956161	26302	906615	14568	8676
江 西	Jiangxi	137038	17871	107709	10283	1176
山 东	Shandong	1867896	159008	1548308	118683	41897
河 南	Henan	926747	71701	802252	30772	22022
湖 北	Hubei	990812	93797	849577	38966	8472
湖 南	Hunan	542696	64966	447773	16340	13618
广 东	Guangdong	2351744	95717	2179039	29412	47575
广 西	Guangxi	139499	14035	118657	2392	4415
海 南	Hainan	14913	553	11878	358	2124
重 庆	Chongqing	872704	36650	784977	39153	11924
四 川	Sichuan	1245373	55976	1133034	40193	16170
贵 州	Guizhou	80411	8413	67428	3208	1361
云 南	Yunnan	247314	8912	225366	5414	7622
西 藏	Tibet	3934	3	3922	7	2
陕 西	Shaanxi	362070	30092	304486	25971	1521
甘 肃	Gansu	148274	13146	130771	3411	947
青 海	Qinghai	25960	2644	23146	128	43
宁 夏	Ningxia	64410	4187	54848	3659	1716
新 疆	Xinjiang	62413	8100	51894	916	1503

其他企业
Other Enterprises

单位：万元
Unit: 10000 yuan

地　区	Region	营业额 Business Revenue	客房收入 from Hotel Rooms	餐费收入 from Meals	商品销售额 from Commodities	其他收入 Others
全　国	**National Total**	**555461**	**43434**	**487157**	**16862**	**8008**
北　京	Beijing					
天　津	Tianjin	17521	19	16412	8	1083
河　北	Hebei	3341	424	2902	15	
山　西	Shanxi	6255	1047	5197	11	
内蒙古	Inner Mongolia	6367	1139	5092	127	9
辽　宁	Liaoning	21807	1776	18224	1391	417
吉　林	Jilin	2908	1099	1714	95	
黑龙江	Heilongjiang	1424	201	1092	132	
上　海	Shanghai	12031	929	9443	588	1070
江　苏	Jiangsu	21238	2684	17655	86	813
浙　江	Zhejiang	2620	538	2047	35	
安　徽	Anhui	4557	1156	3205	190	7
福　建	Fujian	38394	823	37184	348	39
江　西	Jiangxi	3676	464	3149	59	5
山　东	Shandong	90941	8165	78920	3068	789
河　南	Henan	37676	2019	34140	1377	140
湖　北	Hubei	44824	3360	38252	2599	612
湖　南	Hunan	12309	894	11291	28	96
广　东	Guangdong	104586	4584	96617	1832	1554
广　西	Guangxi	10169	173	9969		27
海　南	Hainan	594		416	178	
重　庆	Chongqing	36083	314	34511	1213	46
四　川	Sichuan	21539	2253	17977	968	341
贵　州	Guizhou	4405	480	3708	216	
云　南	Yunnan	5989	398	4853	296	443
西　藏	Tibet					
陕　西	Shaanxi	35014	7609	25167	1809	429
甘　肃	Gansu	7344	672	6526	146	
青　海	Qinghai					
宁　夏	Ningxia	362		314	48	
新　疆	Xinjiang	1486	217	1180		89

4-2-6 续表 9 Continued 9

港、澳、台商投资企业 单位：万元
Enterprises with Funds from Hongkong, Macao and Taiwan Unit: 10000 yuan

地 区	Region	营业额 Business Revenue	客房收入 from Hotel Rooms	餐费收入 from Meals	商品销售额 from Commodities	其他收入 Others
全 国	**National Total**	**3559144**	**49949**	**3409579**	**57581**	**42036**
北 京	Beijing	638404		615959	15541	6904
天 津	Tianjin	16771	1149	15345	132	145
河 北	Hebei	3379	261	3118		
山 西	Shanxi	1524	104	1420		
内蒙古	Inner Mongolia	4655		4655		
辽 宁	Liaoning	74876	388	72062	1654	772
吉 林	Jilin					
黑龙江	Heilongjiang	36171		33844	2327	
上 海	Shanghai	1044974		1041007		3968
江 苏	Jiangsu	134319	8898	117008	4678	3736
浙 江	Zhejiang	53587	7071	44757	379	1380
安 徽	Anhui	29403	267	29082	33	21
福 建	Fujian	208678	7034	194595	1715	5334
江 西	Jiangxi	13175	990	10730	1455	
山 东	Shandong	80233	5046	72534	2257	397
河 南	Henan	24247		23461	129	657
湖 北	Hubei	63664	1918	58370	771	2606
湖 南	Hunan	20361	575	18598	762	427
广 东	Guangdong	847682	13629	808168	19460	6425
广 西	Guangxi	8630		8630		
海 南	Hainan	14863		12794	214	1856
重 庆	Chongqing	16232	1890	12461	84	1798
四 川	Sichuan	109050	608	105113	1998	1331
贵 州	Guizhou					
云 南	Yunnan	29956		24152	2239	3566
西 藏	Tibet					
陕 西	Shaanxi	83259	123	80666	1754	716
甘 肃	Gansu	1051		1051		
青 海	Qinghai					
宁 夏	Ningxia					
新 疆	Xinjiang					

外商投资企业
Foreign Funded Enterprises

单位：万元
Unit: 10000 yuan

地区	Region	营业额 Business Revenue	客房收入 from Hotel Rooms	餐费收入 from Meals	商品销售额 from Commodities	其他收入 Others
全国	**National Total**	**8306328**	**29084**	**8124252**	**66720**	**86272**
北京	Beijing	1307550	110	1278078	6660	22702
天津	Tianjin	434211	249	433783		179
河北	Hebei	2211	947	1205	59	
山西	Shanxi	83897	95	83802		
内蒙古	Inner Mongolia	151392	343	145749	5299	
辽宁	Liaoning	562365	717	557267	884	3497
吉林	Jilin	486	12	412	61	
黑龙江	Heilongjiang	33756	29	26506	7221	
上海	Shanghai	1293445	2673	1256055	27859	6858
江苏	Jiangsu	834470	2103	822888	6437	3042
浙江	Zhejiang	520954	8492	502174	2897	7390
安徽	Anhui	2415	912	1350	1	152
福建	Fujian	182897	2268	180388	18	223
江西	Jiangxi	56769		56173	596	
山东	Shandong	264781	4689	256907	187	2999
河南	Henan	100821		87511	147	13163
湖北	Hubei	318905	1970	316472	22	442
湖南	Hunan	137883		131004	6879	
广东	Guangdong	1367582	2877	1348364	1147	15195
广西	Guangxi	65949		65949		
海南	Hainan					
重庆	Chongqing	174086		173871		216
四川	Sichuan	188830	498	185358	346	2628
贵州	Guizhou	4049		4049		
云南	Yunnan	53834		53834		
西藏	Tibet					
陕西	Shaanxi	108170	100	100483		7587
甘肃	Gansu	26920		26920		
青海	Qinghai					
宁夏	Ningxia	2382		2382		
新疆	Xinjiang	25318		25318		

4-2-7 各地区限额以上餐饮业企业经营情况(按国民经济行业分)

Business of Enterprises above Designated Size of Catering Services by Region and Sector

正餐服务 单位：万元

Dinner Unit: 10000 yuan

地 区	Region	营业额 Business Revenue	客房收入 from Hotel Rooms	餐费收入 from Meals	商品销售额 from Commodities	其他收入 Others
全 国	**National Total**	**34015094**	**2611205**	**29563787**	**1039651**	**800451**
北 京	Beijing	3571750	40651	3417620	42715	70764
天 津	Tianjin	532135	27224	465170	5457	34283
河 北	Hebei	447918	60591	369872	9290	8165
山 西	Shanxi	652016	130798	472992	32352	15875
内蒙古	Inner Mongolia	643271	82106	547330	4902	8933
辽 宁	Liaoning	813866	57632	720575	15090	20570
吉 林	Jilin	201028	40217	151960	3180	5671
黑龙江	Heilongjiang	219610	20509	171414	21616	6071
上 海	Shanghai	3342569	56282	3202914	28338	55036
江 苏	Jiangsu	2881540	296815	2431692	84294	68738
浙 江	Zhejiang	1941436	181431	1664340	31499	64165
安 徽	Anhui	864152	108296	683592	52951	19313
福 建	Fujian	1139114	55064	1049788	21036	13227
江 西	Jiangxi	258667	34382	200700	21410	2175
山 东	Shandong	2954479	371091	2335152	165728	82508
河 南	Henan	1292834	120633	1096240	45649	30311
湖 北	Hubei	1857279	193847	1558090	79888	25454
湖 南	Hunan	893603	102654	745311	26908	18731
广 东	Guangdong	3914992	213479	3516577	79737	105199
广 西	Guangxi	223392	19628	192011	5859	5894
海 南	Hainan	97425	5086	83480	1042	7816
重 庆	Chongqing	1460896	76692	1300844	57935	25424
四 川	Sichuan	1570721	115925	1321310	74757	58729
贵 州	Guizhou	208017	16983	176749	9193	5092
云 南	Yunnan	404226	14386	359847	19507	10485
西 藏	Tibet	8933	443	8386	7	97
陕 西	Shaanxi	1140698	111232	917244	88392	23829
甘 肃	Gansu	276382	28176	241887	4932	1387
青 海	Qinghai	37482	5846	31332	232	73
宁 夏	Ningxia	85579	6765	69914	4785	4115
新 疆	Xinjiang	79088	16339	59454	973	2322

4-2-7 续表 1 Continued 1

快餐服务
Snack

单位: 万元
Unit: 10000 yuan

地　区	Region	营业额 Business Revenue	客房收入 from Hotel Rooms	餐费收入 from Meals	商品销售额 from Commodities	其他收入 Others
全　国	**National Total**	**8987888**	**8613**	**8827444**	**62001**	**89831**
北　京	Beijing	1314171		1289944	6334	17892
天　津	Tianjin	454438		453369	857	212
河　北	Hebei	1955	7	1611	334	3
山　西	Shanxi	94621	47	94557	8	9
内蒙古	Inner Mongolia	11636	626	5761	5242	7
辽　宁	Liaoning	578363		576716	284	1364
吉　林	Jilin					
黑龙江	Heilongjiang	25841		25719	123	
上　海	Shanghai	809386	1988	803561	350	3487
江　苏	Jiangsu	939601	635	927321	11525	121
浙　江	Zhejiang	578115	1073	566811	2400	7831
安　徽	Anhui	127501	1235	111141	11487	3638
福　建	Fujian	410200		401563	3547	5090
江　西	Jiangxi	58971		58700	174	97
山　东	Shandong	367657	676	358428	4654	3899
河　南	Henan	180165	280	163417	3211	13256
湖　北	Hubei	326834	599	325714	496	25
湖　南	Hunan	186966	557	182782	1249	2378
广　东	Guangdong	1823537	79	1798227	6206	19025
广　西	Guangxi	94525		94469		56
海　南	Hainan	6615		6615		
重　庆	Chongqing	106043	19	105065	824	135
四　川	Sichuan	236221	752	234036	1418	14
贵　州	Guizhou	2372		2372		
云　南	Yunnan	76388		73945		2444
西　藏	Tibet	455		455		
陕　西	Shaanxi	102125	40	93883	61	8142
甘　肃	Gansu	29356		29322	34	
青　海	Qinghai					
宁　夏	Ningxia	717		717		
新　疆	Xinjiang	43114		41225	1182	707

饮料及冷饮服务
Beverage and Cold Drink

单位：万元
Unit: 10000 yuan

地 区	Region	营业额 Business Revenue	客房收入 from Hotel Rooms	餐费收入 from Meals	商品销售额 from Commodities	其他收入 Others
全 国	**National Total**	**864292**	**638**	**802633**	**55794**	**5228**
北 京	Beijing	137459		121430	15856	174
天 津	Tianjin					
河 北	Hebei	413		413		
山 西	Shanxi					
内蒙古	Inner Mongolia					
辽 宁	Liaoning	16992		14791	2200	
吉 林	Jilin					
黑龙江	Heilongjiang	1034		1034		
上 海	Shanghai	395385		367249	27826	310
江 苏	Jiangsu	45287		42069	201	3017
浙 江	Zhejiang	14359	191	13401	203	564
安 徽	Anhui	3706		3601	16	90
福 建	Fujian	11127	83	10060	894	90
江 西	Jiangxi	271		271		
山 东	Shandong	9471		6850	2621	
河 南	Henan	739		708	30	
湖 北	Hubei	32793	158	31917	679	39
湖 南	Hunan	1640		1612	27	
广 东	Guangdong	140435	94	135805	4052	484
广 西	Guangxi	1051		583	7	461
海 南	Hainan	299		197	102	
重 庆	Chongqing	5157		5157		
四 川	Sichuan	41986	111	41319	556	
贵 州	Guizhou	421		421		
云 南	Yunnan	1770		1770		
西 藏	Tibet					
陕 西	Shaanxi	1445		921	524	
甘 肃	Gansu	1054		1054		
青 海	Qinghai					
宁 夏	Ningxia					
新 疆	Xinjiang					

其他餐饮业
Others

单位：万元
Unit: 10000 yuan

地区	Region	营业额 Business Revenue	客房收入 from Hotel Rooms	餐费收入 from Meals	商品销售额 from Commodities	其他收入 Others
全国	**National Total**	**1466038**	**22034**	**1366807**	**35827**	**41371**
北京	Beijing	183835		161613	2816	19406
天津	Tianjin	49638	4316	43520		1802
河北	Hebei	1802		1242	418	142
山西	Shanxi	3410	832	2193	384	
内蒙古	Inner Mongolia	532	473	42	10	7
辽宁	Liaoning	17983	348	16121	221	1293
吉林	Jilin	1300			1300	
黑龙江	Heilongjiang					
上海	Shanghai	147500	1948	142230	2310	1012
江苏	Jiangsu	128953	6091	118981	3345	535
浙江	Zhejiang	76034	72	74224	958	781
安徽	Anhui	5414		5361	5	47
福建	Fujian	28591	173	27370		1048
江西	Jiangxi					
山东	Shandong	27217	201	22341	3066	1609
河南	Henan	30722	1165	25834	1108	2616
湖北	Hubei	40954	1038	39612	64	240
湖南	Hunan	10734		10696	38	
广东	Guangdong	161602	1938	137142	15454	7069
广西	Guangxi	1194	181	656	357	
海南	Hainan					
重庆	Chongqing	57743	1915	50518	3223	2087
四川	Sichuan	464508	73	463524	687	225
贵州	Guizhou	389		389		
云南	Yunnan	13742		12289		1454
西藏	Tibet					
陕西	Shaanxi	11878	1269	10545	64	
甘肃	Gansu	364		364		
青海	Qinghai					
宁夏	Ningxia					
新疆	Xinjiang					

4-3-1 限额以上住宿和餐饮业企业年末资产负债
Assets and Liabilities of Enterprises above Designated Size of Hotels and Catering Services at the Year-end

项　目	Item	流动资产合计 Total Current Assets	#存货 Stock	固定资产原价 Original Value of Fixed Assets
总　计	**Total**	**54828228**	**4030958**	**88735982**
一、住宿业	**Hotels**	**35155522**	**1960600**	**68095684**
#国有控股	State-controlled Enterprises	7471437	519825	24287590
(一)按登记注册类型分	**by Type of Registration**			
1.内资企业	**Domestic Funded Enterprises**	**28922226**	**1582095**	**53124596**
国有企业	State-owned Enterprises	3226974	215636	10773389
集体企业	Collective-owned Enterprises	437648	23559	1105301
股份合作企业	Cooperative Enterprises	113803	19318	183232
联营企业	Joint Ownership Enterprises	43770	1720	151646
国有联营企业	State Joint Ownership Enterprises	21828	883	89840
集体联营企业	Collective Joint Ownership Enterprises	10208	327	24643
国有与集体联营企业	Joint State-collective Enterprises	10735	355	35257
其他联营企业	Other Joint Ownership Enterprises	999	154	1907
有限责任公司	Limited Liability Corporations	13609451	674108	25418101
国有独资公司	State Sole Funded Corporations	841460	45426	2811723
其他有限责任公司	Other Limited Liability Corporations	12767991	628682	22606378
股份有限公司	Share-holding Corporations Ltd.	1539404	67699	2507895
私营企业	Private Enterprises	9778483	566930	12666113
私营独资企业	Private-funded Enterprises	524352	43704	1103262
私营合伙企业	Private Partnership Enterprises	103297	8450	225910
私营有限责任公司	Private Limited Liability Corporations	8483026	491468	10542648
私营股份有限公司	Private Share-holding Corporations Ltd.	667807	23308	794294
其他企业	Other Enterprises	172692	13124	318919
2.港、澳、台商投资企业	**Enterprises with Funds from Hongkong, Macao and Taiwan**	**3783280**	**232710**	**9039286**
合资经营企业	Joint-venture Enterprises	1826714	150653	4361868
合作经营企业	Cooperative Enterprises	477185	14167	1102291
独资经营企业	Enterprises with Sole Investment	1365777	62508	3200626
投资股份有限公司	Share-holding Corporations Ltd. with Investment	103676	3978	278646
其他港澳台商投资企业	Other Enterprises with Funds from Hongkong, Macao and Taiwan	9927	1404	95854
3.外商投资企业	**Foreign Funded Enterprises**	**2450016**	**145795**	**5931802**
中外合资经营企业	Joint-venture Enterprises	1277323	102526	2648875
中外合作经营企业	Cooperative Enterprises	325095	20030	847665
外资企业	Enterprises with Sole Foreign Investment	829809	21393	2080916
外商投资股份有限公司	Share-holding Corporations Ltd. with Foreign Investment	11544	1593	331790
其他外商投资企业	Other Foreign Funded Enterprises	6245	252	22556
(二)按国民经济行业分	**by Sector**			
旅游饭店	Tourist Hotel	29607474	1627906	60888893
一般旅馆	Fonda	4763578	293801	6092339
其他住宿业	Others	784470	38893	1114452

项　目	Item	累计折旧 Accumulated Depreciation	#本年折旧 Current Year Depreciation
总　计	**Total**	**32720186**	**5022354**
一、住宿业	**Hotels**	**26107706**	**3581124**
#国有控股	State-controlled Enterprises	9973490	1160026
(一)按登记注册类型分	**by Type of Registration**		
1.内资企业	**Domestic Funded Enterprises**	**19212839**	**2924230**
国有企业	State-owned Enterprises	4534904	580784
集体企业	Collective-owned Enterprises	494035	48805
股份合作企业	Cooperative Enterprises	87646	16114
联营企业	Joint Ownership Enterprises	75371	4830
国有联营企业	State Joint Ownership Enterprises	44997	2430
集体联营企业	Collective Joint Ownership Enterprises	11389	601
国有与集体联营企业	Joint State-collective Enterprises	17754	1600
其他联营企业	Other Joint Ownership Enterprises	1232	199
有限责任公司	Limited Liability Corporations	8619291	1363206
国有独资公司	State Sole Funded Corporations	1088109	123180
其他有限责任公司	Other Limited Liability Corporations	7531182	1240026
股份有限公司	Share-holding Corporations Ltd.	933823	127698
私营企业	Private Enterprises	4346973	754591
私营独资企业	Private-funded Enterprises	338977	70127
私营合伙企业	Private Partnership Enterprises	70413	14341
私营有限责任公司	Private Limited Liability Corporations	3703194	625023
私营股份有限公司	Private Share-holding Corporations Ltd.	234389	45099
其他企业	Other Enterprises	120796	28202
2.港、澳、台商投资企业	**Enterprises with Funds from Hongkong, Macao and Taiwan**	**4211159**	**388342**
合资经营企业	Joint-venture Enterprises	2282537	181199
合作经营企业	Cooperative Enterprises	545399	44385
独资经营企业	Enterprises with Sole Investment	1262817	147348
投资股份有限公司	Share-holding Corporations Ltd. with Investment	68065	13002
其他港澳台商投资企业	Other Enterprises with Funds from Hongkong, Macao and Taiwan	52340	2408
3.外商投资企业	**Foreign Funded Enterprises**	**2683707**	**268553**
中外合资经营企业	Joint-venture Enterprises	1263684	117009
中外合作经营企业	Cooperative Enterprises	484198	23044
外资企业	Enterprises with Sole Foreign Investment	880644	116031
外商投资股份有限公司	Share-holding Corporations Ltd. with Foreign Investment	49680	11461
其他外商投资企业	Other Foreign Funded Enterprises	5502	1007
(二)按国民经济行业分	**by Sector**		
旅游饭店	Tourist Hotel	23632890	3115274
一般旅馆	Fonda	2108322	394178
其他住宿业	Others	366494	71672

单位：万元
Unit:10000 yuan

资产合计 Total Assets	负债合计 Total Liabilities	所有者权益合计 Total Owners' Equities	实收资本 Paicl-up Capitals	#国家资本 State-owned Capitals	# 港澳台资本 Capitals from Hongkong, Macao and Taiwan	# 外商资本 Foreign Capitals
149265711	**105228026**	**44044979**	**43890197**	**9201690**	**4071331**	**2891267**
103687937	**73567183**	**30128154**	**31767819**	**8469959**	**3252111**	**1940770**
29096602	16594781	12508484	11128954	7431585	142032	78272
84070634	**59610374**	**24467659**	**24123818**	**7599417**	**33076**	**19140**
12548187	6748105	5800082	4669512	4030007	5749	4886
1293032	894137	398895	309332	4261		
258504	205218	59949	55579	10491		
141943	79369	62574	63171	44272		
77257	37353	39904	46369	39400		
27414	8771	18644	8029			
34931	27873	7058	7005	4772		
2341	5372	-3031	1768	100		
41136406	30013058	11123348	11718752	3263879	20527	12272
3465854	1999129	1466724	1279457	864851		2800
37670552	28013929	9656624	10439295	2399028	20527	9472
4109822	2791454	1318367	1019309	223505		1724
24136599	18595375	5541223	6160677	18393	6010	258
1628509	858920	769589	571837	3761	42	63
315875	159950	155925	118559	500		
20572075	16384660	4187416	5012619	13636	5968	194
1620139	1191846	428293	457662	495		
446141	283657	163221	127487	4609	790	
12474186	**8971949**	**3502237**	**4729969**	**708428**	**3067946**	**48281**
5804777	4410325	1394452	1948626	331144	916700	34553
1237619	1086766	150853	503616	101975	288009	10602
4985444	3169566	1815878	2110075	263500	1718241	3126
373820	252230	121590	146160	11810	123972	
72526	53061	19465	21492		21025	
7143118	**4984860**	**2158258**	**2914032**	**162114**	**151089**	**1873348**
3271698	2287263	984435	1225025	149256	41489	465394
849599	833448	16151	298257	12859	90013	102043
2668108	1495624	1172484	1312839		19587	1253279
327336	353790	-26454	47382			35820
26378	14736	11643	30529			16814
89387253	63931981	25461935	27676985	7904102	3043590	1739386
12239235	8118361	4121610	3590669	467925	187003	194881
2061450	1516841	544609	500165	97932	21518	6503

项 目	Item	流动资产合计 Total Current Assets	#存货 Stock	固定资产原价 Original Value of Fixed Assets
二、餐饮业	**Catering Services**	**19672706**	**2070358**	**20640299**
#国有控股	State-controlled Enterprises	1520386	178750	2027452
(一)按登记注册类型分	**by Type of Registration**			
1.内资企业	**Domestic Funded Enterprises**	**16944722**	**1717005**	**17372066**
国有企业	State-owned Enterprises	364093	31089	876646
集体企业	Collective-owned Enterprises	182335	7523	95434
股份合作企业	Cooperative Enterprises	252849	119835	93723
联营企业	Joint Ownership Enterprises	5928	2435	11109
国有联营企业	State Joint Ownership Enterprises			
集体联营企业	Collective Joint Ownership Enterprises	5928	2435	11109
国有与集体联营企业	Joint State-collective Enterprises			
其他联营企业	Other Joint Ownership Enterprises			
有限责任公司	Limited Liability Corporations	5833503	546618	6067896
国有独资公司	State Sole Funded Corporations	233497	10580	264193
其他有限责任公司	Other Limited Liability Corporations	5600006	536038	5803703
股份有限公司	Share-holding Corporations Ltd.	1133919	78182	833895
私营企业	Private Enterprises	9034306	915285	9143798
私营独资企业	Private-funded Enterprises	756580	102130	1401080
私营合伙企业	Private Partnership Enterprises	96334	11005	151723
私营有限责任公司	Private Limited Liability Corporations	7682506	768188	7180525
私营股份有限公司	Private Share-holding Corporations Ltd.	498885	33962	410469
其他企业	Other Enterprises	137790	16038	249564
2.港、澳、台商投资企业	**Enterprises with Funds from Hongkong, Macao and Taiwan**	**1508423**	**110291**	**1359775**
合资经营企业	Joint-venture Enterprises	360377	23539	291251
合作经营企业	Cooperative Enterprises	89130	9532	115321
独资经营企业	Enterprises with Sole Investment	991480	76608	936997
投资股份有限公司	Share-holding Corporations Ltd. with Investment	66261	514	15641
其他港澳台商投资企业	Other Enterprises with Funds from Hongkong, Macao and Taiwan	1175	98	565
3.外商投资企业	**Foreign Funded Enterprises**	**1219561**	**243062**	**1908458**
中外合资经营企业	Joint-venture Enterprises	274980	54574	619044
中外合作经营企业	Cooperative Enterprises	30993	2435	30320
外资企业	Enterprises with Sole Foreign Investment	893264	182698	1243728
外商投资股份有限公司	Share-holding Corporations Ltd. with Foreign Investment	15759	2135	13798
其他外商投资企业	Other Foreign Funded Enterprises	4565	1220	1568
(二)按国民经济行业分	**by Sector**			
正餐服务	Dinner	17134326	1760449	18224627
快餐服务	Snack	1616544	238154	1933702
饮料及冷饮服务	Beverage and Cold Drink	264632	20712	160218
其他餐饮业	Others	657203	51043	321751

单位：万元
Unit:10000 yuan

累计折旧 Accumulation Depreciation		资产合计 Total Assets	负债合计 Total liabilities	所有者权益合计 Total Owners' Equities	实收资本 Paid-up Capitals			
	#本年折旧 Current Year Depreciation					#国家资本 State-owned Capitals	#港澳台资本 Capitals from Hongkong, Macao and Taiwan	#外商资本 Foreign Capitals
6612480	**1441230**	**45577774**	**31660843**	**13916825**	**12122379**	**731731**	**819220**	**950497**
636110	121948	3841082	2558460	1282622	951370	608112	3085	3387
5245412	**1162549**	**38323025**	**26780580**	**11542499**	**9824911**	**705277**	**14886**	**3131**
275813	37839	1231105	763593	467512	351182	314183	27	26
41732	5671	277845	220626	57219	45773	83		
40985	6013	412753	336127	76625	55509	101		
1434	231	17323	5034	12289	10636			
1434	231	17323	5034	12289	10636			
1860032	409221	13381390	10048326	3333127	3180658	322729	13903	1904
69351	14772	521238	390236	131002	117947	77096		
1790681	394449	12860152	9658090	3202125	3062712	245634	13903	1904
265258	46099	2508163	1629100	879064	499674	54760		1023
2690343	639756	20103318	13566480	6536829	5527995	11063	461	177
360848	100359	2267821	928964	1338857	869966	847	36	23
44102	10353	236192	100211	135981	106822	22	22	23
2154870	498157	16477904	11768501	4709394	4243085	10110	299	24
130522	30888	1121401	768804	352596	308122	83	103	107
69816	17719	391130	211295	179835	153484	2358	496	1
566568	**117968**	**3113747**	**2082428**	**1031319**	**994903**	**19515**	**745379**	**13497**
130561	25905	720508	473087	247421	238087	18242	108872	2145
61437	9216	177400	163981	13419	75817	1273	42424	6366
368832	81958	2133530	1398987	734543	656562		588364	4966
5469	807	80754	45259	35495	23773		5206	20
269	83	1555	1114	441	664		513	
800500	**160714**	**4141001**	**2797835**	**1343007**	**1302564**	**6939**	**58955**	**933869**
258293	51647	1063426	699837	363429	371478	6288	15328	223786
16660	1665	62559	49226	13334	26406	441	1197	21415
518822	105840	2944753	2011623	933129	874212	10	42146	659542
6106	1337	63328	33247	30081	29234	200		28276
619	225	6936	3903	3033	1234		284	850
5606225	1224508	39349380	27478293	11870982	10755583	703647	631657	499269
839190	174151	4494719	3032311	1462409	976802	18503	123574	376214
56340	17493	534792	295533	239259	124106	75	52338	37248
110726	25079	1198882	854706	344176	265887	9507	11651	37766

4-3-2 各地区限额以上住宿和餐饮业企业年末资产负债

Assets and Liabilities of Enterprises above Designated Size of Hotels and Catering Services by Region at the Year-end

单位：万元
Unit: 10000 yuan

地区	Region	资产总计 Total Assets	#流动资产合计 Total Current Assets	#固定资产合计 Total Fixed Assets	负债合计 Total Liabilities	所有者权益合计 Total Owners' Equities
全国	**National Total**	**149265711**	**54828228**	**57954704**	**105228026**	**44044979**
北京	Beijing	16513325	6493855	5590436	12583663	3929662
天津	Tianjin	2427182	889382	957304	1876404	550779
河北	Hebei	3526597	1290508	1527296	2705075	821522
山西	Shanxi	2821467	974384	1233734	2080416	741051
内蒙古	Inner Mongolia	2544144	847475	1103373	1618867	925278
辽宁	Liaoning	4323491	1551629	1788534	3294876	1028458
吉林	Jilin	1247598	355691	694683	738270	509328
黑龙江	Heilongjiang	1218434	393037	656499	749803	468631
上海	Shanghai	10797852	4369872	3294932	6906970	3890882
江苏	Jiangsu	10766454	3858117	4062526	7682079	3084435
浙江	Zhejiang	11570442	4104361	4767056	8953999	2616443
安徽	Anhui	4136024	1498914	1490188	2877911	1258113
福建	Fujian	4533858	1756666	1742249	2837269	1696589
江西	Jiangxi	2062404	649740	863598	1278063	784341
山东	Shandong	8941884	2875346	4152385	5966061	2975823
河南	Henan	4533737	1867347	1840105	2987816	1545921
湖北	Hubei	5365881	1806250	2446616	3551610	1820934
湖南	Hunan	4431290	1346802	2113124	2931936	1499355
广东	Guangdong	17832510	6943703	5966761	13381398	4451840
广西	Guangxi	2241708	722947	881221	1620898	620810
海南	Hainan	2927774	1084706	1129594	2086228	841546
重庆	Chongqing	3091921	1229922	1156738	2165434	926487
四川	Sichuan	7647638	3197452	2660344	5451780	2195857
贵州	Guizhou	1423912	546273	604581	982894	441018
云南	Yunnan	4026647	1542579	1447658	2441662	1584985
西藏	Tibet	289466	58907	194219	101136	188330
陕西	Shaanxi	4256367	1376483	1953699	3000490	1255877
甘肃	Gansu	1344605	374955	605404	699798	644807
青海	Qinghai	394200	140260	168367	177999	216201
宁夏	Ningxia	645329	249949	297695	513595	131734
新疆	Xinjiang	1381573	430720	563789	983630	397943

4-3-3 各地区限额以上住宿业企业年末资产负债

Assets and Liabilities of Enterprises above Designated Size of Hotels by Region at the Year-end

单位：万元

Unit: 10000 yuan

地区	Region	资产总计 Total Assets	#流动资产合计 Total Current Assets	#固定资产合计 Total Fixed Assets	负债合计 Total Liabilities	所有者权益合计 Total Owners' Equities
全国	**National Total**	**103687937**	**35155522**	**43468036**	**73567183**	**30128154**
北京	Beijing	12284824	4149954	4970281	9052668	3232156
天津	Tianjin	1472621	441548	683428	1202505	270116
河北	Hebei	2849950	1009854	1315391	2210054	639896
山西	Shanxi	1336317	447737	629107	935112	401206
内蒙古	Inner Mongolia	1292366	375369	643690	767224	525142
辽宁	Liaoning	2929606	1024733	1314922	2292319	637288
吉林	Jilin	848448	245771	499053	535612	312836
黑龙江	Heilongjiang	992406	309335	562392	627424	364981
上海	Shanghai	7562663	2535090	2650926	4356847	3205816
江苏	Jiangsu	6580605	2082014	2632167	4708410	1872195
浙江	Zhejiang	8574390	2876659	3674991	6596973	1977417
安徽	Anhui	2403450	787979	935561	1720359	683091
福建	Fujian	3552473	1292179	1454828	2222226	1330247
江西	Jiangxi	1626253	484858	714858	1024367	601886
山东	Shandong	4848820	1536647	2433577	3310420	1538400
河南	Henan	3267341	1343714	1329563	2288442	978899
湖北	Hubei	3021604	952582	1520732	2055704	972563
湖南	Hunan	3501279	1071994	1704297	2377409	1123869
广东	Guangdong	13579723	5029377	4718241	10344154	3236305
广西	Guangxi	1927073	586074	776869	1419643	507429
海南	Hainan	2651914	949729	1038557	1903766	748148
重庆	Chongqing	2004327	765648	725565	1588260	416068
四川	Sichuan	4276909	1630722	1850409	3236880	1040029
贵州	Guizhou	1108874	411951	507529	767958	340917
云南	Yunnan	3249868	1094269	1239254	1968237	1281631
西藏	Tibet	277520	49952	191721	93477	184043
陕西	Shaanxi	2839101	824159	1492959	2146991	692110
甘肃	Gansu	957088	240248	443741	520344	436745
青海	Qinghai	320514	115614	136183	140049	180465
宁夏	Ningxia	408061	135033	224203	328950	79112
新疆	Xinjiang	1141549	354731	453043	824401	317148

国有控股

State-controlled Enterprises

单位：万元

Unit: 10000 yuan

地 区	Region	资产总计 Total Assets	#流动资产合计 Total Current Assets	#固定资产合计 Total Fixed Assets	负债合计 Total Liabilities	所有者权益合计 Total Owners' Equities
全 国	**National Total**	**29096602**	**7471437**	**14611448**	**16594781**	**12508484**
北 京	Beijing	5667823	1476900	2666422	3725984	1941839
天 津	Tianjin	609048	141083	288773	506777	102271
河 北	Hebei	1062305	190262	628747	642633	419672
山 西	Shanxi	401904	124200	220077	242769	159135
内 蒙 古	Inner Mongolia	346147	71162	207714	161518	184629
辽 宁	Liaoning	589759	145517	360987	382374	207385
吉 林	Jilin	333762	71059	211086	173997	159765
黑 龙 江	Heilongjiang	312093	71016	200581	150769	161324
上 海	Shanghai	2910687	745738	1249464	1215923	1694764
江 苏	Jiangsu	2194439	529010	994512	1159881	1034558
浙 江	Zhejiang	1681941	491684	785918	920136	761805
安 徽	Anhui	417951	81790	259974	234799	183152
福 建	Fujian	689520	182659	293354	310160	379361
江 西	Jiangxi	403333	94219	179478	208875	194458
山 东	Shandong	1537390	345581	966179	816980	720410
河 南	Henan	668477	171613	386053	446560	221917
湖 北	Hubei	701768	116105	458220	383902	324529
湖 南	Hunan	1253847	349653	596379	828721	425126
广 东	Guangdong	2557137	783723	1105340	1327334	1229803
广 西	Guangxi	401210	68297	219997	242181	159030
海 南	Hainan	401893	99070	191610	147271	254622
重 庆	Chongqing	221893	50730	106187	169167	52726
四 川	Sichuan	873774	253119	445737	558921	314852
贵 州	Guizhou	224788	57139	148211	163976	60812
云 南	Yunnan	842582	304180	351739	395076	447505
西 藏	Tibet	166509	27070	131600	42690	123819
陕 西	Shaanxi	483354	121932	258557	341833	141521
甘 肃	Gansu	369634	95026	221391	240795	128838
青 海	Qinghai	95928	27020	64522	23488	72440
宁 夏	Ningxia	155955	15894	126797	145357	10597
新 疆	Xinjiang	519754	168983	285846	283935	235819

4-3-4 各地区限额以上住宿业企业年末资产负债(按登记注册类型分)

Assets and Liabilities of Enterprises above Designated Size of Hotels by Region and Type of Registration at the Year-end

内资企业 单位：万元

Domestic Funded Enterprises Unit: 10000 yuan

地区	Region	资产总计 Total Assets	#流动资产合计 Total Current Assets	#固定资产合计 Total Fixed Assets	负债合计 Total Liabilities	所有者权益合计 Total Owners' Equities
全国	**National Total**	**84070634**	**28922226**	**35185460**	**59610374**	**24467659**
北京	Beijing	9064500	3019223	3984309	7030616	2033885
天津	Tianjin	1301575	401119	581624	1039297	262278
河北	Hebei	2746443	993021	1247275	2049059	697384
山西	Shanxi	1323679	442788	623196	925677	398002
内蒙古	Inner Mongolia	1133153	358016	518310	664348	468805
辽宁	Liaoning	2186309	725386	987520	1616048	570261
吉林	Jilin	736445	215521	425747	458685	277761
黑龙江	Heilongjiang	761851	265996	400010	479037	282815
上海	Shanghai	5576269	2107355	1834589	3226364	2349905
江苏	Jiangsu	5601558	1770384	2267028	3973893	1627665
浙江	Zhejiang	7025514	2349552	2891995	5483248	1542266
安徽	Anhui	2015251	639722	855387	1352555	662696
福建	Fujian	2428033	900465	1030036	1426057	1001976
江西	Jiangxi	1511892	460093	663890	951380	560511
山东	Shandong	4196599	1442023	1985300	2832879	1363720
河南	Henan	2769951	1057229	1182532	1802112	967839
湖北	Hubei	2774372	879196	1380400	1858276	922759
湖南	Hunan	3170271	950338	1533347	2126217	1044055
广东	Guangdong	9201291	3437267	2943918	7316575	1885452
广西	Guangxi	1475316	516374	549155	1030222	445095
海南	Hainan	1924748	796080	794004	1423404	501344
重庆	Chongqing	1755753	681789	608219	1397532	358221
四川	Sichuan	3877485	1535524	1623472	2891907	985578
贵州	Guizhou	1071290	408350	482450	747529	323761
云南	Yunnan	2940388	974023	1115139	1807150	1133239
西藏	Tibet	272895	45327	191721	91473	181422
陕西	Shaanxi	2513622	749040	1276818	1837267	676355
甘肃	Gansu	934232	235191	425941	505860	428372
青海	Qinghai	261444	98839	111196	128575	132869
宁夏	Ningxia	381729	112780	221994	315951	65778
新疆	Xinjiang	1136776	354216	448940	821185	315592

4-3-4 续表 1 Continued 1

国有企业 单位：万元

State-owned Enterprises Unit: 10000 yuan

地区	Region	资产总计 Total Assets	#流动资产合计 Total Current Assets	#固定资产合计 Total Fixed Assets	负债合计 Total Liabilities	所有者权益合计 Total Owners' Equities
全国	**National Total**	**12548187**	**3226974**	**6682147**	**6748105**	**5800082**
北京	Beijing	2467981	637183	1359559	1678208	789773
天津	Tianjin	128365	35635	58521	100100	28266
河北	Hebei	620001	121044	301743	374404	245597
山西	Shanxi	304098	106789	147862	207339	96759
内蒙古	Inner Mongolia	175993	29828	90954	75991	100002
辽宁	Liaoning	357353	99769	209881	214005	143348
吉林	Jilin	253758	61268	147149	139980	113778
黑龙江	Heilongjiang	192187	29423	139975	77110	115077
上海	Shanghai	1199527	279602	550580	369440	830087
江苏	Jiangsu	1150007	247134	586008	562840	587167
浙江	Zhejiang	298127	117574	135921	135552	162575
安徽	Anhui	139470	35914	81322	101006	38464
福建	Fujian	271790	66493	138355	93174	178616
江西	Jiangxi	229351	62454	134124	98164	131187
山东	Shandong	869287	236384	525686	380403	488883
河南	Henan	441708	114823	257763	288419	153289
湖北	Hubei	217820	55198	145722	127523	90297
湖南	Hunan	312338	72419	174646	164442	147896
广东	Guangdong	962286	285855	430168	491853	470432
广西	Guangxi	271579	48665	132918	141601	129979
海南	Hainan	65229	18628	28237	19532	45697
重庆	Chongqing	85719	13440	47046	76112	9607
四川	Sichuan	228179	83328	103244	123235	104944
贵州	Guizhou	77213	19691	48189	36230	40983
云南	Yunnan	288381	113680	139152	141346	147034
西藏	Tibet	149409	25093	116858	40091	109318
陕西	Shaanxi	222029	47199	108163	154285	67744
甘肃	Gansu	168558	67398	82393	99416	69142
青海	Qinghai	62364	15436	45168	16966	45398
宁夏	Ningxia	103775	9175	94517	102541	1233
新疆	Xinjiang	234309	70455	120322	116798	117511

4-3-4 续表 2 Continued 2

集体企业 单位：万元

Collective-owned Enterprises Unit: 10000 yuan

地 区	Region	资产总计 Total Assets	#流动资产合计 Total Current Assets	#固定资产合计 Total Fixed Assets	负债合计 Total Liabilities	所有者权益合计 Total Owners' Equities
全 国	**National Total**	**1293032**	**437648**	**633785**	**894137**	**398895**
北 京	Beijing	326816	94705	189962	234968	91848
天 津	Tianjin	51704	32052	17216	39450	12254
河 北	Hebei	22360	5709	12170	14454	7907
山 西	Shanxi	62424	19155	16527	48589	13835
内蒙古	Inner Mongolia	6119	1572	3202	4673	1445
辽 宁	Liaoning	30412	12539	15657	23922	6490
吉 林	Jilin	1780	878	767	207	1572
黑龙江	Heilongjiang	5513	2072	3360	7407	-1894
上 海	Shanghai	73386	21700	45757	30701	42686
江 苏	Jiangsu	101404	47790	29789	88644	12760
浙 江	Zhejiang	101045	28053	57628	76104	24941
安 徽	Anhui	4973	1638	2418	2059	2914
福 建	Fujian	8648	3751	3873	4782	3866
江 西	Jiangxi	1534	504	849	526	1007
山 东	Shandong	83933	26850	49046	40438	43496
河 南	Henan	75533	27167	33178	53258	22276
湖 北	Hubei	38260	13372	23008	13019	25241
湖 南	Hunan	27327	17614	8081	6497	20830
广 东	Guangdong	71132	25183	33671	55222	15910
广 西	Guangxi	9456	2459	5049	6707	2749
海 南	Hainan	511	248	42	432	79
重 庆	Chongqing	12785	5030	6243	12416	369
四 川	Sichuan	32257	10525	19367	31003	1254
贵 州	Guizhou	16292	814	15380	1580	14713
云 南	Yunnan	38486	17025	18421	13907	24579
西 藏	Tibet	2536	296	2238	1145	1391
陕 西	Shaanxi	24701	12308	8527	27542	-2842
甘 肃	Gansu	12065	3146	7945	4741	7324
青 海	Qinghai	2871	1002	1788	1928	944
宁 夏	Ningxia					
新 疆	Xinjiang	46770	2492	2626	47818	-1048

股份合作企业　　　　单位：万元

Cooperative Enterprises　　　　Unit: 10000 yuan

地区	Region	资产总计 Total Assets	#流动资产合计 Total Current Assets	#固定资产合计 Total Fixed Assets	负债合计 Total Liabilities	所有者权益合计 Total Owners' Equities
全国	**National Total**	**258504**	**113803**	**103702**	**205218**	**59949**
北京	Beijing	97408	40652	37014	72162	25246
天津	Tianjin	8549	5341	2564	1940	6609
河北	Hebei	5000	1161	2574	3807	1193
山西	Shanxi					
内蒙古	Inner Mongolia	1891	1704	186	271	1620
辽宁	Liaoning	679	256	243	1370	-690
吉林	Jilin	4149	1145	2642	821	3328
黑龙江	Heilongjiang	23979	11084	8669	21241	2738
上海	Shanghai					
江苏	Jiangsu					
浙江	Zhejiang	16233	7560	6058	11472	4761
安徽	Anhui	2028	1799	33	1469	559
福建	Fujian	5508	2564	1531	2613	2895
江西	Jiangxi	3600	515	2507	2799	801
山东	Shandong	11310	1319	4158	10279	1031
河南	Henan	5461	1003	4191	2794	2667
湖北	Hubei	11224	3344	12081	14537	3350
湖南	Hunan	2596	264	1960	171	2424
广东	Guangdong	6585	1273	3542	3338	3247
广西	Guangxi	4828	1562	2698	3817	1011
海南	Hainan	968	138	718	11035	-10067
重庆	Chongqing	3058	67	1212	1700	1358
四川	Sichuan	41049	30243	8568	36655	4393
贵州	Guizhou					
云南	Yunnan	1011	593	66	84	927
西藏	Tibet					
陕西	Shaanxi	1393	219	487	845	548
甘肃	Gansu					
青海	Qinghai					
宁夏	Ningxia					
新疆	Xinjiang					

4-3-4 续表 4 Continued 4

联营企业 Joint Ownership Enterprises

单位：万元 Unit: 10000 yuan

地区	Region	资产总计 Total Assets	#流动资产合计 Total Current Assets	#固定资产合计 Total Fixed Assets	负债合计 Total Liabilities	所有者权益合计 Total Owners' Equities
全国	**National Total**	**141943**	**43770**	**77428**	**79369**	**62574**
北京	Beijing	4521	3028	826	6873	-2352
天津	Tianjin					
河北	Hebei	8992	584	7703	5575	3418
山西	Shanxi					
内蒙古	Inner Mongolia	633	106	527	465	168
辽宁	Liaoning	283	165	118	1005	-722
吉林	Jilin					
黑龙江	Heilongjiang					
上海	Shanghai	19739	3871	14507	13409	6330
江苏	Jiangsu	1016	247	258	2174	-1158
浙江	Zhejiang	8609	5397	2991	1754	6855
安徽	Anhui					
福建	Fujian	37722	12886	20606	15986	21736
江西	Jiangxi					
山东	Shandong					
河南	Henan	430	119	311	98	332
湖北	Hubei	640	197	443	640	
湖南	Hunan	3248	2046	1202	1093	2155
广东	Guangdong	30430	9614	14630	10203	20227
广西	Guangxi					
海南	Hainan					
重庆	Chongqing					
四川	Sichuan	21541	3458	12013	18562	2979
贵州	Guizhou					
云南	Yunnan	1781	587	403	281	1500
西藏	Tibet					
陕西	Shaanxi					
甘肃	Gansu					
青海	Qinghai					
宁夏	Ningxia					
新疆	Xinjiang	2358	1467	891	1250	1108

有限责任公司 单位：万元

Limited Liability Corporations Unit: 10000 yuan

地 区	Region	资产总计 Total Assets	#流动资产合计 Total Current Assets	#固定资产合计 Total Fixed Assets	负债合计 Total Liabilities	所有者权益合计 Total Owners' Equities
全 国	**National Total**	**41136406**	**13609451**	**17158842**	**30013058**	**11123348**
北 京	Beijing	5058489	1664432	2133533	3953994	1104495
天 津	Tianjin	822225	246882	385299	701739	120486
河 北	Hebei	1172351	511641	484677	815781	356570
山 西	Shanxi	241248	66427	137963	159176	82071
内 蒙 古	Inner Mongolia	534701	182537	248789	312962	221740
辽 宁	Liaoning	824652	241936	422439	582827	241825
吉 林	Jilin	263406	84291	151223	159294	104113
黑 龙 江	Heilongjiang	303610	139373	126312	202979	100631
上 海	Shanghai	2525341	871710	866529	1417543	1107799
江 苏	Jiangsu	2153309	648770	903342	1583095	570214
浙 江	Zhejiang	3457415	948588	1658976	2613954	843461
安 徽	Anhui	839600	234402	340744	583907	255693
福 建	Fujian	1253096	449846	565147	817390	435706
江 西	Jiangxi	739499	209484	280414	492162	247338
山 东	Shandong	1685934	563430	763212	1236550	449384
河 南	Henan	1131747	485174	425449	833397	298350
湖 北	Hubei	1516750	438890	768678	1075115	441635
湖 南	Hunan	1380255	317045	806155	1018566	361690
广 东	Guangdong	5237064	1915019	1440341	4274942	962121
广 西	Guangxi	504810	185528	170096	362441	142369
海 南	Hainan	1577549	635817	662756	1180595	396954
重 庆	Chongqing	974734	309538	347305	792728	182007
四 川	Sichuan	1876887	682926	773269	1381017	495871
贵 州	Guizhou	638283	256492	265463	498981	139302
云 南	Yunnan	1347418	517947	535620	787371	560048
西 藏	Tibet	55694	6884	26695	22613	33081
陕 西	Shaanxi	1713132	473272	928641	1325727	387405
甘 肃	Gansu	586627	113765	265068	313918	272708
青 海	Qinghai	86950	25719	19946	57123	29827
宁 夏	Ningxia	85601	16906	40498	59371	26230
新 疆	Xinjiang	548029	164781	214266	395804	152225

4-3-4 续表 6 Continued 6

股份有限公司 单位：万元

Share-holding Corporations Ltd. Unit: 10000 yuan

地 区	Region	资产总计 Total Assets	#流动资产合计 Total Current Assets	#固定资产合计 Total Fixed Assets	负债合计 Total Liabilities	所有者权益合计 Total Owners' Equities
全 国	**National Total**	**4109822**	**1539404**	**1600045**	**2791454**	**1318367**
北 京	Beijing	291623	153031	72619	246178	45445
天 津	Tianjin	2950	2161	726	2457	493
河 北	Hebei	306253	76410	167075	306655	-401
山 西	Shanxi	24111	4338	15260	13239	10872
内 蒙 古	Inner Mongolia	56461	17489	35825	18196	38265
辽 宁	Liaoning	48827	3945	19399	24247	24580
吉 林	Jilin	27691	2419	20427	9635	18056
黑 龙 江	Heilongjiang	52021	4935	39903	51608	413
上 海	Shanghai	77704	23675	37236	33375	44329
江 苏	Jiangsu	428494	114022	112461	249442	179052
浙 江	Zhejiang	349263	192745	70993	217868	131396
安 徽	Anhui	139257	36320	90047	85379	53878
福 建	Fujian	84202	26249	33060	32145	52057
江 西	Jiangxi	111191	40181	57724	78031	33160
山 东	Shandong	245575	68356	145209	187453	58122
河 南	Henan	143546	66751	54413	82027	61518
湖 北	Hubei	133004	56802	59103	72786	60218
湖 南	Hunan	613275	261983	131400	407395	205880
广 东	Guangdong	268310	103018	114824	178336	89974
广 西	Guangxi	81054	18759	49092	41850	39204
海 南	Hainan	57021	19432	25985	33839	23182
重 庆	Chongqing	146564	118026	18701	129794	16769
四 川	Sichuan	219980	57824	126787	177427	42553
贵 州	Guizhou	8373	2464	5225	3888	4484
云 南	Yunnan	90263	41556	35519	57720	32543
西 藏	Tibet	15777	2002	11645	6534	9243
陕 西	Shaanxi	32163	9109	21003	20431	11732
甘 肃	Gansu	7096	1070	5278	342	6754
青 海	Qinghai	17768	4484	11441	3039	14729
宁 夏	Ningxia	7150	4931	2219	5628	1522
新 疆	Xinjiang	22856	4916	9445	14511	8345

私营企业
Private Enterprises

单位：万元
Unit: 10000 yuan

地 区	Region	资产总计 Total Assets	#流动资产合计 Total Current Assets	#固定资产合计 Total Fixed Assets	负债合计 Total Liabilities	所有者权益合计 Total Owners' Equities
全 国	**National Total**	**24136599**	**9778483**	**8727907**	**18595375**	**5541223**
北 京	Beijing	817662	426192	190796	838233	-20571
天 津	Tianjin	284637	77820	115400	191801	92836
河 北	Hebei	607302	275391	268231	524803	82499
山 西	Shanxi	677839	242885	294844	490347	187492
内 蒙 古	Inner Mongolia	348955	122841	133018	247013	101943
辽 宁	Liaoning	886602	344040	305524	730827	155775
吉 林	Jilin	183039	64428	102039	148301	34738
黑 龙 江	Heilongjiang	183246	78592	81274	118263	64983
上 海	Shanghai	1657396	890969	313853	1338683	318713
江 苏	Jiangsu	1754540	703988	631861	1477201	277339
浙 江	Zhejiang	2788822	1049125	957924	2422149	366674
安 徽	Anhui	875839	325854	333974	570802	305037
福 建	Fujian	739040	328703	260053	449120	289920
江 西	Jiangxi	413132	143200	180562	269942	143190
山 东	Shandong	1268635	524768	488671	963476	305159
河 南	Henan	965957	361146	404340	540422	425535
湖 北	Hubei	838074	307248	361463	543760	294314
湖 南	Hunan	826635	278242	406924	525904	300730
广 东	Guangdong	2565153	1074964	886393	2260911	304242
广 西	Guangxi	582372	250619	178854	461683	120689
海 南	Hainan	218014	117497	75276	172595	45418
重 庆	Chongqing	525439	234041	181946	382839	142600
四 川	Sichuan	1433302	660835	564009	1111131	322171
贵 州	Guizhou	326042	128293	143850	205092	120950
云 南	Yunnan	1123605	264499	366134	774273	349332
西 藏	Tibet	49480	11053	34285	21090	28389
陕 西	Shaanxi	486234	198717	189127	288665	197569
甘 肃	Gansu	151808	48768	59317	84207	67601
青 海	Qinghai	90536	51975	32119	48617	41919
宁 夏	Ningxia	185203	81768	84761	148411	36793
新 疆	Xinjiang	282061	110027	101089	244816	37245

其他企业　　　　　　　　　　　　　　　　　　　　　　　　单位：万元

Other Enterprises　　　　　　　　　　　　　　　　　　　　Unit: 10000 yuan

地　区	Region	资产总计 Total Assets	#流动资产合计 Total Current Assets	#固定资产合计 Total Fixed Assets	负债合计 Total Liabilities	所有者权益合计 Total Owners' Equities
全　国	**National Total**	**446141**	**172692**	**201604**	**283657**	**163221**
北　京	Beijing					
天　津	Tianjin	3144	1229	1899	1810	1334
河　北	Hebei	4185	1082	3103	3582	602
山　西	Shanxi	13960	3194	10740	6986	6974
内蒙古	Inner Mongolia	8400	1938	5807	4778	3622
辽　宁	Liaoning	37500	22736	14259	37846	-346
吉　林	Jilin	2623	1092	1500	446	2176
黑龙江	Heilongjiang	1296	517	517	430	866
上　海	Shanghai	23175	15829	6128	23213	-38
江　苏	Jiangsu	12789	8432	3309	10497	2292
浙　江	Zhejiang	6000	512	1505	4395	1605
安　徽	Anhui	14085	3794	6849	7934	6151
福　建	Fujian	28028	9974	7411	10847	17181
江　西	Jiangxi	13585	3757	7711	9757	3829
山　东	Shandong	31926	20917	9319	14281	17645
河　南	Henan	5569	1047	2887	1696	3873
湖　北	Hubei	18600	4146	9902	10897	7704
湖　南	Hunan	4598	726	2979	2148	2450
广　东	Guangdong	60331	22341	20351	41769	19299
广　西	Guangxi	21217	8782	10449	12123	9094
海　南	Hainan	5457	4321	991	5376	81
重　庆	Chongqing	7454	1647	5766	1943	5512
四　川	Sichuan	24289	6385	16216	12877	11412
贵　州	Guizhou	5088	596	4342	1758	3329
云　南	Yunnan	49444	18136	19823	32169	17275
西　藏	Tibet					
陕　西	Shaanxi	33971	8215	20871	19773	14199
甘　肃	Gansu	8078	1045	5939	3235	4843
青　海	Qinghai	956	222	733	902	53
宁　夏	Ningxia					
新　疆	Xinjiang	394	81	300	188	206

港、澳、台商投资企业
Enterprises with Funds from Hongkong, Macao and Taiwan

单位：万元
Unit: 10000 yuan

地区	Region	资产总计 Total Assets	#流动资产合计 Total Current Assets	#固定资产合计 Total Fixed Assets	负债合计 Total Liabilities	所有者权益合计 Total Owners' Equities
全国	**National Total**	**12474186**	**3783280**	**4988529**	**8971949**	**3502237**
北京	Beijing	2132938	621347	611559	1229148	903790
天津	Tianjin	111094	11816	89942	109069	2025
河北	Hebei	45782	9614	20083	90799	-45017
山西	Shanxi	12639	4949	5911	9435	3204
内蒙古	Inner Mongolia	57780	8902	47372	42590	15190
辽宁	Liaoning	488357	185334	230010	319888	168470
吉林	Jilin	18429	11875	4154	18171	258
黑龙江	Heilongjiang	157140	26583	114805	112028	45112
上海	Shanghai	1378338	243258	519222	782470	595868
江苏	Jiangsu	431829	130018	135766	346421	85408
浙江	Zhejiang	1045894	357627	551649	698686	347208
安徽	Anhui	329104	141656	31600	316232	12872
福建	Fujian	693143	265564	224985	534432	158710
江西	Jiangxi	73376	10986	29123	40047	33329
山东	Shandong	587477	78845	410582	425140	162338
河南	Henan	434967	261934	128945	444802	-9835
湖北	Hubei	211032	59760	120152	170228	40804
湖南	Hunan	249537	114407	98745	172352	77185
广东	Guangdong	2446966	926784	949406	1808821	638145
广西	Guangxi	390989	54495	184385	343009	47981
海南	Hainan	562732	105098	149749	369053	193679
重庆	Chongqing	86300	17067	63709	90770	-4470
四川	Sichuan	168719	38737	74463	264024	-95305
贵州	Guizhou	20126	2602	16847	13041	7085
云南	Yunnan	123315	43920	37099	75998	47317
西藏	Tibet	3226	3226		1495	1732
陕西	Shaanxi	206201	43955	134444	142779	63422
甘肃	Gansu	6246	2841	3406	943	5303
青海	Qinghai					
宁夏	Ningxia					
新疆	Xinjiang	509	80	419	79	430

4-3-4 续表 10 Continued 10

外商投资企业 单位：万元

Foreign Funded Enterprises Unit: 10000 yuan

地区	Region	资产总计 Total Assets	#流动资产合计 Total Current Assets	#固定资产合计 Total Fixed Assets	负债合计 Total Liabilities	所有者权益合计 Total Owners' Equities
全国	**National Total**	**7143118**	**2450016**	**3294047**	**4984860**	**2158258**
北京	Beijing	1087386	509384	374414	792904	294482
天津	Tianjin	59953	28612	11863	54139	5814
河北	Hebei	57725	7219	48034	70196	-12471
山西	Shanxi					
内蒙古	Inner Mongolia	101434	8451	78008	60287	41147
辽宁	Liaoning	254940	114012	97392	356383	-101443
吉林	Jilin	93574	18374	69152	58757	34817
黑龙江	Heilongjiang	73414	16756	47577	36359	37055
上海	Shanghai	608057	184477	297115	348013	260043
江苏	Jiangsu	547218	181612	229374	388096	159122
浙江	Zhejiang	502982	169480	231347	415039	87943
安徽	Anhui	59095	6601	48574	51572	7524
福建	Fujian	431298	126150	199806	261737	169561
江西	Jiangxi	40985	13779	21845	32940	8045
山东	Shandong	64743	15778	37694	52401	12342
河南	Henan	62423	24551	18086	41528	20895
湖北	Hubei	36200	13627	20180	27200	9000
湖南	Hunan	81470	7248	72205	78840	2630
广东	Guangdong	1931466	665326	824917	1218758	712708
广西	Guangxi	60767	15206	43330	46413	14354
海南	Hainan	164434	48551	94805	111309	53125
重庆	Chongqing	162275	66792	53637	99958	62316
四川	Sichuan	230705	56462	152474	80950	149756
贵州	Guizhou	17459	999	8232	7388	10070
云南	Yunnan	186164	76326	87017	85089	101076
西藏	Tibet	1398	1398		509	889
陕西	Shaanxi	119278	31165	81697	166945	-47668
甘肃	Gansu	16610	2216	14394	13541	3069
青海	Qinghai	59071	16776	24987	11474	47596
宁夏	Ningxia	26333	22253	2209	12998	13334
新疆	Xinjiang	4264	435	3684	3138	1126

4-3-5 各地区限额以上住宿业企业年末资产负债(按国民经济行业分)

Assets and Liabilities of Enterprises above Designated Size of Hotels by Region and Sector at the Year-end

旅游饭店 单位：万元

Tourist Hotel Unit: 10000 yuan

地区	Region	资产总计 Total Assets	#流动资产合计 Total Current Assets	#固定资产合计 Total Fixed Assets	负债合计 Total Liabilities	所有者权益合计 Total Owners' Equities
全国	**National Total**	**89387253**	**29607474**	**38483272**	**63931981**	**25461935**
北京	Beijing	10481612	3439034	4600757	7939848	2541764
天津	Tianjin	1173426	359999	513753	924276	249150
河北	Hebei	2264662	781657	1050941	1805559	459103
山西	Shanxi	1017894	342372	470574	715150	302743
内蒙古	Inner Mongolia	1071055	278748	552457	603925	467131
辽宁	Liaoning	2694913	948296	1201686	2133029	561884
吉林	Jilin	782896	220062	469469	491645	291251
黑龙江	Heilongjiang	855483	271216	480812	516641	338842
上海	Shanghai	5593790	1554388	2374727	2885909	2707881
江苏	Jiangsu	6118031	1904739	2478682	4392656	1725375
浙江	Zhejiang	7795089	2600388	3347449	5995926	1799163
安徽	Anhui	2031317	659800	768279	1483084	548232
福建	Fujian	3190895	1143166	1307781	2006274	1184621
江西	Jiangxi	1340268	383160	592412	854048	486220
山东	Shandong	4096514	1278662	2064686	2761833	1334681
河南	Henan	2681766	1147676	1050828	1937184	744582
湖北	Hubei	2529917	778299	1313220	1775609	760971
湖南	Hunan	2778790	767437	1509871	1904351	874439
广东	Guangdong	12124142	4544857	4152454	9404902	2719239
广西	Guangxi	1722209	472966	730980	1258284	463925
海南	Hainan	2637937	941186	1033663	1892825	745112
重庆	Chongqing	1716978	627662	634645	1344317	372661
四川	Sichuan	3609682	1365855	1599221	2778246	831437
贵州	Guizhou	951557	359449	435907	696668	254889
云南	Yunnan	2853341	948094	1046629	1715726	1137615
西藏	Tibet	275555	49647	190061	93349	182206
陕西	Shaanxi	2485408	668966	1373881	1938836	546572
甘肃	Gansu	752617	209908	377175	465291	287326
青海	Qinghai	311749	110354	132890	132837	178912
宁夏	Ningxia	389604	125351	217059	314609	74994
新疆	Xinjiang	1058158	324081	410323	769143	289015

4-3-5 续表 1 Continued 1

一般旅馆 单位：万元

Fonda Unit: 10000 yuan

地 区	Region	资产总计 Total Assets	#流动资产合计 Total Current Assets	#固定资产合计 Total Fixed Assets	负债合计 Total Liabilities	所有者权益合计 Total Owners' Equities
全 国	**National Total**	**12239235**	**4763578**	**4183952**	**8118361**	**4121610**
北 京	Beijing	1688758	680528	323669	994533	694225
天 津	Tianjin	218976	61655	117638	205490	13486
河 北	Hebei	422797	187109	172255	264263	158534
山 西	Shanxi	282319	97140	134244	187633	94686
内蒙古	Inner Mongolia	186901	77937	86993	129615	57287
辽 宁	Liaoning	186394	67941	87544	143296	43098
吉 林	Jilin	48361	12897	28128	26536	21824
黑龙江	Heilongjiang	91584	35106	44087	54688	36896
上 海	Shanghai	1805641	884652	229882	1372702	432940
江 苏	Jiangsu	392291	157662	122554	273989	118302
浙 江	Zhejiang	734927	267055	301146	564294	170632
安 徽	Anhui	315927	120677	127055	187246	128682
福 建	Fujian	258639	106395	99166	147096	111543
江 西	Jiangxi	263218	92418	116539	159472	103746
山 东	Shandong	656005	220867	315588	471210	184795
河 南	Henan	552445	182510	264473	329496	222949
湖 北	Hubei	438377	163792	178361	249911	188466
湖 南	Hunan	271332	62334	158314	154525	116806
广 东	Guangdong	1317036	454130	490443	853166	464606
广 西	Guangxi	190330	104359	43440	150699	39631
海 南	Hainan	11398	6275	4610	6911	4487
重 庆	Chongqing	249796	126805	74812	196740	53057
四 川	Sichuan	625576	255882	228250	441176	184400
贵 州	Guizhou	149377	49963	66658	68830	80548
云 南	Yunnan	350014	127700	169645	217781	132233
西 藏	Tibet					
陕 西	Shaanxi	240255	91041	93621	150268	89987
甘 肃	Gansu	184082	25384	53147	43494	140588
青 海	Qinghai	6712	3427	3241	5313	1399
宁 夏	Ningxia	16379	9290	5730	12732	3647
新 疆	Xinjiang	83391	30650	42720	55258	28133

其他住宿业
Others

单位：万元
Unit: 10000 yuan

地 区	Region	资产总计 Total Assets	#流动资产合计 Total Current Assets	#固定资产合计 Total Fixed Assets	负债合计 Total Liabilities	所有者权益合计 Total Owners' Equities
全 国	**National Total**	**2061450**	**784470**	**800813**	**1516841**	**544609**
北 京	Beijing	114454	30393	45855	118287	-3834
天 津	Tianjin	80219	19894	52037	72739	7480
河 北	Hebei	162492	41088	92195	140232	22260
山 西	Shanxi	36105	8225	24289	32328	3777
内 蒙 古	Inner Mongolia	34410	18684	4241	33685	725
辽 宁	Liaoning	48300	8496	25692	15994	32306
吉 林	Jilin	17192	12811	1456	17431	-239
黑 龙 江	Heilongjiang	45339	3014	37493	56096	-10756
上 海	Shanghai	163232	96050	46317	98236	64995
江 苏	Jiangsu	70283	19612	30931	41764	28519
浙 江	Zhejiang	44375	9216	26396	36753	7621
安 徽	Anhui	56206	7502	40227	50029	6178
福 建	Fujian	102938	42619	47881	68856	34082
江 西	Jiangxi	22767	9281	5908	10848	11919
山 东	Shandong	96301	37119	53302	77377	18924
河 南	Henan	33130	13528	14261	21762	11368
湖 北	Hubei	53311	10491	29150	30184	23127
湖 南	Hunan	451157	242222	36113	318533	132624
广 东	Guangdong	138546	30391	75345	86086	52460
广 西	Guangxi	14534	8749	2450	10660	3874
海 南	Hainan	2579	2268	285	4029	-1451
重 庆	Chongqing	37553	11181	16108	47203	-9650
四 川	Sichuan	41651	8985	22938	17459	24192
贵 州	Guizhou	7940	2539	4964	2460	5481
云 南	Yunnan	46513	18476	22980	34730	11783
西 藏	Tibet	1965	304	1660	128	1837
陕 西	Shaanxi	113437	64153	25457	57888	55550
甘 肃	Gansu	20390	4957	13419	11559	8831
青 海	Qinghai	2054	1833	52	1899	154
宁 夏	Ningxia	2079	391	1414	1608	471
新 疆	Xinjiang					

4-3-6 各地区限额以上餐饮业企业年末资产负债

Assets and Liabilitiest of Enterprises above Designated Size of Catering Services by Region at the Year-end

单位：万元

Unit: 10000 yuan

地区	Region	资产总计 Total Assets	#流动资产合计 Total Current Assets	#固定资产合计 Total Fixed Assets	负债合计 Total Liabilities	所有者权益合计 Total Owners' Equities
全国	**National Total**	**45577774**	**19672706**	**14486669**	**31660843**	**13916825**
北京	Beijing	4228501	2343902	620155	3530995	697506
天津	Tianjin	954561	447834	273876	673898	280663
河北	Hebei	676647	280654	211905	495021	181626
山西	Shanxi	1485150	526647	604627	1145304	339845
内蒙古	Inner Mongolia	1251778	472106	459683	851642	400136
辽宁	Liaoning	1393885	526896	473612	1002558	391170
吉林	Jilin	399150	109921	195630	202658	196492
黑龙江	Heilongjiang	226028	83702	94107	122378	103650
上海	Shanghai	3235189	1834782	644007	2550123	685066
江苏	Jiangsu	4185850	1776103	1430359	2973670	1212240
浙江	Zhejiang	2996051	1227702	1092065	2357025	639026
安徽	Anhui	1732574	710935	554627	1157552	575022
福建	Fujian	981385	464486	287421	615043	366343
江西	Jiangxi	436151	164881	148740	253696	182455
山东	Shandong	4093064	1338699	1718808	2655641	1437423
河南	Henan	1266396	523633	510543	699374	567022
湖北	Hubei	2344277	853668	925884	1495906	848371
湖南	Hunan	930012	274808	408827	554527	375485
广东	Guangdong	4252786	1914326	1248521	3037244	1215534
广西	Guangxi	314636	136873	104351	201255	113381
海南	Hainan	275860	134977	91037	182462	93398
重庆	Chongqing	1087594	464274	431172	577174	510420
四川	Sichuan	3370729	1566729	809935	2214900	1155829
贵州	Guizhou	315038	134322	97052	214936	100101
云南	Yunnan	776779	448310	208403	473425	303354
西藏	Tibet	11946	8955	2498	7659	4287
陕西	Shaanxi	1417266	552323	460740	853499	563767
甘肃	Gansu	387517	134707	161663	179454	208063
青海	Qinghai	73686	24646	32185	37950	35736
宁夏	Ningxia	237267	114917	73492	184646	52622
新疆	Xinjiang	240024	75988	110746	159229	80795

国有控股
State-controlled Enterprises

单位：万元
Unit: 10000 yuan

地区	Region	资产总计 Total Assets	#流动资产合计 Total Current Assets	#固定资产合计 Total Fixed Assets	负债合计 Total Liabilities	所有者权益合计 Total Owners' Equities
全国	**National Total**	**3841082**	**1520386**	**1404873**	**2558460**	**1282622**
北京	Beijing	687114	299925	117379	477213	209900
天津	Tianjin	26259	13657	8281	25387	873
河北	Hebei	28266	11345	12736	27669	597
山西	Shanxi	250135	40698	167864	138557	111578
内蒙古	Inner Mongolia	79036	23916	32517	42436	36601
辽宁	Liaoning	58525	18223	26967	36541	21984
吉林	Jilin	100641	21018	36788	74290	26351
黑龙江	Heilongjiang	40211	11318	27619	31616	8595
上海	Shanghai	482124	259650	117780	356880	125245
江苏	Jiangsu	309339	206637	74863	236521	72818
浙江	Zhejiang	139166	63468	28140	69963	69203
安徽	Anhui	68080	13460	41902	65799	2280
福建	Fujian	21861	9707	9400	23611	-1750
江西	Jiangxi	29269	9440	15323	19214	10055
山东	Shandong	420396	108234	227450	286313	134082
河南	Henan	14831	4457	7434	8525	6307
湖北	Hubei	134971	45054	65202	74832	60139
湖南	Hunan	38399	6820	25357	16297	22102
广东	Guangdong	295260	99315	144087	231710	63550
广西	Guangxi	9165	2212	6044	8250	916
海南	Hainan	95735	26114	37608	40819	54916
重庆	Chongqing	106642	56807	42614	59292	47350
四川	Sichuan	79635	29095	29704	41675	37960
贵州	Guizhou	34972	18009	8060	22188	12784
云南	Yunnan	62932	31033	17711	27807	35125
西藏	Tibet					
陕西	Shaanxi	178705	77628	43803	81444	97260
甘肃	Gansu	20211	4809	14762	14802	5409
青海	Qinghai	9211	2917	6250	8186	1025
宁夏	Ningxia	4223	524	3672	2426	1797
新疆	Xinjiang	15771	4895	7557	8198	7573

4-3-7 各地区限额以上餐饮业企业年末资产负债(按登记注册类型分)

Assets and Liabilities of Enterprises above Designated Size of Catering Services by Region and Type of Registration at the Year-end

内资企业 单位：万元

Domestic Funded Enterprises Unit: 10000 yuan

地 区	Region	资产总计 Total Assets	#流动资产合计 Total Current Assets	#固定资产合计 Total Fixed Assets	负债合计 Total Liabilities	所有者权益合计 Total Owners' Equities
全 国	**National Total**	**38323025**	**16944722**	**12539060**	**26780580**	**11542499**
北 京	Beijing	3172641	1866466	431312	2829852	342789
天 津	Tianjin	730927	388993	205687	520699	210229
河 北	Hebei	671151	277970	209812	492742	178409
山 西	Shanxi	1459932	520766	599735	1129964	329968
内蒙古	Inner Mongolia	1117998	411553	433330	818545	299453
辽 宁	Liaoning	1082649	429667	394477	770226	312426
吉 林	Jilin	396854	109806	195281	202122	194732
黑龙江	Heilongjiang	176678	68213	85211	98230	78448
上 海	Shanghai	2024229	1229799	400166	1724279	299950
江 苏	Jiangsu	3499489	1555439	1231731	2540717	958832
浙 江	Zhejiang	2484839	1103070	857189	1926907	557932
安 徽	Anhui	1674179	702667	539601	1123177	551003
福 建	Fujian	703284	354396	206797	400114	303170
江 西	Jiangxi	367421	132755	131114	208383	159038
山 东	Shandong	3830836	1271860	1631520	2425815	1405021
河 南	Henan	1126515	454353	470609	608355	518160
湖 北	Hubei	2093811	804579	834586	1281946	811864
湖 南	Hunan	864623	257982	389759	497827	366796
广 东	Guangdong	2955082	1433665	896366	2287479	667595
广 西	Guangxi	285003	123826	99485	187492	97512
海 南	Hainan	257464	129769	79797	168592	88872
重 庆	Chongqing	967063	414652	386337	525273	441790
四 川	Sichuan	3164833	1507341	746912	2061891	1102942
贵 州	Guizhou	310579	130592	96941	210869	99710
云 南	Yunnan	737700	430238	200198	451138	286562
西 藏	Tibet	11946	8955	2498	7659	4287
陕 西	Shaanxi	1253287	496250	411339	745659	507628
甘 肃	Gansu	377745	130092	160483	175741	202004
青 海	Qinghai	73686	24646	32185	37950	35736
宁 夏	Ningxia	217583	99645	69080	164932	52652
新 疆	Xinjiang	233000	74720	109522	156008	76992

4-3-7 续表 1 Continued 1

国有企业 | 单位：万元

State-owned Enterprises | Unit: 10000 yuan

地 区	Region	资产总计 Total Assets	#流动资产合计 Total Current Assets	#固定资产合计 Total Fixed Assets	负债合计 Total Liabilities	所有者权益合计 Total Owners' Equities
全 国	**National Total**	**1231105**	**364093**	**605684**	**763593**	**467512**
北 京	Beijing	42405	27182	6275	24307	18098
天 津	Tianjin	16246	5540	7063	14700	1546
河 北	Hebei	24255	8328	11740	20915	3340
山 西	Shanxi	33155	9066	19372	21937	11217
内蒙古	Inner Mongolia	58337	5863	38599	8131	50207
辽 宁	Liaoning	53547	13987	27167	35756	17791
吉 林	Jilin	89519	17912	31141	60531	28988
黑龙江	Heilongjiang	31926	7030	23637	23807	8120
上 海	Shanghai	11213	8628	891	8003	3210
江 苏	Jiangsu	78772	28648	42776	61962	16810
浙 江	Zhejiang	10014	6322	1451	5543	4471
安 徽	Anhui	30194	6477	16307	30468	-275
福 建	Fujian	12695	6451	4831	6050	6644
江 西	Jiangxi	14844	4841	8115	8216	6628
山 东	Shandong	351445	83507	171002	233648	117798
河 南	Henan	11937	3902	7025	5662	6274
湖 北	Hubei	47358	11314	29826	24677	22681
湖 南	Hunan	16795	3867	11209	7440	9355
广 东	Guangdong	88487	30966	35761	49173	39314
广 西	Guangxi	9165	2212	6044	8250	916
海 南	Hainan	1805	438	1368	1574	232
重 庆	Chongqing	38941	23289	10778	29263	9678
四 川	Sichuan	43833	18783	17325	25545	18288
贵 州	Guizhou	7234	3671	2408	5801	1433
云 南	Yunnan	8171	3923	4133	5861	2309
西 藏	Tibet					
陕 西	Shaanxi	25264	7823	13932	12442	12822
甘 肃	Gansu	19250	4364	14295	14362	4889
青 海	Qinghai					
宁 夏	Ningxia					
新 疆	Xinjiang	54298	9762	41215	9571	44728

4-3-7 续表 2 Continued 2

集体企业 单位：万元

Collective-owned Enterprises Unit: 10000 yuan

地 区	Region	资产总计 Total Assets	#流动资产合计 Total Current Assets	#固定资产合计 Total Fixed Assets	负债合计 Total Liabilities	所有者权益合计 Total Owners' Equities
全 国	**National Total**	**277845**	**182335**	**55768**	**220626**	**57219**
北 京	Beijing	12453	5600	4244	11632	821
天 津	Tianjin	1775	453	456	1442	333
河 北	Hebei	1796	1020	678	773	1023
山 西	Shanxi	11192	7691	3028	8736	2456
内 蒙 古	Inner Mongolia	1074	546	344	1156	-83
辽 宁	Liaoning	2483	1123	635	1168	1315
吉 林	Jilin	2509	1421	1063	1582	928
黑 龙 江	Heilongjiang	249	83	67	168	81
上 海	Shanghai	20398	9835	7689	8694	11704
江 苏	Jiangsu	17973	10619	4903	14359	3614
浙 江	Zhejiang	48	42	3	142	-94
安 徽	Anhui	1979	1243	670	5585	-3606
福 建	Fujian	6515	4120	1237	2680	3835
江 西	Jiangxi	64	33	31	23	41
山 东	Shandong	34359	15081	11825	25131	9228
河 南	Henan	3492	1001	2051	1538	1954
湖 北	Hubei	6151	1049	4544	4853	1298
湖 南	Hunan	821	22	733	455	366
广 东	Guangdong	28488	22192	3487	15412	13077
广 西	Guangxi	1168	354	558	1000	168
海 南	Hainan					
重 庆	Chongqing	6961	3028	3233	3087	3875
四 川	Sichuan	110935	93504	2148	107341	3594
贵 州	Guizhou					
云 南	Yunnan	1246	587	607	1028	219
西 藏	Tibet					
陕 西	Shaanxi	3703	1680	1529	2598	1104
甘 肃	Gansu					
青 海	Qinghai					
宁 夏	Ningxia					
新 疆	Xinjiang	15	9	6	43	-29

股份合作企业
Cooperative Enterprises

单位：万元
Unit: 10000 yuan

地 区	Region	资产总计 Total Assets	#流动资产合计 Total Current Assets	#固定资产合计 Total Fixed Assets	负债合计 Total Liabilities	所有者权益合计 Total Owners' Equities
全 国	**National Total**	**412753**	**252849**	**55450**	**336127**	**76625**
北 京	Beijing	27731	17996	3183	25182	2549
天 津	Tianjin					
河 北	Hebei	9083	1707	5689	7894	1189
山 西	Shanxi	252	191	60	77	175
内 蒙 古	Inner Mongolia					
辽 宁	Liaoning	1718	1488	230	1435	284
吉 林	Jilin					
黑 龙 江	Heilongjiang	365		34	1	364
上 海	Shanghai	6248	4132	798	3407	2841
江 苏	Jiangsu	1221	511	669	614	607
浙 江	Zhejiang	2715	1625	776	1492	1223
安 徽	Anhui	341	338	3	186	155
福 建	Fujian	180	41	139	122	58
江 西	Jiangxi	7591	6256	616	8139	-547
山 东	Shandong	6367	2728	2733	5935	432
河 南	Henan	2353	70	876	863	1490
湖 北	Hubei	982	161	278	104	878
湖 南	Hunan					
广 东	Guangdong	14644	9384	3014	13891	753
广 西	Guangxi	4626	3192	1386	1508	3118
海 南	Hainan					
重 庆	Chongqing	1846	209	1516	499	1347
四 川	Sichuan	317143	201730	31282	259670	57474
贵 州	Guizhou	331	247	84	146	184
云 南	Yunnan	5399	618	742	3443	1956
西 藏	Tibet					
陕 西	Shaanxi	1619	227	1344	1521	98
甘 肃	Gansu					
青 海	Qinghai					
宁 夏	Ningxia					
新 疆	Xinjiang					

联营企业 单位：万元

Joint Ownership Enterprises Unit: 10000 yuan

地 区	Region	资产总计 Total Assets	#流动资产合计 Total Current Assets	#固定资产合计 Total Fixed Assets	负债合计 Total Liabilities	所有者权益合计 Total Owners' Equities
全 国	**National Total**	**17323**	**5928**	**9675**	**5034**	**12289**
北 京	Beijing					
天 津	Tianjin					
河 北	Hebei					
山 西	Shanxi					
内蒙古	Inner Mongolia					
辽 宁	Liaoning					
吉 林	Jilin					
黑龙江	Heilongjiang					
上 海	Shanghai	2186	94	2092	770	1416
江 苏	Jiangsu	179	176	3	96	83
浙 江	Zhejiang	224	96	114	24	200
安 徽	Anhui					
福 建	Fujian					
江 西	Jiangxi					
山 东	Shandong	2299	1072	92	1421	878
河 南	Henan	561	200	189	310	251
湖 北	Hubei	11051	4057	6995	2017	9035
湖 南	Hunan					
广 东	Guangdong					
广 西	Guangxi					
海 南	Hainan					
重 庆	Chongqing					
四 川	Sichuan					
贵 州	Guizhou					
云 南	Yunnan					
西 藏	Tibet					
陕 西	Shaanxi	50	30	8	10	40
甘 肃	Gansu	773	204	182	387	387
青 海	Qinghai					
宁 夏	Ningxia					
新 疆	Xinjiang					

有限责任公司 单位：万元

Limited Liability Corporations Unit: 10000 yuan

地区	Region	资产总计 Total Assets	#流动资产合计 Total Current Assets	#固定资产合计 Total Fixed Assets	负债合计 Total Liabilities	所有者权益合计 Total Owners' Equities
全国	**National Total**	**13381390**	**5833503**	**4337339**	**10048326**	**3333127**
北京	Beijing	1406216	779793	205839	1272144	134072
天津	Tianjin	232943	142933	47426	202270	30673
河北	Hebei	231552	77011	70251	173257	58295
山西	Shanxi	351178	85150	198044	253393	97786
内蒙古	Inner Mongolia	419228	159331	151537	367911	51316
辽宁	Liaoning	277423	84293	97660	219444	57981
吉林	Jilin	119191	46809	51448	54594	64597
黑龙江	Heilongjiang	55834	23675	23119	32160	23674
上海	Shanghai	475066	293326	115495	445619	29447
江苏	Jiangsu	1078397	513056	343323	853203	225254
浙江	Zhejiang	621962	222367	261311	521698	100264
安徽	Anhui	471352	186105	132604	328148	143204
福建	Fujian	190124	101125	58593	130106	60018
江西	Jiangxi	125572	46888	47621	68403	57169
山东	Shandong	1305230	328877	684030	770924	534306
河南	Henan	465689	210076	158927	302761	162927
湖北	Hubei	1005995	419016	349479	742326	263669
湖南	Hunan	288454	107136	96526	189323	99131
广东	Guangdong	1229632	573490	347813	1037135	192497
广西	Guangxi	72956	31577	21971	62128	10829
海南	Hainan	216459	103667	71100	133342	83116
重庆	Chongqing	344183	152918	119224	199191	144992
四川	Sichuan	1020177	557621	263154	778300	241877
贵州	Guizhou	165819	68279	49258	117357	48462
云南	Yunnan	208060	119973	47286	135689	72372
西藏	Tibet	2134	837	830	1933	201
陕西	Shaanxi	683591	296833	193135	454654	228937
甘肃	Gansu	145862	46497	56626	53636	92226
青海	Qinghai	13617	2032	10278	4874	8743
宁夏	Ningxia	106548	40742	30238	88174	18373
新疆	Xinjiang	50948	12073	33196	54229	-3281

股份有限公司
Share-holding Corporations Ltd.

单位：万元
Unit: 10000 yuan

地区	Region	资产总计 Total Assets	#流动资产合计 Total Current Assets	#固定资产合计 Total Fixed Assets	负债合计 Total Liabilities	所有者权益合计 Total Owners' Equities
全国	**National Total**	**2508163**	**1133919**	**589007**	**1629100**	**879064**
北京	Beijing	616702	357634	68481	451987	164716
天津	Tianjin	102244	49590	31577	58298	43946
河北	Hebei	31241	11529	12524	28452	2789
山西	Shanxi	14261	8037	721	13395	865
内蒙古	Inner Mongolia	93551	40228	32332	49522	44029
辽宁	Liaoning	28866	3904	24765	17643	11223
吉林	Jilin	26586	14316	8460	24510	2076
黑龙江	Heilongjiang	3501	759	1834	2195	1306
上海	Shanghai	239525	120845	20607	146643	92882
江苏	Jiangsu	141789	94272	30573	113706	28083
浙江	Zhejiang	96916	36380	16885	44280	52636
安徽	Anhui	55555	15773	33034	44784	10771
福建	Fujian	5461	1133	2501	789	4672
江西	Jiangxi	19817	4476	4666	7798	12019
山东	Shandong	405308	124758	81876	337747	67561
河南	Henan	44084	12045	24421	18152	25932
湖北	Hubei	43304	11594	26501	28982	14322
湖南	Hunan	26490	3471	16757	7455	19034
广东	Guangdong	77318	39263	13545	29004	48314
广西	Guangxi	7250	1833	3206	3117	4133
海南	Hainan	14439	9180	2794	8924	5515
重庆	Chongqing	110491	53867	41771	63065	47426
四川	Sichuan	105344	38650	39172	48255	57089
贵州	Guizhou	5557	5221	300	4717	840
云南	Yunnan	2452	942	832	286	2166
西藏	Tibet					
陕西	Shaanxi	129097	45824	28899	39507	89590
甘肃	Gansu	21182	9054	9623	12850	8332
青海	Qinghai	11833	4387	7245	9161	2672
宁夏	Ningxia	1376	596	483	295	1081
新疆	Xinjiang	26626	14361	2622	13579	13047

私营企业 单位：万元
Private Enterprises Unit: 10000 yuan

地 区	Region	资产总计 Total Assets	#流动资产合计 Total Current Assets	#固定资产合计 Total Fixed Assets	负债合计 Total Liabilities	所有者权益合计 Total Owners' Equities
全 国	**National Total**	**20103318**	**9034306**	**6698696**	**13566480**	**6536829**
北 京	Beijing	1067134	678262	143291	1044600	22534
天 津	Tianjin	366785	186408	116917	233157	133629
河 北	Hebei	369861	177071	107416	259792	110068
山 西	Shanxi	1044513	408217	375841	829230	215284
内蒙古	Inner Mongolia	538576	204391	206991	387292	151285
辽 宁	Liaoning	708905	320192	241575	486207	222698
吉 林	Jilin	152873	28594	97750	54783	98090
黑龙江	Heilongjiang	82831	36276	34940	39272	43559
上 海	Shanghai	1257155	788899	246817	1100933	156222
江 苏	Jiangsu	2128063	899021	771804	1471035	657027
浙 江	Zhejiang	1747637	834849	573383	1352865	394772
安 徽	Anhui	1111519	491733	355226	712777	398742
福 建	Fujian	469238	235263	129427	255259	213980
江 西	Jiangxi	197503	69175	69437	115511	81992
山 东	Shandong	1668871	679569	668003	1015455	653416
河 南	Henan	585219	222890	270238	274259	310960
湖 北	Hubei	943318	346942	396352	470899	472419
湖 南	Hunan	526075	142820	260422	290400	235675
广 东	Guangdong	1473050	739723	475287	1117396	355646
广 西	Guangxi	179504	80117	62503	106651	72853
海 南	Hainan	24443	16484	4419	24734	-291
重 庆	Chongqing	444831	174356	200621	218522	226309
四 川	Sichuan	1548849	593530	383554	836384	712466
贵 州	Guizhou	128144	52178	42671	80568	47576
云 南	Yunnan	507062	301893	145032	302096	204965
西 藏	Tibet	9812	8118	1668	5726	4086
陕 西	Shaanxi	377333	134672	153550	209877	167455
甘 肃	Gansu	185292	67692	78065	91977	93315
青 海	Qinghai	48236	18227	14662	23915	24321
宁 夏	Ningxia	109632	58279	38359	76436	33196
新 疆	Xinjiang	101057	38466	32477	78476	22582

其他企业
Other Enterprises

单位：万元
Unit: 10000 yuan

地区	Region	资产总计 Total Assets	#流动资产合计 Total Current Assets	#固定资产合计 Total Fixed Assets	负债合计 Total Liabilities	所有者权益合计 Total Owners' Equities
全国	**National Total**	**391130**	**137790**	**187441**	**211295**	**179835**
北京	Beijing					
天津	Tianjin	10935	4069	2249	10832	102
河北	Hebei	3363	1305	1515	1658	1706
山西	Shanxi	5382	2414	2669	3196	2186
内蒙古	Inner Mongolia	7233	1194	3527	4534	2699
辽宁	Liaoning	9708	4681	2445	8574	1134
吉林	Jilin	6176	756	5420	6122	54
黑龙江	Heilongjiang	1970	391	1580	627	1344
上海	Shanghai	12438	4042	5778	10210	2228
江苏	Jiangsu	53097	9135	37680	25744	27353
浙江	Zhejiang	5324	1390	3265	865	4459
安徽	Anhui	3239	997	1757	1227	2011
福建	Fujian	19072	6263	10069	5109	13963
江西	Jiangxi	2031	1087	630	294	1737
山东	Shandong	56957	36268	11959	35554	21403
河南	Henan	13182	4170	6883	4809	8372
湖北	Hubei	35651	10448	20612	8089	27562
湖南	Hunan	5989	668	4111	2754	3235
广东	Guangdong	43463	18646	17459	25468	17995
广西	Guangxi	10335	4542	3818	4839	5496
海南	Hainan	318		117	18	300
重庆	Chongqing	19811	6985	9194	11648	8163
四川	Sichuan	18551	3522	10277	6395	12156
贵州	Guizhou	3495	996	2220	2280	1215
云南	Yunnan	5311	2302	1568	2736	2575
西藏	Tibet					
陕西	Shaanxi	32631	9161	18943	25049	7582
甘肃	Gansu	5386	2282	1692	2530	2856
青海	Qinghai					
宁夏	Ningxia	28	28		26	2
新疆	Xinjiang	56	49	7	110	-55

港、澳、台商投资企业
Enterprises with Funds from Hongkong,Macao and Taiwan

单位：万元
Unit: 10000 yuan

地区	Region	资产总计 Total Assets	#流动资产合计 Total Current Assets	#固定资产合计 Total Fixed Assets	负债合计 Total Liabilities	所有者权益合计 Total Owners' Equities
全国	**National Total**	**3113747**	**1508423**	**816561**	**2082428**	**1031319**
北京	Beijing	483212	310664	62332	320764	162448
天津	Tianjin	31715	15846	13968	27159	4556
河北	Hebei	1840	1400	187	1188	652
山西	Shanxi	1171	379	371	570	601
内蒙古	Inner Mongolia	2208	1389	429	-244	2452
辽宁	Liaoning	56453	23034	25650	43312	13142
吉林	Jilin					
黑龙江	Heilongjiang	22852	9156	5776	12338	10514
上海	Shanghai	607580	333916	121780	376177	231403
江苏	Jiangsu	258257	98920	84921	145938	112319
浙江	Zhejiang	150477	43021	68430	126600	23877
安徽	Anhui	21775	4692	13932	15612	6163
福建	Fujian	178309	86216	45557	146392	31918
江西	Jiangxi	49177	28241	12523	35388	13789
山东	Shandong	125345	35426	45673	108761	16584
河南	Henan	66531	48233	12712	36136	30395
湖北	Hubei	64596	15804	29862	55423	9174
湖南	Hunan	10644	4418	3140	8602	2042
广东	Guangdong	711938	359557	175765	424927	287011
广西	Guangxi	5549	3328	1147	2805	2744
海南	Hainan	18396	5209	11240	13870	4526
重庆	Chongqing	30094	4513	20522	23253	6841
四川	Sichuan	92943	23203	24080	76671	16272
贵州	Guizhou					
云南	Yunnan	21580	15235	4372	10530	11050
西藏	Tibet					
陕西	Shaanxi	100946	36501	32181	70251	30695
甘肃	Gansu	159	126	10	8	152
青海	Qinghai					
宁夏	Ningxia					
新疆	Xinjiang					

外商投资企业 单位：万元

Foreign Funded Enterprises Unit: 10000 yuan

地 区	Region	资产总计 Total Assets	#流动资产合计 Total Current Assets	#固定资产合计 Total Fixed Assets	负债合计 Total Liabilities	所有者权益合计 Total Owners' Equities
全 国	**National Total**	**4141001**	**1219561**	**1131048**	**2797835**	**1343007**
北 京	Beijing	572648	166772	126510	380380	192269
天 津	Tianjin	191919	42995	54222	126041	65878
河 北	Hebei	3656	1285	1905	1092	2565
山 西	Shanxi	24046	5502	4520	14771	9276
内 蒙 古	Inner Mongolia	131573	59164	25923	33341	98231
辽 宁	Liaoning	254783	74195	53485	189020	65603
吉 林	Jilin	2296	114	349	536	1760
黑 龙 江	Heilongjiang	26498	6333	3120	11811	14688
上 海	Shanghai	603380	271067	122061	449667	153713
江 苏	Jiangsu	428104	121744	113706	287015	141089
浙 江	Zhejiang	360736	81612	166446	303518	57217
安 徽	Anhui	36620	3576	1093	18764	17856
福 建	Fujian	99792	23875	35067	68537	31255
江 西	Jiangxi	19554	3886	5103	9926	9628
山 东	Shandong	136882	31413	41615	121064	15818
河 南	Henan	73351	21048	27222	54883	18467
湖 北	Hubei	185870	33285	61436	158537	27333
湖 南	Hunan	54745	12408	15929	48097	6648
广 东	Guangdong	585767	121103	176389	324838	260929
广 西	Guangxi	24083	9719	3720	10958	13125
海 南	Hainan					
重 庆	Chongqing	90437	45110	24314	28649	61788
四 川	Sichuan	112953	36186	38944	76338	36615
贵 州	Guizhou	4459	3731	111	4067	392
云 南	Yunnan	17499	2837	3833	11757	5742
西 藏	Tibet					
陕 西	Shaanxi	63033	19573	17220	37589	25444
甘 肃	Gansu	9612	4489	1170	3705	5907
青 海	Qinghai					
宁 夏	Ningxia	19684	15272	4412	19714	-30
新 疆	Xinjiang	7025	1269	1224	3222	3803

4-3-8 各地区限额以上餐饮业企业年末资产负债(按国民经济行业)

Assets and Liabilities of Enterprises above Designated Size of Catering Services by Region and Sector at the Year-end

正餐服务 | 单位：万元

Dinner | Unit: 10000 yuan

地　区	Region	资产总计 Total Assets	#流动资产合计 Total Current Assets	#固定资产合计 Total Fixed Assets	负债合计 Total Liabilities	所有者权益合计 Total Owners' Equities
全　国	**National Total**	**39349380**	**17134326**	**13041812**	**27478293**	**11870982**
北　京	Beijing	3210111	1894547	452085	2750931	459180
天　津	Tianjin	723133	374508	215740	524062	199070
河　北	Hebei	671056	276968	210133	490358	180698
山　西	Shanxi	1445919	518544	590445	1124304	321615
内蒙古	Inner Mongolia	1233142	458526	455449	836038	397104
辽　宁	Liaoning	1104925	437170	409474	812035	292733
吉　林	Jilin	399004	109846	195625	202577	196426
黑龙江	Heilongjiang	212208	79762	90326	113491	98717
上　海	Shanghai	2487513	1447035	495762	1962514	525000
江　苏	Jiangsu	3668601	1593989	1301747	2632769	1035891
浙　江	Zhejiang	2663624	1091753	1006204	2117559	546065
安　徽	Anhui	1625933	645493	524111	1087701	538232
福　建	Fujian	774337	389876	228127	461991	312346
江　西	Jiangxi	416255	161064	143068	244407	171847
山　东	Shandong	3884225	1285247	1657711	2494359	1389866
河　南	Henan	1139999	480933	456944	608851	531149
湖　北	Hubei	2148029	803130	872523	1352108	795921
湖　南	Hunan	834893	253322	377696	477265	357628
广　东	Guangdong	3033353	1394759	986866	2348734	684611
广　西	Guangxi	265763	116418	92659	175092	90672
海　南	Hainan	271523	133260	90273	180804	90720
重　庆	Chongqing	977039	425350	386207	506097	470942
四　川	Sichuan	2959416	1365374	719065	2013296	946120
贵　州	Guizhou	313424	133138	96647	214399	99026
云　南	Yunnan	717101	421434	195669	436541	280560
西　藏	Tibet	11522	8889	2387	7512	4010
陕　西	Shaanxi	1257629	498071	422120	755303	502326
甘　肃	Gansu	374090	127803	159641	174167	199924
青　海	Qinghai	73686	24646	32185	37950	35736
宁　夏	Ningxia	236247	114438	73120	184280	51967
新　疆	Xinjiang	215682	69034	101805	150800	64882

4-3-8 续表 1 Continued 1

快餐服务 单位：万元

Snack Unit: 10000 yuan

地 区	Region	资产总计 Total Assets	#流动资产合计 Total Current Assets	#固定资产合计 Total Fixed Assets	负债合计 Total Liabilities	所有者权益合计 Total Owners' Equities
全 国	**National Total**	**4494719**	**1616544**	**1125450**	**3032311**	**1462409**
北 京	Beijing	603210	246724	139507	376923	226287
天 津	Tianjin	197911	45971	54402	128498	69412
河 北	Hebei	3712	1961	1618	3324	388
山 西	Shanxi	29065	7006	5824	16794	12270
内蒙古	Inner Mongolia	14787	10087	3876	11955	2832
辽 宁	Liaoning	250771	72059	50054	178893	71877
吉 林	Jilin					
黑龙江	Heilongjiang	12819	3786	3545	8271	4548
上 海	Shanghai	409815	191301	89392	311819	97996
江 苏	Jiangsu	392672	126567	92958	275249	117423
浙 江	Zhejiang	264197	89535	70272	199071	65127
安 徽	Anhui	94295	61791	23248	67021	27274
福 建	Fujian	182101	61925	50631	142977	39125
江 西	Jiangxi	19648	3811	5595	9241	10408
山 东	Shandong	184713	43546	54311	150049	34665
河 南	Henan	97850	29807	41049	70517	27333
湖 北	Hubei	158234	32633	42831	121970	36264
湖 南	Hunan	88898	20813	29306	74779	14119
广 东	Guangdong	1051912	415021	237216	614200	437712
广 西	Guangxi	39938	16543	7360	22240	17698
海 南	Hainan	4128	1604	667	1599	2528
重 庆	Chongqing	72921	28456	22657	51483	21438
四 川	Sichuan	132398	37043	42698	94213	38185
贵 州	Guizhou	1039	953	62	208	831
云 南	Yunnan	33609	9173	9327	21438	12171
西 藏	Tibet	424	66	111	147	277
陕 西	Shaanxi	116573	44696	36421	65900	50673
甘 肃	Gansu	11718	6233	1199	4736	6982
青 海	Qinghai					
宁 夏	Ningxia	1020	479	373	366	655
新 疆	Xinjiang	24342	6954	8941	8429	15913

4-3-8 续表 2 Continued 2

饮料及冷饮服务

Beverage and Cold Drink

单位：万元

Unit: 10000 yuan

地 区	Region	资产总计 Total Assets	#流动资产合计 Total Current Assets	#固定资产合计 Total Fixed Assets	负债合计 Total Liabilities	所有者权益合计 Total Owners' Equities
全 国	**National Total**	**534792**	**264632**	**105191**	**295533**	**239259**
北 京	Beijing	96851	55291	14383	63262	33589
天 津	Tianjin					
河 北	Hebei	46	39	8	18	29
山 西	Shanxi					
内蒙古	Inner Mongolia					
辽 宁	Liaoning	11431	5627	1889	4295	7136
吉 林	Jilin					
黑龙江	Heilongjiang	1002	155	235	617	385
上 海	Shanghai	219600	109421	38930	125732	93868
江 苏	Jiangsu	50509	20122	13559	26823	23686
浙 江	Zhejiang	8183	6490	965	4142	4041
安 徽	Anhui	2558	736	946	756	1801
福 建	Fujian	8234	2243	4826	2758	5476
江 西	Jiangxi	248	7	78	48	200
山 东	Shandong	5044	2274	757	1810	3235
河 南	Henan	267	168	63	94	172
湖 北	Hubei	18292	4251	5760	10008	8284
湖 南	Hunan	1050	446	604	433	617
广 东	Guangdong	72329	37726	11973	32085	40244
广 西	Guangxi	7422	2606	4170	3259	4163
海 南	Hainan	209	113	96	59	150
重 庆	Chongqing	334	176	152	204	130
四 川	Sichuan	21226	8703	4767	11520	9706
贵 州	Guizhou	493	159	334	298	195
云 南	Yunnan	7740	7131	189	6503	1237
西 藏	Tibet					
陕 西	Shaanxi	539	153	130	303	236
甘 肃	Gansu	1185	597	375	505	680
青 海	Qinghai					
宁 夏	Ningxia					
新 疆	Xinjiang					

其他餐饮业
Others

单位：万元
Unit: 10000 yuan

地区	Region	资产总计 Total Assets	#流动资产合计 Total Current Assets	#固定资产合计 Total Fixed Assets	负债合计 Total Liabilities	所有者权益合计 Total Owners' Equities
全国	**National Total**	**1198882**	**657203**	**214216**	**854706**	**344176**
北京	Beijing	318330	147339	14179	339879	-21549
天津	Tianjin	33518	27355	3734	21338	12180
河北	Hebei	1832	1687	145	1322	511
山西	Shanxi	10166	1098	8358	4206	5960
内蒙古	Inner Mongolia	3850	3493	357	3650	200
辽宁	Liaoning	26759	12040	12195	7335	19424
吉林	Jilin	146	74	5	81	66
黑龙江	Heilongjiang					
上海	Shanghai	118260	87024	19924	150058	-31798
江苏	Jiangsu	74068	35425	22094	38828	35240
浙江	Zhejiang	60048	39924	14624	36253	23794
安徽	Anhui	9788	2915	6322	2073	7715
福建	Fujian	16713	10442	3837	7317	9396
江西	Jiangxi					
山东	Shandong	19081	7632	6029	9423	9658
河南	Henan	28280	12726	12487	19912	8368
湖北	Hubei	19721	13654	4771	11820	7902
湖南	Hunan	5170	227	1221	2048	3122
广东	Guangdong	95192	66820	12465	42225	52968
广西	Guangxi	1512	1307	162	665	848
海南	Hainan					
重庆	Chongqing	37300	10292	22156	19390	17910
四川	Sichuan	257689	155609	43405	95871	161818
贵州	Guizhou	81	72	9	31	50
云南	Yunnan	18329	10573	3218	8944	9386
西藏	Tibet					
陕西	Shaanxi	42525	9403	2069	31993	10532
甘肃	Gansu	523	75	449	46	477
青海	Qinghai					
宁夏	Ningxia					
新疆	Xinjiang					

4-4-1　限额以上住宿和餐饮业企业损益及分配

项　目	Item	主营业务收入 Revenue from Principal Business	主营业务成本 Cost of Principal Business
总　计	**Total**	**79423325**	**36554024**
一、住宿业	**Hotels**	**34580471**	**13437303**
#国有控股	State-controlled Enterprises	9646630	3526283
(一)按登记注册类型分	**by Type of Registration**		
1.内资企业	**Domestic Funded Enterprises**	**29122822**	**11801777**
国有企业	State-owned Enterprises	4590014	1841306
集体企业	Collective-owned Enterprises	609647	274465
股份合作企业	Cooperative Enterprises	114766	46312
联营企业	Joint Ownership Enterprises	67850	26086
国有联营企业	State Joint Ownership Enterprises	31226	10691
集体联营企业	Collective Joint Ownership Enterprises	17575	8584
国有与集体联营企业	Joint State-collective Enterprises	12876	3661
其他联营企业	Other Joint Ownership Enterprises	6174	3151
有限责任公司	Limited Liability Corporations	12417492	4587546
国有独资公司	State Sole Funded Corporations	1003814	384493
其他有限责任公司	Other Limited Liability Corporations	11413678	4203053
股份有限公司	Share-holding Corporations Ltd.	1244527	537833
私营企业	Private Enterprises	9733833	4317204
私营独资企业	Private-funded Enterprises	1069778	592170
私营合伙企业	Private Partnership Enterprises	259819	142642
私营有限责任公司	Private Limited Liability Corporations	7827205	3294853
私营股份有限公司	Private Share-holding Corporations Ltd.	577031	287539
其他企业	Other Enterprises	344694	171026
2.港、澳、台商投资企业	**Enterprises with Funds from Hongkong, Macao and Taiwan**	**3222360**	**934291**
合资经营企业	Joint-venture Enterprises	1588429	456318
合作经营企业	Cooperative Enterprises	373537	97186
独资经营企业	Enterprises with Sole Investment	1147899	339048
投资股份有限公司	Share-holding Corporations Ltd. with Investment	99696	38654
其他港澳台商投资企业	Other Enterprises with Funds from Hongkong, Macao and Taiwan	12800	3085
3.外商投资企业	**Foreign Funded Enterprises**	**2235289**	**701235**
中外合资经营企业	Joint-venture Enterprises	1063553	250617
中外合作经营企业	Cooperative Enterprises	307594	140569
外资企业	Enterprises with Sole Foreign Investment	817193	297942
外商投资股份有限公司	Share-holding Corporations Ltd. with Foreign Investment	36198	8588
其他外商投资企业	Other Foreign Funded Enterprises	10752	3520
(二)按国民经济行业分	**by Sector**		
旅游饭店	Tourist Hotel	28062943	10481665
一般旅馆	Fonda	5752618	2621141
其他住宿业	Others	764911	334497

Income and Distribution of Enterprises above Designated Size of Hotels and Catering Services

单位：万元

Unit: 10000 yuan

主营业务税金及附加 Taxes and Other Charges on Principal Business	主营业务利润 Profits from Principal Business	其他业务利润 Profits from Other Business	销售费用 Selling Expenses	管理费用 Administrative Expenses	
					#税　金 Taxes
4197549	**38671751**	**1132144**	**21849312**	**14736706**	**571799**
1871644	**19271524**	**717224**	**9602210**	**9497828**	**385674**
523434	5596912	217948	2833768	3029072	139007
1572396	**15748650**	**585540**	**8220169**	**7710674**	**317829**
246809	2501899	117397	1378400	1368212	61476
33236	301946	8799	142283	157397	7234
6214	62240	3218	34553	28034	915
3199	38566	38	19802	17112	633
1754	18781	16	10779	7568	480
575	8416	22	4535	3098	80
556	8659		3609	4414	59
313	2710		879	2032	14
681679	7148267	259259	3726243	3718404	145282
53987	565335	10038	280350	346446	15819
627693	6582933	249221	3445892	3371958	129463
64141	642553	31458	310563	308744	16246
519341	4897289	158250	2541626	2056873	84212
55476	422133	5278	157088	137282	9378
13217	103960	1746	45462	33573	1817
422428	4109923	145007	2214962	1772690	65579
28220	261273	6220	124114	113329	7439
17777	155891	7121	66699	55900	1833
176802	**2111268**	**85981**	**834830**	**1093410**	**41350**
90514	1041597	43046	396351	538763	24544
19735	256617	3755	116307	126455	4814
60416	748436	35867	295556	399583	11314
5439	55603	3312	24768	23378	678
699	9015		1848	5230	
122446	**1411607**	**45703**	**547211**	**693744**	**26495**
60000	752936	27187	289226	380572	15076
16998	150027	7030	60706	71330	2097
43101	476149	11461	178539	223610	9017
1706	25904	26	14179	14550	237
642	6591		4561	3682	67
1530394	16050884	596722	8005742	8041764	326599
300381	2831096	98159	1420117	1263305	52795
40869	389545	22343	176351	192759	6281

项　目	Item	财务费用 Financial Expenses	#利息支出 Interest Expenses
总　计	**Total**	**2183168**	**1376973**
一、住宿业	**Hotels**	**1514729**	**1036885**
#国有控股	State-controlled Enterprises	220423	191887
(一)按登记注册类型分	**by Type of Registration**		
1.内资企业	**Domestic Funded Enterprises**	**1245537**	**848145**
国有企业	State-owned Enterprises	61686	51931
集体企业	Collective-owned Enterprises	8378	4531
股份合作企业	Cooperative Enterprises	3656	2822
联营企业	Joint Ownership Enterprises	1403	1308
国有联营企业	State Joint Ownership Enterprises	1063	976
集体联营企业	Collective Joint Ownership Enterprises	73	62
国有与集体联营企业	Joint State-collective Enterprises	235	269
其他联营企业	Other Joint Ownership Enterprises	33	1
有限责任公司	Limited Liability Corporations	617554	430682
国有独资公司	State Sole Funded Corporations	20378	14736
其他有限责任公司	Other Limited Liability Corporations	597175	415945
股份有限公司	Share-holding Corporations Ltd.	53442	44749
私营企业	Private Enterprises	489908	307555
私营独资企业	Private-funded Enterprises	30400	14150
私营合伙企业	Private Partnership Enterprises	5820	3257
私营有限责任公司	Private Limited Liability Corporations	415779	259265
私营股份有限公司	Private Share-holding Corporations Ltd.	37909	30884
其他企业	Other Enterprises	9510	4567
2.港、澳、台商投资企业	**Enterprises with Funds from Hongkong, Macao and Taiwan**	**183444**	**129430**
合资经营企业	Joint-venture Enterprises	79693	53741
合作经营企业	Cooperative Enterprises	24044	23274
独资经营企业	Enterprises with Sole Investment	73661	49120
投资股份有限公司	Share-holding Corporations Ltd. with Investment	5837	3091
其他港澳台商投资企业	Other Enterprises with Funds from Hongkong, Macao and Taiwan	209	204
3.外商投资企业	**Foreign Funded Enterprises**	**85748**	**59310**
中外合资经营企业	Joint-venture Enterprises	55529	32026
中外合作经营企业	Cooperative Enterprises	12076	10898
外资企业	Enterprises with Sole Foreign Investment	16903	15268
外商投资股份有限公司	Share-holding Corporations Ltd. with Foreign Investment	724	643
其他外商投资企业	Other Foreign Funded Enterprises	516	474
(二)按国民经济行业分	**by Sector**		
旅游饭店	Tourist Hotel	1336438	931163
一般旅馆	Fonda	147649	84081
其他住宿业	Others	30642	21641

单位：万元
Unit: 10000 yuan

营业利润 Operating Profits	利润总额 Total Profits	应交所得税 Income Tax Payable	应付职工薪酬 Payables to Employees
918189	**963669**	**820915**	**16135812**
-628585	**-406254**	**317267**	**7999262**
-285560	-166387	98526	2639033
-862180	**-678691**	**226714**	**6749310**
-219399	-147870	25348	1246511
845	-2677	6187	138715
-993	781	1749	26667
373	-774	399	17573
-645	-377	268	9743
836	494	94	2638
415	-657	26	4080
-234	-234	11	1112
-574659	-503985	102749	3072103
-59657	-46505	12705	285974
-515001	-457480	90044	2786129
3693	3038	10512	277602
-97326	-48073	77712	1901569
100536	90431	11231	168672
19563	16546	1834	43503
-214080	-152584	60837	1583420
-3345	-2466	3811	105975
25287	20868	2059	68570
111279	**143179**	**51038**	**738248**
69522	70910	27495	385683
-7025	-11408	5373	81250
50761	84985	17691	243041
-2444	-1771	474	24776
465	463	6	3499
122316	**129258**	**39515**	**511705**
42211	47121	19293	246032
9726	9712	5295	74057
75574	76312	14524	176996
-3050	-1754	384	11711
-2145	-2133	19	2907
-870112	-651687	247074	6730104
232736	232597	64037	1112429
8791	12836	6156	156730

项　　目	Item	主营业务收入 Revenue from Principal Business	主营业务成本 Cost of Principal Business
二、餐饮业	**Catering Services**	**44842853**	**23116721**
#国有控股	State-controlled Enterprises	2188950	1099025
(一)按登记注册类型分	**by Type of Registration**		
1.内资企业	**Domestic Funded Enterprises**	**33006024**	**17814323**
国有企业	State-owned Enterprises	689577	374715
集体企业	Collective-owned Enterprises	262623	152430
股份合作企业	Cooperative Enterprises	169941	89612
联营企业	Joint Ownership Enterprises	53876	35254
国有联营企业	State Joint Ownership Enterprises		
集体联营企业	Collective Joint Ownership Enterprises	53876	35254
国有与集体联营企业	Joint State-collective Enterprises		
其他联营企业	Other Joint Ownership Enterprises		
有限责任公司	Limited Liability Corporations	9326602	4748881
国有独资公司	State Sole Funded Corporations	318259	156918
其他有限责任公司	Other Limited Liability Corporations	9008343	4591963
股份有限公司	Share-holding Corporations Ltd.	1311889	662341
私营企业	Private Enterprises	20643239	11416747
私营独资企业	Private-funded Enterprises	3779882	2275437
私营合伙企业	Private Partnership Enterprises	446858	266506
私营有限责任公司	Private Limited Liability Corporations	15518117	8380331
私营股份有限公司	Private Share-holding Corporations Ltd.	898383	494474
其他企业	Other Enterprises	548278	334344
2.港、澳、台商投资企业	**Enterprises with Funds from Hongkong, Macao and Taiwan**	**3600317**	**1441094**
合资经营企业	Joint-venture Enterprises	698311	339323
合作经营企业	Cooperative Enterprises	212954	82785
独资经营企业	Enterprises with Sole Investment	2666438	1008987
投资股份有限公司	Share-holding Corporations Ltd. with Investment	19853	8423
其他港澳台商投资企业	Other Enterprises with Funds from Hongkong, Macao and Taiwan	2762	1576
3.外商投资企业	**Foreign Funded Enterprises**	**8236512**	**3861303**
中外合资经营企业	Joint-venture Enterprises	1841499	860575
中外合作经营企业	Cooperative Enterprises	126371	72823
外资企业	Enterprises with Sole Foreign Investment	6206834	2899273
外商投资股份有限公司	Share-holding Corporations Ltd. with Foreign Investment	43264	18381
其他外商投资企业	Other Foreign Funded Enterprises	18545	10252
(二)按国民经济行业分	**by Sector**		
正餐服务	Dinner	33589730	17831762
快餐服务	Snack	8876075	4205985
饮料及冷饮服务	Beverage and Cold Drink	861089	276598
其他餐饮业	Others	1515960	802377

单位：万元

Unit: 10000 yuan

主营业务税金及附加 Taxes and Other Charges on Principal Business	主营业务利润 Profits from Principal Business	其他业务利润 Profits from Other Business	销售费用 Selling Expenses	管理费用 Administrative Expenses	
					#税 金 Taxes
2325906	**19400227**	**414921**	**12247102**	**5238879**	**186125**
103785	986140	38865	554674	407629	13556
1695385	**13496317**	**334356**	**7852892**	**4084248**	**171042**
33320	281542	11855	160953	120408	5421
12129	98064	2195	43145	27506	1357
9655	70674	640	47164	19462	1774
491	18131		2273	2325	15
491	18131		2273	2325	15
489001	4088721	129421	2660017	1345063	47607
15857	145485	13242	63629	74844	1232
473144	3943236	116179	2596387	1270219	46375
61446	588102	8791	333034	189447	6410
1058658	8167834	175141	4529274	2327695	104848
181745	1322699	12717	393990	289653	28239
20983	159369	2413	70612	43849	2666
810066	6327721	151247	3846510	1897270	69850
45865	358045	8764	218162	96923	4093
30686	183249	6313	77032	52342	3611
189602	**1969621**	**25960**	**1519419**	**393475**	**7399**
35938	323050	6172	240521	86621	2248
10498	119671	-501	91449	32331	252
141948	1515503	20226	1178551	270525	4629
1107	10323	63	8260	3758	233
112	1074		638	240	37
440919	**3934290**	**54604**	**2874791**	**761156**	**7683**
97442	883482	5286	674965	160820	1755
6815	46733	1508	32021	17121	164
333377	2974183	46440	2146888	577274	5669
2264	22619	891	16010	4668	95
1021	7273	480	4908	1273	1
1751702	14006266	337602	8373632	4281139	168962
459329	4210762	71334	3113094	739202	8785
44121	540369	1088	391142	60536	1665
70754	642830	4897	369233	158002	6713

项　目	Item	财务费用 Financial Expenses	#利息支出 Interest Expenses
二、餐饮业	**Catering Services**	**668439**	**340088**
#国有控股	State-controlled Enterprises	34611	22863
(一)按登记注册类型分	**by Type of Registration**		
1.内资企业	**Domestic Funded Enterprises**	**601261**	**311280**
国有企业	State-owned Enterprises	9137	5230
集体企业	Collective-owned Enterprises	1828	696
股份合作企业	Cooperative Enterprises	1994	1547
联营企业	Joint Ownership Enterprises	1444	10
国有联营企业	State Joint Ownership Enterprises		
集体联营企业	Collective Joint Ownership Enterprises	1444	10
国有与集体联营企业	Joint State-collective Enterprises		
其他联营企业	Other Joint Ownership Enterprises		
有限责任公司	Limited Liability Corporations	180832	108016
国有独资公司	State Sole Funded Corporations	5463	3510
其他有限责任公司	Other Limited Liability Corporations	175369	104506
股份有限公司	Share-holding Corporations Ltd.	32781	18357
私营企业	Private Enterprises	366552	174709
私营独资企业	Private-funded Enterprises	49468	16740
私营合伙企业	Private Partnership Enterprises	5572	2580
私营有限责任公司	Private Limited Liability Corporations	291916	144047
私营股份有限公司	Private Share-holding Corporations Ltd.	19596	11341
其他企业	Other Enterprises	6695	2715
2.港、澳、台商投资企业	**Enterprises with Funds from Hongkong, Macao and Taiwan**	**35445**	**16253**
合资经营企业	Joint-venture Enterprises	7889	5753
合作经营企业	Cooperative Enterprises	2209	208
独资经营企业	Enterprises with Sole Investment	24481	9685
投资股份有限公司	Share-holding Corporations Ltd. with Investment	853	607
其他港澳台商投资企业	Other Enterprises with Funds from Hongkong, Macao and Taiwan	14	
3.外商投资企业	**Foreign Funded Enterprises**	**31733**	**12556**
中外合资经营企业	Joint-venture Enterprises	8031	4532
中外合作经营企业	Cooperative Enterprises	1252	62
外资企业	Enterprises with Sole Foreign Investment	21677	7656
外商投资股份有限公司	Share-holding Corporations Ltd. with Foreign Investment	721	285
其他外商投资企业	Other Foreign Funded Enterprises	52	20
(二)按国民经济行业分	**by Sector**		
正餐服务	Dinner	616475	314556
快餐服务	Snack	37709	19279
饮料及冷饮服务	Beverage and Cold Drink	2514	426
其他餐饮业	Others	11741	5828

4-4-1 Continued 3

单位：万元

Unit: 10000 yuan

营业利润 Operating Profits	利润总额 Total Profits	应交所得税 Income Tax Payable	应付职工薪酬 Payables to Employees
1546774	**1369923**	**503648**	**8136550**
59918	71942	27896	552622
1179608	**1026799**	**357208**	**6088098**
3005	-14	5732	161172
26317	24934	3125	48125
5163	12166	3663	33061
3553	3996	709	1605
3553	3996	709	1605
-19901	-19883	98598	1898537
5012	7131	3975	67752
-24913	-27014	94623	1830786
118406	108909	18170	270508
994486	860206	222909	3583913
596743	504340	53141	501958
39921	36477	4060	72196
331578	296719	157990	2849803
26244	22670	7718	159956
48579	36484	4302	91178
39564	**31083**	**38255**	**638472**
-12281	-9492	4091	134239
-5739	-5968	1941	39936
59904	49344	32161	459400
-2503	-2981	26	4383
183	180	36	513
327602	**312042**	**108185**	**1409981**
38239	38702	18079	356041
-3438	-3333	701	30689
289163	274398	88505	1012056
2320	1145	666	9170
1319	1129	234	2025
970723	842710	359093	6237393
378133	339496	93594	1473728
86389	87566	23129	133646
111529	100152	27832	291783

4-4-2 各地区限额以上住宿业企业损益及分配

地 区	Region	主营业务收入 Revenue from Principal Business	主营业务成本 Cost of Principal Business	主营业务税金及附加 Taxes and Other Charges on Principal Business	主营业务利润 Profits from Principal Business	其他业务利润 Profits from Other Business	销售费用 Selling Expenses	管理费用 Administr-ative Expenses
全 国	**National Total**	**34580471**	**13437303**	**1871644**	**19271524**	**717224**	**9602210**	**9497828**
北 京	Beijing	3543814	934335	194724	2414755	27894	1082226	1274112
天 津	Tianjin	393089	143930	20885	228274	16275	137898	133670
河 北	Hebei	729543	330102	40503	358938	9967	246891	230481
山 西	Shanxi	457192	211060	25833	220299	17700	151189	129274
内蒙古	Inner Mongolia	404451	194234	20551	189666	5841	102388	109218
辽 宁	Liaoning	1058528	497783	54459	506286	45053	243043	294745
吉 林	Jilin	339433	168464	17533	153436	8775	81444	86926
黑龙江	Heilongjiang	338373	132664	18511	187198	18205	89749	101081
上 海	Shanghai	2261029	673280	130833	1456916	127589	653273	738006
江 苏	Jiangsu	2061507	812581	107302	1141624	19237	587977	597249
浙 江	Zhejiang	2747539	899837	154338	1693364	69449	913732	828521
安 徽	Anhui	667274	306966	35330	324978	14579	179532	169622
福 建	Fujian	1451344	585929	82380	783035	10479	414481	332729
江 西	Jiangxi	488148	207174	26618	254356	4734	122839	116319
山 东	Shandong	2137635	988627	108411	1040597	51512	467422	416928
河 南	Henan	1389478	659197	75126	655155	14171	272138	271854
湖 北	Hubei	1221160	615929	62877	542354	24845	234494	222480
湖 南	Hunan	1476897	675207	72049	729641	28245	294818	361592
广 东	Guangdong	4714990	1659827	263275	2791888	66666	1454983	1210337
广 西	Guangxi	596977	217888	34722	344367	12460	276162	260033
海 南	Hainan	932341	257107	51660	623574	15122	247472	298852
重 庆	Chongqing	677761	296537	36246	344978	2267	158666	145485
四 川	Sichuan	1367330	549935	70409	746986	47266	382651	365956
贵 州	Guizhou	417172	188727	23568	204877	8154	84834	109891
云 南	Yunnan	811089	375683	44001	391405	22078	190976	214690
西 藏	Tibet	59616	17699	3530	38387	1258	24978	17260
陕 西	Shaanxi	996019	434965	50780	510274	12372	277226	250627
甘 肃	Gansu	330051	167007	17507	145537	7190	75405	67787
青 海	Qinghai	82002	32462	4469	45071	741	24729	23107
宁 夏	Ningxia	90137	38133	4550	47454	2602	35451	23833
新 疆	Xinjiang	338554	164036	18668	155850	4496	93144	95164

Income and Distribution of Enterprises above Designated Size of Hotels by Region

单位：万元
Unit: 10000 yuan

#税金 Taxes	财务费用 Financial Expenses	#利息支出 Interest Expenses	营业利润 Operating Profits	利润总额 Total Profits	应交所得税 Income Tax Payable	应付职工薪酬 Payables to Employees
385674	**1514729**	**1036885**	**-628585**	**-406254**	**317267**	**7999262**
68460	138923	133650	-28108	-577	53752	989100
3521	16956	6679	-56289	-50364	974	106057
9799	43760	27465	-158548	-140205	3432	197661
5306	19165	7793	-71798	-65112	1128	107497
4984	9305	5286	-32787	-24622	1843	94857
17706	32130	15663	-44425	-22430	6576	185499
4430	15128	11185	-22238	-17151	1511	61549
3988	9938	6611	-11307	-11299	2793	61621
14180	87443	31809	82246	116051	35678	499014
22651	99924	66376	-105188	-114975	11277	491644
23996	188212	160995	-165108	-129089	22119	626422
8494	36147	23623	-44937	-33903	5220	160947
13301	69000	50829	-14261	-7764	16183	335735
5405	28657	19033	-9218	-12089	1540	110952
20217	54858	28581	120588	119542	23126	416562
19826	44273	18930	80264	72967	9877	268598
15674	45790	23459	53182	48306	9602	231182
18431	78701	55481	15998	-16242	8001	295291
37282	210412	144460	-25343	-404	47541	1186104
6421	35740	26425	-66117	-27175	3013	147442
9026	26839	20367	58688	61920	7971	252225
7651	33163	31236	27987	21815	5841	147848
11151	77114	44056	-59608	-56129	13998	280765
3481	28693	23978	-15736	-10712	3902	94517
8607	25037	19040	-24742	-13149	7717	191328
103	651	430	-1752	-1231	202	16140
10104	31983	16086	-46543	-42690	6324	234386
3688	12112	9749	-8385	-4649	3345	62039
1533	2825	1234	-3968	-2716	125	23815
913	2787	1457	-13879	-11579	176	27342
5345	9063	4923	-37252	-30597	2481	95128

4-4-2 续表

国有控股

State-controlled Enterprises

地　区	Region	主营业务收入 Revenue from Principal Business	主营业务成本 Cost of Principal Business	主营业务税金及附加 Taxes and Other Charges on Principal Business	主营业务利润 Profits from Principal Business	其他业务利润 Profits from Other Business	销售费用 Selling Expenses	管理费用 Administrative Expenses
全　国	**National Total**	**9646630**	**3526283**	**523434**	**5596912**	**217948**	**2833768**	**3029072**
北　京	Beijing	1824132	472726	99575	1251831	11937	560717	701062
天　津	Tianjin	128362	45310	6988	76064	3382	40724	53984
河　北	Hebei	270108	130596	15165	124347	2375	89404	96649
山　西	Shanxi	134946	60900	7435	66611	10948	46740	41884
内蒙古	Inner Mongolia	96709	57304	5310	34095	603	24881	26797
辽　宁	Liaoning	285942	175152	12813	97977	4897	58490	67778
吉　林	Jilin	128045	65412	6999	55634	5503	35358	33067
黑龙江	Heilongjiang	125055	57348	6005	61702	8072	32223	37571
上　海	Shanghai	959720	266747	57333	635640	73634	309784	329921
江　苏	Jiangsu	593223	231905	28958	332360	7345	175967	190077
浙　江	Zhejiang	578320	171747	32483	374090	12470	185261	186471
安　徽	Anhui	148006	71193	7964	68849	3968	38159	40646
福　建	Fujian	310076	89289	19102	201685	2658	119372	85234
江　西	Jiangxi	113149	45603	6234	61312	699	34555	29456
山　东	Shandong	549493	213605	29202	306686	18794	160909	144947
河　南	Henan	317400	150905	16593	149902	4734	75298	71649
湖　北	Hubei	239950	133395	11005	95550	5418	41932	49814
湖　南	Hunan	319621	128585	16583	174453	3263	56398	111998
广　东	Guangdong	900406	263553	49807	587046	5488	296549	271456
广　西	Guangxi	130793	55864	6970	67959	4762	42274	39111
海　南	Hainan	144488	42807	7926	93755	830	38937	39574
重　庆	Chongqing	123123	51183	7172	64768	456	31134	32515
四　川	Sichuan	273408	103492	13977	155939	3948	91376	78480
贵　州	Guizhou	98504	48413	5453	44638	2644	22155	26950
云　南	Yunnan	232589	99673	12589	120327	7878	60497	68686
西　藏	Tibet	28977	7019	1752	20206	847	15089	9353
陕　西	Shaanxi	197590	79492	10692	107406	4642	55032	57256
甘　肃	Gansu	140323	73214	8033	59076	2296	31765	33025
青　海	Qinghai	31223	13508	1605	16110	192	6495	11052
宁　夏	Ningxia	27366	14744	1028	11594	4	11910	6101
新　疆	Xinjiang	195583	105601	10683	79299	3261	44384	56511

单位：万元

Unit: 10000 yuan

#税金 Taxes	财务费用 Financial Expenses	#利息支出 Interest Expenses	营业利润 Operating Profits	利润总额 Total Profits	应交所得税 Income Tax Payable	应付职工薪酬 Payables to Employees
139007	**220423**	**191887**	**-285560**	**-166387**	**98526**	**2639033**
38651	43212	46208	-38184	-22031	24185	567630
1909	6712	5468	-25817	-19165	131	36681
3624	4012	2787	-63032	-49072	2003	76366
2747	1051	395	-19776	-19087	272	37340
1384	2772	2224	-18048	-10894	251	26750
4199	2048	1310	-14595	-5569	808	56732
1617	1702	530	-8324	-7449	28	25085
1784	1541	589	-8963	-10148	405	26125
9038	13652	10711	13221	28824	18602	244321
8457	12919	14201	-27108	-26104	3367	160424
6108	21920	23112	2033	9740	8275	145842
2194	1891	1397	-6439	-3719	483	40075
2635	6553	5594	-3910	-613	3144	95046
2018	3185	2332	-4452	-3326	144	27543
5403	3954	2956	3366	10798	2492	137051
3419	6852	4950	1360	4864	2045	75071
3763	6380	4901	-7141	-5038	996	54774
5673	23310	20427	-4308	579	3304	77926
13514	20100	10958	12998	19914	14672	280720
2515	3935	3014	-12733	-11857	613	37957
1754	2340	1958	15560	16361	2218	39796
1398	3375	3050	669	-1627	533	32345
3231	6098	4280	-12150	-16411	2784	72127
1350	6143	5970	-8784	-8559	835	28349
2915	2805	2742	-3991	-4228	2526	66508
5	140	62	-1758	-1487	161	8064
2109	6948	4111	-9501	-5486	1481	55442
1398	5303	4613	-10549	-6718	654	26531
1112	110	171	-998	-536	51	9879
210	106	53	-6396	-6196		9984
2874	-642	817	-17810	-12149	1065	60550

4-4-3 各地区限额以上住宿业企业损益及分配(按登记注册类型分)

内资企业

Domestic Funded Enterprises

地　区	Region	主营业务收入 Revenue from Principal Business	主营业务成本 Cost of Principal Business	主营业务税金及附加 Taxes and Other Charges on Principal Business	主营业务利润 Profits from Principal Business	其他业务利润 Profits from Other Business	销售费用 Selling Expenses	管理费用 Administrative Expense
全　国	**National Total**	**29122822**	**11801777**	**1572396**	**15748650**	**585540**	**8220169**	**7710674**
北　京	Beijing	2607289	702848	143058	1761383	23944	866841	970000
天　津	Tianjin	348171	129272	18337	200562	11252	125782	112043
河　北	Hebei	707637	322467	39288	345882	9955	242766	215355
山　西	Shanxi	450330	207856	25431	217043	17700	149510	126935
内蒙古	Inner Mongolia	377151	181982	19631	175538	5836	101580	100064
辽　宁	Liaoning	865062	446701	43494	374867	15523	199201	202271
吉　林	Jilin	300802	157351	15439	128012	8764	70884	74029
黑龙江	Heilongjiang	284736	120567	15507	148662	11630	74506	77979
上　海	Shanghai	1769401	503625	101547	1164229	122494	567266	577994
江　苏	Jiangsu	1812409	731201	93785	987423	16767	514719	501129
浙　江	Zhejiang	2332883	778408	130230	1424245	57064	797977	703961
安　徽	Anhui	627167	294257	33048	299862	14579	168234	149487
福　建	Fujian	1041345	448449	59684	533212	8021	305137	221750
江　西	Jiangxi	458162	194970	24852	238340	4722	115147	107085
山　东	Shandong	2005167	954870	101308	948989	44661	431024	356071
河　南	Henan	1321521	642639	71409	607473	13714	244349	238459
湖　北	Hubei	1124674	586717	57366	480591	17218	204185	196097
湖　南	Hunan	1389554	638667	67717	683170	28096	268625	339115
广　东	Guangdong	3393843	1229650	194369	1969824	49963	1099728	833758
广　西	Guangxi	504393	198908	29711	275774	10432	246779	209879
海　南	Hainan	654727	188045	36250	430432	14329	190689	221859
重　庆	Chongqing	612734	281119	32704	298911	1919	139419	131373
四　川	Sichuan	1230084	514118	62998	652968	29875	347257	318607
贵　州	Guizhou	399386	183753	22450	193183	5531	82918	99932
云　南	Yunnan	747582	358240	40436	348906	17334	171591	187785
西　藏	Tibet	52071	16742	3097	32232	1152	23052	15042
陕　西	Shaanxi	885486	392018	45034	448434	8069	251152	220236
甘　肃	Gansu	316934	163997	17015	135922	7190	70622	62884
青　海	Qinghai	76303	30927	4154	41222	710	21896	21623
宁　夏	Ningxia	88838	37625	4476	46737	2602	34960	23125
新　疆	Xinjiang	336983	163789	18572	154622	4496	92376	94748

Income and Distribution of Enterprises above Designated Size of Hotels by Region and Type of Registration

单位：万元

Unit: 10000 yuan

#税金 Taxes	财务费用 Financial Expense	#利息支出 Interest Expense	营业利润 Operating Profit	利润总额 Total Profit	应交所得税 Income Tax Payable	应付职工薪酬 Payables to Employees
317829	**1245537**	**848145**	**-862180**	**-678691**	**226714**	**6749310**
46184	101134	89611	-153332	-126618	20082	743298
3407	15409	6537	-49336	-43347	756	92308
9464	43051	27299	-151767	-133441	3353	190739
5306	19003	7793	-70876	-64274	1128	105161
4877	8524	6163	-30000	-22395	1843	90392
12470	28354	11797	-36110	-14058	5756	147825
4038	12597	9244	-22381	-17380	406	58465
3879	7471	4041	-9404	-9948	1324	53675
11270	49228	28251	13052	36557	22976	403101
19202	84145	57991	-75097	-82614	10683	426125
19848	157078	132712	-175848	-143585	13096	540369
8414	29870	17561	-37337	-27129	5118	150811
8158	36495	28703	-15585	-11866	9788	249635
5290	27933	18901	-7613	-11065	1470	103873
18610	47928	26017	125727	125312	22864	381972
18496	34226	14599	103201	93700	9638	253323
14840	42024	21207	51162	46678	9177	209318
17607	71938	49455	24600	-4985	7798	279080
25531	161055	105196	-84324	-58566	34087	880223
4779	27380	18008	-47425	-28894	2932	125959
7256	28176	23013	-3444	-534	6468	182249
6899	29712	28644	11483	5295	4200	133085
10826	75522	44072	-69738	-68417	10319	255082
3376	27673	23065	-14533	-9854	3835	92184
7905	23523	18216	-20972	-9197	7441	173814
103	651	430	-3763	-3242	202	14479
8691	28726	12270	-49841	-45999	3857	208666
3483	12070	9737	-8273	-4622	3345	60292
1399	2797	1234	-3718	-2469	125	22274
913	2784	1457	-13394	-11094	176	26930
5310	9060	4923	-37295	-30638	2473	94605

国有企业
State-owned Enterprises

地区	Region	主营业务收入 Revenue from Principal Business	主营业务成本 Cost of Principal Business	主营业务税金及附加 Taxes and Other Charges on Principal Business	主营业务利润 Profits from Principal Business	其他业务利润 Profits from Other Business	销售费用 Selling Expenses	管理费用 Administrative Expenses
全国	**National Total**	**4590014**	**1841306**	**246809**	**2501899**	**117397**	**1378400**	**1368212**
北京	Beijing	731121	210500	40230	480391	9064	237160	289164
天津	Tianjin	47500	17591	2491	27418	2015	16321	17401
河北	Hebei	196924	99748	10987	86189	1295	69803	58485
山西	Shanxi	94884	40652	5218	49014	10671	36843	29668
内蒙古	Inner Mongolia	44189	23673	2457	18059	191	13336	13810
辽宁	Liaoning	174685	100020	8294	66371	921	30423	50121
吉林	Jilin	103808	56681	5399	41728	5017	26338	26908
黑龙江	Heilongjiang	79953	36951	3971	39031	5395	21965	22761
上海	Shanghai	355342	114628	25172	215542	28913	106367	122185
江苏	Jiangsu	292255	121176	14231	156848	3899	90645	90293
浙江	Zhejiang	186050	59639	9636	116775	2670	59886	54150
安徽	Anhui	52348	23809	2774	25765	2984	15215	15966
福建	Fujian	120751	43426	7063	70262	872	44101	27265
江西	Jiangxi	73020	34696	4196	34128	479	19564	16514
山东	Shandong	387051	163278	19794	203979	17478	109343	96519
河南	Henan	218490	108015	11438	99037	4471	52003	46657
湖北	Hubei	121277	75419	4449	41409	181	18072	21341
湖南	Hunan	157997	80329	7061	70607	552	31241	33054
广东	Guangdong	421906	114829	22946	284131	2200	157672	134494
广西	Guangxi	82186	34977	4416	42793	4834	30120	22461
海南	Hainan	16548	3116	922	12510	202	7790	7878
重庆	Chongqing	41817	17718	2266	21833	216	11265	10931
四川	Sichuan	101273	44196	4746	52331	1187	32056	24164
贵州	Guizhou	45929	21631	2563	21735	1438	9697	13815
云南	Yunnan	84333	34104	4757	45472	2497	24462	27520
西藏	Tibet	26842	6686	1629	18527	847	14104	8008
陕西	Shaanxi	103069	46164	5499	51406	2241	25209	26278
甘肃	Gansu	95133	45880	5498	43755	2368	24330	22912
青海	Qinghai	16276	5757	813	9706	192	6077	4885
宁夏	Ningxia	14288	4458	300	9530		10508	3031
新疆	Xinjiang	102770	51559	5595	45616	2106	26489	29573

单位：万元
Unit: 10000 yuan

#税金 Taxes	财务费用 Financial Expenses	#利息支出 Interest Expenses	营业利润 Operating Profits	利润总额 Total Profits	应交所得税 Income Tax Payable	应付职工薪酬 Payables to Employees
61476	**61686**	**51931**	**-219399**	**-147870**	**25348**	**1246511**
14112	18666	18847	-55816	-44057	3524	250061
527	59		-6510	-3789	98	15121
1776	2639	1373	-43108	-35755	298	53530
2321	993	340	-15812	-14865	144	26196
821	2172	1958	-9976	-4477	37	11658
2449	1433	776	-13434	-6928	462	37606
1165	1381	324	-8426	-6806	28	20509
1362	1241	578	-6420	-5390	239	19053
3206	-1039	2345	5311	6439	3100	80735
4703	5350	6937	-18860	-15259	1108	78126
1658	716	1136	4920	8551	2464	43528
534	517	78	-2471	-689	42	14117
1006	1237	1110	-453	1069	837	36240
955	691	81	-1505	-1508	126	19047
2322	2020	1900	2564	7711	1886	92148
2301	3227	2066	232	2339	1670	50160
1161	329	330	-2562	-216	727	27842
1655	1947	711	5286	-191	454	33122
6592	5770	3246	-9871	3725	4277	142297
1353	2792	2664	-9298	-8620	203	23712
361	232	203	-2956	-2590	34	6185
1034	976	537	822	666	283	9935
1432	2286	778	-3071	-7409	391	25366
512	330	213	-1913	-1634	218	12018
1474	1575	1801	-5582	-4742	378	22818
5	127	42	-1153	-877	161	7306
807	3075	939	-2231	-1900	1000	28676
961	753	205	-4078	-411	471	18520
1096	123		-889	-431	10	6272
32	64	28	-4072	-3864		4145
1784	6	389	-8069	-5964	680	30465

集体企业

Collective-owned Enterprises

地　区	Region	主营业务收入 Revenue from Principal Business	主营业务成本 Cost of Principal Business	主营业务税金及附加 Taxes and Other Charges on Principal Business	主营业务利润 Profits from Principal Business	其他业务利润 Profits from Other Business	销售费用 Selling Expenses	管理费用 Administrative Expenses
全　国	**National Total**	**609647**	**274465**	**33236**	**301946**	**8799**	**142283**	**157397**
北　京	Beijing	107333	20416	5951	80966	1566	24372	51494
天　津	Tianjin	24041	14455	718	8868	84	1687	4711
河　北	Hebei	15587	7585	913	7089	23	4442	2822
山　西	Shanxi	17393	9287	823	7283	198	4881	3999
内蒙古	Inner Mongolia	3969	1930	235	1804		335	1620
辽　宁	Liaoning	33562	20812	1938	10812	176	6919	4828
吉　林	Jilin	9308	6421	201	2686	20	1778	1058
黑龙江	Heilongjiang	3044	1677	140	1227	256	676	1462
上　海	Shanghai	25410	9906	1509	13995	45	11329	8511
江　苏	Jiangsu	39887	19731	2117	18039	1947	11912	6319
浙　江	Zhejiang	47481	14493	2728	30260	1413	16881	14248
安　徽	Anhui	3437	2183	242	1012	9	282	712
福　建	Fujian	11882	6822	893	4167		1702	1054
江　西	Jiangxi	2155	1252	83	820		536	284
山　东	Shandong	59306	32865	3070	23371	-284	8627	7554
河　南	Henan	37140	18593	2037	16510	1559	6053	6678
湖　北	Hubei	31081	14744	1490	14847	83	4549	6718
湖　南	Hunan	22960	7244	1156	14560	20	5265	7208
广　东	Guangdong	35946	15168	2514	18264	1192	12889	7416
广　西	Guangxi	6725	2034	481	4210	-3	2592	1661
海　南	Hainan	691		47	644		625	111
重　庆	Chongqing	14621	6088	789	7744		3547	3270
四　川	Sichuan	10651	16465	605	-6419	71	1725	2171
贵　州	Guizhou	8679	5648	509	2522	44	315	625
云　南	Yunnan	14001	8222	757	5022	142	1958	3053
西　藏	Tibet	548	303	31	214			143
陕　西	Shaanxi	7449	4500	467	2482	1	1495	1722
甘　肃	Gansu	4006	2290	198	1518	226	386	1264
青　海	Qinghai	3480	776	212	2492		1345	1445
宁　夏	Ningxia							
新　疆	Xinjiang	7872	2557	385	4930	9	3184	3237

4-4-3 Continued 2

单位：万元

Unit: 10000 yuan

#税金 Taxes	财务费用 Financial Expenses	#利息支出 Interest Expenses	营业利润 Operating Profits	利润总额 Total Profits	应交所得税 Income Tax Payable	应付职工薪酬 Payables to Employees
7234	**8378**	**4531**	**845**	**-2677**	**6187**	**138715**
2802	389	202	6053	6335	2071	31094
60	430		2552	-495	16	3420
34	80	64	-222	-136	11	3419
304	477	235	-2075	-2360	11	3316
49	8		-158	-83		1885
245	41	26	-802	-604	200	5342
4	19		-170	-147	11	497
39	6	3	-917	-1274	64	518
29	53		-6211	-6696	144	5247
207	885	753	-695	-769	89	8733
401	850	668	-1438	-1080	243	10586
68	9	3	9	10	19	772
17	31	5	1366	1429	369	2241
9	54	22	-54	-23		366
446	1297	282	6140	5877	595	10263
631	840	244	3642	3394	383	9040
698	458	310	3231	3252	612	5874
119	368	148	1721	1408	6	3022
465	870	724	-1528	-1763	369	10992
58	126	123	53	353	50	1921
11	4		-95	-96		229
143	193	141	895	750	118	2594
95	75	21	-10288	-10112	11	3764
25	44	34	1582	1439	489	1627
86	83	25	49	320	203	4012
	21		51	79	16	176
58	303	180	-123	-14	81	2096
81	9		-141	-140		1398
19	11		-44	-2	1	1361
32	347	317	-1539	-1527	8	2911

股份合作企业

Cooperative Enterprises

地区	Region	主营业务收入 Revenue from Principal Business	主营业务成本 Cost of Principal Business	主营业务税金及附加 Taxes and Other Charges on Principal Business	主营业务利润 Profits from Principal Business	其他业务利润 Profits from Other Business	销售费用 Selling Expenses	管理费用 Administrative Expenses
全国	**National Total**	**114766**	**46312**	**6214**	**62240**	**3218**	**34553**	**28034**
北京	Beijing	35326	8338	1948	25040	2003	13923	12271
天津	Tianjin	11066	4262	170	6634		4186	1696
河北	Hebei	3614	2115	247	1252	-81	907	674
山西	Shanxi							
内蒙古	Inner Mongolia	270	140	15	115		2	14
辽宁	Liaoning	851	407	48	396		222	196
吉林	Jilin	4303	3179	352	772	313	666	654
黑龙江	Heilongjiang	8378	3024	302	5052	746	1720	2804
上海	Shanghai							
江苏	Jiangsu							
浙江	Zhejiang	4847	1417	246	3184	-20	1537	1441
安徽	Anhui	2266	1199	112	955		1012	144
福建	Fujian	3510	1410	326	1774		1114	569
江西	Jiangxi	3235	1384	227	1624	150	759	259
山东	Shandong	4963	2035	280	2648	29	1063	1808
河南	Henan	3816	2229	152	1435	21	791	584
湖北	Hubei	3393	2133	193	1067		388	611
湖南	Hunan	2568	1736	208	624	12	163	113
广东	Guangdong	5787	2818	350	2619		1289	1379
广西	Guangxi	1688	1262	108	318	27	284	476
海南	Hainan	1818	487	102	1229		1378	282
重庆	Chongqing	1127	789	59	279		39	55
四川	Sichuan	7019	2298	415	4306	18	2950	1919
贵州	Guizhou							
云南	Yunnan	956	525	316	115		40	40
西藏	Tibet							
陕西	Shaanxi	3966	3126	39	801		121	44
甘肃	Gansu							
青海	Qinghai							
宁夏	Ningxia							
新疆	Xinjiang							

单位：万元

Unit: 10000 yuan

#税金 Taxes	财务费用 Financial Expenses	#利息支出 Interest Expense	营业利润 Operating Profits	利润总额 Total Profits	应交所得税 Income Tax Payable	应付职工薪酬 Payables to Employees
915	**3656**	**2822**	**-993**	**781**	**1749**	**26667**
332	1148	1137	-2460	372	513	10649
	-11	-11	754	835	209	1857
10	17		-426	-269	2	721
5	1		99	99	20	20
21	3		-24	-24	1	226
	13	12	698	-21		378
	264		1008	1032		1593
94	26		181	185	30	1311
13	16	18	-216	-225	4	587
20	153	137	-62	117	17	955
	22		760	923	4	321
11	88		-282	-201	1	777
34	34	11	216	211		744
64	18	2	38	39	20	1070
	43		292	158		1394
128	78	10	-64	-72	31	1353
	99		183	-72		476
25	848	848	-1291	-1280		671
1	12		173			100
157	655	659	-1068	-1079	890	754
	1		29	54	8	330
	129		470			380

联营企业

Joint Ownership Enterprises

地 区	Region	主营业务收入 Revenue from Principal Business	主营业务成本 Cost of Principal Business	主营业务税金及附加 Taxes and Other Charges on Principal Business	主营业务利润 Profits from Principal Business	其他业务利润 Profits from Other Business	销售费用 Selling Expenses	管理费用 Administr-ative Expenses
全 国	**National Total**	**67850**	**26086**	**3199**	**38566**	**38**	**19802**	**17112**
北 京	Beijing	5022	1654	281	3087		1075	2635
天 津	Tianjin							
河 北	Hebei	2668	2641	145	-118		57	652
山 西	Shanxi							
内蒙古	Inner Mongolia	919	460	51	408		298	106
辽 宁	Liaoning	439	64	22	353		118	201
吉 林	Jilin							
黑龙江	Heilongjiang							
上 海	Shanghai	10041	2148	551	7342	10	3677	4424
江 苏	Jiangsu	3786	806	187	2793		1064	1032
浙 江	Zhejiang	5302	1855	246	3201		1588	1545
安 徽	Anhui							
福 建	Fujian	18946	6093	852	12001	6	8162	2408
江 西	Jiangxi							
山 东	Shandong							
河 南	Henan	1212	981	62	169		21	10
湖 北	Hubei	789	428	42	319		355	
湖 南	Hunan	4333	2655	72	1606		417	441
广 东	Guangdong	7279	2380	423	4476		2523	2180
广 西	Guangxi							
海 南	Hainan							
重 庆	Chongqing							
四 川	Sichuan	4715	2688	105	1922	22	54	749
贵 州	Guizhou							
云 南	Yunnan	2203	1215	124	864		153	664
西 藏	Tibet							
陕 西	Shaanxi							
甘 肃	Gansu							
青 海	Qinghai							
宁 夏	Ningxia							
新 疆	Xinjiang	196	19	36	141		239	64

4-4-3 Continued 4

单位：万元

Unit: 10000 yuan

#税金 Taxes	财务费用 Financial Expenses	#利息支出 Interest Expenses	营业利润 Operating Profits	利润总额 Total Profits	应交所得税 Income Tax Payable	应付职工薪酬 Payables to Employees
633	**1403**	**1308**	**373**	**-774**	**399**	**17573**
26	23	1	-646	-656		1275
	14	1	-840	-840		1264
			4			82
2			33	33	13	46
74	648	607	-1396	-1352		3609
	16		681	680	170	647
34	-65		264	251	8	1183
286	561	561	833	397	40	4129
7	12		126	126	2	150
	1		-37	-37		207
18	33	32	685	685	9	675
121	60	6	-259	68	125	2408
62	2	1	1138	79	18	905
2	4	6	44	51	14	898
	95	95	-257	-259		95

有限责任公司

Limited Liability Corporations

地区	Region	主营业务收入 Revenue from Principal Business	主营业务成本 Cost of Principal Business	主营业务税金及附加 Taxes and Other Charges on Principal Business	主营业务利润 Profits from Principal Business	其他业务利润 Profits from Other Business	销售费用 Selling Expenses	管理费用 Administr-ative Expenses
全国	**National Total**	**12417492**	**4587546**	**681679**	**7148267**	**259259**	**3726243**	**3718404**
北京	Beijing	1318903	345070	71932	901901	8562	435097	490769
天津	Tianjin	172363	60756	9620	101987	2270	66820	60679
河北	Hebei	274817	108905	15148	150764	5314	95475	92369
山西	Shanxi	100448	43654	5767	51027	1716	33500	28674
内蒙古	Inner Mongolia	173404	82201	9278	81925	3726	46736	51748
辽宁	Liaoning	269858	135208	13469	121181	5526	75811	74276
吉林	Jilin	95367	42376	4990	48001	1521	27466	24960
黑龙江	Heilongjiang	102405	37744	5590	59071	2006	28907	31466
上海	Shanghai	795680	213361	42700	539619	71618	246353	271279
江苏	Jiangsu	616349	220859	33005	362485	6618	170833	204625
浙江	Zhejiang	1025646	313357	58123	654166	14887	359407	336103
安徽	Anhui	247609	107600	13763	126246	3717	80225	74239
福建	Fujian	443596	165953	28199	249444	4477	142959	118778
江西	Jiangxi	209584	76445	11260	121879	1906	61493	52750
山东	Shandong	714691	303477	37513	373701	20043	181992	140537
河南	Henan	441205	185061	23346	232798	5103	103749	111210
湖北	Hubei	444396	205628	24457	214311	13208	96695	97012
湖南	Hunan	577253	237152	30511	309590	15751	122526	181562
广东	Guangdong	1529437	555877	86279	887281	28431	485782	374269
广西	Guangxi	154416	60685	8716	85015	477	120702	120913
海南	Hainan	522998	155188	28847	338963	12189	143802	177777
重庆	Chongqing	307547	138549	16643	152355	1365	73873	76594
四川	Sichuan	479367	178489	25931	274947	8203	141611	150205
贵州	Guizhou	228721	97147	12743	118831	2731	53030	63065
云南	Yunnan	387529	168616	20997	197916	7519	97931	96648
西藏	Tibet	7684	2862	481	4341		2855	2441
陕西	Shaanxi	463714	174811	24990	263913	4032	158748	137864
甘肃	Gansu	133560	72953	7603	53004	3971	30992	26904
青海	Qinghai	17201	8102	982	8117	482	4882	5084
宁夏	Ningxia	27853	15953	1550	10350	201	7354	5879
新疆	Xinjiang	133890	73508	7250	53132	1692	28637	37727

单位：万元

Unit: 10000 yuan

#税金 Taxes	财务费用 Financial Expenses	#利息支出 Interest Expenses	营业利润 Operating Profits	利润总额 Total Profits	应交所得税 Income Tax Payable	应付职工薪酬 Payables to Employees
145282	**617554**	**430682**	**-574659**	**-503985**	**102749**	**3072103**
24766	57366	49661	-69700	-61576	12945	362505
2612	9059	6547	-34267	-28848	308	46705
5467	19340	9896	-54460	-45427	2331	78427
825	4409	1595	-14191	-13325	163	24559
2790	2923	1457	-16592	-17023	1004	44418
5477	9055	4635	-22606	-14946	882	50084
1487	4986	3961	-8564	-7297	131	21309
1146	2788	2040	-3642	-6360	662	18511
6041	24751	12982	17195	32144	15708	213908
6762	38005	26872	-38588	-47976	2841	151757
9286	75026	58402	-85662	-71227	4239	256874
3914	12215	9185	-36826	-31397	1892	65011
3928	20334	18071	-22002	-19713	4644	111099
2724	14645	10725	-5585	-6562	613	48261
7538	24350	14672	29869	33750	8163	152137
6397	14394	7819	7099	8078	2398	101638
6480	27940	12658	5812	2031	3022	92367
9127	38711	28117	-29786	-28629	3992	127280
9447	72051	47745	-29151	-32069	14379	384442
1744	7649	5183	-15125	-12606	1015	40110
6275	22524	18336	-1382	671	6371	143631
2434	17430	13602	-8756	-10928	942	73624
4327	32427	20434	-38624	-37423	3711	111934
2144	20299	17286	-15309	-10984	2207	55986
4058	12376	10112	342	-1097	5606	90825
1	110	30	-954	-807	4	2180
3933	17320	7743	-47725	-43504	1519	120599
2004	9172	7895	-13215	-12399	403	27285
197	2054	939	-3603	-3222	42	4840
263	272	187	-2943	-2678	24	9530
1689	3574	1897	-15718	-12638	587	40268

股份有限公司

Share-holding Corporations Ltd.

地 区	Region	主营业务收入 Revenue from Principal Business	主营业务成本 Cost of Principal Business	主营业务税金及附加 Taxes and Other Charges on Principal Business	主营业务利润 Profits from Principal Business	其他业务利润 Profits from Other Business	销售费用 Selling Expenses	管理费用 Administr-ative Expenses
全 国	**National Total**	**1244527**	**537833**	**64141**	**642553**	**31458**	**310563**	**308744**
北 京	Beijing	48773	24468	2619	21686	27	4649	12564
天 津	Tianjin	2699	667	143	1889		571	1190
河 北	Hebei	30976	9235	1831	19910	2140	11230	17853
山 西	Shanxi	6788	2550	345	3893		2668	2842
内 蒙 古	Inner Mongolia	14156	7045	717	6394		3938	3005
辽 宁	Liaoning	29928	21611	688	7629		4333	1923
吉 林	Jilin	11924	5471	748	5705	396	2658	2147
黑 龙 江	Heilongjiang	20935	4023	1507	15405	9	8912	5786
上 海	Shanghai	38409	11302	2206	24901	4662	15770	11454
江 苏	Jiangsu	137116	67156	5811	64149	336	35439	32121
浙 江	Zhejiang	79967	26033	4427	49507	13775	28577	23666
安 徽	Anhui	50674	26406	2772	21496	234	7372	10397
福 建	Fujian	32420	9431	1774	21215	506	12695	10007
江 西	Jiangxi	39579	18903	2190	18486	343	6305	8972
山 东	Shandong	109201	64041	5205	39955	3774	15244	14865
河 南	Henan	82588	41546	3298	37744	219	15788	9686
湖 北	Hubei	44241	17670	2314	24257	271	11102	10074
湖 南	Hunan	116542	44597	6348	65597	1177	22291	30786
广 东	Guangdong	113709	35890	6943	70876	627	35038	34012
广 西	Guangxi	35472	13846	1797	19829	684	11611	11002
海 南	Hainan	24949	6793	1419	16737	531	7587	11202
重 庆	Chongqing	31971	14109	1714	16148	52	7009	5510
四 川	Sichuan	70818	31511	3536	35771	574	22313	16371
贵 州	Guizhou	2426	1276	140	1010	245	300	674
云 南	Yunnan	27652	11066	1543	15043	724	9265	8695
西 藏	Tibet	3089	877	187	2025		1139	1482
陕 西	Shaanxi	15318	7048	895	7375	40	4636	2189
甘 肃	Gansu	3753	2551	65	1137	84	468	706
青 海	Qinghai	10800	5704	567	4529			4560
宁 夏	Ningxia	1537	1282	49	206			170
新 疆	Xinjiang	6118	3729	344	2045	29	1659	2833

单位：万元
Unit: 10000 yuan

#税金 Taxes	财务费用 Financial Expenses	#利息支出 Interest Expenses	营业利润 Operating Profits	利润总额 Total Profits	应交所得税 Income Tax Payable	应付职工薪酬 Payables to Employees
16246	**53442**	**44749**	**3693**	**3038**	**10512**	**277602**
1444	7167	6490	-2487	-704	119	11309
	-1	1	-3	-2	4	840
582	3720	3375	-12996	-12324	21	9221
174	139	105	-1842	-1536	44	2175
292	92	54	-556	-556	170	3720
43	434	115	931	955	266	2085
150	118	42	764	942	50	2007
626	134	23	522	328	177	3539
133	214	145	-1941	-855	380	8953
826	2016	1184	1378	798	1130	28687
571	6896	5735	-4322	-3476	719	20320
793	1530	680	2794	3124	35	13765
394	546	302	-1299	-1292	245	9640
429	2892	937	200	-602	119	6814
1428	2435	1657	6737	5833	987	16234
1374	198	-361	12282	10912	507	13549
351	734	363	2406	2083	102	9324
1754	11499	8982	16049	12904	1497	26299
2336	4190	3700	-158	154	2291	30424
313	571	425	-2458	-2342	100	8870
350	944	857	-2647	-2146	12	8829
227	1312	7176	2544	2525	540	7968
701	4518	1833	-6101	-8094	734	14980
112	166	157	-241	1174		653
407	208	95	-2754	-2848	161	6718
	58	53	-594	-605		811
331	503	233	165	430		4529
1	2		-28	67	100	383
	-13	171	-18	-18		2386
	164	164	-128	-121		365
101	56	58	-2508	-1668	4	2205

私营企业
Private Enterprises

地　区	Region	主营业务收入 Revenue from Principal Business	主营业务成本 Cost of Principal Business	主营业务税金及附加 Taxes and Other Charges on Principal Business	主营业务利润 Profits from Principal Business	其他业务利润 Profits from Other Business	销售费用 Selling Expenses	管理费用 Administrative Expenses
全　国	**National Total**	**9733833**	**4317204**	**519341**	**4897289**	**158250**	**2541626**	**2056873**
北　京	Beijing	360811	92404	20097	248310	2722	150565	111102
天　津	Tianjin	84817	28141	4849	51827	6883	34731	25715
河　北	Hebei	179611	89835	9937	79839	1263	60216	42291
山　西	Shanxi	223551	107017	13021	103513	4236	70142	60528
内蒙古	Inner Mongolia	134991	64078	6526	64387	1919	35373	28786
辽　宁	Liaoning	347298	162841	18768	165689	8900	80194	69216
吉　林	Jilin	70467	39491	3017	27959	1498	11961	17949
黑龙江	Heilongjiang	68636	36476	3892	28268	3219	12091	13551
上　海	Shanghai	505780	140808	27214	337758	17246	180386	150328
江　苏	Jiangsu	716087	298874	38134	379079	3872	201860	165833
浙　江	Zhejiang	982408	360912	54759	566737	24019	329627	272581
安　徽	Anhui	267940	132115	13220	122605	7635	63203	47363
福　建	Fujian	391416	202769	19704	168943	1984	91012	60002
江　西	Jiangxi	124377	58428	6571	59378	1844	25560	27947
山　东	Shandong	690105	367898	33996	288211	2835	110759	89789
河　南	Henan	530268	281911	30795	217562	2341	65274	63186
湖　北	Hubei	457189	257742	23325	176122	3137	68888	58282
湖　南	Hunan	503328	262230	22086	219012	10584	86256	85421
广　东	Guangdong	1214005	475942	71345	666718	14721	381448	269271
广　西	Guangxi	212187	80085	13444	118658	4412	79149	50820
海　南	Hainan	76160	18772	4268	53120	1014	27460	20789
重　庆	Chongqing	204914	96762	10569	97583	238	42829	33802
四　川	Sichuan	541044	229436	26884	284724	19151	143975	120891
贵　州	Guizhou	109207	55634	6227	47346	1073	18937	21343
云　南	Yunnan	212343	124199	10923	77221	6322	34379	46608
西　藏	Tibet	13908	6014	769	7125	305	4955	2969
陕　西	Shaanxi	273887	148775	12383	112729	1241	58137	48627
甘　肃	Gansu	78209	39326	3567	35316	541	13552	10976
青　海	Qinghai	27917	10131	1540	16246	37	9543	5584
宁　夏	Ningxia	45159	15933	2577	26649	2401	17098	14046
新　疆	Xinjiang	85813	32231	4935	48647	660	32068	21279

4-4-3 Continued 7

单位：万元
Unit: 10000 yuan

#税金 Taxes	财务费用 Financial Expenses	#利息支出 Interest Expenses	营业利润 Operating Profits	利润总额 Total Profits	应交所得税 Income Tax Payable	应付职工薪酬 Payables to Employees
84212	**489908**	**307555**	**-97326**	**-48073**	**77712**	**1901569**
2700	16374	13274	-28277	-26333	910	76405
99	5846		-11656	-10845	113	22589
1588	17173	12540	-39756	-38890	690	43602
1653	12948	5493	-36659	-31925	767	47759
918	3209	2680	-2593	-710	609	27717
4079	17097	6245	336	8073	3896	51208
1233	6060	4900	-7451	-4808	185	13583
698	3013	1397	-158	1652	183	10368
1786	24232	12117	-11427	-4667	3644	80427
6679	37496	22244	-18871	-20001	5317	156204
7788	73627	66771	-89498	-76517	5382	206323
3033	15574	7598	-825	1816	3127	55983
2445	13192	8269	5948	5948	3576	78205
1172	9176	6922	-1710	-3593	550	27986
6359	17109	7339	72421	69342	10801	106427
7730	15408	4780	78619	67657	4627	77356
5806	12180	7445	40216	36916	4587	70113
4893	19250	11404	29806	8309	1783	86465
6260	74420	46854	-41351	-27274	11771	291658
1280	15970	9446	-20686	-5849	1474	47906
234	3560	2771	3515	3478	45	20305
2979	9692	7130	14353	10981	2265	37738
4036	35251	20069	-12119	-4670	4514	94652
581	6748	5374	727	-510	903	21410
1727	7845	6130	-12320	42	996	44904
97	336	305	-1114	-1032	22	4006
3518	7214	3056	-1275	-983	1191	49285
435	2021	1636	9089	8121	2371	12305
86	623	123	819	1189	72	7219
619	2283	1078	-6251	-4432	152	12890
1703	4982	2166	-9179	-8558	1194	18572

其他企业
Other Enterprises

地 区	Region	主营业务收入 Revenue from Principal Business	主营业务成本 Cost of Principal Business	主营业务税金及附加 Taxes and Other Charges on Principal Business	主营业务利润 Profits from Principal Business	其他业务利润 Profits from Other Business	销售费用 Selling Expenses	管理费用 Administrative Expenses
全 国	**National Total**	**344694**	**171026**	**17777**	**155891**	**7121**	**66699**	**55900**
北 京	Beijing							
天 津	Tianjin	5686	3401	346	1939		1467	652
河 北	Hebei	3440	2404	81	955		636	210
山 西	Shanxi	7266	4697	258	2311	879	1476	1224
内蒙古	Inner Mongolia	5253	2456	352	2445		1564	976
辽 宁	Liaoning	8441	5739	268	2434		1182	1510
吉 林	Jilin	5624	3732	732	1160		18	354
黑龙江	Heilongjiang	1385	672	104	609		236	147
上 海	Shanghai	38740	11473	2194	25073		3385	9813
江 苏	Jiangsu	6929	2599	302	4028	95	2968	906
浙 江	Zhejiang	1180	703	66	411	319	474	228
安 徽	Anhui	2893	946	166	1781		925	667
福 建	Fujian	18823	12545	873	5405	176	3393	1666
江 西	Jiangxi	6213	3861	325	2027		929	358
山 东	Shandong	39848	21277	1450	17121	786	3997	4999
河 南	Henan	6802	4303	282	2217		671	449
湖 北	Hubei	22307	12953	1097	8257	338	4136	2058
湖 南	Hunan	4573	2724	275	1574		467	530
广 东	Guangdong	65774	26746	3569	35459	2792	23086	10738
广 西	Guangxi	11721	6020	751	4950	1	2321	2545
海 南	Hainan	11562	3689	645	7228	394	2048	3821
重 庆	Chongqing	10738	7104	664	2970	48	858	1211
四 川	Sichuan	15197	9036	777	5384	649	2573	2137
贵 州	Guizhou	4425	2418	268	1739		640	409
云 南	Yunnan	18565	10294	1021	7250	131	3403	4557
西 藏	Tibet							
陕 西	Shaanxi	18082	7595	762	9725	514	2806	3512
甘 肃	Gansu	2274	996	83	1195		894	124
青 海	Qinghai	629	458	41	130		50	64
宁 夏	Ningxia							
新 疆	Xinjiang	324	187	27	110		100	36

4-4-3 Continued 8

单位：万元
Unit: 10000 yuan

#税金 Taxes	财务费用 Financial Expenses	#利息支出 Interest Expenses	营业利润 Operating Profits	利润总额 Total Profits	应交所得税 Income Tax Payable	应付职工薪酬 Payables to Employees
1833	**9510**	**4567**	**25287**	**20868**	**2059**	**68570**
108	26		-206	-204	10	1777
6	68	51	41	199		554
29	37	26	-297	-263		1157
4	119	15	-227	355	3	892
152	292		-544	-618	34	1227
	21	5	768	757		182
7	24		205	63		94
	370	55	11520	11544		10222
25	378		-142	-87	27	1972
17	3		-292	-271	11	244
58	10		197	234	1	576
62	442	248	85	181	61	7127
1	453	215	281	301	58	1077
506	629	167	8277	3002	431	3986
21	113	40	983	983	51	686
281	364	100	2058	2610	107	2522
41	87	62	547	371	59	823
182	3617	2912	-1941	-1335	844	16651
31	175	167	-92	241	92	2964
	65		1413	1429	6	2399
82	97	59	1452	1300	52	1127
16	308	277	394	291	51	2726
3	86		619	661	18	491
152	1431	48	-780	-977	76	3309
44	183	120	878	-28	65	3100
	114	1	101	140		402
3			16	15	1	195
1			-26	-26		89

港、澳、台商投资企业
Enterprises with Funds from Hongkong, Macao and Taiwan

地 区	Region	主营业务收入 Revenue from Principal Business	主营业务成本 Cost of Principal Business	主营业务税金及附加 Taxes and Other Charges on Principal Business	主营业务利润 Profits from Principal Business	其他业务利润 Profits from Other Business	销售费用 Selling Expenses	管理费用 Administrative Expenses
全 国	**National Total**	**3222360**	**934291**	**176802**	**2111268**	**85981**	**834830**	**1093410**
北 京	Beijing	619063	179782	33964	405317	731	139609	188952
天 津	Tianjin	14081	7895	807	5379	56	1586	8690
河 北	Hebei	12086	4739	672	6675		3312	5191
山 西	Shanxi	6863	3203	402	3258		1679	2339
内蒙古	Inner Mongolia	4555	2794	251	1510		132	1559
辽 宁	Liaoning	118390	25071	6761	86558	28880	26220	60916
吉 林	Jilin	5275	1739	278	3258	12	1727	1735
黑龙江	Heilongjiang	22670	7854	1274	13542		6756	10908
上 海	Shanghai	267909	87117	16862	163930	1297	52745	74696
江 苏	Jiangsu	121479	33763	6729	80987	966	39779	51459
浙 江	Zhejiang	314416	86940	18341	209135	8647	83835	90800
安 徽	Anhui	25874	5941	1480	18453		8153	14795
福 建	Fujian	249139	89514	12754	146871	1625	58579	66141
江 西	Jiangxi	14166	8079	859	5228	12	2340	3472
山 东	Shandong	96782	21863	5220	69699	6738	27260	49295
河 南	Henan	50706	9465	2752	38489	450	23184	30814
湖 北	Hubei	90048	26998	5123	57927	5303	28152	24558
湖 南	Hunan	74677	30285	3651	40741	221	24484	17822
广 东	Guangdong	674151	178700	34743	460708	6016	200506	235581
广 西	Guangxi	75140	14067	4131	56942	1656	26229	42735
海 南	Hainan	157509	41751	8797	106961	622	26416	42311
重 庆	Chongqing	24366	4251	1333	18782		5384	7734
四 川	Sichuan	81167	26548	4285	50334	17214	23088	25231
贵 州	Guizhou	14591	4452	843	9296	2623	1915	7373
云 南	Yunnan	27505	6073	1576	19856	2767	7933	10880
西 藏	Tibet	5685	756	325	4604		1440	1561
陕 西	Shaanxi	50682	24284	2432	23966	145	11311	14114
甘 肃	Gansu	3105	366	143	2596		899	1678
青 海	Qinghai							
宁 夏	Ningxia							
新 疆	Xinjiang	283	4	16	263		178	70

单位：万元

Unit: 10000 yuan

#税金 Taxes	财务费用 Financial Expenses	#利息支出 Interest Expenses	营业利润 Operating Profits	利润总额 Total Profits	应交所得税 Income Tax Payable	应付职工薪酬 Payables to Employees
41350	**183444**	**129430**	**111279**	**143179**	**51038**	**738248**
13961	20766	29268	81448	82134	19918	164120
115	385	15	-5227	-5317	133	5214
2	659	101	-2486	-2469	45	3750
	162		-922	-838		2335
	1009		-5318	-4911		1174
3595	2523	1506	-2739	-2917	293	24636
188	1273	1000	-1465	-1292	23	879
109	2658	2570	-6437	-6038	3	3055
1160	26967	3124	66646	74025	6904	53840
862	9275	5308	-18704	-18688	58	31354
3356	23616	22478	20641	22951	8764	60795
80	6125	6061	-5558	-5391	67	6408
2497	23410	14189	1181	1429	3841	46614
71	133	94	-686	-454	43	3266
1381	5375	1760	-4844	-5098	162	25428
1077	8348	2911	-23285	-21074	167	12499
696	3728	2252	1731	1184	421	19818
577	4608	3906	-5913	-8603	203	12476
8063	31040	21734	-87	-857	9072	159515
1250	7005	7725	-18725	1570	64	18039
760	731	179	38825	39282	11	38047
30	283	191	4119	4114		6064
323	577	-18	1304	2785	411	14995
105	687	600	-681	-739	67	1919
474	255	326	2	-186	6	8561
			1604	1604		1272
614	1836	2139	-3168	-3098	357	11476
	12	12	8	58		613
7			15	14	4	87

4-4-3 续表 10

外商投资企业

Foreign Funded Enterprises

地 区	Region	主营业务收 入 Revenue from Principal Business	主营业务成 本 Cost of Principal Business	主营业务税金及 附 加 Taxes and Other Charges on Principal Business	主营业务利 润 Profits from Principal Business	其他业务利 润 Profits from Other Business	销售费用 Selling Expenses	管理费用 Administr-ative Expenses
全 国	**National Total**	**2235289**	**701235**	**122446**	**1411607**	**45703**	**547211**	**693744**
北 京	Beijing	317461	51705	17702	248054	3219	75776	115160
天 津	Tianjin	30836	6764	1740	22332	4967	10531	12937
河 北	Hebei	9820	2897	543	6380	12	813	9936
山 西	Shanxi							
内 蒙 古	Inner Mongolia	22745	9458	669	12618	5	676	7595
辽 宁	Liaoning	75076	26010	4204	44862	650	17622	31558
吉 林	Jilin	33356	9374	1816	22166		8833	11162
黑 龙 江	Heilongjiang	30967	4243	1730	24994	6575	8486	12195
上 海	Shanghai	223720	82538	12425	128757	3798	33262	85316
江 苏	Jiangsu	127619	47617	6787	73215	1504	33478	44661
浙 江	Zhejiang	100240	34490	5767	59983	3738	31921	33761
安 徽	Anhui	14233	6767	803	6663		3145	5339
福 建	Fujian	160860	47966	9943	102951	833	50765	44838
江 西	Jiangxi	15820	4126	907	10787		5352	5763
山 东	Shandong	35686	11894	1883	21909	113	9138	11563
河 南	Henan	17252	7094	965	9193	7	4606	2581
湖 北	Hubei	6439	2214	387	3838	2324	2158	1825
湖 南	Hunan	12666	6255	680	5731	-72	1709	4655
广 东	Guangdong	646996	251478	34163	361355	10687	154749	140998
广 西	Guangxi	17444	4913	879	11652	372	3155	7419
海 南	Hainan	120104	27312	6613	86179	171	30366	34681
重 庆	Chongqing	40660	11168	2209	27283	348	13864	6377
四 川	Sichuan	56079	9269	3127	43683	177	12307	22119
贵 州	Guizhou	3196	522	276	2398			2586
云 南	Yunnan	36003	11370	1989	22644	1977	11452	16025
西 藏	Tibet	1860	202	108	1550	106	486	657
陕 西	Shaanxi	59852	18663	3314	37875	4159	14764	16278
甘 肃	Gansu	10013	2645	350	7018		3884	3224
青 海	Qinghai	5699	1535	315	3849	32	2833	1484
宁 夏	Ningxia	1300	508	74	718		491	708
新 疆	Xinjiang	1288	243	80	965		590	345

单位：万元
Unit: 10000 yuan

#税金 Taxes	财务费用 Financial Expenses	#利息支出 Interest Expenses	营业利润 Operating Profits	利润总额 Total Profits	应交所得税 Income Tax Payable	应付职工薪酬 Payables to Employees
26495	**85748**	**59310**	**122316**	**129258**	**39515**	**511705**
8315	17023	14771	43775	43907	13753	81682
	1162	127	-1726	-1701	84	8536
333	51	65	-4295	-4295	33	3172
107	-229	-877	2531	2684		3291
1642	1252	2361	-5576	-5455	527	13038
205	1258	940	1608	1521	1083	2205
	-190		4534	4687	1465	4891
1751	11248	434	2547	5469	5798	42073
2587	6504	3078	-11387	-13674	537	34165
792	7518	5805	-9901	-8455	259	25258
	152		-2042	-1384	34	3728
2646	9095	7937	142	2674	2554	39486
44	592	37	-919	-570	27	3813
226	1555	804	-296	-672	101	9163
254	1699	1420	348	341	73	2776
138	38		290	444	5	2047
247	2155	2120	-2689	-2653		3735
3688	18317	17530	59067	59019	4382	146366
392	1356	692	32	150	16	3444
1010	-2069	-2825	23308	23172	1492	31929
722	3168	2400	12385	12407	1642	8699
2	1016	3	8826	9503	3268	10688
	333	312	-521	-118		414
228	1260	498	-3772	-3767	270	8953
			407	407		390
799	1421	1677	6466	6407	2110	14244
206	30		-120	-85		1134
133	27	1	-250	-247		1541
	3		-485	-485		412
28	2		27	28	4	436

4-4-4 各地区限额以上住宿业企业损益及分配(按国民经济行业分)

旅游饭店

Tourist Hotel

地　区	Region	主营业务收入 Revenue from Principal Business	主营业务成本 Cost of Principal Business	主营业务税金及附加 Taxes and Other Charges on Principal Business	主营业务利润 Profits from Principal Business	其他业务利润 Profits from Other Business	销售费用 Selling Expenses	管理费用 Administr-ative Expenses
全　国	**National Total**	**28062943**	**10481665**	**1530394**	**16050884**	**596722**	**8005742**	**8041764**
北　京	Beijing	2919153	760800	159763	1998590	22255	864416	1082223
天　津	Tianjin	269332	100762	14479	154091	11722	88478	94407
河　北	Hebei	529076	221660	30024	277392	8053	202091	183465
山　西	Shanxi	332220	147891	18946	165383	15165	118932	97057
内蒙古	Inner Mongolia	312899	150027	16081	146791	3763	82217	90039
辽　宁	Liaoning	914262	412866	47819	453577	44462	219358	265754
吉　林	Jilin	292280	141546	15238	135496	7263	74336	77331
黑龙江	Heilongjiang	262261	98956	14044	149261	13221	72027	81000
上　海	Shanghai	1692102	525240	99397	1067465	85954	474429	550795
江　苏	Jiangsu	1803966	696958	93863	1013145	18749	523497	540704
浙　江	Zhejiang	2394053	788668	134620	1470765	63041	784474	731672
安　徽	Anhui	528278	233154	29258	265866	9337	149599	143805
福　建	Fujian	1209142	474572	68837	665733	9554	354695	284939
江　西	Jiangxi	391036	160586	21290	209160	4135	100281	99416
山　东	Shandong	1640885	733948	86232	820705	46377	391189	363819
河　南	Henan	922996	405955	49386	467655	11258	208684	221599
湖　北	Hubei	870260	425160	44061	401039	22114	181658	178781
湖　南	Hunan	1134261	474405	57376	602480	25117	254288	316203
广　东	Guangdong	4027013	1350292	226461	2450260	50959	1287095	1064388
广　西	Guangxi	515885	183963	28975	302947	13023	184086	159301
海　南	Hainan	921187	254230	51047	615910	15109	242648	294774
重　庆	Chongqing	563434	237000	29912	296522	1537	140649	125816
四　川	Sichuan	1063937	398858	54936	610143	43038	308597	294672
贵　州	Guizhou	344841	154020	19562	171259	6827	71201	93655
云　南	Yunnan	656822	285111	36161	335550	20108	161586	189435
西　藏	Tibet	58983	17529	3494	37960	1247	24707	17178
陕　西	Shaanxi	764280	304914	39873	419493	10016	234538	210386
甘　肃	Gansu	271504	140238	14833	116433	6223	62798	59412
青　海	Qinghai	76736	30301	4152	42283	741	23937	20960
宁　夏	Ningxia	80181	33835	3996	42350	2418	33033	21315
新　疆	Xinjiang	299677	138219	16276	145182	3937	86221	87465

Income and Distribution of Enterprises above Designated Size of Hotels by Region and Sector

单位：万元

Unit: 10000 yuan

#税金 Taxes	财务费用 Financial Expenses	#利息支出 Interest Expenses	营业利润 Operating Profits	利润总额 Total Profits	应交所得税 Income Tax Payable	应付职工薪酬 Payables to Employees
326599	**1336438**	**931163**	**-870112**	**-651687**	**247074**	**6730104**
62498	124438	119291	-39133	-16839	46019	844841
2051	15815	6674	-42319	-39400	409	76058
6047	38372	24276	-143755	-127157	2968	148324
4132	15360	6039	-60470	-55237	614	78391
3859	8147	4622	-34238	-26539	1258	77269
16049	30561	15274	-44180	-23651	5167	162459
4217	13137	10659	-21461	-16591	1362	55429
2927	9364	6407	-10869	-9323	2479	51921
11011	72826	25847	51974	73961	22453	405881
21122	91436	62687	-105320	-112950	8520	437120
21990	173289	150876	-151211	-117289	19349	555390
6222	31663	21152	-44594	-34507	3734	133523
11818	62381	46252	-19619	-13268	13124	282017
4639	23814	14893	-10379	-11960	1100	88056
14708	43110	23920	39779	52830	16341	344675
12337	34095	15878	13692	17305	5837	200411
12088	37009	18107	11106	12420	3581	174308
15919	64411	44732	-26544	-47510	6246	238200
33526	192347	130781	-48559	-27049	42444	1018429
5788	31200	24038	-57762	-32502	1429	129399
9003	26757	20344	60004	63235	7895	248275
6630	30662	29930	17073	12984	4597	124919
8767	66772	39709	-44767	-48131	10266	225621
2954	26588	22866	-17579	-12235	3442	77774
7724	20290	15847	-24826	-14320	6769	161673
103	650	430	-1837	-1303	190	15969
7834	27508	13489	-48002	-44843	5821	190637
3375	10724	8818	-15733	-10647	1058	52218
1527	2648	1234	-3657	-2392	124	22951
748	2236	1386	-13438	-11063	153	25138
4986	8828	1964	4711		2948	82827

一般旅馆
Fonda

地　区	Region	主营业务收入 Revenue from Principal Business	主营业务成本 Cost of Principal Business	主营业务税金及附加 Taxes and Other Charges on Principal Business	主营业务利润 Profits from Principal Business	其他业务利润 Profits from Other Business	销售费用 Selling Expenses	管理费用 Administrative Expenses
全　国	**National Total**	**5752618**	**2621141**	**300381**	**2831096**	**98159**	**1420117**	**1263305**
北　京	Beijing	597880	165207	33532	399141	5338	209052	180865
天　津	Tianjin	92137	31799	5034	55304	1818	37216	29436
河　北	Hebei	154879	87705	8145	59029	1550	37080	27976
山　西	Shanxi	108556	53819	5930	48807	990	28625	28798
内蒙古	Inner Mongolia	83947	40421	4104	39422	2078	17589	16964
辽　宁	Liaoning	122970	70856	5751	46363	591	20646	24026
吉　林	Jilin	29134	19752	1334	8048	1288	3067	4295
黑龙江	Heilongjiang	63128	27834	3811	31483	4299	14961	15233
上　海	Shanghai	482052	128363	26784	326905	27069	153220	156677
江　苏	Jiangsu	222506	103031	11642	107833	2245	56747	46675
浙　江	Zhejiang	335851	105242	18744	211865	6408	120522	94100
安　徽	Anhui	127065	67014	5488	54563	5243	27528	23096
福　建	Fujian	188194	85410	10446	92338	884	48244	40421
江　西	Jiangxi	91463	44893	5002	41568	591	20847	15038
山　东	Shandong	447362	229209	20014	198139	5020	68498	49598
河　南	Henan	433042	235046	23579	174417	2862	59735	47232
湖　北	Hubei	322234	170029	16703	135502	2721	51306	41398
湖　南	Hunan	285831	170551	12186	103094	2952	37001	33844
广　东	Guangdong	616316	284687	32246	299383	13597	144353	121494
广　西	Guangxi	72338	32221	5240	34877	-563	89240	97988
海　南	Hainan	6587	1891	352	4344	13	2686	2221
重　庆	Chongqing	86546	45872	4893	35781	657	13359	12389
四　川	Sichuan	277760	138084	14020	125656	4301	66479	67081
贵　州	Guizhou	66036	32845	3646	29545	1186	11601	13474
云　南	Yunnan	142504	84491	7032	50981	1782	26586	21424
西　藏	Tibet							
陕　西	Shaanxi	196556	115203	9102	72251	2210	32645	31619
甘　肃	Gansu	47878	18996	2477	26405	535	11374	7921
青　海	Qinghai	4500	1612	285	2603		732	1987
宁　夏	Ningxia	8491	3245	466	4780	-64	2258	2339
新　疆	Xinjiang	38877	25817	2392	10668	559	6923	7699

单位：万元
Unit: 10000 yuan

#税金 Taxes	财务费用 Financial Expenses	#利息支出 Interest Expenses	营业利润 Operating Profits	利润总额 Total Profits	应交所得税 Income Tax Payable	应付职工薪酬 Payables to Employees
52795	**147649**	**84081**	**232736**	**232597**	**64037**	**1112429**
5565	8734	8715	19233	22866	7675	136821
1371	585	17	-11476	-7888	296	22985
2997	2923	1851	-8438	-6347	410	37169
968	2494	708	-10545	-7971	502	23827
1038	1006	664	2827	3091	565	15586
1355	1564	379	1416	1959	1296	19692
212	866	508	-204	414	143	3803
1026	487	138	937	938	228	7865
3055	13239	5126	24617	33498	11720	79745
1276	8205	3561	-469	-2872	2425	47295
1927	14499	10021	-12722	-10651	2631	66455
1773	4069	2079	526	1343	1404	24696
972	4723	3289	619	1697	2012	43042
707	4745	4111	1243	-88	440	21889
5123	11059	4293	70854	56775	6523	64407
7041	9813	2959	60562	49985	3484	62561
3226	8409	5195	40018	34556	5704	53279
1918	5512	2590	28172	17633	1649	46662
3313	16540	12567	30144	29417	4699	146398
596	4286	2255	-9281	4387	1233	16373
23	61	23	-607	-604	33	2222
906	2331	1210	10090	8040	1086	16592
2343	10157	4320	-13775	-7027	3642	51038
416	2045	1112	2693	2441	448	15377
853	3715	3190	1218	2557	868	26394
1986	3656	2358	2922	1637	458	36881
283	1009	573	6599	6436	2286	8508
6	145		-260	-257	1	674
165	539	58	-414	-489	23	1894
359	234	212	-3764	-2880	155	12300

4-4-4 续表 2

其他住宿业
Others

地　区	Region	主营业务收入 Revenue from Principal Business	主营业务成本 Cost of Principal Business	主营业务税金及附加 Taxes and Other Charges on Principal Business	主营业务利润 Profits from Principal Business	其他业务利润 Profits from Other Business	销售费用 Selling Expenses	管理费用 Administr-ative Expenses
全　国	**National Total**	**764911**	**334497**	**40869**	**389545**	**22342**	**176351**	**192759**
北　京	Beijing	26781	8327	1430	17024	302	8758	11025
天　津	Tianjin	31620	11370	1372	18878	2734	12205	9827
河　北	Hebei	45588	20737	2334	22517	364	7720	19041
山　西	Shanxi	16417	9350	956	6111	1545	3632	3418
内蒙古	Inner Mongolia	7604	3786	366	3452		2583	2214
辽　宁	Liaoning	21296	14060	889	6347		3038	4965
吉　林	Jilin	18019	7167	961	9891	225	4042	5300
黑龙江	Heilongjiang	12985	5874	656	6455	685	2761	4848
上　海	Shanghai	86875	19677	4653	62545	14566	25625	30534
江　苏	Jiangsu	35036	12592	1796	20648	-1756	7732	9871
浙　江	Zhejiang	17635	5927	974	10734		8737	2749
安　徽	Anhui	11931	6798	584	4549		2405	2720
福　建	Fujian	54008	25947	3097	24964	41	11542	7370
江　西	Jiangxi	5648	1694	325	3629	9	1711	1865
山　东	Shandong	49387	25470	2164	21753	115	7735	3512
河　南	Henan	33440	18195	2161	13084	50	3720	3023
湖　北	Hubei	28666	20740	2112	5814	11	1530	2301
湖　南	Hunan	56805	30251	2487	24067	176	3529	11546
广　东	Guangdong	71660	24848	4567	42245	2110	23534	24454
广　西	Guangxi	8755	1705	506	6544		2836	2744
海　南	Hainan	4567	986	261	3320		2138	1858
重　庆	Chongqing	27781	13666	1441	12674	73	4658	7280
四　川	Sichuan	25633	12993	1453	11187	-72	7576	4204
贵　州	Guizhou	6296	1862	360	4074	142	2032	2762
云　南	Yunnan	11763	6081	808	4874	188	2804	3831
西　藏	Tibet	633	170	36	427	12	271	82
陕　西	Shaanxi	35183	14848	1805	18530	146	10043	8623
甘　肃	Gansu	10669	7773	197	2699	431	1234	454
青　海	Qinghai	766	550	32	184		60	161
宁　夏	Ningxia	1465	1053	88	324	248	160	179
新　疆	Xinjiang							

4-4-4 Continued 2

单位：万元
Unit: 10000 yuan

#税金 Taxes	财务费用 Financial Expenses	#利息支出 Interest Expenses	营业利润 Operating Profits	利润总额 Total Profits	应交所得税 Income Tax Payable	应付职工薪酬 Payables to Employees
6281	**30642**	**21641**	**8791**	**12836**	**6156**	**156730**
397	5750	5645	-8208	-6604	57	7438
99	556	-11	-2494	-3075	269	7014
756	2465	1338	-6355	-6701	54	12167
206	1311	1046	-783	-1904	12	5279
87	152		-1376	-1174	21	2002
302	4	11	-1661	-738	113	3348
1	1125	17	-574	-974	6	2317
35	88	66	-1376	-2914	86	1835
114	1378	836	5655	8592	1505	13388
254	283	128	600	846	333	7229
79	424	98	-1175	-1149	140	4577
500	415	392	-869	-739	81	2728
511	1896	1289	4739	3807	1047	10676
59	98	30	-81	-42		1008
387	689	369	9954	9936	262	7480
448	365	93	6011	5677	556	5626
361	372	157	2058	1330	318	3595
594	8779	8159	14371	13634	106	10430
443	1526	1113	-6928	-2772	398	21276
37	254	133	926	940	350	1670
	21		-709	-711	44	1727
115	171	95	823	792	159	6336
41	186	27	-1066	-971	90	4106
111	60		-850	-918	13	1366
29	1032	4	-1134	-1387	80	3261
	1		85	72	13	171
284	819	238	-1463	516	45	6868
30	378	358	749	-439		1313
	32		-51	-68		190
	12	12	-27	-28		310

4-4-5 各地区限额以上餐饮业企业损益及分配

地区	Region	主营业务收入 Revenue from Principal Business	主营业务成本 Cost of Principal Business	主营业务税金及附加 Taxes and Other Charges on Principal Business	主营业务利润 Profits from Principal Business	其他业务利润 Profits from Other Business	销售费用 Selling Expenses	管理费用 Administr-ative Expenses
全国	**National Total**	**44842853**	**23116721**	**2325906**	**19400227**	**414921**	**12247102**	**5238879**
北京	Beijing	5206467	2226902	279417	2700148	52278	2085067	669458
天津	Tianjin	1033430	514436	54850	464144	7774	322839	111498
河北	Hebei	442927	239459	23204	180264	1568	126356	57532
山西	Shanxi	747643	415818	38642	293183	15484	217215	135441
内蒙古	Inner Mongolia	649629	373688	29405	246536	6999	170209	107090
辽宁	Liaoning	1411363	755145	76754	579464	3715	333540	150898
吉林	Jilin	203570	118031	9182	76357	2550	36858	35122
黑龙江	Heilongjiang	242103	138454	15436	88213	5888	51782	24961
上海	Shanghai	4661041	2109130	248443	2303468	51953	1669167	578253
江苏	Jiangsu	3970378	2059472	195993	1714913	22014	942417	487545
浙江	Zhejiang	2575866	1340761	136441	1098664	17757	771701	349655
安徽	Anhui	987541	530372	47277	409892	17464	237157	121232
福建	Fujian	1577418	933765	80032	563621	5389	318112	166449
江西	Jiangxi	317780	186335	13507	117938	3265	51285	33160
山东	Shandong	3253290	1834645	159880	1258765	18013	521702	359728
河南	Henan	1469216	832263	74240	562713	18251	200203	114846
湖北	Hubei	2211280	1231583	119907	859790	16058	452551	208148
湖南	Hunan	1074820	633156	52965	388699	12518	223685	108295
广东	Guangdong	5972324	2951057	320084	2701183	55079	1890683	655745
广西	Guangxi	319287	168118	18741	132428	670	88370	37766
海南	Hainan	152223	55767	7928	88528	3590	53909	25830
重庆	Chongqing	1595193	939403	79307	576483	6178	259886	125624
四川	Sichuan	2305279	1179196	117363	1008720	21718	601590	274990
贵州	Guizhou	207938	119306	11303	77329	1371	43789	32945
云南	Yunnan	489758	279562	21855	188341	8736	116819	63717
西藏	Tibet	9922	5593	555	3774		3238	1150
陕西	Shaanxi	1217051	648158	64745	504148	23843	325969	132240
甘肃	Gansu	294695	172496	15484	106715	6597	59418	26951
青海	Qinghai	37286	19907	1945	15434	59	11462	4863
宁夏	Ningxia	85410	45558	4701	35151	6073	25836	14355
新疆	Xinjiang	120727	59184	6319	55224	2070	34291	23394

Income and Distribution of Enterprises above Designated Size of Catering Services by Region

单位：万元
Unit: 10000 yuan

#税金 Taxes	财务费用 Financial Expenses	#利息支出 Interest Expenses	营业利润 Operating Profits	利润总额 Total Profits	应交所得税 Income Tax Payable	应付职工薪酬 Payables to Employees
186125	**668439**	**340088**	**1546774**	**1369923**	**503648**	**8136550**
8302	49085	27700	-20964	-12575	56139	1119729
926	9058	1491	30919	39995	13456	199976
1793	12267	8620	-14596	-15109	2196	95954
2751	23970	12314	-79266	-75595	5056	151558
7340	12428	4476	-41833	-50240	5862	146881
8830	14309	2086	79565	80858	21693	158967
903	3335	1886	1217	-4844	3376	26321
1254	1441	377	10572	3046	2729	38988
4720	49949	16004	33370	75391	54233	751231
16891	69238	27407	231140	169015	46419	741696
9209	62531	40345	-66069	-46881	20518	493055
4736	29281	17185	27502	26112	11562	200242
5600	15074	9322	74660	56857	17252	248502
1630	5253	3009	29982	8034	3226	54605
22852	60092	30546	327002	298069	58723	524431
13120	21311	8872	240645	228806	14388	198952
17842	33930	15506	161083	138901	30793	374429
6168	17983	9060	46929	21572	5225	178563
16745	66497	39315	114634	114654	53439	1170076
971	6691	4798	-796	-795	3850	64405
510	3286	2342	5508	5335	4208	31677
7441	12796	6955	220387	208401	16178	248759
10740	41746	21468	101120	78329	33348	421937
1210	5074	2539	-3684	-3484	956	52104
1381	12982	11226	-5323	-1571	4714	85621
	46	3	-671	-49	40	3015
9070	17013	8102	39574	30326	9251	243658
1375	4641	3287	17181	10112	2370	48665
250	737	517	-1589	-1747	85	10781
680	3916	1258	-8542	-7926	703	21356
886	2481	171	2072	-2	311	30416

国有控股

State-controlled Enterprises

地区	Region	主营业务收入 Revenue from Principal Business	主营业务成本 Cost of Principal Business	主营业务税金及附加 Taxes and Other Charges on Principal Business	主营业务利润 Profits from Principal Business	其他业务利润 Profits from Other Business	销售费用 Selling Expenses	管理费用 Administrative Expenses
全国	**National Total**	**2188950**	**1099025**	**103785**	**986140**	**38865**	**554674**	**407629**
北京	Beijing	471840	202464	23989	245387	7065	143522	87890
天津	Tianjin	41736	24196	2322	15218	457	10353	7389
河北	Hebei	22514	11019	1181	10314	60	9624	3628
山西	Shanxi	67962	32189	3880	31893	483	13063	27464
内蒙古	Inner Mongolia	21895	9044	1371	11480	11	6598	7418
辽宁	Liaoning	30384	17345	1281	11758	-3	4575	4988
吉林	Jilin	25086	11505	1243	12338		3230	12272
黑龙江	Heilongjiang	37711	26412	1489	9810	3677	5979	3415
上海	Shanghai	253955	131395	9344	113216	16711	60193	45249
江苏	Jiangsu	133553	56967	6997	69589	119	38008	36370
浙江	Zhejiang	102388	50962	4705	46721	444	35161	14857
安徽	Anhui	37272	22359	1818	13095	3	6403	7916
福建	Fujian	31391	16022	1321	14048	122	10814	6087
江西	Jiangxi	16257	9233	819	6205	913	4797	2203
山东	Shandong	207078	117340	10115	79623	1462	37919	30521
河南	Henan	31546	19844	1826	9876		3285	3398
湖北	Hubei	59711	38478	2289	18944	551	7303	5273
湖南	Hunan	19227	9845	920	8462	369	3837	4246
广东	Guangdong	258275	134782	12121	111372	4138	65334	43086
广西	Guangxi	6963	4060	324	2579	66	1960	1481
海南	Hainan	35579	4433	1469	29677		13222	6005
重庆	Chongqing	50344	31086	2444	16814	265	7298	9320
四川	Sichuan	30673	13563	1519	15591	768	8408	6427
贵州	Guizhou	18982	13501	768	4713	69	3427	3092
云南	Yunnan	40925	20691	1206	19028	281	7606	11571
西藏	Tibet							
陕西	Shaanxi	107541	53953	5739	47849	821	35726	11852
甘肃	Gansu	16631	10134	689	5808	10	4091	2049
青海	Qinghai	3134	1809	176	1149		582	626
宁夏	Ningxia	1796	783	100	913	3	1278	128
新疆	Xinjiang	6601	3612	321	2668		1081	1409

4-4-5 Continued

单位：万元

Unit: 10000 yuan

#税金 Taxes	财务费用 Financial Expenses	#利息支出 Interest Expenses	营业利润 Operating Profits	利润总额 Total Profits	应交所得税 Income Tax Payable	应付职工薪酬 Payables to Employees
13556	**34611**	**22863**	**59918**	**71942**	**27896**	**552622**
2447	3491	2718	26890	33688	8240	137767
6	489	408	-2549	-2394	96	9202
53	318	260	-3257	-2704	8	6146
850	3120	2929	-9993	-10175	811	20399
271	339	167	-1848	-1736	12	6726
187	1100	54	414	913	1148	4802
20	138	45	-3303	-8086	148	4353
215	46	1	551	259	37	8708
151	8798	2693	7132	12781	4088	42599
856	1504	1583	-5284	-4054	1762	36087
379	644	583	7943	10479	1026	29241
440	188	69	-1212	-487	168	8200
34	55	25	-2477	-2185	130	9268
107	390	135	-338	-637	25	4281
2030	2922	1127	10016	7820	1980	44245
1583	208	84	3006	3013	356	4978
247	1019	831	5397	5292	569	10320
131	488	285	272	-103	42	5193
1754	5331	5224	15590	18246	2213	77019
22	109	97	-626	-329	101	1678
45	2103	2086	8336	8229	2127	8166
287	214	10	3621	3362	884	12508
285	465	144	-65	-1049	86	7004
42	65	53	-1193	-881	19	11444
72	234	237	130	613	277	10722
874	454	678	2355	2954	1336	25151
88	276	255	730	-574	2	3163
47	-6		-55	-55	16	1016
	7		-500	-501		386
35	104	84	235	241	189	1850

4-4-6 各地区限额以上餐饮业企业损益及分配(按登记注册类型分)

内资企业
Domestic Funded Enterprises

地 区	Region	主营业务收入 Revenue from Principal Business	主营业务成本 Cost of Principal Business	主营业务税金及附加 Taxes and Other Charges on Principal Business	主营业务利润 Profits from Principal Business	其他业务利润 Profits from Other Business	销售费用 Selling Expenses	管理费用 Administrative Expenses
全 国	**National Total**	**33006024**	**17814323**	**1695385**	**13496317**	**334356**	**7852892**	**4084248**
北 京	Beijing	3270532	1417666	177629	1675237	43858	1296449	478548
天 津	Tianjin	577609	305250	30962	241397	2173	171000	69959
河 北	Hebei	437337	237098	22801	177438	1568	124092	56543
山 西	Shanxi	662188	370596	34286	257306	15484	196053	129262
内蒙古	Inner Mongolia	493575	267478	22530	203567	6999	116376	90455
辽 宁	Liaoning	778668	463616	42521	272531	2886	129756	91384
吉 林	Jilin	203085	117716	9151	76218	2550	36734	35059
黑龙江	Heilongjiang	171813	102872	10953	57988	5121	27800	19650
上 海	Shanghai	2330103	1162544	120377	1047182	42145	713746	334019
江 苏	Jiangsu	2965924	1584846	143870	1237208	15248	608237	390488
浙 江	Zhejiang	2006227	1068541	105539	832147	12688	578876	279628
安 徽	Anhui	955868	516985	45566	393317	16907	222785	118690
福 建	Fujian	1190835	756399	58594	375842	1504	170299	131160
江 西	Jiangxi	248135	149522	12275	86338	3246	45520	28208
山 东	Shandong	2913255	1664084	141504	1107667	15076	417277	325039
河 南	Henan	1357370	780722	67843	508805	9321	155303	101223
湖 北	Hubei	1828820	1062686	99085	667049	15906	318427	173250
湖 南	Hunan	928334	551223	45403	331708	12382	184887	96156
广 东	Guangdong	3753173	1990784	202345	1560044	47156	992327	474991
广 西	Guangxi	245105	133501	14601	97003	609	67489	32751
海 南	Hainan	137376	51460	7100	78816	1313	48652	21080
重 庆	Chongqing	1404970	826927	66339	511704	5936	197678	96670
四 川	Sichuan	2007517	1029760	101155	876602	15826	522421	245188
贵 州	Guizhou	203888	117888	11072	74928	1371	42716	32574
云 南	Yunnan	408239	238137	20798	149304	8608	96119	52897
西 藏	Tibet	9922	5593	555	3774		3238	1150
陕 西	Shaanxi	1033678	569459	55162	409057	13680	250756	113332
甘 肃	Gansu	266723	159703	13951	93069	6597	52974	24910
青 海	Qinghai	37286	19907	1945	15434	59	11462	4863
宁 夏	Ningxia	83062	44471	4572	34019	6073	24871	13813
新 疆	Xinjiang	95409	46892	4902	43615	2070	28572	21307

Income and Distribution of Enterprises above Designated Size of Catering Services by Region and Type of Registration

单位：万元
Unit: 10000 yuan

#税金 Taxes	财务费用 Financial Expenses	#利息支出 Interest Expenses	营业利润 Operating Profits	利润总额 Total Profits	应交所得税 Income Tax Payable	应付职工薪酬 Payables to Employees
171042	**601261**	**311280**	**1179608**	**1026799**	**357208**	**6088098**
6860	42169	22823	-64676	-53810	34897	725612
851	8112	1377	4069	14165	5679	121486
1707	12256	8619	-14618	-15133	2166	94775
2746	23858	12313	-87690	-84011	3024	148838
6221	11644	4205	-10757	-13545	4489	110505
8482	11883	1092	39264	40808	9710	97391
903	3312	1886	1288	-4772	3372	26176
960	921	241	10100	3214	1328	28045
3603	38583	14675	-20715	-597	21341	406698
13470	58657	25373	188207	127168	31330	552918
8512	53294	33984	-62841	-50671	13092	373390
4733	29067	17028	27847	26719	11476	194222
4347	10139	7100	71699	50438	13781	187063
1597	4843	3007	9491	7829	3215	44807
21913	55222	27736	317159	288910	53932	462809
13048	20248	7991	237213	225382	12952	182343
17618	30452	14269	140328	119260	25064	303811
6146	16802	9036	42944	18746	4574	151070
13737	63240	36153	56059	59542	37365	764084
967	6799	4798	-10434	-9388	1635	54054
421	3257	2341	5830	5956	3955	28750
7153	13599	6677	210029	198773	14137	208012
10459	39517	21220	74705	67361	31101	378534
1210	4351	2390	-3918	-3723	956	51251
1372	12824	11168	-11640	-7410	3099	73167
	46	3	-671	-49	40	3015
8824	15124	6644	35025	26022	6876	211740
1373	4735	3287	11925	4896	1115	45623
250	737	517	-1589	-1747	85	10781
680	3061	1258	-7312	-6696	703	20643
880	2511	2071	-6712	-6838	720	26485

国有企业

State-owned Enterprises

地 区	Region	主营业务收入 Revenue from Principal Business	主营业务成本 Cost of Principal Business	主营业务税金及附加 Taxes and Other Charges on Principal Business	主营业务利润 Profits from Principal Business	其他业务利润 Profits from Other Business	销售费用 Selling Expenses	管理费用 Administr-ative Expenses
全 国	**National Total**	**689577**	**374715**	**33320**	**281542**	**11855**	**160953**	**120408**
北 京	Beijing	43864	19427	2313	22124	3870	17923	7315
天 津	Tianjin	19344	9106	1072	9166	457	5661	4055
河 北	Hebei	15636	8176	797	6663	26	5381	1526
山 西	Shanxi	18424	10803	1032	6589	470	4528	4624
内 蒙 古	Inner Mongolia	13164	7565	699	4900	11	2768	3199
辽 宁	Liaoning	23639	12989	1083	9567	-3	3436	4395
吉 林	Jilin	17883	6837	904	10142		1950	11375
黑 龙 江	Heilongjiang	28744	22199	949	5596	208	3674	1961
上 海	Shanghai	23642	13207	926	9509	792	6047	4403
江 苏	Jiangsu	51232	24265	2684	24283	330	12736	12121
浙 江	Zhejiang	13329	6109	751	6469	29	3981	2048
安 徽	Anhui	12750	7291	524	4935	2	2158	2548
福 建	Fujian	23663	13618	841	9204	23	7109	2077
江 西	Jiangxi	10067	5958	501	3608	913	2878	1044
山 东	Shandong	129534	70981	6770	51783	496	25782	20858
河 南	Henan	26818	17011	1654	8153		1765	2883
湖 北	Hubei	32624	19951	1375	11298	463	4516	2610
湖 南	Hunan	11131	6368	488	4275	1	1516	1801
广 东	Guangdong	71359	32710	3469	35180	1464	24758	11324
广 西	Guangxi	6963	4060	324	2579	66	1960	1481
海 南	Hainan	775	508	19	248		418	5
重 庆	Chongqing	14283	9743	576	3964	226	2814	3641
四 川	Sichuan	17813	7723	815	9275	643	5302	2952
贵 州	Guizhou	6503	2924	358	3221	69	2654	1414
云 南	Yunnan	9010	5654	352	3004	178	1312	1579
西 藏	Tibet							
陕 西	Shaanxi	24446	14744	1233	8469	580	4404	2048
甘 肃	Gansu	12791	8538	508	3745	10	2409	1844
青 海	Qinghai							
宁 夏	Ningxia							
新 疆	Xinjiang	10144	6253	305	3586	535	1116	3278

单位：万元
Unit: 10000 yuan

#税金 Taxes	财务费用 Financial Expenses	#利息支出 Interest Expenses	营业利润 Operating Profits	利润总额 Total Profits	应交所得税 Income Tax Payable	应付职工薪酬 Payables to Employees
5421	**9137**	**5230**	**3005**	**-14**	**5732**	**161172**
114	23	34	1126	2233	554	15442
2	429	400	-520	-353	55	5154
52	300	248	-544	-53	8	4126
88	404	307	-2414	-2179	730	5550
100	56	5	-1112	-215	11	4552
207	1234	159	-179	214	876	3899
19	81	13	-3264	-8442	39	3249
76	40	1	103	-397		3989
34	32		34	451	167	4406
142	620	415	-948	-725	281	11209
1	30	66	439	400	177	3000
31	43		173	213	24	3003
10	26	25	322	609	93	5928
7	239	38	293	198		2562
1691	2078	953	4141	3121	987	29145
1574	178	82	3351	3358	290	3710
175	551	348	3584	3470	251	4822
97	406	223	567	175	11	2864
519	1288	1234	-2249	-521	423	17936
22	109	97	-626	-329	101	1678
	1		-175	-161		148
43	98	12	-914	-1290	36	4517
109	353	134	83	-266	55	4043
13	32	20	-912	-806	1	1707
50	17	15	146	379	21	2818
131	91	64	2126	1952	349	3693
88	276	255	552	-754	2	2681
27	103	84	-179	-297	189	5342

集体企业

Collective-owned Enterprises

地 区	Region	主营业务收入 Revenue from Principal Business	主营业务成本 Cost of Principal Business	主营业务税金及附加 Taxes and Other Charges on Principal Business	主营业务利润 Profits from Principal Business	其他业务利润 Profits from Other Business	销售费用 Selling Expenses	管理费用 Administr-ative Expenses
全 国	**National Total**	**262623**	**152430**	**12129**	**98064**	**2195**	**43145**	**27506**
北 京	Beijing	22663	11808	1179	9676		7477	2699
天 津	Tianjin	3133	1876	114	1143		592	647
河 北	Hebei	2088	1350	96	642		434	147
山 西	Shanxi	4673	1790	223	2660		1549	1614
内蒙古	Inner Mongolia	1243	613	62	568		292	288
辽 宁	Liaoning	10140	6948	461	2731	7	624	358
吉 林	Jilin	4887	2860	261	1766		764	584
黑龙江	Heilongjiang	640	414	58	168			169
上 海	Shanghai	24145	11472	1344	11329	437	7798	2467
江 苏	Jiangsu	11755	6090	671	4994		2341	3242
浙 江	Zhejiang	440	264	25	151		126	66
安 徽	Anhui	4138	2267	238	1633	90	1349	413
福 建	Fujian	10106	4902	373	4831		1777	1651
江 西	Jiangxi	360	142	20	198		143	11
山 东	Shandong	32405	21795	1578	9032	95	2698	2738
河 南	Henan	11792	7039	663	4090	6	779	726
湖 北	Hubei	10373	6121	566	3686	2	750	760
湖 南	Hunan	797	572	60	165			19
广 东	Guangdong	52651	32727	2494	17430	1447	7959	5185
广 西	Guangxi	1820	955	80	785	8	394	269
海 南	Hainan							
重 庆	Chongqing	30333	19270	518	10545	70	911	1052
四 川	Sichuan	10383	4022	532	5829	22	3241	1489
贵 州	Guizhou							
云 南	Yunnan	2864	1678	114	1072	9	491	352
西 藏	Tibet							
陕 西	Shaanxi	8598	5273	391	2934		655	531
甘 肃	Gansu							
青 海	Qinghai							
宁 夏	Ningxia							
新 疆	Xinjiang	196	181	11	4	3		30

单位：万元
Unit: 10000 yuan

#税金 Taxes	财务费用 Financial Expenses	#利息支出 Interest Expenses	营业利润 Operating Profits	利润总额 Total Profits	应交所得税 Income Tax Payable	应付职工薪酬 Payables to Employees
1357	**1828**	**696**	**26317**	**24934**	**3125**	**48125**
13	71	9	-571	-572	63	4790
	1		-96	-50	6	649
8	4		50	60	4	657
2	177	171	-671	173	6	931
1	4		-15	44		437
27	25		1545	1542	201	874
4	11	5	408	292	58	763
1			-1	2		163
	79	11	1422	1543	330	6924
12	240	204	-856	-951	23	2492
	3	3	-43	-2	6	100
97	25	1	-64	-56	64	1145
58	61	10	1394	1320	411	2656
			45	45	11	67
213	264	153	3429	3628	774	4919
130	198	3	2193	2143	46	1106
10	35	19	2139	1977	2	787
12	12	1	133	133	22	109
631	371	4	4482	4198	918	12364
	16	16	105	31	1	377
17	153	59	8436	7023	51	2847
29	5	17	1062	558	126	1407
36	1		139	204	3	332
57	71	10	1677	1677	1	1154
			-24	-24		74

股份合作企业
Cooperative Enterprises

地区	Region	主营业务收入 Revenue from Principal Business	主营业务成本 Cost of Principal Business	主营业务税金及附加 Taxes and Other Charges on Principal Business	主营业务利润 Profits from Principal Business	其他业务利润 Profits from Other Business	销售费用 Selling Expenses	管理费用 Administrative Expenses
全国	**National Total**	**169941**	**89612**	**9655**	**70674**	**640**	**47164**	**19462**
北京	Beijing	44890	24297	2511	18082	447	14411	3553
天津	Tianjin							
河北	Hebei	7564	4071	425	3068		2193	703
山西	Shanxi	642	363	36	243		200	23
内蒙古	Inner Mongolia							
辽宁	Liaoning	1091	560	74	457		308	124
吉林	Jilin							
黑龙江	Heilongjiang	209	108	25	76		71	
上海	Shanghai	5038	2178	291	2569		1511	1398
江苏	Jiangsu	1038	563	77	398	15	163	42
浙江	Zhejiang	9108	6569	506	2033		861	409
安徽	Anhui	779	363	44	372		320	
福建	Fujian	475	333	12	130		67	35
江西	Jiangxi	2849	1646	126	1077		928	376
山东	Shandong	3512	1570	249	1693		953	941
河南	Henan	3295	1892	146	1257	7	312	294
湖北	Hubei	3228	1653	445	1130		83	190
湖南	Hunan							
广东	Guangdong	42751	22203	2301	18247	127	12153	4066
广西	Guangxi	3289	1423	229	1637	1	1148	509
海南	Hainan							
重庆	Chongqing	5259	3218	325	1716	44	269	230
四川	Sichuan	32144	14623	1697	15824		11041	6357
贵州	Guizhou	218	113	13	92		79	14
云南	Yunnan	405	342	4	59		27	73
西藏	Tibet							
陕西	Shaanxi	2156	1526	121	509		67	126
甘肃	Gansu							
青海	Qinghai							
宁夏	Ningxia							
新疆	Xinjiang							

单位：万元
Unit: 10000 yuan

#税金 Taxes	财务费用 Financial Expenses	#利息支出 Interest Expenses	营业利润 Operating Profits	利润总额 Total Profits	应交所得税 Income Tax Payable	应付职工薪酬 Payables to Employees
1774	**1994**	**1547**	**5163**	**12166**	**3663**	**33061**
23	279	83	-159	-142	89	7617
116	110	109	61	139	30	1016
	1		20	19	16	152
12	1		24	24	11	214
			4	4		42
1	3		-191	9	11	1698
	1		207	13	3	262
47	167	174	597	597	84	1446
			153	153		143
1			28	28		73
	46	1	-271	-313	52	585
28	200	199	-404	-411	2	833
49	6	2	654	666	109	553
150	3		854	858	173	660
276	651	331	1346	1416	614	7949
11	-1		-25	-158	32	1162
121	46		1172	1172		609
850	424	593	877	7867	2439	7761
	-1	-1	-1	-1		42
	22	22	-63	-55		86
91	35	35	281	281		158

联营企业
Joint Ownership Enterprises

地　区	Region	主营业务收　入 Revenue from Principal Business	主营业务成　本 Cost of Principal Business	主营业务税金及　附　加 Taxes and Other Charges on Principal Business	主营业务利　润 Profits from Principal Business	其他业务利　润 Profits from Other Business	销售费用 Selling Expenses	管理费用 Administr-ative Expenses
全　国	**National Total**	**53876**	**35254**	**491**	**18131**		**2273**	**2325**
北　京	Beijing							
天　津	Tianjin							
河　北	Hebei							
山　西	Shanxi							
内 蒙 古	Inner Mongolia							
辽　宁	Liaoning							
吉　林	Jilin							
黑 龙 江	Heilongjiang							
上　海	Shanghai	571	287	31	253		157	94
江　苏	Jiangsu	962	528	54	380		34	308
浙　江	Zhejiang	395	324	13	58			38
安　徽	Anhui							
福　建	Fujian							
江　西	Jiangxi							
山　东	Shandong	3116	2320	161	635		334	129
河　南	Henan	640	640	45	-45		122	63
湖　北	Hubei	46840	30346	160	16334		1544	1639
湖　南	Hunan							
广　东	Guangdong							
广　西	Guangxi							
海　南	Hainan							
重　庆	Chongqing							
四　川	Sichuan							
贵　州	Guizhou							
云　南	Yunnan							
西　藏	Tibet							
陕　西	Shaanxi	939	560	3	376			5
甘　肃	Gansu	414	248	23	143		83	48
青　海	Qinghai							
宁　夏	Ningxia							
新　疆	Xinjiang							

4-4-6 Continued 4

单位：万元
Unit: 10000 yuan

#税金 Taxes	财务费用 Financial Expenses	#利息支出 Interest Expenses	营业利润 Operating Profits	利润总额 Total Profits	应交所得税 Income Tax Payable	应付职工薪酬 Payables to Employees
15	**1444**	**10**	**3553**	**3996**	**709**	**1605**
	4		-3	5	1	101
	7		30	30		175
			19	19		129
	26		146	582	9	293
11	14	10	221	221	8	139
	1385		2766	2766	691	622
3	6		365	365		80
	2		9	9		66

有限责任公司
Limited Liability Corporations

地 区	Region	主营业务收入 Revenue from Principal Business	主营业务成本 Cost of Principal Business	主营业务税金及附加 Taxes and Other Charges on Principal Business	主营业务利润 Profits from Principal Business	其他业务利润 Profits from Other Business	销售费用 Selling Expenses	管理费用 Administrative Expenses
全 国	**National Total**	**9326602**	**4748881**	**489001**	**4088720**	**129421**	**2660017**	**1345063**
北 京	Beijing	1302354	539080	70766	692508	27689	530412	195330
天 津	Tianjin	229967	106952	12669	110346	798	82953	29751
河 北	Hebei	137468	73328	6958	57182	242	42984	19797
山 西	Shanxi	146948	84804	7321	54823	2620	29652	39327
内蒙古	Inner Mongolia	145751	71512	7671	66568	3558	47005	36143
辽 宁	Liaoning	129665	70619	6187	52859	36	35582	20316
吉 林	Jilin	69912	38521	3654	27737	398	13307	12142
黑龙江	Heilongjiang	59458	32000	3899	23559	4482	12173	6784
上 海	Shanghai	344020	154300	17948	171772	18905	112147	63619
江 苏	Jiangsu	618393	287922	33362	297109	3392	175845	115549
浙 江	Zhejiang	400946	201559	20928	178459	3878	131412	69880
安 徽	Anhui	249006	128973	11574	108459	3495	73699	30318
福 建	Fujian	160710	88847	9570	62293	831	35764	24750
江 西	Jiangxi	82409	46147	4337	31925	282	18588	10462
山 东	Shandong	648045	349857	32961	265227	7182	138610	89071
河 南	Henan	327073	179289	16563	131221	3361	67504	33451
湖 北	Hubei	706250	383795	38134	284321	9476	168961	82338
湖 南	Hunan	332788	191975	17438	123375	8176	78355	42946
广 东	Guangdong	1105959	566649	59829	479481	7645	326234	140200
广 西	Guangxi	74361	38599	4327	31435	85	26433	9640
海 南	Hainan	112582	36947	5656	69979	537	41537	17700
重 庆	Chongqing	388740	215944	17933	154863	1481	79144	30882
四 川	Sichuan	644516	357986	31232	255298	5589	156771	104272
贵 州	Guizhou	106813	62869	5584	38360	1258	25062	17047
云 南	Yunnan	138554	76117	6749	55688	1501	36959	18749
西 藏	Tibet	5811	3445	303	2063		1669	1042
陕 西	Shaanxi	522981	285555	28142	209284	7878	137597	64896
甘 肃	Gansu	90218	53302	4905	32011	4230	18219	8818
青 海	Qinghai	6224	2843	337	3044	18	1516	1310
宁 夏	Ningxia	17814	9926	939	6949	4	5422	3726
新 疆	Xinjiang	20867	9221	1124	10522	394	8502	4806

单位：万元
Unit: 10000 yuan

#税金 Taxes	财务费用 Financial Expenses	#利息支出 Interest Expenses	营业利润 Operating Profits	利润总额 Total Profits	应交所得税 Income Tax Payable	应付职工薪酬 Payables to Employees
47607	**180832**	**108016**	**-19901**	**-19883**	**98598**	**1898537**
3241	13381	7301	-20033	-12899	21600	288884
144	2687	14	-3535	5340	3072	46618
353	3690	2654	-8856	-7669	696	31362
981	6066	3320	-17869	-19468	611	31613
2986	4086	2153	-16706	-17162	1545	39331
1638	1465	306	-4487	-3758	1238	20856
266	1027	635	1437	1800	887	11197
345	282	106	4260	-605	303	11057
157	5569	4092	-874	2985	3777	63437
4709	12612	6178	-4800	-6652	5847	132954
1706	13691	9245	-32436	-28083	2194	79447
1033	9571	4230	554	1790	3151	47946
1202	1866	924	673	199	2331	34901
359	1782	1415	1011	1344	759	14679
5271	13533	8167	26676	22707	8167	131119
2032	7258	4502	24890	26026	3213	63797
7029	11459	5848	22380	13864	9297	143731
1910	4038	2608	5960	1013	1650	59163
2952	29226	21278	-11293	-3644	10942	232605
377	1854	1345	-5682	-5226	580	13901
321	2662	2140	8033	7173	3649	23666
1500	3490	1458	43486	34196	4176	56376
2407	14980	11274	-24108	-25262	3622	122479
539	1886	748	-4612	-4557	294	29585
494	2206	1660	-1456	202	1266	24750
	16	2	-675	11	17	1695
2825	7195	3013	1047	424	2971	113501
494	1284	801	3476	2257	489	16133
88	31		205	-2		1839
38	1678	337	-3761	-3469	60	4128
210	262	264	-2808	-2760	197	5786

4-4-6 续表 6

股份有限公司

Share-holding Corporations Ltd.

地 区	Region	主营业务收入 Revenue from Principal Business	主营业务成本 Cost of Principal Business	主营业务税金及附加 Taxes and Other Charges on Principal Business	主营业务利润 Profits from Principal Business	其他业务利润 Profits from Other Business	销售费用 Selling Expenses	管理费用 Administr-ative Expenses
全 国	**National Total**	**1311889**	**662341**	**61446**	**588102**	**8791**	**333034**	**189447**
北 京	Beijing	231913	84981	11933	134999	2473	95448	58453
天 津	Tianjin	20430	6030	1095	13305	152	10403	3446
河 北	Hebei	25322	13587	1380	10355	31	8550	2325
山 西	Shanxi	5347	2879	344	2124	37	1530	1608
内 蒙 古	Inner Mongolia	95545	63910	2543	29092	5	11154	4849
辽 宁	Liaoning	33710	23136	2001	8573		4505	2691
吉 林	Jilin	12820	8109	441	4270	21	2100	2308
黑 龙 江	Heilongjiang	4259	2664	318	1277		794	371
上 海	Shanghai	121704	66658	2619	52427		18581	18314
江 苏	Jiangsu	68360	38398	3433	26529	167	14558	7036
浙 江	Zhejiang	62048	30737	2977	28334	210	22140	8386
安 徽	Anhui	10791	5484	644	4663	1234	4405	1964
福 建	Fujian	5533	3538	347	1648		712	531
江 西	Jiangxi	11791	7450	673	3668	312	1599	1459
山 东	Shandong	174474	73780	9124	91570	240	45218	36753
河 南	Henan	43858	26124	2339	15395		3699	3360
湖 北	Hubei	25731	14378	1577	9776	29	2704	2422
湖 南	Hunan	33409	22858	1524	9027	164	3744	1616
广 东	Guangdong	83417	40559	3699	39159	2032	21655	11086
广 西	Guangxi	4506	2163	255	2088		1630	573
海 南	Hainan	8532	4676	513	3343	517	1907	1151
重 庆	Chongqing	69782	39909	3807	26066	233	7498	3827
四 川	Sichuan	38341	19279	2106	16956	79	12919	6508
贵 州	Guizhou	6006	2739	289	2978	2	2073	662
云 南	Yunnan	5557	4393	112	1052	261	612	353
西 藏	Tibet							
陕 西	Shaanxi	84349	41437	4383	38529	302	25550	4809
甘 肃	Gansu	16643	8743	601	7299	287	5371	1302
青 海	Qinghai	5256	2913	290	2053	5	1470	661
宁 夏	Ningxia	1013	516	28	469		4	155
新 疆	Xinjiang	1440	316	52	1072		504	469

单位：万元

Unit: 10000 yuan

#税金 Taxes	财务费用 Financial Expenses	#利息支出 Interest Expenses	营业利润 Operating Profits	利润总额 Total Profits	应交所得税 Income Tax Payable	应付职工薪酬 Payables to Employees
6410	**32781**	**18357**	**118406**	**108909**	**18170**	**270508**
797	10489	9574	10139	10467	6197	69037
	1570	1	6279	6555	68	7813
77	575	22	-1086	-1151	65	5100
10	569	636	-1150	-1246		1733
452	2522	15	9975	5136	153	7147
93	81	13	1295	1296	38	2830
63	388	62	-526	-510	294	1495
120			114	69	19	746
152	5839	-9	15141	16707	3013	11523
218	1624	1100	3710	2347	488	14262
216	663	675	7915	10212	650	14969
206	813	473	-2272	-2176	70	4194
3	19	1	387	78	20	650
242	95	38	465	78	32	3895
539	1905	1138	7673	3452	826	36176
191	875	361	8062	7618	129	6175
321	655	458	4139	3516	630	4662
51	595	91	3102	175	68	4853
721	364	252	23601	24423	1776	20224
22	17	3	-130	-141	35	1158
14	323	15	-39	-32	155	1532
172	1782	2131	13761	13875	2234	16065
518	-182	481	-2198	-2026	84	10091
1	331		-101	-14	28	738
89	11	5	76	96	3	844
1003	588	604	9608	9431	998	17591
66	186	142	223	404	75	2587
48	43	40	-123	-124	16	1598
	2		309	309	8	249
6	40	40	59	84		571

私营企业

Private Enterprises

地　区	Region	主营业务收入 Revenue from Principal Business	主营业务成本 Cost of Principal Business	主营业务税金及附加 Taxes and Other Charges on Principal Business	主营业务利润 Profits from Principal Business	其他业务利润 Profits from Other Business	销售费用 Selling Expenses	管理费用 Administrative Expenses
全　国	**National Total**	**20643239**	**11416747**	**1058658**	**8167834**	**175141**	**4529274**	**2327695**
北　京	Beijing	1624848	738074	88929	797845	9379	630779	211199
天　津	Tianjin	287249	168745	14925	103579	720	70377	30335
河　北	Hebei	246480	134900	13014	98566	1169	63878	31844
山　西	Shanxi	479901	266555	24942	188404	12357	156710	81310
内蒙古	Inner Mongolia	231540	120181	11207	100152	3426	54103	44705
辽　宁	Liaoning	561471	335757	31361	194353	2845	83426	62613
吉　林	Jilin	94010	59939	3666	30405	396	17212	8082
黑龙江	Heilongjiang	77080	44479	5563	27038	432	10958	10023
上　海	Shanghai	1797897	905040	96589	796268	22011	566215	242505
江　苏	Jiangsu	2192229	1214462	101832	875935	11342	398515	248772
浙　江	Zhejiang	1517288	821419	80180	615689	8564	419720	197802
安　徽	Anhui	673846	370241	32325	271280	12085	139724	82601
福　建	Fujian	952025	618203	45631	288191	651	120195	99483
江　西	Jiangxi	136982	85597	6385	45000	1740	21207	14568
山　东	Shandong	1831783	1088604	86578	656601	6640	195463	165209
河　南	Henan	906558	525054	45047	336457	5948	78606	58692
湖　北	Hubei	961599	579272	53768	328559	5916	138653	81341
湖　南	Hunan	538020	321570	25292	191158	4041	99226	48668
广　东	Guangdong	2293955	1237527	124338	932090	31766	576165	293102
广　西	Guangxi	143866	80532	8757	54577	448	34090	19120
海　南	Hainan	14893	9003	861	5029	259	4788	1947
重　庆	Chongqing	860825	517347	41328	302150	3649	102716	55102
四　川	Sichuan	1242765	614224	63190	565351	9072	329938	121392
贵　州	Guizhou	80039	46513	4492	29034	42	12017	12634
云　南	Yunnan	245882	146267	13177	86438	6308	55888	30826
西　藏	Tibet	4112	2149	253	1710		1569	108
陕　西	Shaanxi	355573	201931	19132	134510	4705	74622	36505
甘　肃	Gansu	139501	84664	7656	47181	2069	26233	12686
青　海	Qinghai	25806	14150	1318	10338	35	8476	2892
宁　夏	Ningxia	63853	33837	3593	26423	6069	19352	9908
新　疆	Xinjiang	61365	30513	3332	27520	1058	18450	11722

单位：万元
Unit: 10000 yuan

#税金 Taxes	财务费用 Financial Expenses	#利息支出 Interest Expenses	营业利润 Operating Profits	利润总额 Total Profits	应交所得税 Income Tax Payable	应付职工薪酬 Payables to Employees
104848	**366552**	**174709**	**994486**	**860206**	**222909**	**3583913**
2673	17926	5823	-55177	-52898	6394	339842
655	3392	962	910	1370	2402	57132
1088	7561	5581	-4419	-6626	1304	51790
1618	16630	7878	-65417	-61065	1659	107170
2628	4954	2027	-2855	-1161	2755	57122
6219	8998	607	38911	39274	7242	66291
549	1642	1006	3468	2245	2094	9285
380	563	134	5853	4381	1007	11621
3261	26952	10511	-36683	-22545	13956	315883
8285	43176	17415	191153	134745	24541	386407
6538	38735	23822	-38616	-34263	9967	273334
3355	18594	12321	29327	26796	8160	136369
2950	8024	6083	66835	47003	10800	137248
981	2668	1510	7632	6162	2342	22764
13727	36084	16901	262914	247941	41918	248330
8751	11379	2974	190179	177869	9001	102545
9560	15883	7325	96074	85846	13419	143551
3987	11619	6095	32759	17011	2821	82030
8094	30114	12262	36164	28670	21862	453568
496	4574	3189	-4333	-3894	806	33887
86	266	186	-1920	-955	139	3273
5077	7435	2662	138504	138706	7480	122278
6182	23679	8560	96388	84374	24595	229412
515	2025	1602	2052	2101	616	18066
669	10546	9455	-10657	-8507	1786	42955
	30	1	4	-60	24	1321
4481	6149	2715	18676	13847	2374	69262
653	2822	2037	6086	2813	409	23508
115	663	477	-1672	-1621	69	7345
642	1380	921	-3918	-3536	636	16136
635	2091	1669	-3735	-3818	334	14193

4-4-6 续表 8

其他企业
Other Enterprises

地 区	Region	主营业务收入 Revenue from Principal Business	主营业务成本 Cost of Principal Business	主营业务税金及附加 Taxes and Other Charges on Principal Business	主营业务利润 Profits from Principal Business	其他业务利润 Profits from Other Business	销售费用 Selling Expenses	管理费用 Administrative Expenses
全 国	**National Total**	**548278**	**334344**	**30686**	**183249**	**6313**	**77032**	**52342**
北 京	Beijing							
天 津	Tianjin	17486	12541	1087	3858	46	1015	1725
河 北	Hebei	2780	1686	131	963	100	672	200
山 西	Shanxi	6255	3401	388	2466		1885	756
内 蒙 古	Inner Mongolia	6331	3697	348	2286		1055	1271
辽 宁	Liaoning	18952	13608	1354	3990		1874	888
吉 林	Jilin	3573	1451	225	1897	1736	1401	567
黑 龙 江	Heilongjiang	1423	1008	142	273		130	343
上 海	Shanghai	13086	9402	630	3054		1291	1219
江 苏	Jiangsu	21954	12617	1757	7580	3	4046	3417
浙 江	Zhejiang	2673	1561	160	952	8	636	1000
安 徽	Anhui	4557	2365	218	1974	1	1131	847
福 建	Fujian	38323	26959	1819	9545		4674	2632
江 西	Jiangxi	3676	2583	233	860	-2	178	289
山 东	Shandong	90387	55177	4084	31126	424	8219	9340
河 南	Henan	37335	23674	1386	12275		2517	1754
湖 北	Hubei	42176	27170	3062	11944	20	1215	1949
湖 南	Hunan	12188	7880	601	3707		2045	1108
广 东	Guangdong	103081	58410	6215	38456	2674	23403	10028
广 西	Guangxi	10301	5770	629	3902	2	1834	1158
海 南	Hainan	594	325	52	217		3	278
重 庆	Chongqing	35748	21497	1853	12398	233	4326	1937
四 川	Sichuan	21554	11903	1582	8069	422	3208	2219
贵 州	Guizhou	4310	2730	337	1243		832	803
云 南	Yunnan	5967	3687	291	1989	350	830	964
西 藏	Tibet							
陕 西	Shaanxi	34635	18433	1757	14445	216	7861	4412
甘 肃	Gansu	7155	4208	258	2689		659	212
青 海	Qinghai							
宁 夏	Ningxia	382	192	12	178		94	24
新 疆	Xinjiang	1397	408	78	911	80		1003

4-4-6 Continued 8

单位：万元
Unit: 10000 yuan

#税金 Taxes	财务费用 Financial Expenses	#利息支出 Interest Expenses	营业利润 Operating Profits	利润总额 Total Profits	应交所得税 Income Tax Payable	应付职工薪酬 Payables to Employees
3611	**6695**	**2715**	**48579**	**36484**	**4302**	**91178**
50	34		1031	1303	77	4121
13	16	5	175	166	59	724
47	12	1	-189	-244	1	1688
55	22	6	-43	-187	25	1916
285	80	7	2155	2215	103	2427
2	163	166	-235	-157		186
38	35		-233	-241		426
	105	69	439	249	87	2727
105	376	62	-290	-1639	147	5158
4	6		-717	450	14	966
11	21	2	-25	1	8	1423
123	144	56	2059	1201	127	5608
9	13	6	316	316	19	255
443	1133	224	12584	7889	1250	11994
309	341	58	7664	7481	155	4319
373	482	271	8392	6963	601	4976
88	132	17	423	239	4	2051
544	1225	793	4008	5000	831	19437
40	231	149	257	328	81	1891
	5		-69	-69	12	131
224	596	355	5585	5092	160	5320
365	258	162	2601	2116	181	3340
142	78	21	-345	-446	18	1114
35	21	12	176	272	20	1382
234	987	204	1246	-1955	183	6301
72	164	53	1580	166	141	649
	1	1	59			130
2	15	15	-27	-24		520

港、澳、台商投资企业
Enterprises with Funds from Hongkong, Macao and Taiwan

地 区	Region	主营业务收入 Revenue from Principal Business	主营业务成本 Cost of Principal Business	主营业务税金及附加 Taxes and Other Charges on Principal Business	主营业务利润 Profits from Principal Business	其他业务利润 Profits from Other Business	销售费用 Selling Expenses	管理费用 Administrative Expenses
全 国	**National Total**	**3600317**	**1441094**	**189602**	**1969621**	**25960**	**1519419**	**393475**
北 京	Beijing	636973	237048	32944	366981	1390	281444	68663
天 津	Tianjin	16547	8830	852	6865	117	5079	3413
河 北	Hebei	3379	1658	273	1448		1261	635
山 西	Shanxi	1558	631	90	837		784	289
内蒙古	Inner Mongolia	4655	1863	249	2543		1513	303
辽 宁	Liaoning	74603	31865	3822	38916	784	27855	9085
吉 林	Jilin							
黑龙江	Heilongjiang	36599	18880	2084	15635	31	12130	2490
上 海	Shanghai	1042401	416527	57610	568264	5799	439245	125140
江 苏	Jiangsu	175541	72019	7718	95804	275	72925	22691
浙 江	Zhejiang	53555	19148	3003	31404	1664	23973	11170
安 徽	Anhui	29086	11884	1591	15611	557	14303	1445
福 建	Fujian	204508	86499	10556	107453	3875	88639	16813
江 西	Jiangxi	13123	7462	903	4758		3492	636
山 东	Shandong	78750	35942	3797	39011	359	30712	8306
河 南	Henan	24167	8964	1441	13762		13444	1593
湖 北	Hubei	63805	23011	3531	37263	63	28472	5591
湖 南	Hunan	20037	13181	585	6271	137	3999	1370
广 东	Guangdong	860243	345490	45273	469480	3813	367161	81395
广 西	Guangxi	8601	2881	492	5228		4496	233
海 南	Hainan	14847	4307	827	9713	2277	5256	4750
重 庆	Chongqing	16232	3832	881	11519	31	8996	4309
四 川	Sichuan	109450	43253	5988	60209	-165	31493	8611
贵 州	Guizhou							
云 南	Yunnan	27815	13918	969	12928	128	7653	6431
西 藏	Tibet							
陕 西	Shaanxi	82790	31555	4065	47170	4826	44708	7989
甘 肃	Gansu	1051	445	59	547		386	123
青 海	Qinghai							
宁 夏	Ningxia							
新 疆	Xinjiang							

单位：万元
Unit: 10000 yuan

#税金 Taxes	财务费用 Financial Expenses	#利息支出 Interest Expenses	营业利润 Operating Profits	利润总额 Total Profits	应交所得税 Income Tax Payable	应付职工薪酬 Payables to Employees
7399	**35445**	**16253**	**39564**	**31083**	**38255**	**638472**
1001	5023	3570	13337	13093	7655	127868
16	157	100	-1666	-1724	32	3956
3	6	1	7	10	30	580
2	5	2	-239	-238	27	457
	-6	1	335	813	118	527
167	90	7	1870	1667	1054	10351
200	144	136	871	-236	556	4633
1029	5531	1144	1958	8700	10344	182828
292	4702	261	-4167	-4944	2051	32524
315	4514	3665	-6589	-1375	655	11555
3	89	32	-218	-481	85	5166
847	4027	2057	1818	5143	1895	30667
33	157	2	472	469	12	2775
771	2392	1364	-2307	-2970	691	16978
1	520	147	-1615	-1612	158	2314
26	1224	401	2022	1872	1115	12086
13	180	4	723	512	19	2866
2038	2411	1496	20145	17863	9895	147298
	23		476	482	109	1489
89	29	1	-322	-622	254	2928
192	250	215	1424	788		4861
142	2117	133	18136	788	1219	13865
9	90	58	513	71	211	5730
212	1771	1458	-7458	-7026	61	13916
2			38	38	10	256

外商投资企业
Foreign Funded Enterprises

地 区	Region	主营业务收入 Revenue from Principal Business	主营业务成本 Cost of Principal Business	主营业务税金及附加 Taxes and Other Charges on Principal Business	主营业务利润 Profits from Principal Business	其他业务利润 Profits from Other Business	销售费用 Selling Expenses	管理费用 Administrative Expenses
全 国	**National Total**	**8236512**	**3861303**	**440919**	**3934290**	**54604**	**2874791**	**761156**
北 京	Beijing	1298962	572189	68843	657930	7030	507174	122248
天 津	Tianjin	439274	200356	23036	215882	5484	146760	38126
河 北	Hebei	2211	704	130	1377		1002	353
山 西	Shanxi	83897	44592	4266	35039		20378	5889
内蒙古	Inner Mongolia	151400	104348	6626	40426		52319	16331
辽 宁	Liaoning	558092	259664	30412	268016	46	175929	50429
吉 林	Jilin	486	315	31	140		124	64
黑龙江	Heilongjiang	33690	16702	2400	14588	736	11852	2820
上 海	Shanghai	1288537	530059	70456	688022	4010	516176	119094
江 苏	Jiangsu	828913	402608	44406	381899	6491	261255	74366
浙 江	Zhejiang	516084	253072	27898	235114	3404	168852	58858
安 徽	Anhui	2586	1503	120	963		70	1096
福 建	Fujian	182075	90867	10882	80326	10	59174	18476
江 西	Jiangxi	56523	29351	330	26842	19	2273	4316
山 东	Shandong	261285	134619	14579	112087	2579	73713	26382
河 南	Henan	87680	42577	4957	40146	8930	31455	12030
湖 北	Hubei	318655	145885	17291	155479	89	105652	29307
湖 南	Hunan	126449	68752	6978	50719		34800	10770
广 东	Guangdong	1358908	614783	72466	671659	4110	531195	99358
广 西	Guangxi	65580	31736	3648	30196	61	16384	4783
海 南	Hainan							
重 庆	Chongqing	173991	108645	12086	53260	211	53212	24644
四 川	Sichuan	188313	106182	10221	71910	6058	47676	21191
贵 州	Guizhou	4049	1417	231	2401		1073	370
云 南	Yunnan	53704	27506	88	26110		13047	4390
西 藏	Tibet							
陕 西	Shaanxi	100583	47145	5518	47920	5337	30505	10919
甘 肃	Gansu	26920	12347	1474	13099		6059	1918
青 海	Qinghai							
宁 夏	Ningxia	2348	1087	129	1132		965	542
新 疆	Xinjiang	25318	12292	1417	11609		5719	2087

4-4-6 Continued 10

单位：万元
Unit: 10000 yuan

#税金 Taxes	财务费用 Financial Expenses	#利息支出 Interest Expenses	营业利润 Operating Profits	利润总额 Total Profits	应交所得税 Income Tax Payable	应付职工薪酬 Payables to Employees
7683	**31733**	**12556**	**327602**	**312042**	**108185**	**1409981**
441	1893	1307	30375	28142	13587	266248
59	789	14	28516	27554	7745	74533
84	5		15	15		599
3	107		8664	8653	2006	2263
1119	791	270	-31412	-37508	1256	35849
181	2336	987	38431	38384	10929	51226
	23		-71	-72	4	146
95	376		-399	68	844	6311
88	5836	185	52127	67288	22548	161706
3129	5879	1773	47101	46791	13038	156253
383	4723	2697	3361	5165	6772	108110
	126	126	-127	-126		854
406	908	165	1144	1276	1576	30772
	253		20019	-265		7023
169	2478	1447	12149	12130	4100	44644
72	543	735	5047	5037	1278	14296
199	2254	836	18734	17769	4614	58532
10	1000	21	3262	2313	631	24627
970	846	1666	38430	37249	6180	258695
4	-132		9161	8111	2106	8862
96	-1053	63	8935	8840	2041	35887
139	112	115	8279	10181	1028	29538
	724	149	234	239		853
	68		5803	5768	1404	6724
34	118		12007	11330	2314	18002
	-94		5217	5178	1245	2786
	855		-1230	-1230		713
6	-30		3830	3764	941	3931

4-4-7 各地区限额以上餐饮业企业损益及分配(按国民经济行业分)

正餐服务

Dinner

地　区	Region	主营业务收入 Revenue from Principal Business	主营业务成本 Cost of Principal Business	主营业务税金及附加 Taxes and Other Charges on Principal Business	主营业务利润 Profits from Principal Business	其他业务利润 Profits from Other Business	销售费用 Selling Expenses	管理费用 Administrative Expenses
全　国	**National Total**	**33589730**	**17831762**	**1751702**	**14006266**	**337602**	**8373632**	**4281139**
北　京	Beijing	3588012	1526257	197046	1864709	38269	1398437	520198
天　津	Tianjin	522780	270549	28330	223901	2293	160893	65353
河　北	Hebei	438671	237727	22944	178000	1531	124109	57090
山　西	Shanxi	649305	361756	33651	253898	15463	194322	127942
内蒙古	Inner Mongolia	637450	368793	28990	239667	6913	165908	104683
辽　宁	Liaoning	802210	476891	43928	281391	3644	134537	98143
吉　林	Jilin	202270	117095	9164	76011	2550	36653	35009
黑龙江	Heilongjiang	215227	126609	14295	74323	5308	43309	23974
上　海	Shanghai	3310949	1503735	177859	1629355	46863	1141765	464948
江　苏	Jiangsu	2822679	1490164	138909	1193606	14897	602807	386739
浙　江	Zhejiang	1913766	1007929	102428	803409	13072	565384	290339
安　徽	Anhui	854863	472139	42467	340257	16907	184515	111474
福　建	Fujian	1131639	670941	61372	399326	1555	193061	136102
江　西	Jiangxi	258785	156520	13052	89213	2955	48239	28753
山　东	Shandong	2855943	1632718	138897	1084328	15067	410210	324513
河　南	Henan	1271817	730248	62675	478894	9198	146846	95874
湖　北	Hubei	1812029	1040410	99396	672223	16046	324767	176320
湖　南	Hunan	887956	538656	43057	306243	12424	163417	93475
广　东	Guangdong	3880165	1978046	209112	1693007	46905	1117884	489519
广　西	Guangxi	222726	123371	13567	85788	502	57689	29824
海　南	Hainan	145301	53387	7555	84359	3590	52800	23184
重　庆	Chongqing	1425273	856923	70940	497410	5728	208828	110547
四　川	Sichuan	1551974	868214	76379	607381	14410	370488	216847
贵　州	Guizhou	204755	117544	11117	76094	1371	43066	32443
云　南	Yunnan	399938	235771	20300	143867	8573	91940	51927
西　藏	Tibet	9468	5366	533	3569		3096	1136
陕　西	Shaanxi	1109714	601184	59340	449190	17822	278685	121398
甘　肃	Gansu	263920	157935	13822	92163	6496	52247	24611
青　海	Qinghai	37286	19907	1945	15434	59	11462	4863
宁　夏	Ningxia	84693	45175	4674	34844	5829	25569	14350
新　疆	Xinjiang	78165	39806	3959	34400	1363	20702	19560

Income and Distribution of Enterprises above Designated Size of Catering Services by Region and Sector

单位：万元
Unit: 10000 yuan

#税金 Taxes	财务费用 Financial Expenses	#利息支出 Interest Expenses	营业利润 Operating Profits	利润总额 Total Profits	应交所得税 Income Tax Payable	应付职工薪酬 Payables to Employees
168962	**616475**	**314556**	**970723**	**842710**	**359093**	**6237393**
7186	43737	22875	-27007	-18553	44702	788778
842	8134	1456	1143	11727	5289	108709
1757	12246	8617	-14149	-14958	2169	94551
2722	23913	12273	-88636	-84721	3017	147239
7337	11794	4194	-41372	-49753	5745	144670
8702	12934	1139	36193	36327	10021	100915
903	3324	1886	1200	-4861	3371	26111
1202	1277	217	6305	2855	2573	36422
4136	43901	14970	-3326	23630	35959	552157
12697	61831	25106	150284	99330	28914	535571
8290	56478	36059	-91482	-76405	11963	361877
4686	28043	16095	19877	18384	10108	172888
4602	12490	8479	65131	44671	12914	197404
1575	5002	2998	9015	7377	3060	47342
22323	56202	28804	300219	272012	51856	452303
12496	19253	7925	221825	210491	12319	174055
17563	31150	14685	136089	115704	24828	306083
6037	16154	8519	42046	20216	4523	143236
14109	64513	35638	42302	45165	39536	795847
883	6710	4700	-9008	-7821	1478	51287
422	3274	2341	5105	5291	4144	30362
6426	12016	6693	204791	197547	14372	225632
7911	36811	21233	-13272	-17238	11560	292370
1161	5058	2539	-3635	-3435	952	51395
1286	12940	11194	-11989	-7850	2914	71465
	44	3	-716	-94	34	2881
8558	15547	6991	38726	29413	8210	225401
1365	4730	3281	12051	4884	1102	45113
250	737	517	-1589	-1747	85	10781
679	3903	1246	-8564	-7947	696	21164
854	2330	1882	-6836	-6931	681	23387

快餐服务
Snack

地　区	Region	主营业务收入 Revenue from Principal Business	主营业务成本 Cost of Principal Business	主营业务税金及附加 Taxes and Other Charges on Principal Business	主营业务利润 Profits from Principal Business	其他业务利润 Profits from Other Business	销售费用 Selling Expenses	管理费用 Administrative Expenses
全　国	**National Total**	**8876075**	**4205985**	**459329**	**4210762**	**71334**	**3113094**	**739202**
北　京	Beijing	1300944	543987	67466	689491	13185	564760	113132
天　津	Tianjin	460406	212169	24193	224044	5481	152466	39039
河　北	Hebei	1995	1197	89	709	34	988	178
山　西	Shanxi	94662	51359	4837	38466	2	22197	6843
内蒙古	Inner Mongolia	11644	4624	380	6640	86	4301	2148
辽　宁	Liaoning	574035	262134	31360	280541	31	190147	47331
吉　林	Jilin							
黑龙江	Heilongjiang	25842	11371	1072	13399	580	8160	835
上　海	Shanghai	805656	390974	44085	370597	3617	305349	77188
江　苏	Jiangsu	933261	458062	48823	426376	6504	283457	83746
浙　江	Zhejiang	573364	278219	30750	264395	4155	189873	49690
安　徽	Anhui	123598	53313	4469	65816	557	51284	8947
福　建	Fujian	406511	238529	16693	151289	3834	118619	25761
江　西	Jiangxi	58724	29737	441	28546	310	2955	4398
山　东	Shandong	361102	183784	18371	158947	2680	106388	30944
河　南	Henan	165170	82974	9797	72399	8952	47553	16318
湖　北	Hubei	325939	149611	17665	158663	13	107681	28388
湖　南	Hunan	174509	87107	9203	78199	94	59445	14364
广　东	Guangdong	1791418	832428	95704	863286	7583	687015	131038
广　西	Guangxi	94344	43809	5046	45489	113	29601	7488
海　南	Hainan	6623	2296	365	3962		1100	2500
重　庆	Chongqing	106542	42541	5833	58168	95	44576	8238
四　川	Sichuan	236146	135702	12510	87934	6328	44033	19248
贵　州	Guizhou	2373	1287	135	951		615	397
云　南	Yunnan	74276	35101	1241	37934	128	24192	6021
西　藏	Tibet	455	227	22	206		143	15
陕　西	Shaanxi	93905	40023	4817	49065	6021	45568	9014
甘　肃	Gansu	29356	13660	1575	14121		6772	2155
青　海	Qinghai							
宁　夏	Ningxia	717	383	27	307	244	268	5
新　疆	Xinjiang	42561	19378	2360	20823	707	13589	3834

单位：万元
Unit: 10000 yuan

#税金 Taxes	财务费用 Financial Expenses	#利息支出 Interest Expenses	营业利润 Operating Profits	利润总额 Total Profits	应交所得税 Income Tax Payable	应付职工薪酬 Payables to Employees
8785	**37709**	**19279**	**378133**	**339496**	**93594**	**1473728**
863	1321	2163	21693	21788	8535	258350
78	750	17	30134	29147	8025	76881
8	-1		-456	-156		670
5	50	40	9372	9300	2039	3608
2	292	282	-89	-115	118	2153
48	1316	948	40661	41969	11013	52788
45	149	146	4254	178	156	2414
112	5920	902	-9995	-208	4210	117028
3476	5744	1862	59878	58116	15118	166515
82	4982	3203	21193	24862	7425	116740
23	1104	980	6289	6336	1367	25110
484	2174	437	7947	9247	3689	44166
54	251	11	20888	578	153	7133
441	3535	1521	20694	18960	6104	62650
487	1528	863	16090	15777	1913	20043
224	2334	611	19800	18415	4814	58382
97	1723	503	2012	515	608	33964
1682	1422	3408	47587	44709	8577	321400
29	-43	66	8600	7369	2359	12375
88	12	1	351	-8	12	1205
27	380		8461	7176	1440	15786
82	1525	1	28205	11473	1015	36868
9	16		-77	-77	1	430
26	14		6509	6102	1667	10683
	3		45	45	6	134
279	1141	1107	-1174	-1124	980	15767
3	-92	4	5287	5248	1262	3264
	13	12	22	22	7	192
32	151	190	3954	3856	981	7029

饮料及冷饮服务
Beverage and Cold Drink

地　区	Region	主营业务收　入 Revenue from Principal Business	主营业务成　本 Cost of Principal Business	主营业务税金及附加 Taxes and Other Charges on Principal Business	主营业务利　润 Profits from Principal Business	其他业务利　润 Profits from Other Business	销售费用 Selling Expenses	管理费用 Administr-ative Expenses
全　国	**National Total**	**861089**	**276598**	**44121**	**540369**	**1088**	**391142**	**60536**
北　京	Beijing	137593	40373	7034	90186	29	72121	13570
天　津	Tianjin							
河　北	Hebei	413	207	27	179		46	94
山　西	Shanxi							
内蒙古	Inner Mongolia							
辽　宁	Liaoning	16892	5785	974	10133	22	7193	1187
吉　林	Jilin							
黑龙江	Heilongjiang	1034	474	69	491		313	151
上　海	Shanghai	395192	115164	20492	259536	801	191947	17960
江　苏	Jiangsu	44996	19948	1537	23511		13954	6249
浙　江	Zhejiang	13508	6253	647	6608	282	3391	2746
安　徽	Anhui	3704	2217	138	1349		369	442
福　建	Fujian	10677	5296	552	4829		4068	1301
江　西	Jiangxi	271	78	14	179		90	10
山　东	Shandong	9353	2890	485	5978		3488	527
河　南	Henan	725	427	38	260		42	104
湖　北	Hubei	32604	9809	1743	21052		14800	2038
湖　南	Hunan	1621	920	81	620		349	23
广　东	Guangdong	139581	46975	7643	84963		58496	9596
广　西	Guangxi	1051	360	63	628		612	297
海　南	Hainan	299	84	8	207		9	146
重　庆	Chongqing	5157	3860	112	1185		304	39
四　川	Sichuan	41671	12630	2203	26838	-146	18790	3432
贵　州	Guizhou	421	205	31	185		108	47
云　南	Yunnan	1826	965	104	757		210	510
西　藏	Tibet							
陕　西	Shaanxi	1445	978	57	410		43	33
甘　肃	Gansu	1054	699	69	286	100	399	33
青　海	Qinghai							
宁　夏	Ningxia							
新　疆	Xinjiang							

4-4-7 Continued 2

单位：万元
Unit: 10000 yuan

#税金 Taxes	财务费用 Financial Expenses	#利息支出 Interest Expenses	营业利润 Operating Profits	利润总额 Total Profits	应交所得税 Income Tax Payable	应付职工薪酬 Payables to Employees
1665	**2514**	**426**	**86389**	**87566**	**23129**	**133646**
95	476	184	4031	3791	2524	30904
			39	29	10	89
17	72	1	1707	1642	456	3414
7	15	14	13	13		152
330	-76	-6	49886	53291	13648	52056
288	958	31	2351	869	331	10418
61	95	22	634	634	172	2318
8	57	35	302	353	29	1059
20	94	47	-630	716	100	1817
			79	79	13	131
17	142	43	1820	1767	458	1398
	5	3	108	108	27	108
16	218	12	4026	3838	845	6038
2	15	4	233	220	1	588
668	200	4	16231	16160	3401	20541
57	20	28	-302	-302		326
			52	52	52	111
	5		838	3		106
41	179	2	4796	3988	1059	1278
19			-11	-11		162
2			39	40		318
14	34		299	299		90
3	4	2	-151	-13	3	225

其他餐饮业

Others

地 区	Region	主营业务收入 Revenue from Principal Business	主营业务成本 Cost of Principal Business	主营业务税金及附加 Taxes and Other Charges on Principal Business	主营业务利润 Profits from Principal Business	其他业务利润 Profits from Other Business	销售费用 Selling Expenses	管理费用 Administrative Expenses
全 国	**National Total**	**1515960**	**802377**	**70754**	**642830**	**4897**	**369233**	**158002**
北 京	Beijing	179918	116286	7870	55762	795	49748	22558
天 津	Tianjin	50244	31718	2328	16198		9480	7106
河 北	Hebei	1848	328	144	1376	2	1213	170
山 西	Shanxi	3676	2704	154	818	19	697	656
内蒙古	Inner Mongolia	535	272	35	228			259
辽 宁	Liaoning	18227	10336	492	7399	18	1663	4237
吉 林	Jilin	1300	936	18	346		205	113
黑龙江	Heilongjiang							
上 海	Shanghai	149244	99258	6007	43979	672	30105	18157
江 苏	Jiangsu	169443	91298	6724	71421	614	42199	10811
浙 江	Zhejiang	75228	48360	2616	24252	248	13053	6880
安 徽	Anhui	5376	2704	203	2469		990	369
福 建	Fujian	28591	19000	1415	8176		2363	3284
江 西	Jiangxi							
山 东	Shandong	26893	15252	2127	9514	267	1615	3743
河 南	Henan	31505	18614	1731	11160	101	5762	2550
湖 北	Hubei	40709	31753	1103	7853		5303	1402
湖 南	Hunan	10734	6474	624	3636		474	433
广 东	Guangdong	161160	93609	7625	59926	591	27288	25591
广 西	Guangxi	1166	577	66	523	56	468	157
海 南	Hainan							
重 庆	Chongqing	58220	36080	2422	19718	354	6177	6800
四 川	Sichuan	475487	162650	26271	286566	1127	168279	35463
贵 州	Guizhou	389	269	19	101			58
云 南	Yunnan	13718	7725	211	5782	35	478	5259
西 藏	Tibet							
陕 西	Shaanxi	11987	5974	531	5482		1674	1794
甘 肃	Gansu	364	201	18	145			152
青 海	Qinghai							
宁 夏	Ningxia							
新 疆	Xinjiang							

单位：万元

Unit: 10000 yuan

#税金 Taxes	财务费用 Financial Expenses	#利息支出 Interest Expenses	营业利润 Operating Profits	利润总额 Total Profits	应交所得税 Income Tax Payable	应付职工薪酬 Payables to Employees
6713	**11741**	**5828**	**111529**	**100152**	**27832**	**291783**
159	3551	2479	-19681	-19600	378	41696
6	173	18	-358	-880	143	14386
28	22	2	-29	-24	17	644
24	6	1	-2	-174		712
	343		-372	-372		58
64	-12	-1	1004	920	203	1850
	10		17	17	4	210
142	204	138	-3196	-1323	415	29991
429	706	409	18627	10701	2055	29193
776	976	1061	3587	4028	958	12120
19	77	74	1034	1040	58	1185
494	316	360	2212	2223	549	5114
71	213	178	4268	5331	306	8080
137	525	81	2623	2431	129	4747
40	229	198	1169	943	306	3925
32	91	34	2639	621	93	776
286	362	265	8513	8620	1925	32288
2	4	4	-87	-41	13	418
987	395	262	6297	3674	366	7235
2705	3231	232	81391	80106	19714	91421
22			40	40	4	116
67	28	33	118	137	133	3155
219	291	3	1723	1738	61	2401
4			-6	-6	3	63

4-5-1 限额以上住宿和餐饮业产业活动单位和个体经营户基本情况
Basic Conditions of Establishments and Getihus above Designated Size of Hotels and Catering Services

项目	Item	单位数(个) Number of Units (unit)	年末从业人数(人) Engaged Persons at the Year-end (person)
总计	**Total**	**38892**	**1253725**
一、住宿业	**Hotels**	**4690**	**295554**
(一)按登记注册类型分	**by Type of Registration**		
1.内资企业	**Domestic Funded Enterprises**	**990**	**162066**
国有企业	State-owned Enterprises	265	32812
集体企业	Collective-owned Enterprises	30	2038
股份合作企业	Cooperative Enterprises	10	3667
联营企业	Joint Ownership Enterprises	4	516
国有联营企业	State Joint Ownership Enterprises		
集体联营企业	Collective Joint Ownership Enterprises	1	268
国有与集体联营企业	Joint State-collective Enterprises		
其他联营企业	Other Joint Ownership Enterprises	3	248
有限责任公司	Limited Liability Corporations	358	66425
国有独资公司	State Sole Funded Corporations	12	1711
其他有限责任公司	Other Limited Liability Corporations	346	64714
股份有限公司	Share-holding Corporations Ltd.	64	13311
私营企业	Private Enterprises	233	39558
私营独资企业	Private-funded Enterprises	23	7097
私营合伙企业	Private Partnership Enterprises	4	118
私营有限责任公司	Private Limited Liability Corporations	189	30480
私营股份有限公司	Private Share-holding Corporations Ltd.	17	1863
其他企业	Other Enterprises	26	3739
2.港、澳、台商投资企业	**Enterprises with Funds from Hongkong, Macao and Taiwan**	**39**	**13106**
合资经营企业	Joint-venture Enterprises	24	7748
合作经营企业	Cooperative Enterprises	2	1151
独资经营企业	Enterprises with Sole Investment	11	3615
投资股份有限公司	Share-holding Corporations Ltd. with Investment	2	592
其他港澳台商投资企业	Other Enterprises with Funds from Hongkong, Macao and Taiwan		
3.外商投资企业	**Foreign Funded Enterprises**	**36**	**12309**
中外合资经营企业	Joint-venture Enterprises	14	5967
中外合作经营企业	Cooperative Enterprises	5	2465
外资企业	Enterprises with Sole Foreign Investment	16	3857
外商投资股份有限公司	Share-holding Corporations Ltd. With Foreign Investment		
其他外商投资企业	Other Foreign Funded Enterprises	1	20
4.个体经营户	**Getihus**	**3625**	**108073**
(二)按国民经济行业分	**by Sector**		
旅游饭店	Tourist Hotel	1655	189344
一般旅馆	Fonda	2866	99300
其他住宿业	Others	169	6910

4-5-1 续表 1 Continued 1

项　目	Item	单位数（个） Number of Units (unit)	年末从业人数（人） Engaged Persons at the Year-end (person)	年末餐饮营业面积（平方米） Business Area of Catering Services at the Year-end (m²)
二、餐饮业	**Catering Services**	**34202**	**958171**	**28658644**
(一)按登记注册类型分	**by Type of Registration**			
1.内资企业	**Domestic Funded Enterprises**	**674**	**62041**	**1647475**
国有企业	State-owned Enterprises	128	11662	365714
集体企业	Collective-owned Enterprises	40	2497	76440
股份合作企业	Cooperative Enterprises	5	734	9300
联营企业	Joint Ownership Enterprises	5	240	8650
国有联营企业	State Joint Ownership Enterprises	1	67	800
集体联营企业	Collective Joint Ownership Enterprises			
国有与集体联营企业	Joint State-collective Enterprises	1	60	5000
其他联营企业	Other Joint Ownership Enterprises	3	113	2850
有限责任公司	Limited Liability Corporations	173	16670	406451
国有独资公司	State Sole Funded Corporations	7	356	10204
其他有限责任公司	Other Limited Liability Corporations	166	16314	396247
股份有限公司	Share-holding Corporations Ltd.	28	8017	120581
私营企业	Private Enterprises	228	18320	444277
私营独资企业	Private-funded Enterprises	66	3588	111059
私营合伙企业	Private Partnership Enterprises	11	612	10978
私营有限责任公司	Private Limited Liability Corporations	139	13260	305172
私营股份有限公司	Private Share-holding Corporations Ltd.	12	860	17068
其他企业	Other Enterprises	67	3901	216062

项 目	Item	单位数（个）Number of Units (unit)	年末从业人数（人）Engaged Persons at the Year-end (person)	年末餐饮营业面积（平方米）Business Area of Catering Services at the Year-end (m²)
2.港、澳、台商投资企业	**Enterprises with Funds from Hongkong, Macao and Taiwan**	**25**	**5030**	**63593**
合资经营企业	Joint-venture Enterprises	4	526	21450
合作经营企业	Cooperative Enterprises	1	49	547
独资经营企业	Enterprises with Sole Investment	16	3570	34506
投资股份有限公司	Share-holding Corporations Ltd. with Investment	1	655	4000
其他港澳台商投资企业	Other Enterprises with Funds from Hongkong, Macao and Taiwan	3	230	3090
3.外商投资企业	**Foreign Funded Enterprises**	**76**	**5968**	**87854**
中外合资经营企业	Joint-venture Enterprises	5	611	8972
中外合作经营企业	Cooperative Enterprises	2	460	15026
外资企业	Enterprises with Sole Foreign Investment	65	4669	60749
外商投资股份有限公司	Share-holding Corporations Ltd. With Foreign Investment	3	145	1307
其他外商投资企业	Other Foreign Funded Enterprises	1	83	1800
4.个体经营户	**Getihus**	**33427**	**885132**	**26859722**
(二)按国民经济行业分	**by Sector**			
正餐服务	Dinner	32447	912155	27422642
快餐服务	Snack	957	25753	738993
饮料及冷饮服务	Beverage and Cold Drink	304	6972	190877
其他餐饮业	Others	494	13291	306132

4-5-2 各地区限额以上住宿和餐饮业产业活动单位和个体经营户基本情况

Basic Conditions of Establishments and Getihus above Designated Size of Hotels and Catering Services by Region

地区	Region	住宿业 Hotels		餐饮业 Catering Services	
		单位数（个） Number of Units (unit)	年末从业人数（人） Engaged Persons at the Year-end (person)	单位数（个） Number of Units (unit)	年末从业人数（人） Engaged Persons at the Year-end (person)
全国	**National Total**	**4690**	**295554**	**34202**	**958171**
北京	Beijing	183	30849	133	6340
天津	Tianjin	22	3963	255	10691
河北	Hebei	75	10282	514	21166
山西	Shanxi	53	7515	299	14631
内蒙古	Inner Mongolia	122	4614	547	20564
辽宁	Liaoning	218	19273	2223	53381
吉林	Jilin	155	5809	1179	24060
黑龙江	Heilongjiang	166	4064	820	18883
上海	Shanghai	41	11986	11	1374
江苏	Jiangsu	333	19010	4059	87328
浙江	Zhejiang	202	17362	1554	54996
安徽	Anhui	98	6067	960	26444
福建	Fujian	77	6861	910	19981
江西	Jiangxi	116	7098	516	21227
山东	Shandong	386	11077	3963	85244
河南	Henan	407	11389	2539	63543
湖北	Hubei	279	7816	2167	53167
湖南	Hunan	319	22298	1289	42864
广东	Guangdong	344	20894	3191	115566
广西	Guangxi	79	3726	413	17697
海南	Hainan	43	1976	159	7153
重庆	Chongqing	156	6454	2302	51993
四川	Sichuan	256	14928	2450	70322
贵州	Guizhou	97	5424	240	10552
云南	Yunnan	193	11934	573	19252
西藏	Tibet	2	103	2	158
陕西	Shaanxi	90	8343	471	18742
甘肃	Gansu	36	1669	143	6356
青海	Qinghai	7	621	7	724
宁夏	Ningxia	17	2391	8	394
新疆	Xinjiang	118	9758	305	13378

4-5-3 限额以上住宿和餐饮业产业活动单位和个体经营户经营情况

项 目	Item	营业额 Business Revenue	客房收入 from Hotel Rooms
总 计	**Total**	**32648993**	**4158142**
一、住宿业	**Hotels**	**6130107**	**3461370**
(一)按登记注册类型分	**by Type of Registration**		
1.内资企业	**Domestic Funded Enterprises**	**3013198**	**1529654**
国有企业	State-owned Enterprises	542061	247741
集体企业	Collective-owned Enterprises	29032	13584
股份合作企业	Cooperative Enterprises	25203	10051
联营企业	Joint Ownership Enterprises	9817	4947
国有联营企业	State Joint Ownership Enterprises		
集体联营企业	Collective Joint Ownership Enterprises	5528	2994
国有与集体联营企业	Joint State-collective Enterprises		
其他联营企业	Other Joint Ownership Enterprises	4290	1954
有限责任公司	Limited Liability Corporations	1337646	699401
国有独资公司	State Sole Funded Corporations	48419	27722
其他有限责任公司	Other Limited Liability Corporations	1289228	671679
股份有限公司	Share-holding Corporations Ltd.	289426	149751
私营企业	Private Enterprises	714073	369313
私营独资企业	Private-funded Enterprises	56516	25357
私营合伙企业	Private Partnership Enterprises	1606	859
私营有限责任公司	Private Limited Liability Corporations	625816	328801
私营股份有限公司	Private Share-holding Corporations Ltd.	30135	14296
其他企业	Other Enterprises	65939	34867
2.港、澳、台商投资企业	**Enterprises with Funds from Hongkong, Macao and Taiwan**	**386692**	**201174**
合资经营企业	Joint-venture Enterprises	200316	104206
合作经营企业	Cooperative Enterprises	56952	34644
独资经营企业	Enterprises with Sole Investment	128101	61856
投资股份有限公司	Share-holding Corporations Ltd. with Investment	1323	468
其他港澳台商投资企业	Other Enterprises with Funds from Hongkong, Macao and Taiwan		
3.外商投资企业	**Foreign Funded Enterprises**	**389823**	**210901**
中外合资经营企业	Joint-venture Enterprises	168029	79847
中外合作经营企业	Cooperative Enterprises	116926	65010
外资企业	Enterprises with Sole Foreign Investment	102551	65334
外商投资股份有限公司	Share-holding Corporations Ltd. With Foreign Investment		
其他外商投资企业	Other Foreign Funded Enterprises	2317	710
4.个体经营户	**Getihus**	**2340395**	**1519641**
(二)按国民经济行业分	**by Sector**		
旅游饭店	Tourist Hotel	3995627	2044377
一般旅馆	Fonda	1992147	1336285
其他住宿业	Others	142333	80708

Business of Establishments and Getihus above Designated Size of Hotels and Catering Services

单位：万元
Unit: 10000 yuan

餐费收入 from Meals	商品销售额 from Commodities	其他收入 Others	客房数（间） Hotel Rooms (unit)	床位数（个） Hotel Beds (unit)	餐位数（位） Seats for Meal (unit)
26684966	**1357756**	**448129**	**537252**	**950066**	**9568539**
2205995	**164980**	**297762**	**414138**	**717089**	**906126**
1217759	**68522**	**197262**	**186551**	**304354**	**425298**
225832	23868	44620	35214	60469	88741
12925	297	2227	2113	3958	6623
10534	1631	2987	3614	5776	6230
3746	379	745	651	974	720
2119		415	325	480	180
1627	379	330	326	494	540
523686	28552	86008	72849	115620	165253
17266	410	3021	1737	2953	3636
506420	28142	82987	71112	112667	161617
106368	4055	29253	13687	24967	32679
307380	8882	28498	54709	86561	116614
27749	817	2594	2426	3957	6672
538	107	102	248	427	918
265071	7157	24787	49570	78254	102921
14022	802	1016	2465	3923	6103
27288	859	2925	3714	6029	8438
156323	**4632**	**24564**	**12160**	**17109**	**23700**
75919	3620	16571	7440	10494	12490
19921		2387	1415	1737	1878
59769	928	5548	2852	4086	8232
713	84	58	453	792	1100
152312	**1188**	**25422**	**11045**	**15937**	**18419**
75486	780	11916	4322	6047	9071
45969	52	5895	2537	3241	4326
29533	279	7405	4086	6454	4822
1324	77	206	100	195	200
679601	**90637**	**50515**	**204382**	**379689**	**438709**
1634015	94483	222752	219037	362889	573770
525174	64459	66229	184988	335579	304744
46805	6038	8782	10113	18621	27612

项　　目	Item	营业额 Business Revenue	客房收入 from Hotel Rooms
二、餐饮业	**Catering Services**	**26518886**	**696771**
(一)按登记注册类型分	**by Type of Registration**		
1.内资企业	**Domestic Funded Enterprises**	**1123131**	**154055**
国有企业	State-owned Enterprises	193076	20674
集体企业	Collective-owned Enterprises	81768	4438
股份合作企业	Cooperative Enterprises	23280	10826
联营企业	Joint Ownership Enterprises	4129	790
国有联营企业	State Joint Ownership Enterprises	2307	549
集体联营企业	Collective Joint Ownership Enterprises		
国有与集体联营企业	Joint State-collective Enterprises	364	
其他联营企业	Other Joint Ownership Enterprises	1459	241
有限责任公司	Limited Liability Corporations	264206	42837
国有独资公司	State Sole Funded Corporations	7108	983
其他有限责任公司	Other Limited Liability Corporations	257098	41855
股份有限公司	Share-holding Corporations Ltd.	98343	10219
私营企业	Private Enterprises	334787	51750
私营独资企业	Private-funded Enterprises	70999	10085
私营合伙企业	Private Partnership Enterprises	10804	358
私营有限责任公司	Private Limited Liability Corporations	238829	39557
私营股份有限公司	Private Share-holding Corporations Ltd.	14154	1751
其他内资企业	Other Domestic Funded Enterprises	123541	12521
2.港、澳、台商投资企业	**Enterprises with Funds from Hongkong, Macao and Taiwan**	**61866**	**10170**
合资经营企业	Joint-venture Enterprises	15173	3500
合作经营企业	Cooperative Enterprises	1073	
独资经营企业	Enterprises with Sole Investment	31642	4227
投资股份有限公司	Share-holding Corporations Ltd. with Investment	9096	2020
其他港澳台商投资企业	Other Enterprises with Funds from Hongkong, Macao and Taiwan	4882	423
3.外商投资企业	**Foreign Funded Enterprises**	**134536**	**6200**
中外合资经营企业	Joint-venture Enterprises	15759	3303
中外合作经营企业	Cooperative Enterprises	12843	
外资企业	Enterprises with Sole Foreign Investment	101037	2817
外商投资股份有限公司	Share-holding Corporations Ltd. With Foreign Investment	4630	
其他外商投资企业	Other Foreign Funded Enterprises	267	81
4.个体经营户	**Getihus**	**25199353**	**526346**
(二)按国民经济行业分	**by Sector**		
正餐服务	Restaurant	25185155	689311
快餐服务	Snack	737806	4165
饮料及冷饮服务	Beverage and Cold Drink	245637	739
其他餐饮业	Others	350287	2556

单位：万元

Unit: 10000 yuan

餐费收入 from Meals	商品销售额 from Commodities	其他收入 Others	客房数 (间) Hotel Rooms (unit)	床位数 (个) Hotel Beds (unit)	餐位数 (位) Seats for Meal (unit)
24478971	**1192776**	**150367**	**123114**	**232977**	**8662413**
850474	**92185**	**26416**	**25128**	**47575**	**442461**
158360	8469	5574	5087	13502	105255
52110	24955	266	1213	2311	21919
12059	14	382	478	690	4962
2901	438		429	1213	1924
1319	438		382	1128	534
364					400
1218			47	85	990
187043	28717	5609	6850	11322	75108
4832	945	348	290	567	1392
182212	27772	5261	6560	10755	73716
80970	1665	5489	1383	2226	27547
263435	13377	6224	7879	13013	127793
54355	5608	950	1182	2008	42575
9833	592	21	102	204	5450
187217	7120	4936	6076	9839	73644
12030	57	317	519	962	6124
93597	14551	2872	1809	3298	77953
44132	**3967**	**3597**	**1179**	**1911**	**12133**
9160	2513		100	250	2380
1073					208
26558	260	598	618	897	8171
2881	1195	3000	215	278	314
4459			246	486	1060
126135	**1505**	**696**	**902**	**1291**	**18398**
12223		233	411	540	2760
12721		121			1114
96397	1505	319	441	671	13997
4630					371
164		23	50	80	156
23458231	**1095119**	**119657**	**95905**	**182200**	**8189421**
23254019	1099042	142784	121557	230007	8261664
692158	38241	3243	1060	1897	250428
221322	20187	3389	173	314	49376
311473	35307	952	324	759	100945

4-5-4 各地区限额以上住宿业产业活动单位和个体经营户经营情况

Business of Establishments and Getihus above Designated Size of Hotels by Region

单位：万元
Unit: 10000 yuan

地 区	Region	营业额 Business Revenue	客房收入 from Hotel Rooms	餐费收入 from Meals	商品销售额 from Commodities	其他收入 Others
全 国	**National Total**	**6130107**	**3461370**	**2205995**	**164980**	**297762**
北 京	Beijing	942862	528195	319837	7700	87129
天 津	Tianjin	57041	28913	21342	468	6318
河 北	Hebei	101716	38387	52379	3696	7254
山 西	Shanxi	102800	36844	46963	13344	5649
内蒙古	Inner Mongolia	84249	49930	32353	696	1271
辽 宁	Liaoning	303889	168263	116090	8267	11270
吉 林	Jilin	156505	85428	65240	3590	2247
黑龙江	Heilongjiang	106988	82067	18253	5104	1564
上 海	Shanghai	420362	221570	170436	1982	26374
江 苏	Jiangsu	449286	257172	157759	9136	25219
浙 江	Zhejiang	332112	173270	137273	2917	18653
安 徽	Anhui	99966	52837	40990	3784	2355
福 建	Fujian	153249	73844	71812	1176	6417
江 西	Jiangxi	89376	47473	34419	3637	3847
山 东	Shandong	319945	188298	104963	20734	5950
河 南	Henan	241349	157302	70942	7841	5265
湖 北	Hubei	184465	122982	49725	8453	3306
湖 南	Hunan	311276	183147	111843	11296	4989
广 东	Guangdong	502652	314632	167424	5971	14625
广 西	Guangxi	40817	25869	12734	292	1922
海 南	Hainan	20875	10917	8099	1074	786
重 庆	Chongqing	206374	117328	76835	6275	5936
四 川	Sichuan	283962	177599	84572	11109	10682
贵 州	Guizhou	72919	46843	21018	969	4088
云 南	Yunnan	169538	101891	48346	4174	15127
西 藏	Tibet	702	483	171	6	42
陕 西	Shaanxi	164129	65966	71288	18967	7908
甘 肃	Gansu	20473	14789	5041	256	388
青 海	Qinghai	4749	2276	2103	13	357
宁 夏	Ningxia	30349	13358	15106	295	1590
新 疆	Xinjiang	155133	73500	70642	1756	9236

4-5-5 各地区限额以上餐饮业产业活动单位和个体经营户经营情况

Business of Establishments and Getihus above Designated Size of Catering Services by Region

单位：万元
Unit: 10000 yuan

地区	Region	营业额 Business Revenue	客房收入 from Hotel Rooms	餐费收入 from Meals	商品销售额 from Commodities	其他收入 Others
全国	**National Total**	**26518886**	**696771**	**24478971**	**1192776**	**150367**
北京	Beijing	127864	503	123958	1624	1779
天津	Tianjin	126400	1122	122832	1330	1117
河北	Hebei	274858	13509	250574	9550	1226
山西	Shanxi	204328	17795	175787	6151	4595
内蒙古	Inner Mongolia	337210	30752	298081	7706	671
辽宁	Liaoning	1708237	22769	1659717	21599	4153
吉林	Jilin	1006717	11410	951486	41799	2022
黑龙江	Heilongjiang	512256	10796	453452	45907	2101
上海	Shanghai	6187	2753	3271		163
江苏	Jiangsu	3034263	91406	2725982	195085	21790
浙江	Zhejiang	1064189	48067	974900	32491	8731
安徽	Anhui	516343	17955	475514	21414	1460
福建	Fujian	519156	9071	493017	14433	2635
江西	Jiangxi	358533	15060	293877	46387	3210
山东	Shandong	3499474	48292	3081691	341317	28175
河南	Henan	1439971	42776	1326699	64600	5896
湖北	Hubei	1952365	88702	1766568	88006	9090
湖南	Hunan	1434634	88836	1303537	34545	7716
广东	Guangdong	3445778	23252	3389888	22012	10626
广西	Guangxi	200863	7838	188491	3006	1528
海南	Hainan	122384	1269	118581	2164	370
重庆	Chongqing	2041651	28271	1939693	64478	9209
四川	Sichuan	1458072	36155	1333605	73860	14451
贵州	Guizhou	148185	3261	138234	5194	1496
云南	Yunnan	322030	8091	301772	9708	2459
西藏	Tibet	1799	640	1052	95	12
陕西	Shaanxi	364956	13969	317009	31251	2727
甘肃	Gansu	79233	2564	75846	638	186
青海	Qinghai	4195	68	4126	1	
宁夏	Ningxia	16423		15251	1171	
新疆	Xinjiang	190332	9823	174479	5255	776

4-6-1 按登记注册类型分连锁餐饮企业基本情况
Basic Conditions of Chain Catering Enterprises by Status of Registration

项 目	Item	门店总数（个）Number of Stores (unit)	从业人员（万人）Employed Person (10000 person)	营业面积（万平方米）Operational Area (10000 sq.m)
合　计	**Total**	**20554**	**80.3**	**937.1**
内资企业	**Domestic Funded Enterprises**	**7443**	**28.5**	**487.8**
国有企业	State-owned Enterprises	84	0.3	2.8
集体企业	Collective-owned Enterprises	12	0.1	1.3
股份合作企业	Cooperative Enterprises	9	0.0	0.6
联营企业	Joint Ownership Enterprises			
国有联营企业	State Joint Ownership Enterprises			
集体联营企业	Collective Joint Ownership Enterprises			
国有与集体联营企业	Joint State-collective Enterprises			
其他联营企业	Other Joint Ownership Enterprises			
有限责任公司	Limited Liability Corporations	2656	9.0	177.1
国有独资公司	State Sole Funded Corporations	54	0.2	2.4
其他有限责任公司	Other Limited Liability Corporations	2602	8.8	174.7
股份有限公司	Share-holding Corporations Ltd.	855	4.8	87.1
私营企业	Private Enterprises	3815	14.3	218.5
私营独资企业	Private-funded Enterprises	119	0.5	8.2
私营合伙企业	Private Partnership Enterprises			
私营有限责任公司	Private Limited Liability Corporations	3490	12.8	176.9
私营股份有限公司	Private Share-holding Corporations Ltd.	206	0.9	33.4
其他企业	Other Enterprises	12	0.0	0.4
港、澳、台商投资企业	**Enterprises with Funds from Hong Kong, Macao and Taiwan**	**2803**	**8.0**	**76.5**
港、澳、台商合资经营企业	Joint-venture Enterprises	597	2.8	22.4
港、澳、台商合作经营企业	Cooperative Enterprises	6	0.1	1.7
港、澳、台商独资经营企业	Enterprises with Sole Investment	2198	5.1	52.1
港、澳、台商投资股份有限公司	Share-holding Corporations Ltd. with Investment	2	0.0	0.3
其他港澳台商投资企业	Other Enterprises with Funds from Hongkong, Macao and Taiwan			
外商投资企业	**Foreign Funded Enterprises**	**10308**	**43.8**	**372.8**
中外合资经营企业	Joint-venture Enterprises	2011	8.2	73.3
中外合作经营企业	Cooperative Enterprises	**37**	**0.1**	1.6
外资企业	Enterprises with Sole Foreign Investment	8228	35.5	297.4
外商投资股份有限公司	Share-holding Corporations Ltd. With Foreign Investment	32	0.0	0.5
其他外商投资企业	Other Foreign Funded Enterprises			

项 目	Item	餐位数（万个）Number of Dining-seats (10000 units)	营业额（亿元）Business Revenue (100 million yuan)	#餐费收入及商品销售额 From Meals and Commodities
合 计	**Total**	**319.5**	**1319.6**	**1316.0**
内资企业	**Domestic Funded Enterprises**	**148.5**	**405.1**	**402.3**
国有企业	State-owned Enterprises	0.8	5.9	**5.8**
集体企业	Collective-owned Enterprises	0.3	1.3	1.2
股份合作企业	Cooperative Enterprises	0.2	0.5	0.5
联营企业	Joint Ownership Enterprises			
国有联营企业	State Joint Ownership Enterprises			
集体联营企业	Collective Joint Ownership Enterprises			
国有与集体联营企业	Joint State-collective Enterprises			
其他联营企业	Other Joint Ownership Enterprises			
有限责任公司	Limited Liability Corporations	55.7	145.6	144.9
国有独资公司	State Sole Funded Corporations	1.0	4.3	4.3
其他有限责任公司	Other Limited Liability Corporations	54.7	141.4	140.6
股份有限公司	Share-holding Corporations Ltd.	19.3	73.6	73.4
私营企业	Private Enterprises	72.0	177.8	176.3
私营独资企业	Private-funded Enterprises	3.4	12.5	12.4
私营合伙企业	Private Partnership Enterprises			
私营有限责任公司	Private Limited Liability Corporations	63.2	151.0	150.0
私营股份有限公司	Private Share-holding Corporations Ltd.	5.3	14.2	13.9
其他企业	Other Enterprises	0.2	0.4	0.3
港、澳、台商投资企业	**Enterprises with Funds from Hong Kong, Macao and Taiwan**	**31.6**	**166.5**	**166.4**
港、澳、台商合资经营企业	Joint-venture Enterprises	7.1	39.8	39.8
港、澳、台商合作经营企业	Cooperative Enterprises	0.2	2.7	2.7
港、澳、台商独资经营企业	Enterprises with Sole Investment	24.2	123.7	123.6
港、澳、台商投资股份有限公司	Share-holding Corporations Ltd. with Investment	0.1	0.3	0.3
其他港、澳、台商投资企业	Other Enterprises with Funds from Hongkong, Macao and Taiwan			
外商投资企业	**Foreign Funded Enterprises**	**139.3**	**748.0**	**747.4**
中外合资经营企业	Joint-venture Enterprises	28.1	161.3	161.3
中外合作经营企业	Cooperative Enterprises	0.6	3.0	3.0
外资企业	Enterprises with Sole Foreign Investment	110.4	582.9	582.3
外商投资股份有限公司	Share-holding Corporations Ltd. with Foreign Investment	0.3	0.8	0.8
其他外商投资企业	Other Foreign Funded Enterprises			

4-6-2 按行业分连锁餐饮企业基本情况
Basic Conditions of Chain Catering Enterprises by Sector

行　业	Sector	门店总数（个） Number of Stores (unit)	从业人数（万人） Engaged Persons (10 000 persons)	营业面积（万平方米） Operating Area (10 000 sq.m)
总　计	**Total**	**20554**	**80.3**	**937.1**
正餐服务	Restaurant	6704	32.6	540.1
快餐服务	Snack Counter	11886	45.1	370.0
饮料及冷饮服务	Beverages and Cold Drinks	1468	1.8	19.6
其他餐饮业	Others	496	0.8	7.4

4-6-2 续表　Continued

业　态	Business Categories	餐位数（万个） Number of Dining-seats (10 000 units)	营业额（亿元） Business Revenue (100 million yuan)	#餐费收入及商品销售额 From Meals and Commodities
总　计	**Total**	**319.5**	**1319.6**	**1316.0**
正餐服务	Restaurant	176.6	446.5	444.7
快餐服务	Snack Counter	132.2	801.5	799.7
饮料及冷饮服务	Beverages and Cold Drinks	6.3	57.4	57.4
其他餐饮业	Others	4.4	14.3	14.3

4-6-3 各地区连锁餐饮企业基本情况

Basic Conditions of Chain Catering Enterprises by Region

年份 Year	地区 Region	门店总数（个） Number of Stores (unit)	从业人数（万人） Employed Person (10000 persons)	营业面积（万平方米） Operational Area (10000 sq.m)	餐位数（万个） Number of dining-seat (10000 unit)	营业额（亿元） Business Revenue (100 million yuan)
	2004	7578	37.9	352.6	180.1	348.2
	2005	9748	50.1	478.1	245.8	454.4
	2006	11360	55.7	588.2	274.8	563.8
	2007	12743	62.6	629.2	280.0	640.0
	2008	12561	66.1	651.9	253.1	806.9
	2009	13739	65.2	691.6	248.9	879.3
	2010	15333	70.6	742.6	263.8	955.4
	2011	16285	83.3	821.4	277.1	1120.4
	2012	18153	80.6	869.2	286.5	1283.3
	2013	20554	80.3	937.1	319.5	1319.6
北　京	Beijing	3596	13.8	181.6	55.3	257.4
天　津	Tianjin	491	2.4	19.5	5.9	41.5
河　北	Hebei	6	0.1	1.4	0.5	1.2
山　西	Shanxi	113	0.9	6.9	2.1	9.1
内蒙古	Inner Mongolia	320	0.6	16.5	3.9	16.3
辽　宁	Liaoning	643	1.0	27.0	8.0	56.7
吉　林	Jilin	23	0.1	1.3	0.4	1.0
黑龙江	Heilongjiang	75	0.3	4.1	1.6	3.8
上　海	Shanghai	2037	6.3	59.7	18.5	139.3
江　苏	Jiangsu	1428	6.5	47.6	15.7	89.6
浙　江	Zhejiang	1588	5.2	94.7	24.7	89.8
安　徽	Anhui	439	1.2	39.0	6.0	12.7
福　建	Fujian	1043	3.4	28.4	11.2	56.6
江　西	Jiangxi	87	0.8	7.6	2.4	8.1
山　东	Shandong	432	2.2	17.4	5.3	30.9
河　南	Henan	207	0.7	11.4	3.0	11.6
湖　北	Hubei	544	3.4	46.0	15.4	49.9
湖　南	Hunan	377	2.5	24.4	10.0	24.5
广　东	Guangdong	3216	12.2	96.0	36.3	207.9
广　西	Guangxi	80	0.7	3.1	1.0	6.7
海　南	Hainan	4	0.0	0.1	0.0	0.6
重　庆	Chongqing	2408	10.6	147.1	66.1	117.3
四　川	Sichuan	741	2.2	24.5	11.5	44.8
贵　州	Guizhou	20	0.1	2.6	0.4	1.7
云　南	Yunnan	277	1.7	17.2	10.1	19.5
西　藏	Tibet	3	0.0	0.0	0.0	0.0
陕　西	Shaanxi	174	1.1	6.9	2.3	12.7
甘　肃	Gansu	33	0.1	0.9	0.4	3.2
青　海	Qinghai					
宁　夏	Ningxia	1	0.0	0.1	0.0	0.1
新　疆	Xinjiang	148	0.3	4.0	1.3	5.3

4-6-3 续表 Continued

年份 Year	地区 Region	#餐费收入及商品销售额 From Meals and Commodities	商品购进总额（亿元）Total Purchases Value (100 million yuan)	统一配送商品购进额（亿元）Centralized Purchase and Delivery (100 million yuan)	#自有配送中心配送商品购进额 Self Centralized Purchase and Delivery	#非自有配送中心配送商品购进额 Non-self Centralized Purchase and Delivery
2004		345.3	124.6	89.3	64.7	24.6
2005		447.2	171.5	109.1	77.9	31.0
2006		563.2	201.2	127.5	93.6	33.7
2007		639.3	274.9	168.8	110.0	30.9
2008		796.2	271.6	192.5	118.7	35.3
2009		878.5	362.0	239.8	138.0	50.7
2010		952.9	455.8	298.8	159.5	51.4
2011		1098.7	518.9	343.1	190.0	65.1
2012		1280.3	561.4	388.5	202.3	86.0
2013		1316.0	571.2	400.7	183.0	80.8
北京	Beijing	256.3	89.0	72.8	33.3	16.8
天津	Tianjin	41.5	34.9	4.0	0.3	
河北	Hebei	1.2	1.0			
山西	Shanxi	9.1	4.8	3.8	3.7	
内蒙古	Inner Mongolia	16.3	7.8	0.9	0.3	0.4
辽宁	Liaoning	56.7	43.3	35.1	1.7	
吉林	Jilin	1.0	0.4	0.4	0.4	
黑龙江	Heilongjiang	3.8	1.6	1.5	0.7	0.8
上海	Shanghai	139.3	41.8	36.6	17.2	16.0
江苏	Jiangsu	89.1	35.2	33.5	19.4	14.2
浙江	Zhejiang	89.7	35.2	29.6	21.3	5.1
安徽	Anhui	12.4	6.0	4.4	3.4	0.2
福建	Fujian	56.6	20.8	16.6	11.5	2.9
江西	Jiangxi	8.1	4.2	3.6	0.6	2.8
山东	Shandong	30.9	17.4	15.4	0.1	
河南	Henan	11.5	6.2	4.5		0.0
湖北	Hubei	49.7	21.4	19.8	13.3	3.7
湖南	Hunan	24.0	11.2	1.1	0.8	
广东	Guangdong	207.6	68.7	62.3	21.8	5.5
广西	Guangxi	6.7	2.0	2.0	2.0	
海南	Hainan	0.6	0.0	0.0		0.0
重庆	Chongqing	117.1	79.2	16.9	11.3	5.3
四川	Sichuan	44.6	19.9	17.2	9.0	1.3
贵州	Guizhou	1.7	1.0	1.0		
云南	Yunnan	19.5	8.3	8.2	2.7	5.0
西藏	Tibet	0.0	0.0	0.0		
陕西	Shaanxi	12.7	6.4	6.2	6.0	
甘肃	Gansu	3.2	1.4	1.3	1.2	
青海	Qinghai					
宁夏	Ningxia	0.1	0.1	0.1	0.1	
新疆	Xinjiang	5.1	1.9	1.8	1.0	0.8

国际收支

BALANCE OF PAYMENTS

第5篇

5-1 国际收支概况
Brief Table of BOP of China

单位：亿美元
Unit: USD 100 million

年 份 Year	经常项目差额 Current Account Balance	资本和金融项目差额 Capital and Financial Account Balance	储备资产变动 Reserve Assets	净误差与遗漏 Net Errors and Omissions
1982	56.74	-17.36	-42.17	2.79
1983	42.40	-13.72	-26.95	-1.73
1984	20.30	-37.52	5.31	11.91
1985	-114.17	84.85	54.22	-24.90
1986	-70.35	65.40	17.27	-12.32
1987	3.00	27.31	-16.60	-13.71
1988	-38.03	52.69	-4.55	-10.11
1989	-43.18	64.28	-22.02	0.92
1990	119.97	-27.74	-60.89	-31.34
1991	132.71	45.81	-110.91	-67.61
1992	64.01	-2.51	21.02	-82.52
1993	-119.04	234.74	-17.67	-98.03
1994	76.58	326.44	-305.27	-97.75
1995	16.18	386.75	-224.63	-178.30
1996	72.42	399.67	-316.62	-155.47
1997	369.63	210.15	-357.24	-222.54
1998	314.71	-63.21	-64.26	-187.24
1999	211.14	51.80	-85.05	-177.88
2000	205.19	19.22	-105.48	-118.93
2001	174.05	347.75	-473.25	-48.56
2002	354.22	322.91	-755.07	77.94
2003	430.52	548.73	-1061.48	82.24
2004	689.41	1081.52	-1900.60	129.67
2005	1323.78	953.49	-2506.49	229.21
2006	2318.43	493.05	-2847.76	36.28
2007	3531.83	942.32	-4607.04	132.90
2008	4205.69	401.26	-4795.39	188.44
2009	2432.57	1984.70	-4003.44	-413.83
2010	2378.10	2868.65	-4717.39	-529.36
2011	1360.97	2654.70	-3878.01	-137.66
2012	2153.92	-317.66	-965.52	-870.74
2013	1828.07	3262.03	-4313.79	-776.31

注：根据国家外汇管理局最新公布的时间序列数据对2012年数据进行了相应的调整（下同）。
Note: According to State Administration of Foreign Exchange latest time-series data on the table，some years data were adjusted accordingly.

5-2 国际收支平衡表

Balance of Payments

单位：万美元

Unit: USD 10000

项目	Item	2012			2013		
		差额 Balance	贷方 Credit	借方 Debit	差额 Balance	贷方 Credit	借方 Debit
一、经常帐户	**Current Account**	**21539174.7**	**246652115.4**	**225112940.6**	**18280719.0**	**266366129.6**	**248085410.6**
A.货物和服务	Goods and Services	23184487.7	224831698.0	201647210.3	23537956.2	242499453.1	218961497.0
a.货物	Goods	32159480.9	205688656.2	173529175.2	35988994.9	221897667.8	185908672.9
b.服务	Services	-8974993.3	19143041.8	28118035.1	-12451038.7	20601785.3	33052824.0
1.运输	Transportation	-4694943.5	3891216.5	8586160.0	-5667810.8	3764565.9	9432376.7
2.旅游	Travel	-5194858.2	5002800.0	10197658.2	-7691239.5	5166400.0	12857639.5
3.通讯服务	Communication Services	14617.6	179336.1	164718.6	2718.2	166592.5	163874.2
4.建筑服务	Construction Services	862721.5	1224591.9	361870.4	677276.2	1066303.5	389027.3
5.保险服务	Insurance Services	-1727090.1	332923.0	2060013.2	-1809653.0	399616.7	2209269.6
6. 金融服务	Financial Services	-3977.1	188597.4	192574.6	-50615.8	318508.1	369124.0
7.计算机和信息服务	Computer and Information Services	1061033.0	1445350.8	384317.7	944727.8	1543251.5	598523.8
8.专有权利使用费和特许费	Royalties and License Fees	-1670488.1	104410.2	1774898.3	-2014640.8	88667.0	2103307.8
9.咨询	Consultation Services	1342738.3	3344710.0	2001971.7	1693189.8	4053562.8	2360373.0
10.广告、宣传	Advertising and Public Opinion Polling	197749.0	475090.2	277341.2	176722.0	490609.9	313887.9
11.电影、音像	Audiovisual and Related Services	-43890.9	12557.9	56448.8	-63558.0	14715.9	78274.0
12.其他商业服务	Other Business Services	886409.6	2842453.5	1956043.9	1347960.1	3406228.2	2058268.2
13.别处未提及的政府服务	Government Services,n.i.e	-5014.2	99004.3	104018.5	3885.2	122763.2	118878.1
B.收益	Income	-1988683.1	16703704.3	18692387.5	-4383888.9	18550512.3	22934401.2
1.职工报酬	Compensation of Employees	1527756.5	1706562.3	178805.9	1607590.3	1779010.5	171420.3
2.投资收益	Investment Income	-3516439.6	14997142.0	18513581.6	-5991479.2	16771501.8	22762981.0
C.经常转移	Current Transfers	343370.2	5116713.1	4773342.8	-873348.3	5316164.2	6189512.4
1.各级政府	General Government	-309771.6	86340.3	396111.9	-311272.9	112422.8	423695.7
2.其它部门	Other Sectors	653141.8	5030372.8	4377230.9	-562075.3	5203741.3	5765816.7
二、资本和金融帐户	**Capital and Financial Account**	**-3176581.5**	**135201861.5**	**138378443.0**	**32620318.9**	**172709961.5**	**140089642.7**
A.资本帐户	Capital Account	427227.7	454978.6	27750.9	305201.2	445220.8	140019.6
B.金融帐户	Financial Account	-3603809.2	134746882.9	138350692.1	32315117.7	172264740.7	139949623.1
1.直接投资	Direct Investment	17625048.2	29562558.7	11937510.5	18497190.0	34784874.0	16287684.0
1.1 我国在外直接投资	Abroad	-6496338.7	2335394.2	8831732.9	-7324400.2	3640164.5	10964564.7
1.2 外国在华直接投资	In China	24121386.8	27227164.5	3105777.7	25821590.2	31144709.6	5323119.3
2.证券投资	Portfolio Investment	4777927.5	8294148.1	3516220.6	6054652.8	10414738.2	4360085.5
2.1 资产	Assets	-639066.3	2366884.3	3005950.6	-535297.4	2576007.2	3111304.6
2.1.1 股本证券	Equity Securities	202923.6	1198400.3	995476.8	-253106.7	1356293.3	1609400.0
2.1.2 债务证券	Debt	-841989.9	1168484.0	2010473.8	-282190.7	1219713.9	1501904.6
2.1.2.1 (中)长期债务	Bonds and Notes	-491007.5	1096683.3	1587690.9	-282081.4	1219623.8	1501705.3
2.1.2.2 货币市场工具	Money Market Instruments	-350982.3	71800.6	422783.0	-109.3	90.1	199.3

5-2 续表 Continued

单位：万美元
Unit: USD 10000

项　目	Item	2012			2013		
		差　额 Balance	贷　方 Credit	借　方 Debit	差　额 Balance	贷　方 Credit	借　方 Debit
2.2 负债	Liabilities	5416993.8	5927263.8	510270.0	6589950.2	7838731.0	1248780.9
2.2.1 股本证券	Equity Securities	2990270.2	3484652.0	494381.8	3259497.1	4068432.8	808935.7
2.2.2 债务证券	Debt Securities	2426723.6	2442611.8	15888.2	3330453.1	3770298.2	439845.1
2.2.2.1 (中)长期债务	Bonds and Notes	1729630.4	1745503.4	15873.0	1598902.7	2038747.8	439845.1
2.2.2.2 货币市场工具	Money Market Instruments	697093.2	697108.4	15.2	1731550.3	1731550.3	
3.其它投资	Other Investment	-26006784.8	96890176.1	122896960.9	7763274.9	127065128.5	119301853.6
3.1 资产	Assets	-23168025.8	12612598.1	35780623.9	-13652915.0	14388899.8	28041814.7
3.1.1 贸易信贷	Trade Credits	-6181200.0	41000.0	6222200.0	-6026614.6	648000.0	6674614.6
长期	Long-term	-123624.0	820.0	124444.0	-120532.3	12960.0	133492.3
短期	Short-term	-6057576.0	40180.0	6097756.0	-5906082.3	635040.0	6541122.3
3.1.2 贷款	Loans	-6533210.6	2438477.9	8971688.5	-3194727.3	3739213.8	6933941.1
长期	Long-term	-5679305.0	4341.4	5683646.4	-4215052.0	1000000.0	5215052.0
短期	Short-term	-853905.6	2434136.5	3288042.1	1020324.7	2739213.8	1718889.1
3.1.3 货币和存款	Currency and Deposits	-10478938.7	8861649.1	19340587.9	-201413.3	8902860.0	9104273.3
3.1.4 其它资产	Other Assets	25323.6	1271471.1	1246147.5	-4230159.8	1098826.0	5328985.7
长期	Long-term	-1000000.0		1000000.0	1000000.0	1000000.0	
短期	Short-term	1025323.6	1271471.1	246147.5	-5230159.8	98826.0	5328985.7
3.2 负债	Liabilities	-2838759.0	84277578.1	87116337.1	21416189.9	112676228.7	91260038.9
3.2.1 贸易信贷	Trade Credits	4232600.0	5030000.0	797400.0	4493653.7	4493653.7	
长期	Long-term	74070.5	88025.0	13954.5	78638.9	78638.9	
短期	Short-term	4158529.5	4941975.0	783445.5	4415014.8	4415014.8	
3.2.2 贷款	Loans	-1678432.7	64798144.3	66476577.0	9344283.2	94926478.7	85582195.5
长期	Long-term	1023696.8	5426124.1	4402427.3	1941284.7	5692646.0	3751361.3
短期	Short-term	-2702129.5	59372020.2	62074149.8	7402998.5	89233832.7	81830834.2
3.2.3 货币和存款	Currency and Deposits	-5937602.8	13394119.5	19331722.3	7576160.9	12075960.9	4499800.0
3.2.4 其它负债	Other Liabilities	544676.5	1055314.2	510637.7	2092.1	1180135.4	1178043.3
长期	Long-term	467146.6	473931.9	6785.4	79920.3	213086.7	133166.4
短期	Short-term	77529.9	581382.3	503852.3	-77828.2	967048.7	1044876.9
三、储备资产	**Reserves Assets**	**-9655157.0**	**1355102.8**	**11010259.8**	**-43137942.7**	**132026.0**	**43269968.7**
3.1 货币黄金	Monetary Gold						
3.2 特别提款权	Special Drawing Rights	50534.8	69463.6	18928.8	20292.3	20656.0	363.7
3.3 在基金组织的储备头寸	Reserve Position in the Fund	161593.2	161593.2		111370.0	111370.0	
3.4 外汇	Foreign Exchange	-9867285.0	1124046.0	10991331.0	-43269605.0		43269605.0
3.5 其它债权	Other Claims						
四、净误差与遗漏	**Net Errors and Omissions**	**-8707436.3**		**8707436.3**	**-7763095.2**		**7763095.2**

5-3 外债概况
Notes of China's External Debt at the Year-end

单位：亿美元

Unit: USD 100 million

年 份 Year	合 计 Outstanding Debt	中长期外债 Long-term Debt	短期外债 Short-term Debt
1985	158.3	94.1	64.2
1986	214.8	167.1	47.7
1987	302.1	244.8	57.3
1988	400.0	326.9	73.1
1989	413.0	370.3	42.7
1990	525.5	457.8	67.7
1991	605.6	502.6	103.0
1992	693.2	584.7	108.5
1993	835.7	700.2	135.5
1994	928.1	823.9	104.2
1995	1065.9	946.8	119.1
1996	1162.8	1021.7	141.1
1997	1309.6	1128.2	181.4
1998	1460.4	1287.0	173.4
1999	1518.3	1366.5	151.8
2000	1457.3	1326.5	130.8
2001	2033.0	1195.3	837.7
2002	2026.3	1155.5	870.8
2003	2193.6	1165.9	1027.7
2004	2629.9	1242.9	1387.0
2005	2965.4	1249.0	1716.4
2006	3385.9	1393.6	1992.3
2007	3892.2	1535.3	2356.9
2008	3901.6	1638.8	2262.8
2009	4286.5	1693.9	2592.6
2010	5489.4	1732.4	3757.0
2011	6950.0	1941.0	5009.0
2012	7369.9	1960.6	5409.3
2013	8631.7	1865.4	6766.3
构成 Proportion (%)			
1985	100.0	59.4	40.6
1986	100.0	77.8	22.2
1987	100.0	81.1	18.9
1988	100.0	81.7	18.3
1989	100.0	89.7	10.3
1990	100.0	87.1	12.9
1991	100.0	83.0	17.0
1992	100.0	84.4	15.6
1993	100.0	83.8	16.2
1994	100.0	88.8	11.2
1995	100.0	88.8	11.2
1996	100.0	87.9	12.1
1997	100.0	86.1	13.9
1998	100.0	88.1	11.9
1999	100.0	90.0	10.0
2000	100.0	91.0	9.0
2001	100.0	58.8	41.2
2002	100.0	57.0	43.0
2003	100.0	53.2	46.8
2004	100.0	47.3	52.7
2005	100.0	42.1	57.9
2006	100.0	41.2	58.8
2007	100.0	39.4	60.6
2008	100.0	42.0	58.0
2009	100.0	39.5	60.5
2010	100.0	31.6	68.4
2011	100.0	27.9	72.1
2012	100.0	26.6	73.4
2013	100.0	21.6	78.4

注：2009年,国家外汇管理局对贸易信贷抽样调查方法进行了调整，为保证数据的可比性，2001-2008年末贸易信贷余额及外债余额也相应进行了调整(下同)。

Note:In 2009, trade credit sample survey method was adjusted, outstanding of trade credit and external debts were adjusted accordingly from 2001 to 2008 for comparison. The same applies to the table following.

5-4 外债来源

Source of China's External Debt

单位：亿美元
Unit: USD 100 million

年 份 Year	合 计 Outstanding Debt	政府贷款 Government Loans	国际金融组织贷款 International financial Institutions Loans	商业贷款 Commercial Loans	其 他 Others	贸易信贷 trade credits
1985	158.38	36.34	11.85	64.51	45.68	
1986	214.83	49.37	26.31	75.97	63.18	
1987	302.05	50.17	37.40	121.79	92.69	
1988	400.03	66.48	42.53	189.82	101.20	
1989	412.99	69.49	53.44	216.74	73.32	
1990	525.45	83.90	62.86	291.84	86.85	
1991	605.61	95.06	70.71	315.90	123.94	
1992	693.21	114.95	84.15	354.79	139.32	
1993	835.73	143.15	104.64	410.80	177.14	
1994	928.06	195.91	129.39	473.34	129.42	
1995	1065.91	220.58	147.99	526.27	171.07	
1996	1162.75	221.64	167.39	569.44	204.28	
1997	1309.60	207.82	192.12	647.68	261.98	
1998	1460.43	224.06	229.54	682.21	324.62	
1999	1518.30	265.60	251.39	653.80	347.51	
2000	1457.27	246.05	263.49	947.73		
2001	2033.03	237.04	275.66	972.33		548.00
2002	2026.33	244.23	277.02	929.08		576.00
2003	2193.60	254.20	264.67	1051.73		623.00
2004	2629.92	322.08	251.01	1247.83		809.00
2005	2965.45	271.95	267.88	1362.62		1063.00
2006	3385.88	276.66	278.11	1635.11		1196.00
2007	3892.18	300.57	283.71	1820.90		1487.00
2008	3901.61	324.73	270.54	2010.34		1296.00
2009	4286.47	349.23	333.75	1986.49		1617.00
2010	5489.38	320.84	355.46	2701.08		2112.00
2011	6949.97	333.00	350.00	3774.97		2492.00
2012	7369.86	310.45	340.98	3803.43		2915.00
2013	8631.67	265.15	332.80	4668.72		3365.00

注：2001年以后“合计”项中取消了“其他”项，增加了“贸易信贷”项。
Note: The summation of external debt deletes the others and adds trade credits after 2001.

5-5 外债来源构成

Structure of China's External Debt

单位：%
Unit: %

年 份 Year	合 计 Outstanding Debt	政府贷款 Government Loans	国际金融组织贷款 International financial Institutions Loans	商业贷款 Commercial Loans	其 他 Others	贸易信贷 trade credits
1985	100.0	22.9	7.5	40.7	28.8	
1986	100.0	23.0	12.2	35.4	29.4	
1987	100.0	16.6	12.4	40.3	30.7	
1988	100.0	16.6	10.6	47.5	25.3	
1989	100.0	16.8	12.9	52.5	17.8	
1990	100.0	16.0	12.0	55.5	16.5	
1991	100.0	15.7	11.7	52.2	20.5	
1992	100.0	16.6	12.1	51.2	20.1	
1993	100.0	17.1	12.5	49.2	21.2	
1994	100.0	21.1	13.9	51.0	14.0	
1995	100.0	20.7	13.9	49.4	16.0	
1996	100.0	19.0	14.4	49.0	17.6	
1997	100.0	15.9	14.7	49.4	20.0	
1998	100.0	15.4	15.7	46.7	22.2	
1999	100.0	17.5	16.5	43.1	22.9	
2000	100.0	16.9	18.0	65.0		
2001	100.0	11.7	13.6	47.8		27.0
2002	100.0	12.1	13.7	45.9		28.4
2003	100.0	11.6	12.1	47.9		28.4
2004	100.0	12.2	9.5	47.4		30.8
2005	100.0	9.1	9.0	45.9		35.8
2006	100.0	8.2	8.2	48.3		35.3
2007	100.0	7.7	7.3	46.8		38.2
2008	100.0	8.3	6.9	51.5		33.2
2009	100.0	8.1	7.8	46.3		37.7
2010	100.0	5.8	6.5	49.2		38.5
2011	100.0	4.8	5.0	54.3		35.9
2012	100.0	4.2	4.6	51.6		39.6
2013	100.0	3.1	3.9	54.1		39.0

注：2001年以后“合计”项中取消了“其他”项，增加了“贸易信贷”项。
Note: The summation of external debt deletes the others and adds trade credits after 2001.

5-6 外债风险指标

Risk Indicators on Foreign Debts

单位：%
Unit: %

年 份 Year	偿债率 Debt Service Ratio	负债率 Liability Ratio	债务率 Foreign Debt Ratio
1985	2.7	5.2	56.0
1986	15.4	7.3	72.1
1987	9.0	9.4	77.1
1988	6.5	10.0	87.1
1989	8.3	9.2	86.4
1990	8.7	13.6	91.6
1991	8.5	14.9	91.9
1992	7.1	14.4	87.9
1993	10.2	13.6	96.5
1994	9.1	16.6	78.0
1995	7.6	14.6	72.4
1996	6.0	13.6	67.7
1997	7.3	13.7	63.2
1998	10.9	14.3	70.4
1999	11.2	14.0	68.7
2000	9.2	12.2	52.1
2001	7.5	15.3	67.9
2002	7.9	13.9	55.5
2003	6.9	13.4	45.2
2004	3.2	13.6	40.2
2005	3.1	13.1	35.4
2006	2.1	12.5	31.9
2007	2.0	11.1	29.0
2008	1.8	8.6	24.7
2009	2.9	8.6	32.2
2010	1.6	9.3	29.2
2011	1.7	9.5	33.3
2012	1.6	9.0	32.8
2013	1.6	9.4	35.6

注：1.偿债率指偿还外债本息与当年贸易和非贸易外汇收入(国际收支口径)之比。
2.负债率指外债余额与当年国民生产总值之比。
3.债务率指外债余额与当年贸易和非贸易外汇收入(国际收支口径)之比。
4.国家外汇管理局根据调整后的1993-2004年度国内生产总值数据对负债率指标的数据进行了相应的调整。

Note: a) Debt service ratio refers to the ratio of the payment of principal and interest of foreign debts to the foreign exchange receipts from foreign trade and non-trade services of the current year.
b) Liability ratio refers to the ratio of the balance of foreign debts to the gross national product of the current year.
c) Foreign debt ratio refers to the ratio of the balance of foreign debts to the foreign exchange receipts from foreign trade and non-trade services of the current year.
d) According to the adjusted 1993-2004 annual GDP data ,liability ratio data is adjusted accordingly by State Administration of Foreign Exchange.

5-7 人民币市场汇率(年平均汇价)

Reference Exchange Rate of Renminbi(Period Average)

单位：人民币元
Unit: RMB yuan

年 份 Year	美 元 US Dollar (100)	欧 元 EURO (100)	日 元 Japanese Yen (100)	港 币 Hong Kong Dollar (100)	英镑 Pound (100)
1981	170.50		0.77	30.41	
1982	189.25		0.76	31.15	
1983	197.57		0.83	27.36	
1984	232.70		0.98	29.71	
1985	293.67		1.25	37.57	
1986	345.28		2.07	44.22	
1987	372.21		2.58	47.74	
1988	372.21		2.91	47.70	
1989	376.51		2.74	48.28	
1990	478.32		3.32	61.39	
1991	532.33		3.96	68.45	
1992	551.46		4.36	71.24	
1993	576.20		5.20	74.41	
1994	861.87		8.44	111.53	
1995	835.10		8.92	107.96	
1996	831.42		7.64	107.51	
1997	828.98		6.86	107.09	
1998	827.91		6.35	106.88	
1999	827.83		7.29	106.66	
2000	827.84		7.69	106.18	
2001	827.70		6.81	106.08	
2002	827.70	800.58	6.62	106.07	
2003	827.70	936.13	7.15	106.24	
2004	827.68	1029.00	7.66	106.23	
2005	819.17	1019.53	7.45	105.30	
2006	797.18	1001.90	6.86	102.62	
2007	760.40	1041.75	6.46	97.46	1522.13
2008	694.51	1022.27	6.74	89.19	1286.64
2009	683.1	952.7	7.30	88.12	1071.97
2010	676.95	897.25	7.73	87.13	1045.72
2011	645.88	900.11	8.11	82.97	1036.39
2012	631.25	810.67	7.90	81.38	1000.12
2013	619.32	822.19	6.33	79.85	967.93

5-8 人民币市场汇率(年末价)

Reference Exchange Rate of Renminbi(End of Period)

单位：人民币元
Unit: RMB yuan

年 份 Year	美 元 US Dollar (100)	欧 元 EURO (100)	日 元 Japanese Yen (100)	港 币 Hong Kong Dollar (100)	英镑 Pound (100)
1981	174.55		0.79	30.80	
1982	192.27		0.82	29.80	
1983	198.09		0.85	25.30	
1984	257.55		1.13	35.90	
1985	320.15		1.59	40.79	
1986	372.21		2.33	47.68	
1987	372.21		3.01	47.90	
1988	372.21		2.98	47.61	
1989	472.21		3.29	60.48	
1990	522.21		3.87	67.00	
1991	543.42		4.32	69.42	
1992	575.18		4.61	74.31	
1993	580.00		5.21	75.09	
1994	844.62		8.48	109.14	
1995	831.74		8.05	107.96	
1996	829.84		7.20	107.24	
1997	827.96		6.35	106.99	
1998	827.87		7.17	106.78	
1999	827.93		8.09	106.51	
2000	827.81		7.24	106.06	
2001	827.66		6.30	106.06	
2002	827.73	863.60	6.90	106.11	
2003	827.67	1033.83	7.73	106.57	
2004	827.65	1126.27	7.97	106.37	
2005	807.02	957.97	6.87	104.03	
2006	780.87	1026.65	6.56	100.47	
2007	730.46	1066.69	6.11	93.64	1458.07
2008	683.46	965.90	7.57	88.19	987.98
2009	682.82	979.71	7.38	88.05	1097.8
2010	662.27	880.65	8.13	85.09	1021.82
2011	630.09	816.25	8.11	81.07	971.16
2012	628.55	831.76	7.30	81.09	1016.11
2013	609.69	841.89	5.78	78.62	1005.56

5-9 国家外汇储备和外债余额

Foreign Exchange Reserves and Outstanding External Debt

年份 Year	黄金储备 (万盎司) Gold Reserves (10000 Ounces)	外汇储备 (亿美元) Foreign Exchange Reserves (USD 100 millions)	外债余额 (亿美元) Outstanding External Debt (USD 100 millions)
1979	1280	8.40	
1980	1280	-12.96	
1981	1267	27.08	
1982	1267	69.86	
1983	1267	89.01	
1984	1267	82.20	
1985	1267	26.44	158.28
1986	1267	20.72	214.84
1987	1267	29.23	302.05
1988	1267	33.72	400.02
1989	1267	55.50	412.99
1990	1267	110.93	525.45
1991	1267	217.12	605.61
1992	1267	194.43	693.21
1993	1267	211.99	835.74
1994	1267	516.20	928.06
1995	1267	735.97	1065.91
1996	1267	1050.49	1162.75
1997	1267	1398.90	1309.58
1998	1267	1449.59	1460.43
1999	1267	1546.75	1518.3
2000	1267	1655.74	1457.3
2001	1608	2121.65	1701.1
2002	1929	2864.07	1713.56
2003	1929	4032.51	1936.34
2004	1929	6099.32	2285.96
2005	1929	8188.72	2810.44
2006	1929	10663.44	3229.88
2007	1929	15282.49	3736.18
2008	1929	19460.30	3746.61
2009	3389	23991.52	4286.47
2010	3389	28473.38	5489.38
2011	3389	31811.48	6949.97
2012	3389	33115.89	7369.86
2013	3389	38213.15	8631.67

对外贸易

FOREIGN TRADE

第6篇

6-1 进出口额(按美元计算)
Total Value of Imports and Exports By USD

单位：亿美元
Unit: USD 100 million

年 份 Year	进出口总额 Total	出口额 Exports	进口额 Imports	差额(+顺差,-逆差) Balance
1950	11.3	5.5	5.8	-0.3
1955	31.4	14.1	17.3	-3.2
1960	38.1	18.6	19.5	-0.9
1961	29.4	14.9	14.5	0.4
1962	26.6	14.9	11.7	3.2
1963	29.2	16.5	12.7	3.8
1964	34.7	19.2	15.5	3.7
1965	42.5	22.3	20.2	2.1
1966	46.2	23.7	22.5	1.2
1967	41.6	21.4	20.2	1.2
1968	40.5	21.0	19.5	1.5
1969	40.3	22.0	18.3	3.7
1970	45.9	22.6	23.3	-0.7
1971	48.4	26.4	22.0	4.4
1972	63.0	34.4	28.6	5.8
1973	109.8	58.2	51.6	6.6
1974	145.7	69.5	76.2	-6.7
1975	147.5	72.6	74.9	-2.3
1976	134.3	68.5	65.8	2.7
1977	148.0	75.9	72.1	3.8
1978	206.4	97.5	108.9	-11.4
1979	293.3	136.6	156.7	-20.1
1980	381.4	181.2	200.2	-19.0
1981	440.3	220.1	220.2	-0.1
1982	416.1	223.2	192.9	30.3
1983	436.2	222.3	213.9	8.4
1984	535.5	261.4	274.1	-12.7
1985	696.0	273.5	422.5	-149.0
1986	738.5	309.4	429.1	-119.7
1987	826.5	394.4	432.1	-37.7
1988	1027.9	475.2	552.7	-77.5
1989	1116.8	525.4	591.4	-66.0
1990	1154.4	620.9	533.5	87.4
1991	1357.0	719.1	637.9	81.2
1992	1655.3	849.4	805.9	43.5
1993	1957.0	917.4	1039.6	-122.2
1994	2366.2	1210.1	1156.1	54.0
1995	2808.6	1487.8	1320.8	167.0
1996	2898.8	1510.5	1388.3	122.2
1997	3251.6	1827.9	1423.7	404.2
1998	3239.5	1837.1	1402.4	434.7
1999	3606.3	1949.3	1657.0	292.3
2000	4742.9	2492.0	2250.9	241.1
2001	5096.5	2661.0	2435.5	225.5
2002	6207.7	3256.0	2951.7	304.3
2003	8509.9	4382.3	4127.6	254.7
2004	11545.5	5933.3	5612.3	320.9
2005	14219.1	7619.5	6599.5	1020.0
2006	17604.4	9689.8	7914.6	1774.8
2007	21765.7	12204.6	9561.2	2618.3
2008	25632.6	14306.9	11325.7	2981.3
2009	22075.4	12016.1	10059.2	1956.9
2010	29740.0	15777.5	13962.4	1815.1
2011	36418.6	18983.8	17434.8	1549.0
2012	38671.2	20487.1	18184.1	2303.1
2013	41589.9	22090.0	19499.9	2590.1

注：1.本表1979年以前为外贸业务统计数，1980年以后为海关进出口统计数。以下诸表同。
2.进出口差额负数为入超。

Note: a) Figures before 1980 are recorded by the Ministry of Foreign Trade and figures since 1980 are recorded by General Administration of Customs. The same to the following tables.
b) Negative figures in balance refer to unfavourable positions.

6-2 进出口额(按人民币计算)

Total Value of Imports and Exports by RMB

单位：亿元

Unit: USD 100 million

年 份 Year	进出口总额 Total	出口额 Exports	进口额 Imports	差额(+顺差,-逆差) Balance
1950	41.3	20.0	21.3	-1.3
1955	109.8	48.7	61.1	-12.4
1960	128.4	63.3	65.1	-1.8
1961	90.7	47.7	43.0	4.7
1962	80.9	47.1	33.8	13.3
1963	85.7	50.0	35.7	14.3
1964	97.5	55.4	42.1	13.3
1965	118.4	63.1	55.3	7.8
1966	127.1	66.0	61.1	4.9
1967	112.2	58.8	53.4	5.4
1968	108.5	57.6	50.9	6.7
1969	107.0	59.8	47.2	12.6
1970	112.9	56.8	56.1	0.7
1971	120.9	68.5	52.4	16.1
1972	146.9	82.9	64.0	18.9
1973	220.5	116.9	103.6	13.3
1974	292.2	139.4	152.8	-13.4
1975	290.4	143.0	147.4	-4.4
1976	264.1	134.8	129.3	5.5
1977	272.5	139.7	132.8	6.9
1978	355.0	167.6	187.4	-19.8
1979	454.6	211.7	242.9	-31.2
1980	570.0	271.2	298.8	-27.6
1981	735.3	367.6	367.7	-0.1
1982	771.3	413.8	357.5	56.3
1983	860.1	438.3	421.8	16.5
1984	1201.0	580.5	620.5	-40.0
1985	2066.7	808.9	1257.8	-448.9
1986	2580.4	1082.1	1498.3	-416.2
1987	3084.2	1470.0	1614.2	-144.2
1988	3821.8	1766.7	2055.1	-288.4
1989	4155.9	1956.0	2199.9	-243.9
1990	5560.1	2985.8	2574.3	411.5
1991	7225.8	3827.1	3398.7	428.4
1992	9119.6	4676.3	4443.3	233.0
1993	11271.0	5284.8	5986.2	-701.4
1994	20381.9	10421.8	9960.1	461.7
1995	23499.9	12451.8	11048.1	1403.7
1996	24133.8	12576.4	11557.4	1019.0
1997	26967.2	15160.7	11806.5	3354.2
1998	26849.7	15223.6	11626.1	3597.5
1999	29896.3	16159.8	13736.5	2423.3
2000	39273.2	20634.4	18638.8	1995.6
2001	42183.6	22024.4	20159.2	1865.2
2002	51378.2	26947.9	24430.3	2517.6
2003	70483.5	36287.9	34195.6	2092.3
2004	95539.1	49103.3	46435.8	2667.5
2005	116921.8	62648.1	54273.7	8374.4
2006	140974.0	77597.2	63376.9	14220.3
2007	166863.7	93563.6	73300.1	20263.5
2008	179921.5	100394.9	79526.5	20868.4
2009	150648.1	82029.7	68618.4	13411.3
2010	201722.1	107022.8	94699.3	12323.5
2011	236402.0	123240.6	113161.4	10079.2
2012	244160.2	129359.3	114801.0	14558.3
2013	258168.9	137131.4	121037.5	16094.0

6-3 进出口额指数(按美元计算)
Indices of Total Value of Imports and Exports by USD

(1980年 =100) (Year of 1980 =100)

年 份 Year	进出口总额 Total	出口额 Exports	进口额 Imports
1980	100.00	100.00	100.00
1981	115.44	121.47	109.99
1982	109.10	123.18	96.35
1983	114.37	122.68	106.84
1984	140.40	144.26	136.91
1985	182.49	150.94	211.04
1986	193.63	170.75	214.34
1987	216.70	217.66	215.83
1988	269.51	262.25	276.07
1989	292.82	289.96	295.40
1990	302.67	342.66	266.48
1991	355.79	396.85	318.63
1992	434.01	468.76	402.55
1993	513.11	506.29	519.28
1994	620.40	667.83	577.47
1995	736.39	821.08	659.74
1996	760.04	833.61	693.46
1997	852.54	1008.77	711.14
1998	849.37	1013.85	700.50
1999	945.54	1075.77	827.67
2000	1243.55	1375.28	1124.33
2001	1336.26	1468.54	1216.53
2002	1627.61	1796.91	1474.38
2003	2231.23	2418.49	2061.74
2004	3027.14	3274.39	2803.35
2005	3728.13	4205.02	3296.45
2006	4615.62	5347.33	3953.35
2007	5699.33	6720.62	4774.98
2008	6720.65	7895.66	5657.15
2009	5787.98	6631.41	5024.59
2010	7797.58	8707.25	6974.25
2011	9548.67	10476.72	8708.71
2012	10139.27	11306.37	9082.94
2013	10904.54	12190.95	9740.21

6-4 进出口额增长速度(按美元计算)

Growth Rates of Import and Export Value by USD

(上年=100) (Percentage change over previous year)

年 份 Year	进出口总额 Total (%)	出口额 Exports (%)	进口额 Imports (%)
1980	30.0	32.7	27.8
1981	15.4	21.5	10.0
1982	-5.5	1.4	-12.4
1983	4.8	-0.4	10.9
1984	22.8	17.6	28.1
1985	30.0	4.6	54.1
1986	6.1	13.1	1.6
1987	11.9	27.5	0.7
1988	24.4	20.5	27.9
1989	8.6	10.6	7.0
1990	3.4	18.2	-9.8
1991	17.6	15.8	19.6
1992	22.0	18.1	26.3
1993	18.2	8.0	29.0
1994	20.9	31.9	11.2
1995	18.7	22.9	14.2
1996	3.2	1.5	5.1
1997	12.2	21.0	2.5
1998	-0.4	0.5	-1.5
1999	11.3	6.1	18.2
2000	31.5	27.8	35.8
2001	7.5	6.8	8.2
2002	21.8	22.4	21.2
2003	37.1	34.6	39.8
2004	35.7	35.4	36.0
2005	23.2	28.4	17.6
2006	23.8	27.2	20.0
2007	23.5	25.7	20.8
2008	17.9	17.5	18.5
2009	-13.9	-16.0	-11.2
2010	34.7	31.3	38.8
2011	22.5	20.3	24.9
2012	6.2	7.9	4.3
2013	7.5	7.8	7.2

6-5 中国出口额占国内生产总值的比重
China's Export Proportion in GDP

单位：人民币亿元
Unit: RMB 100 million yuan

年 份 Year	国内生产总值 GDP	出 口 额 Exports	出口占国内生产总值的比重(%) Exports Proportion(%)
1980	4545.6	271.2	6.0
1981	4891.6	367.6	7.5
1982	5323.4	413.8	7.8
1983	5962.7	438.3	7.4
1984	7208.1	580.5	8.1
1985	9016.0	808.9	9.0
1986	10275.2	1082.1	10.5
1987	12058.6	1470.0	12.2
1988	15042.8	1766.7	11.7
1989	16992.3	1956.0	11.5
1990	18667.8	2985.8	16.0
1991	21781.5	3827.1	17.6
1992	26923.5	4676.3	17.4
1993	35333.9	5284.8	15.0
1994	48197.9	10421.8	21.6
1995	60793.7	12451.8	20.5
1996	71176.6	12576.4	17.7
1997	78973.0	15160.7	19.2
1998	84402.3	15223.6	18.0
1999	89677.1	16159.8	18.0
2000	99214.6	20634.4	20.8
2001	109655.2	22024.4	20.1
2002	120332.7	26947.9	22.4
2003	135822.8	36287.9	26.7
2004	159878.3	49103.3	30.7
2005	184937.4	62648.1	33.9
2006	216314.4	77597.2	35.9
2007	265810.3	93563.6	35.2
2008	314045.4	100394.9	32.0
2009	340902.8	82029.7	24.1
2010	401512.8	107022.8	26.7
2011	473104.0	123240.6	26.0
2012	519470.1	129359.3	24.9
2013	568845.2	137131.4	24.1

6-6 中国出口额占世界出口总额的比重和位次

China's Export Share and Ranking in the World

单位：亿美元
Unit: USD 100 million

年 份 Year	世界出口总额 World Exports	中国出口额 China Exports	中国出口额占世界出口总额的比重(%) China's Share (%)	位 次 Ranking
1980	20360	181	0.9	26
1981	20140	220	1.1	19
1982	18860	223	1.2	17
1983	18460	222	1.2	17
1984	19560	261	1.3	18
1985	19540	274	1.4	17
1986	21390	309	1.4	16
1987	25160	394	1.6	16
1988	28690	475	1.7	16
1989	30980	525	1.7	14
1990	34900	621	1.8	15
1991	35120	719	2.0	13
1992	37820	849	2.3	11
1993	37910	917	2.4	11
1994	43280	1210	2.8	11
1995	51680	1488	2.9	11
1996	54070	1511	2.8	11
1997	55920	1827	3.3	10
1998	55030	1837	3.3	9
1999	57150	1949	3.4	9
2000	64570	2492	3.9	7
2001	61950	2661	4.3	6
2002	64950	3256	5.0	5
2003	75890	4382	5.8	4
2004	92230	5933	6.4	3
2005	105080	7620	7.3	3
2006	121300	9690	8.0	3
2007	140220	12205	8.7	2
2008	161590	14307	8.9	2
2009	125540	12016	9.6	1
2010	153000	15778	10.3	1
2011	183280	18984	10.4	1
2012	184040	20487	11.1	1
2013	188160	22090	11.7	1

注：根据WTO网站公布的数据对历年“世界出口总额”进行了调整。
Note:"World Exports" from 1980 to 2011 is adjusted according to the statistics from WTO website.

6-7 分贸易方式进出口总额

Imports and Exports by Customs Regime

单位：万美元

Unit: USD 10000

贸易方式	Customs Regime	2012		2013	
		出口 Exports	进口 Imports	出口 Exports	进口 Imports
合　计	**Total**	**204871442**	**181840500**	**220900400**	**194998947**
一般贸易	Ordinary Trade	98789939	102238636	108732625	110985906
国家间、国际组织无偿援助和赠送的物资	Aid or Donation between Governments or by International Organizations	55172	2726	45588	2109
其他捐赠物资	Other Donation	164	33837	817	1083
补偿贸易	Compensation Trade				
来料加工装配贸易	Processing and Assembling with Materials Provided Abroad	9881881	8456883	9248657	8751418
进料加工贸易	Processing with Imported Materials	76385772	39670646	76755330	40914817
寄售代销贸易	Goods on Consignment	372	52	65	
边境小额贸易	Border Trade	2421594	1529369	3092872	1406539
加工贸易进口设备	Equipment Imported for Processing and Assembling		91247		96903
对外承包工程出口货物	Contracting Projects	1477666		1598766	
租赁贸易	Goods on Lease	56260	678265	30393	866415
外商投资企业作为投资进口的设备、物品	Equipment or Materials Invested by Foreign-invested Enterprises		1341803		974498
出料加工贸易	Outward Processing	19581	23896	19936	25192
易货贸易	Barter Trade	29	19	206	99
免税外汇商品	Duty-free Commodities		2545		2747
保税监管场所进出境货物	Customs Trade through Bonded Supervision Areas	4246516	8385059	4650961	8483787
海关特殊监管区域物流货物	Logistics Goods By Customs Special Control Area	9482411	18513135	14197974	21842967
海关特殊监管区域进口设备	Equipment Imported Into Customs Special Control Area		609359		398551
其他	Others	2054085	263024	2526211	245914

注：自2011年起，表中原指标“华侨、港澳台同胞、外籍华人捐赠物资”、“保税仓库进出境货物”、“保税区仓储转口货物”和“出口加工区进口设备”分别更名为“其他捐赠物资”、“保税监管场所进出境货物”、“海关特殊监管区域物流货物”和“海关特殊监管区域进口设备”。

Note: Since 2011, "Donation by Overseas Chinese, Compatriots in Hongkong, Macau or Taiwan, or Chinese with Foreign Citizenship", "Customs Warehousing Trade","Entrepot Trade by Bonded Area","Equipment Imported in the Export Processing Zones" respectively change the name to "Other Donation","Customs Trade through Bonded Supervision Areas","Logistics Goods By Customs Special Control Area","Equipment Imported Into Customs Special Control Area".

6-8 一般贸易与加工贸易进出口额

Imports and Exports by Conventional Trade and Processing Trade

单位：亿美元

Unit: USD 100 million

年份 Year	一般贸易 Conventional Trade		加工贸易 Processing Trade		其他贸易 Other Trading Forms	
	出口 Exports	进口 Imports	出口 Exports	进口 Imports	出口 Exports	进口 Imports
1981	208.00	203.66	11.31	15.04	0.79	1.50
1982	206.69	170.17	15.77	21.28	0.74	1.45
1983	201.60	187.68	20.01	24.01	0.69	2.21
1984	231.62	238.49	29.29	31.47	0.49	4.14
1985	237.30	372.72	33.16	42.74	3.04	7.04
1986	250.95	352.07	51.41	63.90	7.04	13.13
1987	296.43	287.72	81.38	95.02	16.59	49.36
1988	325.96	352.08	128.33	137.46	20.91	63.16
1989	315.52	356.14	188.04	156.78	21.84	78.48
1990	354.60	262.00	254.20	187.60	12.10	83.90
1991	381.20	295.40	324.30	250.30	13.60	92.20
1992	436.80	336.20	396.07	315.14	16.53	154.56
1993	432.00	380.45	442.36	363.60	43.04	295.55
1994	615.60	355.20	569.80	475.70	24.70	325.20
1995	713.61	433.81	737.18	583.59	37.01	303.40
1996	628.24	393.63	843.27	622.75	38.99	371.92
1997	779.74	390.30	996.02	702.06	52.14	331.34
1998	742.35	436.80	1044.54	685.99	50.22	279.58
1999	791.35	670.40	1108.82	735.78	49.14	250.81
2000	1051.81	1000.79	1376.52	925.58	63.70	324.57
2001	1118.81	1134.56	1474.34	939.74	67.83	361.23
2002	1361.87	1291.11	1799.27	1222.00	94.82	438.59
2003	1820.34	1877.00	2418.49	1629.35	143.45	621.22
2004	2436.06	2481.45	3279.70	2216.95	217.50	913.89
2005	3150.63	2796.33	4164.67	2740.12	304.23	1063.08
2006	4162.33	3330.74	5103.55	3214.72	423.81	1369.15
2007	5393.55	4286.64	6175.60	3684.74	623.20	1590.20
2008	6628.62	5720.93	6751.14	3783.77	927.17	1820.92
2009	5298.12	5344.70	5868.62	3222.91	849.37	1491.62
2010	7206.12	7692.76	7402.79	4174.82	1168.63	2094.86
2011	9170.34	10076.21	8352.84	4697.56	1460.64	2661.07
2012	9878.99	10223.86	8626.77	4812.75	1981.38	3147.43
2013	10873.26	11098.59	8600.40	4966.62	2616.38	3434.68

6-9 一般贸易与加工贸易进出口增长速度

Growth Rates of Imports and Exports by Conventional Trade and Processing Trade

(上年=100) (Percentage change over previous year)

年 份 Year	一般贸易 Conventional Trade		加工贸易 Processing Trade		其他贸易 Other Trading Forms	
	出 口(%) Exports	进 口(%) Imports	出 口(%) Exports	进 口(%) Imports	出 口(%) Exports	进 口(%) Imports
1982	-0.6	-16.4	39.4	41.5	-6.3	-3.3
1983	-2.5	10.3	26.9	12.8	-6.8	52.4
1984	14.9	27.1	46.4	31.1	-29.0	87.3
1985	2.5	56.3	13.2	35.8	520.4	70.0
1986	5.8	-5.5	55.0	49.5	131.6	86.5
1987	18.1	-18.3	58.3	48.7	135.7	275.9
1988	10.0	22.4	57.7	44.7	26.0	28.0
1989	-3.2	1.2	46.5	14.1	4.4	24.3
1990	12.4	-26.4	35.2	19.7	-44.6	6.9
1991	7.5	12.7	27.6	33.4	12.4	9.9
1992	14.6	13.8	22.1	25.9	21.5	67.6
1993	-1.1	13.2	11.7	15.4	160.4	91.2
1994	42.5	-6.6	28.8	30.8	-42.6	10.0
1995	15.9	22.1	29.4	22.7	49.8	-6.7
1996	-12.0	-9.3	14.4	6.7	5.3	22.6
1997	24.1	-0.8	18.1	12.7	33.7	-10.9
1998	-4.8	11.9	4.9	-2.3	-3.7	-15.6
1999	6.6	53.5	6.2	7.3	-2.2	-10.3
2000	32.9	49.3	24.1	25.8	29.6	29.4
2001	6.4	13.4	7.1	1.5	6.5	11.3
2002	21.7	13.8	22.0	30.0	39.8	21.4
2003	33.7	45.4	34.4	33.3	51.3	41.6
2004	33.8	32.2	35.6	36.1	51.6	47.1
2005	29.3	12.7	27.0	23.6	39.9	16.3
2006	32.1	19.1	22.5	17.3	39.3	28.8
2007	29.6	28.7	21.0	14.6	47.0	16.1
2008	23.1	33.5	9.3	2.7	50.1	14.6
2009	-20.1	-6.6	-13.1	-14.8	-8.4	-18.1
2010	36.0	43.9	26.1	29.5	37.6	40.4
2011	27.3	31.0	12.8	12.5	25.0	27.0
2012	7.7	1.5	3.3	2.5	35.7	18.3
2013	10.1	8.6	-0.3	3.2	32.0	9.1

6-10 按国际贸易标准分类的进出口简表
Brief Table of Imports and Exports by SITC

单位：亿美元
Unit: USD 100 million

年 份 Year	初级产品 Primary Goods		工业制成品 Manufactured Goods	
	出 口 Exports	进 口 Imports	出 口 Exports	进 口 Imports
1980	91.14	69.59	90.05	130.58
1981	102.48	80.44	117.59	139.71
1982	100.50	76.34	122.71	116.51
1983	96.20	58.08	126.06	155.82
1984	119.34	52.08	142.05	222.02
1985	138.28	52.89	135.22	369.63
1986	112.72	56.49	196.70	372.55
1987	132.31	69.15	262.06	363.01
1988	144.06	100.68	331.10	452.07
1989	150.78	117.54	374.60	473.86
1990	158.86	98.53	462.05	434.92
1991	161.45	108.34	556.98	529.57
1992	170.04	132.55	679.36	673.30
1993	166.66	142.10	750.78	897.49
1994	197.08	164.86	1012.98	991.28
1995	214.85	244.17	1272.95	1076.67
1996	219.25	254.41	1291.23	1133.92
1997	239.53	286.20	1588.39	1137.50
1998	204.89	229.49	1632.20	1172.88
1999	199.41	268.46	1749.90	1388.53
2000	254.60	467.39	2237.43	1783.55
2001	263.38	457.43	2397.60	1978.10
2002	285.40	492.71	2970.56	2458.99
2003	348.12	727.63	4034.16	3399.96
2004	405.49	1172.67	5527.77	4439.62
2005	490.37	1477.14	7129.16	5122.39
2006	529.19	1871.29	9160.17	6043.32
2007	615.09	2430.85	11562.67	7128.65
2008	779.57	3623.95	13527.36	7701.67
2009	631.12	2898.04	11384.83	7161.19
2010	816.86	4338.50	14960.69	9623.94
2011	1005.45	6042.69	17978.36	11392.15
2012	1005.58	6349.34	19481.56	11834.71
2013	1072.68	6580.81	21017.36	12919.09

6-11 按国际贸易标准分类的进出口增长速度

Growth Rates of Imports and Exports by SITC

(上年=100) (Percentage change over previous year)

年 份 Year	初级产品 Primary Goods		工业制成品 Manufactured Goods	
	出 口 Exports (%)	进 口 Imports (%)	出 口 Exports (%)	进 口 Imports (%)
1981	12.4	15.6	30.6	7.0
1982	-1.9	-5.1	4.4	-16.6
1983	-4.3	-23.9	2.7	33.7
1984	24.1	-10.3	12.7	42.5
1985	15.9	1.6	-4.8	66.5
1986	-18.5	6.8	45.5	0.8
1987	17.4	22.4	33.2	-2.6
1988	8.9	45.6	26.3	24.5
1989	4.7	16.7	13.1	4.8
1990	5.4	-16.2	23.3	-8.2
1991	1.6	10.0	20.5	21.8
1992	5.3	22.3	22.0	27.1
1993	-2.0	7.2	10.5	33.3
1994	18.3	16.0	34.9	10.5
1995	9.0	48.1	25.7	8.6
1996	2.0	4.2	1.4	5.3
1997	9.2	12.5	23.0	0.3
1998	-14.5	-19.8	2.8	3.1
1999	-2.7	17.0	7.2	18.4
2000	27.7	74.1	27.9	28.4
2001	3.4	-2.1	7.2	10.9
2002	8.4	7.7	23.9	24.3
2003	22.0	47.7	35.8	38.3
2004	16.5	61.2	37.0	30.6
2005	20.9	26.0	29.0	15.4
2006	7.9	26.7	28.5	18.0
2007	16.2	29.9	26.2	18.0
2008	26.7	49.1	17.0	8.0
2009	-19.0	-20.0	-15.8	-7.0
2010	29.4	49.7	31.4	34.4
2011	23.1	39.3	20.2	18.4
2012	0.0	5.1	8.4	3.9
2013	6.7	3.6	7.9	9.2

6-12 按国际贸易标准分类的出口商品金额
Value of Exports by SITC

单位：亿美元
Unit: USD 100 million

商品分类	Category	2011	2012	2013
总　额	**Total**	**18983.81**	**20487.14**	**22090.04**
一、初级产品	**Primary Goods**	**1005.45**	**1005.58**	**1072.68**
食品及主要供食用的活动物	Food and Live Animals Chiefly for food	504.93	520.75	557.26
饮料及烟类	Beverages and Tobacco	22.76	25.90	26.09
非食用原料	Crude Materials,Inedible,Except Fuels	149.77	143.41	145.63
矿物燃料、润滑油及有关原料	Mineral Fuels，Lubricants and Related Materials	322.74	310.07	337.86
动植物油、脂及蜡	Animal and Vegetable Oils，Fats and Waxes	5.26	5.44	5.84
二、工业制成品	**Manufactured Goods**	**17978.36**	**19481.56**	**21017.36**
化学成品及有关产品	Chemicals and Related Products	1147.88	1135.65	1196.18
轻纺产品、橡胶制品、矿冶产品及其制品	Manufactured Goods Classified Chiefly by Material	3195.60	3331.41	3606.06
机械及运输设备	Machinery and Transport Equipment	9017.74	9643.61	10385.34
杂项制品	Miscellaneous Manufactured Articles	4593.70	5356.72	5812.49
未分类的其他商品	Products Not Classified Elsewhere	23.43	14.17	17.29

6-13 按国际贸易标准分类的进口商品金额
Value of Imports by SITC

单位：亿美元
Unit: USD 100 million

商品分类	Category	2011	2012	2013
总　额	**Total**	**17434.84**	**18184.05**	**19499.89**
一、初级产品	**Primary Goods**	**6042.69**	**6349.34**	**6580.81**
食品及主要供食用的活动物	Food and Live Animals Chiefly for food	287.74	352.60	417.01
饮料及烟类	Beverages and Tobacco	36.85	44.03	45.09
非食用原料	Crude Materials,Inedible,Except Fuels	2849.23	2696.60	2863.71
矿物燃料、润滑油及有关原料	Mineral Fuels，Lubricants and Related Materials	2757.76	3130.85	3151.60
动植物油、脂及蜡	Animal and Vegetable Oils，Fats and Waxes	111.12	125.27	103.39
二、工业制成品	**Manufactured Goods**	**11392.15**	**11834.71**	**12919.09**
化学成品及有关产品	Chemicals and Related Products	1811.06	1792.87	1903.04
轻纺产品、橡胶制品、矿冶产品及其制品	Manufactured Goods Classified Chiefly by Material	1503.04	1459.53	1478.72
机械及运输设备	Machinery and Transport Equipment	6305.70	6529.41	7101.41
杂项制品	Miscellaneous Manufactured Articles	1277.22	1365.19	1388.55
未分类的其他商品	Products Not Classified Elsewhere	495.13	687.72	1047.36

6-14 按国际贸易标准分类的出口商品构成
Composition of Exports by SITC

单位：%
Unit: %

商品分类	Category	2011	2012	2013
总　额	**Total**	**100.00**	**100.00**	**100.00**
一、初级产品	**Primary Goods**	**5.30**	**4.91**	**4.86**
食品及主要供食用的活动物	Food and Live Animals Chiefly for food	2.66	2.54	2.52
饮料及烟类	Beverages and Tobacco	0.12	0.13	0.12
非食用原料	Crude Materials,Inedible,Except Fuels	0.79	0.70	0.66
矿物燃料、润滑油及有关原料	Mineral Fuels，Lubricants and Related Materials	1.70	1.51	1.53
动植物油、脂及蜡	Animal and Vegetable Oils，Fats and Waxes	0.03	0.03	0.03
二、工业制成品	**Manufactured Goods**	**94.70**	**95.09**	**95.14**
化学成品及有关产品	Chemicals and Related Products	6.05	5.54	5.41
轻纺产品、橡胶制品、矿冶产品及其制品	Manufactured Goods Classified Chiefly by Material	16.83	16.26	16.32
机械及运输设备	Machinery and Transport Equipment	47.50	47.07	47.01
杂项制品	Miscellaneous Manufactured Articles	24.20	26.15	26.31
未分类的其他商品	Products Not Classified Elsewhere	0.12	0.07	0.08

6-15 按国际贸易标准分类的进口商品构成
Composition of Imports by SITC

单位：%
Unit: %

商品分类	Category	2011	2012	2013
总　额	**Total**	**100.00**	**100.00**	**100.00**
一、初级产品	**Primary Goods**	**34.66**	**34.92**	**33.75**
食品及主要供食用的活动物	Food and Live Animals Chiefly for food	1.65	1.94	2.14
饮料及烟类	Beverages and Tobacco	0.21	0.24	0.23
非食用原料	Crude Materials,Inedible,Except Fuels	16.34	14.83	14.69
矿物燃料、润滑油及有关原料	Mineral Fuels，Lubricants and Related Materials	15.82	17.22	16.16
动植物油、脂及蜡	Animal and Vegetable Oils，Fats and Waxes	0.64	0.69	0.53
二、工业制成品	**Manufactured Goods**	**65.34**	**65.08**	**66.25**
化学成品及有关产品	Chemicals and Related Products	10.39	9.86	9.76
轻纺产品、橡胶制品、矿冶产品及其制品	Manufactured Goods Classified Chiefly by Material	8.62	8.03	7.58
机械及运输设备	Machinery and Transport Equipment	36.17	35.91	36.42
杂项制品	Miscellaneous Manufactured Articles	7.33	7.51	7.12
未分类的其他商品	Products Not Classified Elsewhere	2.84	3.78	5.37

6-16 出口商品分类金额

Value of Exports by HS

单位：亿元

Unit: 100 million

商品分类	HS Section and Division	2012 人民币 RMB Yuan	2012 美元 USD	2013 人民币 RMB Yuan	2013 美元 USD
总　　额	**Total**	**129359.25**	**20487.14**	**137131.43**	**22090.04**
第一类　活动物；动物产品	**LIVE ANIMALS；ANIMAL PRODUCTS**	**977.23**	**154.77**	**1045.18**	**168.41**
01章　活动物	Live animals	36.79	5.83	36.02	5.81
02章　肉及食用杂碎	Meat and edible meat offal	61.91	9.81	61.32	9.89
03章　鱼、甲壳动物、软体动物及其他水生无脊椎动物	Fish and crustaceans molluscs and other aquatic invertebrates	714.98	113.23	777.43	125.26
04章　乳品；蛋品；天然蜂蜜；其他食用动物产品	Dairy produce；birds' eggs；natural honey；edible products of animal origin，not elsewhere specified or included	33.72	5.34	33.79	5.45
05章　其他动物产品	Products of animal origin，not elsewhere specified or included	129.83	20.57	136.61	22.00
第二类　植物产品	**VEGETABLE PRODUCTS**	**1113.29**	**176.29**	**1232.02**	**198.53**
06章　活树及其他活植物；鳞茎、根及类似品；插花及装饰用簇叶	Live tree and other plants；bulbs，roots and the like；cut flowers and ornamental foliage	16.18	2.56	17.12	2.75
07章　食用蔬菜、根及块茎	Edible vegetables and certain roots and tubers	436.10	69.06	488.55	78.71
08章　食用水果及坚果；甜瓜或柑桔属水果的果皮	Edible fruit and nuts；peel of citrus fruit or melons	238.21	37.72	258.56	41.72
09章　咖啡、茶、马黛茶及调味香料	Coffee，tea，mate and spices	122.67	19.43	139.40	22.45
10章　谷物	Cereals	27.99	4.43	31.97	5.14
11章　制粉工业产品；麦芽；淀粉；菊粉；面筋	Products of the milling industry；malt；starches；inulin；wheat gluten	38.03	6.02	37.89	6.11
12章　含油子仁及果实；杂项子仁及果实；工业用或药用植物；稻草、秸秆及饲料	Oil seeds and oleaginous fruits；miscellaneous grains，seeds and fruit；industrial or medicinal plants；straw and fodder	165.86	26.27	181.53	29.25
13章　虫胶；树胶、树脂及其他植物液、汁	Lac；gums，resins and other vegetable saps and extracts	62.49	9.90	71.45	11.51
14章　编结用植物材料；其他植物产品	Vegetable plaiting materials；vegetable products not elsewhere specified or included	5.76	0.91	5.54	0.89
第三类　动、植物油、脂及其分解产品；精制的食用油脂；动、植物蜡	**ANIMAL OR VEGETABLE FATS AND OILS AND THEIR CLEAVAGE PRODUCTS；PREPARED EDIBLE FATS；ANIMAL OR VEGETABLE WAXES**	**35.83**	**5.67**	**37.66**	**6.07**
15章　动、植物油、脂及其分解产品；精制的食用油脂；动、植物蜡	Animal or vegetable fats and oils and their cleavage products；prepared edible fats；animal or vegetable waxes	35.83	5.67	37.66	6.07
第四类　食品；饮料、酒及醋；烟草、烟草及烟草代用品的制品	**PREPARED FOODSTUFFS；BEVERAGES, SPIRITS AND VINEGAR；TOBACCO AND MANUFACTURED TOBACCO SUBSTITUTES**	**1731.19**	**274.17**	**1742.25**	**280.65**
16章　肉、鱼、甲壳动物、软体动物及其他水生无脊椎动物的制品	Preparations of meat，of fish or of crustaceans，molluscs or other aquatic invertebrates	565.16	89.51	557.60	89.82
17章　糖及糖食	Sugars and sugar confectionery	79.89	12.65	90.09	14.52
18章　可可及可可制品	Cocoa and cocoa preparations	21.03	3.33	23.93	3.86
19章　谷物、粮食粉、淀粉或乳的制品；糕饼点心	Preparations of cereals，flour，starch or milk；pastry-cooks' products	94.70	15.00	95.06	15.32

6-16 续表 1 Continued 1

单位：亿元
Unit: 100 million

商品分类	HS Section and Division	2012 人民币 RMB Yuan	2012 美元 USD	2013 人民币 RMB Yuan	2013 美元 USD
20章 蔬菜、水果、坚果或植物其他部分的制品	Preparations of vegetables, fruit, nuts or other parts of plants	477.49	75.62	487.56	78.52
21章 杂项食品	Miscellaneous edible preparations	140.41	22.23	152.98	24.65
22章 饮料、酒及醋	Beverages, spirits and vinegar	87.55	13.87	83.12	13.41
23章 食品工业的残渣及废料；配制的动物饲料	Residues and waste from the food industries; prepared animal fodder	185.32	29.34	170.01	27.34
24章 烟草及烟草代用品的制品	Tobacco and manufactured tobacco substitutes	79.64	12.62	81.91	13.22
第五类 矿产品	**MINERAL PRODUCTS**	**2200.17**	**348.27**	**2339.28**	**376.34**
25章 盐；硫磺；泥土及石料；石膏料、石灰及水泥	Salt; sulphur; earths and stone; plastering materials, lime and cement	214.28	33.92	214.68	34.56
26章 矿砂、矿渣及矿灰	Ores, slag and ash	26.80	4.24	23.55	3.79
27章 矿物燃料、矿物油及其蒸馏产品；沥青物质；矿物蜡	Mineral fuels, mineral oils and products of their distillation; bituminous substances; mineral waxes	1959.09	310.11	2101.05	337.99
第六类 化学工业及其相关工业的产品	**PRODUCTS OF THE CHEMICAL OR INDUSTRIES ALLIED**	**5964.12**	**944.42**	**6065.22**	**976.89**
28章 无机化学品；贵金属、稀土金属、放射性元素及其同位素的有机及无机化合物	Inorganic chemicals; organic or inorganic compounds of precious metals, of rare- earth metals, of radioactive elements or of isotopes	879.39	139.24	843.94	135.93
29章 有机化学品	Organic chemicals	2551.04	404.05	2621.19	422.02
30章 药品	Pharmaceutical products	371.97	58.91	385.55	62.08
31章 肥料	Fertilizers	458.16	72.42	387.46	62.53
32章 鞣料浸膏及染料浸膏；鞣酸及其衍生物；染料、颜料及其他着色料；油漆及清漆；油灰及其他类似胶粘剂；墨水、油墨	Tanning or dyeing extracts; tannins and their derivatives; dyes, pigments and other colouring matter; paints and varnishes; putty and other mastics; inks	345.35	54.70	360.24	58.03
33章 精油及香膏；芳香料制品及化妆盥洗品	Essential oils and retinoid; perfumery, cosmetic or toilet preparations	208.40	33.00	224.60	36.21
34章 肥皂、有机表面活性剂、洗涤剂、润滑剂、人造蜡、调制蜡、光洁剂、蜡烛及类似品、塑型用膏、“牙科用蜡”及牙科用熟石膏制剂	Soap, organic surface-active agents, washing preparations, lubricating preparations, artificial waxes, prepared waxes, polishing or scouring preparations, candles and similar articles, modelling pastes, “dental waxes” and dental preparations with a basis of plast	186.06	29.47	194.56	31.34
35章 蛋白类物质；改性淀粉；胶；酶	Albuminoidal substances; modified starches; glues; enzymes	139.81	22.14	152.26	24.53
36章 炸药；烟火制品；火柴；引火合金；易燃材料制品	Explosives; pyrotechnic products; matches; pyrophoric alloys; certain combustible preparations	54.30	8.60	55.91	9.02
37章 照相及电影用品	Photographic or cinematographic goods	76.46	12.11	75.59	12.18
38章 杂项化学产品	Miscellaneous chemical products	693.18	109.78	763.94	123.04
第七类 塑料及其制品，橡胶及其制品	**PLASTICS AND ARTICLES THEREOF RUBBER AND ARTICLES THEREOF**	**4883.60**	**773.43**	**5269.37**	**848.83**
39章 塑料及其制品	Plastics and articles thereof	3485.02	551.93	3833.38	617.53
40章 橡胶及其制品	Rubber and articles thereof	1398.58	221.51	1435.99	231.30
第八类 生皮、皮革、毛皮及其制品；鞍具及挽具；旅行用品、手提包及类似品；动物肠线(蚕胶丝除外)制品	**RAW HIDES AND SKINS, LEATHER, FUR SKINS AND ARTICLES THEREOF; SADDLERY AND HARNESS; TRAVEL GOODS, HANDBAGS AND SIMILAR CONTAINERS; ARTICLES OF ANIMAL GUT(OTHER THAN SILK-WORM GUT)**	**2003.93**	**317.39**	**2159.02**	**347.96**
41章 生皮(毛皮除外)及皮革	Raw hides and skins(other than fur skins) and leather	28.10	4.45	28.90	4.66

6-16 续表 2 Continued 2

单位：亿元
Unit: 100 million

商品分类	HS Section and Division	2012 人民币 RMB Yuan	2012 美元 USD	2013 人民币 RMB Yuan	2013 美元 USD
42章 皮革制品；鞍具及挽具；旅行用品、手提包及类似容器；动物肠线(蚕胶丝除外)制品	Articles of leather；saddlery and harness；travel goods，hand bags and similar containers；articles of animal gut (other than silk-worm gut)	1783.21	282.43	1903.92	306.73
43章 毛皮、人造毛皮及其制品	Fur skins and artificial fur；manufactures thereof	192.62	30.50	226.19	36.57
第九类 木及木制品；木炭；软木及软木制品；稻草、秸秆、针茅或其他编结材料制品；篮筐及柳条编结品	**WOOD AND ARTICLES OF WOOD；WOOD CHAR-COAL；CORK AND ARTICLES OF CORK；MANUFACTURES OF STRAW，OF ESPARTO OR OF OTHER PLAITING MATERIALS；BASKET WARE AND WICKERWORK**	**891.68**	**141.21**	**897.37**	**144.57**
44章 木及木制品；木炭	Wood and articles of wood；wood charcoal	777.61	123.15	791.27	127.48
45章 软木及软木制品	Cork and articles of cork	0.98	0.16	1.06	0.17
46章 稻草、秸秆、针茅或其他编结材料制品；篮筐及柳条编结品	Manufactures of straw，of esparto or of other plaiting Materials；basket ware and wickerwork	113.09	17.91	105.04	16.92
第十类 木浆及其他纤维状纤维素浆；纸及纸板的废碎品；纸、纸板及其制品	**PULP OF WOOD OR OF OTHER FIBROUS CELLULOSIC MATERIAL；WASTE AND SCRAP OF PAPER OR PAPERBOARD；PAPER AND PAPERBOARD AND ARTICLES THEREOF**	**1093.75**	**173.21**	**1228.05**	**197.94**
47章 木浆及其他纤维状纤维素浆；纸及纸板的废碎品	Pulp of wood or of other fibrous cellulosic material；waste and scrap of paper or paperboard	8.07	1.28	6.61	1.06
48章 纸及纸板；纸浆、纸或纸板制品	Paper and paperboard；articles of paper pulp，of paper or paperboard	866.45	137.22	991.94	159.88
49章 书籍、报纸、印刷图画及其他印制品；手稿、打字稿及设计图纸	Printed books，newspapers，pictures and other products of the printing industry；manuscripts，typescripts and plans	219.24	34.72	229.50	37.00
第十一类 纺织原料及纺织制品	**TEXTILES AND TEXTILE ARTICLES**	**15537.32**	**2460.45**	**16998.07**	**2739.59**
50章 蚕丝	Silk	107.74	17.07	101.21	16.30
51章 羊毛、动物细毛或粗毛；马毛纱线及其机织物	Wool，fine or coarse animal hair；horsehair yarn and woven fabric	163.11	25.84	162.82	26.19
52章 棉花	Cotton	936.81	148.38	1089.44	175.47
53章 其他植物纺织纤维；纸纱线及其机织物	Other vegetable textile fibres；paper yarn and woven fabrics of paper yarn	67.44	10.68	79.73	12.85
54章 化学纤维长丝	Man-made filaments	902.67	142.97	993.95	160.14
55章 化学纤维短纤	Man-made short fibres	670.84	106.24	696.15	112.11
56章 絮胎、毡呢及无纺织物；特种纱线；线、绳、索、缆及其制品	Wadding，felt and nonwoven；special yarns；twine，cordage，ropes and cables and articles thereof	223.53	35.40	256.03	41.25
57章 地毯及纺织材料的其他铺地制品	Carpets and other textile floor coverings	151.79	24.04	155.49	25.05
58章 特种机织物；簇绒织物；花边；装饰毯；装饰带；刺绣品	Special woven fabrics；tufted textile fabrics；lace；tapestries；trimmings；embroidery	292.79	46.37	302.61	48.75
59章 浸渍、涂布、包覆或层压的纺织物；工业用纺织制品	Impregnated，coated，covered or laminated textile fabrics；textile articles of a kind suitable for industrial use	432.40	68.49	458.05	73.76
60章 针织物及钩编织物	Knitted or crocheted fabrics	708.24	112.18	800.51	129.00
61章 针织或钩编的服装及衣着附件	Articles of apparel and clothing accessories，knitted or crocheted	5497.24	870.43	6005.20	967.93
62章 非针织或非钩编的服装及衣着附件	Articles of apparel and clothing accessories，not knitted or crocheted	3866.18	612.20	4232.34	682.52

6-16 续表 3 Continued 3

单位：亿元
Unit: 100 million

商品分类	HS Section and Division	2012 人民币 RMB Yuan	2012 美元 USD	2013 人民币 RMB Yuan	2013 美元 USD
63章 其他纺织制成品；成套物品；旧衣着及旧纺织品；碎织物	Other made up textile articles；sets；worn clothing and worn textile articles；rags articles；rags	1516.51	240.16	1664.55	268.25
第十二类 鞋、帽、伞、杖、鞭及其零件；已加工的羽毛及其制品；人造花；人发制品	**FOOTWEAR，HEADGEAR，UMBRELLAS，SUN UMBRELLAS，WALKING-STICKS，SEAT-STICKS，WHIPS，RIDING-CROPS AND PARTS THEREOF；PREPARED FEATHERS AND ARTICLES MADE THEREWITH；ARTIFICIAL FLOWERS；ARTICLES OF HUMAN HAIR**	**3713.27**	**588.12**	**3974.88**	**640.53**
64章 鞋靴、护腿和类似品及其零件	Footwear，gaiters and the like；parts of such articles	2955.58	468.11	3150.00	507.61
65章 帽类及其零件	Headgear and parts thereof	246.10	38.97	275.59	44.39
66章 雨伞、阳伞、手杖、鞭子、马鞭及其零件	Umbrellas，sun umbrellas，walking-sticks，seat-sticks，whips，riding-crops and parts thereof	178.37	28.25	186.49	30.02
67章 已加工羽毛、羽绒及其制品；人造花；人发制品	Prepared feathers and down and articles made of feathers or of down；artificial flowers；articles of human hair	333.23	52.78	362.80	58.49
第十三类 石料、石膏、水泥、石棉、云母及类似材料的制品；陶瓷产品；玻璃及其制品	**ARTICLES OF STONE，PLASTER，CEMENT，ASBESTOS，MICA OR SIMILAR MATERIALS；CERAMIC PRODUCTS；GLASS AND GLASSWARE**	**2507.39**	**397.10**	**2818.96**	**454.28**
68章 石料、石膏、水泥、石棉、云母及类似材料的制品	Articles of stone，plaster，cement，asbestos，mica or similar materials；ceramic products；glass and glassware	509.66	80.72	624.47	100.62
69章 陶瓷产品	Ceramic products	1057.42	167.46	1188.73	191.63
70章 玻璃及其制品	Glass and glassware	940.31	148.92	1005.75	162.03
第十四类 天然或养殖珍珠、宝石或半宝石、贵金属、包贵金属及其制品；仿首饰；硬币	**NATURAL OR CULTURED PEARLS，PRECIOUS OR SEMI-PRECIOUS STONES，PRECIOUS METALS，METALS CLAD WITH PRECIOUS METAL AND STONES，PRECIOUS METALS，METALS CLAD WITH PRECIOUS METAL AND ARTICLES THEREOF；IMITATION JEWELLERY；COIN**	**2868.32**	**454.51**	**3126.71**	**502.88**
71章 天然或养殖珍珠、宝石或半宝石、贵金属、包贵金属及其制品；仿首饰；硬币	Natural or cultured pearls，precious or semi-precious stones，precious metals，metals clad with precious metal and articles thereof；imitation jewellery；coin	2868.32	454.51	3126.71	502.88
第十五类 贱金属及其制品	**BASE METALS AND ARTICLES OF BASE METAL**	**9413.28**	**1490.73**	**9687.93**	**1559.99**
72章 钢铁	Iron and steel	2343.93	371.16	2399.33	386.21
73章 钢铁制品	Articles of iron or steel	3546.39	561.60	3561.35	573.48
74章 铜及其制品	Copper and articles thereof	453.75	71.91	444.26	71.44
75章 镍及其制品	Nickel and articles thereof	55.58	8.81	61.88	9.97
76章 铝及其制品	Aluminium and articles thereof	1177.09	186.40	1244.23	200.39
78章 铅及其制品	Lead and articles thereof	3.82	0.61	10.21	1.64
79章 锌及其制品	Zinc and articles thereof	10.00	1.58	14.44	2.33
80章 锡及其制品	Tin and articles thereof	6.13	0.97	9.74	1.57
81章 其他贱金属、金属陶瓷及其制品	Other base metals；cermets；articles thereof	201.65	31.93	197.89	31.85
82章 贱金属工具、器具、利口器、餐匙、餐叉及其零件	Tools，implements，cutlery，spoons and forks，of base metal；parts thereof of base metal	774.28	122.62	822.80	132.57
83章 贱金属杂项制品	Miscellaneous articles of base metal	840.66	133.14	921.80	148.53

6-16 续表 4 Continued 4

单位：亿元
Unit: 100 million

商品分类	HS Section and Division	2012 人民币 RMB Yuan	2012 美元 USD	2013 人民币 RMB Yuan	2013 美元 USD
第十六类 机器、机械器具、电气设备及其零件；录音机及放声机、电视图像、声音的录制和重放设备及其零件、附件	**MACHINERY AND MECHANICAL APPLIANCES; ELECTRICAL EQUIPMENT；PARTS THEREOF; SOUND RECORDERS AND REPRODUCERS, TELEVISION IMAGE AND SOUND RECORDERS AND REPRODUCERS；AND PARTS AND ACCESSORIES OF RECORDERS AND REPRODUCERS；AND PARTS AND ACCESSORIES OF SUCH ARTICLES**	**54500.10**	**8632.09**	**58631.38**	**9444.38**
84章 核反应堆、锅炉、机器、机械器具及其零件	Nuclear reactors，boilers，machinery and mechanical appliances；parts thereof	23732.54	3758.88	23785.56	3831.53
85章 电机、电气设备及其零件；录音机及放声机、电视图像、声音的录制和重放设备及其零件、附件	Electrical machinery and equipment and parts thereof; sound recorders and reproducers，television image and sound recorders and reproducers，and parts and accessories of such articles	30767.57	4873.21	34845.82	5612.86
第十七类 车辆、航空器、船舶及有关运输设备	**VEHICLES，AIRCRAFT，VESSELS AND ASSOCIATED TRANSPORT EQUIPMENT**	**6843.55**	**1083.70**	**6220.78**	**1001.65**
86章 铁道及电车道机车、车辆及其零件；铁道及电车轨道固定装置及其零件、附件；各种机械(包括电动机械)交通信号设备	Railway or tramway locomotives，rolling-stock and parts thereof；railway or tramway track fixtures and fittings and parts thereof；mechanical(including electro-mechanical) traffic signalling equipment of all kinds	813.60	128.86	682.93	109.95
87章 车辆及其零件、附件，但铁道及电车道车辆除外	Vehicles other than railway or tramway rolling-stock，and parts and accessories thereof	3480.05	551.14	3635.18	585.50
88章 航空器、航天器及其零件	Aircraft，spacecraft，and parts thereof	98.39	15.58	120.50	19.40
89章 船舶及浮动结构体	Ships，boats and floating structures	2451.51	388.11	1782.17	286.81
第十八类 光学、照相、电影、计量、检验、医疗或外科用仪器及设备、精密仪器及设备；钟表；乐器；上述物品的零件、附件	**OPTICAL，PHOTOGRAPHIC，CINEMATOGRAPHIC，MEASURING，CHECKING，PRECISION，MEDICAL OR SURGICAL INSTRUMENTS AND APPARATUS; CLOCKS AND WATCHES；MUSICAL INSTRUMENTS；PARTS AND ACCESSORIES THEREOF**	**5012.93**	**793.91**	**5076.86**	**817.59**
90章 光学、照相、电影、计量、检验、医疗或外科用仪器及设备、精密仪器及设备；上述物品的零件、附件	Optical，photographic，cinematographic，measuring，checking，precision medical or surgical instruments and apparatus；parts and accessories thereof	4585.75	726.26	4627.75	745.30
91章 钟表及其零件	Clocks and watches and parts thereof	319.67	50.63	346.10	55.68
92章 乐器及其零件、附件	Musical instruments；parts and accessories of such articles	107.51	17.02	103.02	16.60
第十九类 武器、弹药及其零件、附件	**ARMS AND AMMUNITION；PARTS AND ACCESSORIES THEREOF**	**8.76**	**1.39**	**9.88**	**1.59**
93章 武器、弹药及其零件、附件	Arms and ammunition；parts and accessories thereof	8.76	1.39	9.88	1.59
第二十类 杂项制品	**MISCELLANEOUS MANUFACTURED ARTICLES**	**7936.47**	**1256.80**	**8398.86**	**1353.69**
94章 家具；寝具、褥垫、弹簧床垫、软坐垫及类似的填充制品；未列名灯具及照明装置；发光标志、发光名牌及类似品；活动房屋	Furniture；bedding，mattresses，mattress supports，cushions and similar stuffed furnishings；lamps and lighting fittings，not elsewhere specified or included；illuminated signs，illuminated	4917.96	778.86	5364.11	864.15
95章 玩具、游戏品、运动用品及其零件、附件	Toys，games and sports requisites；parts and accessories thereof	2249.76	356.19	2221.21	358.47
96章 杂项制品	Miscellaneous manufactured articles	768.75	121.75	813.55	131.07
第二十一类 艺术品、收藏品及古物	**WORKS OF ART，COLLECTORS' PIECES AND ANTIQUES**	**33.74**	**5.34**	**64.42**	**10.41**
97章 艺术品、收藏品及古物	Works of art，collectors' pieces and antiques	33.74	5.34	64.42	10.41
第二十二类 特殊交易品及未分类商品	**COMMODITIES AND TRANSACTIONS NOT CLASSIFIED ACCORDING TO KIND**	**89.33**	**14.16**	**107.28**	**17.28**
98章 特殊交易品及未分类商品	Commodities and transactions not classified according to kind	89.33	14.16	107.28	17.28

6-17 进口商品分类金额

Value of Imports by HS

单位：亿元

Unit: 100 million

商品分类	HS Section and Division	2012		2013	
		人民币 RMB Yuan	美元 USD	人民币 RMB Yuan	美元 USD
总　　额	**Total**	**114800.55**	**18184.05**	**121037.46**	**19499.89**
第一类　活动物；动物产品	**LIVE ANIMALS；ANIMAL PRODUCTS**	**870.88**	**137.95**	**1122.82**	**180.99**
01章　活动物	Live animals	31.52	5.00	26.81	4.33
02章　肉及食用杂碎	Meat and edible meat offal	259.35	41.08	368.01	59.30
03章　鱼、甲壳动物、软体动物及其他水生无脊椎动物	Fish and crustaceans molluscs and other aquatic invertebrates	346.59	54.89	372.02	59.94
04章　乳品；蛋品；天然蜂蜜；其他食用动物产品	Dairy produce；birds' eggs；natural honey；edible products of animal origin，not elsewhere specified or included	205.22	32.51	325.05	52.45
05章　其他动物产品	Products of animal origin，not elsewhere specified or included	28.19	4.47	30.95	4.98
第二类　植物产品	**VEGETABLE PRODUCTS**	**3218.94**	**509.82**	**3471.67**	**559.72**
06章　活树及其他活植物；鳞茎、根及类似品；插花及装饰用簇叶	Live tree and other plants；bulbs，roots and the like；cut flowers and ornamental foliage	8.64	1.37	10.76	1.73
07章　食用蔬菜、根及块茎	Edible vegetables and certain roots and tubers	151.95	24.07	158.41	25.49
08章　食用水果及坚果；甜瓜或柑桔属水果的果皮	Edible fruit and nuts；peel of citrus fruit or melons	240.44	38.08	254.87	41.01
09章　咖啡、茶、马黛茶及调味香料	Coffee，tea，mate and spices	19.33	3.06	15.90	2.56
10章　谷物	Cereals	299.97	47.51	313.19	50.54
11章　制粉工业产品；麦芽；淀粉；菊粉；面筋	Products of the milling industry；malt；starches；inulin；wheat gluten	36.60	5.80	49.74	8.02
12章　含油子仁及果实；杂项子仁及果实；工业用或药用植物；稻草、秸秆及饲料	Oil seeds and oleaginous fruits；miscellaneous grains，seeds and fruit；industrial or medicinal plants；straw and fodder	2436.94	385.96	2643.37	426.27
13章　虫胶；树胶、树脂及其他植物液、汁	Lac；gums，resins and other vegetable saps and extracts	12.83	2.03	13.91	2.24
14章　编结用植物材料；其他植物产品	Vegetable plaiting materials；vegetable products not elsewhere specified or included	12.24	1.94	11.51	1.85
第三类　动、植物油、脂及其分解产品；精制的食用油脂；动、植物蜡	**ANIMAL OR VEGETABLE FATS AND OILS AND THEIR CLEAVAGE PRODUCTS；PREPARED EDIBLE FATS；ANIMAL OR VEGETABLE WAXES**	**823.64**	**130.41**	**671.89**	**108.23**
15章　动、植物油、脂及其分解产品；精制的食用油脂；动、植物蜡	Animal or vegetable fats and oils and their cleavage products；prepared edible fats；animal or vegetable waxes	823.64	130.41	671.89	108.23
第四类　食品；饮料、酒及醋；烟草、烟草及烟草代用品的制品	**PREPARED FOODSTUFFS；BEVERAGES, SPIRITS AND VINEGAR；TOBACCO AND MANUFACTURED TOBACCO SUBSTITUTES**	**905.85**	**143.49**	**986.05**	**158.98**
16章　肉、鱼、甲壳动物、软体动物及其他水生无脊椎动物的制品	Preparations of meat，of fish or of crustaceans，molluscs or other aquatic invertebrates	11.53	1.83	12.25	1.97
17章　糖及糖食	Sugars and sugar confectionery	160.64	25.43	146.39	23.64
18章　可可及可可制品	Cocoa and cocoa preparations	39.40	6.24	44.24	7.14
19章　谷物、粮食粉、淀粉或乳的制品；糕饼点心	Preparations of cereals，flour，starch or milk；pastry-cooks' products	122.74	19.46	160.21	25.84

6-17 续表 1 Continued 1

单位: 亿元
Unit: 100 million

商品分类	HS Section and Division	2012 人民币 RMB Yuan	2012 美元 USD	2013 人民币 RMB Yuan	2013 美元 USD
20章 蔬菜、水果、坚果或植物其他部分的制品	Preparations of vegetables, fruit, nuts or other parts of plants	39.36	6.24	41.06	6.62
21章 杂项食品	Miscellaneous edible preparations	60.99	9.66	74.74	12.05
22章 饮料、酒及醋	Beverages, spirits and vinegar	195.91	31.02	190.02	30.58
23章 食品工业的残渣及废料；配制的动物饲料	Residues and waste from the food industries; prepared animal fodder	192.30	30.46	226.40	36.54
24章 烟草及烟草代用品的制品	Tobacco and manufactured tobacco substitutes	82.99	13.16	90.74	14.60
第五类 矿产品	**MINERAL PRODUCTS**	**28624.44**	**4533.50**	**29174.39**	**4699.91**
25章 盐；硫磺；泥土及石料；石膏料、石灰及水泥	Salt; sulphur; earths and stone; plastering materials, lime and cement	400.72	63.47	371.92	59.87
26章 矿砂、矿渣及矿灰	Ores, slag and ash	8453.06	1338.71	9232.63	1487.72
27章 矿物燃料、矿物油及其蒸馏产品；沥青物质；矿物蜡	Mineral fuels, mineral oils and products of their distillation; bituminous substances; mineral waxes	19770.66	3131.32	19569.85	3152.32
第六类 化学工业及其相关工业的产品	**PRODUCTS OF THE CHEMICAL OR INDUSTRIES ALLIED**	**7453.05**	**1180.61**	**7789.35**	**1254.60**
28章 无机化学品；贵金属、稀土金属、放射性元素及其同位素的有机及无机化合物	Inorganic chemicals; organic or inorganic compounds of precious metals, of rare- earth metals, of radioactive elements or of isotopes	616.83	97.73	587.03	94.60
29章 有机化学品	Organic chemicals	3842.31	608.64	4090.68	658.77
30章 药品	Pharmaceutical products	820.38	129.94	937.18	150.96
31章 肥料	Fertilizers	254.08	40.24	209.93	33.75
32章 鞣料浸膏及染料浸膏；鞣酸及其衍生物；染料、颜料及其他着色料；油漆及清漆；油灰及其他类似胶粘剂；墨水、油墨	Tanning or dyeing extracts; tannins and their derivatives; dyes, pigments and other colouring matter; paints and varnishes; putty and other mastics; inks	263.01	41.66	267.58	43.12
33章 精油及香膏； 芳香料制品及化妆盥洗品	Essential oils and retinoid; perfumery, cosmetic or toilet preparations	135.78	21.51	148.02	23.85
34章 肥皂、有机表面活性剂、洗涤剂、润滑剂、人造蜡、调制蜡、光洁剂、蜡烛及类似品、塑型用膏、“牙科用蜡”及牙科用熟石膏制剂	Soap, organic surface-active agents, washing preparations, lubricating preparations, artificial waxes, prepared waxes, polishing or scouring preparations, candles and similar articles, modelling pastes, “dental waxes” and dental preparations with a basis of plast	215.27	34.10	229.19	36.92
35章 蛋白类物质；改性淀粉；胶；酶	Albuminoidal substances; modified starches; glues; enzymes	188.10	29.79	192.29	30.99
36章 炸药；烟火制品；火柴；引火合金；易燃材料制品	Explosives; pyrotechnic products; matches; pyrophoric alloys; certain combustible preparations	6.97	1.10	7.53	1.21
37章 照相及电影用品	Photographic or cinematographic goods	143.85	22.79	144.15	23.22
38章 杂项化学产品	Miscellaneous chemical products	966.45	153.10	975.75	157.20
第七类 塑料及其制品，橡胶及其制品	**PLASTICS AND ARTICLES THEREOF RUBBER AND ARTICLES THEREOF**	**5686.69**	**900.72**	**5727.20**	**922.89**
39章 塑料及其制品	Plastics and articles thereof	4382.94	694.20	4491.47	723.90
40章 橡胶及其制品	Rubber and articles thereof	1303.76	206.52	1235.73	198.98
第八类 生皮、皮革、毛皮及其制品；鞍具及挽具；旅行用品、手提包及类似品；动物肠线(蚕胶丝除外)制品	**RAW HIDES AND SKINS, LEATHER, FUR SKINS AND ARTICLES THEREOF; SADDLERY AND HARNESS; TRAVEL GOODS, HANDBAGS AND SIMILAR CONTAINERS; ARTICLES OF ANIMAL GUT(OTHER THAN SILK-WORM GUT)**	**628.64**	**99.38**	**691.92**	**111.47**
41章 生皮(毛皮除外)及皮革	Raw hides and skins(other than fur skins) and leather	451.06	71.26	498.13	80.26

6-17 续表 2 Continued 2

单位：亿元
Unit: 100 million

商品分类	HS Section and Division	2012 人民币 RMB Yuan	2012 美元 USD	2013 人民币 RMB Yuan	2013 美元 USD
42章 皮革制品；鞍具及挽具；旅行用品、手提包及类似容器；动物肠线(蚕胶丝除外)制品	Articles of leather；saddlery and harness；travel goods，hand bags and similar containers；articles of animal gut (other than silk-worm gut)	118.48	18.76	119.01	19.17
43章 毛皮、人造毛皮及其制品	Fur skins and artificial fur；manufactures thereof	59.11	9.36	74.78	12.04
第九类 木及木制品；木炭；软木及软木制品；稻草，秸秆、针茅或其他编结材料制品；篮筐及柳条编结品	**WOOD AND ARTICLES OF WOOD；WOOD CHAR-COAL；CORK AND ARTICLES OF CORK；MANUFACTURES OF STRAW，OF ESPARTO OR OF OTHER PLAITING MATERIALS；BASKET WARE AND WICKERWORK**	**946.81**	**149.98**	**1167.48**	**188.18**
44章 木及木制品；木炭	Wood and articles of wood；wood charcoal	943.06	149.38	1164.39	187.69
45章 软木及软木制品	Cork and articles of cork	2.83	0.45	2.30	0.37
46章 稻草、秸秆、针茅或其他编结材料制品；篮筐及柳条编结品	Manufactures of straw，of esparto or of other plaiting Materials；basket ware and wickerwork	0.92	0.14	0.79	0.13
第十类 木浆及其他纤维状纤维素浆；纸及纸板的废碎品；纸、纸板及其制品	**PULP OF WOOD OR OF OTHER FIBROUS CELLULOSIC MATERIAL；WASTE AND SCRAP OF PAPER OR PAPERBOARD；PAPER AND PAPERBOARD AND ARTICLES THEREOF**	**1476.41**	**233.86**	**1463.75**	**235.77**
47章 木浆及其他纤维状纤维素浆；纸及纸板的废碎品	Pulp of wood or of other fibrous cellulosic material；waste and scrap of paper or paperboard	1088.99	172.49	1074.43	173.06
48章 纸及纸板；纸浆、纸或纸板制品	Paper and paperboard；articles of paper pulp，of paper or paperboard	290.41	46.00	271.53	43.73
49章 书籍、报纸、印刷图画及其他印制品；手稿、打字稿及设计图纸	Printed books，newspapers，pictures and other products of the printing industry；manuscripts，typescripts and plans	97.01	15.37	117.79	18.98
第十一类 纺织原料及纺织制品	**TEXTILES AND TEXTILE ARTICLES**	**2579.70**	**408.68**	**2509.12**	**404.16**
50章 蚕丝	Silk	6.02	0.95	5.35	0.86
51章 羊毛、动物细毛或粗毛；马毛纱线及其机织物	Wool，fine or coarse animal hair；horsehair yarn and woven fabric	226.27	35.86	228.36	36.74
52章 棉花	Cotton	1179.11	186.81	1069.87	172.29
53章 其他植物纺织纤维；纸纱线及其机织物	Other vegetable textile fibres；paper yarn and woven fabrics of paper yarn	38.08	6.03	42.99	6.92
54章 化学纤维长丝	Man-made filaments	238.57	37.79	230.49	37.13
55章 化学纤维短纤	Man-made short fibres	213.60	33.83	210.52	33.92
56章 絮胎、毡呢及无纺织物；特种纱线；线、绳、索、缆及其制品	Wadding，felt and nonwoven；special yarns；twine，cordage，ropes and cables and articles thereof	72.88	11.54	74.15	11.95
57章 地毯及纺织材料的其他铺地制品	Carpets and other textile floor coverings	9.28	1.47	9.48	1.53
58章 特种机织物；簇绒织物；花边；装饰毯；装饰带；刺绣品	Special woven fabrics；tufted textile fabrics；lace；tapestries；trimmings；embroidery	46.51	7.37	45.57	7.34
59章 浸渍、涂布、包覆或层压的纺织物；工业用纺织制品	Impregnated，coated，covered or laminated textile fabrics；textile articles of a kind suitable for industrial use	122.10	19.34	122.77	19.78
60章 针织物及钩编织物	Knitted or crocheted fabrics	148.83	23.58	144.10	23.22
61章 针织或钩编的服装及衣着附件	Articles of apparel and clothing accessories，knitted or crocheted	84.90	13.45	103.46	16.68
62章 非针织或非钩编的服装及衣着附件	Articles of apparel and clothing accessories，not knitted or crocheted	168.64	26.71	195.32	31.49

6-17 续表 3 Continued 3

单位：亿元

Unit: 100 million

商品分类	HS Section and Division	2012 人民币 RMB Yuan	2012 美元 USD	2013 人民币 RMB Yuan	2013 美元 USD
63章 其他纺织制成品；成套物品；旧衣着及旧纺织品；碎织物	Other made up textile articles; sets; worn clothing and worn textile articles; rags articles; rags	24.91	3.94	26.69	4.30
第十二类 鞋、帽、伞、杖、鞭及其零件；已加工的羽毛及其制品；人造花；人发制品	**FOOTWEAR, HEADGEAR, UMBRELLAS, SUN UMBRELLAS, WALKING-STICKS, SEAT-STICKS, WHIPS, RIDING-CROPS AND PARTS THEREOF; PREPARED FEATHERS AND ARTICLES MADE THEREWITH; ARTIFICIAL FLOWERS; ARTICLES OF HUMAN HAIR**	**136.53**	**21.63**	**146.40**	**23.58**
64章 鞋靴、护腿和类似品及其零件	Footwear, gaiters and the like; parts of such articles	112.68	17.85	121.39	19.55
65章 帽类及其零件	Headgear and parts thereof	2.96	0.47	2.79	0.45
66章 雨伞、阳伞、手杖、鞭子、马鞭及其零件	Umbrellas, sun umbrellas, walking-sticks, seat-sticks, whips, riding-crops and parts thereof	1.31	0.21	1.21	0.19
67章 已加工羽毛、羽绒及其制品；人造花；人发制品	Prepared feathers and down and articles made of feathers or of down; artificial flowers; articles of human hair	19.59	3.10	21.02	3.38
第十三类 石料、石膏、水泥、石棉、云母及类似材料的制品；陶瓷产品；玻璃及其制品	**ARTICLES OF STONE, PLASTER, CEMENT, ASBESTOS, MICA OR SIMILAR MATERIALS; CERAMIC PRODUCTS; GLASS AND GLASSWARE**	**585.13**	**92.69**	**595.91**	**96.02**
68章 石料、石膏、水泥、石棉、云母及类似材料的制品	Articles of stone, plaster, cement, asbestos, mica or similar materials; ceramic products; glass and glassware	84.89	13.45	90.15	14.53
69章 陶瓷产品	Ceramic products	41.47	6.57	42.74	6.89
70章 玻璃及其制品	Glass and glassware	458.77	72.67	463.02	74.61
第十四类 天然或养殖珍珠、宝石或半宝石、贵金属、包贵金属及其制品；仿首饰；硬币	**NATURAL OR CULTURED PEARLS, PRECIOUS OR SEMI-PRECIOUS STONES, PRECIOUS METALS, METALS CLAD WITH PRECIOUS METAL AND STONES, PRECIOUS METALS, METALS CLAD WITH PRECIOUS METAL AND ARTICLES THEREOF; IMITATION JEWELLERY; COIN**	**834.48**	**132.20**	**1136.51**	**183.40**
71章 天然或养殖珍珠、宝石或半宝石、贵金属、包贵金属及其制品；仿首饰；硬币	Natural or cultured pearls, precious or semi-precious stones, precious metals, metals clad with precious metal and articles thereof; imitation jewellery; coin	834.48	132.20	1136.51	183.40
第十五类 贱金属及其制品	**BASE METALS AND ARTICLES OF BASE METAL**	**7020.19**	**1111.87**	**6434.46**	**1036.67**
72章 钢铁	Iron and steel	1469.88	232.80	1324.80	213.36
73章 钢铁制品	Articles of iron or steel	635.55	100.67	647.34	104.30
74章 铜及其制品	Copper and articles thereof	3440.90	544.96	3092.11	498.29
75章 镍及其制品	Nickel and articles thereof	302.17	47.86	281.23	45.25
76章 铝及其制品	Aluminium and articles thereof	606.04	95.98	539.96	87.03
78章 铅及其制品	Lead and articles thereof	7.24	1.15	5.19	0.84
79章 锌及其制品	Zinc and articles thereof	92.79	14.69	103.70	16.72
80章 锡及其制品	Tin and articles thereof	58.13	9.21	34.34	5.52
81章 其他贱金属、金属陶瓷及其制品	Other base metals; cermets; articles thereof	93.64	14.83	95.68	15.41
82章 贱金属工具、器具、利口器、餐匙、餐叉及其零件	Tools, implements, cutlery, spoons and forks, of base metal; parts thereof of base metal	200.47	31.76	199.19	32.10
83章 贱金属杂项制品	Miscellaneous articles of base metal	113.38	17.96	110.92	17.87

6-17 续表 4 Continued 4

单位：亿元
Unit: 100 million

商品分类	HS Section and Division	2012 人民币 RMB Yuan	2012 美元 USD	2013 人民币 RMB Yuan	2013 美元 USD
第十六类 机器、机械器具、电气设备及其零件；录音机及放声机、电视图像、声音的录制和重放设备及其零件、附件	**MACHINERY AND MECHANICAL APPLIANCES; ELECTRICAL EQUIPMENT; PARTS THEREOF; SOUND RECORDERS AND REPRODUCERS, TELEVISION IMAGE AND SOUND RECORDERS AND REPRODUCERS; AND PARTS AND ACCESSORIES OF RECORDERS AND REPRODUCERS; AND PARTS AND ACCESSORIES OF SUCH ARTICLES**	**35575.22**	**5635.01**	**37867.47**	**6099.88**
84章 核反应堆、锅炉、机器、机械器具及其零件	Nuclear reactors, boilers, machinery and mechanical appliances; parts thereof	11486.87	1819.80	10587.06	1705.71
85章 电机、电气设备及其零件；录音机及放声机、电视图像、声音的录制和重放设备及其零件、附件	Electrical machinery and equipment and parts thereof; sound recorders and reproducers, television image and sound recorders and reproducers, and parts and accessories of such articles	24088.36	3815.20	27280.40	4394.17
第十七类 车辆、航空器、船舶及有关运输设备	**VEHICLES, AIRCRAFT, VESSELS AND ASSOCIATED TRANSPORT EQUIPMENT**	**5754.26**	**911.76**	**6223.87**	**1003.63**
86章 铁道及电车道机车、车辆及其零件；铁道及电车轨道固定装置及其零件、附件；各种机械(包括电动机械)交通信号设备	Railway or tramway locomotives, rolling-stock and parts thereof; railway or tramway track fixtures and fittings and parts thereof; mechanical(including electro-mechanical) traffic signalling equipment of all kinds	74.44	11.80	61.98	9.99
87章 车辆及其零件、附件，但铁道及电车道车辆除外	Vehicles other than railway or tramway rolling-stock, and parts and accessories thereof	4454.86	705.98	4598.67	741.48
88章 航空器、航天器及其零件	Aircraft, spacecraft, and parts thereof	1112.35	176.14	1436.65	231.81
89章 船舶及浮动结构体	Ships, boats and floating structures	112.61	17.84	126.57	20.35
第十八类 光学、照相、电影、计量、检验、医疗或外科用仪器及设备、精密仪器及设备；钟表；乐器；上述物品的零件、附件	**OPTICAL, PHOTOGRAPHIC, CINEMATOGRAPHIC, MEASURING, CHECKING, PRECISION, MEDICAL OR SURGICAL INSTRUMENTS AND APPARATUS; CLOCKS AND WATCHES; MUSICAL INSTRUMENTS; PARTS AND ACCESSORIES THEREOF**	**6982.24**	**1106.06**	**6938.82**	**1117.84**
90章 光学、照相、电影、计量、检验、医疗或外科用仪器及设备、精密仪器及设备；上述物品的零件、附件	Optical, photographic, cinematographic, measuring, checking, precision medical or surgical instruments and apparatus; parts and accessories thereof	6701.62	1061.54	6678.57	1075.88
91章 钟表及其零件	Clocks and watches and parts thereof	261.50	41.49	242.11	39.03
92章 乐器及其零件、附件	Musical instruments; parts and accessories of such articles	19.12	3.03	18.14	2.92
第十九类 武器、弹药及其零件、附件	**ARMS AND AMMUNITION; PARTS AND ACCESSORIES THEREOF**		**0.09**	**0.30**	**0.05**
93章 武器、弹药及其零件、附件	Arms and ammunition; parts and accessories thereof	0.57	0.09	0.30	0.05
第二十类 杂项制品	**MISCELLANEOUS MANUFACTURED ARTICLES**	**352.02**	**55.77**	**365.32**	**58.87**
94章 家具；寝具、褥垫、弹簧床垫、软坐垫及类似的填充制品；未列名灯具及照明装置；发光标志、发光名牌及类似品；活动房屋	Furniture; bedding, mattresses, mattress supports, cushions and similar stuffed furnishings; lamps and lighting fittings, not elsewhere specified or included; illuminated signs, illuminated	181.29	28.72	190.16	30.64
95章 玩具、游戏品、运动用品及其零件、附件	Toys, games and sports requisites; parts and accessories thereof	89.54	14.18	83.81	13.51
96章 杂项制品	Miscellaneous manufactured articles	81.20	12.86	91.35	14.72
第二十一类 艺术品、收藏品及古物	**WORKS OF ART, COLLECTORS' PIECES AND ANTIQUES**	**5.56**	**0.88**	**47.49**	**7.71**
97章 艺术品、收藏品及古物	Works of art, collectors' pieces and antiques	5.56	0.88	47.49	7.71
第二十二类 特殊交易品及未分类商品	**COMMODITIES AND TRANSACTIONS NOT CLASSIFIED ACCORDING TO KIND**	**4339.30**	**687.69**	**6505.26**	**1047.35**
98章 特殊交易品及未分类商品	Commodities and transactions not classified according to kind	4339.30	687.69	6505.26	1047.35

6-18 一般贸易进出口商品分类金额

Value of Imports and Exports in Ordinary by HS

单位：亿元
Unit: 100 million

商品分类	HS Section and Division	出口 Exports 人民币 RMB Yuan	出口 Exports 美元 USD	进口 Imports 人民币 RMB Yuan	进口 Imports 美元 USD
总　额	**Total**	**67488.79**	**10873.26**	**68881.64**	**11098.59**
第一类　活动物；动物产品	**LIVE ANIMALS；ANIMAL PRODUCTS**	**763.51**	**123.03**	**789.21**	**127.24**
01章　活动物	Live animals	35.98	5.80	26.72	4.31
02章　肉及食用杂碎	Meat and edible meat offal	59.37	9.57	355.60	57.30
03章　鱼、甲壳动物、软体动物及其他水生无脊椎动物	Fish and crustaceans molluscs and other aquatic invertebrates	520.36	83.85	138.46	22.32
04章　乳品；蛋品；天然蜂蜜；其他食用动物产品	Dairy produce；birds' eggs；natural honey；edible products of animal origin，not elsewhere specified or included	32.48	5.24	255.61	41.24
05章　其他动物产品	Products of animal origin，not elsewhere specified or included	115.32	18.58	12.82	2.07
第二类　植物产品	**VEGETABLE PRODUCTS**	**1076.65**	**173.49**	**3240.73**	**522.52**
06章　活树及其他活植物；鳞茎、根及类似品；插花及装饰用簇叶	Live tree and other plants；bulbs，roots and the like；cut flowers and ornamental foliage	16.57	2.67	10.71	1.73
07章　食用蔬菜、根及块茎	Edible vegetables and certain roots and tubers	457.96	73.78	153.51	24.71
08章　食用水果及坚果；甜瓜或柑桔属水果的果皮	Edible fruit and nuts；peel of citrus fruit or melons	201.95	32.59	207.91	33.44
09章　咖啡、茶、马黛茶及调味香料	Coffee，tea，mate and spices	129.64	20.88	9.64	1.55
10章　谷物	Cereals	26.93	4.33	296.38	47.83
11章　制粉工业产品；麦芽；淀粉；菊粉；面筋	Products of the milling industry；malt；starches；inulin；wheat gluten	23.30	3.76	42.46	6.85
12章　含油子仁及果实；杂项子仁及果实；工业用或药用植物；稻草、秸秆及饲料	Oil seeds and oleaginous fruits；miscellaneous grains，seeds and fruit；industrial or medicinal plants；straw and fodder	169.48	27.31	2499.95	403.17
13章　虫胶；树胶、树脂及其他植物液、汁	Lac；gums，resins and other vegetable saps and extracts	45.39	7.31	9.81	1.58
14章　编结用植物材料；其他植物产品	Vegetable plaiting materials；vegetable products not elsewhere specified or included	5.43	0.87	10.35	1.66
第三类　动、植物油、脂及其分解产品；精制的食用油脂；动、植物蜡	**ANIMAL OR VEGETABLE FATS AND OILS AND THEIR CLEAVAGE PRODUCTS；PREPARED EDIBLE FATS；ANIMAL OR VEGETABLE WAXES**	**24.03**	**3.87**	**537.28**	**86.52**
15章　动、植物油、脂及其分解产品；精制的食用油脂；动、植物蜡	Animal or vegetable fats and oils and their cleavage products；prepared edible fats；animal or vegetable waxes	24.03	3.87	537.28	86.52
第四类　食品；饮料、酒及醋；烟草、烟草及烟草代用品的制品	**PREPARED FOODSTUFFS；BEVERAGES, SPIRITS AND VINEGAR; TOBACCO AND MANUFACTURED TOBACCO SUBSTITUTES**	**1449.23**	**233.46**	**783.31**	**126.31**
16章　肉、鱼、甲壳动物、软体动物及其他水生无脊椎动物的制品	Preparations of meat，of fish or of crustaceans，molluscs or other aquatic invertebrates	451.64	72.75	6.00	0.97
17章　糖及糖食	Sugars and sugar confectionery	78.68	12.68	137.39	22.18
18章　可可及可可制品	Cocoa and cocoa preparations	11.72	1.89	33.34	5.38
19章　谷物、粮食粉、淀粉或乳的制品；糕饼点心	Preparations of cereals，flour，starch or milk；pastry-cooks' products	70.15	11.30	119.31	19.24

6-18 续表 1 Continued 1

单位：亿元
Unit: 100 million

商品分类	HS Section and Division	出口 Exports 人民币 RMB Yuan	出口 Exports 美元 USD	进口 Imports 人民币 RMB Yuan	进口 Imports 美元 USD
20章 蔬菜、水果、坚果或植物其他部分的制品	Preparations of vegetables, fruit, nuts or other parts of plants	422.02	67.97	35.86	5.78
21章 杂项食品	Miscellaneous edible preparations	125.58	20.23	56.74	9.15
22章 饮料、酒及醋	Beverages, spirits and vinegar	69.95	11.29	82.57	13.28
23章 食品工业的残渣及废料；配制的动物饲料	Residues and waste from the food industries; prepared animal fodder	145.13	23.35	224.16	36.18
24章 烟草及烟草代用品的制品	Tobacco and manufactured tobacco substitutes	74.36	12.00	87.93	14.15
第五类 矿产品	**MINERAL PRODUCTS**	**563.31**	**90.74**	**24333.77**	**3919.78**
25章 盐；硫磺；泥土及石料；石膏料、石灰及水泥	Salt; sulphur; earths and stone; plastering materials, lime and cement	198.50	31.96	339.20	54.60
26章 矿砂、矿渣及矿灰	Ores, slag and ash	9.83	1.58	8311.05	1339.19
27章 矿物燃料、矿物油及其蒸馏产品；沥青物质；矿物蜡	Mineral fuels, mineral oils and products of their distillation; bituminous substances; mineral waxes	354.98	57.19	15683.52	2525.98
第六类 化学工业及其相关工业的产品	**PRODUCTS OF THE CHEMICAL OR INDUSTRIES ALLIED**	**5024.55**	**809.27**	**5059.32**	**814.82**
28章 无机化学品；贵金属、稀土金属、放射性元素及其同位素的有机及无机化合物	Inorganic chemicals; organic or inorganic compounds of precious metals, of rare- earth metals, of radioactive elements or of isotopes	756.66	121.85	381.33	61.43
29章 有机化学品	Organic chemicals	2235.11	359.86	2789.93	449.28
30章 药品	Pharmaceutical products	247.77	39.90	468.11	75.39
31章 肥料	Fertilizers	334.24	53.95	150.05	24.12
32章 鞣料浸膏及染料浸膏；鞣酸及其衍生物；染料、颜料及其他着色料；油漆及清漆；油灰及其他类似胶粘剂；墨水、油墨	Tanning or dyeing extracts; tannins and their derivatives; dyes, pigments and other colouring matter; paints and varnishes; putty and other mastics; inks	336.65	54.23	174.26	28.08
33章 精油及香膏；芳香料制品及化妆盥洗品	Essential oils and retinoid; perfumery, cosmetic or toilet preparations	138.15	22.27	68.20	10.99
34章 肥皂、有机表面活性剂、洗涤剂、润滑剂、人造蜡、调制蜡、光洁剂、蜡烛及类似品、塑型用膏、"牙科用蜡"及牙科用熟石膏制剂	Soap, organic surface-active agents, washing preparations, lubricating preparations, artificial waxes, prepared waxes, polishing or scouring preparations, candles and similar articles, modelling pastes, "dental waxes" and dental preparations with a basis of plast	148.43	23.91	189.67	30.56
35章 蛋白类物质；改性淀粉；胶；酶	Albuminoidal substances; modified starches; glues; enzymes	120.80	19.46	103.92	16.75
36章 炸药；烟火制品；火柴；引火合金；易燃材料制品	Explosives; pyrotechnic products; matches; pyrophoric alloys; certain combustible preparations	54.71	8.82	4.24	0.68
37章 照相及电影用品	Photographic or cinematographic goods	37.16	5.99	76.11	12.26
38章 杂项化学产品	Miscellaneous chemical products	614.87	99.03	653.51	105.29
第七类 塑料及其制品，橡胶及其制品	**PLASTICS AND ARTICLES THEREOF RUBBER AND ARTICLES THEREOF**	**2573.01**	**414.48**	**3110.31**	**501.25**
39章 塑料及其制品	Plastics and articles thereof	2224.17	358.29	2473.64	398.72
40章 橡胶及其制品	Rubber and articles thereof	348.84	56.19	636.67	102.53
第八类 生皮、皮革、毛皮及其制品；鞍具及挽具；旅行用品、手提包及类似品；动物肠线(蚕胶丝除外)制品	**RAW HIDES AND SKINS, LEATHER, FUR SKINS AND ARTICLES THEREOF; SADDLERY AND HARNESS; TRAVEL GOODS, HANDBAGS AND SIMILAR CONTAINERS; ARTICLES OF ANIMAL GUT(OTHER THAN SILK-WORM GUT)**	**1566.36**	**252.42**	**357.32**	**57.56**
41章 生皮(毛皮除外)及皮革	Raw hides and skins(other than fur skins) and leather	6.78	1.09	249.54	40.20

6-18 续表 2 Continued 2

单位：亿元
Unit: 100 million

商品分类	HS Section and Division	出口 Exports 人民币 RMB Yuan	出口 Exports 美元 USD	进口 Imports 人民币 RMB Yuan	进口 Imports 美元 USD
42章 皮革制品；鞍具及挽具；旅行用品、手提包及类似容器；动物肠线(蚕胶丝除外)制品	Articles of leather；saddlery and harness；travel goods，hand bags and similar containers；articles of animal gut (other than silk-worm gut)	1414.39	227.83	97.82	15.75
43章 毛皮、人造毛皮及其制品	Fur skins and artificial fur；manufactures thereof	145.19	23.50	9.96	1.61
第九类 木及木制品；木炭；软木及软木制品；稻草，秸秆、针茅或其他编结材料制品；篮筐及柳条编结品	**WOOD AND ARTICLES OF WOOD；WOOD CHAR-COAL；CORK AND ARTICLES OF CORK；MANUFACTURES OF STRAW，OF ESPARTO OR OF OTHER PLAITING MATERIALS；BASKET WARE AND WICKERWORK**	**771.68**	**124.32**	**892.15**	**143.82**
44章 木及木制品；木炭	Wood and articles of wood；wood charcoal	670.28	107.99	889.57	143.41
45章 软木及软木制品	Cork and articles of cork	1.00	0.16	2.21	0.35
46章 稻草、秸秆、针茅或其他编结材料制品；篮筐及柳条编结品	Manufactures of straw，of esparto or of other plaiting Materials；basket ware and wickerwork	100.40	16.17	0.37	0.06
第十类 木浆及其他纤维状纤维素浆；纸及纸板的废碎品；纸、纸板及其制品	**PULP OF WOOD OR OF OTHER FIBROUS CELLULOSIC MATERIAL；WASTE AND SCRAP OF PAPER OR PAPERBOARD；PAPER AND PAPERBOARD AND ARTICLES THEREOF**	**678.93**	**109.45**	**1036.87**	**166.99**
47章 木浆及其他纤维状纤维素浆；纸及纸板的废碎品	Pulp of wood or of other fibrous cellulosic material；waste and scrap of paper or paperboard	5.93	0.95	796.41	128.24
48章 纸及纸板；纸浆、纸或纸板制品	Paper and paperboard；articles of paper pulp，of paper or paperboard	553.76	89.28	177.04	28.51
49章 书籍、报纸、印刷图画及其他印制品；手稿、打字稿及设计图纸	Printed books，newspapers，pictures and other products of the printing industry；manuscripts，typescripts and plans	119.24	19.21	63.42	10.23
第十一类 纺织原料及纺织制品	**TEXTILES AND TEXTILE ARTICLES**	**12819.82**	**2065.99**	**1228.31**	**197.86**
50章 蚕丝	Silk	100.35	16.16	1.10	0.18
51章 羊毛、动物细毛或粗毛；马毛纱线及其机织物	Wool，fine or coarse animal hair；horsehair yarn and woven fabric	112.60	18.11	126.55	20.36
52章 棉花	Cotton	737.65	118.83	531.49	85.60
53章 其他植物纺织纤维；纸纱线及其机织物	Other vegetable textile fibres；paper yarn and woven fabrics of paper yarn	69.72	11.25	29.56	4.76
54章 化学纤维长丝	Man-made filaments	791.96	127.60	72.98	11.76
55章 化学纤维短纤	Man-made short fibres	531.60	85.61	121.25	19.54
56章 絮胎、毡呢及无纺织物；特种纱线；线、绳、索、缆及其制品	Wadding，felt and nonwoven；special yarns；twine，cordage，ropes and cables and articles thereof	204.16	32.90	40.02	6.45
57章 地毯及纺织材料的其他铺地制品	Carpets and other textile floor coverings	134.08	21.61	5.07	0.82
58章 特种机织物；簇绒织物；花边；装饰毯；装饰带；刺绣品	Special woven fabrics；tufted textile fabrics；lace；tapestries；trimmings；embroidery	267.16	43.04	8.06	1.30
59章 浸渍、涂布、包覆或层压的纺织物；工业用纺织制品	Impregnated，coated，covered or laminated textile fabrics；textile articles of a kind suitable for industrial use	378.83	61.00	45.38	7.31
60章 针织物及钩编织物	Knitted or crocheted fabrics	591.44	95.32	18.32	2.95
61章 针织或钩编的服装及衣着附件	Articles of apparel and clothing accessories，Knitted or crocheted	4565.42	735.73	76.79	12.38
62章 非针织或非钩编的服装及衣着附件	Articles of apparel and clothing accessories，not knitted or crocheted	3042.01	490.51	137.40	22.14

6-18 续表 3 Continued 3

单位：亿元
Unit: 100 million

商品分类	HS Section and Division	出口 Exports 人民币 RMB Yuan	出口 Exports 美元 USD	进口 Imports 人民币 RMB Yuan	进口 Imports 美元 USD
63章 其他纺织制成品；成套物品；旧衣着及旧纺织品；碎织物	Other made up textile articles; sets; worn clothing and worn textile articles; rags articles; rags	1292.84	208.35	14.34	2.31
第十二类 鞋、帽、伞、杖、鞭及其零件；已加工的羽毛及其制品；人造花；人发制品	**FOOTWEAR, HEADGEAR, UMBRELLAS, SUN UMBRELLAS, WALKING-STICKS, SEAT-STICKS, WHIPS, RIDING-CROPS AND PARTS THEREOF; PREPARED FEATHERS AND ARTICLES MADE THEREWITH; ARTIFICIAL FLOWERS; ARTICLES OF HUMAN HAIR**	**2735.59**	**440.78**	**103.50**	**16.67**
64章 鞋靴、护腿和类似品及其零件	Footwear, gaiters and the like; parts of such articles	2101.77	338.64	101.37	16.32
65章 帽类及其零件	Headgear and parts thereof	195.45	31.49	1.62	0.26
66章 雨伞、阳伞、手杖、鞭子、马鞭及其零件	Umbrellas, sun umbrellas, walking-sticks, seat-sticks, whips, riding-crops and parts thereof	154.16	24.82	0.30	0.05
67章 已加工羽毛、羽绒及其制品；人造花；人发制品	Prepared feathers and down and articles made of feathers or of down; artificial flowers; articles of human hair	284.21	45.83	0.22	0.03
第十三类 石料、石膏、水泥、石棉、云母及类似材料的制品；陶瓷产品；玻璃及其制品	**ARTICLES OF STONE, PLASTER, CEMENT, ASBESTOS, MICA OR SIMILAR MATERIALS; CERAMIC PRODUCTS; GLASS AND GLASSWARE**	**2440.84**	**393.33**	**224.88**	**36.23**
68章 石料、石膏、水泥、石棉、云母及类似材料的制品	Articles of stone, plaster, cement, asbestos, mica or similar materials; ceramic products; glass and glassware	561.97	90.55	51.48	8.29
69章 陶瓷产品	Ceramic products	1136.81	183.25	31.07	5.00
70章 玻璃及其制品	Glass and glassware	742.06	119.54	142.33	22.93
第十四类 天然或养殖珍珠、宝石或半宝石、贵金属、包贵金属及其制品；仿首饰；硬币	**NATURAL OR CULTURED PEARLS, PRECIOUS OR SEMI-PRECIOUS STONES, PRECIOUS METALS, METALS CLAD WITH PRECIOUS METAL AND STONES, PRECIOUS METALS, METALS CLAD WITH PRECIOUS METAL AND ARTICLES THEREOF; IMITATION JEWELLERY; COIN**	**125.74**	**20.29**	**386.30**	**62.32**
71章 天然或养殖珍珠、宝石或半宝石、贵金属、包贵金属及其制品；仿首饰；硬币	Natural or cultured pearls, precious or semi-precious stones, precious metals, metals clad with precious metal and articles thereof; imitation jewellery; coin	125.74	20.29	386.30	62.32
第十五类 贱金属及其制品	**BASE METALS AND ARTICLES OF BASE METAL**	**7537.38**	**1213.76**	**3773.12**	**607.85**
72章 钢铁	Iron and steel	2149.83	346.08	823.23	132.56
73章 钢铁制品	Articles of iron or steel	2867.34	461.70	410.60	66.15
74章 铜及其制品	Copper and articles thereof	99.84	16.08	1820.48	293.35
75章 镍及其制品	Nickel and articles thereof	8.13	1.31	116.35	18.72
76章 铝及其制品	Aluminium and articles thereof	909.82	146.54	298.82	48.14
78章 铅及其制品	Lead and articles thereof	5.55	0.89	1.67	0.27
79章 锌及其制品	Zinc and articles thereof	11.43	1.85	39.12	6.31
80章 锡及其制品	Tin and articles thereof	0.66	0.11	6.33	1.02
81章 其他贱金属、金属陶瓷及其制品	Other base metals; cermets; articles thereof	183.91	29.60	47.19	7.60
82章 贱金属工具、器具、利口器、餐匙、餐叉及其零件	Tools, implements, cutlery, spoons and forks, of base metal; parts thereof of base metal	608.44	98.03	141.21	22.75
83章 贱金属杂项制品	Miscellaneous articles of base metal	692.42	111.57	68.12	10.98

单位：亿元

Unit: 100 million

商品分类	HS Section and Division	出口 Exports 人民币 RMB Yuan	出口 Exports 美元 USD	进口 Imports 人民币 RMB Yuan	进口 Imports 美元 USD
第十六类 机器、机械器具、电气设备及其零件；录音机及放声机、电视图像、声音的录制和重放设备及其零件、附件	**MACHINERY AND MECHANICAL APPLIANCES; ELECTRICAL EQUIPMENT; PARTS THEREOF; SOUND RECORDERS AND REPRODUCERS, TELEVISION IMAGE AND SOUND RECORDERS AND REPRODUCERS; AND PARTS AND ACCESSORIES OF RECORDERS AND REPRODUCERS; AND PARTS AND ACCESSORIES OF SUCH ARTICLES**	**17031.80**	**2744.16**	**11471.08**	**1848.32**
84章 核反应堆、锅炉、机器、机械器具及其零件	Nuclear reactors, boilers, machinery and mechanical appliances; parts thereof	7334.34	1181.16	5653.56	910.70
85章 电机、电气设备及其零件；录音机及放声机、电视图像、声音的录制和重放设备及其零件、附件	Electrical machinery and equipment and parts thereof; sound recorders and reproducers, television image and sound recorders and reproducers, and parts and accessories of such articles	9697.46	1563.01	5817.52	937.62
第十七类 车辆、航空器、船舶及有关运输设备	**VEHICLES, AIRCRAFT, VESSELS AND ASSOCIATED TRANSPORT EQUIPMENT**	**3026.30**	**487.42**	**4840.03**	**780.33**
86章 铁道及电车道机车、车辆及其零件；铁道及电车轨道固定装置及其零件、附件；各种机械(包括电动机械)交通信号设备	Railway or tramway locomotives, rolling-stock and parts thereof; railway or tramway track fixtures and fittings and parts thereof; mechanical(including electro-mechanical) traffic signalling equipment of all kinds	119.98	19.33	47.26	7.63
87章 车辆及其零件、附件，但铁道及电车道车辆除外	Vehicles other than railway or tramway rolling-stock, and parts and accessories thereof	2810.81	452.72	4322.79	697.00
88章 航空器、航天器及其零件	Aircraft, spacecraft, and parts thereof	27.76	4.48	385.08	62.07
89章 船舶及浮动结构体	Ships, boats and floating structures	67.75	10.89	84.89	13.63
第十八类 光学、照相、电影、计量、检验、医疗或外科用仪器及设备、精密仪器及设备；钟表；乐器；上述物品的零件、附件	**OPTICAL, PHOTOGRAPHIC, CINEMATOGRAPHIC, MEASURING, CHECKING, PRECISION, MEDICAL OR SURGICAL INSTRUMENTS AND APPARATUS; CLOCKS AND WATCHES; MUSICAL INSTRUMENTS; PARTS AND ACCESSORIES THEREOF**	**1223.73**	**197.19**	**2375.18**	**382.76**
90章 光学、照相、电影、计量、检验、医疗或外科用仪器及设备、精密仪器及设备；上述物品的零件、附件	Optical, photographic, cinematographic, measuring, checking, precision medical or surgical instruments and apparatus; parts and accessories thereof	1073.24	172.95	2292.81	369.48
91章 钟表及其零件	Clocks and watches and parts thereof	92.92	14.97	70.73	11.41
92章 乐器及其零件、附件	Musical instruments; parts and accessories of such articles	57.56	9.28	11.63	1.87
第十九类 武器、弹药及其零件、附件	**ARMS AND AMMUNITION; PARTS AND ACCESSORIES THEREOF**	**9.78**	**1.58**	**0.30**	**0.05**
93章 武器、弹药及其零件、附件	Arms and ammunition; parts and accessories thereof	9.78	1.58	0.30	0.05
第二十类 杂项制品	**MISCELLANEOUS MANUFACTURED ARTICLES**	**6017.40**	**969.53**	**201.76**	**32.50**
94章 家具；寝具、褥垫、弹簧床垫、软坐垫及类似的填充制品；未列名灯具及照明装置；发光标志、发光名牌及类似品；活动房屋	Furniture; bedding, mattresses, mattress supports, cushions and similar stuffed furnishings; lamps and lighting fittings, not elsewhere specified or included; illuminated signs, illuminated	4477.22	721.20	120.16	19.36
95章 玩具、游戏品、运动用品及其零件、附件	Toys, games and sports requisites; parts and accessories thereof	976.41	157.50	29.31	4.72
96章 杂项制品	Miscellaneous manufactured articles	563.77	90.83	52.29	8.42
第二十一类 艺术品、收藏品及古物	**WORKS OF ART, COLLECTORS' PIECES AND ANTIQUES**	**26.17**	**4.20**	**3.22**	**0.53**
97章 艺术品、收藏品及古物	Works of art, collectors' pieces and antiques	26.17	4.20	3.22	0.53
第二十二类 特殊交易品及未分类商品	**COMMODITIES AND TRANSACTIONS NOT CLASSIFIED ACCORDING TO KIND**	**3.00**	**0.48**	**4133.72**	**666.37**
98章 特殊交易品及未分类商品	Commodities and transactions not classified according to kind	3.00	0.48	4133.72	666.37

6-19 加工贸易进出口商品分类金额

Value of Imports and Exports in Processing Trade by HS

单位：亿元

Unit: 100 million

商品分类	HS Section and Division	出口 Exports 人民币 RMB Yuan	出口 Exports 美元 USD	进口 Imports 人民币 RMB Yuan	进口 Imports 美元 USD
总　额	**Total**	**53384.67**	**8600.40**	**30821.30**	**4966.62**
第一类　活动物；动物产品	**LIVE ANIMALS；ANIMAL PRODUCTS**	**265.50**	**42.78**	**198.29**	**31.94**
01章　活动物	Live animals				
02章　肉及食用杂碎	Meat and edible meat offal	0.56	0.09	5.58	0.90
03章　鱼、甲壳动物、软体动物及其他水生无脊椎动物	Fish and crustaceans molluscs and other aquatic invertebrates	243.87	39.30	173.89	28.01
04章　乳品；蛋品；天然蜂蜜；其他食用动物产品	Dairy produce；birds' eggs；natural honey；edible products of animal origin，not elsewhere specified or included	0.26	0.04	1.35	0.22
05章　其他动物产品	Products of animal origin，not elsewhere specified or included	20.80	3.35	17.46	2.81
第二类　植物产品	**VEGETABLE PRODUCTS**	**60.78**	**9.79**	**94.32**	**15.20**
06章　活树及其他活植物；鳞茎、根及类似品；插花及装饰用簇叶	Live tree and other plants；bulbs，roots and the like；cut flowers and ornamental foliage	0.20	0.03	0.01	0.00
07章　食用蔬菜、根及块茎	Edible vegetables and certain roots and tubers	2.18	0.35	2.11	0.34
08章　食用水果及坚果；甜瓜或柑桔属水果的果皮	Edible fruit and nuts；peel of citrus fruit or melons	17.60	2.84	21.44	3.46
09章　咖啡、茶、马黛茶及调味香料	Coffee，tea，mate and spices	5.50	0.88	1.91	0.31
10章　谷物	Cereals			14.24	2.29
11章　制粉工业产品；麦芽；淀粉；菊粉；面筋	Products of the milling industry；malt；starches；inulin；wheat gluten	10.55	1.70	6.50	1.05
12章　含油子仁及果实；杂项子仁及果实；工业用或药用植物；稻草、秸秆及饲料	Oil seeds and oleaginous fruits；miscellaneous grains，seeds and fruit；industrial or medicinal plants；straw and fodder	1.40	0.23	45.24	7.29
13章　虫胶；树胶、树脂及其他植物液、汁	Lac；gums，resins and other vegetable saps and extracts	23.27	3.75	2.06	0.33
14章　编结用植物材料；其他植物产品	Vegetable plaiting materials；vegetable products not elsewhere specified or included	0.08	0.01	0.81	0.13
第三类　动、植物油、脂及其分解产品；精制的食用油脂；动、植物蜡	**ANIMAL OR VEGETABLE FATS AND OILS AND THEIR CLEAVAGE PRODUCTS；PREPARED EDIBLE FATS；ANIMAL OR VEGETABLE WAXES**	**8.98**	**1.45**	**17.22**	**2.77**
15章　动、植物油、脂及其分解产品；精制的食用油脂；动、植物蜡	Animal or vegetable fats and oils and their cleavage products；prepared edible fats；animal or vegetable waxes	8.98	1.45	17.22	2.77
第四类　食品；饮料、酒及醋；烟草、烟草及烟草代用品的制品	**PREPARED FOODSTUFFS；BEVERAGES, SPIRITS AND VINEGAR；TOBACCO AND MANUFACTURED TOBACCO SUBSTITUTES**	**251.21**	**40.45**	**20.01**	**3.23**
16章　肉、鱼、甲壳动物、软体动物及其他水生无脊椎动物的制品	Preparations of meat，of fish or of crustaceans，molluscs or other aquatic invertebrates	104.98	16.91	5.05	0.81
17章　糖及糖食	Sugars and sugar confectionery	8.94	1.44	6.13	0.99
18章　可可及可可制品	Cocoa and cocoa preparations	10.37	1.67	2.61	0.42
19章　谷物、粮食粉、淀粉或乳的制品；糕饼点心	Preparations of cereals，flour，starch or milk；pastry-cooks' products	19.46	3.14	0.60	0.10

6-19 续表 1 Continued 1

单位: 亿元

Unit: 100 million

商品分类	HS Section and Division	出口 Exports 人民币 RMB Yuan	出口 Exports 美元 USD	进口 Imports 人民币 RMB Yuan	进口 Imports 美元 USD
20章 蔬菜、水果、坚果或植物其他部分的制品	Preparations of vegetables, fruit，nuts or other parts of plants	59.46	9.57	2.57	0.41
21章 杂项食品	Miscellaneous edible preparations	21.94	3.53	2.48	0.40
22章 饮料、酒及醋	Beverages，spirits and vinegar	3.31	0.53	0.12	0.02
23章 食品工业的残渣及废料；配制的动物饲料	Residues and waste from the food industries；prepared animal fodder	22.56	3.61	0.38	0.06
24章 烟草及烟草代用品的制品	Tobacco and manufactured tobacco substitutes	0.19	0.03	0.07	0.01
第五类 矿产品	**MINERAL PRODUCTS**	**814.06**	**130.84**	**1861.91**	**300.02**
25章 盐；硫磺；泥土及石料；石膏料、石灰及水泥	Salt；sulphur；earths and stone；plastering materials，lime and cement	0.01	0.00	15.93	2.57
26章 矿砂、矿渣及矿灰	Ores，slag and ash			406.03	65.51
27章 矿物燃料、矿物油及其蒸馏产品；沥青物质；矿物蜡	Mineral fuels，mineral oils and products of their distillation; bituminous substances; mineral waxes	814.05	130.84	1439.96	231.94
第六类 化学工业及其相关工业的产品	**PRODUCTS OF THE CHEMICAL OR INDUSTRIES ALLIED**	**738.88**	**119.00**	**1291.98**	**208.11**
28章 无机化学品；贵金属、稀土金属、放射性元素及其同位素的有机及无机化合物	Inorganic chemicals；organic or inorganic compounds of precious metals，of rare- earth metals, of radioactive elements or of isotopes	61.09	9.85	100.03	16.12
29章 有机化学品	Organic chemicals	326.87	52.61	688.15	110.82
30章 药品	Pharmaceutical products	81.19	13.08	47.70	7.67
31章 肥料	Fertilizers	0.07	0.01	0.01	0.00
32章 鞣料浸膏及染料浸膏；鞣酸及其衍生物；染料、颜料及其他着色料；油漆及清漆；油灰及其他类似胶粘剂；墨水、油墨	Tanning or dyeing extracts；tannins and their derivatives；dyes，pigments and other colouring matter；paints and varnishes；putty and other mastics；inks	2.17	0.35	70.56	11.37
33章 精油及香膏； 芳香料制品及化妆盥洗品	Essential oils and retinoid；perfumery，cosmetic or toilet preparations	66.41	10.71	17.05	2.75
34章 肥皂、有机表面活性剂、洗涤剂、润滑剂、人造蜡、调制蜡、光洁剂、蜡烛及类似品、塑型用膏、“牙科用蜡”及牙科用熟石膏制剂	Soap，organic surface-active agents，washing preparations，lubricating preparations，artificial waxes，prepared waxes，polishing or scouring preparations，candles and similar articles，modelling pastes，“dental waxes” and dental preparations with a basis of plast	30.30	4.88	18.08	2.91
35章 蛋白类物质；改性淀粉；胶；酶	Albuminoidal substances；modified starches；glues；enzymes	19.68	3.17	69.56	11.21
36章 炸药；烟火制品；火柴；引火合金；易燃材料制品	Explosives；pyrotechnic products；matches；pyrophoric alloys；certain combustible preparations	0.92	0.15	3.29	0.53
37章 照相及电影用品	Photographic or cinematographic goods	29.89	4.81	59.10	9.52
38章 杂项化学产品	Miscellaneous chemical products	120.31	19.38	218.45	35.19
第七类 塑料及其制品，橡胶及其制品	**PLASTICS AND ARTICLES THEREOF RUBBER AND ARTICLES THEREOF**	**2297.13**	**370.00**	**1939.63**	**312.58**
39章 塑料及其制品	Plastics and articles thereof	1277.75	205.82	1560.00	251.43
40章 橡胶及其制品	Rubber and articles thereof	1019.38	164.18	379.63	61.15
第八类 生皮、皮革、毛皮及其制品；鞍具及挽具；旅行用品、手提包及类似品；动物肠线(蚕胶丝除外)制品	**RAW HIDES AND SKINS，LEATHER，FUR SKINS AND ARTICLES THEREOF；SADDLERY AND HARNESS；TRAVEL GOODS，HANDBAGS AND SIMILAR CONTAINERS；ARTICLES OF ANIMAL GUT(OTHER THAN SILK-WORM GUT)**	**376.15**	**60.65**	**307.75**	**49.58**
41章 生皮(毛皮除外)及皮革	Raw hides and skins(other than fur skins) and leather	19.75	3.19	239.96	38.67

6-19 续表 2 Continued 2

单位：亿元
Unit: 100 million

商品分类	HS Section and Division	出口 Exports 人民币 RMB Yuan	出口 Exports 美元 USD	进口 Imports 人民币 RMB Yuan	进口 Imports 美元 USD
42章 皮革制品；鞍具及挽具；旅行用品、手提包及类似容器；动物肠线(蚕胶丝除外)制品	Articles of leather; saddlery and harness; travel goods, hand bags and similar containers; articles of animal gut (other than silk-worm gut)	276.23	44.53	6.07	0.98
43章 毛皮、人造毛皮及其制品	Fur skins and artificial fur; manufactures thereof	80.17	12.93	61.71	9.93
第九类 木及木制品；木炭；软木及软木制品；稻草、秸秆、针茅或其他编结材料制品；篮筐及柳条编结品	**WOOD AND ARTICLES OF WOOD; WOOD CHAR-COAL; CORK AND ARTICLES OF CORK; MANUFACTURES OF STRAW, OF ESPARTO OR OF OTHER PLAITING MATERIALS; BASKET WARE AND WICKERWORK**	**108.28**	**17.44**	**72.31**	**11.66**
44章 木及木制品；木炭	Wood and articles of wood; wood charcoal	105.24	16.95	72.07	11.62
45章 软木及软木制品	Cork and articles of cork	0.00	0.00	0.08	0.01
46章 稻草、秸秆、针茅或其他编结材料制品；篮筐及柳条编结品	Manufactures of straw, of esparto or of other plaiting Materials; basket ware and wickerwork	3.04	0.49	0.15	0.02
第十类 木浆及其他纤维状纤维素浆；纸及纸板的废碎品；纸、纸板及其制品	**PULP OF WOOD OR OF OTHER FIBROUS CELLULOSIC MATERIAL; WASTE AND SCRAP OF PAPER OR PAPERBOARD; PAPER AND PAPERBOARD AND ARTICLES THEREOF**	**458.93**	**73.94**	**261.73**	**42.15**
47章 木浆及其他纤维状纤维素浆；纸及纸板的废碎品	Pulp of wood or of other fibrous cellulosic material; waste and scrap of paper or paperboard			156.83	25.26
48章 纸及纸板；纸浆、纸或纸板制品	Paper and paperboard; articles of paper pulp, of paper or paperboard	368.36	59.33	79.69	12.83
49章 书籍、报纸、印刷图画及其他印制品；手稿、打字稿及设计图纸	Printed books, newspapers, pictures and other products of the printing industry; manuscripts, typescripts and plans	90.58	14.61	25.20	4.06
第十一类 纺织原料及纺织制品	**TEXTILES AND TEXTILE ARTICLES**	**2495.82**	**402.23**	**927.51**	**149.46**
50章 蚕丝	Silk	0.39	0.06	4.02	0.65
51章 羊毛、动物细毛或粗毛；马毛纱线及其机织物	Wool, fine or coarse animal hair; horsehair yarn and woven fabric	46.19	7.44	53.26	8.57
52章 棉花	Cotton	314.60	50.68	349.04	56.27
53章 其他植物纺织纤维；纸纱线及其机织物	Other vegetable textile fibres; paper yarn and woven fabrics of paper yarn	5.24	0.84	8.88	1.43
54章 化学纤维长丝	Man-made filaments	165.49	26.66	144.10	23.21
55章 化学纤维短纤	Man-made short fibres	122.14	19.67	81.09	13.06
56章 絮胎、毡呢及无纺织物；特种纱线；线、绳、索、缆及其制品	Wadding, felt and nonwoven; special yarns; twine, cordage, ropes and cables and articles thereof	36.51	5.88	30.74	4.95
57章 地毯及纺织材料的其他铺地制品	Carpets and other textile floor coverings	11.16	1.80	1.22	0.20
58章 特种机织物；簇绒织物；花边；装饰毯；装饰带；刺绣品	Special woven fabrics; tufted textile fabrics; lace; tapestries; trimmings; embroidery	23.80	3.83	36.30	5.85
59章 浸渍、涂布、包覆或层压的纺织物；工业用纺织制品	Impregnated, coated, covered or laminated textile fabrics; textile articles of a kind suitable for industrial use	60.14	9.69	71.32	11.49
60章 针织物及钩编织物	Knitted or crocheted fabrics	181.45	29.24	120.98	19.50
61章 针织或钩编的服装及衣着附件	Articles of apparel and clothing accessories, Knitted or crocheted	539.91	87.08	5.12	0.83
62章 非针织或非钩编的服装及衣着附件	Articles of apparel and clothing accessories, not knitted or crocheted	816.64	131.63	16.69	2.69

6-19 续表 3 Continued 3

单位：亿元
Unit: 100 million

商品分类	HS Section and Division	出口 Exports		进口 Imports	
		人民币 RMB Yuan	美元 USD	人民币 RMB Yuan	美元 USD
63章 其他纺织制成品；成套物品；旧衣着及旧纺织品；碎织物	Other made up textile articles; sets; worn clothing and worn textile articles; rags articles; rags	172.16	27.73	4.74	0.76
第十二类 鞋、帽、伞、杖、鞭及其零件；已加工的羽毛及其制品；人造花；人发制品	**FOOTWEAR, HEADGEAR, UMBRELLAS, SUN UMBRELLAS, WALKING-STICKS, SEAT-STICKS, WHIPS, RIDING-CROPS AND PARTS THEREOF; PREPARED FEATHERS AND ARTICLES MADE THEREWITH; ARTIFICIAL FLOWERS; ARTICLES OF HUMAN HAIR**	**778.39**	**125.42**	**35.79**	**5.76**
64章 鞋靴、护腿和类似品及其零件	Footwear, gaiters and the like; parts of such articles	672.82	108.42	14.60	2.35
65章 帽类及其零件	Headgear and parts thereof	36.55	5.89	0.57	0.09
66章 雨伞、阳伞、手杖、鞭子、马鞭及其零件	Umbrellas, sun umbrellas, walking-sticks, seat-sticks, whips, riding-crops and parts thereof	16.43	2.64	0.30	0.05
67章 已加工羽毛、羽绒及其制品；人造花；人发制品	Prepared feathers and down and articles made of feathers or of down; artificial flowers; articles of human hair	52.58	8.47	20.31	3.27
第十三类 石料、石膏、水泥、石棉、云母及类似材料的制品；陶瓷产品；玻璃及其制品	**ARTICLES OF STONE, PLASTER, CEMENT, ASBESTOS, MICA OR SIMILAR MATERIALS; CERAMIC PRODUCTS; GLASS AND GLASSWARE**	**166.41**	**26.79**	**291.14**	**46.90**
68章 石料、石膏、水泥、石棉、云母及类似材料的制品	Articles of stone, plaster, cement, asbestos, mica or similar materials; ceramic products; glass and glassware	37.84	6.10	28.08	4.53
69章 陶瓷产品	Ceramic products	7.72	1.24	7.65	1.23
70章 玻璃及其制品	Glass and glassware	120.85	19.45	255.41	41.14
第十四类 天然或养殖珍珠、宝石或半宝石、贵金属、包贵金属及其制品；仿首饰；硬币	**NATURAL OR CULTURED PEARLS, PRECIOUS OR SEMI-PRECIOUS STONES, PRECIOUS METALS, METALS CLAD WITH PRECIOUS METAL AND STONES, PRECIOUS METALS, METALS CLAD WITH PRECIOUS METAL AND ARTICLES THEREOF; IMITATION JEWELLERY; COIN**	**2889.23**	**464.52**	**575.66**	**92.89**
71章 天然或养殖珍珠、宝石或半宝石、贵金属、包贵金属及其制品；仿首饰；硬币	Natural or cultured pearls, precious or semi-precious stones, precious metals, metals clad with precious metal and articles thereof; imitation jewellery; coin	2889.23	464.52	575.66	92.89
第十五类 贱金属及其制品	**BASE METALS AND ARTICLES OF BASE METAL**	**1075.92**	**173.21**	**1540.88**	**248.30**
72章 钢铁	Iron and steel	156.20	25.14	431.30	69.49
73章 钢铁制品	Articles of iron or steel	322.11	51.85	170.77	27.52
74章 铜及其制品	Copper and articles thereof	224.07	36.06	550.91	88.78
75章 镍及其制品	Nickel and articles thereof	10.19	1.63	52.49	8.46
76章 铝及其制品	Aluminium and articles thereof	144.97	23.35	200.88	32.38
78章 铅及其制品	Lead and articles thereof	4.33	0.70	1.68	0.27
79章 锌及其制品	Zinc and articles thereof	1.62	0.26	19.87	3.20
80章 锡及其制品	Tin and articles thereof	3.48	0.56	18.46	2.97
81章 其他贱金属、金属陶瓷及其制品	Other base metals; cermets; articles thereof	8.09	1.30	40.59	6.54
82章 贱金属工具、器具、利口器、餐匙、餐叉及其零件	Tools, implements, cutlery, spoons and forks, of base metal; parts thereof of base metal	91.37	14.72	20.84	3.36
83章 贱金属杂项制品	Miscellaneous articles of base metal	109.49	17.63	33.10	5.33

6-19 续表 4 Continued 4

单位：亿元
Unit: 100 million

商品分类	HS Section and Division	出口 Exports 人民币 RMB Yuan	出口 Exports 美元 USD	进口 Imports 人民币 RMB Yuan	进口 Imports 美元 USD
第十六类 机器、机械器具、电气设备及其零件；录音机及放声机、电视图像、声音的录制和重放设备及其零件、附件	**MACHINERY AND MECHANICAL APPLIANCES; ELECTRICAL EQUIPMENT; PARTS THEREOF; SOUND RECORDERS AND REPRODUCERS, TELEVISION IMAGE AND SOUND RECORDERS AND REPRODUCERS; AND PARTS AND ACCESSORIES OF RECORDERS AND REPRODUCERS; AND PARTS AND ACCESSORIES OF SUCH ARTICLES**	**32770.22**	**5280.74**	**15686.70**	**2529.10**
84章 核反应堆、锅炉、机器、机械器具及其零件	Nuclear reactors, boilers, machinery and mechanical appliances; parts thereof	14212.79	2289.77	2347.06	378.18
85章 电机、电气设备及其零件；录音机及放声机、电视图像、声音的录制和重放设备及其零件、附件	Electrical machinery and equipment and parts thereof; sound recorders and reproducers, television image and sound recorders and reproducers, and parts and accessories of such articles	18557.42	2990.96	13339.64	2150.93
第十七类 车辆、航空器、船舶及有关运输设备	**VEHICLES, AIRCRAFT, VESSELS AND ASSOCIATED TRANSPORT EQUIPMENT**	**2911.28**	**468.64**	**174.46**	**28.08**
86章 铁道及电车道机车、车辆及其零件；铁道及电车轨道固定装置及其零件、附件；各种机械(包括电动机械)交通信号设备	Railway or tramway locomotives, rolling-stock and parts thereof; railway or tramway track fixtures and fittings and parts thereof; mechanical(including electro-mechanical) traffic signalling equipment of all kinds	536.53	86.37	13.07	2.10
87章 车辆及其零件、附件，但铁道及电车道车辆除外	Vehicles other than railway or tramway rolling-stock, and parts and accessories thereof	656.78	105.77	75.55	12.17
88章 航空器、航天器及其零件	Aircraft, spacecraft, and parts thereof	58.84	9.48	78.89	12.69
89章 船舶及浮动结构体	Ships, boats and floating structures	1659.12	267.01	6.94	1.11
第十八类 光学、照相、电影、计量、检验、医疗或外科用仪器及设备、精密仪器及设备；钟表；乐器；上述物品的零件、附件	**OPTICAL, PHOTOGRAPHIC, CINEMATOGRAPHIC, MEASURING, CHECKING, PRECISION, MEDICAL OR SURGICAL INSTRUMENTS AND APPARATUS; CLOCKS AND WATCHES; MUSICAL INSTRUMENTS; PARTS AND ACCESSORIES THEREOF**	**3004.99**	**484.03**	**3060.90**	**493.15**
90章 光学、照相、电影、计量、检验、医疗或外科用仪器及设备、精密仪器及设备；上述物品的零件、附件	Optical, photographic, cinematographic, measuring, checking, precision medical or surgical instruments and apparatus; parts and accessories thereof	2831.98	456.13	3002.89	483.79
91章 钟表及其零件	Clocks and watches and parts thereof	140.26	22.63	53.08	8.57
92章 乐器及其零件、附件	Musical instruments; parts and accessories of such articles	32.75	5.28	4.92	0.79
第十九类 武器、弹药及其零件、附件	**ARMS AND AMMUNITION; PARTS AND ACCESSORIES THEREOF**	**0.01**	**0.00**	**0.00**	**0.00**
93章 武器、弹药及其零件、附件	Arms and ammunition; parts and accessories thereof	0.01	0.00	0.00	0.00
第二十类 杂项制品	**MISCELLANEOUS MANUFACTURED ARTICLES**	**1807.25**	**291.54**	**90.76**	**14.63**
94章 家具；寝具、褥垫、弹簧床垫、软坐垫及类似的填充制品；未列名灯具及照明装置；发光标志、发光名牌及类似品；活动房屋	Furniture; bedding, mattresses, mattress supports, cushions and similar stuffed furnishings; lamps and lighting fittings, not elsewhere specified or included; illuminated signs, illuminated	675.08	108.76	24.23	3.90
95章 玩具、游戏品、运动用品及其零件、附件	Toys, games and sports requisites; parts and accessories thereof	1004.13	162.15	35.25	5.69
96章 杂项制品	Miscellaneous manufactured articles	128.03	20.63	31.28	5.04
第二十一类 艺术品、收藏品及古物	**WORKS OF ART, COLLECTORS' PIECES AND ANTIQUES**	**1.16**	**0.19**	**1.14**	**0.19**
97章 艺术品、收藏品及古物	Works of art, collectors' pieces and antiques	1.16	0.19	1.14	0.19
第二十二类 特殊交易品及未分类商品	**COMMODITIES AND TRANSACTIONS NOT CLASSIFIED ACCORDING TO KIND**	**104.09**	**16.77**	**2371.24**	**380.93**
98章 特殊交易品及未分类商品	Commodities and transactions not classified according to kind	104.09	16.77	2371.24	380.93

6-20 对香港地区进出口商品分类金额

Value of Exports and Imports from Hongkong by HS

单位：亿美元

Unit: USD 100 million

商品分类	HS Section and Division	2012 出口 Exports	2012 进口 Imports	2013 出口 Exports	2013 进口 Imports
总　额	**Total**	**3234.31**	**178.80**	**3844.95**	**162.07**
第一类　活动物；动物产品	**LIVE ANIMALS；ANIMAL PRODUCTS**	**24.09**	**0.01**	**28.65**	**0.01**
01章　活动物	Live animals	5.03	0.00	5.00	0.00
02章　肉及食用杂碎	Meat and edible meat offal	6.53		6.80	
03章　鱼、甲壳动物、软体动物及其他水生无脊椎动物	Fish and crustaceans molluscs and other aquatic invertebrates	10.68	0.01	14.84	0.01
04章　乳品；蛋品；天然蜂蜜；其他食用动物产品	Dairy produce；birds' eggs；natural honey；edible products of animal origin，not elsewhere specified or included	1.71	0.00	1.69	0.00
05章　其他动物产品	Products of animal origin，not elsewhere specified or included	0.15	0.00	0.32	0.00
第二类　植物产品	**VEGETABLE PRODUCTS**	**9.66**	**0.01**	**16.69**	**0.01**
06章　活树及其他活植物；鳞茎、根及类似品；插花及装饰用簇叶	Live tree and other plants；bulbs，roots and the like；cut flowers and ornamental foliage	0.06		0.22	
07章　食用蔬菜、根及块茎	Edible vegetables and certain roots and tubers	3.80	0.00	6.61	
08章　食用水果及坚果；甜瓜或柑桔属水果的果皮	Edible fruit and nuts；peel of citrus fruit or melons	1.03	0.00	1.59	0.00
09章　咖啡、茶、马黛茶及调味香料	Coffee，tea，mate and spices	0.73	0.01	0.98	0.00
10章　谷物	Cereals	0.21		0.22	
11章　制粉工业产品；麦芽；淀粉；菊粉；面筋	Products of the milling industry；malt；starches；inulin；wheat gluten	0.86	0.00	0.85	
12章　含油子仁及果实；杂项子仁及果实；工业用或药用植物；稻草、秸秆及饲料	Oil seeds and oleaginous fruits；miscellaneous grains，seeds and fruit；industrial or medicinal plants；straw and fodder	2.60	0.00	5.72	0.00
13章　虫胶；树胶、树脂及其他植物液、汁	Lac；gums，resins and other vegetable saps and extracts	0.29	0.00	0.41	0.00
14章　编结用植物材料；其他植物产品	Vegetable plaiting materials；vegetable products not elsewhere specified or included	0.06		0.09	
第三类　动、植物油、脂及其分解产品；精制的食用油脂；动、植物蜡	**ANIMAL OR VEGETABLE FATS AND OILS AND THEIR CLEAVAGE PRODUCTS；PREPARED EDIBLE FATS；ANIMAL OR VEGETABLE WAXES**	**0.67**	**0.04**	**0.63**	**0.03**
15章　动、植物油、脂及其分解产品；精制的食用油脂；动、植物蜡	Animal or vegetable fats and oils and their cleavage products；prepared edible fats；animal or vegetable waxes	0.67	0.04	0.63	0.03
第四类　食品；饮料、酒及醋；烟草、烟草及烟草代用品的制品	**PREPARED FOODSTUFFS；BEVERAGES, SPIRITS AND VINEGAR；TOBACCO AND MANUFACTURED TOBACCO SUBSTITUTES**	**29.55**	**1.38**	**30.52**	**1.44**
16章　肉、鱼、甲壳动物、软体动物及其他水生无脊椎动物的制品	Preparations of meat，of fish or of crustaceans，molluscs or other aquatic invertebrates	10.31		11.14	
17章　糖及糖食	Sugars and sugar confectionery	0.55	0.08	0.51	0.09
18章　可可及可可制品	Cocoa and cocoa preparations	0.57	0.01	0.73	0.01
19章　谷物、粮食粉、淀粉或乳的制品；糕饼点心	Preparations of cereals，flour，starch or milk；pastry-cooks' products	2.98	0.73	3.11	0.78

6-20 续表 1 Continued 1

单位：亿美元
Unit: USD100 million

商品分类	HS Section and Division	2012 出口 Exports	2012 进口 Imports	2013 出口 Exports	2013 进口 Imports
20章 蔬菜、水果、坚果或植物其他部分的制品	Preparations of vegetables, fruit，nuts or other parts of plants	1.39	0.02	1.64	0.04
21章 杂项食品	Miscellaneous edible preparations	2.75	0.21	2.97	0.14
22章 饮料、酒及醋	Beverages，spirits and vinegar	8.54	0.04	7.87	0.07
23章 食品工业的残渣及废料；配制的动物饲料	Residues and waste from the food industries；prepared animal fodder	0.12	0.00	0.19	0.00
24章 烟草及烟草代用品的制品	Tobacco and manufactured tobacco substitutes	2.33	0.28	2.36	0.31
第五类 矿产品	**MINERAL PRODUCTS**	**65.29**	**3.55**	**74.57**	**4.31**
25章 盐；硫磺；泥土及石料；石膏料、石灰及水泥	Salt；sulphur；earths and stone；plastering materials，lime and cement	0.94	0.01	1.54	0.03
26章 矿砂、矿渣及矿灰	Ores，slag and ash	0.04	0.00	0.32	
27章 矿物燃料、矿物油及其蒸馏产品；沥青物质；矿物蜡	Mineral fuels，mineral oils and products of their distillation; bituminous substances; mineral waxes	64.31	3.54	72.71	4.28
第六类 化学工业及其相关工业的产品	**PRODUCTS OF THE CHEMICAL OR INDUSTRIES ALLIED**	**26.78**	**5.72**	**27.27**	**5.39**
28章 无机化学品；贵金属、稀土金属、放射性元素及其同位素的有机及无机化合物	Inorganic chemicals；organic or inorganic compounds of precious metals，of rare- earth metals, of radioactive elements or of isotopes	3.63	0.57	3.90	0.58
29章 有机化学品	Organic chemicals	3.47	0.03	4.19	0.05
30章 药品	Pharmaceutical products	2.64	3.55	2.57	3.05
31章 肥料	Fertilizers	0.03	0.00	0.02	0.00
32章 鞣料浸膏及染料浸膏；鞣酸及其衍生物；染料、颜料及其他着色料；油漆及清漆；油灰及其他类似胶粘剂；墨水、油墨	Tanning or dyeing extracts；tannins and their derivatives；dyes，pigments and other colouring matter；paints and varnishes；putty and other mastics；inks	2.54	0.18	2.64	0.13
33章 精油及香膏； 芳香料制品及化妆盥洗品	Essential oils and retinoid；perfumery，cosmetic or toilet preparations	3.37	0.65	3.46	0.68
34章 肥皂、有机表面活性剂、洗涤剂、润滑剂、人造蜡、调制蜡、光洁剂、蜡烛及类似品、塑型用膏、“牙科用蜡”及牙科用熟石膏制剂	Soap，organic surface-active agents，washing preparations，lubricating preparations，artificial waxes，prepared waxes，polishing or scouring preparations，candles and similar articles，modelling pastes，“dental waxes” and dental preparations with a basis of plast	1.68	0.25	2.21	0.26
35章 蛋白类物质；改性淀粉；胶；酶	Albuminoidal substances；modified starches；glues；enzymes	2.38	0.07	2.43	0.04
36章 炸药；烟火制品；火柴；引火合金；易燃材料制品	Explosives；pyrotechnic products；matches；pyrophoric alloys；certain combustible preparations	0.02	0.00	0.03	0.00
37章 照相及电影用品	Photographic or cinematographic goods	2.01	0.03	1.92	0.04
38章 杂项化学产品	Miscellaneous chemical products	5.01	0.39	3.89	0.57
第七类 塑料及其制品，橡胶及其制品	**PLASTICS AND ARTICLES THEREOF RUBBER AND ARTICLES THEREOF**	**46.15**	**15.36**	**57.23**	**13.90**
39章 塑料及其制品	Plastics and articles thereof	42.99	15.21	54.17	13.75
40章 橡胶及其制品	Rubber and articles thereof	3.16	0.15	3.06	0.15
第八类 生皮、皮革、毛皮及其制品；鞍具及挽具；旅行用品、手提包及类似品；动物肠线(蚕胶丝除外)制品	**RAW HIDES AND SKINS，LEATHER，FUR SKINS AND ARTICLES THEREOF；SADDLERY AND HARNESS；TRAVEL GOODS，HANDBAGS AND SIMILAR CONTAINERS；ARTICLES OF ANIMAL GUT(OTHER THAN SILK-WORM GUT)**	**25.92**	**0.76**	**35.03**	**0.91**
41章 生皮(毛皮除外)及皮革	Raw hides and skins(other than fur skins) and leather	2.17	0.13	2.34	0.09

6-20 续表 2 Continued 2

单位：亿美元
Unit: USD100 million

商品分类	HS Section and Division	2012		2013	
		出口 Exports	进口 Imports	出口 Exports	进口 Imports
42章 皮革制品；鞍具及挽具；旅行用品、手提包及类似容器；动物肠线(蚕胶丝除外)制品	Articles of leather；saddlery and harness；travel goods，hand bags and similar containers；articles of animal gut (other than silk-worm gut)	17.61	0.07	25.99	0.06
43章 毛皮、人造毛皮及其制品	Fur skins and artificial fur；manufactures thereof	6.14	0.56	6.70	0.77
第九类 木及木制品；木炭；软木及软木制品；稻草，秸秆、针茅或其他编结材料制品；篮筐及柳条编结品	**WOOD AND ARTICLES OF WOOD；WOOD CHAR-COAL；CORK AND ARTICLES OF CORK；MANUFACTURES OF STRAW，OF ESPARTO OR OF OTHER PLAITING MATERIALS；BASKET WARE AND WICKERWORK**	**2.67**	**0.02**	**2.68**	**0.01**
44章 木及木制品；木炭	Wood and articles of wood；wood charcoal	2.56	0.02	2.56	0.01
45章 软木及软木制品	Cork and articles of cork	0.00	0.00	0.00	
46章 稻草、秸秆、针茅或其他编结材料制品；篮筐及柳条编结品	Manufactures of straw，of esparto or of other plaiting Materials；basket ware and wickerwork	0.12	0.00	0.12	0.00
第十类 木浆及其他纤维状纤维素浆；纸及纸板的废碎品；纸、纸板及其制品	**PULP OF WOOD OR OF OTHER FIBROUS CELLULOSIC MATERIAL；WASTE AND SCRAP OF PAPER OR PAPERBOARD；PAPER AND PAPERBOARD AND ARTICLES THEREOF**	**20.35**	**3.88**	**22.55**	**3.29**
47章 木浆及其他纤维状纤维素浆；纸及纸板的废碎品	Pulp of wood or of other fibrous cellulosic material；waste and scrap of paper or paperboard	0.00	2.58	0.01	2.15
48章 纸及纸板；纸浆、纸或纸板制品	Paper and paperboard；articles of paper pulp，of paper or paperboard	12.58	0.52	14.76	0.50
49章 书籍、报纸、印刷图画及其他印制品；手稿、打字稿及设计图纸	Printed books，newspapers，pictures and other products of the printing industry；manuscripts，typescripts and plans	7.76	0.79	7.78	0.63
第十一类 纺织原料及纺织制品	**TEXTILES AND TEXTILE ARTICLES**	**158.57**	**5.12**	**190.62**	**4.52**
50章 蚕丝	Silk	1.21	0.05	1.00	0.04
51章 羊毛、动物细毛或粗毛；马毛纱线及其机织物	Wool，fine or coarse animal hair；horsehair yarn and woven fabric	5.20	0.05	5.13	0.03
52章 棉花	Cotton	24.29	1.56	28.13	1.25
53章 其他植物纺织纤维；纸纱线及其机织物	Other vegetable textile fibres；paper yarn and woven fabrics of paper yarn	1.09	0.02	3.37	0.01
54章 化学纤维长丝	Man-made filaments	4.99	0.24	5.45	0.20
55章 化学纤维短纤	Man-made short fibres	7.35	0.15	5.32	0.12
56章 絮胎、毡呢及无纺织物；特种纱线；线、绳、索、缆及其制品	Wadding，felt and nonwoven；special yarns；twine，cordage，ropes and cables and articles thereof	1.12	0.15	2.06	0.12
57章 地毯及纺织材料的其他铺地制品	Carpets and other textile floor coverings	0.80	0.00	0.82	0.00
58章 特种机织物；簇绒织物；花边；装饰毯；装饰带；刺绣品	Special woven fabrics；tufted textile fabrics；lace；tapestries；trimmings；embroidery	5.02	0.40	6.17	0.35
59章 浸渍、涂布、包覆或层压的纺织物；工业用纺织制品	Impregnated，coated，covered or laminated textile fabrics；textile articles of a kind suitable for industrial use	3.84	0.19	5.86	0.17
60章 针织物及钩编织物	Knitted or crocheted fabrics	19.98	0.87	19.99	1.04
61章 针织或钩编的服装及衣着附件	Articles of apparel and clothing accessories，knitted or crocheted	54.08	0.47	71.21	0.38
62章 非针织或非钩编的服装及衣着附件	Articles of apparel and clothing accessories，not knitted or crocheted	25.97	0.95	30.36	0.78

6-20 续表 3 Continued 3

单位：亿美元
Unit: USD100 million

商品分类	HS Section and Division	2012 出口 Exports	2012 进口 Imports	2013 出口 Exports	2013 进口 Imports
63章 其他纺织制成品；成套物品；旧衣着及旧纺织品；碎织物	Other made up textile articles；sets；worn clothing and worn textile articles；rags articles；rags	3.63	0.02	5.74	0.02
第十二类 鞋、帽、伞、杖、鞭及其零件；已加工的羽毛及其制品；人造花；人发制品	**FOOTWEAR，HEADGEAR，UMBRELLAS，SUN UMBRELLAS，WALKING-STICKS，SEAT-STICKS，WHIPS，RIDING-CROPS AND PARTS THEREOF；PREPARED FEATHERS AND ARTICLES MADE THEREWITH；ARTIFICIAL FLOWERS；ARTICLES OF HUMAN HAIR**	**18.62**	**0.13**	**23.44**	**0.15**
64章 鞋靴、护腿和类似品及其零件	Footwear，gaiters and the like；parts of such articles	14.98	0.10	18.08	0.14
65章 帽类及其零件	Headgear and parts thereof	1.10	0.00	1.53	0.00
66章 雨伞、阳伞、手杖、鞭子、马鞭及其零件	Umbrellas，sun umbrellas，walking-sticks，seat-sticks，whips，riding-crops and parts thereof	1.15	0.01	1.37	0.00
67章 已加工羽毛、羽绒及其制品；人造花；人发制品	Prepared feathers and down and articles made of feathers or of down；artificial flowers；articles of human hair	1.39	0.01	2.46	0.00
第十三类 石料、石膏、水泥、石棉、云母及类似材料的制品；陶瓷产品；玻璃及其制品	**ARTICLES OF STONE，PLASTER，CEMENT，ASBESTOS，MICA OR SIMILAR MATERIALS；CERAMIC PRODUCTS；GLASS AND GLASSWARE**	**18.49**	**0.22**	**23.67**	**0.14**
68章 石料、石膏、水泥、石棉、云母及类似材料的制品	Articles of stone，plaster，cement，asbestos，mica or similar materials；ceramic products；glass and glassware	3.78	0.01	5.44	0.01
69章 陶瓷产品	Ceramic products	2.12	0.00	4.57	0.01
70章 玻璃及其制品	Glass and glassware	12.59	0.21	13.66	0.13
第十四类 天然或养殖珍珠、宝石或半宝石、贵金属、包贵金属及其制品；仿首饰；硬币	**NATURAL OR CULTURED PEARLS，PRECIOUS OR SEMI-PRECIOUS STONES，PRECIOUS METALS，METALS CLAD WITH PRECIOUS METAL AND STONES，PRECIOUS METALS，METALS CLAD WITH PRECIOUS METAL AND ARTICLES THEREOF；IMITATION JEWELLERY；COIN**	**398.00**	**3.91**	**428.65**	**4.75**
71章 天然或养殖珍珠、宝石或半宝石、贵金属、包贵金属及其制品；仿首饰；硬币	Natural or cultured pearls，precious or semi-precious stones，precious metals，metals clad with precious metal and articles thereof；imitation jewellery；coin	398.00	3.91	428.65	4.75
第十五类 贱金属及其制品	**BASE METALS AND ARTICLES OF BASE METAL**	**57.05**	**40.72**	**60.52**	**23.47**
72章 钢铁	Iron and steel	11.13	0.93	10.92	0.90
73章 钢铁制品	Articles of iron or steel	13.89	0.15	16.33	0.15
74章 铜及其制品	Copper and articles thereof	10.24	23.50	9.90	14.50
75章 镍及其制品	Nickel and articles thereof	0.74	0.01	1.53	0.00
76章 铝及其制品	Aluminium and articles thereof	10.79	15.85	10.61	7.63
78章 铅及其制品	Lead and articles thereof	0.02	0.00	0.01	0.00
79章 锌及其制品	Zinc and articles thereof	0.20	0.02	0.22	0.04
80章 锡及其制品	Tin and articles thereof	0.05	0.04	0.06	0.07
81章 其他贱金属、金属陶瓷及其制品	Other base metals；cermets；articles thereof	1.05	0.00	0.86	0.02
82章 贱金属工具、器具、利口器、餐匙、餐叉及其零件	Tools，implements，cutlery，spoons and forks，of base metal；parts thereof of base metal	3.23	0.04	3.71	0.03
83章 贱金属杂项制品	Miscellaneous articles of base metal	5.72	0.19	6.36	0.13

6-20 续表 4 Continued 4

单位：亿美元
Unit: USD100 million

商品分类	HS Section and Division	2012 出口 Exports	2012 进口 Imports	2013 出口 Exports	2013 进口 Imports
第十六类 机器、机械器具、电气设备及其零件；录音机及放声机、电视图像、声音的录制和重放设备及其零件、附件	**MACHINERY AND MECHANICAL APPLIANCES；ELECTRICAL EQUIPMENT；PARTS THEREOF；SOUND RECORDERS AND REPRODUCERS，TELEVISION IMAGE AND SOUND RECORDERS AND REPRODUCERS；AND PARTS AND ACCESSORIES OF RECORDERS AND REPRODUCERS；AND PARTS AND ACCESSORIES OF SUCH ARTICLES**	**1927.17**	**24.88**	**2397.85**	**21.14**
84章 核反应堆、锅炉、机器、机械器具及其零件	Nuclear reactors，boilers，machinery and mechanical appliances；parts thereof	542.19	4.61	538.44	4.49
85章 电机、电气设备及其零件；录音机及放声机、电视图像、声音的录制和重放设备及其零件、附件	Electrical machinery and equipment and parts thereof；sound recorders and reproducers，television image and sound recorders and reproducers，and parts and accessories of such articles	1384.98	20.27	1859.41	16.65
第十七类 车辆、航空器、船舶及有关运输设备	**VEHICLES，AIRCRAFT，VESSELS AND ASSOCIATED TRANSPORT EQUIPMENT**	**123.08**	**0.09**	**96.02**	**0.11**
86章 铁道及电车道机车、车辆及其零件；铁道及电车轨道固定装置及其零件、附件；各种机械(包括电动机械)交通信号设备	Railway or tramway locomotives，rolling-stock and parts thereof；railway or tramway track fixtures and fittings and parts thereof；mechanical(including electro-mechanical) traffic signalling equipment of all kinds	18.28	0.00	16.19	0.01
87章 车辆及其零件、附件，但铁道及电车道车辆除外	Vehicles other than railway or tramway rolling-stock，and parts and accessories thereof	5.79	0.03	6.75	0.04
88章 航空器、航天器及其零件	Aircraft，spacecraft，and parts thereof	1.48	0.00	1.98	0.01
89章 船舶及浮动结构体	Ships，boats and floating structures	97.53	0.07	71.11	0.05
第十八类 光学、照相、电影、计量、检验、医疗或外科用仪器及设备、精密仪器及设备；钟表；乐器；上述物品的零件、附件	**OPTICAL，PHOTOGRAPHIC，CINEMATOGRAPHIC，MEASURING，CHECKING，PRECISION，MEDICAL OR SURGICAL INSTRUMENTS AND APPARATUS；CLOCKS AND WATCHES；MUSICAL INSTRUMENTS；PARTS AND ACCESSORIES THEREOF**	**229.75**	**2.54**	**255.16**	**2.30**
90章 光学、照相、电影、计量、检验、医疗或外科用仪器及设备、精密仪器及设备；上述物品的零件、附件	Optical，photographic，cinematographic，measuring，checking，precision medical or surgical instruments and apparatus；parts and accessories thereof	211.10	2.11	228.46	1.76
91章 钟表及其零件	Clocks and watches and parts thereof	17.89	0.43	26.01	0.54
92章 乐器及其零件、附件	Musical instruments；parts and accessories of such articles	0.76	0.01	0.69	0.00
第十九类 武器、弹药及其零件、附件	**ARMS AND AMMUNITION；PARTS AND ACCESSORIES THEREOF**	**0.11**		**0.10**	
93章 武器、弹药及其零件、附件	Arms and ammunition；parts and accessories thereof	0.11		0.10	
第二十类 杂项制品	**MISCELLANEOUS MANUFACTURED ARTICLES**	**44.81**	**0.66**	**57.49**	**0.52**
94章 家具；寝具、褥垫、弹簧床垫、软坐垫及类似的填充制品；未列名灯具及照明装置；发光标志、发光名牌及类似品；活动房屋	Furniture；bedding，mattresses，mattress supports，cushions and similar stuffed furnishings；lamps and lighting fittings，not elsewhere specified or included；illuminated signs，illuminated	15.24	0.14	26.94	0.06
95章 玩具、游戏品、运动用品及其零件、附件	Toys，games and sports requisites；parts and accessories thereof	20.87	0.04	21.65	0.03
96章 杂项制品	Miscellaneous manufactured articles	8.70	0.48	8.90	0.43
第二十一类 艺术品、收藏品及古物	**WORKS OF ART，COLLECTORS' PIECES AND ANTIQUES**	**0.14**	**0.03**	**1.91**	**0.46**
97章 艺术品、收藏品及古物	Works of art，collectors' pieces and antiques	0.14	0.03	1.91	0.46
第二十二类 特殊交易品及未分类商品	**COMMODITIES AND TRANSACTIONS NOT CLASSIFIED ACCORDING TO KIND**	**7.39**	**69.76**	**13.69**	**75.19**
98章 特殊交易品及未分类商品	Commodities and transactions not classified according to kind	7.39	69.76	13.69	75.19

6-21 对台湾地区进出口商品分类金额

Value of Exports and Imports from Taiwan Province by HS

单位：亿美元

Unit: USD100 million

商品分类	HS Section and Division	2012 出口 Exports	2012 进口 Imports	2013 出口 Exports	2013 进口 Imports
总　额	**Total**	**367.77**	**1322.04**	**406.34**	**1564.05**
第一类　活动物；动物产品	**LIVE ANIMALS；ANIMAL PRODUCTS**	**8.80**	**1.31**	**11.51**	**1.70**
01章　活动物	Live animals	0.01	0.01	0.00	0.01
02章　肉及食用杂碎	Meat and edible meat offal		0.04		0.00
03章　鱼、甲壳动物、软体动物及其他水生无脊椎动物	Fish and crustaceans molluscs and other aquatic invertebrates	5.82	0.92	7.80	1.31
04章　乳品；蛋品；天然蜂蜜；其他食用动物产品	Dairy produce；birds' eggs；natural honey；edible products of animal origin，not elsewhere specified or included	0.00	0.08	0.00	0.09
05章　其他动物产品	Products of animal origin，not elsewhere specified or included	2.97	0.25	3.70	0.28
第二类　植物产品	**VEGETABLE PRODUCTS**	**2.91**	**0.61**	**2.81**	**0.80**
06章　活树及其他活植物；鳞茎、根及类似品；插花及装饰用簇叶	Live tree and other plants；bulbs，roots and the like；cut flowers and ornamental foliage	0.01	0.09	0.01	0.08
07章　食用蔬菜、根及块茎	Edible vegetables and certain roots and tubers	0.63	0.02	0.67	0.01
08章　食用水果及坚果；甜瓜或柑桔属水果的果皮	Edible fruit and nuts；peel of citrus fruit or melons	0.33	0.29	0.26	0.48
09章　咖啡、茶、马黛茶及调味香料	Coffee，tea，mate and spices	0.25	0.12	0.31	0.15
10章　谷物	Cereals	0.14	0.01	0.06	0.01
11章　制粉工业产品；麦芽；淀粉；菊粉；面筋	Products of the milling industry；malt；starches；inulin；wheat gluten	0.19	0.01	0.08	0.01
12章　含油子仁及果实；杂项子仁及果实；工业用或药用植物；稻草、秸秆及饲料	Oil seeds and oleaginous fruits；miscellaneous grains，seeds and fruit；industrial or medicinal plants；straw and fodder	1.12	0.03	1.19	0.02
13章　虫胶；树胶、树脂及其他植物液、汁	Lac；gums，resins and other vegetable saps and extracts	0.18	0.02	0.17	0.01
14章　编结用植物材料；其他植物产品	Vegetable plaiting materials；vegetable products not elsewhere specified or included	0.06	0.03	0.07	0.03
第三类　动、植物油、脂及其分解产品；精制的食用油脂；动、植物蜡	**ANIMAL OR VEGETABLE FATS AND OILS AND THEIR CLEAVAGE PRODUCTS；PREPARED EDIBLE FATS；ANIMAL OR VEGETABLE WAXES**	**0.04**	**0.24**	**0.03**	**0.22**
15章　动、植物油、脂及其分解产品；精制的食用油脂；动、植物蜡	Animal or vegetable fats and oils and their cleavage products；prepared edible fats；animal or vegetable waxes	0.04	0.24	0.03	0.22
第四类　食品；饮料、酒及醋；烟草、烟草及烟草代用品的制品	**PREPARED FOODSTUFFS；BEVERAGES, SPIRITS AND VINEGAR；TOBACCO AND MANUFACTURED TOBACCO SUBSTITUTES**	**6.49**	**2.27**	**6.32**	**2.73**
16章　肉、鱼、甲壳动物、软体动物及其他水生无脊椎动物的制品	Preparations of meat，of fish or of crustaceans，molluscs or other aquatic invertebrates	3.98	0.05	3.64	0.05
17章　糖及糖食	Sugars and sugar confectionery	0.14	0.11	0.16	0.14
18章　可可及可可制品	Cocoa and cocoa preparations	0.10	0.01	0.09	0.02
19章　谷物、粮食粉、淀粉或乳的制品；糕饼点心	Preparations of cereals，flour，starch or milk；pastry-cooks' products	0.09	0.60	0.08	0.85

6-21 续表 1 Continued 1

单位：亿美元
Unit: USD100 million

商品分类	HS Section and Division	2012 出口 Exports	2012 进口 Imports	2013 出口 Exports	2013 进口 Imports
20章 蔬菜、水果、坚果或植物其他部分的制品	Preparations of vegetables, fruit, nuts or other parts of plants	1.18	0.06	1.41	0.09
21章 杂项食品	Miscellaneous edible preparations	0.29	0.66	0.31	0.79
22章 饮料、酒及醋	Beverages, spirits and vinegar	0.32	0.62	0.32	0.69
23章 食品工业的残渣及废料；配制的动物饲料	Residues and waste from the food industries; prepared animal fodder	0.34	0.15	0.24	0.09
24章 烟草及烟草代用品的制品	Tobacco and manufactured tobacco substitutes	0.05	0.02	0.07	0.03
第五类 矿产品	**MINERAL PRODUCTS**	**5.79**	**11.01**	**4.97**	**10.29**
25章 盐；硫磺；泥土及石料；石膏料、石灰及水泥	Salt; sulphur; earths and stone; plastering materials, lime and cement	1.63	0.42	1.68	0.41
26章 矿砂、矿渣及矿灰	Ores, slag and ash	0.21	0.54	0.14	0.65
27章 矿物燃料、矿物油及其蒸馏产品；沥青物质；矿物蜡	Mineral fuels, mineral oils and products of their distillation; bituminous substances; mineral waxes	3.95	10.05	3.15	9.23
第六类 化学工业及其相关工业的产品	**PRODUCTS OF THE CHEMICAL OR INDUSTRIES ALLIED**	**40.83**	**114.37**	**43.33**	**117.21**
28章 无机化学品；贵金属、稀土金属、放射性元素及其同位素的有机及无机化合物	Inorganic chemicals; organic or inorganic compounds of precious metals, of rare- earth metals, of radioactive elements or of isotopes	6.24	4.50	6.78	4.39
29章 有机化学品	Organic chemicals	15.29	79.19	14.47	84.73
30章 药品	Pharmaceutical products	0.24	1.05	0.28	1.34
31章 肥料	Fertilizers	0.74	0.04	0.79	0.01
32章 鞣料浸膏及染料浸膏；鞣酸及其衍生物；染料、颜料及其他着色料；油漆及清漆；油灰及其他类似胶粘剂；墨水、油墨	Tanning or dyeing extracts; tannins and their derivatives; dyes, pigments and other colouring matter; paints and varnishes; putty and other mastics; inks	2.27	4.84	2.70	4.47
33章 精油及香膏；芳香料制品及化妆盥洗品	Essential oils and retinoid; perfumery, cosmetic or toilet preparations	1.17	0.49	1.20	0.58
34章 肥皂、有机表面活性剂、洗涤剂、润滑剂、人造蜡、调制蜡、光洁剂、蜡烛及类似品、塑型用膏、"牙科用蜡"及牙科用熟石膏制剂	Soap, organic surface-active agents, washing preparations, lubricating preparations, artificial waxes, prepared waxes, polishing or scouring preparations, candles and similar articles, modelling pastes, "dental waxes" and dental preparations with a basis of plast	0.86	1.63	0.84	1.59
35章 蛋白类物质；改性淀粉；胶；酶	Albuminoidal substances; modified starches; glues; enzymes	0.83	2.45	0.87	2.30
36章 炸药；烟火制品；火柴；引火合金；易燃材料制品	Explosives; pyrotechnic products; matches; pyrophoric alloys; certain combustible preparations	0.18	0.00	0.25	0.00
37章 照相及电影用品	Photographic or cinematographic goods	0.81	1.75	0.95	1.84
38章 杂项化学产品	Miscellaneous chemical products	12.20	18.45	14.21	15.96
第七类 塑料及其制品，橡胶及其制品	**PLASTICS AND ARTICLES THEREOF RUBBER AND ARTICLES THEREOF**	**10.77**	**105.23**	**11.04**	**109.62**
39章 塑料及其制品	Plastics and articles thereof	9.14	100.90	9.35	105.81
40章 橡胶及其制品	Rubber and articles thereof	1.62	4.33	1.69	3.82
第八类 生皮、皮革、毛皮及其制品；鞍具及挽具；旅行用品、手提包及类似品；动物肠线(蚕胶丝除外)制品	**RAW HIDES AND SKINS, LEATHER, FUR SKINS AND ARTICLES THEREOF; SADDLERY AND HARNESS; TRAVEL GOODS, HANDBAGS AND SIMILAR CONTAINERS; ARTICLES OF ANIMAL GUT(OTHER THAN SILK-WORM GUT)**	**1.72**	**3.22**	**1.86**	**3.27**
41章 生皮(毛皮除外)及皮革	Raw hides and skins(other than fur skins) and leather	0.04	3.13	0.05	3.17

6-21 续表 2 Continued 2

单位：亿美元
Unit: USD100 million

商品分类	HS Section and Division	2012 出口 Exports	2012 进口 Imports	2013 出口 Exports	2013 进口 Imports
42章 皮革制品；鞍具及挽具；旅行用品、手提包及类似容器；动物肠线(蚕胶丝除外)制品	Articles of leather；saddlery and harness；travel goods，hand bags and similar containers；articles of animal gut (other than silk-worm gut)	1.67	0.08	1.77	0.09
43章 毛皮、人造毛皮及其制品	Fur skins and artificial fur；manufactures thereof	0.01	0.00	0.03	0.00
第九类 木及木制品；木炭；软木及软木制品；稻草，秸秆、针茅或其他编结材料制品；篮筐及柳条编结品	**WOOD AND ARTICLES OF WOOD；WOOD CHAR-COAL；CORK AND ARTICLES OF CORK；MANUFACTURES OF STRAW，OF ESPARTO OR OF OTHER PLAITING MATERIALS；BASKET WARE AND WICKERWORK**	**1.97**	**0.30**	**2.43**	**0.27**
44章 木及木制品；木炭	Wood and articles of wood；wood charcoal	1.81	0.26	2.25	0.24
45章 软木及软木制品	Cork and articles of cork	0.00	0.00	0.00	0.00
46章 稻草、秸秆、针茅或其他编结材料制品；篮筐及柳条编结品	Manufactures of straw，of esparto or of other plaiting Materials；basket ware and wickerwork	0.16	0.04	0.17	0.03
第十类 木浆及其他纤维状纤维素浆；纸及纸板的废碎品；纸、纸板及其制品	**PULP OF WOOD OR OF OTHER FIBROUS CELLULOSIC MATERIAL；WASTE AND SCRAP OF PAPER OR PAPERBOARD；PAPER AND PAPERBOARD AND ARTICLES THEREOF**	**3.64**	**5.43**	**3.95**	**4.66**
47章 木浆及其他纤维状纤维素浆；纸及纸板的废碎品	Pulp of wood or of other fibrous cellulosic material；waste and scrap of paper or paperboard	0.01	0.19	0.01	0.29
48章 纸及纸板；纸浆、纸或纸板制品	Paper and paperboard；articles of paper pulp，of paper or paperboard	3.37	4.08	3.73	3.23
49章 书籍、报纸、印刷图画及其他印制品；手稿、打字稿及设计图纸	Printed books，newspapers，pictures and other products of the printing industry；manuscripts，typescripts and plans	0.26	1.17	0.22	1.14
第十一类 纺织原料及纺织制品	**TEXTILES AND TEXTILE ARTICLES**	**11.31**	**30.87**	**12.11**	**31.28**
50章 蚕丝	Silk	0.02	0.00	0.02	0.00
51章 羊毛、动物细毛或粗毛；马毛纱线及其机织物	Wool，fine or coarse animal hair；horsehair yarn and woven fabric	0.09	0.06	0.14	0.06
52章 棉花	Cotton	0.55	4.30	0.53	4.29
53章 其他植物纺织纤维；纸纱线及其机织物	Other vegetable textile fibres；paper yarn and woven fabrics of paper yarn	0.02	0.01	0.02	0.01
54章 化学纤维长丝	Man-made filaments	0.87	10.88	0.99	11.09
55章 化学纤维短纤	Man-made short fibres	0.65	3.09	0.69	2.91
56章 絮胎、毡呢及无纺织物；特种纱线；线、绳、索、缆及其制品	Wadding，felt and nonwoven；special yarns；twine，cordage，ropes and cables and articles thereof	0.59	1.28	0.62	1.35
57章 地毯及纺织材料的其他铺地制品	Carpets and other textile floor coverings	0.27	0.01	0.30	0.01
58章 特种机织物；簇绒织物；花边；装饰毯；装饰带；刺绣品	Special woven fabrics；tufted textile fabrics；lace；tapestries；trimmings；embroidery	0.16	1.18	0.19	1.14
59章 浸渍、涂布、包覆或层压的纺织物；工业用纺织制品	Impregnated，coated，covered or laminated textile fabrics；textile articles of a kind suitable for industrial use	0.58	3.66	0.58	3.74
60章 针织物及钩编织物	Knitted or crocheted fabrics	0.05	5.73	0.05	6.00
61章 针织或钩编的服装及衣着附件	Articles of apparel and clothing accessories，knitted or crocheted	3.87	0.23	3.56	0.25
62章 非针织或非钩编的服装及衣着附件	Articles of apparel and clothing accessories，not knitted or crocheted	2.16	0.13	2.98	0.12

6-21 续表 3 Continued 3

单位：亿美元
Unit: USD100 million

商品分类	HS Section and Division	2012 出口 Exports	2012 进口 Imports	2013 出口 Exports	2013 进口 Imports
63章 其他纺织制成品；成套物品；旧衣着及旧纺织品；碎织物	Other made up textile articles；sets；worn clothing and worn textile articles；rags articles；rags	1.42	0.31	1.44	0.32
第十二类 鞋、帽、伞、杖、鞭及其零件；已加工的羽毛及其制品；人造花；人发制品	**FOOTWEAR，HEADGEAR，UMBRELLAS，SUN UMBRELLAS，WALKING-STICKS，SEAT-STICKS，WHIPS，RIDING-CROPS AND PARTS THEREOF；PREPARED FEATHERS AND ARTICLES MADE THEREWITH；ARTIFICIAL FLOWERS；ARTICLES OF HUMAN HAIR**	**2.42**	**0.53**	**2.78**	**0.51**
64章 鞋靴、护腿和类似品及其零件	Footwear，gaiters and the like；parts of such articles	1.68	0.35	1.93	0.37
65章 帽类及其零件	Headgear and parts thereof	0.12	0.03	0.12	0.03
66章 雨伞、阳伞、手杖、鞭子、马鞭及其零件	Umbrellas，sun umbrellas，walking-sticks，seat-sticks，whips，riding-crops and parts thereof	0.46	0.13	0.45	0.10
67章 已加工羽毛、羽绒及其制品；人造花；人发制品	Prepared feathers and down and articles made of feathers or of down；artificial flowers；articles of human hair	0.16	0.02	0.28	0.01
第十三类 石料、石膏、水泥、石棉、云母及类似材料的制品；陶瓷产品；玻璃及其制品	**ARTICLES OF STONE，PLASTER，CEMENT，ASBESTOS，MICA OR SIMILAR MATERIALS；CERAMIC PRODUCTS；GLASS AND GLASSWARE**	**4.81**	**19.42**	**5.85**	**20.20**
68章 石料、石膏、水泥、石棉、云母及类似材料的制品	Articles of stone，plaster，cement，asbestos，mica or similar materials；ceramic products；glass and glassware	1.85	1.09	2.13	0.97
69章 陶瓷产品	Ceramic products	1.10	0.30	1.52	0.32
70章 玻璃及其制品	Glass and glassware	1.86	18.03	2.20	18.91
第十四类 天然或养殖珍珠、宝石或半宝石、贵金属、包贵金属及其制品；仿首饰；硬币	**NATURAL OR CULTURED PEARLS，PRECIOUS OR SEMI-PRECIOUS STONES，PRECIOUS METALS，METALS CLAD WITH PRECIOUS METAL AND STONES，PRECIOUS METALS，METALS CLAD WITH PRECIOUS METAL AND ARTICLES THEREOF；IMITATION JEWELLERY；COIN**	**2.18**	**2.56**	**1.62**	**1.87**
71章 天然或养殖珍珠、宝石或半宝石、贵金属、包贵金属及其制品；仿首饰；硬币	Natural or cultured pearls，precious or semi-precious stones，precious metals，metals clad with precious metal and articles thereof；imitation jewellery；coin	2.18	2.56	1.62	1.87
第十五类 贱金属及其制品	**BASE METALS AND ARTICLES OF BASE METAL**	**32.18**	**59.76**	**41.04**	**59.05**
72章 钢铁	Iron and steel	16.85	20.18	20.92	18.81
73章 钢铁制品	Articles of iron or steel	5.55	4.84	5.22	5.00
74章 铜及其制品	Copper and articles thereof	3.33	24.14	7.59	24.78
75章 镍及其制品	Nickel and articles thereof	0.58	0.34	0.24	0.52
76章 铝及其制品	Aluminium and articles thereof	2.20	4.36	2.50	3.97
78章 铅及其制品	Lead and articles thereof	0.16	0.03	0.38	0.02
79章 锌及其制品	Zinc and articles thereof	0.03	0.19	0.03	0.16
80章 锡及其制品	Tin and articles thereof	0.01	0.50	0.07	0.45
81章 其他贱金属、金属陶瓷及其制品	Other base metals；cermets；articles thereof	1.17	0.59	1.20	0.43
82章 贱金属工具、器具、利口器、餐匙、餐叉及其零件	Tools，implements，cutlery，spoons and forks，of base metal；parts thereof of base metal	1.40	2.89	1.78	3.30
83章 贱金属杂项制品	Miscellaneous articles of base metal	0.89	1.71	1.11	1.62

6-21 续表 4 Continued 4

单位：亿美元
Unit: USD100 million

商品分类	HS Section and Division	2012 出口 Exports	2012 进口 Imports	2013 出口 Exports	2013 进口 Imports
第十六类 机器、机械器具、电气设备及其零件；录音机及放声机、电视图像、声音的录制和重放设备及其零件、附件	**MACHINERY AND MECHANICAL APPLIANCES；ELECTRICAL EQUIPMENT；PARTS THEREOF；SOUND RECORDERS AND REPRODUCERS，TELEVISION IMAGE AND SOUND RECORDERS AND REPRODUCERS；AND PARTS AND ACCESSORIES OF RECORDERS AND REPRODUCERS；AND PARTS AND ACCESSORIES OF SUCH ARTICLES**	**193.93**	**754.19**	**211.73**	**989.88**
84章 核反应堆、锅炉、机器、机械器具及其零件	Nuclear reactors，boilers，machinery and mechanical appliances；parts thereof	45.83	91.79	47.80	93.95
85章 电机、电气设备及其零件；录音机及放声机、电视图像、声音的录制和重放设备及其零件、附件	Electrical machinery and equipment and parts thereof；sound recorders and reproducers，television image and sound recorders and reproducers，and parts and accessories of such articles	148.10	662.39	163.93	895.93
第十七类 车辆、航空器、船舶及有关运输设备	**VEHICLES，AIRCRAFT，VESSELS AND ASSOCIATED TRANSPORT EQUIPMENT**	**8.16**	**5.37**	**11.36**	**5.12**
86章 铁道及电车道机车、车辆及其零件；铁道及电车轨道固定装置及其零件、附件；各种机械(包括电动机械)交通信号设备	Railway or tramway locomotives，rolling-stock and parts thereof；railway or tramway track fixtures and fittings and parts thereof；mechanical(including electro-mechanical) traffic signalling equipment of all kinds	0.38	0.02	2.42	0.02
87章 车辆及其零件、附件，但铁道及电车道车辆除外	Vehicles other than railway or tramway rolling-stock，and parts and accessories thereof	7.51	4.44	8.75	4.60
88章 航空器、航天器及其零件	Aircraft，spacecraft，and parts thereof	0.01	0.01	0.05	0.01
89章 船舶及浮动结构体	Ships，boats and floating structures	0.25	0.90	0.14	0.49
第十八类 光学、照相、电影、计量、检验、医疗或外科用仪器及设备、精密仪器及设备；钟表；乐器；上述物品的零件、附件	**OPTICAL，PHOTOGRAPHIC，CINEMATOGRAPHIC，MEASURING，CHECKING，PRECISION，MEDICAL OR SURGICAL INSTRUMENTS AND APPARATUS；CLOCKS AND WATCHES；MUSICAL INSTRUMENTS；PARTS AND ACCESSORIES THEREOF**	**22.21**	**200.80**	**23.45**	**200.00**
90章 光学、照相、电影、计量、检验、医疗或外科用仪器及设备、精密仪器及设备；上述物品的零件、附件	Optical，photographic，cinematographic，measuring，checking，precision medical or surgical instruments and apparatus；parts and accessories thereof	21.93	200.51	23.14	199.69
91章 钟表及其零件	Clocks and watches and parts thereof	0.11	0.12	0.14	0.16
92章 乐器及其零件、附件	Musical instruments；parts and accessories of such articles	0.17	0.17	0.18	0.15
第十九类 武器、弹药及其零件、附件	**ARMS AND AMMUNITION；PARTS AND ACCESSORIES THEREOF**	**0.01**		**0.00**	**0.00**
93章 武器、弹药及其零件、附件	Arms and ammunition；parts and accessories thereof	0.01		0.00	0.00
第二十类 杂项制品	**MISCELLANEOUS MANUFACTURED ARTICLES**	**7.43**	**4.48**	**7.97**	**4.91**
94章 家具；寝具、褥垫、弹簧床垫、软坐垫及类似的填充制品；未列名灯具及照明装置；发光标志、发光名牌及类似品；活动房屋	Furniture；bedding，mattresses，mattress supports，cushions and similar stuffed furnishings；lamps and lighting fittings，not elsewhere specified or included；illuminated signs，illuminated	4.23	1.45	4.97	1.31
95章 玩具、游戏品、运动用品及其零件、附件	Toys，games and sports requisites；parts and accessories thereof	1.66	2.17	1.50	2.62
96章 杂项制品	Miscellaneous manufactured articles	1.54	0.86	1.50	0.99
第二十一类 艺术品、收藏品及古物	**WORKS OF ART，COLLECTORS' PIECES AND ANTIQUES**	**0.01**	**0.00**	**0.01**	**0.00**
97章 艺术品、收藏品及古物	Works of art，collectors' pieces and antiques	0.01	0.00	0.01	0.00
第二十二类 特殊交易品及未分类商品	**COMMODITIES AND TRANSACTIONS NOT CLASSIFIED ACCORDING TO KIND**	**0.19**	**0.06**	**0.16**	**0.47**
98章 特殊交易品及未分类商品	Commodities and transactions not classified according to kind	0.19	0.06	0.16	0.47

6-22 对日本进出口商品分类金额

Value of Exports and Imports from Japan by HS

单位：亿美元

Unit: USD100 million

商品分类	HS Section and Division	2012 出口 Exports	2012 进口 Imports	2013 出口 Exports	2013 进口 Imports
总额	**Total**	**1516.22**	**1778.34**	**1501.32**	**1622.45**
第一类 活动物；动物产品	**LIVE ANIMALS；ANIMAL PRODUCTS**	**24.52**	**1.75**	**23.40**	**2.18**
01章 活动物	Live animals	0.04	0.02	0.03	0.03
02章 肉及食用杂碎	Meat and edible meat offal	0.01		0.00	0.00
03章 鱼、甲壳动物、软体动物及其他水生无脊椎动物	Fish and crustaceans molluscs and other aquatic invertebrates	20.91	1.66	19.99	2.08
04章 乳品；蛋品；天然蜂蜜；其他食用动物产品	Dairy produce；birds' eggs；natural honey；edible products of animal origin，not elsewhere specified or included	0.98	0.00	1.08	0.00
05章 其他动物产品	Products of animal origin，not elsewhere specified or included	2.58	0.07	2.29	0.07
第二类 植物产品	**VEGETABLE PRODUCTS**	**25.61**	**0.67**	**23.57**	**0.93**
06章 活树及其他活植物；鳞茎、根及类似品；插花及装饰用簇叶	Live tree and other plants；bulbs，roots and the like；cut flowers and ornamental foliage	0.97	0.19	0.93	0.38
07章 食用蔬菜、根及块茎	Edible vegetables and certain roots and tubers	13.90	0.00	12.86	0.00
08章 食用水果及坚果；甜瓜或柑桔属水果的果皮	Edible fruit and nuts；peel of citrus fruit or melons	2.07	0.05	1.99	0.05
09章 咖啡、茶、马黛茶及调味香料	Coffee，tea，mate and spices	1.68	0.01	1.68	0.02
10章 谷物	Cereals	0.77	0.00	0.50	0.00
11章 制粉工业产品；麦芽；淀粉；菊粉；面筋	Products of the milling industry；malt；starches；inulin；wheat gluten	0.34	0.01	0.29	0.01
12章 含油子仁及果实；杂项子仁及果实；工业用或药用植物；稻草、秸秆及饲料	Oil seeds and oleaginous fruits；miscellaneous grains，seeds and fruit；industrial or medicinal plants；straw and fodder	4.21	0.37	3.54	0.44
13章 虫胶；树胶、树脂及其他植物液、汁	Lac；gums，resins and other vegetable saps and extracts	1.43	0.04	1.56	0.03
14章 编结用植物材料；其他植物产品	Vegetable plaiting materials；vegetable products not elsewhere specified or included	0.24	0.00	0.22	0.00
第三类 动、植物油、脂及其分解产品；精制的食用油脂；动、植物蜡	**ANIMAL OR VEGETABLE FATS AND OILS AND THEIR CLEAVAGE PRODUCTS；PREPARED EDIBLE FATS；ANIMAL OR VEGETABLE WAXES**	**0.41**	**0.08**	**0.58**	**0.06**
15章 动、植物油、脂及其分解产品；精制的食用油脂；动、植物蜡	Animal or vegetable fats and oils and their cleavage products；prepared edible fats；animal or vegetable waxes	0.41	0.08	0.58	0.06
第四类 食品；饮料、酒及醋；烟草、烟草及烟草代用品的制品	**PREPARED FOODSTUFFS；BEVERAGES, SPIRITS AND VINEGAR；TOBACCO AND MANUFACTURED TOBACCO SUBSTITUTES**	**67.67**	**1.38**	**63.16**	**1.11**
16章 肉、鱼、甲壳动物、软体动物及其他水生无脊椎动物的制品	Preparations of meat，of fish or of crustaceans，molluscs or other aquatic invertebrates	34.88	0.02	31.09	0.05
17章 糖及糖食	Sugars and sugar confectionery	0.22	0.05	0.18	0.05
18章 可可及可可制品	Cocoa and cocoa preparations	0.13	0.02	0.21	0.03
19章 谷物、粮食粉、淀粉或乳的制品；糕饼点心	Preparations of cereals，flour，starch or milk；pastry-cooks' products	3.14	0.09	2.95	0.12

6-22 续表 1 Continued 1

单位：亿美元
Unit: USD100 million

商品分类	HS Section and Division	2012 出口 Exports	2012 进口 Imports	2013 出口 Exports	2013 进口 Imports
20章 蔬菜、水果、坚果或植物其他部分的制品	Preparations of vegetables, fruit，nuts or other parts of plants	18.94	0.02	19.44	0.01
21章 杂项食品	Miscellaneous edible preparations	2.53	0.77	2.35	0.53
22章 饮料、酒及醋	Beverages，spirits and vinegar	0.58	0.27	0.48	0.20
23章 食品工业的残渣及废料；配制的动物饲料	Residues and waste from the food industries；prepared animal fodder	6.95	0.11	6.15	0.10
24章 烟草及烟草代用品的制品	Tobacco and manufactured tobacco substitutes	0.32	0.03	0.32	0.02
第五类 矿产品	**MINERAL PRODUCTS**	**31.01**	**24.61**	**23.74**	**21.28**
25章 盐；硫磺；泥土及石料；石膏料、石灰及水泥	Salt；sulphur；earths and stone；plastering materials，lime and cement	5.83	3.44	5.15	2.56
26章 矿砂、矿渣及矿灰	Ores，slag and ash	0.46	0.10	0.30	0.11
27章 矿物燃料、矿物油及其蒸馏产品；沥青物质；矿物蜡	Mineral fuels，mineral oils and products of their distillation; bituminous substances; mineral waxes	24.72	21.07	18.29	18.62
第六类 化学工业及其相关工业的产品	**PRODUCTS OF THE CHEMICAL OR INDUSTRIES ALLIED**	**77.06**	**166.34**	**70.79**	**182.39**
28章 无机化学品；贵金属、稀土金属、放射性元素及其同位素的有机及无机化合物	Inorganic chemicals；organic or inorganic compounds of precious metals，of rare- earth metals, of radioactive elements or of isotopes	21.58	6.31	17.08	5.37
29章 有机化学品	Organic chemicals	28.94	80.94	28.67	100.98
30章 药品	Pharmaceutical products	2.93	5.24	2.54	6.09
31章 肥料	Fertilizers	2.18	0.06	2.31	0.08
32章 鞣料浸膏及染料浸膏；鞣酸及其衍生物；染料、颜料及其他着色料；油漆及清漆；油灰及其他类似胶粘剂；墨水、油墨	Tanning or dyeing extracts；tannins and their derivatives；dyes，pigments and other colouring matter；paints and varnishes；putty and other mastics；inks	2.66	9.46	2.61	8.76
33章 精油及香膏；芳香料制品及化妆盥洗品	Essential oils and retinoid；perfumery，cosmetic or toilet preparations	3.28	4.06	3.23	3.52
34章 肥皂、有机表面活性剂、洗涤剂、润滑剂、人造蜡、调制蜡、光洁剂、蜡烛及类似品、塑型用膏、“牙科用蜡”及牙科用熟石膏制剂	Soap，organic surface-active agents，washing preparations，lubricating preparations，artificial waxes，prepared waxes，polishing or scouring preparations，candles and similar articles，modelling pastes，“dental waxes” and dental preparations with a basis of plast	2.10	8.75	2.14	8.66
35章 蛋白类物质；改性淀粉；胶；酶	Albuminoidal substances；modified starches；glues；enzymes	1.75	9.36	1.81	8.84
36章 炸药；烟火制品；火柴；引火合金；易燃材料制品	Explosives；pyrotechnic products；matches；pyrophoric alloys；certain combustible preparations	0.22	0.28	0.21	0.14
37章 照相及电影用品	Photographic or cinematographic goods	0.64	10.75	0.63	10.29
38章 杂项化学产品	Miscellaneous chemical products	10.77	31.15	9.56	29.65
第七类 塑料及其制品，橡胶及其制品	**PLASTICS AND ARTICLES THEREOF RUBBER AND ARTICLES THEREOF**	**47.00**	**128.00**	**49.25**	**121.31**
39章 塑料及其制品	Plastics and articles thereof	40.05	108.04	42.64	101.51
40章 橡胶及其制品	Rubber and articles thereof	6.95	19.96	6.62	19.80
第八类 生皮、皮革、毛皮及其制品；鞍具及挽具；旅行用品、手提包及类似品；动物肠线(蚕胶丝除外)制品	**RAW HIDES AND SKINS，LEATHER，FUR SKINS AND ARTICLES THEREOF；SADDLERY AND HARNESS；TRAVEL GOODS，HANDBAGS AND SIMILAR CONTAINERS；ARTICLES OF ANIMAL GUT(OTHER THAN SILK-WORM GUT)**	**21.58**	**0.74**	**21.35**	**0.68**
41章 生皮(毛皮除外)及皮革	Raw hides and skins(other than fur skins) and leather	0.10	0.58	0.12	0.52

单位：亿美元
Unit: USD100 million

商品分类	HS Section and Division	2012 出口 Exports	2012 进口 Imports	2013 出口 Exports	2013 进口 Imports
42章 皮革制品；鞍具及挽具；旅行用品、手提包及类似容器；动物肠线(蚕胶丝除外)制品	Articles of leather；saddlery and harness；travel goods，hand bags and similar containers；articles of animal gut (other than silk-worm gut)	20.50	0.15	20.39	0.15
43章 毛皮、人造毛皮及其制品	Fur skins and artificial fur；manufactures thereof	0.98	0.01	0.84	0.01
第九类 木及木制品；木炭；软木及软木制品；稻草，秸秆、针茅或其他编结材料制品；篮筐及柳条编结品	**WOOD AND ARTICLES OF WOOD；WOOD CHAR-COAL；CORK AND ARTICLES OF CORK；MANUFACTURES OF STRAW，OF ESPARTO OR OF OTHER PLAITING MATERIALS；BASKET WARE AND WICKERWORK**	**18.81**	**0.26**	**18.95**	**0.40**
44章 木及木制品；木炭	Wood and articles of wood；wood charcoal	14.88	0.26	15.55	0.39
45章 软木及软木制品	Cork and articles of cork	0.01	0.01	0.02	0.01
46章 稻草、秸秆、针茅或其他编结材料制品；篮筐及柳条编结品	Manufactures of straw，of esparto or of other plaiting Materials；basket ware and wickerwork	3.91	0.00	3.38	0.00
第十类 木浆及其他纤维状纤维素浆；纸及纸板的废碎品；纸、纸板及其制品	**PULP OF WOOD OR OF OTHER FIBROUS CELLULOSIC MATERIAL；WASTE AND SCRAP OF PAPER OR PAPERBOARD；PAPER AND PAPERBOARD AND ARTICLES THEREOF**	**14.60**	**19.28**	**13.82**	**17.13**
47章 木浆及其他纤维状纤维素浆；纸及纸板的废碎品	Pulp of wood or of other fibrous cellulosic material；waste and scrap of paper or paperboard	0.10	9.95	0.10	9.38
48章 纸及纸板；纸浆、纸或纸板制品	Paper and paperboard；articles of paper pulp，of paper or paperboard	13.14	6.81	12.49	6.15
49章 书籍、报纸、印刷图画及其他印制品；手稿、打字稿及设计图纸	Printed books，newspapers，pictures and other products of the printing industry；manuscripts，typescripts and plans	1.36	2.52	1.23	1.60
第十一类 纺织原料及纺织制品	**TEXTILES AND TEXTILE ARTICLES**	**264.24**	**38.77**	**261.97**	**34.98**
50章 蚕丝	Silk	1.23	0.13	1.26	0.08
51章 羊毛、动物细毛或粗毛；马毛纱线及其机织物	Wool，fine or coarse animal hair；horsehair yarn and woven fabric	2.97	2.36	2.62	1.83
52章 棉花	Cotton	2.25	3.57	1.93	3.24
53章 其他植物纺织纤维；纸纱线及其机织物	Other vegetable textile fibres；paper yarn and woven fabrics of paper yarn	0.44	0.17	0.47	0.15
54章 化学纤维长丝	Man-made filaments	1.89	9.53	2.02	8.43
55章 化学纤维短纤	Man-made short fibres	1.59	8.15	1.46	8.54
56章 絮胎、毡呢及无纺织物；特种纱线；线、绳、索、缆及其制品	Wadding，felt and nonwoven；special yarns；twine，cordage，ropes and cables and articles thereof	3.31	3.15	3.20	2.93
57章 地毯及纺织材料的其他铺地制品	Carpets and other textile floor coverings	4.56	0.13	4.11	0.08
58章 特种机织物；簇绒织物；花边；装饰毯；装饰带；刺绣品	Special woven fabrics；tufted textile fabrics；lace；tapestries；trimmings；embroidery	0.71	1.93	0.75	1.62
59章 浸渍、涂布、包覆或层压的纺织物；工业用纺织制品	Impregnated，coated，covered or laminated textile fabrics；textile articles of a kind suitable for industrial use	1.46	3.84	1.73	3.32
60章 针织物及钩编织物	Knitted or crocheted fabrics	0.38	4.26	0.53	3.36
61章 针织或钩编的服装及衣着附件	Articles of apparel and clothing accessories，Knitted or crocheted	111.51	0.46	112.37	0.39
62章 非针织或非钩编的服装及衣着附件	Articles of apparel and clothing accessories，not knitted or crocheted	102.54	0.78	100.33	0.68

6-22 续表 3 Continued 3

单位：亿美元
Unit: USD100 million

商品分类	HS Section and Division	2012 出口 Exports	2012 进口 Imports	2013 出口 Exports	2013 进口 Imports
63章 其他纺织制成品；成套物品；旧衣着及旧纺织品；碎织物	Other made up textile articles；sets；worn clothing and worn textile articles；rags articles；rags	29.39	0.31	29.18	0.33
第十二类 鞋、帽、伞、杖、鞭及其零件；已加工的羽毛及其制品；人造花；人发制品	**FOOTWEAR，HEADGEAR，UMBRELLAS，SUN UMBRELLAS，WALKING-STICKS，SEAT-STICKS，WHIPS，RIDING-CROPS AND PARTS THEREOF；PREPARED FEATHERS AND ARTICLES MADE THEREWITH；ARTIFICIAL FLOWERS；ARTICLES OF HUMAN HAIR**	**34.03**	**0.51**	**35.06**	**0.43**
64章 鞋靴、护腿和类似品及其零件	Footwear，gaiters and the like；parts of such articles	27.04	0.19	27.92	0.16
65章 帽类及其零件	Headgear and parts thereof	2.72	0.02	2.82	0.01
66章 雨伞、阳伞、手杖、鞭子、马鞭及其零件	Umbrellas，sun umbrellas，walking-sticks，seat-sticks，whips，riding-crops and parts thereof	2.65	0.00	2.58	0.00
67章 已加工羽毛、羽绒及其制品；人造花；人发制品	Prepared feathers and down and articles made of feathers or of down；artificial flowers；articles of human hair	1.62	0.29	1.74	0.25
第十三类 石料、石膏、水泥、石棉、云母及类似材料的制品；陶瓷产品；玻璃及其制品	**ARTICLES OF STONE，PLASTER，CEMENT，ASBESTOS，MICA OR SIMILAR MATERIALS；CERAMIC PRODUCTS；GLASS AND GLASSWARE**	**22.29**	**25.91**	**22.01**	**24.29**
68章 石料、石膏、水泥、石棉、云母及类似材料的制品	Articles of stone，plaster，cement，asbestos，mica or similar materials；ceramic products；glass and glassware	8.62	4.89	9.01	5.24
69章 陶瓷产品	Ceramic products	6.48	1.55	6.17	1.42
70章 玻璃及其制品	Glass and glassware	7.19	19.46	6.84	17.63
第十四类 天然或养殖珍珠、宝石或半宝石、贵金属、包贵金属及其制品；仿首饰；硬币	**NATURAL OR CULTURED PEARLS，PRECIOUS OR SEMI-PRECIOUS STONES，PRECIOUS METALS，METALS CLAD WITH PRECIOUS METAL AND STONES，PRECIOUS METALS，METALS CLAD WITH PRECIOUS METAL AND ARTICLES THEREOF；IMITATION JEWELLERY；COIN**	**1.50**	**11.04**	**2.19**	**10.82**
71章 天然或养殖珍珠、宝石或半宝石、贵金属、包贵金属及其制品；仿首饰；硬币	Natural or cultured pearls，precious or semi-precious stones，precious metals，metals clad with precious metal and articles thereof；imitation jewellery；coin	1.50	11.04	2.19	10.82
第十五类 贱金属及其制品	**BASE METALS AND ARTICLES OF BASE METAL**	**84.54**	**189.86**	**76.69**	**169.99**
72章 钢铁	Iron and steel	18.69	91.28	11.54	80.83
73章 钢铁制品	Articles of iron or steel	33.01	27.35	31.41	24.37
74章 铜及其制品	Copper and articles thereof	3.38	41.93	4.83	39.48
75章 镍及其制品	Nickel and articles thereof	0.74	3.05	0.52	2.30
76章 铝及其制品	Aluminium and articles thereof	14.35	9.71	14.38	8.86
78章 铅及其制品	Lead and articles thereof	0.13	0.11	0.12	0.09
79章 锌及其制品	Zinc and articles thereof	0.13	1.01	0.12	0.68
80章 锡及其制品	Tin and articles thereof	0.07	0.64	0.05	0.61
81章 其他贱金属、金属陶瓷及其制品	Other base metals；cermets；articles thereof	3.96	2.52	3.31	1.63
82章 贱金属工具、器具、利口器、餐匙、餐叉及其零件	Tools，implements，cutlery，spoons and forks，of base metal；parts thereof of base metal	4.71	9.17	4.90	8.67
83章 贱金属杂项制品	Miscellaneous articles of base metal	5.38	3.09	5.52	2.47

6-22 续表 4 Continued 4

单位：亿美元
Unit: USD100 million

商品分类	HS Section and Division	2012 出口 Exports	2012 进口 Imports	2013 出口 Exports	2013 进口 Imports
第十六类 机器、机械器具、电气设备及其零件；录音机及放声机、电视图像、声音的录制和重放设备及其零件、附件	**MACHINERY AND MECHANICAL APPLIANCES; ELECTRICAL EQUIPMENT; PARTS THEREOF; SOUND RECORDERS AND REPRODUCERS, TELEVISION IMAGE AND SOUND RECORDERS AND REPRODUCERS; AND PARTS AND ACCESSORIES OF RECORDERS AND REPRODUCERS; AND PARTS AND ACCESSORIES OF SUCH ARTICLES**	**586.17**	**817.48**	**602.71**	**699.94**
84章 核反应堆、锅炉、机器、机械器具及其零件	Nuclear reactors, boilers, machinery and mechanical appliances; parts thereof	257.32	359.22	253.27	293.70
85章 电机、电气设备及其零件；录音机及放声机、电视图像、声音的录制和重放设备及其零件、附件	Electrical machinery and equipment and parts thereof; sound recorders and reproducers, television image and sound recorders and reproducers, and parts and accessories of such articles	328.85	458.26	349.44	406.24
第十七类 车辆、航空器、船舶及有关运输设备	**VEHICLES, AIRCRAFT, VESSELS AND ASSOCIATED TRANSPORT EQUIPMENT**	**40.34**	**164.68**	**46.85**	**152.82**
86章 铁道及电车道机车、车辆及其零件；铁道及电车轨道固定装置及其零件、附件；各种机械(包括电动机械)交通信号设备	Railway or tramway locomotives, rolling-stock and parts thereof; railway or tramway track fixtures and fittings and parts thereof; mechanical(including electro-mechanical) traffic signalling equipment of all kinds	1.44	3.60	2.35	1.62
87章 车辆及其零件、附件，但铁道及电车道车辆除外	Vehicles other than railway or tramway rolling-stock, and parts and accessories thereof	37.36	154.24	39.17	145.29
88章 航空器、航天器及其零件	Aircraft, spacecraft, and parts thereof	0.26	0.07	0.48	0.06
89章 船舶及浮动结构体	Ships, boats and floating structures	1.28	6.76	4.86	5.85
第十八类 光学、照相、电影、计量、检验、医疗或外科用仪器及设备、精密仪器及设备；钟表；乐器；上述物品的零件、附件	**OPTICAL, PHOTOGRAPHIC, CINEMATOGRAPHIC, MEASURING, CHECKING, PRECISION, MEDICAL OR SURGICAL INSTRUMENTS AND APPARATUS; CLOCKS AND WATCHES; MUSICAL INSTRUMENTS; PARTS AND ACCESSORIES THEREOF**	**61.82**	**174.47**	**53.54**	**168.71**
90章 光学、照相、电影、计量、检验、医疗或外科用仪器及设备、精密仪器及设备；上述物品的零件、附件	Optical, photographic, cinematographic, measuring, checking, precision medical or surgical instruments and apparatus; parts and accessories thereof	57.42	167.53	49.68	163.05
91章 钟表及其零件	Clocks and watches and parts thereof	3.32	5.59	2.88	4.57
92章 乐器及其零件、附件	Musical instruments; parts and accessories of such articles	**1.08**	**1.36**	**0.97**	**1.09**
第十九类 武器、弹药及其零件、附件	**ARMS AND AMMUNITION; PARTS AND ACCESSORIES THEREOF**	**0.00**	**0.00**	**0.01**	**0.00**
93章 武器、弹药及其零件、附件	Arms and ammunition; parts and accessories thereof	0.00	0.00	0.01	0.00
第二十类 杂项制品	**MISCELLANEOUS MANUFACTURED ARTICLES**	**90.32**	**10.91**	**86.51**	**11.38**
94章 家具；寝具、褥垫、弹簧床垫、软坐垫及类似的填充制品；未列名灯具及照明装置；发光标志、发光名牌及类似品；活动房屋	Furniture; bedding, mattresses, mattress supports, cushions and similar stuffed furnishings; lamps and lighting fittings, not elsewhere specified or included; illuminated signs, illuminated	50.69	3.69	50.00	3.00
95章 玩具、游戏品、运动用品及其零件、附件	Toys, games and sports requisites; parts and accessories thereof	31.74	2.06	28.69	1.85
96章 杂项制品	Miscellaneous manufactured articles	7.90	5.17	7.82	6.52
第二十一类 艺术品、收藏品及古物	**WORKS OF ART, COLLECTORS' PIECES AND ANTIQUES**	**2.63**	**0.01**	**5.15**	**0.00**
97章 艺术品、收藏品及古物	Works of art, collectors' pieces and antiques	2.63	0.01	5.15	0.00
第二十二类 特殊交易品及未分类商品	**COMMODITIES AND TRANSACTIONS NOT CLASSIFIED ACCORDING TO KIND**	**0.06**	**1.58**	**0.01**	**1.64**
98章 特殊交易品及未分类商品	Commodities and transactions not classified according to kind	0.06	1.58	0.01	1.64

6-23 对欧洲联盟进出口商品分类金额

Value of Exports to and Imports from EU by HS

单位：亿美元

Unit: USD100 million

商品分类	HS Section and Division	2012		2013	
		出口 Exports	进口 Imports	出口 Exports	进口 Imports
总　额	**Total**	**3339.59**	**2120.78**	**3375.64**	**2198.32**
第一类　活动物；动物产品	**LIVE ANIMALS；ANIMAL PRODUCTS**	**26.84**	**20.96**	**27.41**	**27.86**
01章　活动物	Live animals	0.02	0.34	0.02	0.31
02章　肉及食用杂碎	Meat and edible meat offal	0.25	10.89	0.30	15.14
03章　鱼、甲壳动物、软体动物及其他水生无脊椎动物	Fish and crustaceans molluscs and other aquatic invertebrates	18.33	2.13	18.76	1.96
04章　乳品；蛋品；天然蜂蜜；其他食用动物产品	Dairy produce；birds' eggs；natural honey；edible products of animal origin，not elsewhere specified or included	1.33	6.33	1.60	8.85
05章　其他动物产品	Products of animal origin，not elsewhere specified or included	6.92	1.27	6.72	1.60
第二类　植物产品	**VEGETABLE PRODUCTS**	**20.87**	**3.63**	**22.65**	**4.98**
06章　活树及其他活植物；鳞茎、根及类似品；插花及装饰用簇叶	Live tree and other plants；bulbs，roots and the like；cut flowers and ornamental foliage	0.44	0.77	0.46	0.86
07章　食用蔬菜、根及块茎	Edible vegetables and certain roots and tubers	6.66	0.06	6.70	0.09
08章　食用水果及坚果；甜瓜或柑桔属水果的果皮	Edible fruit and nuts；peel of citrus fruit or melons	3.63	0.71	3.90	0.84
09章　咖啡、茶、马黛茶及调味香料	Coffee，tea，mate and spices	3.21	0.19	3.79	0.23
10章　谷物	Cereals	0.06	0.17	0.06	0.86
11章　制粉工业产品；麦芽；淀粉；菊粉；面筋	Products of the milling industry；malt；starches；inulin；wheat gluten	0.26	0.54	0.32	0.53
12章　含油子仁及果实；杂项子仁及果实；工业用或药用植物；稻草、秸秆及饲料	Oil seeds and oleaginous fruits；miscellaneous grains，seeds and fruit；industrial or medicinal plants；straw and fodder	4.49	0.73	4.84	1.07
13章　虫胶；树胶、树脂及其他植物液、汁	Lac；gums，resins and other vegetable saps and extracts	1.82	0.44	2.31	0.49
14章　编结用植物材料；其他植物产品	Vegetable plaiting materials；vegetable products not elsewhere specified or included	0.29	0.03	0.27	0.01
第三类　动、植物油、脂及其分解产品；精制的食用油脂；动、植物蜡	**ANIMAL OR VEGETABLE FATS AND OILS AND THEIR CLEAVAGE PRODUCTS；PREPARED EDIBLE FATS；ANIMAL OR VEGETABLE WAXES**	**1.08**	**2.57**	**1.10**	**7.13**
15章　动、植物油、脂及其分解产品；精制的食用油脂；动、植物蜡	Animal or vegetable fats and oils and their cleavage products；prepared edible fats；animal or vegetable waxes	1.08	2.57	1.10	7.13
第四类　食品；饮料、酒及醋；烟草、烟草及烟草代用品的制品	**PREPARED FOODSTUFFS；BEVERAGES, SPIRITS AND VINEGAR；TOBACCO AND MANUFACTURED TOBACCO SUBSTITUTES**	**24.01**	**38.30**	**26.05**	**41.40**
16章　肉、鱼、甲壳动物、软体动物及其他水生无脊椎动物的制品	Preparations of meat，of fish or of crustaceans，molluscs or other aquatic invertebrates	4.62	0.03	4.85	0.02
17章　糖及糖食	Sugars and sugar confectionery	0.78	0.52	0.87	0.54
18章　可可及可可制品	Cocoa and cocoa preparations	0.69	2.11	1.03	2.52
19章　谷物、粮食粉、淀粉或乳的制品；糕饼点心	Preparations of cereals，flour，starch or milk；pastry-cooks' products	1.24	7.49	1.39	11.06

6-23 续表 1 Continued 1

单位：亿美元
Unit: USD100 million

商品分类	HS Section and Division	2012 出口 Exports	2012 进口 Imports	2013 出口 Exports	2013 进口 Imports
20章 蔬菜、水果、坚果或植物其他部分的制品	Preparations of vegetables, fruit，nuts or other parts of plants	9.43	0.72	8.92	0.79
21章 杂项食品	Miscellaneous edible preparations	1.38	2.78	1.86	3.27
22章 饮料、酒及醋	Beverages，spirits and vinegar	0.46	23.22	0.52	21.65
23章 食品工业的残渣及废料；配制的动物饲料	Residues and waste from the food industries；prepared animal fodder	3.41	1.00	4.34	1.29
24章 烟草及烟草代用品的制品	Tobacco and manufactured tobacco substitutes	2.00	0.44	2.26	0.25
第五类 矿产品	**MINERAL PRODUCTS**	**24.29**	**49.66**	**22.80**	**52.48**
25章 盐；硫磺；泥土及石料；石膏料、石灰及水泥	Salt；sulphur；earths and stone；plastering materials，lime and cement	4.23	7.32	3.70	7.93
26章 矿砂、矿渣及矿灰	Ores，slag and ash	0.40	12.95	0.19	14.90
27章 矿物燃料、矿物油及其蒸馏产品；沥青物质；矿物蜡	Mineral fuels，mineral oils and products of their distillation; bituminous substances; mineral waxes	19.67	29.40	18.90	29.65
第六类 化学工业及其相关工业的产品	**PRODUCTS OF THE CHEMICAL OR INDUSTRIES ALLIED**	**152.05**	**212.80**	**155.40**	**232.25**
28章 无机化学品；贵金属、稀土金属、放射性元素及其同位素的有机及无机化合物	Inorganic chemicals；organic or inorganic compounds of precious metals，of rare- earth metals, of radioactive elements or of isotopes	14.94	12.69	15.31	11.93
29章 有机化学品	Organic chemicals	85.93	50.75	89.02	50.35
30章 药品	Pharmaceutical products	14.37	83.34	14.51	96.80
31章 肥料	Fertilizers	0.04	3.66	0.10	4.27
32章 鞣料浸膏及染料浸膏；鞣酸及其衍生物；染料、颜料及其他着色料；油漆及清漆；油灰及其他类似胶粘剂；墨水、油墨	Tanning or dyeing extracts；tannins and their derivatives；dyes，pigments and other colouring matter；paints and varnishes；putty and other mastics；inks	8.45	9.29	8.25	11.44
33章 精油及香膏；芳香料制品及化妆盥洗品	Essential oils and retinoid；perfumery，cosmetic or toilet preparations	6.56	8.34	6.95	9.26
34章 肥皂、有机表面活性剂、洗涤剂、润滑剂、人造蜡、调制蜡、光洁剂、蜡烛及类似品、塑型用膏、"牙科用蜡"及牙科用熟石膏制剂	Soap，organic surface-active agents，washing preparations，lubricating preparations，artificial waxes，prepared waxes，polishing or scouring preparations，candles and similar articles，modelling pastes，"dental waxes" and dental preparations with a basis of plast	4.13	9.15	4.10	10.87
35章 蛋白类物质；改性淀粉；胶；酶	Albuminoidal substances；modified starches；glues；enzymes	2.35	5.13	2.65	6.21
36章 炸药；烟火制品；火柴；引火合金；易燃材料制品	Explosives；pyrotechnic products；matches；pyrophoric alloys；certain combustible preparations	2.68	0.04	2.74	0.09
37章 照相及电影用品	Photographic or cinematographic goods	1.10	2.58	0.97	2.49
38章 杂项化学产品	Miscellaneous chemical products	11.50	27.82	10.81	28.55
第七类 塑料及其制品，橡胶及其制品	**PLASTICS AND ARTICLES THEREOF RUBBER AND ARTICLES THEREOF**	**115.63**	**100.77**	**121.07**	**102.22**
39章 塑料及其制品	Plastics and articles thereof	82.94	77.43	86.61	78.46
40章 橡胶及其制品	Rubber and articles thereof	32.69	23.34	34.46	23.76
第八类 生皮、皮革、毛皮及其制品；鞍具及挽具；旅行用品、手提包及类似品；动物肠线(蚕胶丝除外)制品	**RAW HIDES AND SKINS，LEATHER，FUR SKINS AND ARTICLES THEREOF；SADDLERY AND HARNESS；TRAVEL GOODS，HANDBAGS AND SIMILAR CONTAINERS；ARTICLES OF ANIMAL GUT(OTHER THAN SILK-WORM GUT)**	**72.81**	**33.28**	**73.50**	**35.68**
41章 生皮(毛皮除外)及皮革	Raw hides and skins(other than fur skins) and leather	0.65	13.42	0.48	13.82

单位：亿美元
Unit: USD100 million

商品分类	HS Section and Division	2012 出口 Exports	2012 进口 Imports	2013 出口 Exports	2013 进口 Imports
42章 皮革制品；鞍具及挽具；旅行用品、手提包及类似容器；动物肠线(蚕胶丝除外)制品	Articles of leather; saddlery and harness; travel goods, hand bags and similar containers; articles of animal gut (other than silk-worm gut)	69.07	13.22	69.94	13.32
43章 毛皮、人造毛皮及其制品	Fur skins and artificial fur; manufactures thereof	3.09	6.65	3.07	8.53
第九类 木及木制品；木炭；软木及软木制品；稻草，秸秆、针茅或其他编结材料制品；篮筐及柳条编结品	**WOOD AND ARTICLES OF WOOD; WOOD CHAR-COAL; CORK AND ARTICLES OF CORK; MANUFACTURES OF STRAW, OF ESPARTO OR OF OTHER PLAITING MATERIALS ; BASKET WARE AND WICKERWORK**	**28.30**	**7.26**	**27.65**	**11.02**
44章 木及木制品；木炭	Wood and articles of wood; wood charcoal	23.10	6.83	22.47	10.68
45章 软木及软木制品	Cork and articles of cork	0.03	0.41	0.03	0.33
46章 稻草、秸秆、针茅或其他编结材料制品；篮筐及柳条编结品	Manufactures of straw, of esparto or of other plaiting Materials; basket ware and wickerwork	5.18	0.02	5.14	0.01
第十类 木浆及其他纤维状纤维素浆；纸及纸板的废碎品；纸、纸板及其制品	**PULP OF WOOD OR OF OTHER FIBROUS CELLULOSIC MATERIAL; WASTE AND SCRAP OF PAPER OR PAPERBOARD; PAPER AND PAPERBOARD AND ARTICLES THEREOF**	**26.47**	**46.47**	**28.07**	**45.81**
47章 木浆及其他纤维状纤维素浆；纸及纸板的废碎品	Pulp of wood or of other fibrous cellulosic material; waste and scrap of paper or paperboard	0.38	30.01	0.39	28.33
48章 纸及纸板；纸浆、纸或纸板制品	Paper and paperboard; articles of paper pulp, of paper or paperboard	18.25	12.71	19.95	12.93
49章 书籍、报纸、印刷图画及其他印制品；手稿、打字稿及设计图纸	Printed books, newspapers, pictures and other products of the printing industry; manuscripts, typescripts and plans	7.85	3.75	7.73	4.55
第十一类 纺织原料及纺织制品	**TEXTILES AND TEXTILE ARTICLES**	**453.97**	**36.94**	**498.33**	**39.47**
50章 蚕丝	Silk	3.68	0.17	4.05	0.18
51章 羊毛、动物细毛或粗毛；马毛纱线及其机织物	Wool, fine or coarse animal hair; horsehair yarn and woven fabric	6.59	4.35	6.73	4.52
52章 棉花	Cotton	6.23	2.55	7.51	1.97
53章 其他植物纺织纤维；纸纱线及其机织物	Other vegetable textile fibres; paper yarn and woven fabrics of paper yarn	1.65	2.35	1.46	3.33
54章 化学纤维长丝	Man-made filaments	15.63	2.35	17.73	2.57
55章 化学纤维短纤	Man-made short fibres	7.79	5.40	9.12	4.75
56章 絮胎、毡呢及无纺织物；特种纱线；线、绳、索、缆及其制品	Wadding, felt and nonwoven; special yarns; twine, cordage, ropes and cables and articles thereof	5.08	2.25	5.71	2.40
57章 地毯及纺织材料的其他铺地制品	Carpets and other textile floor coverings	3.37	0.31	3.77	0.26
58章 特种机织物；簇绒织物；花边；装饰毯；装饰带；刺绣品	Special woven fabrics; tufted textile fabrics; lace; tapestries; trimmings; embroidery	4.62	0.49	4.77	0.48
59章 浸渍、涂布、包覆或层压的纺织物；工业用纺织制品	Impregnated , coated, covered or laminated textile fabrics; textile articles of a kind suitable for industrial use	7.34	3.36	7.16	3.72
60章 针织物及钩编织物	Knitted or crocheted fabrics	7.14	0.81	8.36	0.99
61章 针织或钩编的服装及衣着附件	Articles of apparel and clothing accessories, Knitted or crocheted	176.62	3.41	195.64	3.97
62章 非针织或非钩编的服装及衣着附件	Articles of apparel and clothing accessories, not knitted or crocheted	164.23	8.68	180.18	9.86

6-23 续表 3 Continued 3

单位：亿美元
Unit: USD100 million

商品分类	HS Section and Division	2012 出口 Exports	2012 进口 Imports	2013 出口 Exports	2013 进口 Imports
63章 其他纺织制成品；成套物品；旧衣着及旧纺织品；碎织物	Other made up textile articles; sets; worn clothing and worn textile articles; rags articles; rags	44.01	0.46	46.13	0.47
第十二类 鞋、帽、伞、杖、鞭及其零件；已加工的羽毛及其制品；人造花；人发制品	**FOOTWEAR, HEADGEAR, UMBRELLAS, SUN UMBRELLAS, WALKING-STICKS, SEAT-STICKS, WHIPS, RIDING-CROPS AND PARTS THEREOF; PREPARED FEATHERS AND ARTICLES MADE THEREWITH; ARTIFICIAL FLOWERS; ARTICLES OF HUMAN HAIR**	**115.65**	**6.23**	**129.16**	**7.14**
64章 鞋靴、护腿和类似品及其零件	Footwear, gaiters and the like; parts of such articles	90.56	6.09	102.64	6.99
65章 帽类及其零件	Headgear and parts thereof	9.58	0.10	10.33	0.11
66章 雨伞、阳伞、手杖、鞭子、马鞭及其零件	Umbrellas, sun umbrellas, walking-sticks, seat-sticks, whips, riding-crops and parts thereof	5.53	0.01	6.13	0.02
67章 已加工羽毛、羽绒及其制品；人造花；人发制品	Prepared feathers and down and articles made of feathers or of down; artificial flowers; articles of human hair	9.98	0.03	10.06	0.02
第十三类 石料、石膏、水泥、石棉、云母及类似材料的制品；陶瓷产品；玻璃及其制品	**ARTICLES OF STONE, PLASTER, CEMENT, ASBESTOS, MICA OR SIMILAR MATERIALS; CERAMIC PRODUCTS; GLASS AND GLASSWARE**	**64.59**	**13.51**	**64.78**	**15.36**
68章 石料、石膏、水泥、石棉、云母及类似材料的制品	Articles of stone, plaster, cement, asbestos, mica or similar materials; ceramic products; glass and glassware	12.84	3.16	14.93	3.40
69章 陶瓷产品	Ceramic products	27.42	2.31	25.27	2.66
70章 玻璃及其制品	Glass and glassware	24.33	8.03	24.59	9.30
第十四类 天然或养殖珍珠、宝石或半宝石、贵金属、包贵金属及其制品；仿首饰；硬币	**NATURAL OR CULTURED PEARLS, PRECIOUS OR SEMI-PRECIOUS STONES, PRECIOUS METALS, METALS CLAD WITH PRECIOUS METAL AND STONES, PRECIOUS METALS, METALS CLAD WITH PRECIOUS METAL AND ARTICLES THEREOF; IMITATION JEWELLERY; COIN**	**14.10**	**24.58**	**13.13**	**22.81**
71章 天然或养殖珍珠、宝石或半宝石、贵金属、包贵金属及其制品；仿首饰；硬币	Natural or cultured pearls, precious or semi-precious stones, precious metals, metals clad with precious metal and articles thereof; imitation jewellery; coin	14.10	24.58	13.13	22.81
第十五类 贱金属及其制品	**BASE METALS AND ARTICLES OF BASE METAL**	**208.25**	**180.40**	**210.25**	**168.38**
72章 钢铁	Iron and steel	32.60	22.72	29.69	23.17
73章 钢铁制品	Articles of iron or steel	75.21	32.01	74.97	34.60
74章 铜及其制品	Copper and articles thereof	6.65	90.63	6.57	72.96
75章 镍及其制品	Nickel and articles thereof	0.71	3.62	1.41	3.06
76章 铝及其制品	Aluminium and articles thereof	26.52	13.55	27.79	12.65
78章 铅及其制品	Lead and articles thereof	0.01	0.12	0.01	0.12
79章 锌及其制品	Zinc and articles thereof	0.25	1.30	0.36	3.74
80章 锡及其制品	Tin and articles thereof	0.16	0.05	0.49	0.04
81章 其他贱金属、金属陶瓷及其制品	Other base metals; cermets; articles thereof	9.99	1.65	10.73	1.57
82章 贱金属工具、器具、利口器、餐匙、餐叉及其零件	Tools, implements, cutlery, spoons and forks, of base metal; parts thereof of base metal	28.58	9.13	29.79	10.05
83章 贱金属杂项制品	Miscellaneous articles of base metal	27.56	5.64	28.42	6.41

单位：亿美元
Unit: USD100 million

商品分类	HS Section and Division	2012 出口 Exports	2012 进口 Imports	2013 出口 Exports	2013 进口 Imports
第十六类 机器、机械器具、电气设备及其零件；录音机及放声机、电视图像、声音的录制和重放设备及其零件、附件	**MACHINERY AND MECHANICAL APPLIANCES; ELECTRICAL EQUIPMENT; PARTS THEREOF; SOUND RECORDERS AND REPRODUCERS, TELEVISION IMAGE AND SOUND RECORDERS AND REPRODUCERS; AND PARTS AND CCESSORIES OF RECORDERS AND EPRODUCERS; AND PARTS AND ACCESSORIES OF SUCH ARTICLES**	**1445.34**	**697.97**	**1430.83**	**724.96**
84章 核反应堆、锅炉、机器、机械器具及其零件	Nuclear reactors, boilers, machinery and mechanical appliances; parts thereof	732.66	466.13	734.69	467.27
85章 电机、电气设备及其零件；录音机及放声机、电视图像、声音的录制和重放设备及其零件、附件	Electrical machinery and equipment and parts thereof; sound recorders and reproducers, television image and sound recorders and reproducers, and parts and accessories of such articles	712.67	231.85	696.13	257.70
第十七类 车辆、航空器、船舶及有关运输设备	**VEHICLES, AIRCRAFT, VESSELS AND ASSOCIATED TRANSPORT EQUIPMENT**	**152.60**	**490.79**	**127.95**	**489.15**
86章 铁道及电车道机车、车辆及其零件；铁道及电车轨道固定装置及其零件、附件；各种机械(包括电动机械)交通信号设备	Railway or tramway locomotives, rolling-stock and parts thereof; railway or tramway track fixtures and fittings and parts thereof; mechanical(including electro- mechanical) traffic signalling equipment of all kinds	26.80	5.66	21.25	6.48
87章 车辆及其零件、附件，但铁道及电车道车辆除外	Vehicles other than railway or tramway rolling-stock, and parts and accessories thereof	64.10	393.82	67.82	393.63
88章 航空器、航天器及其零件	Aircraft, spacecraft, and parts thereof	4.04	85.76	3.75	85.05
89章 船舶及浮动结构体	Ships, boats and floating structures	57.67	5.55	35.13	3.98
第十八类 光学、照相、电影、计量、检验、医疗或外科用仪器及设备、精密仪器及设备；钟表；乐器；上述物品的零件、附件	**OPTICAL, PHOTOGRAPHIC, CINEMATOGRAPHIC, MEASURING, CHECKING, PRECISION, MEDICAL OR SURGICAL INSTRUMENTS AND APPARATUS; CLOCKS AND WATCHES; MUSICAL INSTRUMENTS; PARTS AND ACCESSORIES THEREOF**	**109.44**	**138.33**	**109.43**	**148.60**
90章 光学、照相、电影、计量、检验、医疗或外科用仪器及设备、精密仪器及设备；上述物品的零件、附件	Optical, photographic, cinematographic, measuring, checking, precision medical or surgical instruments and apparatus; parts and accessories thereof	99.70	137.51	100.49	147.68
91章 钟表及其零件	Clocks and watches and parts thereof	5.66	0.40	5.16	0.46
92章 乐器及其零件、附件	Musical instruments; parts and accessories of such articles	4.08	0.41	3.77	0.47
第十九类 武器、弹药及其零件、附件	**ARMS AND AMMUNITION; PARTS AND ACCESSORIES THEREOF**	**0.19**	**0.08**	**0.18**	**0.04**
93章 武器、弹药及其零件、附件	Arms and ammunition; parts and accessories thereof	0.19	0.08	0.18	0.04
第二十类 杂项制品	**MISCELLANEOUS MANUFACTURED ARTICLES**	**282.13**	**15.77**	**284.99**	**17.62**
94章 家具；寝具、褥垫、弹簧床垫、软坐垫及类似的填充制品；未列名灯具及照明装置；发光标志、发光名牌及类似品；活动房屋	Furniture; bedding, mattresses, mattress supports, cushions and similar stuffed furnishings; lamps and lighting fittings, not elsewhere specified or included; illuminated signs, illuminated	178.02	13.07	183.56	14.49
95章 玩具、游戏品、运动用品及其零件、附件	Toys, games and sports requisites; parts and accessories thereof	82.75	1.27	79.31	1.56
96章 杂项制品	Miscellaneous manufactured articles	21.35	1.43	22.12	1.57
第二十一类 艺术品、收藏品及古物	**WORKS OF ART, COLLECTORS' PIECES AND ANTIQUES**	**0.77**	**0.17**	**0.78**	**1.76**
97章 艺术品、收藏品及古物	Works of art, collectors' pieces and antiques	0.77	0.17	0.78	1.76
第二十二类 特殊交易品及未分类商品	**COMMODITIES AND TRANSACTIONS NOT CLASSIFIED ACCORDING TO KIND**	**0.20**	**0.30**	**0.14**	**2.19**
98章 特殊交易品及未分类商品	Commodities and transactions not classified according to kind	0.20	0.30	0.14	2.19

6-24 对美国进出口商品分类金额

Value of Exports and Imports from United States by HS

单位：亿美元

Unit: USD100 million

商品分类	HS Section and Division	2012		2013	
		出口 Exports	进口 Imports	出口 Exports	进口 Imports
总　额	**Total**	**3517.77**	**1328.96**	**3684.06**	**1523.42**
第一类　活动物；动物产品	**LIVE ANIMALS；ANIMAL PRODUCTS**	**19.64**	**29.85**	**20.62**	**29.91**
01章　活动物	Live animals	0.17	0.72	0.19	0.71
02章　肉及食用杂碎	Meat and edible meat offal	0.04	13.40	0.04	11.77
03章　鱼、甲壳动物、软体动物及其他水生无脊椎动物	Fish and crustaceans molluscs and other aquatic invertebrates	16.52	11.13	17.38	10.62
04章　乳品；蛋品；天然蜂蜜；其他食用动物产品	Dairy produce；birds' eggs；natural honey；edible products of animal origin，not elsewhere specified or included	0.12	3.13	0.12	5.45
05章　其他动物产品	Products of animal origin，not elsewhere specified or included	2.79	1.47	2.89	1.36
第二类　植物产品	**VEGETABLE PRODUCTS**	**12.50**	**182.44**	**12.70**	**164.96**
06章　活树及其他活植物；鳞茎、根及类似品；插花及装饰用簇叶	Live tree and other plants；bulbs，roots and the like；cut flowers and ornamental foliage	0.19	0.05	0.21	0.05
07章　食用蔬菜、根及块茎	Edible vegetables and certain roots and tubers	4.75	0.31	4.48	0.48
08章　食用水果及坚果；甜瓜或柑桔属水果的果皮	Edible fruit and nuts；peel of citrus fruit or melons	1.45	5.33	1.42	4.58
09章　咖啡、茶、马黛茶及调味香料	Coffee，tea，mate and spices	1.78	0.23	1.87	0.19
10章　谷物	Cereals	0.01	18.92	0.02	22.03
11章　制粉工业产品；麦芽；淀粉；菊粉；面筋	Products of the milling industry；malt；starches；inulin；wheat gluten	0.25	0.11	0.19	0.18
12章　含油子仁及果实；杂项子仁及果实；工业用或药用植物；稻草、秸秆及饲料	Oil seeds and oleaginous fruits；miscellaneous grains，seeds and fruit；industrial or medicinal plants；straw and fodder	2.12	157.08	2.08	137.02
13章　虫胶；树胶、树脂及其他植物液、汁	Lac；gums，resins and other vegetable saps and extracts	1.86	0.30	2.35	0.30
14章　编结用植物材料；其他植物产品	Vegetable plaiting materials；vegetable products not elsewhere specified or included	0.10	0.11	0.09	0.12
第三类　动、植物油、脂及其分解产品；精制的食用油脂；动、植物蜡	**ANIMAL OR VEGETABLE FATS AND OILS AND THEIR CLEAVAGE PRODUCTS；PREPARED EDIBLE FATS；ANIMAL OR VEGETABLE WAXES**	**0.85**	**3.64**	**1.04**	**1.83**
15章　动、植物油、脂及其分解产品；精制的食用油脂；动、植物蜡	Animal or vegetable fats and oils and their cleavage products；prepared edible fats；animal or vegetable waxes	0.85	3.64	1.04	1.83
第四类　食品；饮料、酒及醋；烟草、烟草及烟草代用品的制品	**PREPARED FOODSTUFFS；BEVERAGES, SPIRITS AND VINEGAR；TOBACCO AND MANUFACTURED TOBACCO SUBSTITUTES**	**37.74**	**20.27**	**37.41**	**27.81**
16章　肉、鱼、甲壳动物、软体动物及其他水生无脊椎动物的制品	Preparations of meat，of fish or of crustaceans，molluscs or other aquatic invertebrates	11.91	0.06	13.34	0.05
17章　糖及糖食	Sugars and sugar confectionery	1.56	1.29	1.63	1.23
18章　可可及可可制品	Cocoa and cocoa preparations	0.09	0.48	0.09	0.58
19章　谷物、粮食粉、淀粉或乳的制品；糕饼点心	Preparations of cereals，flour，starch or milk；pastry-cooks' products	1.37	1.03	1.52	0.61

6-24 续表 1 Continued 1

单位：亿美元
Unit: USD100 million

商品分类	HS Section and Division	2012 出口 Exports	2012 进口 Imports	2013 出口 Exports	2013 进口 Imports
20章 蔬菜、水果、坚果或植物其他部分的制品	Preparations of vegetables, fruit, nuts or other parts of plants	13.68	2.06	12.68	2.00
21章 杂项食品	Miscellaneous edible preparations	2.39	2.00	2.69	2.92
22章 饮料、酒及醋	Beverages, spirits and vinegar	0.41	0.91	0.42	1.15
23章 食品工业的残渣及废料；配制的动物饲料	Residues and waste from the food industries; prepared animal fodder	6.24	11.23	4.89	17.53
24章 烟草及烟草代用品的制品	Tobacco and manufactured tobacco substitutes	0.09	1.20	0.16	1.74
第五类 矿产品	**MINERAL PRODUCTS**	**17.70**	**49.45**	**16.98**	**53.00**
25章 盐；硫磺；泥土及石料；石膏料、石灰及水泥	Salt; sulphur; earths and stone; plastering materials, lime and cement	4.39	2.43	3.65	2.03
26章 矿砂、矿渣及矿灰	Ores, slag and ash	0.23	19.10	0.25	22.57
27章 矿物燃料、矿物油及其蒸馏产品；沥青物质；矿物蜡	Mineral fuels, mineral oils and products of their distillation; bituminous substances; mineral waxes	13.08	27.92	13.08	28.40
第六类 化学工业及其相关工业的产品	**PRODUCTS OF THE CHEMICAL OR INDUSTRIES ALLIED**	**116.98**	**123.58**	**118.34**	**125.60**
28章 无机化学品；贵金属、稀土金属、放射性元素及其同位素的有机及无机化合物	Inorganic chemicals; organic or inorganic compounds of precious metals, of rare- earth metals, of radioactive elements or of isotopes	14.11	12.94	13.28	10.45
29章 有机化学品	Organic chemicals	61.45	42.23	63.16	39.82
30章 药品	Pharmaceutical products	9.65	15.46	10.42	18.12
31章 肥料	Fertilizers	2.32	0.86	1.99	0.66
32章 鞣料浸膏及染料浸膏；鞣酸及其衍生物；染料、颜料及其他着色料；油漆及清漆；油灰及其他类似胶粘剂；墨水、油墨	Tanning or dyeing extracts; tannins and their derivatives; dyes, pigments and other colouring matter; paints and varnishes; putty and other mastics; inks	4.82	4.25	5.04	5.01
33章 精油及香膏；芳香料制品及化妆盥洗品	Essential oils and retinoid; perfumery, cosmetic or toilet preparations	7.61	2.80	7.82	3.51
34章 肥皂、有机表面活性剂、洗涤剂、润滑剂、人造蜡、调制蜡、光洁剂、蜡烛及类似品、塑型用膏、“牙科用蜡”及牙科用熟石膏制剂	Soap, organic surface-active agents, washing preparations, lubricating preparations, artificial waxes, prepared waxes, polishing or scouring preparations, candles and similar articles, modelling pastes, “dental waxes” and dental preparations with a basis of plast	2.95	6.45	2.78	7.75
35章 蛋白类物质；改性淀粉；胶；酶	Albuminoidal substances; modified starches; glues; enzymes	2.34	3.71	2.34	3.96
36章 炸药；烟火制品；火柴；引火合金；易燃材料制品	Explosives; pyrotechnic products; matches; pyrophoric alloys; certain combustible preparations	2.00	0.53	2.06	0.67
37章 照相及电影用品	Photographic or cinematographic goods	0.66	4.69	0.60	5.53
38章 杂项化学产品	Miscellaneous chemical products	9.06	29.66	8.85	30.12
第七类 塑料及其制品，橡胶及其制品	**PLASTICS AND ARTICLES THEREOF RUBBER AND ARTICLES THEREOF**	**160.03**	**76.66**	**170.81**	**75.95**
39章 塑料及其制品	Plastics and articles thereof	115.83	63.33	121.67	63.24
40章 橡胶及其制品	Rubber and articles thereof	44.20	13.33	49.14	12.71
第八类 生皮、皮革、毛皮及其制品；鞍具及挽具；旅行用品、手提包及类似品；动物肠线(蚕胶丝除外)制品	**RAW HIDES AND SKINS, LEATHER, FUR SKINS AND ARTICLES THEREOF; SADDLERY AND HARNESS; TRAVEL GOODS, HANDBAGS AND SIMILAR CONTAINERS; ARTICLES OF ANIMAL GUT(OTHER THAN SILK-WORM GUT)**	**71.87**	**15.79**	**72.57**	**18.58**
41章 生皮(毛皮除外)及皮革	Raw hides and skins(other than fur skins) and leather	0.22	15.29	0.23	17.85

6-24 续表 2 Continued 2

单位：亿美元
Unit: USD100 million

商品分类	HS Section and Division	2012 出口 Exports	2012 进口 Imports	2013 出口 Exports	2013 进口 Imports
42章 皮革制品；鞍具及挽具；旅行用品、手提包及类似容器；动物肠线(蚕胶丝除外)制品	Articles of leather; saddlery and harness; travel goods, hand bags and similar containers; articles of animal gut (other than silk-worm gut)	71.18	0.12	71.78	0.12
43章 毛皮、人造毛皮及其制品	Fur skins and artificial fur; manufactures thereof	0.47	0.38	0.56	0.61
第九类 木及木制品；木炭；软木及软木制品；稻草、秸秆、针茅或其他编结材料制品；篮筐及柳条编结品	**WOOD AND ARTICLES OF WOOD; WOOD CHAR-COAL; CORK AND ARTICLES OF CORK; MANUFACTURES OF STRAW, OF ESPARTO OR OF OTHER PLAITING MATERIALS; BASKET WARE AND WICKERWORK**	**32.84**	**16.72**	**34.63**	**23.88**
44章 木及木制品；木炭	Wood and articles of wood; wood charcoal	29.27	16.72	30.86	23.87
45章 软木及软木制品	Cork and articles of cork	0.05	0.00	0.06	0.00
46章 稻草、秸秆、针茅或其他编结材料制品；篮筐及柳条编结品	Manufactures of straw, of esparto or of other plaiting Materials; basket ware and wickerwork	3.52	0.00	3.71	0.00
第十类 木浆及其他纤维状纤维素浆；纸及纸板的废碎品；纸、纸板及其制品	**PULP OF WOOD OR OF OTHER FIBROUS CELLULOSIC MATERIAL; WASTE AND SCRAP OF PAPER OR PAPERBOARD; PAPER AND PAPERBOARD AND ARTICLES THEREOF**	**32.27**	**56.13**	**34.90**	**56.20**
47章 木浆及其他纤维状纤维素浆；纸及纸板的废碎品	Pulp of wood or of other fibrous cellulosic material; waste and scrap of paper or paperboard	0.04	44.01	0.01	42.81
48章 纸及纸板；纸浆、纸或纸板制品	Paper and paperboard; articles of paper pulp, of paper or paperboard	22.79	8.60	24.23	9.28
49章 书籍、报纸、印刷图画及其他印制品；手稿、打字稿及设计图纸	Printed books, newspapers, pictures and other products of the printing industry; manuscripts, typescripts and plans	9.44	3.52	10.66	4.11
第十一类 纺织原料及纺织制品	**TEXTILES AND TEXTILE ARTICLES**	**361.65**	**49.63**	**389.43**	**38.16**
50章 蚕丝	Silk	0.45	0.01	0.41	0.00
51章 羊毛、动物细毛或粗毛；马毛纱线及其机织物	Wool, fine or coarse animal hair; horsehair yarn and woven fabric	0.35	0.14	0.38	0.13
52章 棉花	Cotton	2.86	37.90	2.83	26.19
53章 其他植物纺织纤维；纸纱线及其机织物	Other vegetable textile fibres; paper yarn and woven fabrics of paper yarn	0.42	0.00	0.50	0.01
54章 化学纤维长丝	Man-made filaments	4.81	1.23	5.34	1.33
55章 化学纤维短纤	Man-made short fibres	5.05	5.96	4.96	6.01
56章 絮胎、毡呢及无纺织物；特种纱线；线、绳、索、缆及其制品	Wadding, felt and nonwoven; special yarns; twine, cordage, ropes and cables and articles thereof	4.51	2.05	4.97	1.97
57章 地毯及纺织材料的其他铺地制品	Carpets and other textile floor coverings	4.67	0.27	4.38	0.26
58章 特种机织物；簇绒织物；花边；装饰毯；装饰带；刺绣品	Special woven fabrics; tufted textile fabrics; lace; tapestries; trimmings; embroidery	3.74	0.19	3.84	0.24
59章 浸渍、涂布、包覆或层压的纺织物；工业用纺织制品	Impregnated, coated, covered or laminated textile fabrics; textile articles of a kind suitable for industrial use	4.56	1.03	4.60	1.09
60章 针织物及钩编织物	Knitted or crocheted fabrics	5.79	0.18	6.65	0.20
61章 针织或钩编的服装及衣着附件	Articles of apparel and clothing accessories, Knitted or crocheted	136.67	0.17	148.05	0.15
62章 非针织或非钩编的服装及衣着附件	Articles of apparel and clothing accessories, not knitted or crocheted	125.16	0.14	133.91	0.16

6-24 续表 3 Continued 3

单位：亿美元
Unit: USD100 million

商品分类	HS Section and Division	2012 出口 Exports	2012 进口 Imports	2013 出口 Exports	2013 进口 Imports
63章 其他纺织制成品；成套物品；旧衣着及旧纺织品；碎织物	Other made up textile articles; sets; worn clothing and worn textile articles; rags articles; rags	62.62	0.35	68.62	0.43
第十二类 鞋、帽、伞、杖、鞭及其零件；已加工的羽毛及其制品；人造花；人发制品	**FOOTWEAR, HEADGEAR, UMBRELLAS, SUN UMBRELLAS, WALKING-STICKS, SEAT-STICKS, WHIPS, RIDING-CROPS AND PARTS THEREOF; PREPARED FEATHERS AND ARTICLES MADE THEREWITH; ARTIFICIAL FLOWERS; ARTICLES OF HUMAN HAIR**	**163.89**	**0.91**	**166.85**	**0.97**
64章 鞋靴、护腿和类似品及其零件	Footwear, gaiters and the like; parts of such articles	129.21	0.80	132.52	0.72
65章 帽类及其零件	Headgear and parts thereof	10.58	0.02	10.18	0.03
66章 雨伞、阳伞、手杖、鞭子、马鞭及其零件	Umbrellas, sun umbrellas, walking-sticks, seat-sticks, whips, riding-crops and parts thereof	4.31	0.00	4.57	0.00
67章 已加工羽毛、羽绒及其制品；人造花；人发制品	Prepared feathers and down and articles made of feathers or of down; artificial flowers; articles of human hair	19.79	0.09	19.57	0.22
第十三类 石料、石膏、水泥、石棉、云母及类似材料的制品；陶瓷产品；玻璃及其制品	**ARTICLES OF STONE, PLASTER, CEMENT, ASBESTOS, MICA OR SIMILAR MATERIALS; CERAMIC PRODUCTS; GLASS AND GLASSWARE**	**52.94**	**9.53**	**57.24**	**12.29**
68章 石料、石膏、水泥、石棉、云母及类似材料的制品	Articles of stone, plaster, cement, asbestos, mica or similar materials; ceramic products; glass and glassware	8.43	1.44	10.52	1.57
69章 陶瓷产品	Ceramic products	22.81	0.67	23.24	0.69
70章 玻璃及其制品	Glass and glassware	21.70	7.42	23.48	10.03
第十四类 天然或养殖珍珠、宝石或半宝石、贵金属、包贵金属及其制品；仿首饰；硬币	**NATURAL OR CULTURED PEARLS, PRECIOUS OR SEMI-PRECIOUS STONES, PRECIOUS METALS, METALS CLAD WITH PRECIOUS METAL AND STONES, PRECIOUS METALS, METALS CLAD WITH PRECIOUS METAL AND ARTICLES THEREOF; IMITATION JEWELLERY; COIN**	**28.83**	**3.92**	**38.52**	**4.49**
71章 天然或养殖珍珠、宝石或半宝石、贵金属、包贵金属及其制品；仿首饰；硬币	Natural or cultured pearls, precious or semi-precious stones, precious metals, metals clad with precious metal and articles thereof; imitation jewellery; coin	28.83	3.92	38.52	4.49
第十五类 贱金属及其制品	**BASE METALS AND ARTICLES OF BASE METAL**	**190.45**	**85.02**	**198.41**	**80.94**
72章 钢铁	Iron and steel	14.98	7.78	14.89	7.28
73章 钢铁制品	Articles of iron or steel	85.97	10.69	85.57	11.49
74章 铜及其制品	Copper and articles thereof	4.81	40.27	4.91	34.15
75章 镍及其制品	Nickel and articles thereof	0.22	2.36	0.32	2.58
76章 铝及其制品	Aluminium and articles thereof	21.51	16.36	25.68	17.59
78章 铅及其制品	Lead and articles thereof	0.02	0.01	0.02	0.02
79章 锌及其制品	Zinc and articles thereof	0.25	0.48	0.45	0.58
80章 锡及其制品	Tin and articles thereof	0.15	0.07	0.35	0.05
81章 其他贱金属、金属陶瓷及其制品	Other base metals; cermets; articles thereof	6.06	1.86	5.49	2.21
82章 贱金属工具、器具、利口器、餐匙、餐叉及其零件	Tools, implements, cutlery, spoons and forks, of base metal; parts thereof of base metal	26.86	3.42	29.51	3.21
83章 贱金属杂项制品	Miscellaneous articles of base metal	29.61	1.74	31.23	1.78

6-24 续表 4 Continued 4

单位：亿美元
Unit: USD100 million

商品分类	HS Section and Division	2012 出口 Exports	2012 进口 Imports	2013 出口 Exports	2013 进口 Imports
第十六类 机器、机械器具、电气设备及其零件；录音机及放声机、电视图像、声音的录制和重放设备及其零件、附件	**MACHINERY AND MECHANICAL APPLIANCES; ELECTRICAL EQUIPMENT; PARTS THEREOF; SOUND RECORDERS AND REPRODUCERS, TELEVISION IMAGE AND SOUND RECORDERS AND REPRODUCERS; AND PARTS AND CCESSORIES OF RECORDERS AND EPRODUCERS; AND PARTS AND ACCESSORIES OF SUCH ARTICLES**	**1633.18**	**289.80**	**1693.32**	**383.27**
84章 核反应堆、锅炉、机器、机械器具及其零件	Nuclear reactors, boilers, machinery and mechanical appliances; parts thereof	858.93	146.74	865.90	154.71
85章 电机、电气设备及其零件；录音机及放声机、电视图像、声音的录制和重放设备及其零件、附件	Electrical machinery and equipment and parts thereof; sound recorders and reproducers, television image and sound recorders and reproducers, and parts and accessories of such articles	774.25	143.06	827.41	228.57
第十七类 车辆、航空器、船舶及有关运输设备	**VEHICLES, AIRCRAFT, VESSELS AND ASSOCIATED TRANSPORT EQUIPMENT**	**133.83**	**159.53**	**139.66**	**245.26**
86章 铁道及电车道机车、车辆及其零件；铁道及电车轨道固定装置及其零件、附件；各种机械(包括电动机械)交通信号设备	Railway or tramway locomotives, rolling-stock and parts thereof; railway or tramway track fixtures and fittings and parts thereof; mechanical(including electro-mechanical) traffic signalling equipment of all kinds	30.23	1.06	26.61	1.11
87章 车辆及其零件、附件，但铁道及电车道车辆除外	Vehicles other than railway or tramway rolling-stock, and parts and accessories thereof	96.79	81.90	104.50	107.64
88章 航空器、航天器及其零件	Aircraft, spacecraft, and parts thereof	5.45	75.91	7.35	135.88
89章 船舶及浮动结构体	Ships, boats and floating structures	1.36	0.67	1.21	0.63
第十八类 光学、照相、电影、计量、检验、医疗或外科用仪器及设备、精密仪器及设备；钟表；乐器；上述物品的零件、附件	**OPTICAL, PHOTOGRAPHIC, CINEMATOGRAPHIC, MEASURING, CHECKING, PRECISION, MEDICAL OR SURGICAL INSTRUMENTS AND APPARATUS; CLOCKS AND WATCHES; MUSICAL INSTRUMENTS; PARTS AND ACCESSORIES THEREOF**	**94.80**	**100.82**	**95.93**	**109.94**
90章 光学、照相、电影、计量、检验、医疗或外科用仪器及设备、精密仪器及设备；上述物品的零件、附件	Optical, photographic, cinematographic, measuring, checking, precision medical or surgical instruments and apparatus; parts and accessories thereof	84.73	100.66	86.18	109.77
91章 钟表及其零件	Clocks and watches and parts thereof	5.65	0.05	5.44	0.06
92章 乐器及其零件、附件	Musical instruments; parts and accessories of such articles	4.42	0.12	4.31	0.12
第十九类 武器、弹药及其零件、附件	**ARMS AND AMMUNITION; PARTS AND ACCESSORIES THEREOF**	**0.85**	**0.00**	**1.04**	**0.00**
93章 武器、弹药及其零件、附件	Arms and ammunition; parts and accessories thereof	0.85	0.00	1.04	0.00
第二十类 杂项制品	**MISCELLANEOUS MANUFACTURED ARTICLES**	**353.77**	**4.01**	**382.34**	**4.31**
94章 家具；寝具、褥垫、弹簧床垫、软坐垫及类似的填充制品；未列名灯具及照明装置；发光标志、发光名牌及类似品；活动房屋	Furniture; bedding, mattresses, mattress supports, cushions and similar stuffed furnishings; lamps and lighting fittings, not elsewhere specified or included; illuminated signs, illuminated	210.23	2.78	230.35	2.94
95章 玩具、游戏品、运动用品及其零件、附件	Toys, games and sports requisites; parts and accessories thereof	121.87	0.64	128.87	0.73
96章 杂项制品	Miscellaneous manufactured articles	21.67	0.59	23.12	0.63
第二十一类 艺术品、收藏品及古物	**WORKS OF ART, COLLECTORS' PIECES AND ANTIQUES**	**1.02**	**0.05**	**1.17**	**0.48**
97章 艺术品、收藏品及古物	Works of art, collectors' pieces and antiques	1.02	0.05	1.17	0.48
第二十二类 特殊交易品及未分类商品	**COMMODITIES AND TRANSACTIONS NOT CLASSIFIED ACCORDING TO KIND**	**0.14**	**51.19**	**0.15**	**65.61**
98章 特殊交易品及未分类商品	Commodities and transactions not classified according to kind	0.14	51.19	0.15	65.61

6-25 我国同各国(地区)海关进出口总额

China's Foreign Trade with Related Countries and Territories

单位：万美元
Unit: USD 10000

国别（地区）	Region	2012 出口总额 Exports	2012 进口总额 Imports	2013 出口总额 Exports	2013 进口总额 Imports
总　计	**Total**	**204871442**	**181840500**	**220900400**	**194998947**
亚洲	**Asia**	**100681186**	**103829337**	**113406962**	**108993821**
阿富汗	Afghanistan	46405	519	32826	960
巴林	Bahrain	120278	34803	123893	30518
孟加拉国	Bangladesh	796991	47992	970509	60237
不丹	Bhutan	1560	1	1741	1
文莱	Brunei	125244	37310	170378	8980
缅甸	Myanmar	567371	129823	733869	285687
柬埔寨	Cambodia	270811	21532	340951	36364
塞浦路斯	Cyprus	109332	14451	97173	5280
朝鲜	Korea DPR	353240	250376	363008	292750
中国香港	Hong Kong, China	32343062	1788037	38449489	1620658
印度	India	4767751	1879582	4843241	1697025
印度尼西亚	Indonesia	3428338	3195070	3693049	3142426
伊朗	Iran	1159745	2486839	1403665	2538986
伊拉克	Iraq	491182	1265577	689409	1798476
以色列	Israel	698813	292232	764530	318132
日本	Japan	15162183	17783395	15013245	16224540
约旦	Jordan	295864	29710	343456	16988
科威特	Kuwait	208918	1046781	267551	958664
老挝	Laos	93414	78663	172258	101008
黎巴嫩	Lebanon	169194	2033	249083	4558
中国澳门	Macao, China	270821	27918	317079	38712
马来西亚	Malaysia	3652528	5830677	4593059	6015279
马尔代夫	Maldives	7649	19	9741	42
蒙古	Mongolia	265350	394770	244959	350955
尼泊尔	Nepal	196816	2952	221089	4325
阿曼	Oman	181158	1697544	190084	2104061
巴基斯坦	Pakistan	927539	313825	1101960	319684
巴勒斯坦	Palestine	4067	34	9068	19
菲律宾	Philippines	1673133	1964413	1986813	1818181
卡塔尔	Qatar	120510	727810	171091	846335
沙特阿拉伯	Saudi Arabia	1845235	5486187	1873981	5345071
新加坡	Singapore	4074187	2853078	4583187	3006452
韩国	Korea Rep.	8767768	16873762	9116495	18307276
斯里兰卡	Sri Lanka	300109	16196	343655	18256
叙利亚	Syria	118944	1092	69015	471
泰国	Thailand	3119620	3855466	3271790	3852265
土耳其	Turkey	1558456	351101	1774699	448623
阿联酋	United Arab Emirates	2956832	1085197	3341130	1282353
也门共和国	Republic of Yemen	195510	360406	213882	306130
越南	Vietnam	3420811	1623129	4858630	1689189
中华人民共和国	P. R. China		14294219		15754044
中国台湾	Taiwan, China	3677743	13220364	4063405	15640491
东帝汶	Timor Leste	6247	69	4739	40
哈萨克	Kazakhstan	1100073	1468084	1254512	1605084
吉尔吉斯	Kirghizia	507337	8895	507535	6235

6-25 续表 1 Continued 1

单位：万美元
Unit: USD 10000

国 别 (地 区)	Region	2012 出口总额 Exports	2012 进口总额 Imports	2013 出口总额 Exports	2013 进口总额 Imports
塔吉克	Tadzhikistan	174787	10883	186936	8875
土库曼	Turkmenistan	169912	867338	113764	889326
乌兹别克	Uzbekistan	178334	109185	261336	193809
亚洲其他国家(地区)	Other Countries (Regions) in Asia	10		10	4
非洲	**Africa**	**8531061**	**11325064**	**9279937**	**11745472**
阿尔及利亚	Algeria	541666	231191	602390	216455
安哥拉	Angola	403903	3356191	396406	3197267
贝宁	Benin	241366	26154	299248	20601
博茨瓦那	Botswana	18212	12068	14825	19386
布隆迪	Burundi	4646	1068	5096	931
喀麦隆	Cameroon	106432	89043	151468	36617
加那利群岛	Canary Is.	252	0	317	5
佛得角	Cape Verde	5749	0	6199	
中非	Central Africa	1768	4862	946	4065
塞卜泰(休达)	Ceuta	34		67	
乍得	Chad	17278	22073	37189	10350
科摩罗	Comoros	1494	1	2986	1
刚果(布)	Congo	52110	455631	77929	571219
吉布提	Djibouti	90178	62	101888	27
埃及	Egypt	822399	132074	836268	185161
赤道几内亚	Eq. Guinea	36123	182283	35752	246992
埃塞俄比亚	Ethiopia	152948	30937	186847	31569
加蓬	Gabon	42660	61797	43271	89864
冈比亚	Gambia	25751	8471	30852	7798
加纳	Ghana	479066	64361	394603	120333
几内亚	Guinea	75385	1100	90748	8409
几内亚比绍	Guinea-Bissau	1590	663	1189	1683
科特迪瓦共和国	Cote d'lvoire	80391	14256	95580	25713
肯尼亚	Kenya	278874	5242	321748	5278
利比里亚	Liberia	344655	22861	233575	16442
利比亚	Libya	238424	637612	283468	203893
马达加斯加	Madagascar	54241	11441	64296	17391
马拉维	Malawi	24907	4750	21379	3842
马里	Mali	29023	33169	27464	15247
毛里塔尼亚	Mauritania	45540	146497	59845	172852
毛里求斯	Mauritius	62017	1071	64870	1287
摩洛哥	Morocco	313119	55964	327165	53143
莫桑比克	Mozambique	94089	40178	119929	45488
纳米比亚	Namibia	43891	24123	48194	25770
尼日尔	Niger	15849	3716	18394	1588
尼日利亚	Nigeria	929603	127392	1204261	154660
留尼汪	Reunion	13974	15	13403	23
卢旺达	Rwanda	9011	7147	13411	10845
圣多美和普林西比	Sao Tome & Principe	301	4	486	0
塞内加尔	Senegal	79397	5136	99740	3973
塞舌尔	Seychelles	3317	26	3867	40
塞拉利昂	Sierra Leone	24919	50298	15257	145266
索马里	Somalia	10111	310	13376	1634
南非	South Africa	1532302	4467127	1683078	4838843
西撒哈拉	Western Sahara	29		1	1

6-25 续表 2 Continued 2

单位：万美元
Unit: USD 10000

国 别（地 区）	Region	2012 出口总额 Exports	2012 进口总额 Imports	2013 出口总额 Exports	2013 进口总额 Imports
苏丹	Sudan	217862	155427	239843	210002
坦桑尼亚	Tanzania	208972	37930	314070	55255
多哥	Togo	338310	8481	244322	11794
突尼斯	Tunisia	139192	17698	126316	17673
乌干达	Uganda	49514	4288	45221	7193
布基纳法索	Burkina Faso	7251	23266	10339	18689
刚果(金)	Congo DR	83749	351291	94875	274566
赞比亚	Zambia	69722	269196	72969	304787
津巴布韦	Zimbabwe	43049	58443	41383	68784
莱索托	Lesotho	9441	542	8983	1341
梅利利亚	Melilla	788		754	
斯威士兰	Swaziland	2892	10038	2476	11507
厄立特里亚	Eritrea	5353	126	13796	5093
马约特岛	Mayotte	2340	11	7772	0
南苏丹共和国	Republic of South Sudan	3452	49947	7509	246834
非洲其他国家(地区)	Other Countries (Regions) in Africa	181	21	41	5
欧洲	**Europe**	**39639909**	**28668986**	**40574398**	**32417156**
比利时	Belgium	1637659	996436	1556018	984807
丹麦	Denmark	653974	290541	571140	337570
英国	United Kingdom	4629716	1680508	5094213	1907879
德国	Germany	6921033	9192106	6734250	9415569
法国	France	2689921	2411821	2671417	2310969
爱尔兰	Ireland	209835	379716	247717	419285
意大利	Italy	2565343	1606756	2575266	1757379
卢森堡	Luxembourg	195620	26258	180783	25666
荷兰	Netherlands	5889680	870261	6031475	982493
希腊	Greece	359317	42730	321898	43327
葡萄牙	Portugal	250069	151490	250686	139946
西班牙	Spain	1823707	633389	1892850	597183
阿尔巴尼亚	Albania	34391	14312	32460	23484
安道尔	Andorra	2685	32	224	2
奥地利	Austria	204023	472369	203753	503035
保加利亚	Bulgaria	105457	83889	111698	95674
芬兰	Finland	744055	383234	583152	390564
直布罗陀	Gibraltar	11459	0	4158	601
匈牙利	Hungary	573797	232310	569228	271515
冰岛	Iceland	9539	8896	14664	7580
列支敦士登	Liechtenstein	1524	7129	1773	11524
马耳他	Malta	224542	88471	251457	72524
摩纳哥	Monaco	8250	676	2880	886
挪威	Norway	301971	306767	273712	346799
波兰	Poland	1238646	199690	1257488	223180
罗马尼亚	Romania	279718	97957	282254	120750
圣马力诺	San Marino	149	84	200	193
瑞典	Sweden	641528	692218	679906	698710
瑞士	Switzerland	349224	2281669	351131	5607631
爱沙尼亚	Estonia	123354	13577	110982	19958
拉脱维亚	Latvia	131271	6883	137427	9916
立陶宛	Lithuania	163043	8950	168618	12479
格鲁吉亚	Georgia	74016	3358	86209	5446

单位：万美元

Unit: USD 10000

国别（地区）	Region	2012 出口总额 Exports	2012 进口总额 Imports	2013 出口总额 Exports	2013 进口总额 Imports
亚美尼亚	Armenia	11320	3406	11985	7314
阿塞拜疆	Azerbaijan	106983	21390	86857	23358
白俄罗斯	Byelorussia	91982	66313	87216	58051
摩尔多瓦	Moldavia	12394	1862	11263	1859
俄罗斯	Russia	4405596	4415504	4959117	3966783
乌克兰	Ukraine	732327	303148	784923	327287
斯洛文尼亚	Slovenia	156664	25603	183281	30280
克罗地亚	Croatia	129983	7451	138994	10427
捷克	Czech	632304	240699	683780	261492
斯洛伐克	Slovak	242303	365523	308444	345816
马其顿	Macedonia	8875	13978	6348	10797
波黑	Bosnia & Herzegovina	4671	2330	9133	2088
梵蒂冈城国	Vatican City State	3	7		0
法罗群岛	Faroe Islands	128	4953	145	7457
塞尔维亚	Serbia	41288	10135	43191	18013
黑山	Montenegro	14576	2202	8638	1614
拉丁美洲	**Latin America**	**13521521**	**12607265**	**13396130**	**12742895**
安提瓜和巴布达	Antigua and Barbuda	74698	7	24548	34
阿根廷	Argentina	786926	656093	875043	608577
阿鲁巴岛	Aruba	1624	1324	2133	16
巴哈马	Bahamas	59208	11689	33671	8
巴巴多斯	Barbados	9611	1044	7021	1269
伯利兹	Belize	5251	779	12237	839
玻利维亚	Bolivia	35192	32408	53147	27577
博内尔	Bonaire	5	0	4	
巴西	Brazil	3341956	5232940	3589547	5429912
开曼群岛	Cayman Is.	11358	12	1119	26
智利	Chile	1259945	2062667	1310547	2070769
哥伦比亚	Colombia	622925	315725	682604	362027
多米尼克	Dominica	2530	115	2297	11
哥斯达黎加	Costa Rica	90176	527024	92698	475805
古巴	Cuba	117358	56917	137479	50463
库腊索岛	Curacao	2615	15	2010	146
多米尼加共和国	Dominica Rep.	102993	40967	104552	29001
厄瓜多尔	Ecuador	261400	93832	296685	77526
法属圭亚那	French Guyana	1548	3	1451	8
格林纳达	Granada	1987	0	757	3
瓜德罗普岛	Guadeloupe	3428	3	3031	21
危地马拉	Guatemala	128367	6851	147531	17393
圭亚那	Guyana	19952	2608	16014	2113
海地	Haiti	28371	997	32349	1501
洪都拉斯	Honduras	105665	25105	79904	23487
牙买加	Jamaica	78610	3069	62706	381
马提尼克岛	Martinique	2193	44	2361	9
墨西哥	Mexico	2751549	915961	2896630	1023848
蒙特塞拉特	Montserrat	1	4	15	2
尼加拉瓜	Nicaragua	46679	11585	52292	9182
巴拿马	Panama	1530604	5300	1099273	4394
巴拉圭	Paraguay	133579	4784	135650	6067
秘鲁	Peru	533248	846635	618884	840806
波多黎各	Puerto Rico	65622	88238	65746	105245
萨巴	Saba	90		123	

单位：万美元
Unit: USD 10000

国别（地区）	Region	2012 出口总额 Exports	2012 进口总额 Imports	2013 出口总额 Exports	2013 进口总额 Imports
圣卢西亚	Saint Lucia	2879	12	1988	3
圣马丁岛	Saint Martin Is.	219		304	
圣文森特和格林纳丁斯	Saint Vincent & Grenadines	2906	0	2523	
萨尔瓦多	El Salvador	49053	737	52196	899
苏里南	Surinam	18911	2335	17403	2809
特立尼达和多巴哥	Trinidad and Tobago	31218	13966	32139	11950
特克斯和凯科斯群岛	Turks & Caicos Is.	30	0	38	1
乌拉圭	Uruguay	241327	191122	232360	246642
委内瑞拉	Venezuela	930420	1454334	606450	1312010
英属维尔京群岛	Virgin Is. (E)	15382	1	1107	9
圣其茨-尼维斯	St. Kitts-Nevis	271	13	1559	28
荷属安地列斯群岛	Andreas Is. (N)	11564	0	5953	
拉美其他国家(地区)	Other Countries (Regions) in Latin America	78	0	54	78
北美洲	**North America**	**38011010**	**15616567**	**39781518**	**17765141**
加拿大	Canada	2812480	2321049	2921669	2523697
美国	United States	35177679	13289746	36840640	15234230
格陵兰	Greenland	45	5745	16	7214
百慕大群岛	Bermuda	20776		19004	
北美洲其他国家(地区)	Other Countries (Regions) in North America	30	28	188	1
大洋洲及太平洋群岛	**Oceanic and Pacific Islands**	**4486757**	**9166611**	**4461456**	**10869418**
澳大利亚	Australia	3772831	8461794	3755416	9895406
库克群岛	Cook Islands	403	102	1948	101
斐济	Fiji	21402	2216	24450	5938
盖比群岛	Gambier Is.	4		13	
瑙鲁	Nauru	97	5	108	4
新喀里多尼亚	New Caledonia (Fr)	9665	14938	9034	12925
瓦努阿图	Vanuatu	13361	242	38048	224
新西兰	New Zealand	386454	581029	413168	825321
诺福克岛	Norfolk Islands	32	0	52	
巴布亚新几内亚	Papua New Guinea	64010	64227	55307	79769
社会群岛	Society Is.	396		428	
所罗门群岛	Solomon Is.	3668	37770	3680	40452
汤加	Tonga	2016		3848	3
萨摩亚	Samoa	7175	2	5447	1
基里巴斯	Kiribati	3398	17	1866	46
图瓦卢	Tuvalu	14345		753	
密克罗尼西亚联邦	Micronesia Commonwealth	408	1093	494	998
马绍尔群岛共和国	Marshall. Is.	182320	2338	142245	7775
帕劳共和国	Republic of Palau	164	3	319	1
法属波利尼西亚	Polynesia (F)	4382	804	4505	425
瓦利斯和浮图纳	Wallis and Futuna	20		71	1
大洋洲其他国家(地区)	Other Countries (Regions) in Oceania	204	33	255	28
国别（地区）不详	**Others**		**626672**		**465045**
东南亚国家联盟	**ASEAN**	**20425458**	**19589161**	**24403982**	**19955830**
欧洲联盟	**EU**	**33395911**	**21207835**	**33895346**	**21993670**
亚太经济合作组织	**APEC**	**130608410**	**116277528**	**143570917**	**123540408**

6-26 主要出口商品数量和金额

Major Export Commodities in Quantity and Value

单位：万美元
Unit: USD 10000

商品	Commodities	单位	Unit	数量 Quantity		金额 Value	
				2012	2013	2012	2013
活猪(种猪除外)	Live Hogs	万头	10000 head	164	168	46056	45919
活家禽	Live Poultry	万只	10000 head	736	717	3094	2976
牛肉	Beef	万吨	10000 tn	1	1	8060	4432
猪肉	Pork	万吨	10000 tn	7	7	29504	32539
冻鸡	Frozen Chicken	万吨	10000 tn	9	10	22175	24212
水海产品	Aquatic Products	万吨	10000 tn	368	384	1811810	1942923
鲜蛋	Fresh Eggs	百万个	million pc.	1230	1074	11203	10688
谷物及谷物粉	Cereals and Cereals Flour	万吨	10000 tn	96	95	59373	66416
#稻谷和大米	Rice	万吨	10000 tn	28	48	27213	41674
玉米	Maize	万吨	10000 tn	26	8	10117	3319
蔬菜	Vegetables	万吨	10000 tn	741	778	755935	900551
#鲜或冷藏蔬菜	Fresh Vegetables	万吨	10000 tn	485	519	317737	340171
橘、橙	Mandarins and Oranges	吨	tn	942596	866531	83932	99121
苹果	Apples	吨	tn	975878	994664	95991	102987
松子仁	Pine nut Kernels	吨	tn	11576	10683	17459	21232
大豆	Soybean	万吨	10000 tn	32	21	27913	20194
花生及花生仁	Peanuts	万吨	10000 tn	15	13	27236	21907
食用植物油(含棕榈油)	Edible Vegetable Oil	吨	tn	99519	115491	18357	19313
食糖	Sugar	吨	tn	47144	47771	4349	4178
天然蜂蜜	Natural Honey	吨	tn	110158	124901	21505	24655
茶叶	Tea	吨	tn	313484	325806	104226	124631
辣椒干	Dried Chillies	吨	tn	51957	47168	13748	10993
猪肉罐头	Canned Pork	吨	tn	48109	48624	14967	14944
蘑菇罐头	Canned Mushroom	吨	tn	307841	275028	52250	52716
啤酒	Beer	万升	10000 liters	22574	24944	14099	16289
肠衣	Casings	吨	tn	82809	79462	109716	96164
填充用羽毛及羽绒	Feathers and Dawn for Stuffing	吨	tn	35810	38673	75434	100233
中药材及中式成药	Medical Materials and Medicaments of Chinese Type	吨	tn	196660	197475	84716	119797
烤烟	Flue-cured Tobacco	吨	tn	100800	101547	46326	45783

6-26 续表 1 Continued 1

单位：万美元

Unit: USD 10000

商　　品	Commodities	单　位	Unit	数量 Quantity		金额 Value	
				2012	2013	2012	2013
纸烟	Cigarette	万条	10000 items	12172	12943	44992	48892
锯材	Wood Sawn	万立方米	10000 cu.m	47	45	32949	32399
生丝	Raw Silk	吨	tn	7674	6690	36845	37358
山羊绒	Cashmere	吨	tn	2342	2844	23354	28591
棉花	Cotton	吨	tn	17558	6733	3680	1517
天然石墨	Natural Graphite	万吨	10000 tn	26	25	28646	27658
天然碳酸镁及氧化镁	Magnesian Ores	万吨	10000 tn	213	193	61191	52943
萤石(氟石)	Fluorite	万吨	10000 tn	43	45	15691	13764
天然硫酸钡(重晶石)	Barite	万吨	10000 tn	295	206	36010	27952
滑石	Talcum	万吨	10000 tn	75	66	18987	16674
氧化铝	Aluminium Oxide	吨	tn	43293	186301	3941	9508
煤及褐煤	Coal and Lignite	万吨	10000 tn	928	751	158788	106188
焦炭及半焦炭	Coke and Semi-coke	万吨	10000 tn	102	467	44506	113408
原油	Crude Oil	万吨	10000 tn	243	162	222603	145621
成品油	Petroleum Products Refined	万吨	10000 tn	2427	2851	2130995	2450496
石蜡	Paraffin Wax	万吨	10000 tn	46	50	62630	63038
仲钨酸铵	Tungstate	吨	tn	2533	2798	8772	9082
氧化锌及过氧化锌	Zinc Oxide and Zinc Peroxide	吨	tn	11567	9617	2112	1725
合成有机染料	Synthetic Organic Dyestuffs	吨	tn	269723	290087	125699	149035
医药品	Medical and Pharmaceutical Products	吨	tn	764623	817740	1193474	1232037
#中式成药	Medicaments of Chinese Type	吨	tn	14483	14235	26594	26872
医用敷料	Pharmaceutical Goods	吨	tn	173248	181579	128960	135302
洗衣粉	Detergent	吨	tn	372012	422925	29624	32799
烟花、爆竹	Fireworks and Firecrackers	吨	tn	336051	325695	72368	77127
松香及树脂酸	Resin and Resin Acids	吨	tn	167814	133143	26834	27219
新的充气橡胶轮胎	Rubber Tyres	万条	10000 pc.	41349	44003	1588346	1615291
纸及纸板(未切成形的)	Paper and Paperboard in Rolls	万吨	10000 tn	471	565	568847	681287
棉纱线	Cotton Yarn	吨	tn	447413	523286	218233	251516
丝织物	Silk and Satins					106543	96455
棉机织物	Cotton Cloth					1327439	1550809
亚麻及苎麻机织物	Flax or Ramie Cloth	万米	10000 m	23841	27758	71550	94665
合成短纤与棉混纺机织物	Polyester Cotton Cloth	万米	10000 m	218468	214371	262398	272343
地毯	Carpets	万平方米	10 000 sq.m	48025	47817	240374	250547

6-26 续表 2 Continued 2

单位：万美元
Unit: USD 10000

商品	Commodities	单位	Unit	数量 Quantity		金额 Value	
				2012	2013	2012	2013
塑料编织袋	Bags of PP or PE Strip	万条	10001 pc.	609141	629190	98847	107482
水泥及水泥熟料	Cement	万吨	10000 tn	1200	1454	68363	79568
平板玻璃	Plate Glass	万平方米	10000 sq.m	17632	19506	61311	104350
玻璃制品	Glass Products	万吨	tn	342	358	733445	796020
家用陶瓷器皿	Porcelain and Pottery Ware for Household Use	万吨	10000 tn	256	251	367572	470197
生铁及镜铁	Pig Iron and Spiegel	万吨	10000 tn	30	26	14505	11044
钢坯及粗锻件	Billet and Crude Forgings	万吨	10000 tn			405	375
钢材	Rolled Steel	万吨	10000 tn	5573	6233	5148654	5321251
未锻造的铜及铜合金	Unwrought Copper an its Alloys	吨	tn	274180	293347	228432	226639
铜材	Rolled Copper	吨	tn	492980	488978	422333	417646
未锻造的铝及铝合金	Unwrought Aluminium and its Alloys	万吨	tn	63	57	146768	128001
铝材	Rolled Aluminium	万吨	10000 tn	283	307	979716	1040579
未锻造的锌及锌合金	Zinc and Zinc Alloys	吨	tn	7937	5395	1956	1228
未锻造的锡及锡合金	Tin and Tin Alloys	吨	tn	1738	3002	4361	7033
未锻造的锑、粉末及废碎料	Antimony	吨	tn	9583	2167	11832	2123
未锻造的锰	Manganese	吨	tn	42746	222750	12391	48702
钢铁或铜制标准紧固件	Nails, Bolts,etc	万吨	10000 tn	247	257	461214	470943
手用或机用工具	Hand Tools and Tools for Machines	万吨	10000 tn	145	150	797690	868106
电扇	Fans	万台	10000 set	53550	56143	369570	416559
纺织机械及零件	Textile Machinery					223892	251392
缝纫机(包括工业用)	Sewing Machines (Including Industrial Use)	万台	10000 set	1326	1298	124133	137591
金属加工机床	Machine Tools	万台	10000 set	745	759	274155	285855
电子计算器	Electric calculator	万台	10000 set	34827	32031	65195	66055
自动数据处理设备及其部件	Automatic Data Processing Machines and Components	万台	10000 set	183315	187040	18532103	18216919
自动数据处理设备的零件	Parts for Auto Data Processing Equipment	万吨	10000 tn	80	74	2962266	2859893
轴承	Bearings	万套	10000 pc.	439385	474381	319582	338995
电动机及发电机	Electric Motors and Generators	万台	10000 set	309632	308576	922490	986245
静止式变流器	Static Converters	万个	10000 pc.	404748	495132	1555019	1761365
原电池	Primary Cells and Batteries	万个	10000 pc.	26468	27249	186924	194390
蓄电池	Electric Accumulators	万个	10000 pc.	220640	202032	749110	759162
电话机	Telephone Sets	万台	10000 set	112951	129522	8298745	9715262
收音设备(包括收录音组合机及整套散件)	Radio Sets(Including Sound Recording Apparatus)	万台	10000 set	26091	24090	478161	446678

6-26 续表 3 Continued 3

单位：万美元
Unit: USD 10000

商 品	Commodities	单 位	Unit	数量 Quantity		金额 Value	
				2012	2013	2012	2013
电视机(包括整套散件)	TV Sets	万台	10000 set	6157	5962	1211043	1105332
电容器	Electrical Capacitors	吨	tn	87584	93848	405213	732685
通断保护电路装置及零件	Electrical apparatus for switching or protecting electrical circuits					1991978	2161408
二极管及类似半导体器件	Semi Conductors	百万个	million pc.	323917	351584	2437040	2505878
电线和电缆	Insulated Wire or Cable			186	195	1660040	1839688
集装箱	Containers	万个	10000 unit	248	270	842204	788051
汽车(包括整套散件)	Motor Vehicles	万辆	10000 unit	99	92	1267084	1197520
汽车零件	Parts of Motor Vehicles	万吨	10000 tn			2567591	2905562
自行车	Bicycles	万辆	10000 unit	5715	5695	317628	316920
船舶	Ships	艘	unit	2758091	3045146	3611112	2592708
照相机	Cameras	万架	10000 set	10093	6841	643604	469486
医疗仪器及器械	Medical Instruments and Appliances					729253	818016
手表	Wrist Watches	万只	10000 pc.	66216	63420	191298	220008
日用钟	Clocks	万只	10000 set	38993	36653	109214	108330
家具及其零件	Furniture					4881712	5182283
非针织钩编织物服装	Garments (Excluding Knitwear and Crochet)					5502054	6100211
针织或钩编的服装	Garments, Knitted or Crocheted					7795402	8689284
皮面鞋	Leather Shoes	万双	10000 pair	83644	86582	1092544	1201068
橡胶或塑料底纺织材料为面的鞋	Cloth Shoes With Outer of Rubber or Artificial Plastic Materials(including Gym Shoes)	万双	10000 pair	199268	222735	815204	962956
塑料制品	Plastic Articles	万吨	10000 tn	851	896	3156517	3529316
玩具	Toys					1144977	1237888
足球、篮球、排球	Footballs、Basketballs and Volleyballs	万个	10000 pc.	20992	23366	48001	53961
伞	Umbrellas	万把	10000 pc.	46661	46245	255930	268900
竹编结品	Bamboo Products	吨	tn	31936	25741	20403	17787
藤编结品	Rattan Products	吨	tn	12444	10183	10069	9308
草编结品	Straw Products	吨	tn	21840	18979	14287	13600
柳编结品	Wickerwork	吨	tn	64430	54063	46226	42942
机电产品	**Mechanical and Electrical Products**					**117933764**	**126466246**
高新技术产品	**High and New-technology Products**					**60116385**	**66008130**

6-27 主要进口商品数量和金额

Major Import Commodities in Quantity and Value

单位：万美元

Unit: USD 10000

商品	Commodities	单位	Unit	数量 Quantity		金额 Value	
				2012	2013	2012	2013
谷物及谷物粉	Cereals and Cereals Flour	万吨	10000 tn	1398	1458	478673	510060
#玉米	Maize	万吨	10000 tn	521	327	168927	93750
小麦	Wheat	万吨	10000 tn	370	554	110863	188056
稻谷和大米	Rice	万吨	10000 tn	237	227	115335	108303
大豆	Soybean	万吨	10000 tn	5838	6338	3499017	3800944
食用植物油(含棕榈油)	Edible Vegetable Oil	万吨	10000 tn	845	810	969212	807489
食糖	Sugar	万吨	10000 tn	375	455	224374	206867
天然橡胶(包括胶乳)	Natural Rubber	万吨	10000 tn	218	247	681347	639258
合成橡胶(包括胶乳)	Synthetic Rubber	万吨	10000 tn	144	153	509697	442836
原木	Logs	万立方米	10000 cu.m	3789	4516	725288	932014
锯材	Wood Sawn	万立方米	10000 cu.m	2063	2402	551749	682629
纸浆	Paper Pulp	万吨	10000 tn	1646	1685	1097283	1137526
羊毛及毛条	Wool and Wool Tops	万吨	10000 tn	32	36	271002	283983
棉花	Cotton, not Carded or Combed	万吨	10000 tn	513	415	1180425	844135
纺织用合成纤维	Synthetic Fiber Suitable for Spinning	万吨	10000 tn	33	38	100866	115442
#聚酯纤维	Polyester Fiber	万吨	10000 tn	11	13	21121	24157
聚丙烯腈纤维	Polyacrylonitrile Fiber	万吨	10000 tn	19	21	59248	66771
铁矿砂及其精矿	Iron Ore	万吨	10000 tn	74360	81910	9573960	10617538
锰矿砂及其精矿	Manganese Ores	万吨	10000 tn	1235	1660	218599	319236
铜矿砂及其精矿	Copper Ores	万吨	10000 tn	783	1007	1695073	1950898
铬矿砂及其精矿	Chromium Ores	万吨	10000 tn	929	1209	203557	238839
氧化铝	Aluminium Oxide	万吨	10000 tn	502	383	181607	140451
煤及褐煤	Coal and Lignite	万吨	10000 tn	28841	32702	2871613	2906637
原油	Crude Oil	万吨	10000 tn	27103	28174	22079989	21966037
成品油	Petroleum Products Refined	万吨	10000 tn	3982	3959	3307184	3202573
乙二醇	Ethylene Glycol	万吨	10000 tn	793	823	813045	867960
对苯二甲酸	Terephthalic Acid	万吨	10000 tn	537	274	586359	298834
己内酰胺	CPL	万吨	10000 tn	71	45	181365	107592
医药品	Pharmaceutical Products	吨	tn	100066	97584	1388602	1621623
肥料(自然吨)	Fertilizer	万吨	10000 tn	843	793	404889	339274

6-27 续表 Continued

单位：万美元
Unit: USD 10000

商　　品	Commodities	单 位	Unit	数量 Quantity		金额 Value	
				2012	2013	2012	2013
#尿素	Urea	吨	tn	170978	30443	7135	1090
氮、磷、钾复合肥	Compound Fertilizers of Nitrogen, Phosphor and Kalium	万吨	10000 tn	132	135	75393	75334
磷酸氢二胺	Diammonium Phosphate	万吨	10000 tn	16	22	10295	11335
氯化钾	Potassium Chloride	万吨	10000 tn	634	603	291853	237655
初级形状的聚乙烯	Polyethylene in primary Forms	万吨	10000 tn	558	646	776455	958270
初级形状的聚丙烯	Polypropylene in Primary Forms	万吨	10000 tn	392	359	580255	559587
初级形状的苯乙烯聚合物	Polystyrene in Primary Forms	万吨	10000 tn	312	307	631729	640791
#ABS树脂	A BS Copolymers	万吨	10000 tn	167	167	362422	359708
初级形状的聚氯乙烯	Polyvinyl Chloride in Primary Forms	万吨	10000 tn	121	104	136541	122613
聚酯切片	Slices or Chips of Polyethylene Terephthalate	万吨	10000 tn	18	19	32469	35155
农药	Pesticides	吨	tn	68928	76928	59230	69292
纸及纸板(未切成形的)	Paper and Paperboard	万吨	10000 tn	311	284	383539	366027
钢材	Rolled Steel	万吨	10000 tn	1366	1408	1780522	1705246
未锻造的铜及铜合金	Copper and Copper Alloys	万吨	10000 tn	398	384	3187050	2854691
铜材	Rolled Copper	万吨	10000 tn	67	65	674471	644610
未锻造的铝及铝合金	Aluminium and Aluminium Alloys	万吨	10000 tn	64	48	140036	101004
铝材	Rolled Aluminium	万吨	10000 tn	53	48	338947	302631
蒸汽锅炉及过热水锅炉	Boilers	台	set	365	369	6923	4291
制冷设备用压缩机	Compressors for Refrigerating Equipment	万台	10000 set	1196	1274	105089	114978
金属加工机床	Machine Tools	台	set	109957	75490	1365356	1006594
阀门	Valves	万套	10000 set	47827	61765	602973	650059
自动数据处理设备及其部件	Automatic Data Processing Machines	万台	10000 set	73316	74743	3693788	3082429
自动数据处理设备的零件	Parts of Automatic Data Processing Machines	吨	tn	155351	138873	1724975	1693299
电话机	Line Telephonic or Telegraphic Switching Apparatus	万台	10000 set	1167	1002	173598	180989
收音设备(包括收录音组合机及整套散件)	Sound Recording Apparatus	万台	10000 set	164	142	21676	26663
电视机(包括整套散件)	TV Sets	万台	10000 set	3	5	1414	3088
电视显像管	Cathode-ray TV Picture Tube	万只	10000 set	118	41	2469	757
汽车(包括整套散件)	Motor Vehicles and Chassis	辆	unit	1129731	1192179	4748806	4871679
#小轿车(包括整套散件)	Cars	辆	unit	446783	423399	1956291	1761831
货车(包括整套散件)	Trucks	辆	unit	17998	9418	155949	83981
自卸车(包括整套散件)	Dump Trucks	辆	unit	242	234	19297	14507
装有引擎的汽车底盘	Chassis with Engines	台	unit	1099	1254	8103	13582
汽车零件	Parts of Motor Vehicles					2296789	2539196
飞机	Aircraft	架	unit	517	741	1569269	2090404
船舶	Ships	艘	unit	3540	5335	60139	86447
医疗仪器及器械	Medical Instruments and Appliances					708736	789285
机电产品	**Mechanical and Electrical Products**					**78262735**	**83969959**
高新技术产品	**High and New-technology Products**					**50707782**	**55794224**

6-28 各地区进出口总额(按境内目的地、货源地分)
Import and Export Value by Region in Border According to Destination or Source of Goods

单位：万美元
Unit: USD 10000

地区	Region	2012 出口 Exports	2012 进口 Imports	2013 出口 Exports	2013 进口 Imports
全国	**Total**	**204871442**	**181840500**	**220900400**	**194998947**
北京	Beijing	3124774	9741817	3322140	9833938
天津	Tianjin	4906048	7378744	4892996	8567011
河北	Hebei	3727328	4501572	4084405	4937531
山西	Shanxi	844689	814485	974937	741156
内蒙古	Inner Mongolia	539399	857519	525553	913393
辽宁	Liaoning	5251715	6582069	5340791	6795260
吉林	Jilin	602771	1845065	569895	1949170
黑龙江	Heilongjiang	990761	1830541	1223890	1515748
上海	Shanghai	19354245	24061467	18878591	24549208
江苏	Jiangsu	33424029	25442565	33380420	25949109
浙江	Zhejiang	24466543	10352191	26241357	10309401
安徽	Anhui	2064675	1231260	2246022	1646731
福建	Fujian	8882715	5736389	9431370	6016932
江西	Jiangxi	2002105	1021462	2330062	1035181
山东	Shandong	13593588	16071053	14154610	17339599
河南	Henan	3193072	2240236	3857779	2419580
湖北	Hubei	1875374	1368409	2098600	1464929
湖南	Hunan	1234202	911032	1440297	991310
广东	Guangdong	63622169	47910672	73176341	54942818
广西	Guangxi	921500	3165972	939561	2930046
海南	Hainan	280703	1175351	317293	1158511
重庆	Chongqing	3104672	1419421	3821140	2057384
四川	Sichuan	3115567	2054635	3276046	2233422
贵州	Guizhou	314607	190636	320949	154751
云南	Yunnan	542364	669573	876855	705576
西藏	Tibet	202370	9170	204923	5492
陕西	Shaanxi	850077	668896	1022410	999565
甘肃	Gansu	183042	533297	142943	541213
青海	Qinghai	42797	38499	35071	50501
宁夏	Ningxia	187459	79850	179874	80954
新疆	Xinjiang	1426084	1936653	1593282	2163529

6-29 各地区进出口总额(按经营单位所在地分)

Import and Export Value by Location of Importers and Exporters

单位：万美元

Unit: USD 10000

地区	Region	2012		2013	
		出口 Exports	进口 Imports	出口 Exports	进口 Imports
全国	**Total**	**204871442**	**181840500**	**220900400**	**194998947**
北京	Beijing	5963209	34847523	6309756	36589825
天津	Tianjin	4831256	6732171	4900494	7949685
河北	Hebei	2959820	2096485	3096061	2395096
山西	Shanxi	701604	802707	799557	779541
内蒙古	Inner Mongolia	397016	728882	409256	790201
辽宁	Liaoning	5795905	4613094	6452201	4995618
吉林	Jilin	598268	1858033	673891	1909283
黑龙江	Heilongjiang	1443517	2315512	1623173	2264737
上海	Shanghai	20673017	22985679	20418003	23708819
江苏	Jiangsu	32852352	21943797	32880175	22200052
浙江	Zhejiang	22451714	8788421	24874624	8704246
安徽	Anhui	2674850	1253604	2825131	1726766
福建	Fujian	9783259	5810536	10647442	6284648
江西	Jiangxi	2511279	830104	2816665	857998
山东	Shandong	12870921	11683512	13419013	13234141
河南	Henan	2967645	2206236	3598710	2396977
湖北	Hubei	1939850	1256525	2283621	1354387
湖南	Hunan	1260220	934653	1482120	1035411
广东	Guangdong	57405077	40996969	63636385	45521759
广西	Guangxi	1546775	1401671	1869326	1413424
海南	Hainan	313610	1118600	370649	1127895
重庆	Chongqing	3856758	1463600	4679590	2189627
四川	Sichuan	3846907	2067453	4194906	2262560
贵州	Guizhou	495223	167933	688598	140413
云南	Yunnan	1001737	1099636	1567138	963218
西藏	Tibet	335518	6896	326905	5036
陕西	Shaanxi	865226	614677	1022566	990240
甘肃	Gansu	357355	532721	467732	555879
青海	Qinghai	72876	42871	84726	55548
宁夏	Ningxia	164112	57559	255216	66553
新疆	Xinjiang	1934565	582441	2226774	529366

6-30 外商投资企业出口额
Exports of Foreign-funded Enterprises

单位：万美元
Unit: USD 10000

年 份 Year	合计 Total	中外合资经营企业 Equity Joint Venture	中外合作经营企业 Contractual Joint Venture	外商独资经营企业 Wholly Foreignowned Enterprises
1980	824	824		
1981	3235	3022		213
1982	5287	2925		2362
1983	33036	3815		29221
1984	6894	5994		900
1985	29670	21825		7845
1986	58203	47865		10338
1987	120809	103793		17016
1988	245642	215391		30251
1989	491320	343596	79470	68254
1990	781379	526405	132135	122839
1991	1204725	769116	188447	247162
1992	1735619	1046465	261462	427692
1993	2523717	1411653	387817	724247
1994	3471297	1807458	535529	1128310
1995	4687587	2268886	679095	1739606
1996	6150636	2975031	794900	2380705
1997	7489986	3468059	898836	3123091
1998	8096189	3557015	872930	3666244
1999	8862766	3712097	814642	4336027
2000	11944121	5031107	992921	5920093
2001	13321810	5407673	1017667	6896470
2002	16998509	6207651	1169507	9621351
2003	24030598	8101382	1324353	14604863
2004	33859184	10962004	1478119	21419061
2005	44418252	13598693	1566396	29253163
2006	56377905	16372461	1771238	38234206
2007	69537077	19875818	1811744	47849515
2008	79049270	22674411	1833782	54541078
2009	67207409	18232943	1458524	47515943
2010	86222882	23758160	1647020	60817702
2011	99522704	27301423	1766749	70454532
2012	102262008	28726066	1616005	71919937
2013	104372410	30049934	1568839	72753637

注：1989年以前中外合资数据包含了合作企业数据(下表同)。
Note: Figures of equity joint venture before 1989 include contractual joint ventures.The some applies to the table folloming.

6-31 外商投资企业进口额

Imports of Foreign-funded Enterprises

单位：万美元

Unit: USD 10000

年 份 Year	合计 Total	中外合资经营企业 Equity Joint Venture	中外合作经营企业 Contractual Joint Venture	外商独资经营企业 Wholly Foreignowned Enterprises
1980	3441	3412		29
1981	11087	10089		998
1982	27642	23999		3643
1983	28801	6159		22642
1984	39921	11720		28201
1985	206410	188594		17816
1986	243031	223568		19463
1987	312218	289851		22367
1988	574671	534534		40137
1989	879617	653242	142478	83897
1990	1230633	885345	177366	167922
1991	1690700	1140857	245268	304575
1992	2637070	1720559	381398	535113
1993	4183320	2590434	703739	889147
1994	5293418	2988082	920002	1385334
1995	6294271	3481818	901023	1911430
1996	7560380	4109442	929004	2521934
1997	7772135	4019173	913914	2839048
1998	7671749	3744447	795342	3131960
1999	8588361	4112889	690888	3784584
2000	11727269	5433175	851674	5442420
2001	12584296	5635689	773729	6174878
2002	16025439	6079503	840325	9105611
2003	23186398	8081936	995078	14109384
2004	32444849	10914713	1072630	20457506
2005	38745612	11834619	958539	25952453
2006	47248045	13552683	992681	32702680
2007	55979304	15495775	885985	39597544
2008	61942848	18128172	880413	42934264
2009	54540486	15886071	663684	37990732
2010	75485663	20978710	2385128	52121824
2011	86467170	25581427	856855	60028888
2012	87150012	27493460	824107	58832446
2013	87459048	28406594	828521	58223933

6-32 各地区外商投资企业进出口额

Exports and Imports of Foreign-funded Enterprises by Region in Border

单位：万美元

Unit: USD 10000

地区	Region	2012 出口 Exports	2012 进口 Imports	2013 出口 Exports	2013 进口 Imports
全国	**Total**	**102262008**	**87150012**	**104372410**	**87459048**
北京	Beijing	2134714	5313199	2266758	5187242
天津	Tianjin	3281385	4462067	3282008	4732507
河北	Hebei	942078	833103	846339	752087
山西	Shanxi	221498	221798	360433	181631
内蒙古	Inner Mongolia	87697	87309	77636	85064
辽宁	Liaoning	2350651	2353120	2192168	2306891
吉林	Jilin	149685	953582	130031	942991
黑龙江	Heilongjiang	55994	48590	58265	83228
上海	Shanghai	13867677	15123507	13673977	15182076
江苏	Jiangsu	20466975	15310599	19419536	14513480
浙江	Zhejiang	6298108	4020594	6206415	3770510
安徽	Anhui	459109	538356	526434	668277
福建	Fujian	3912712	3478547	4165028	3379673
江西	Jiangxi	646261	683630	634406	642309
山东	Shandong	6048932	4148210	5823864	4279007
河南	Henan	1874349	1503708	2298177	1694373
湖北	Hubei	762005	621262	732409	669986
湖南	Hunan	293674	334405	329749	305865
广东	Guangdong	34051040	23072672	35729251	23477802
广西	Guangxi	354223	608363	366629	580306
海南	Hainan	161005	987415	186262	908713
重庆	Chongqing	1616612	878092	2581123	1182915
四川	Sichuan	1826060	1194180	1907785	1227410
贵州	Guizhou	11753	7256	10418	11545
云南	Yunnan	34126	28249	37119	47254
西藏	Tibet	15	26	14	
陕西	Shaanxi	303991	310920	492346	607624
甘肃	Gansu	9806	1990	4989	2286
青海	Qinghai	2406	2493	1363	7426
宁夏	Ningxia	21816	10984	19271	15638
新疆	Xinjiang	15651	11788	12210	12935

6-33 各地区中外合资企业进出口额

Exports and Imports of Equity Joint Ventures by Region in Border

单位：万美元

Unit: USD 10000

地区	Region	2012 出口 Exports	2012 进口 Imports	2013 出口 Exports	2013 进口 Imports
全国	**Total**	**28726066**	**27493460**	**30049934**	**28406594**
北京	Beijing	1294838	1045060	1458547	1168882
天津	Tianjin	1585705	2100411	1624460	2324260
河北	Hebei	495437	365089	443589	307307
山西	Shanxi	36034	121881	215830	132462
内蒙古	Inner Mongolia	31960	72925	21266	69731
辽宁	Liaoning	934744	1418752	1005688	1496719
吉林	Jilin	61369	852320	50533	840148
黑龙江	Heilongjiang	41323	21207	45228	35623
上海	Shanghai	1952908	2101697	2031121	2296954
江苏	Jiangsu	4547444	4109276	4354314	3556627
浙江	Zhejiang	3351016	2108908	3277431	1941180
安徽	Anhui	241205	393315	246641	487233
福建	Fujian	921786	1558082	1071000	1435221
江西	Jiangxi	205434	493585	206318	453234
山东	Shandong	2749675	1883701	2603645	2044745
河南	Henan	1749160	1418734	2174732	1628318
湖北	Hubei	543816	527375	525205	573039
湖南	Hunan	162173	216777	191860	218051
广东	Guangdong	7167933	4889420	7787721	5360454
广西	Guangxi	156513	282376	173474	300724
海南	Hainan	116534	967491	157843	876876
重庆	Chongqing	120140	288252	147498	422045
四川	Sichuan	119610	173667	122666	193477
贵州	Guizhou	5549	4668	5149	8992
云南	Yunnan	10301	15726	10014	32221
西藏	Tibet	10	7	12	
陕西	Shaanxi	87909	51009	77827	189313
甘肃	Gansu	6467	1240	2274	1440
青海	Qinghai	2404	2100	1353	7395
宁夏	Ningxia	14372	2800	7524	1086
新疆	Xinjiang	12301	5612	9172	2836

6-34 各地区中外合作企业进出口额

Exports and Imports of Contractual Joint Ventures by Region in Border

单位：万美元

Unit: USD 10000

地　区	Region	2012		2013	
		出口 Exports	进口 Imports	出口 Exports	进口 Imports
全　国	**Total**	**1616005**	**824107**	**1568839**	**828521**
北　京	Beijing	8276	4950	4777	5265
天　津	Tianjin	20307	26091	15124	25843
河　北	Hebei	19364	79170	19599	96762
山　西	Shanxi	3163	141	2385	65
内蒙古	Inner Mongolia	148		195	
辽　宁	Liaoning	47234	13803	44186	12861
吉　林	Jilin	8224	2771	6252	1715
黑龙江	Heilongjiang	250	22	187	2
上　海	Shanghai	256008	150065	249599	129636
江　苏	Jiangsu	103298	155013	116743	177936
浙　江	Zhejiang	59979	24701	51765	26280
安　徽	Anhui	5205	862	3543	452
福　建	Fujian	15284	15654	14540	15275
江　西	Jiangxi	466	458	4484	415
山　东	Shandong	58416	29136	63144	22876
河　南	Henan	925	4996	1475	13597
湖　北	Hubei	7089	607	4028	420
湖　南	Hunan	382	187	580	176
广　东	Guangdong	969728	307927	944798	285948
广　西	Guangxi	2036	344	2559	1223
海　南	Hainan	26257	1877	14302	805
重　庆	Chongqing	785	45	2586	82
四　川	Sichuan	999	1988	784	1648
贵　州	Guizhou	414	192	409	221
云　南	Yunnan	1146	2131	414	2932
西　藏	Tibet				
陕　西	Shaanxi	331	39	300	911
甘　肃	Gansu			48	
青　海	Qinghai		70	1	19
宁　夏	Ningxia	144		30	
新　疆	Xinjiang	146	869	3	5155

6-35 各地区外商独资企业进出口额

Exports and Imports of Wholly Foreign-owned Enterprises by Region in Border

单位：万美元
Unit: USD 10000

地区	Region	2012 出口 Exports	2012 进口 Imports	2013 出口 Exports	2013 进口 Imports
全国	**Total**	**71919937**	**58832446**	**72753637**	**58223933**
北京	Beijing	831600	4263190	803434	4013095
天津	Tianjin	1675374	2335565	1642424	2382404
河北	Hebei	427277	388845	383151	348018
山西	Shanxi	182300	99776	142219	49104
内蒙古	Inner Mongolia	55589	14383	56174	15333
辽宁	Liaoning	1368673	920565	1142294	797310
吉林	Jilin	80092	98491	73246	101127
黑龙江	Heilongjiang	14422	27362	12850	47602
上海	Shanghai	11658761	12871745	11393257	12755486
江苏	Jiangsu	15816234	11046309	14948479	10778918
浙江	Zhejiang	2887113	1886986	2877220	1803050
安徽	Anhui	212699	144180	276250	180592
福建	Fujian	2975643	1904810	3079489	1929177
江西	Jiangxi	440362	189586	423603	188659
山东	Shandong	3240842	2235373	3157075	2211386
河南	Henan	124264	79978	121969	52458
湖北	Hubei	211100	93280	203176	96526
湖南	Hunan	131119	117442	137308	87639
广东	Guangdong	25913379	17875325	26996732	17831400
广西	Guangxi	195675	325642	190596	278359
海南	Hainan	18214	18047	14117	31032
重庆	Chongqing	1495687	589795	2431039	760787
四川	Sichuan	1705452	1018526	1784334	1032285
贵州	Guizhou	5790	2396	4860	2332
云南	Yunnan	22679	10392	26692	12101
西藏	Tibet	5	20	3	
陕西	Shaanxi	215751	259873	414218	417399
甘肃	Gansu	3339	750	2667	846
青海	Qinghai	2	322	9	12
宁夏	Ningxia	7299	8185	11717	14551
新疆	Xinjiang	3204	5307	3035	4943

6-36 经济特区中外合资企业进出口额
Exports and Imports of Equity Joint Ventures in Special Economic Zone

单位：万美元
Unit: USD 10000

地　区	Region	2012		2013	
		出口 Exports	进口 Imports	出口 Exports	进口 Imports
合　计	**Total**	**3250074**	**3205055**	**3713503**	**3340682**
深　圳	Shenzhen	2634175	1712166	2954891	1817018
珠　海	Zhuhai	215723	314430	237020	334651
汕　头	Shantou	50537	16259	49098	20914
厦　门	Xiamen	233106	194708	314652	291222
海　南	Hainan	116534	967491	157843	876876

6-37 经济特区中外合作企业进出口额
Exports and Imports of Contractual Joint Ventures in Special Economic Zone

单位：万美元
Unit: USD 10000

地　区	Region	2012		2013	
		出口 Exports	进口 Imports	出口 Exports	进口 Imports
合　计	**Total**	**582263**	**79113**	**571553**	**73833**
深　圳	Shenzhen	529577	51832	532476	48514
珠　海	Zhuhai	10738	9958	11809	9149
汕　头	Shantou	7643	1363	4794	1772
厦　门	Xiamen	8047	14084	8172	13593
海　南	Hainan	26257	1877	14302	805

6-38 经济特区外商独资企业进出口额
Exports and Imports of Wholly Foreign-owned Enterprises in Special Economic Zone

单位：万美元
Unit: USD 10000

地　区	Region	2012		2013	
		出口 Exports	进口 Imports	出口 Exports	进口 Imports
合　计	**Total**	**12940819**	**9157507**	**13224304**	**9034060**
深　圳	Shenzhen	10852175	7688319	11096776	7574506
珠　海	Zhuhai	1374250	857292	1434734	829696
汕　头	Shantou	82776	62335	82983	59039
厦　门	Xiamen	613403	531514	595694	539788
海　南	Hainan	18214	18047	14117	31032

外资

FOREIGN CAPITAL

第7篇

7-1 利用外资合同金额

Contractual Amount of Foreign Capital

单位:亿美元

Unit: USD 100 million

年 份 Year	总 计 Total		对外借款 Foreign Loans		外商直接投资 Direct Foreign Investment		外商其他投资 Other Foreign Investment
	项目(个) Number of Contracts (unit)	金 额 Amount	项目(个) Number of Contracts (unit)	金 额 Amount	项目(个) Number of Contracts (unit)	金 额 Amount	金 额 Amount
1979-1982	947	194.96	27	135.49	920	49.58	9.89
1983	690	36.15	52	15.13	638	19.17	1.85
1984	2204	50.15	38	19.16	2166	28.75	2.24
1985	3145	102.69	72	35.34	3073	63.33	4.02
1986	1551	122.33	53	84.07	1498	33.30	4.96
1987	2289	121.36	56	78.17	2233	37.09	6.10
1988	6063	160.04	118	98.13	5945	52.97	8.94
1989	5909	114.79	130	51.85	5779	56.00	6.94
1990	7371	120.86	98	50.99	7273	65.96	3.91
1991	13086	195.83	108	71.61	12978	119.77	4.45
1992	48858	694.39	94	107.03	48764	581.24	6.12
1993	83595	1232.73	158	113.06	83437	1114.36	5.31
1994	47646	937.56	97	106.68	47549	826.80	4.08
1995	37184	1032.05	173	112.88	37011	912.82	6.35
1996	24673	816.10	117	79.62	24556	732.76	3.71
1997	21138	610.58	137	58.72	21001	510.03	41.82
1998	19850	632.01	51	83.85	19799	521.02	27.14
1999	17022	520.09	104	83.60	16918	412.23	24.26
2000	22347	711.30			22347	623.80	87.50
2001	26140	719.76			26140	691.95	27.81
2002	34171	847.51			34171	827.68	19.82
2003	41081	1169.01			41081	1150.69	18.32
2004	43664	1565.88			43664	1534.79	31.09
2005	44001	1925.93			44001	1890.65	35.28
2006	41473	1982.16			41473	1937.27	44.89
2007	37871				37871		
2008	27514				27514		
2009	23435				23435		
2010	27406				27406		
2011	27712				27712		
2012	24925				24925		
2013	22773				22773		

注：本数据来自商务部，从2007年起商务部不公布合同外资金额。

Note: Ministry of Commerce did not issue the Relative Data since 2007.

7-2 实际利用外资额

Amount of Foreign Capital Used

单位:亿美元

Unit: USD 100 million

年 份 Year	总 计 Total	对外借款 Foreign Loans	外商直接投资 Foreign Direct Investment	外商其他投资 Other Foreign Investment
1979-2012	**14814.35**		**12761.08**	**581.71**
1979-1982	130.60	106.90	17.69	6.01
1983	22.61	10.65	9.16	2.80
1984	28.66	12.86	14.19	1.61
1985	47.60	25.06	19.56	2.98
1986	76.28	50.14	22.44	3.70
1987	84.52	58.05	23.14	3.33
1988	102.26	64.87	31.94	5.45
1989	100.60	62.86	33.92	3.81
1990	102.89	65.34	34.87	2.68
1991	115.54	68.88	43.66	3.00
1992	192.03	79.11	110.08	2.84
1993	389.60	111.89	275.15	2.56
1994	432.13	92.67	337.67	1.79
1995	481.33	103.27	375.21	2.85
1996	548.05	126.69	417.26	4.10
1997	644.08	120.21	452.57	71.30
1998	585.57	110.00	454.63	20.94
1999	526.59	102.12	403.19	21.28
2000	593.56	100.00	407.15	86.41
2001	496.72		468.78	27.94
2002	550.11		527.43	22.68
2003	561.40		535.05	26.35
2004	640.72		606.30	34.43
2005	638.05		603.25	34.80
2006	670.76		630.21	40.55
2007	783.39		747.68	35.72
2008	952.53		923.95	28.58
2009	918.04		900.33	17.71
2010	1088.21		1057.35	30.86
2011	1176.98		1160.11	16.87
2012	1132.94		1117.16	15.78
2013	1187.21		1175.86	11.34

7-3　分方式外商投资
Foreign Direct and Other Investment by Form

单位：亿美元
unit: USD 100 million

方　式	Form	2011 项目(个) Nunber of Contracts (unit)	2011 金　额 Amount	2012 项目(个) Nunber of Contracts (unit)	2012 金　额 Amount	2013 项目(个) Nunber of Contracts (unit)	2013 金　额 Amount
总　计	**Total**	**27712**	**1176.98**	**24925**	**1132.94**	**22773**	**1187.21**
一、外商直接投资	**Direct Foreign Investment**	**27712**	**1160.11**	**24925**	**1117.16**	**22773**	**1175.86**
合资经营	Equity Joint Venture	5005	214.15	4355	217.06	4476	237.72
合作经营	Contractual Joint Venture	284	17.57	166	23.08	142	19.44
独资经营	Wholly Foreign-owned Enterprise	22388	912.05	20352	861.32	18125	895.89
外商投资股份制企业	FDI Share- holding Inc.	35	16.34	52	15.70	30	22.81
合作开发	Joint Exploration						
其他	Other						
二、外商其他投资	**Other Foreign Investment**		**16.87**		**15.78**		**11.34**
对外发行股票	Shares Issued to Foreign Countries		9.39		7.27		3.26
国际租赁	International Leasing						
补偿贸易	Compensation Trade		0.54		0.95		
加工装配	Processing Assembly		6.94		7.56		8.08

7-4　外商直接投资行业分布(2013年)
Foreign Direct Investment by Sector

单位：万美元
Unit:USD 10000

行　业	Sector	合同项目(个) Number of Contracts (unit)	实际使用金　额 Actually Utilized Value
总　计	**Total**	**22773**	**11758620**
农、林、牧、渔业	Agriculture,Forestry,Animal Husbandry and Fishing	757	180003
农业	Agriculture	479	94739
采矿业	Mining	47	36495
石油和天然气开采业	Petroleum and Natural Gas Mining	21	11683
制造业	Manufacturing	6504	4555498
纺织业	Textile	155	122780
化学原料及化学制品制造业	Chemistry Raw Material and Chemical Product Manufacturing	263	393039
医药制造业	Medicine Manufacturing	107	103623
通用设备制造业	General Purpose Equipment Manufacturing	770	353479
专用设备制造业	Special Purpose Equipment Manufacturing	554	348933
通信设备、计算机及其他电子设备制造业	Communication Facility, Computer and other Electronic Installation Manufacturing	783	640636
电力、燃气及水的生产和供应业	Production and Distribution of Electricity ,Gas and Water	200	242910
建筑业	Construction	180	121983
交通运输、仓储和邮政业	Transport, Storage and Post	401	421738
信息传输、计算机服务和软件业	Information Transmission, Computer Services and Software	796	288056
批发和零售业	Wholesale and Retail Trade	7349	1151099
住宿和餐饮业	Hotel and Restaurants	436	77181
旅游饭店	Traveling Hotel	5	29834
金融业	Financial Intermediation	509	233046
房地产业	Real Estate	530	2879807
房地产开发经营	Property Development Management	393	2809121
租赁和商务服务业	Leasing and Business Services	3359	1036158
科学研究、技术服务和地质勘查业	Scientific Research, Technical Service and Geologic Prospecting	1241	275026
水利、环境和公共设施管理业	Management of Water Conservancy, Environment and Public Facilities	107	103586
居民服务和其他服务业	Services to Households and Other Services	166	65693
教育	Education	22	1822
卫生、社会保障和社会福利业	Health, Social Security and Social Welfare	18	6435
文化、体育和娱乐业	Culture, Sports and Entertainment	151	82079
公共管理和社会组织	Public Management and Social Organizations		5

7-5 分国别(地区)外商实际投资

Utilization of Foreign Direct and Other Investment by Country or Region

单位：万美元

Unit: USD 10000

国别(地区)	Country/Region	2012			2013		
		外商直接投资合同项目 Number of FDI Contracts (unit)	外商直接投资 Foreign Direct Investment	外商其他投资 Other Foreign Investment	外商直接投资合同项目 Number of FDI Contracts (unit)	外商直接投资 Foreign Direct Investment	外商其他投资 Other Foreign Investment
总　　计	**Total**	**24925**	**11171614**	**157807**	**22773**	**11758620**	**113439**
亚洲	**Asia**	**19601**	**8669559**	**117523**	**18182**	**9467234**	**95279**
阿富汗	Afghanistan	10	163		7	558	
巴林	Bahrain	1	79				
孟加拉国	Bangladesh	7	227		29	27	
文莱	Brunei	51	15109		51	13319	
缅甸	Myanmar	2	384		3	585	
柬埔寨	Cambodia	3	1660		4	2251	
塞浦路斯	Cyprus	15	863		6	2128	
朝鲜	Korea DPR	24	155		20	268	
中国香港	Hong Kong, China	12604	6556119	109534	12014	7339667	88298
印度	India	77	4406		66	2705	
印度尼西亚	Indonesia	45	6378		31	12623	
伊朗	Iran	83	410		70	325	
伊拉克	Iraq	8	93		8	101	
以色列	Israel	39	1250		40	1365	
日本	Japan	1579	735156	7500	943	705817	6981
约旦	Jordan	18	120		10	125	
科威特	Kuwait				2	69	
老挝	LaoPDR	1	200				
黎巴嫩	Lebanon	10	371		8	199	
中国澳门	Macao, China	303	50556		310	46020	
马来西亚	Malaysia	165	31751		148	28053	
蒙古	Mongolia	15	25		4	207	
尼泊尔	Nepal	6	3		7	11	
巴基斯坦	Pakistan	52	183		31	1805	
巴勒斯坦	Palestine	3	10		2	3	
菲律宾	Philippines	28	13221		26	6726	
卡塔尔	Qatar	1	2706			1771	
沙特阿拉伯	Saudi Arabia	14	4987		14	5851	
新加坡	Singapore	698	630508		731	722872	
韩国	Korea	1306	303800		1371	305421	
斯里兰卡	Sri Lanka	6	20		6		
叙利亚	Syria	15	95		19	248	
泰国	Thailand	55	7772		37	48305	
土耳其	Turkey	54	1556		77	4004	
阿联酋	United Arab Emirates	41	12963		29	4381	
也门共和国	Yemen Rep.	9	287		12	90	
越南	Vietnam	8	316		6		
中国台湾	Taiwan, China	2229	284707	489	2017	208771	
哈萨克斯坦	Kazakhstan	8	555		13	363	
吉尔吉斯斯坦	Kirghizia	1	27		1		
塔吉克斯坦	Tadzhikistan	1	11				
土库曼斯坦	Turkmenistan				1	19	
乌兹别克斯坦	Uzbekstan	2	155		8	5	
亚洲其他	Oth.Asia.nes	4	202			176	
非洲	**Africa**	**367**	**138787**		**334**	**137901**	
阿尔及利亚	Algeria	2	571		3	5	

7-5　续表 1　Continued 1

单位：万美元

Unit: USD 10000

国别(地区)	Country/Region	2012			2013		
		外商直接投资合同项目 Number of FDI Contracts(unit)	外商直接投资 Foreign Direct Investment	外商其他投资 Other Foreign Investment	外商直接投资合同项目 Number of FDI Contracts(unit)	外商直接投资 Foreign Direct Investment	外商其他投资 Other Foreign Investment
安哥拉	Angola	6	195		7	454	
博茨瓦纳	Botswana				1	29	
喀麦隆	Cameroon				4	3	
刚果	Congo	4	16		2	3	
埃及	Egypt	11	567		16	209	
冈比亚	Gambia	2	131		2	150	
加纳	Ghana	7	382		5	4	
肯尼亚	Kenya	1	209			11	
利比里亚	Liberia				1	16	
利比亚	Libya		180		5		
马里	Mali	1	9		2		
毛里求斯	Mauritius	48	95873		27	91030	
摩洛哥	Morocco				3	27	
纳米比亚	Namibia				1	1600	
尼日利亚	Nigeria	21	1253		17	1488	
塞舌尔	Seychelles	220	36507		206	34812	
塞拉利昂	Sierra Leone	3			1	2	
南非	S. Africa	19	1605		10	1292	
苏丹	Sudan	3	7		1	24	
坦桑尼亚	Tanzania				4	1629	
突尼斯	Tunisia	2	32		1	45	
乌干达	Uganda	2	511		3	3580	
赞比亚	Zambia		629			1488	
非洲其他国家	Oth. Afr. Nes	15	110		11		
欧洲	**Europe**	**1794**	**629050**	**3338**	**1639**	**689319**	**9000**
比利时	Belgium	37	3821		31	3451	
丹麦	Denmark	57	13048		40	36960	
英国	United Kingdom	246	40960		236	39194	3000
德国	Germany	419	145095	1900	373	207844	
法国	France	153	65242	808	168	75189	
爱尔兰	Ireland	21	11192		22	4324	
意大利	Italy	226	24576		200	31685	
卢森堡	Luxembourg	25	22702		25	43256	
荷兰	Netherlands	104	114358		102	127477	
希腊	Greece	8	140		7	158	
葡萄牙	Portugal	7	48		10	948	

单位：万美元
Unit: USD 10000

国别(地区)	Country/Region	2012			2013		
		外商直接投资合同项目 Number of FDI Contracts (unit)	外商直接投资 Foreign Direct Investment	外商其他投资 Other Foreign Investment	外商直接投资合同项目 Number of FDI Contracts (unit)	外商直接投资 Foreign Direct Investment	外商其他投资 Other Foreign Investment
西班牙	Spain	95	34717		77	31197	
奥地利	Austria	43	21626	630	40	15341	6000
保加利亚	Bulgaria	5	747		2	165	
芬兰	Finland	29	10891		24	8961	
匈牙利	Hungary	10	615		10	311	
冰岛	Iceland		882		1	755	
列支敦士登	Liechtenstein	1	170		3	183	
马耳他	Malta		54			3	
摩纳哥	Monaco	2	8			24	
挪威	Norway	20	1751		16	2786	
波兰	Poland	13	357		11	155	
罗马尼亚	Romania	5	456		6	135	
圣马力诺	San Marino	1	389				
瑞典	Sweden	58	20250		42	20852	
瑞士	Switzerland	83	87280		77	31468	
爱沙尼亚	Estonia	2	9		2		
立陶宛	Lithuania	3				8	
格鲁吉亚	Georgia	2	420		3	400	
亚美尼亚	Armenia	2			1	1012	
阿塞拜疆	Azerbaijan				15	84	
白俄罗斯	Belarus	2				19	
摩尔多瓦	Moldavia		48		3	15	
俄罗斯	Russia	73	2992		69	2208	
乌克兰	Ukraine	13	280		10	552	
斯洛文尼亚	Slovenia	5	269		1	86	
克罗地亚	Croatia	2	289		2	21	
捷克	Czech	13	2071		5	1099	
斯洛伐克	Slovak	5	429		3	845	
波黑	Bosnia & Herzegovina					70	
欧洲其他国家	Oth. Eur. Nes	4	868		2	78	
拉丁美洲	**Latin America**	**765**	**1018357**		**663**	**820687**	
安提瓜和巴布达	Antigua and Barbuda						
阿根廷	Argentina	5	830		5	52	
巴哈马	Bahamas	1	3731		2	8192	
巴巴多斯	Barbados	4	15988		2	16096	
伯利兹	Belize	7	1130		6	4204	
玻利维亚	Bolivia	1				22	
巴西	Brazil	25	5760		18	2304	
开曼群岛	Cayman Is.	110	197540		87	166825	
智利	Chile	5	2075		7	2094	
哥伦比亚	Colombia	3	3		8	38	
哥斯达黎加	Costa Rica	2	103			100	
厄瓜多尔	Ecuador	1	1			2	
墨西哥	Mexico	13	1487		11	1580	

单位：万美元

Unit: USD 10000

国别(地区)	Country/Region	2012 外商直接投资合同项目 Number of FDI Contracts (unit)	2012 外商直接投资 Foreign Direct Investment	2012 外商其他投资 Other Foreign Investment	2013 外商直接投资合同项目 Number of FDI Contracts (unit)	2013 外商直接投资 Foreign Direct Investment	2013 外商其他投资 Other Foreign Investment
巴拿马	Panama	9	3281		4	2594	
巴拉圭	Paraguay		2013				
秘鲁	Peru		16		3		
圣文森特和格林纳丁斯	SaintVincent & Grenadines		21			111	
特克斯和凯科斯群岛	Turks & Caicos Is.		25			40	
乌拉圭	Uruguay	1	50		1	158	
委内瑞拉	Venezuela	4	128		2	66	
维尔京群岛	Virgin Is.	572	783086		501	615858	
圣其茨--尼维斯	St. Kitts-Nevis		652		3	95	
拉美洲其他国家	Oth. L. Amer. Nes	2	437		3	256	
北美洲	**North America**	**1648**	**382585**	**2863**	**1398**	**408372**	
加拿大	Canada	331	43497		320	53610	
美国	United States	1301	259809	2863	1061	281987	
百慕大	Bermuda	15	79160		12	72194	
北美洲其他国家	Oth. N. Amer. nes	1	119		5	581	
大洋洲及太平洋岛屿	**Oceania and Pacific Is.**	**775**	**226589**		**684**	**232652**	
澳大利亚	Australia	276	33797		225	32967	
库克群岛	Cook Is.		134		2	65	
瓦努阿图	Vanuatu	1	515			79	
新西兰	New Zealand	66	11890		38	6795	
汤加	Tonga		159		1		
萨摩亚	Samoa	418	174371		393	185807	
图瓦卢	Tuvalu		45				
马绍尔群岛	Marshall Is.	11	1676		17	4884	
其他太平洋岛屿	Oth. Pacific Is.	3	3751		1	1048	
大洋州其他国家	Oth. Ocean. Nes		251		7	1007	
其他	**Others**	**41**	**106687**	**34083**	**1**	**2455**	**9160**
东南亚国家联盟	**Association of Southeast Asian Nations**	**1056**	**707299**		**1037**	**834734**	
欧洲联盟	**European Union**	**1607**	**534825**	**3338**	**1446**	**651793**	**9000**

注：1. 东南亚国家联盟包括：文莱、缅甸、柬埔寨、印度尼西亚、老挝、马来西亚、菲律宾、新加坡、泰国、越南。

2. 欧洲联盟包括：比利时、丹麦、英国、德国、法国、爱尔兰、意大利、卢森堡、荷兰、希腊、葡萄牙、西班牙、奥地利、芬兰、瑞典塞浦路斯、匈牙利、马耳他、波兰、爱沙尼亚、拉脱维亚、立陶宛、斯洛文尼亚、捷克、斯洛伐克、保加利亚、罗马尼亚、克罗地亚。

a) Association of Southeast Asian Nations include Brunei, Myanmar,Cambodia,Indonesia,Laos,Malaysia,Philippines,Singapore,Thailand,Vietnam.

b) European Union include Belgium,Denmark,United Kingdom,Germany,France,Ireland,Italy,Luxembourg,Netherlands,Greece,Portugal,Spain, Austria,Finland,Sweden,Cyprus,Hungary,Malta,Poland,Estonia,Latvia,Lithuania,Slovenia,Czech,Slovak,Croatia.

7-6 历年外商投资企业登记概况

Status of Registered Enterprises with Foreign Capital

年 份 Year	企业数 (户) Number of Enterprise (unit)	投资总额 (万美元) Total Investment (USD 10000)	注册资本(万美元) Registered Capital(USD 10000)	
			小 计 Subtotal	#外 方 Foreign Partner
1980	7	470	432	179
1981	82	13248	11411	6646
1982	330	65085	60697	44201
1983	616	176747	143037	89589
1984	1999	434644	325086	207109
1985	4912	1641154	834410	508846
1986	6524	2140438	1163741	582717
1987	8546	2641308	1466820	827307
1988	13747	3780628	2154354	1169072
1989	18968	4690829	2759003	1501813
1990	25389	5457370	3304208	1866511
1991	37215	7178332	4465808	2577358
1992	84371	17845550	11598693	6866484
1993	167507	38238877	24563127	15018236
1994	206096	49072446	31227534	19631486
1995	233564	63900854	39912302	25688422
1996	240447	71532202	44148483	28979610
1997	235681	75347010	45981372	30298675
1998	227807	77422942	46728674	31371224
1999	212436	77856752	46354938	31668255
2000	203208	82467505	48394975	33719912
2001	202306	87501079	50579271	35968275
2002	208056	98189328	55211904	40199985
2003	226373	111735062	62264052	46577863
2004	242284	131118108	72848575	55799291
2005	260000	146399267	81203319	63193522
2006	274863	170756477	94647381	74062533
2007	286232	210878940	115541864	92114807
2008	434937	232413047	130055348	103885057
2009	434248	249996531	140348130	113694532
2010	445244	270593108	157384290	125896928
2011	446487	299312402	172942962	138102850
2012	440609	326104777	188141484	149034975
2013	445962	351760847	202802980	160771193

注：1.本数据来源于国家工商管理总局，从2008年起企业户数包含分支机构.

2.自2013年起,国家工商总局不再公布法人企业数.

Note: a.Data in this table are from State Administration for Industry & Commerce. The number of enterprise includes branch Since 2008.

b.Since 2013,State Administration for Industry & Commerce do not publish the number of corporation enterprise.

7-7 年末登记外商投资企业行业分布情况

Registered Foreign-funded Enterprises by Sector at the Year-end

行业	Sector	企业数(户) Number of Enterprises (unit)	投资额(万美元) Total Investment (USD 10000)	注册资本(万美元) Registered Capital (USD 10000)	
				小计 Subtotal	#外方 Foreign Partner
总计	**Total**	**445962**	**351760847**	**202802980**	**160771193**
农、林、牧、渔业	Agriculture, Forestry, Animal Husbandry and Fishery	6661	4443583	2790408	2445054
采矿业	Mining	870	1717180	1064463	723684
制造业	Manufacturing	166195	173420504	92386850	74014835
电力、热力、燃气及水生产和供应业	Production and Supply of Electricity, Heat, Gas and Water	4222	16945497	6938521	4016747
建筑业	Construction	4839	7612295	5020558	2720997
批发和零售业	Wholesale and Retail Trades	91146	19620784	11089794	9729702
交通运输、仓储和邮政业	Transport, Storage and Post	11337	13187576	7629106	4122586
住宿和餐饮业	Hotels and Catering Services	22000	3751456	2110672	1708666
信息传输、软件和信息技术服务业	Information Transmission, Software and Information Technology	43421	9799214	5571961	5188714
金融业	Financial Intermediation	8639	8713927	8198808	5596747
房地产业	Real Estate	17497	49905524	31231272	26781244
租赁和商务服务业	Leasing and Business Services	40593	20972370	16585401	14205097
科学研究和技术服务业	Scientific Research and Technical Services	18664	14743936	8341352	6575729
水利、环境和公共设施管理业	Management of Water Conservancy, Environment and	1008	2134206	1135720	907899
居民服务、修理和其他服务业	Service to Households, Repair and Other Services	4754	1171121	710492	583949
教育	Education	406	106168	64804	54470
卫生和社会工作	Health and Social Service	217	383093	190590	146376
文化、体育和娱乐业	Culture, Sports and Entertainment	2613	2037429	1230054	898605
其他	Others	880	1094985	512153	350094

7-8 各地区年末登记的外商投资企业数及投资额

Number and Investment of Registered Enterprise with Foreign Capital by Region or Department at the Year-end

地区、部门	Region/Department	企业数(户) Number of Enterprise(unit)		投资总额 (万美元) Total Investment (USD 10000)	
		2012	2013	2012	2013
总 计	**Total**	**440609**	**445962**	**326104777**	**351760847**
一、地区合计	**Subtotal of Regions**	**440383**	**445735**	**314059517**	**340194309**
北 京	Beijing	26535	27061	14935519	17710468
天 津	Tianjin	11491	11413	11891259	12742286
河 北	Hebei	7426	6832	4895994	5454198
山 西	Shanxi	3623	3535	3196304	3418155
内蒙古	Inner Mongolia	3114	2925	2580213	2291137
辽 宁	Liaoning	17960	17250	18556379	18320684
吉 林	Jilin	4298	4350	2388975	3177854
黑龙江	Heilongjiang	5039	4924	2224677	2279427
上 海	Shanghai	61461	64412	41376765	45793284
江 苏	Jiangsu	50461	50514	62499990	66637647
浙 江	Zhejiang	29595	30674	21780979	24040813
安 徽	Anhui	4466	4466	3996177	4161207
福 建	Fujian	23381	23546	14574439	15651558
江 西	Jiangxi	7334	6667	5385714	5877046
山 东	Shandong	25885	25755	15811420	17649089
河 南	Henan	10168	9934	4634149	4778674
湖 北	Hubei	8023	7693	5827377	6535660
湖 南	Hunan	4882	5020	3838065	4048608
广 东	Guangdong	98564	100639	47864532	51264031
广 西	Guangxi	3773	3756	3114288	3192745
海 南	Hainan	3105	3105	2707200	2699357
重 庆	Chongqing	4461	5397	5369369	5884087
四 川	Sichuan	9107	9147	6404530	7248972
贵 州	Guizhou	1688	1386	766967	1185564
云 南	Yunnan	3956	4262	2256104	2409703
西 藏	Tibet	208	240	113079	131053
陕 西	Shaanxi	5983	6443	3112960	3662889
甘 肃	Gansu	2262	2229	697873	651003
青 海	Qinghai	347	370	282922	298072
宁 夏	Ningxia	476	488	309821	353718
新 疆	Xinjiang	1311	1302	665476	645319
二、部门合计	**Subtotal of Departments**	**226**	**227**	**12045260**	**11566537**

7-9 各地区外商投资企业年末注册资本

Registered Capital of Foreign-funded Enterprise by Region or Department at the Year-end

单位：万美元
Unit: USD 10000

地区、部门	Region/Department	注册资本 Registered Capital		外方注册资本 Registered Foreign Capital	
		2012	2013	2012	2013
总　计	**Total**	**188141484**	**202802980**	**149034975**	**160771193**
一、地区合计	**Subtotal of Regions**	**179521648**	**194786331**	**143808718**	**156333748**
北　京	Beijing	9070427	10585103	7388339	8281769
天　津	Tianjin	6494937	7207358	5430292	5987821
河　北	Hebei	2574992	2722797	1889480	1977923
山　西	Shanxi	1866757	1990744	832826	892192
内蒙古	Inner Mongolia	1350358	1084368	1042882	729676
辽　宁	Liaoning	11713070	11359920	9625520	9276178
吉　林	Jilin	1302324	1533344	870481	931641
黑龙江	Heilongjiang	1278848	1310724	945091	960779
上　海	Shanghai	25109166	28230457	20335713	23028787
江　苏	Jiangsu	33013797	35428158	28030215	30003522
浙　江	Zhejiang	12746618	14066464	9713243	10878773
安　徽	Anhui	2070556	2266047	1542587	1673775
福　建	Fujian	8044264	8537482	6803763	7115610
江　西	Jiangxi	3490420	3843581	3012073	3325266
山　东	Shandong	8967905	9945626	6838443	7647035
河　南	Henan	2369677	2447916	1713193	1791036
湖　北	Hubei	3214953	3492329	2398113	2562246
湖　南	Hunan	1964708	2087227	1473955	1579007
广　东	Guangdong	28326899	30371486	23019849	25165856
广　西	Guangxi	1674408	1726796	1363154	1402424
海　南	Hainan	1433695	1528312	964062	1143264
重　庆	Chongqing	3115490	3690027	2355786	2889639
四　川	Sichuan	3744499	4133801	2829778	3241509
贵　州	Guizhou	419657	625152	329321	492807
云　南	Yunnan	1338141	1413633	1012725	1071514
西　藏	Tibet	73919	81079	31797	34843
陕　西	Shaanxi	1766684	2097437	1332940	1564017
甘　肃	Gansu	310846	284028	206066	186887
青　海	Qinghai	139350	148851	78956	88479
宁　夏	Ningxia	168918	184895	120667	136432
新　疆	Xinjiang	365367	361187	277406	273039
二、部门合计	**Subtotal of Departments**	**8619836**	**8016649**	**5226257**	**4437445**

对外合作

INTERNATIONAL COOPERATION

第8篇

8-1 对外经济合作概况

Foreign Economic Cooperation

年 份 Year	对外承包工程 Foreign Engineering Projects				对外劳务合作 Foreign Labour Services	
	合同数 (份) Contract Number (unit)	合同金额 (亿美元) Contract Value (USD 100 million)	完成营业额 (亿美元) Turnover (USD 100 million)	年末在外人数 (万人) Persons Abroad by the End of Year (10000 person)	派出劳务人数 (万人) Dispatched Labor (10000 person)	年末在外人数 (万人) Persons Abroad by the End of Year (10000 person)
1979	27	0.33				
1980	138	1.40	1.23			
1981	250	2.76				
1982	195	3.46	1.00			
1983	280	7.99	1.89			
1984	344	15.38	4.94	2.19		2.76
1985	465	11.16	6.63	3.06		2.49
1986	486	11.89	8.19	2.74		1.90
1987	616	16.48	11.14	3.13		3.19
1988	642	18.13	12.53	3.00		3.98
1989	776	17.81	14.84	2.40		4.31
1990	920	21.25	16.44	2.18		3.61
1991	1171	25.24	19.70	2.15		6.83
1992	1164	52.51	24.03	2.54		10.56
1993	1393	51.89	36.68	3.42		13.09
1994	1702	60.27	48.83	3.83		18.43
1995	1558	74.84	51.08	3.84		22.59
1996	1634	77.28	58.21	3.88		24.66
1997	2085	85.16	60.36	4.78		28.55
1998	2322	92.43	77.69	6.11		29.08
1999	2527	101.99	85.22	5.53		32.65
2000	2597	117.19	83.79	5.56		36.93
2001	5836	130.39	88.99	6.00		41.47
2002	4036	150.55	111.94	7.85		41.04
2003	3708	176.67	138.37	9.40		42.97
2004	6694	238.44	174.68	11.47	17.30	41.94
2005	9502	296.14	217.63	14.48	18.34	41.87
2006	12996	660.05	299.93	19.86	21.48	47.52
2007	6282	776.21	406.43	23.60	21.49	50.51
2008	5411	1045.62	566.12	27.16	22.49	46.71
2009	7280	1262.10	777.06	32.69	18.01	45.03
2010	9544	1343.67	921.70	37.65	18.68	47.01
2011	6381	1423.32	1034.24	32.40	20.91	48.84
2012	6710	1565.29	1165.97	34.46	27.84	50.56
2013	11578	1716.29	1371.43	37.01	25.57	48.26

注：自2011年起，商务部不再公布对外劳务合作项下合同数、合同金额以及完成营业额数据。

Note: Since 2011,Ministry of Commerce do not publish the number of projects contracted,contracted value and turnover fultilled data of Labor Services.

8-2 分国别(地区)对外承包工程合同数量及金额
Contracts Signed for Foreign Engineering Projects by Country or Region

国别(地区)	Country/Region	2012 合同(份) Nunber of Contracts (unit)	2012 金额(万美元) Contract Value (USD 10000)	2013 合同(份) Nunber of Contracts (unit)	2013 金额(万美元) Contract Value (USD 10000)
合　计	**Total**	**6710**	**15652922**	**11578**	**17162946**
亚 洲	**Asia**	**2753**	**6522067**	**2902**	**7090617**
阿富汗	Afghanistan	8	17478	4	8036
巴林	Bahrain	1	367		56
孟加拉国	Bangladesh	54	260758	73	124214
文莱	Brunei	9	765	12	1738
缅甸	Myanmar	107	180229	77	91930
柬埔寨	Cambodia	59	295579	56	110865
塞浦路斯	Cyprus	1	480	1	19000
朝鲜	Korea DPR	26	5780	35	7897
中国香港	Hong Kong, China	120	540277	164	337529
印度	India	308	452169	173	226854
印度尼西亚	Indonesia	243	480247	346	678240
伊朗	Iran	78	465826	141	431024
伊拉克	Iran	86	364101	117	524620
以色列	Israel	2	28	3	401
日本	Japan	127	49407	37	37951
约旦	Jordan	1	2014	3	7897
科威特	Kuwait	23	176937	20	86463
老挝	Laos	71	192062	100	292380
黎巴嫩	Lebanon			6	7124
中国澳门	Macao, China	27	75110	23	86567
马来西亚	Malaysia	72	361464	80	246760
马尔代夫	Maldives	2	16013	1	1915
蒙古	Mongolia	96	339674	78	140379
尼泊尔	Nepal	14	16255	26	27186
阿曼	Oman	15	29013	23	25596
巴基斯坦	Pakistan	108	234785	120	545554
巴勒斯坦	Palestine			1	192
菲律宾	Philippines	63	101813	80	109327
卡塔尔	Qatar	8	44090	10	103151
沙特阿拉伯	Saudi Arabia	114	398830	138	637517
新加坡	Singapore	77	206473	91	385203
韩国	Korea	77	19422	34	192383
斯里兰卡	Sri Lanka	49	104744	34	211264
叙利亚	Syria	7	12402	2	5575
泰国	Thailand	91	79144	99	227860
土耳其	Turkey	75	85705	64	92185
阿联酋	United Arab Emirates	60	112673	48	149114
也门共和国	Yemen Rep.	12	6224	20	32443
越南	Vietnam	137	385400	175	280212
中国台湾	Taiwan, China	40	3639	13	9030
东帝汶	Timor Leste	4	1683	3	27
哈萨克斯坦	Kazakhstan	179	212795	279	213727
吉尔吉斯斯坦	Kirghizia	15	15018	17	112321
塔吉克斯坦	Tadzhikistan	5	13452	6	44793
土库曼斯坦	Turkmenistan	20	84651	22	111320
乌兹别克斯坦	Uzbekistan	61	67557	47	104798
亚洲其他国家	Other Countries(Regions) in Asia	1	9534		

国别(地区)	Country/Region	2012		2013	
		合同(份) Nunber of Contracts (unit)	金额(万美元) Contract Value (USD 10000)	合同(份) Nunber of Contracts (unit)	金额(万美元) Contract Value (USD 10000)
非洲	**Africa**	**2557**	**6404698**	**6747**	**6783905**
阿尔及利亚	Algeria	161	503696	230	700684
安哥拉	Angola	308	976810	292	402885
贝宁	Benin	10	32361	17	21072
博茨瓦纳	Botswana	24	20191	21	30423
布隆迪	Burundi	6	8418	11	10964
喀麦隆	Cameroon	103	79256	83	297279
佛得角	Cape Verde	4	3672	3	2472
中非	Central African	4	4404	1	510
乍得	Chad	45	113701	57	173574
科摩罗	Comoros		6050	5	3302
刚果(布)	Congo	77	149335	100	295557
吉布提	Djibouti	7	25588	4	38712
埃及	Egypt	38	75982	44	141131
赤道几内亚	Eq. Guinea	55	217281	58	178874
埃塞俄比亚	Ethiopia	152	523087	77	358327
加蓬	Gabon	20	132074	22	142846
冈比亚	Gambia	1	55	5	815
加纳	Ghana	48	205756	72	331623
几内亚	Guinea	37	42980	57	41333
几内亚(比绍)	Guinea Bissau	12	3609	5	2966
科特迪瓦	Cote d'Ivoire	9	71836	32	9043
肯尼亚	Kenya	80	337509	86	156150
利比里亚	Liberia	50	40178	90	30375
利比亚	Libya	9	5257	8	69711
马达加斯加	Madagascar	13	13055	11	7347
马拉维	Malawi	17	4811	28	77763
马里	Mali	6	46527	13	17034
毛里塔尼亚	Mauritania	6	4879	12	40034
毛里求斯	Mauritius	31	14066	15	6101
摩洛哥	Morocco	20	34354	20	50305
莫桑比克	Mozambique	48	152642	65	183131
纳米比亚	Namibia	35	18169	33	73886
尼日尔	Niger	27	85340	3989	239043
尼日利亚	Nigeria	206	1021146	187	811390
卢旺达	Rwanda	15	21113	25	28302
圣多美和普林西比	Sao Tome and Principe		128	1	71
塞内加尔	Senegal	21	52901	38	16217
塞舌尔	Seychelles	8	5433	12	13817
塞拉利昂	Sierra Leone	8	30632	17	53575
索马里	Somali	5	835		
南非	S. Africa	23	79121	64	79635
苏丹	Sudan	224	174599	201	273066
坦桑尼亚	Tanzania	84	125997	69	177187
多哥	Togo	8	24290	1	4340
突尼斯	Tunisia	15	6597	18	14836
乌干达	Uganda	48	36816	61	345428
布基纳法索	Burkina Faso			1	2411
刚果(金)	Congo DR	42	47473	85	177385
赞比亚	Zambia	232	205696	203	225530
津巴布韦	Zimbabwe	115	128004	156	155583
莱索托	Lesotho	9	12429	5	85086
厄立特里亚	Eritrea	3	26116	3	16808
南苏丹共和国	Republic of South Sudan	28	452443	34	167965

国别(地区)	Country/Region	2012 合 同 (份) Nunber of Contracts (unit)	2012 金 额 (万美元) Contract Value (USD 10000)	2013 合 同 (份) Nunber of Contracts (unit)	2013 金 额 (万美元) Contract Value (USD 10000)
欧洲	**Europe**	**435**	**866458**	**733**	**1142307**
比利时	Belgium	23	35074	10	29165
丹麦	Denmark	3	2940	3	1756
英国	United Kingdom	23	59730	23	87502
德国	Germany	30	66745	109	50603
法国	France	15	135319	87	170395
爱尔兰	Ireland			1	1876
意大利	Italy	22	10456	10	1528
荷兰	Netherlands	19	54901	25	36500
希腊	Greece	10	37549	74	25737
葡萄牙	Portugal	5	6261	7	4423
西班牙	Spain	16	23824	30	47880
阿尔巴尼亚	Albania	1	29		90
奥地利	Austria	7	13512	9	13179
保加利亚	Bulgaria	11	25203	10	17646
芬兰	Finland	2	138	1	5
匈牙利	Hungary	5	3087	7	2889
马耳他	Malta	1	139	3	777
挪威	Norway	3	13314	1	46
波兰	Poland	16	9462	36	15544
罗马尼亚	Romania	15	30805	14	23790
瑞典	Sweden	5	4287	11	25317
瑞士	Switaerland	3	765	4	527
拉脱维亚	Latvia			4	1377
爱沙尼亚	Estonia	2	33		
格鲁吉亚	Georgia	11	15244	15	13821
亚美尼亚	Armenia	1	55	2	13
阿塞拜疆	Azerbaijan	20	10363	23	9006
白俄罗斯	Byelorussia	13	16040	18	134640
摩尔多瓦	Moldavia	5	6695	8	994
俄罗斯	Russia	131	223562	149	216880
乌克兰	Ukraine	6	25173	14	38747
斯洛文尼亚	Slovenia			4	37
克罗地亚	Croatia			2	1688
捷克	Czech Rep.	7	8009	11	7486
马其顿共和国	Macedonia, FYR			2	87517
波黑	Bosnia and Hercegovina	1	5491	3	29359
塞尔维亚	Serbia	1	18830	3	43567
欧洲其他国家(地区)	Other Countries(Regions) in Europe	2	3423		

国别(地区)	Country/Region	2012 合同(份) Nunber of Contracts (unit)	2012 金额(万美元) Contract Value (USD 10000)	2013 合同(份) Nunber of Contracts (unit)	2013 金额(万美元) Contract Value (USD 10000)
拉丁美洲	**Latin America**	**743**	**1465699**	**851**	**1832214**
安提瓜和巴布达	Antigua Barbuda	4	292	6	10216
阿根廷	Argentina	21	28732	31	317187
巴哈马	Bahamas		331	5	5099
巴巴多斯	Barbados	1	125	1	198
玻利维亚	Bolivia	13	19271	36	53261
巴西	Brazil	130	180085	220	281633
智利	Chile	21	17698	22	22780
哥伦比亚	Colombia	149	56588	33	126530
多米尼克	Dominica	1	14	3	24
哥斯达黎加	CostaRica	5	2529	13	61268
古巴	Cuba	72	12024	7	17637
多米尼加共和国	Dominican Rep.	5	335	6	6527
厄瓜多尔	Ecuador	27	130896	44	114935
格林纳达	Grenada	1	5	4	17053
危地马拉	Guatemala			4	1649
圭亚那	Guyana		55754	10	11270
海地	Haiti			2	4484
洪都拉斯	Honduras	4	38561	10	1465
牙买加	Jamaica	2	54558	6	150686
墨西哥	Mexico	28	63828	73	82474
尼加拉瓜	Nicaragua	1	18330	1	2736
巴拿马	Panama	13	12315	8	14355
巴拉圭	Paraguay	2	103	1	8
秘鲁	Peru	54	24142	185	21655
圣文森特和格林纳丁斯	Saint Vincent & Grenadines	1	350	1	870
苏里南	Suriname	3	302	4	24887
特立尼达和多巴哥	Trinidad & Tobago	8	11598	3	27780
乌拉圭	Uruguay	17	1293	41	3199
委内瑞拉	Venezuela	160	735640	70	449830
圣其茨-尼维斯	St. Kitts-Nevis			1	520
北美洲	**North America**	**56**	**180626**	**157**	**107456**
加拿大	Canada	11	18827	25	21796
美国	United States	45	161799	113	85051
北美洲其他国家(地区)	Oth. N.Amer. nes			19	609
大洋洲及太平洋岛屿	**Oceania and Pacific Is.**	**165**	**213322**	**166**	**205568**
澳大利亚	Australia	71	111061	68	98711
库克群岛	Cook Islands	1	1871		81
斐济	Fiji	9	15345	6	4133
新喀里多尼亚	NewCaledonia	3	4083	3	3846
瓦努阿图	Vanuatu	3	402	2	1300
新西兰	New Zealand	11	4500	34	6021
巴布亚新几内亚	Papua New Guinea	60	70230	50	90009
汤加	Tonga	7	1879	2	117
萨摩亚	Samoa		100	1	1351
大洋洲其他国家（地区）	Other Countries (Regions) in Oceanic		3851		
其他	**Others**	**1**	**52**	**22**	**879**

8-3 分国别(地区)对外承包工程营业额

Turnover of Foreign Engineering Projects by Country or Region

单位：万美元

Unit: USD 10000

国别(地区)	Country/Region	2010	2011	2012	2013
合　计	**Total**	**9217025**	**10342448**	**11659697**	**13714273**
亚洲	**Asia**	**4265811**	**5102172**	**5429281**	**6439758**
阿富汗	Afghanistan	3766	5805	15553	43242
巴林	Bahrain	8873	1519	179	533
孟加拉国	Bangladesh	35500	207304	146176	87710
文莱	Brunei	3843	4377	6257	8766
缅甸	Myanmar	133316	144684	219811	126126
柬埔寨	Cambodia	64818	82530	117150	143077
塞浦路斯	Cyprus	4338	4005	2091	625
朝鲜	Korea DPR	3018	5610	10667	12088
中国香港	Hong Kong, China	159148	197255	278729	302814
印度	India	525532	744166	669331	528189
印度尼西亚	Indonesia	351773	345935	346415	471874
伊朗	Iran	186068	215792	149418	218133
伊拉克	Iraq	67165	177328	170054	338070
以色列	Israel	149	244	3254	4934
日本	Japan	25781	24092	46443	62094
约旦	Jordan	11006	25339	1774	4216
科威特	Kuwait	40754	65926	72217	104947
老挝	Laos	57310	98918	190523	196887
黎巴嫩	Lebanon	3743	1739	3457	10206
中国澳门	Macao, China	113538	50157	46594	41845
马来西亚	Malaysia	130840	214546	237311	253013
马尔代夫	Maldives	825	5395	5653	1957
蒙古	Mongolia	25124	65442	84063	107163
尼泊尔	Nepal	6667	19143	16658	49932
阿曼	Oman	45627	58892	29681	24229
巴基斯坦	Pakistan	210848	237277	277832	370093
菲律宾	Philippines	177258	128502	116112	124668
卡塔尔	Qatar	104330	112918	151785	166010
沙特阿拉伯	Saudi Arabia	322705	435846	462231	588411
新加坡	Singapore	226734	252784	288006	280991
韩国	Korea	9871	21088	10164	20152
斯里兰卡	Sri Lanka	76868	125715	153025	209186
叙利亚	Syria	20143	11946	4813	1418
泰国	Thailand	46165	66845	107853	131931
土耳其	Turkey	81928	84201	105698	194266
阿联酋	United Arab Emirates	297160	193825	154369	133959
也门共和国	Yemen Rep.	37252	30225	6623	10544
越南	Vietnam	310961	319342	299763	359283
中国台湾	Taiwan, China	16515	3580	3746	2616
东帝汶	East Timor	5362	12529	13275	11463
哈萨克斯坦	Kazakhstan	146447	124237	156766	291714
吉尔吉斯斯坦	Kirghizia	15611	20874	35089	71188
塔吉克斯坦	Tadzhikistan	26459	22792	25244	44456
土库曼斯坦	Turkmenistan	73770	96045	130727	209852
乌兹别克斯坦	Uzbekistan	50042	34916	54730	70579
亚洲其他国家	Oth.Asia.nes	860	542	1971	4307

8-3 续表 1 Continued 1

单位：万美元
Unit: USD 10000

国别(地区)	Country/Region	2010	2011	2012	2013
非洲	**Africa**	**3583027**	**3612187**	**4083452**	**4789064**
阿尔及利亚	Algeria	494736	405255	446553	519762
安哥拉	Angola	496407	634417	755642	745040
贝宁	Benin	2524	4076	8766	23658
博茨瓦纳	Botswana	158497	156632	74502	40502
布隆迪	Burundi	1435	2456	4593	28122
喀麦隆	Cameroon	13308	33738	63406	114086
佛得角	Cape Verde	1061	1531	1530	2462
中非	Central African	3663	12242	6960	313
乍得	Chad	147476	92371	79807	114983
科摩罗	Comoros	1977	2410	3203	5188
刚果(布)	Congo	107768	94131	102858	187634
吉布提	Djibouti	2060	3850	3760	6497
埃及	Egypt	116881	102372	96904	102806
赤道几内亚	Eq.Guinea	174836	180158	179449	262767
埃塞俄比亚	Ethiopia	154966	180874	229168	355663
加蓬	Gabon	28583	40591	84052	43712
冈比亚	Gambia	150	292	197	313
加纳	Ghana	77077	86269	152503	177127
几内亚	Guinea	12759	13246	31400	42618
几内亚(比绍)	Guinea Bissau	3284	1666	3459	3168
科特迪瓦	Cote d'Ivoire	4673	2651	9037	32876
肯尼亚	Kenya	88512	139053	130637	144740
利比里亚	Liberia	10038	7852	30244	25017
利比亚	Libya	344930	80423	5257	56362
马达加斯加	Madagascar	11883	12256	14414	9522
马拉维	Malawi	11555	16651	15715	8999
马里	Mali	38860	53685	44287	27783
毛里塔尼亚	Mauritania	18586	26474	27867	22291
毛里求斯	Mauritius	13618	20557	36887	25242
摩洛哥	Morocco	59041	38135	42317	36252
莫桑比克	Mozambique	38760	22824	29505	78628
纳米比亚	Namibia	10567	11018	17941	22153
尼日尔	Niger	89407	55891	43022	50777
尼日利亚	Nigeria	292981	345969	499481	427352
卢旺达	Rwanda	14173	12950	12384	14396
圣多美和普林西比	Sao Tome & Principe	25	36	93	126
塞内加尔	Senegal	20492	35309	24174	20290
塞舌尔	Seychelles	3064	2316	5421	6985
塞拉利昂	Sierra Leone	3688	7998	8490	17018
索马里	Somalia		5	835	
南非	S. Africa	36690	44594	69538	39544
苏丹	Sudan	233696	273502	240345	198435
坦桑尼亚	Tanzania	81153	98119	114610	170976
多哥	Togo	5296	8408	14404	18021
突尼斯	Tunisia	14802	9581	10989	13286
乌干达	Uganda	15152	31578	26899	44209
布基纳法索	Burkina Faso	389	135	108	39
刚果(金)	Congo DR	62767	78418	96851	93993
赞比亚	Zambia	40412	74817	123381	249050
津巴布韦	Zimbabwe	13805	39891	38296	98507

单位：万美元
Unit: USD 10000

国别(地区)	Country/Region	2010	2011	2012	2013
莱索托	Lesotho	1905	2379	10365	35581
斯威士兰	Swaziland		5		
厄立特里亚	Eritrea	2659	9700	3279	11517
南苏丹	Republic of South Sudan		430	7667	12677
欧洲	**Europe**	**498723**	**460042**	**706182**	**822737**
比利时	Belgium	11322	2197	35075	7385
丹麦	Denmark	241	420	2957	2399
英国	United Kingdom	43241	24078	37562	61519
德国	Germany	34556	30255	87818	46660
法国	France	46848	86753	117932	145083
爱尔兰	Ireland	11	29		1173
意大利	Italy	7790	8263	9700	10874
卢森堡	Luxembourg	44		100	
荷兰	Netherlands	11927	9868	30436	41067
希腊	Greece	3333	5491	8553	18018
葡萄牙	Portugal	4377	2595	4481	4033
西班牙	Spain	22156	7984	10362	25225
阿尔巴尼亚	Albania	1945	2268	83	50
奥地利	Austria	1788	3765	12073	3304
保加利亚	Bulgaria	13209	2307	5969	20679
芬兰	Finland	105	82	306	5
匈牙利	Hungary	4429	5647	4835	3272
冰岛	Iceland	1410	1684	163	
马耳他	Malta		4	29	704
挪威	Norway	3529	10	86	722
波兰	Poland	5898	3369	628	3484
罗马尼亚	Romania	5727	5416	22498	18722
瑞典	Sweden	1291	1487	4416	8924
瑞士	Switzerland	366	1897	693	1629
拉脱维亚	Latvia			2	1205
爱沙尼亚	Estonia	66		755	
立陶宛	Lithuania	6	128		
格鲁吉亚	Georgia	3925	18617	36250	21226
亚美尼亚	Armenia	1136	3836	1478	157
阿塞拜疆	Azerbaijan	55097	25586	13836	20341
白俄罗斯	Belorussia	48876	40511	56693	164638
摩尔多瓦	Moldavia	284	25	102	528
俄罗斯	Russia	143128	139797	164631	137161
乌克兰	Ukraine	12915	15866	16363	30865
斯洛文尼亚	Slovenia	3		19	37
克罗地亚	Croatia				4415
捷克	Czech Rep.	6468	3753	4913	4730
斯洛伐克	Slovak	75	880	700	
马其顿共和国	Macedonia,FYR	57	4		287
波黑	Bosnia & Herzegovina				4242
塞尔维亚	Serbia	426	5114	13685	7975
欧洲其他国家(地区)	Other Countries(Regions) in Europe	718	56		
拉丁美洲	**Latin America**	**627449**	**791669**	**1131631**	**1330942**
安提瓜和巴布达	Antigua & Barbuda	3423	397	1687	4657
阿根廷	Argentina	10470	19279	34801	38230

8-3 续表 3 Continued 3

单位：万美元

Unit: USD 10000

国别(地区)	Country/Region	2010	2011	2012	2013
巴哈马	Bahamas	2292	14126	30894	46094
巴巴多斯	Barbados	1180	843	278	261
伯利兹	Belize	926			
玻利维亚	Bolivia	205	29645	651	15279
巴西	Brazil	101997	143868	164606	188194
智利	Chile	6888	19471	11467	11125
哥伦比亚	Colombia	8093	8567	41643	23559
多米尼克	Dominica	1720	4568	4068	576
哥斯达黎加	Costa Rica	5330	2479	1641	2745
古巴	Cuba	6991	9194	8374	14425
多米尼加共和国	Republic of Dominica		133	1647	1537
厄瓜多尔	Ecuador	21886	53853	160815	202298
格林纳达	Grenade	700	513	272	58
危地马拉	Guatemala	8484	9200	11757	4774
圭亚那	Guyana	688	2411	1798	4588
海地	Haiti		441		24220
洪都拉斯	Honduras	84	1454	4350	2842
牙买加	Jamaica	16178	32356	24567	25920
墨西哥	Mexico	39047	36620	45626	48552
尼加拉瓜	Nicaragua		87		8491
巴拿马	Panama	3837	6748	8448	8744
巴拉圭	Paraguay	37	21	103	8
秘鲁	Peru	11071	21108	35005	36291
圣文森特和格林纳丁斯	Saint Vincent & Grenadines	466	618	335	875
苏里南	Suriname	8121	6522	7965	2693
特立尼达和多巴哥	Trinidad & Tobago	16097	7921	10741	10387
乌拉圭	Uruguay	3277	1079	2833	6531
委内瑞拉	Venezuela	347961	358147	515259	596708
圣其茨--尼维斯	St. Kitts-Nevis				280
北美洲	**North America**	**88832**	**142232**	**100694**	**125919**
加拿大	Canada	5025	16484	6777	35885
美国	United States	83607	125204	93654	89425
格陵兰	Greenland		5	43	
百慕大	Bermuda	200	28		
北美洲其他国家(地区)	Oth.N.Amer.nes		511	220	609
大洋洲及太平洋岛屿	**Oceania and Pacific Is.**	**153039**	**232265**	**206900**	**204927**
澳大利亚	Australia	93323	94474	105994	125061
库克群岛	Cook Islands	120	15	15	16
斐济	Fiji	14166	13664	17775	14133
新喀里多尼亚	New Caledonia	12762	5710	4413	4100
瓦努阿图	Vanuatu	1087	678	1699	537
新西兰	New Zealand	2884	3826	5277	9578
巴布亚新几内亚	Papua New Guinea	20157	100171	38985	45055
汤加	Tonga	5390	9806	9971	4711
萨摩亚	Samoa	3119	3531	182	229
密克罗尼西亚	Micronesia	31	390		
大洋洲其他国家（地区）	Other Countries (Regions) in Oceanic			22589	1507
其他	**Others**	**144**	**1881**	**1557**	**926**

8-4 分国别(地区)年末在境外从事承包工程人员

Personnel Abroad for Engineering Projects Classified by Country or Region at the Year-end

单位：人

Unit: person

国别(地区)	Country/Region	2010	2011	2012	2013
合　计	**Total**	**376510**	**324018**	**344618**	**370144**
亚洲	**Asia**	**157113**	**150496**	**156276**	**166523**
阿富汗	Afghanistan	209	521	367	47
巴林	Bahrain	82	21	11	8
孟加拉国	Bangladesh	1592	1885	1900	2197
文莱	Brunei	135	233	291	209
缅甸	Myanmar	17450	16012	13374	8701
柬埔寨	Cambodia	4268	5082	5037	5410
塞浦路斯	Cyprus	301	59	15	
朝鲜	Korea DPR	664	148	259	312
中国香港	Hongkong,China	412	2054	2125	646
印度	India	5408	4363	3709	2828
印度尼西亚	Indonesia	5389	6677	6866	9816
伊朗	Iran	2246	2537	2203	1719
伊拉克	Iraq	3798	4310	9683	15223
以色列	Israel	90	90	185	213
日本	Japan	497	104	119	75
约旦	Jordan	911	408	173	78
科威特	Kuwait	1366	3061	3077	3490
老挝	Laos	2581	7011	8715	10912
黎巴嫩	Lebanon	3		2	5
中国澳门	Macao,China	1038	440	741	980
马来西亚	Malaysia	3914	5220	6232	8017
马尔代夫	Maldives	59	272	227	170
蒙古	Mongolia	4596	7727	3821	4297
尼泊尔	Nepal	1014	878	940	1162
阿曼	Oman	999	805	701	833
巴基斯坦	Pakistan	6079	4395	5411	5586
菲律宾	Philippines	453	832	1065	829
卡塔尔	Qatar	5252	5097	4805	2578
沙特阿拉伯	Saudi Arabia	18422	24363	28382	27756
新加坡	Singapore	20709	12666	8756	7109
韩国	Korea	697	130	146	17
斯里兰卡	Sri Lanka	2743	3624	4390	5840
叙利亚	Syria	1942	329	131	
泰国	Thailand	543	418	1769	1735
土耳其	Turkey	1237	1481	1944	4528
阿联酋	United Arab Emirates	19591	9621	7324	6954
也门共和国	Yemen Rep.	896	738	525	318
越南	Vietnam	9354	9358	7310	9542
中国台湾	Taiwan,China	22	7	27	27
东帝汶	Timor Leste	310	511	402	139
哈萨克斯坦	Kazakhstan	3451	2511	2900	5803
吉尔吉斯斯坦	Kirghizia	919	582	2466	2440

单位：人
Unit: person

国别(地区)	Country/Region	2010	2011	2012	2013
塔吉克斯坦	Tadzhikistan	2730	1413	2070	2306
土库曼斯坦	Turkmenistan	1971	1526	821	554
乌兹别克斯坦	Uzbekstan	770	976	1060	2469
亚洲其他国家	Oth.Asia.Nes			3799	2645
非洲	**Africa**	**195584**	**152038**	**154542**	**168586**
阿尔及利亚	Algeria	40625	31858	31476	33842
安哥拉	Angola	25925	33159	31905	37847
贝宁	Benin	268	326	560	827
博茨瓦纳	Botswana	2539	3129	2097	2071
布隆迪	Burundi	108	236	181	183
喀麦隆	Cameroon	607	1036	2186	2302
佛得角	Cape Verde	376	339	389	382
中非	Central African	795	293	238	27
乍得	Chad	5739	2521	2772	2914
科摩罗	Comoros	215	164	205	215
刚果(布)	Congo	4231	3467	4838	8637
吉布提	Djibouti	167	211	103	174
埃及	Egypt	1762	1015	1041	993
赤道几内亚	Eq. Guinea	7091	9779	10885	10812
埃塞俄比亚	Ethiopia	7311	5463	6299	7325
加蓬	Gabon	1352	1531	2174	2509
冈比亚	Gambia	157	22	24	32
加纳	Ghana	2137	2287	2683	2785
几内亚	Guinea	594	576	1094	1991
几内亚(比绍)	Guinea bissau	567	455	392	286
科特迪瓦	Cote d'Ivoire	272	146	325	673
肯尼亚	Kenya	1531	2257	2617	2630
利比里亚	Liberia	169	195	686	568
利比亚	Libya	40080	1	40	436
马达加斯加	Madagascar	1243	446	338	135
马拉维	Malawi	541	571	500	346
马里	Mali	947	1358	861	599
毛里塔尼亚	Mauritania	1109	1424	1617	1110
毛里求斯	Mauritius	1082	1790	2320	1480
摩洛哥	Morocco	1127	1437	1490	888
莫桑比克	Mozambique	1324	1068	1696	3602
纳米比亚	Namibia	406	323	471	653
尼日尔	Niger	2408	2716	663	1169
尼日利亚	Nigeria	6173	6747	5771	6239
卢旺达	Rwanda	471	426	339	758
圣多美和普林西比	Sao Tome & Principe	17	17	10	6
塞内加尔	Senegal	985	1726	1433	1436
塞舌尔	Seychelles	547	387	349	262

单位：人
Unit: person

国别(地区)	Country/Region	2010	2011	2012	2013
塞拉利昂	Sierra Leone	391	428	489	625
索马里	Somalia	12			
南非	S. Africa	1069	1076	2106	1447
苏丹	Sudan	20108	15119	11995	9439
坦桑尼亚	Tanzania	2692	4141	4398	5179
多哥	Togo	212	288	466	1080
突尼斯	Tunisia	288	159	222	646
乌干达	Uganda	1568	1487	893	1211
布基纳法索	Burkina Faso	1	3	1	97
刚果(金)	Congo DR	2449	3033	3022	3313
赞比亚	Zambia	2935	3894	6318	4582
津巴布韦	Zimbabwe	526	1009	661	598
莱索托	Lesotho	137	141	338	582
厄立特里亚	Eritrea	198	210	160	330
南苏丹共和国	Republic of South Sudan		148	405	313
欧洲	**Europe**	**8810**	**7606**	**10202**	**10280**
比利时	Belgium	17	37	41	31
英国	United Kingdom	134	79	85	25
德国	Germany	316	337	367	30
法国	France	265	254	261	22
意大利	Italy	12	17	37	31
希腊	Greece	131		2	27
葡萄牙	Portugal	55			
西班牙	Spain	1057	1048	1048	1026
阿尔巴尼亚	Albania	154	4	5	5
奥地利	Austria	38	44	56	
保加利亚	Bulgaria	32	37	40	133
芬兰	Finland		18	18	
匈牙利	Hungary	41	27	17	
冰岛	Iceland	30		2	
波兰	Poland	301	32	30	87
罗马尼亚	Romania	24	40	93	49
瑞典	Sweden	142	137	157	
瑞士	Switzerland	111	126	146	23
格鲁吉亚	Georgia	96	752		572
亚美尼亚	Armenia	520	124	1220	
阿塞拜疆	Azerbaijan	693	538	36	538
白俄罗斯	Byelorussia	219	464	305	1579
摩尔多瓦	Moldavia		1	1718	6
俄罗斯	Russia	4148	3233	5	5518
乌克兰	Ukraine	99	99	4088	29
塞尔维亚和黑山	Serbia and Montenegro			99	
波黑	Bosnia & Hercegovina	32	32		163
塞尔维亚	Serbia	127	122	32	311
欧洲其他国家(地区)	Other Countries(Regions) in Europe	16	4	294	75

8-4 续表 3 Continued 3

单位：人
Unit: person

国别(地区)	Country/Region	2010	2011	2012	2013
拉丁美洲	**Latin America**	**10570**	**8908**	**18177**	**19735**
安提瓜和巴布达	Antigua Barbuda	63	66	231	159
阿根廷	Argentina	2137	735	2911	1371
巴哈马	Bahama	330	11	10	280
巴巴多斯	Barbados	109	48	24	14
玻利维亚	Bolivia	2		30	61
巴西	Brazil	683	500	657	328
智利	Chile	39	11	11	53
哥伦比亚	Colombia	6	201	281	227
多米尼克	Dominica	5	175	143	64
哥斯达黎加	CostaRica	63	145	201	112
古巴	Cuba	430	349	352	217
厄瓜多尔	Ecuador	253	653	3056	4769
格林纳达	Grenade	62	92	14	15
危地马拉	Guatemala	38	51	51	150
圭亚那	Guyana	126	126	248	293
海地	Haiti	2	28	28	2
洪都拉斯	Honduras		94	102	63
牙买加	Jamaica	399	131	216	278
墨西哥	Mexico	676	155	230	205
秘鲁	Peru	430	572	3493	3158
苏里南	Suriname	803	582	497	358
特立尼达和多巴哥	Trinidad & Tobago	1744	1332	791	911
委内瑞拉	Venezuela	2052	2839	4583	6570
拉美洲其他国家（地区）	Other Countries (Regions) in Latin America	118	12	17	77
北美洲	**North America**	**742**	**461**	**511**	**1072**
加拿大	Canada	109	108	111	39
美国	United States	633	350	397	1030
格陵兰	Greenland		3	3	3
大洋洲及太平洋岛屿	**Oceania and Pacific Is.**	**3680**	**4491**	**4715**	**3933**
澳大利亚	Australia	337	684	730	629
库克群岛	Cook Islands	45			
斐济	Fiji	548	726	898	275
新喀里多尼亚	NewCaledonia	638	1392	1675	1171
瓦努阿图	Vanuatu	33	58	57	79
新西兰	New Zealand	162	204	54	13
巴布亚新几内亚	Papua New Guinea	1238	1013	780	1410
汤加	Tonga	243	301	240	185
萨摩亚	Samoa	416	105	2	2
密克罗尼西亚	Micronesia	20	8		
大洋洲其他国家（地区）	Other Countries (Regions) in Oceanic			279	169
其他	**Others**	**11**	**18**	**195**	**15**

8-5 分国别(地区)年末在境外从事劳务合作人员
Personnel Abroad for Labour Services Classified by Country or Region at the Year-end

单位：人
Unit: person

国别(地区)	Country/Region	2010	2011	2012	2013
合　计	**Total**	**470095**	**488409**	**505563**	**482611**
亚洲	**Asia**	**397694**	**420443**	**417465**	**396417**
巴林	Bahrain	42	6	74	73
孟加拉国	Bangladesh	228	247	44	49
不丹	Bhutan	1	1	1	1
缅甸	Myanmar	103	502	639	839
柬埔寨	Cambodia	1632	1165	1613	1715
塞浦路斯	Cyprus	149	166	170	181
朝鲜	Korea DPR	1001	37	36	38
中国香港	Hong Kong, China	20640	21992	32973	33174
印度	India	449	373	219	209
印度尼西亚	Indonesia	529	597	737	729
伊拉克	Iraq		31	53	339
以色列	Israel	793	499	413	261
日本	Japan	171747	177560	173349	153380
约旦	Jordan	5546	4325	3229	1153
科威特	Kuwait	645	1245	2107	2723
老挝	Laos	843	928	1458	1664
黎巴嫩	Lebanon	6	6	6	6
中国澳门	Macao, China	47913	58103	67475	88172
马来西亚	Malaysia	2615	3065	2759	2468
马尔代夫	Maldives	10	28	18	21
蒙古	Mongolia	1506	2798	2257	2853
尼泊尔	Nepal	3	61	61	9
阿曼	Oman	82	56	20	2
巴基斯坦	Pakistan	359	365	413	434
菲律宾	Philippines	102	115	49	70
卡塔尔	Qatar	2095	1587	1535	1487
沙特阿拉伯	Saudi Arabia	4835	6243	7197	7569
新加坡	Singapore	65410	71463	68749	66805
韩国	Korea	38229	40941	26793	12762
斯里兰卡	Sri Lanka	60	62	27	193
泰国	Thailand	908	1086	1006	910
土耳其	Turkey	270	269	204	21
阿联酋	United Arab Emirates	8993	7196	6933	6045
也门共和国	Yemen Rep.	15			
越南	Vietnam	5828	5266	4624	3498
中国台湾	Taiwan, China	12789	10851	8512	6166
东帝汶	East Timor	18	15	6	
哈萨克	Kazakhstan	849	922	909	306
吉尔吉斯	Kirghizia	93	94	174	24
塔吉克	Tadzhikistan	81	96	85	39
乌兹别克	Uzbekistan	1	81	21	29
亚洲其他国家	Oth.Asia.nes	276		517	

8-5 续表 1 Continued 1

单位：人
Unit: person

国别(地区)	Country/Region	2010	2011	2012	2013
非洲	**Africa**	**34380**	**29041**	**37910**	**45948**
阿尔及利亚	Algeria	4583	4704	9061	14837
安哥拉	Angola	6708	8534	11699	12679
贝宁	Benin	90	73	36	124
博茨瓦纳	Botswana	114	109	60	31
布隆迪	Burundi	2	13	22	29
喀麦隆	Cameroon	26	27	123	148
佛得角	Cape Verde	15	651	1443	221
乍得	Chad	31	36	80	57
科摩罗	Comoros	2			
刚果(布)	Congo	1025	705	349	2053
吉布提	Djibouti	34	2	2	2
埃及	Egypt	106	67		
赤道几内亚	Eq. Guinea	1148	1126	1490	1384
埃塞俄比亚	Ethiopia	274	212	503	684
加蓬	Gabon	214	274	341	312
加纳	Ghana	16	81	473	821
几内亚	Guinea	36	41	119	146
几内亚(比绍)	Guinea bissau			1	1
科特迪瓦	Cote d' Ivoire	9	14	27	77
肯尼亚	Kenya	156	114	46	60
利比里亚	Liberia	708	684	1788	1771
利比亚	Libya	6664			65
马达加斯加	Madagascar	314	212	100	359
马拉维	Malawi	38		1	11
马里	Mali	69	74	169	213
毛里塔尼亚	Mauritania	535	476	561	402
毛里求斯	Mauritius	5454	4931	2892	1344
摩洛哥	Morocco	184	179	206	188
莫桑比克	Mozambique	228	139	119	254
纳米比亚	Namibia	4	4		
尼日尔	Niger		13	33	38
尼日利亚	Nigeria	2223	2315	1836	1647
卢旺达	Rwanda	57	69	127	164
塞内加尔	Senegal	30	32	146	115
塞舌尔	Seychelles	56	68	84	84
塞拉利昂	Sierra Leone	65	59	434	481
南非	S. Africa	848	850	1114	1456
苏丹	Sudan	187	138	69	694
坦桑尼亚	Tanzania	186	329	322	576
多哥	Togo	149	53	118	107
突尼斯	Tunisia	4	6	8	4
乌干达	Uganda	144	100	122	169
刚果(金)	Congo DR	17	27	47	391

单位：人
Unit: person

国别(地区)	Country/Region	2010	2011	2012	2013
布基纳法索	Burkina Faso			1	1
赞比亚	Zambia	215	516	730	858
津巴布韦	Zimbabwe	21	28	35	30
莱索托	Lesotho	581	522	645	738
斯威士兰	Swaziland	427	177	12	4
厄立特里亚	Eritrea	383	256	280	114
南苏丹共和国	Republic of South Sudan		1	36	4
欧洲	**Europe**	**26466**	**27421**	**24990**	**15569**
丹麦	Denmark	119	7	57	59
英国	United Kingdom	1135	1027	1218	909
德国	Germany	4878	4978	4941	3266
法国	France	62	61	24	22
爱尔兰	Ireland	173	174	168	1
意大利	Italy	97	143	188	344
荷兰	Netherlands	1858	2176	2159	345
希腊	Greece	447	332	260	81
芬兰	Finland	173	25	21	2
直布罗陀	Gibraltar			13	22
匈牙利	Hungary	4	4	4	4
马耳他	Malta	209	201	242	233
摩纳哥	Monaco	25	3	1	3
挪威	Norway	219	260	421	348
波兰	Poland	182	138	21	17
罗马尼亚	Romania	15	15	15	
瑞典	Sweden	21	29	25	18
瑞士	Switzerland	2	2	2	2
立陶宛	Lithuania	55	53	49	4
白俄罗斯	Belorussia	13	209	374	19
俄罗斯	Russia	16661	17527	14734	9819
乌克兰	Ukraine	61	37	37	37
斯洛文尼亚	Slovenia	9	13	13	10
捷克	Czech	12	4		
斯洛伐克	Slovakia	3	1		
塞尔维亚	Serbia	32	1	1	1
欧洲其他国家（地区）	Other Countries (Regions) in Europe	1	1	2	3
拉丁美洲	**Latin America**	**4379**	**4341**	**16106**	**17181**
安提瓜和巴布达	Antigua & Barbuda	20		11	2
阿根廷	Argentina	90	95	133	85

8-5 续表 3 Continued 3

单位：人
Unit: person

国别(地区)	Country/Region	2010	2011	2012	2013
巴哈马	Bahamas		286	1586	2342
巴巴多斯	Barbados	8	16	18	10
伯利兹	Belize	73	73	572	778
巴西	Brazil	184	123	75	159
开曼群岛	Cayman Is.			37	47
智利	Chile	343	387	484	432
多米尼克	Dominica			11	22
厄瓜多尔	Ecuador	2	2	108	46
洪都拉斯	Honduras	24	18		1
牙买加	Jamaica	125	15	23	230
墨西哥	Mexico	297	289	259	18
尼加拉瓜	Nicaragua	196	49	9	8
巴拿马	Panama	1502	1426	10228	10447
秘鲁	Peru	82	82	82	242
圣卢西亚	Saint Lucia	48	48		
圣文森特和格林纳丁斯	Saint Vincent & Grenadines	292	246	1232	762
苏里南	Suriname			10	69
特立尼达和多巴哥	Trinidad & Tobago	932	963	961	844
特克斯和凯科斯岛	Turks and Caicos Island	57	57	57	
委内瑞拉	Venezuela	42	111	127	531
英属维尔京群岛	Virgin Is.(E)	62	55	68	100
圣其茨-尼维斯	St. Kitts-Nevis			15	6
北美洲	**North America**	**3726**	**3172**	**2271**	**1540**
加拿大	Canada	536	492	139	639
美国	United States	3190	2672	2123	899
北美洲其他国家(地区)	Oth. N.Amer. nes		8	9	2
大洋洲及太平洋岛屿	**Oceania and Pacific Is.**	**3179**	**3742**	**5237**	**5348**
澳大利亚	Australia	952	906	845	823
库克群岛	Cook Is.				1
斐济	Fiji	471	871	1251	1398
新喀里多尼亚	New Caledonia		54	221	285
瓦努阿图	Vanuatu	444	581	478	324
新西兰	New Zealand	182	206	162	83
巴布亚新几内亚	Papua New Guinea			12	13
萨摩亚	Samoa	1037	1037	1037	1037
基里巴斯	Kiribati			427	517
图瓦卢	Tuvalu			78	94
密克罗尼西亚	Micronesia		23	81	150
马绍尔群岛	Marshall Is.	93	64	645	617
帕劳共和国	Republic of Palau				6
其他	**Others**	**271**	**249**	**1584**	**608**

8-6 各地区签订对外承包工程合同数量及金额

Contracts Signed for Foreign Engineering Projects by Region

公司	Region/ Corporation	2012 合同(份) Nunber of Contracts (unit)	2012 金额(万美元) Contract Value (USD 10000)	2013 合同(份) Nunber of Contracts (unit)	2013 金额(万美元) Contract Value (USD 10000)
总计	**Total**	**6710**	**15652922**	**11578**	**17162946**
一、专业公司	**National Specialized International Cooperation Companies**	**1218**	**6648746**	**5135**	**6708958**
二、地方公司	**Provincial and Civil International Cooperation Companies**	**5492**	**9004176**	**6443**	**10453988**
北京	Beijing	344	404037	349	562440
天津	Tianjin	77	155516	106	271274
河北	Hebei	169	417866	175	467343
山西	Shanxi	42	63910	20	23599
内蒙古	Inner Mongolia	1	8500	5	84500
辽宁	Liaoning	132	436634	260	283671
吉林	Jilin	9	23077	5	33226
黑龙江	Heilongjiang	43	83861	20	45978
上海	Shanghai	361	1031056	227	1081605
江苏	Jiangsu	1009	719844	1021	854751
浙江	Zhejiang	1068	326904	1652	469499
安徽	Anhui	52	233764	81	275023
福建	Fujian	36	49828	8	31044
江西	Jiangxi	127	168284	144	203444
山东	Shandong	183	879954	210	986874
河南	Henan	229	227458	370	378166
湖北	Hubei	152	726900	102	1015083
湖南	Hunan	38	45742	76	101115
广东	Guangdong	517	1905053	617	2366492
广西	Guangxi	23	29703	31	32008
海南	Hainan	16	515	20	385
重庆	Chongqing	16	89326	36	86163
四川	Sichuan	536	321806	441	288363
贵州	Guizhou	22	21430	23	16897
云南	Yunnan	52	127688	55	128107
西藏	Tibet	1			
陕西	Shaanxi	68	259092	127	155079
甘肃	Gansu	14	20513	107	51950
青海	Qinghai			1	104
宁夏	Ningxia		1808	1	10142
新疆	Xinjiang	154	217755	152	118452
新疆兵团	Xinjiang Bingtuan	1	6352	1	31210

8-7 各地区对外承包工程营业额

Turnover of Foreign Engineering Projects by Region

单位：万美元

Unit: USD 10000

公 司	Region/Corporation	2010	2011	2012	2013
总 计	**Total**	**9217025**	**10342448**	**11659697**	**13714273**
一、专业公司	**National Specialized International Cooperation Co.**	**3468478**	**3516149**	**3640404**	**4038125**
二、地方公司	**Provincial and Civil International Cooperation Companies**	**5748547**	**6826299**	**8019293**	**9676148**
北 京	Beijing	222514	248098	289909	335854
天 津	Tianjin	245205	299081	310174	312853
河 北	Hebei	285351	243603	286271	434565
山 西	Shanxi	71999	69676	44556	76505
内 蒙 古	Inner Mongolia	3159		857	4510
辽 宁	Liaoning	132250	150798	184706	237277
吉 林	Jiling	26364	29510	46653	51318
黑 龙 江	Heilongjiang	105093	109161	95033	62512
上 海	Shanghai	689616	594113	681188	806920
江 苏	Jiangsu	516738	600106	646755	726299
浙 江	Zhejiang	275057	289942	371286	441586
安 徽	Anhui	192716	236706	281148	291394
福 建	Fujian	23531	50373	64228	64870
江 西	Jiangxi	104334	158503	184082	227296
山 东	Shandong	523767	747265	811423	850106
河 南	Henan	207085	291264	228558	291796
湖 北	Hubei	381301	406741	456194	520733
湖 南	Hunan	109065	145987	172772	221121
广 东	Guangdong	820815	1134158	1605342	2286507
广 西	Guangxi	56429	65296	74972	83002
海 南	Hainan	825	1382	1050	385
重 庆	Chongqing	35987	41770	58424	63757
四 川	Sichuan	399299	498692	563592	634776
贵 州	Guizhou	22003	30015	40007	45940
云 南	Yunnan	99194	114468	154762	181724
西 藏	Tibet			501	
陕 西	Shaanxi	81022	136256	167927	178711
甘 肃	Gansu	22403	29664	26221	30915
青 海	Qinghai		4633	22104	11551
宁 夏	Ningxia	1711	1841	1551	2357
新 疆	Xingjiang	62945	63209	101405	144768
新疆兵团	Xinjiang Bingtuan	30769	33988	45642	54244

8-8 各地区年末在境外从事承包工程人数

Personnel Abroad for Foreign Engineering Projects Classified by Region at the Year-end

单位：人

Unit: person

公司	Region/Corporation	2010	2011	2012	2013
总计	**Total**	**376510**	**324018**	**344618**	**370144**
一、专业公司	**National Specialized International Cooperation Co.**	**114409**	**80415**	**83751**	**99725**
二、地方公司	**Provincial and Civil International Cooperation Companies**	**262101**	**243603**	**260867**	**270419**
北京	Beijing	17145	12414	12143	16549
天津	Tianjin	5911	8860	10110	10881
河北	Hebei	8791	5503	7602	9688
山西	Shanxi	4943	4983	3085	4073
内蒙古	Inner Mongolia	362	263	371	450
辽宁	Liaoning	7374	6733	7879	6972
吉林	Jiling	9500	2709	3694	3210
黑龙江	Heilongjiang	3152	1893	2283	3300
上海	Shanghai	9430	7559	8320	7284
江苏	Jiangsu	36285	35415	35615	36266
浙江	Zhejiang	18485	10120	19429	18059
安徽	Anhui	11727	14190	14198	12238
福建	Fujian	367	571	1787	2795
江西	Jiangxi	7467	7375	7433	7939
山东	Shandong	26176	26925	25302	26658
河南	Henan	16349	19013	17711	14899
湖北	Hubei	21968	16575	20202	31353
湖南	Hunan	3989	3897	6965	6045
广东	Guangdong	4554	4017	3863	2439
广西	Guangxi	5526	3979	4638	3549
海南	Hainan	2	6	26	34
重庆	Chongqing	2220	2390	2095	1548
四川	Sichuan	11249	9658	12264	12058
贵州	Guizhou	1789	1926	2410	1615
云南	Yunnan	14560	22740	17353	17267
西藏	Tibet			21	
陕西	Shaanxi	3959	5701	6488	5331
甘肃	Gansu	824	1746	2156	1324
青海	Qinghai		387	777	745
宁夏	Ningxia	265	220	217	169
新疆	Xingjiang	3077	3134	2024	3025
新疆兵团	Xinjiang Bingtuan	4655	2701	2406	2656

8-9 各地区年末在境外从事劳务合作人数

Personnel Abroad for Foreign Labour Services Classified by Region at the Year-end

单位：人
Unit: person

公　司	Region/Corporation	2010	2011	2012	2013
总　　计	**Total**	**470095**	**488409**	**505563**	**482611**
一、专业公司	**National Specialized International Cooperation Co.**	**28195**	**28418**	**31123**	**31035**
二、地方公司	**Provincial and Civil International Cooperation Companies**	**441900**	**459252**	**473592**	**450924**
北　京	Beijing	5354	5428	4616	4487
天　津	Tianjin	6772	7224	7400	6669
河　北	Hebei	4533	3370	2198	1512
山　西	Shanxi	1204	951	428	12
内蒙古	Inner Mongolia	4344	5510	3901	3467
辽　宁	Liaoning	34074	36529	39264	34450
吉　林	Jiling	57066	60643	44591	30392
黑龙江	Heilongjiang	9733	9422	5484	5495
上　海	Shanghai	17417	15932	21030	17851
江　苏	Jiangsu	60051	53839	51234	51748
浙　江	Zhejiang	7776	5616	7720	7423
安　徽	Anhui	8509	6711	9550	9256
福　建	Fujian	23873	27030	33375	38992
江　西	Jiangxi	7148	6160	6383	5389
山　东	Shandong	75737	81741	78434	69153
河　南	Henan	39707	45180	57103	58709
湖　北	Hubei	7510	6898	10800	10973
湖　南	Hunan	16381	18681	23112	20682
广　东	Guangdong	33901	38621	44301	54271
广　西	Guangxi	432	415	245	206
海　南	Hainan				
重　庆	Chongqing	1846	1971	3308	3144
四　川	Sichuan	10734	12123	9037	6443
贵　州	Guizhou		12	32	54
云　南	Yunnan	2629	3566	2302	1597
西　藏	Tibet				
陕　西	Shaanxi	4594	5076	6124	6524
甘　肃	Gansu	87	277	1176	1634
青　海	Qinghai	51	24	168	202
宁　夏	Ningxia	427	302	276	189
新　疆	Xingjiang				
新疆兵团	Xinjiang Bingtuan	10			
三、其他	**Others**		**739**	**848**	**652**

旅　游

TOURISM

第9篇

9-1 历年入境游客

Visitor Arrivals

单位:万人次

Unit: 10000 person-times

年份 Year	合计 Total	#入境过夜游客 Overnight Tourists	外国人 Foreigners	港澳台同胞* Compatriot*	#台湾同胞 Taiwan Province
1978	180.92	71.60	22.96	156.15	
1979	420.39	152.90	36.24	382.06	
1980	570.25	350.00	52.91	513.90	
1981	776.71	376.70	67.52	705.31	
1982	792.43	392.40	76.45	711.70	
1983	947.70	379.10	87.25	856.41	
1984	1285.22	514.10	113.43	1167.04	
1985	1783.31	713.30	137.05	1637.78	
1986	2281.95	900.10	148.23	2126.90	
1987	2690.23	1076.00	172.78	2508.74	
1988	3169.48	1236.10	184.22	2977.33	43.77
1989	2450.14	936.10	146.10	2297.19	54.10
1990	2746.18	1048.40	174.73	2562.34	94.80
1991	3334.98	1246.40	271.01	3050.62	94.66
1992	3811.49	1651.20	400.64	3394.34	131.78
1993	4152.69	1898.20	465.59	3670.49	152.70
1994	4368.45	2107.00	518.21	3838.72	139.02
1995	4638.65	2003.40	588.67	4038.40	153.23
1996	5112.75	2276.50	674.43	4422.86	173.39
1997	5758.79	2377.00	742.80	5006.09	211.76
1998	6347.84	2507.29	710.77	5625.00	217.46
1999	7279.56	2704.66	843.23	6425.52	258.46
2000	8344.39	3122.88	1016.04	7320.80	310.86
2001	8901.29	3316.67	1122.64	7778.65	344.20
2002	9790.83	3680.26	1343.95	8446.88	366.06
2003	9166.21	3297.05	1140.29	8025.92	273.19
2004	10903.82	4176.14	1693.25	9210.57	368.53
2005	12029.23	4680.90	2025.51	10003.71	410.92
2006	12494.21	4991.34	2221.03	10273.19	441.35
2007	13187.33	5471.98	2610.97	10576.36	462.79
2008	13002.74	5304.92	2432.53	10570.21	438.56
2009	12647.59	5087.52	2193.75	10453.84	448.40
2010	13376.22	5566.45	2612.69	10763.53	514.06
2011	13542.35	5758.07	2711.20	10831.15	526.30
2012	13240.53	5772.49	2719.16	10521.37	534.02
2013	12907.78	5568.59	2629.03	10278.75	516.25

注：港澳台同胞来自香港特别行政区、澳门特别行政区和台湾省(下同)。

Note: Compatriot From Hong Kong, Macao and Taiwan Province.(next the same)

9-2 历年入境游客增长速度
Growth Rates of Visitor Arrivals

单位：%
unit: %

年 份 Year	合 计 Total	#入境过夜游客 Overnight Tourists	外国人 Foreigners	港澳台同胞 Compatriot	#台湾同胞 Taiwan Province
1979	132.4	113.5	57.8	144.7	
1980	35.6	128.9	46.0	34.5	
1981	36.2	7.6	27.6	37.2	
1982	2.0	4.2	13.2	0.9	
1983	19.6	-3.4	14.1	20.3	
1984	35.6	35.6	30.0	36.3	
1985	38.8	38.7	20.8	40.3	
1986	28.0	26.2	8.2	29.9	
1987	17.9	19.5	16.6	18.0	
1988	17.8	14.9	6.6	18.7	
1989	-22.7	-24.3	-20.7	-22.8	23.6
1990	12.1	12.0	19.6	11.5	75.2
1991	21.4	18.9	55.1	19.1	-0.1
1992	14.3	32.5	47.8	11.3	39.2
1993	9.0	15.0	16.2	8.1	15.9
1994	5.2	11.0	11.3	4.6	-9.0
1995	6.2	-4.9	13.6	5.2	10.2
1996	10.2	13.6	14.6	9.5	13.2
1997	12.6	4.4	10.1	13.2	22.1
1998	10.2	5.5	-4.3	12.4	2.7
1999	14.7	7.9	18.6	14.2	18.9
2000	14.6	15.5	20.5	13.9	20.3
2001	6.7	6.2	10.5	6.3	10.7
2002	10.0	11.0	19.7	8.6	6.4
2003	-6.4	-10.4	-15.2	-5.0	-25.4
2004	19.0	26.7	48.5	14.8	34.9
2005	10.3	12.1	19.6	8.6	11.5
2006	3.9	6.6	9.7	2.7	7.4
2007	5.5	9.6	17.6	3.0	4.9
2008	-1.4	-3.1	-6.8	-0.1	-5.2
2009	-2.7	-4.1	-9.8	-1.1	2.2
2010	5.8	9.4	19.1	3.0	14.6
2011	1.2	3.4	3.8	0.6	2.4
2012	-2.2	0.3	0.3	-2.9	1.5
2013	-2.5	-3.5	-3.3	-2.3	-3.3

9-3 历年入境过夜游客和国际旅游(外汇)收入

International Tourism Receipts and Tourist Arrivals

年份 Year	入境过夜游客 (万人次) Tourist Arrivals (10000 person-time)	入境过夜游客 增速(%) Growth Rates (%)	入境过夜游客 居世界位次 Rank	旅游(外汇)收入 合计(亿美元) Tourism Receipts (USD 100 Million)	旅游(外汇) 收入增速(%) Growth Rates (%)	旅游(外汇)收入 居世界位次 Rank
1978	71.60			2.63		
1979	152.90	113.5		4.49	70.7	
1980	350.00	128.9	18	6.17	37.4	34
1981	376.70	7.6	17	7.85	27.2	34
1982	392.40	4.2	16	8.43	7.4	29
1983	379.10	-3.4	16	9.41	11.6	26
1984	514.10	35.6	14	11.31	20.2	21
1985	713.30	38.7	13	12.50	10.5	21
1986	900.10	26.2	12	15.31	22.5	22
1987	1076.00	19.5	12	18.62	21.6	26
1988	1236.10	14.9	10	22.47	20.7	26
1989	936.10	-24.3	12	18.60	-17.2	27
1990	1048.40	12.0	11	22.18	19.2	25
1991	1246.40	18.9	12	28.45	28.3	21
1992	1651.20	32.5	9	39.47	38.7	17
1993	1898.20	15.0	7	46.83	18.6	15
1994	2107.00	11.0	6	73.23	56.4	10
1995	2003.40	-4.9	8	87.33	19.3	10
1996	2276.50	13.6	6	102.00	16.8	9
1997	2377.00	4.4	6	120.74	18.4	8
1998	2507.29	5.5	6	126.02	4.4	7
1999	2704.66	7.9	5	140.99	11.9	7
2000	3122.88	15.5	5	162.24	15.1	7
2001	3316.67	6.2	5	177.92	9.7	5
2002	3680.26	11.0	5	203.85	14.6	5
2003	3297.05	-10.4	5	174.06	-14.6	7
2004	4176.14	26.7	4	257.39	47.9	7
2005	4680.90	12.1	4	292.96	13.8	6
2006	4991.34	6.6	4	339.49	15.9	5
2007	5471.98	9.6	4	419.19	23.5	5
2008	5304.92	-3.1	4	408.43	-2.6	5
2009	5087.52	-4.1	4	396.75	-2.9	5
2010	5566.45	9.4	3	458.14	15.5	4
2011	5758.07	3.4	3	484.64	5.8	4
2012	5772.49	0.3	3	500.28	3.2	4
2013	5568.59	-3.5		516.64	3.3	

9-4 入境外国游客分组构成

Foreign Visitor Arrivals by Sex, Age, Purpose and Mode of Transport

单位：万人次

Unit: 10000 person-time

项　目	Item	2012		2013	
		人次数 person-time	比 重 structure (%)	人次数 person-time	比 重 structure (%)
总　计	**Total**	**2719.16**	**100.0**	**2629.03**	**100.0**
按性别分	**By Sex**				
男	Male	1737.76	63.9	1702.07	64.7
女	Female	981.40	36.1	926.96	35.3
按年龄分	**By Age**				
14岁及以下	Under 14	111.79	4.1	107.89	4.1
15～24岁	15～24	215.87	7.9	206.65	7.9
25～44岁	25～44	1229.72	45.2	1209.16	46.0
45～64岁	46～64	988.70	36.4	950.54	36.2
65岁以上	Over 65	173.07	6.4	154.78	5.9
按事由分	**By Purpose**				
会议/商务	Meeting/Business	628.01	23.1	619.40	23.6
观光/休闲	Sightseeing/Leisure	1162.90	42.8	1012.30	38.5
探亲/访友	Visiting Relatives and Friends	10.77	0.4	19.91	0.8
服务员工	Work and Crew	286.47	10.5	319.53	12.2
其他	Others	630.99	23.2	657.89	25.0
按入境方式分	**By Mode Of Transport**				
船舶	Sea	268.86	9.9	261.39	9.9
飞机	Air	1637.37	60.2	1575.21	59.9
火车	Rail	56.46	2.1	54.69	2.1
汽车	Motor	358.22	13.2	353.29	13.4
徒步	Foot	398.25	14.6	384.46	14.6

9-5 按国籍分入境外国游客
Foreign Visitor Arrivals by Nationality

单位：人次

Unit: person-time

国籍	Nationality	2010	2011	2012	2013
总计	**Total**	**26126885**	**27111971**	**27191591**	**26290294**
亚洲	**Asia**	**16178640**	**16623150**	**16622193**	**16060094**
#阿富汗	Afghanistan	11809	11695	11651	10674
巴林	Bahrain	3839	3222	3085	3374
孟加拉国	Bangladesh	41648	47661	50855	58872
不丹	Bhutan	569	597	619	623
文莱	Brunei	10051	9449	9409	8809
缅甸	Myanmar	493400	191038	205936	134671
柬埔寨	Cambodia	24265	26534	29803	34578
塞浦路斯	Cyprus	3569	3229	3148	2931
朝鲜	Korea DPR	116382	152300	180573	206617
印度	India	549321	606474	610194	676682
印度尼西亚	Indonesia	573409	608675	621970	605321
伊朗	Iran	116999	125077	90991	88895
伊拉克	Iraq	22246	19289	20746	23497
以色列	Israel	83384	82234	82548	79699
日本	Japan	3731200	3658169	3518153	2877533
约旦	Jordan	25343	27568	27553	28151
科威特	Kuwait	7746	8303	9042	8952
老挝	Laos	11927	14186	16764	19399
黎巴嫩	Lebanon	22251	22854	22607	21298
马来西亚	Malaysia	1245160	1245092	1235463	1206535
马尔代夫	Maldives	2025	2623	3589	4115
蒙古	Mongolia	794386	994181	1010450	1049997
尼泊尔	Nepal	30796	31944	40949	58817
阿曼	Oman	4739	4630	5006	4773
巴基斯坦	Pakistan	87320	92518	96707	106548
巴勒斯坦	Palestine	6886	6336	6874	6283
菲律宾	Philippines	828284	894309	961975	996672
卡塔尔	Qatar	2940	2431	2499	2507
沙特阿拉伯	Saudi Arabia	27223	34635	35424	36531
新加坡	Singapore	1003658	1062993	1027745	966605
韩国	Korea	4076392	4185398	4069868	3968998
斯里兰卡	Sri Lanka	30852	38013	42745	49488
叙利亚	Syria	21029	18473	15773	12802
泰国	Thailand	635539	608044	647597	651654
土耳其	Turkey	84460	98787	96053	103947
阿联酋	United Arab Emirates	8816	9041	8274	7904
也门共和国	Yemen Rep.	21661	18351	22021	21838
越南	Vietnam	919991	1006468	1137165	1365402
哈萨克斯坦	Kazakhstan	380312	506215	491381	393530
吉尔吉斯斯坦	Kirghizia	35444	47633	48105	49936

单位：人次
Unit: person-time

国籍	Nationality	2010	2011	2012	2013
塔吉克斯坦	Tadzhikistan	23398	26441	28739	31916
土库曼斯坦	Turkmenistan	14836	15590	15629	14562
乌兹别克斯坦	Uzbekistan	42575	54038	56165	57717
非洲	**Africa**	**463550**	**488774**	**524882**	**552671**
#阿尔及利亚	Algeria	25776	27982	27627	29565
安哥拉	Angola	17140	18595	21353	24998
贝宁	Benin	4694	4993	4819	5260
博茨瓦纳	Botswana	2367	2545	2436	1913
布隆迪	Burundi	934	1298	1241	1290
喀麦隆	Cameroon	6871	7052	7873	7191
佛得角	Cape Verde	670	616	781	565
中非	Central African	375	426	572	216
乍得	Chad	824	808	945	964
科摩罗	Comoros	733	781	870	882
刚果(布)	Congo(B)	4408	5111	5584	5602
吉布提	Djibouti	449	545	648	716
埃及	Egypt	59119	60880	72662	74443
赤道几内亚	Eq.Guinea	669	709	950	1072
埃塞俄比亚	Ethiopia	14776	18561	23086	24534
加蓬	Gabon	1118	1063	1228	1365
冈比亚	Gambia	2167	2100	2169	2030
加纳	Ghana	17152	19767	16918	16336
几内亚	Guinea	9068	9868	9987	9481
几内亚(比绍)	Guinea Bissau	1355	1248	1128	983
科特迪瓦	Cote d'Ivoire	2886	2301	3697	3924
肯尼亚	Kenya	13051	15158	15696	18429
利比里亚	Liberia	1428	2079	1852	1576
利比亚	Libya	12956	3414	12605	16778
马达加斯加	Madagascar	8377	9392	9931	9804
马拉维	Malawi	1426	1645	1712	1760
马里	Mali	14389	15038	13806	16037
毛里塔尼亚	Mauritania	1854	2069	2022	1895
毛里求斯	Mauritius	17465	18289	17454	17745
摩洛哥	Morocco	14034	13810	13973	14407
莫桑比克	Mozambique	2280	3195	3751	3915
纳米比亚	Namibia	1327	1438	1722	1891
尼日尔	Niger	6465	6890	7945	10619
尼日利亚	Nigeria	41372	45440	38852	45582
留尼汪	Reunion	4	5	2	
卢旺达	Rwanda	1536	1799	2111	2078
圣多美和普林西比	Sao Tome & Principe	74	62	47	95
塞内加尔	Senegal	7484	8026	8492	8987

9-5 续表 2 Continued 2

单位：人次
Unit: person-time

国　　籍	Nationality	2010	2011	2012	2013
塞舌尔	Seychelles	1346	1385	1467	1682
塞拉利昂	Sierra Leone	1279	1585	1871	2092
索马里	Somalia	709	951	1300	1173
南非	S.Africa	64477	67354	71529	68613
苏丹	Sudan	11475	11944	11766	12719
坦桑尼亚	Tanzania	15246	16441	18572	19678
多哥	Togo	3111	3103	3241	3453
突尼斯	Tunisia	10625	8640	10133	10737
乌干达	Uganda	10821	14456	14878	14064
布基纳法索	Burkina Faso	2463	2350	2886	3270
民主刚果	Congo DR	10491	12080	14001	14960
赞比亚	Zambia	4256	4813	5659	6620
津巴布韦	Zimbabwe	6888	7072	6530	6071
莱索托	Lesotho	474	555	595	463
斯威士兰	Swaziland	254	309	224	224
厄立特里亚	Eritrea	560	659	846	857
欧洲	**Europe**	**5697871**	**5937810**	**5948178**	**5688146**
#比利时	Belgium	76249	70400	71103	68404
丹麦	Denmark	86718	84637	84330	81385
英国	United Kingdom	574963	595697	618351	624955
德国	Germany	608621	637015	659627	649298
法国	France	512734	493132	524837	533538
爱尔兰	Ireland	36164	37596	42166	41229
意大利	Italy	229233	235041	251991	251162
卢森堡	Luxembourg	4471	2692	3276	3558
荷兰	Netherlands	189128	197530	195474	188562
希腊	Greece	34690	32652	32490	34460
葡萄牙	Portugal	47678	47033	48577	49395
西班牙	Spain	138255	139876	136915	132378
阿尔巴尼亚	Albania	2740	2638	2478	2461
安道尔	Andorra	120	167	157	130
奥地利	Austria	67288	66922	66079	65709
保加利亚	Bulgaria	16421	17556	16847	17582
芬兰	Finland	69226	65288	67811	65662
匈牙利	Hungary	15791	16289	16905	18674
冰岛	Iceland	3056	3009	3370	3407
列支敦士登	Liechtenstein	378	300	310	344
马耳他	Malta	1934	1833	2015	1717
摩纳哥	Monaco	237	88	118	110
挪威	Norway	53500	51428	53478	51439

9-5 续表 3 Continued 3

单位：人次
Unit: person-time

国　籍	Nationality	2010	2011	2012	2013
波兰	Poland	62109	67986	68605	71598
罗马尼亚	Romania	33214	36290	35250	37433
圣马力诺	San Marino	290	199	139	179
瑞典	Sweden	154513	170137	171588	158951
瑞士	Switzerland	74296	75294	82786	80557
爱沙尼亚	Estonia	4726	4511	6288	5739
拉脱维亚	Latvia	5708	5747	7341	7061
立陶宛	Lithuania	7000	7508	8730	8774
格鲁吉亚	Georgia	5355	6719	6458	7232
亚美尼亚	Armenia	4684	5347	5492	5797
阿塞拜疆	Azerbaijan	18605	18202	17757	18089
白俄罗斯	Byelorussia	10914	10939	14121	14347
摩尔多瓦	Moldavia	2442	2794	2749	2886
俄罗斯	Russia	2370313	2536302	2426161	2186281
乌克兰	Ukraine	105711	120248	120214	120403
斯洛文尼亚	Slovenia	5536	5685	6232	5583
克罗地亚	Croatia	16159	16355	16918	16807
捷克	Czech	19483	20285	21229	20640
斯洛伐克	Slovak	9028	9183	10508	10415
波黑	Bosnia & Hercegovina	1567	1390	1410	1490
拉丁美洲	**Latin America**	**300472**	**336867**	**353079**	**354327**
#安提瓜和巴布达	Antigua & Barbuda	268	223	277	253
阿根廷	Argentina	23084	25656	24883	26488
阿鲁巴岛	Aruba	11	41	1	
巴哈马	Bahamas	586	623	669	636
巴巴多斯	Barbados	595	329	374	440
伯利兹	Belize	3186	3225	3053	3291
玻利维亚	Bolivia	5252	6470	6454	6198
巴西	Brazil	85050	97912	99445	95754
开曼群岛	Cayman Is	17	27	27	12
智利	Chile	15927	17763	19661	20310
哥伦比亚	Colombia	26870	31792	34315	34636
哥斯达黎加	Costa Rica	5084	5451	5748	5627
古巴	Cuba	2705	2433	2644	3566
多米尼加共和国	Dominican Rep.	3036	2943	3301	3381
厄瓜多尔	Ecuador	6271	7211	7965	8257
格林纳达	Grenada	181	189	192	187
危地马拉	Guatemala	2135	2350	2538	2561
圭亚那	Guyana	761	837	1072	943

9-5 续表 4 Continued 4

单位：人次
Unit: person-time

国　籍	Nationality	2010	2011	2012	2013
海地	Haiti	270	336	378	574
洪都拉斯	Honduras	2780	2709	2943	3151
牙买加	Jamaica	3978	4612	5330	6028
墨西哥	Mexico	49351	53720	57716	60144
尼加拉瓜	Nicaragua	599	526	754	660
巴拿马	Panama	7655	7806	7839	7532
巴拉圭	Paraguay	1673	1535	1444	1352
秘鲁	Peru	12798	14190	15043	15646
波多黎各	Puerto Rico	11	8	7	11
圣卢西亚	Saint Lucia	126	96	137	171
圣文森特和格林纳丁斯	S. Vinc. & Grenadines	160	100	357	734
萨尔瓦多	El Salvador	987	1120	1218	1233
苏里南	Suriname	2637	2944	3056	3236
特立尼达和多巴哥	Trinidad & Tobago	2286		2488	2418
特克斯和凯科斯群岛	Turks & Caicos Is.	2		3	3
乌拉圭	Uruguay	3540	3784	3886	4291
委内瑞拉	Venezuela	29578	34821	36648	33100
维尔京群岛	Virgin Is.	1	2	4	5
北美洲	**North America**	**2694925**	**2864166**	**2826441**	**2769507**
加拿大	Canada	685304	747981	708294	684216
美国	United States	2009595	2116144	2118059	2085253
百慕大	Bermuda	26	41	88	37
大洋洲及太平洋群岛	**Oceania and Pacific Islands**	**789331**	**859310**	**914899**	**863395**
#澳大利亚	Australia	661342	726184	774328	723088
斐济	Fiji	3342	3207	3462	3766
瑙鲁	Nauru	852	650	545	415
瓦努阿图	Vanuatu	463	503	526	419
新西兰	New Zealand	116052	120898	128251	128572
巴布亚新几内亚	Papua New Guinea	1514	1301	1204	1366
所罗门群岛	Solomon Is.	560	600	641	642
汤加	Tonga	1139	1379	1355	1306
萨摩亚	Samoa	399	425	899	1019
基里巴斯	Kiribati	2289	2652	2590	1936
图瓦卢	Tuvalu	740	856	505	377
密克罗尼西亚	Micronesia	232	228	138	104
马绍尔群岛	Marshall Is.	336	368	383	349
贝劳共和国	Palau	60	39	51	33
国际组织及其他人员	**Others**	**2096**	**1894**	**1919**	**2154**

9-6 国际旅游外汇收入构成
Breakdown of International Tourism Receipts

单位：亿美元
Unit: USD 100 million

指　标	Item	2010	2011	2012	2013
总　计	**Total**	**458.14**	**484.64**	**500.28**	**516.64**
一、商品收入	**Commodities**	**157.05**	**154.54**	**149.01**	**153.10**
1.商品销售	Shopping	115.90	118.56	111.54	111.82
2.餐饮	Food and Beverage	41.15	35.98	37.47	41.28
二、劳务收入	**Services**	**301.09**	**330.09**	**351.26**	**363.54**
1.长途交通	Long-Distance Transportation	130.91	151.17	172.78	174.57
民航	Air	98.08	114.70	131.64	134.10
铁路	Rail	12.47	14.06	16.46	16.00
汽车	Motor	10.81	14.06	15.54	13.65
轮船	Sea	9.56	8.35	9.14	10.82
2.游览	Sightseeing	21.07	25.32	25.55	30.92
3.住宿	Accommodation	51.95	50.98	52.11	59.76
4.娱乐	Entertainment	31.72	34.66	36.13	35.91
5.邮电通讯	Communication	14.60	10.36	7.91	7.92
6.市内交通	Local Transportation	10.68	16.19	16.10	14.44
7.其他服务	Others	40.15	41.41	40.68	40.01

9-7 各地区国际旅游(外汇)收入

International Tourism Receipts by Locality

单位：亿美元

Unit: USD 100 million

地区	Region	2010	2011	2012	2013
北京	Beijing	50.45	54.16	51.49	47.95
天津	Tianjin	14.20	17.56	22.26	25.91
河北	Hebei	3.51	4.48	5.45	5.86
山西	Shanxi	4.65	5.67	7.20	8.23
内蒙古	Inner Mongolia	6.02	6.71	7.72	9.62
辽宁	Liaoning	22.59	27.13	32.64	34.77
吉林	Jilin	3.05	3.85	4.95	5.52
黑龙江	Heilongjiang	7.63	9.18	8.35	6.04
上海	Shanghai	63.41	57.51	54.93	52.45
江苏	Jiangsu	47.83	56.53	63.00	23.80
浙江	Zhejiang	39.30	45.42	51.52	53.93
安徽	Anhui	7.09	11.79	15.63	16.60
福建	Fujian	29.78	36.34	42.26	45.73
江西	Jiangxi	3.46	4.15	4.85	5.25
山东	Shandong	21.55	25.51	29.24	27.31
河南	Henan	4.99	5.49	6.11	6.60
湖北	Hubei	7.51	9.40	12.03	12.19
湖南	Hunan	9.06	10.14	9.28	8.23
广东	Guangdong	123.83	139.06	156.11	162.78
广西	Guangxi	8.06	10.52	12.79	15.47
海南	Hainan	3.22	3.76	3.48	3.37
重庆	Chongqing	7.03	9.68	11.68	12.68
四川	Sichuan	3.54	5.94	7.98	7.65
贵州	Guizhou	1.30	1.35	1.69	2.01
云南	Yunnan	13.24	16.09	19.47	24.18
西藏	Tibet	1.04	1.30	1.06	1.28
陕西	Shaanxi	10.16	12.95	15.97	16.76
甘肃	Gansu	0.15	0.17	0.22	0.20
青海	Qinghai	0.20	0.27	0.24	0.19
宁夏	Ningxia	0.06	0.06	0.05	0.12
新疆	Xinjiang	1.85	4.65	5.51	5.85

9-8 各地区接待入境过夜游客情况

International Tourists by Region

地区	Region	人数（万人次）Tourist Arrivals (10000 person-time)		#外国人 Foreigners		人天数（万人天）Tourist Arrivals Night (10000 person-night)		#外国人 Foreigners	
		2012	2013	2012	2013	2012	2013	2012	2013
北京	Beijing	500.86	450.13	434.40	387.62	2116.84	1901.78	1881.68	1678.44
天津	Tianjin	73.75	75.86	63.71	66.04	1043.51	1183.26	860.16	974.42
河北	Hebei	129.32	84.27	106.71	69.99	333.42	282.72	281.06	241.04
山西	Shanxi	189.18	53.84	120.42	38.88	368.49	113.06	238.67	81.65
内蒙古	Inner Mongolia	159.17	161.61	151.46	155.31	411.36	490.86	393.02	466.17
辽宁	Liaoning	473.13	256.04	388.59	173.61	1596.01	741.01	1363.11	520.84
吉林	Jilin	118.27	124.30	100.90	107.58	273.99	302.24	230.05	259.83
黑龙江	Heilongjiang	207.62	152.86	194.73	145.02	441.23	302.12	414.27	287.77
上海	Shanghai	651.23	614.09	539.64	511.07	2172.56	2016.53	1787.22	1657.40
江苏	Jiangsu	791.54	288.03	575.21	193.44	3391.25	1042.49	2428.74	645.79
浙江	Zhejiang	865.93	337.57	570.51	252.07	2357.22	834.59	1657.30	632.44
安徽	Anhui	331.47	271.95	190.41	167.11	877.49	727.95	496.43	446.71
福建	Fujian	493.67	294.02	167.01	114.51	2155.46	1421.35	919.72	628.04
江西	Jiangxi	156.18	123.89	50.39	40.25	299.21	272.55	102.68	90.56
山东	Shandong	469.91	285.98	342.23	206.08	1432.60	979.25	1046.64	715.44
河南	Henan	190.77	127.38	118.74	73.02	403.42	302.62	261.88	185.23
湖北	Hubei	264.72	267.96	192.96	204.73	593.44	600.91	442.42	458.12
湖南	Hunan	224.55	230.66	90.64	87.71	499.37	435.21	228.63	170.05
广东	Guangdong	3489.43	3397.90	773.05	760.51	8020.65	7141.53	1996.00	1889.68
广西	Guangxi	350.27	281.74	192.70	150.89	651.13	551.64	365.52	299.37
海南	Hainan	81.58	75.64	51.97	50.05	200.92	190.51	153.70	150.38
重庆	Chongqing	224.28	115.17	152.63	76.98	719.51	351.26	503.68	243.39
四川	Sichuan	227.34	209.56	151.29	147.32	429.16	398.33	296.65	284.58
贵州	Guizhou	70.50	62.40	30.42	27.15	101.08	94.29	43.75	40.91
云南	Yunnan	457.84	287.88	329.77	212.51	888.13	568.95	624.15	412.27
西藏	Tibet	19.49	22.32	17.46	18.72	57.67	68.75	52.15	58.07
陕西	Shaanxi	335.24	253.47	233.66	178.92	853.24	722.46	627.39	542.77
甘肃	Gansu	10.20	9.78	6.69	6.25	13.47	12.60	9.33	8.14
青海	Qinghai	4.73	4.65	3.84	4.13	15.63	12.23	13.27	10.90
宁夏	Ningxia	1.90	2.54	1.43	1.50	3.49	7.61	2.77	4.51
新疆	Xinjiang	62.49	68.88	49.02	60.10	287.03	305.45	221.65	268.25

9-9 各地区入境过夜游客人均天花费额

Average Daily Per Capita Expenditure of International Tourists by Region

单位：美元/人天
Unit: USD/night per capita

地 区	Region	人均天花费 Average Expenditure		外国人 Foreigners		香港同胞 Hongkong SAR	
		2012	2013	2012	2013	2012	2013
北 京	Beijing	243.01	252.41	241.37	254.47	255.81	243.03
天 津	Tianjin	203.84	209.92	198.51	207.27	230.72	202.09
河 北	Hebei	165.44	164.59	165.62	159.13	157.27	183.16
山 西	Shanxi	175.01	173.58	187.69	162.70	157.57	217.80
内蒙古	Inner Mongolia	185.81	194.20	187.13	192.90	181.69	185.58
辽 宁	Liaoning	206.37	212.45	207.34	221.91	201.86	180.25
吉 林	Jilin	180.44	183.29	185.11	183.03	159.60	189.72
黑龙江	Heilongjiang	189.35	199.41	186.15	200.50	244.22	209.95
上 海	Shanghai	252.79	259.31	251.19	259.87	269.87	251.45
江 苏	Jiangsu	214.35	224.05	214.93	223.27	215.20	224.10
浙 江	Zhejiang	213.48	218.26	210.11	216.12	219.51	228.98
安 徽	Anhui	182.52	192.49	182.62	192.31	182.00	190.83
福 建	Fujian	195.70	205.21	196.19	212.34	193.39	187.88
江 西	Jiangxi	161.50	163.99	160.50	169.65	162.92	156.37
山 东	Shandong	206.29	207.29	204.93	210.57	206.99	217.37
河 南	Henan	155.33	162.83	164.41	162.69	148.56	172.42
湖 北	Hubei	193.04	194.44	198.29	198.51	187.20	180.46
湖 南	Hunan	191.12	197.02	193.29	198.04	169.08	190.97
广 东	Guangdong	167.19	172.43	177.64	185.76	159.21	143.76
广 西	Guangxi	187.98	185.30	194.61	196.97	166.12	181.75
海 南	Hainan	176.86	172.80	181.16	175.30	160.09	157.43
重 庆	Chongqing	179.87	183.67	183.72	184.16	180.94	202.44
四 川	Sichuan	176.63	185.15	179.48	182.83	172.13	191.07
贵 州	Guizhou	170.95	181.05	176.21	192.31	167.16	176.40
云 南	Yunnan	187.69	196.75	187.08	195.67	216.11	206.17
西 藏	Tibet	184.36	191.67	182.03	192.19	210.19	189.62
陕 西	Shaanxi	187.52	186.09	187.53	186.87	196.47	184.30
甘 肃	Gansu	159.67	160.29	146.13	180.70	207.37	124.14
青 海	Qinghai	155.51	157.98	153.98	159.97	175.60	172.42
宁 夏	Ningxia	156.16	158.84	156.90	159.26	167.62	174.21
新 疆	Xinjiang	170.35	165.87	180.68	177.18	165.06	134.56

9-9 续表 Continued

单位：美元/人天

Unit: USD/night per capita

地 区	Region	澳门同胞 Macao SAR		台湾同胞 Taiwan Province	
		2012	2013	2012	2013
北 京	Beijing	247.63	222.74	252.31	230.18
天 津	Tianjin	232.70	281.48	215.12	220.84
河 北	Hebei	170.88	185.42	178.05	188.36
山 西	Shanxi	141.39	195.10	145.41	187.42
内 蒙 古	Inner Mongolia	146.10	182.59	173.05	228.09
辽 宁	Liaoning	198.53	174.00	198.72	185.54
吉 林	Jilin	167.40	211.12	152.50	165.93
黑 龙 江	Heilongjiang	185.04	202.26	183.46	184.07
上 海	Shanghai	252.82	251.25	255.23	263.40
江 苏	Jiangsu	223.05	231.21	210.11	225.67
浙 江	Zhejiang	255.86	247.89	226.31	213.47
安 徽	Anhui	172.74	203.26	185.05	194.19
福 建	Fujian	196.28	200.83	195.58	191.36
江 西	Jiangxi	162.16	140.82	163.07	168.73
山 东	Shandong	207.19	169.49	213.38	188.51
河 南	Henan	125.73	139.47	122.81	165.98
湖 北	Hubei	196.29	214.61	183.24	191.31
湖 南	Hunan	143.85	194.14	197.46	191.91
广 东	Guangdong	139.47	126.02	159.64	180.22
广 西	Guangxi	186.22	143.72	190.01	164.96
海 南	Hainan	202.51	174.56	152.40	164.63
重 庆	Chongqing	156.69	180.29	156.18	146.05
四 川	Sichuan	168.05	215.77	168.76	186.08
贵 州	Guizhou	151.51	181.27	157.96	176.46
云 南	Yunnan	218.07	204.42	164.90	192.15
西 藏	Tibet	156.15	179.88	199.13	192.42
陕 西	Shaanxi	175.92	212.09	181.89	167.25
甘 肃	Gansu	93.65	103.57	227.69	132.04
青 海	Qinghai	126.23	71.85	160.33	146.80
宁 夏	Ningxia	147.27	146.23	143.50	153.65
新 疆	Xinjiang	90.60	137.20	79.32	136.92

9-10 主要城市接待入境过夜游客情况

International Tourists to Major Cities

单位：万人次

Unit: 10000 person-time

城市	City	合计 Total 2012	合计 Total 2013	外国人 Foreigner 2012	外国人 Foreigner 2013
北京	Beijing	500.86	450.13	434.40	387.62
天津	Tianjin	73.75	75.86	63.71	66.04
沈阳	Shenyang	75.00	40.33	58.70	24.45
大连	Dalian	128.42	73.46	112.52	56.73
长春	Changchun	35.66	37.83	28.70	30.56
哈尔滨	Harbin	24.11	21.06	18.38	16.73
上海	Shanghai	651.23	614.09	539.64	511.07
南京	Nanjing	162.71	51.86	107.73	38.16
无锡	Wuxi	98.19	39.12	71.08	29.41
苏州	Suzhou	249.22	144.21	179.54	82.89
杭州	Hangzhou	331.12	106.04	229.88	76.28
宁波	Ningbo	116.21	42.63	63.10	32.09
黄山	Huangshan	160.27	130.48	92.82	77.87
厦门	Xiamen	212.42	107.23	76.11	51.26
济南	Jinan	31.59	20.81	20.56	12.72
青岛	Qingdao	127.01	78.26	87.78	53.93
武汉	Wuhan	150.89	161.37	114.17	128.82
广州	Guangzhou	786.60	768.20	289.20	278.99
深圳	Shenzhen	1206.45	1214.89	169.10	166.82
珠海	Zhuhai	297.58	263.23	53.83	48.36
中山	Zhongshang	55.86	53.77	11.58	10.38
桂林	Guilin	182.41	134.33	109.30	82.04
海口	Haikou	17.97	15.66	8.26	6.76
三亚	Sanya	48.14	48.19	36.78	36.99
重庆	Chongqing	224.28	115.17	152.63	76.98
成都	Chengdu	158.19	176.43	117.06	129.52
昆明	Kunming	113.74	76.06	87.34	60.07
西安	Xi'an	115.35	121.12	101.40	106.90

9-10 续表 Continued

单位：万人次

Unit: 10000 person-time

城市 City	香港 Hongkong		澳门 Macao		台湾 Taiwan	
	2012	2013	2012	2013	2012	2013
北京 Beijing	37.58	35.40	1.44	1.80	27.44	25.31
天津 Tianjin	4.63	4.69	0.27	0.31	5.14	4.83
沈阳 Shengyang	8.09	8.10	0.52	0.36	7.69	7.41
大连 Dalian	7.41	8.34	0.22	0.15	8.27	8.25
长春 Changchun	3.53	3.77	0.15	0.19	3.28	3.31
哈尔滨 Harbin	2.02	2.18	0.06	0.06	3.65	2.09
上海 Shanghai	45.05	41.90	1.82	1.65	64.72	59.47
南京 Nanjing	21.36	4.04	1.36	0.19	32.27	9.47
无锡 Wuxi	11.81	3.25	0.41	0.13	14.89	6.33
苏州 Suzhou	16.36	4.23	1.12	0.15	52.20	56.94
杭州 Hangzhou	38.46	12.53	4.25	1.43	58.53	15.80
宁波 Ningbo	18.68	4.22	6.16	0.23	28.26	6.08
黄山 Huangshan	23.27	15.59	1.93	1.63	42.25	35.39
厦门 Xiamen	22.04	12.95	0.78	0.54	113.49	42.47
济南 Jinan	6.03	3.65	0.12	0.09	4.89	4.35
青岛 Qingdao	19.41	12.37	4.60	2.90	15.22	9.08
武汉 Wuhan	18.14	17.34	0.27	0.22	18.31	14.99
广州 Guangzhou	393.44	384.59	49.87	49.53	54.09	55.09
深圳 Shenzhen	986.33	999.51	5.48	5.37	45.52	43.19
珠海 Zhuhai	113.07	97.29	71.21	66.82	59.47	50.76
中山 Zhongshang	31.41	31.76	7.05	6.83	5.82	4.80
桂林 Guilin	24.78	19.11	1.20	1.81	47.13	31.37
海口 Haikou	2.61	2.56	0.13	0.13	6.97	6.22
三亚 Sanya	5.34	5.61	0.34	0.37	5.68	5.22
重庆 Chongqing	44.44	15.57	1.10	0.74	26.12	21.88
成都 Chengdu	21.52	25.27	2.01	2.27	17.60	19.37
昆明 Kunming	8.98	7.59	0.24	0.38	17.18	8.02
西安 Xi'an	6.54	6.53	0.39	0.35	7.01	7.34

9-11 历年国内旅游情况

Major Statistics of Domestic Tourism

年 份	国内游客 (亿人次) Domestic Travelers (100 million person-time)	城镇居民 Urban Residents	农村居民 Rural Residents	旅游总花费 (亿元) Tourism Earnings (100 million yuan)	城镇居民 Urban Residents	农村居民 Rural Residents	人均花费 (元) Average Expenditure Per Capita (yuan)	城镇居民 Urban Residents	农村居民 Rural Residents
1994	5.24	2.05	3.19	1023.51	848.21	175.30	195.33	414.67	54.88
1995	6.29	2.46	3.83	1375.70	1140.10	235.60	218.71	464.02	61.47
1996	6.40	2.56	3.83	1638.38	1368.36	270.02	256.20	534.10	70.45
1997	6.44	2.59	3.85	2112.70	1515.10	560.87	328.06	599.80	145.68
1998	6.95	2.50	4.45	2391.18	1515.10	876.05	345.00	607.00	197.00
1999	7.19	2.84	4.35	2831.92	1748.23	1083.69	394.00	614.80	249.50
2000	7.44	3.29	4.15	3175.54	2235.30	940.28	426.60	678.60	226.60
2001	7.84	3.75	4.09	3522.40	2651.70	870.70	449.50	708.30	212.70
2002	8.78	3.85	4.93	3878.36	2848.09	1030.27	441.80	739.70	209.10
2003	8.70	3.51	5.19	3442.27	2404.08	1038.19	395.70	684.90	200.00
2004	11.02	4.59	6.43	4710.70	3359.00	1351.70	427.50	731.80	210.20
2005	12.12	4.96	7.16	5285.90	3656.10	1629.70	436.10	737.10	227.60
2006	13.94	5.76	8.18	6229.74	4414.74	1815.00	446.90	766.40	221.90
2007	16.10	6.12	9.98	7770.60	5550.40	2220.20	482.60	906.90	222.50
2008	17.12	7.03	10.09	8749.30	5971.75	2777.55	511.03	849.36	275.28
2009	19.02	9.03	9.99	10183.69	7233.79	2949.90	535.40	801.10	295.30
2010	21.03	10.65	10.38	12579.77	9403.81	3175.96	598.20	883.00	306.00
2011	26.41	16.87	9.54	19305.39	14808.61	4496.78	731.00	877.80	471.40
2012	29.57	19.33	10.24	22706.22	17678.03	5028.19	767.90	914.50	491.00
2013	32.62	21.86	10.76	26276.12	20692.59	5583.53	805.50	946.60	518.90

附录Ⅰ　简要说明和主要统计指标解释

一、国内贸易部分

（一）主要内容

这一部分主要反映中国国内消费品市场、批发和零售业、住宿和餐饮业的发展变化情况。主要内容包括限额以上批发和零售业的基本情况、商品流转情况和财务状况，限额以上住宿和餐饮业的基本情况、经营情况和财务状况，社会消费品零售总额，商品交易市场成交情况，连锁零售业、餐饮业经营情况等。

（二）统计范围

1．批发和零售业、住宿和餐饮业：限额以上批发和零售业、住宿和餐饮业法人企业和个体户。统计限额标准为：批发业，年主营业务收入2000万元及以上；零售业，年主营业务收入500万元及以上；住宿和餐饮业，年主营业务收入200万元及以上。

2．社会消费品零售总额：从事商品零售活动或提供餐饮服务的法人企业、产业活动单位和个体户。

3．商品交易市场：年商品成交额在亿元及以上的商品交易市场。

4．连锁经营情况：零售业连锁总店（总部）、餐饮业连锁总店（总部）。

（三）资料来源

国家统计局贸易外经司根据《批发和零售业统计报表制度》、《住宿和餐饮业统计报表制度》进行搜集和加工整理而得。

（四）统计调查方法

限额以上批发和零售业、住宿和餐饮业单位（包括法人企业、产业活动单位和个体户，下同）、商品交易市场以及连锁总店（总部）采用全面调查方法，限额以下批发和零售业、住宿和餐饮业单位采用抽样调查方法。

（五）主要指标解释

1．批发和零售业

批发业　指批发商向批发、零售单位及其他企事业、机关单位批量销售生活用品和生产资料的活动，以及从事进出口贸易和贸易经纪与代理的活动。批发商可以对所批发的货物拥有所有权，并以本单位、公司的名义进行交易活动；也可以不拥有货物的所有权，而以中介身份做代理销售商。

零售业　指百货商店、超级市场、专门零售商店、品牌专卖店、售货摊等主要面向最终消费者（如居民等）的销售活动。包括以互联网、邮政、电话、售货机等方式的销售活动，还包括在同地点，后面加工生产，前面销售的店铺（如前店后厂的面包房）。

商品购进额　指从本企业以外的单位和个人购进（包括从国外直接进口）作为转卖或加工后转卖的商品金额（含增值税）。商品包括：（1）从工农业生产者、批发和零售业企业、住宿和餐饮业企业、出版社或报社的出版发行部门和其他服务业企业购进的商品；（2）从机关团体、事业单位购进的商品；（3）从海关、市场管理部门购进的缉私和没收的商品；（4）从居民收购的废旧商品等，不包括：（1）企业为本单位自身经营用，不是作为转卖而购进的商品，如材料物资、包装物、低值易耗品、办公用品等；（2）未通过买卖行为而收入的商品，如接受其他部门移交的商品、借入的商品、收入代其他单位保管的商品、其他单位赠送的样品、加工回收的成品等；（3）经本单位介绍，由买卖双方直接结算，本单位只收取手续费的业务；（4）

销售退回和买方拒付货款的商品；（5）商品溢余。

商品销售额 指对本单位以外的单位和个人出售的商品金额（包括售给本单位消费用的商品，含增值税）。商品包括（1）售给城乡居民和社会集团消费用的商品；（2）售给农业、工业、建筑业、运输邮电业、服务业、公用事业等国民经济各行业用于生产、经营用的商品，包括售予批发和零售业作为转卖或加工后转卖的商品；（3）对国（境）外直接出口的商品，不包括：（1）未通过买卖行为付出的商品，如随机构变动移交给其他企业单位的商品、借出的商品、归还受其他单位委托代保管的商品、付出的加工原料和赠送给其他单位的样品等；（2）经本单位介绍，由买卖双方直接结算，本单位只收取手续费的业务；（3）购货退回的商品；（4）商品损耗和损失；（5）出售本单位自用的废旧物资。

商品库存额 指报告期末各种登记注册类型的批发和零售业企业(单位)已取得所有权的商品金额（含增值税）。它反映批发和零售业企业(单位)的商品库存情况和对市场商品供应的保证程度。商品库存包括：(1)存放在批发和零售业经营单位(如门市部、批发站、经营处)仓库、货场、货柜和货架中的商品；(2)挑选、整理、包装中的商品；(3)已记入购进而尚未运到本单位的商品，即发货单或银行承兑凭证已到而货未到的商品；(4)寄放他处的商品，如因购货方拒绝承付而暂时存放在购货方的商品和已办完加工成品收回手续而未提回的商品；(5)委托其他单位代销(未作销售或调出)尚未售出的商品；(6)代其他单位购进尚未交付的商品。不包括所有权不属于本单位的商品、委托外单位加工生产尚未收回成品的商品、外贸企业代理其他单位从国外进口尚未付给订货单位的商品、代国家物资储备部门保管的商品等。

2．住宿和餐饮业

住宿业 指有偿为顾客提供临时住宿的服务活动。不包括：提供长期住宿场所的活动（如出租房屋、公寓等）。

餐饮业 指在一定场所，对食物进行现场烹饪、调制，并出售给顾客主要供现场消费的服务活动。

营业额 指住宿和餐饮业法人企业（单位）在经营活动中因提供服务或销售商品等取得的收入。包括：客房收入、餐费收入、商品销售额和其他收入。

客房收入 指住宿和餐饮业法人企业（单位）在经营活动中因提供住宿服务取得的收入。

餐费收入 指住宿和餐饮业法人企业（单位）因为顾客提供就餐服务取得的收入，包括经烹饪、调制加工后出售的各种食品，如主食、炒菜、凉拌菜等的收入。

3．商品交易市场

商品交易市场 指经有关部门和组织批准设立，有固定场所、设施，有经营管理部门和监管人员，若干市场经营者入内，常年或实际开业三个月以上，集中、公开、独立地进行生活消费品、生产资料等现货商品交易以及提供相关服务的交易场所，包括各类消费品市场、生产资料市场等。

商品交易市场成交额 指商品交易市场内所有摊位的全年商品成交的总金额。

4．连锁经营

连锁总店（总部） 负责连锁企业资源（商号、商誉、经营模式、服务标准、管理模式等等）的开发、配置、控制或使用等功能的企业核心管理机构。连锁经营是指经营同类商品或服务，使用统一商号的若干店铺，在同一总店（总部）的管理下，采取统一采购或特许经营等方式,实现规模效益的组织形式，包括直营连锁、特许连锁和自愿连锁三种形式。

直营连锁 指连锁店铺由连锁公司全资或控股开设，在总部的直接控制下，开展统一经营的连锁经营形式。

特许连锁 指拥有注册商标、企业标志、专利、专有技术等经营资源的企业（特许人），以合同形式将其拥有的经营资源许可其他经营者（被特许人）使用，被特许人按合同约定在统一的经营模式下开展经营，并向特许人支付特许经营费用的连锁经营形式。

自愿连锁 指若干个店铺或企业自愿组合起来，在不改变各自资产所有权关系的情况下，以同一个品牌形象面对消费者，以共同进货为纽带开展的连锁经营形式。

5．社会消费品零售总额

社会消费品零售总额 指企业（单位、个体户）通过交易直接售给个人、社会集团非生产、非经营用的实物商品金额，以及提供餐饮服务所取得的收入金额。个人包括城乡居民和入境人员，社会集团包括机关、社会团体、部队、学校、企事业单位、居委会或村委会等。

二、对外经济贸易和旅游部分

（一）对外贸易

1．**主要内容：**包括进出口货物的品种、数(重)量、金额、国别（地区）、经营单位、境内目的地、境内货源地 、贸易方式、关别等项目。

2．**统计范围：**对外贸易统计范围是按照联合国国际商品（货物）贸易统计原则制定的，即凡是引起中华人民共和国关境内物质资源存量增加或减少的进出口货物（除制度另有规定者外）均列入该项统计。

3．**资料来源：**对外贸易统计资料来源于海关总署，调查方法是全面调查，统计依据是中国各地海关对进出口货物执行实际监管的进出口报关单。

4．**商品分类：**进出口商品目录是在海关合作理事会（世界海关组织 WCO）制定的《商品名称和编码协调制度》（HS）的基础上，结合我国进出口实际情况制定的。历年出口商品分类金额和历年进口商品分类金额按照联合国《国际贸易标准分类》（SITC）进行统计。

5．**货物进出口国家（地区）：**进口货物统计原产国（地区），出口货物统计最终目的地国（地区）。原产国（地区）是指进口货物生产、开采或加工制造的国家（地区），对经过两个以上国家（地区）加工制造的进口货物，则以最后一个对货物进行经济上可以视为实质性加工的国家（地区）作为该货物的原产国，原产国确实不详时，按“国别不详”统计；最终目的地国（地区）是指出口货物已知的消费、使用或进一步加工制造国家（地区），包括直接使用或进行加工的国家（地区），最终目的地国（地区）不能确定时，按货物出口时尽可能预知的最后运往国（地区）统计。

6．**主要指标解释**

货物进出口总额 指实际进出我国国境的货物总金额。包括对外贸易实际进出口货物，来料加工装配进出口货物，国家间、联合国及国际组织无偿援助物资和赠送品，华侨、港澳台同胞和外籍华人捐赠品，租赁期满归承租人所有的租赁货物，进料加工进出口货物，边境地方贸易及边境地区小额贸易进出口货物（边民互市贸易除外），中外合资企业、中外合作经营企业、外商独资经营企业进出口货物和公用物品，到、离岸价格在规定限额以上的进出口货样和广告品（无商业价值、无使用价值和免费提供出口的除外），从保税仓库提取在中国境内销售的进口货物，以及其他进出口货物。该指标用以观察一个国家在对外贸易方面的总规模。我国规定出口货物按离岸价格统计，进口货物按到岸价格统计。

商品经营单位所在地进、出口额 指在所在地海关注册登记的有进出口经营权的企业实际进、出口额。

（二）利用外资

1．**主要内容：**包括外商直接投资和外商其他投资、外商投资企业登记注册情况。

2．**统计范围：**凡经工商行政管理机关核准登记，在中华人民共和国境内所有利用外资的单位和部门，经批准设立的中外合资经营企业、合作经营企业、外资企业、外商投资股份制企业、合作开发项目等具有法人资格的独立核算企业（包括港澳台地区投资企业），在华从事经营活动的外国及港澳台地区企业及外国公司在中国境内设立的分支机构。

3．**资料来源：**利用外资统计资料来源于商务部，其中，外商投资企业的登记注册情况资料来源于国家工商行政管理总局，调查方法是全面调查。说明的是：利用外资统计 1985 年及以前为政府统计部门的调查汇总数，1986 年及以后全部来源于对外贸易经济合作部（现为商务部）。2000 年以后利用外资统计中不含对外借款数。

4．主要指标解释

外商投资 指我国政府、部门、企业和其它经济组织通过吸收外商直接投资以及其它方式筹措的境外现汇、技术、设备等。

批准企业（项目）个数 指外商直接投资管理部门批准设立的外商投资企业个数、批准的合作开发项目个数。

利用外资的国家（地区） 指外资来源或投资者的法人注册地所在的国家和地区。除政府贷款按贷款国家名称统计外，其它方式吸收的外资按外国公司、企业或其它经济组织以其法人的注册所在地国家（地区）统计。

实际使用外资金额 指批准的合同外资金额的实际执行数，外国投资者根据批准外商投资企业的合同（章程）的规定实际缴付的出资额和企业投资总额内外国投资者以自己的境外自有资金实际直接向企业提供的贷款。

（三）对外经济合作

1．**主要内容**：包括对外承包工程的合同数、合同金额、完成营业额和按国别、地区分的对外经济合作完成营业额和对外劳务合作派出劳务人数、期末在外人数等。

2．**统计范围**：对外承包工程和对外劳务合作。该制度统计单位是经各级商务主管部门批准的从事对外承包和劳务合作业务并具有法人地位的对外承包劳务企业。

3．**资料来源**：对外经济合作统计资料来源于商务部，调查方法是全面调查。需要说明的是，自2009年起，对外承包工程涵盖了对外设计咨询业务，对外设计咨询不再单独列出。

4．主要指标解释

对外承包工程 根据《对外承包工程管理条例》，对外承包工程是指中国的企业或者其他单位承包境外建设工程项目的活动。

对外劳务合作 指组织劳务人员赴其他国家或地区为国外的企业或机构工作的经营性活动。

完成营业额 指企业在报告期内完成的以货币形式表现的工作量。

派出人数 指企业在报告期内派往国（境）外执行对外承包工程和劳务合作项目的人数。

（四）旅游

1．**主要内容**：包括旅行社、星级饭店基本情况，入境、出境旅游人数、国内居民旅游人数，以及国际、国内旅游收入等。

2．**统计范围**：旅行社、星级饭店和游客。

3．**资料来源**：旅游业有关资料主要根据公安部和国家旅游局的资料编制而成。旅游数据中的国际、国内旅游收入和国内出游人数等指标采取抽样调查方法，其余数据均为全面调查统计取得。

4．指标解释

游客 指任何为休闲、娱乐、观光、度假、探亲访友、就医疗养、购物、参加会议或从事经济、文化、体育、宗教活动，离开常住国（或常住地）到其他国家（或地方），其连续停留时间不超过12个月，并且在其他国家（或其他地方）的主要目的不是通过所从事的活动获取报酬的人。游客不包括因工作或学习在两地有规律往返的人，按出游时间分为旅游者（过夜游客）和一日游游客（不过夜游客）。

入境游客 指报告期内来中国（大陆）观光、度假、探亲访友、就医疗养、购物、参加会议或从事经济、文化、体育、宗教活动的外国人、港澳台同胞等游客（即入境旅游人数）。统计时，入境游客按每入境一次统计1人次。入境旅游人数包括入境（过夜）游客和入境一日游游客。

国内游客 指报告期内在中国（大陆）观光游览、度假、探亲访友、就医疗养、购物、参加会议或从事经济、文化、体育、宗教活动的中国（大陆）居民，其出游的目的不是通过所从事的活动谋取报酬。统计时，国内游客按每出游一次统计1人次。

出境人数（出境游客） 指中国（大陆）公民因公或因私出境前往其他国家、中国香港特别行政区、澳门特别行政区和台湾省观光、度假、探亲访友、就医疗养、购物、参加会议或从事经济、文化、体育、宗教活动的人数（即出境游客）。统计时，出境游客按每出境一次统计 1 人次。

旅游收入　指游客（入境游客和国内游客）在旅游过程中（由游客或游客的代表为游客）支付的一切旅游支出就是国家（省、区、市)的旅游收入。旅游支出应包括（过夜）旅游者和一日游游客在整个游程中行、游、住、食、购、娱，以及为亲友、家人购买纪念品、礼品等方面的旅游支出，不包括为商业目的购物、购买房、地、车、船等资本性或交易性的投资、馈赠亲友的现金及给公共机构的捐赠。旅游收入包括国际旅游（外汇）收入和国内旅游收入。

（1）国际旅游（外汇）收入入境旅游者在中国（大陆）境内旅行、游览过程中用于交通、参观游览、住宿、餐饮、购物、娱乐等全部花费。

（2）国内旅游收入指国内旅游者在国内旅行、游览过程中用于交通、参观游览、住宿、餐饮、购物、娱乐等全部花费。

（五）其他

1．**国际收支平衡表**：由国家外汇管理局依据国际货币基金组织编写的《国际收支统计手册》第五版编制。

2．**历年人民币对美元、日元、港币的年平均汇价**：资料来源于国家外汇管理局。

3．**黄金和国家外汇储备**：资料来源于国家外汇管理局。

APPENDIX Ⅰ　Brief Introduction and Explanatory Notes on Main Statistical Indicators

Domestic Trade

Ⅰ　Main Content

Data reflect the development and change of China's domestic consumer goods market, wholesale and retail trades, hotels and catering services. Main contents include basic condition, circulation of commodities and financial status of wholesale and retail trades above designated size; basic condition, business and financial status of hotels and catering services above designated size; total retail sales of consumer goods; turnover of huge commodity exchange markets; development of chain stores of retail trades and catering service, etc.

Ⅱ　Coverage of Statistics

1. Wholesale and retail trades, hotels and catering services: corporation enterprises, establishments and getihus of wholesale and retail trades, hotels and catering services above the designated size.

The designated size of wholesale and retail trades, hotels and catering services is defined as follows: wholesale trade, with annual revenue from principal business over 20 million yuan; retail trade, with annual revenue from principle business over 5 million yuan; hotels and catering services, with annual revenue from principal business over 2 million yuan.

2. Total retail sales of consumer goods: corporation enterprises, establishments and getihus engaged in commodity retail activities or providing catering services.

3. Commodity exchange markets: the commodity markets with an annual transaction over 100 million.

4. Chain stores: Chain stores of retail trades and catering services.

Ⅲ　Sources of Data

Data are collected and processed in accordance with the statistical reporting scheme on wholesale and retail trades, hotels and catering services by the Department of Trade and External Economic Relations of the National Bureau of Statistics.

Ⅳ　Survey Methodology

Data of all enterprises of wholesale and retail trades, hotels and catering services above the designated size (Including corporation enterprises, establishments and getihus, the same below), commodity exchange markets and chain head stores (headquarter) are collected through comprehensive reporting systems. Data of enterprises below the designated size are according to sampling surveys.

Ⅴ　Explanatory Notes on Main Statistical Indicators

1. Wholesale and Retail Trades

Wholesale Trade　refers to the activities of wholesaler selling at wholesale commodities for daily use and capital goods to enterprises of wholesale and retail trades and other enterprises, institutions and government offices, including the activities of wholesaler engaged in import and export and acting as a trade agent. The wholesaler may have the right of ownership over the commodities of wholesale and trade in the name of its own's or a company, the wholesaler may not have the right of ownership, only acts an agent.

Retail Trade　refers to the activities of department store, supermarket, franchised store, brand store, retail stall and on-the-spot-making-selling store selling commodities to the final consumers (citizens) by any means including internet, post, telephone, sales machine.

Total Purchases of Commodities refers to the total value of purchases of commodities by enterprises (establishments) from other establishments or individuals (including direct import from abroad) for the purpose of re-selling, either with or without further processing of the commodities purchased. The commodities include: (1) commodities purchased from agricultural and industrial producer, wholesaler, retailer, publishing house and other service business; (2) commodities purchased from institutions and government departments; (3) confiscated goods purchased from the customs authorities or market management agencies; (4) second-hand goods and wastes purchased from residents; The commodities exclude 1 commodities purchased by enterprises (establishments) for use in their own business operation, commodities obtained without buying or selling procedures such as materials, consumable goods of low value, office appliances ,etc. 2 received goods without trading, such as goods handed over from others, borrowed goods, preserved goods for others, donated goods from others, processed and retrieved goods, etc. 3. goods of direct settlement between buyer and seller with handling fees introduced by others, 4. goods returned or refused to pay by the buyer, 5. excessive goods.

Total Sales of Commodities refers to value of commodities sold by the establishments to other establishments and individuals (including goods sold for self consumption, including the value-added tax). The commodities include: (1) commodities sold to urban and rural residents and social groups for their consumption; (2) commodities sold to establishments in all industries for their production and operation, including agriculture, industry, construction, transportation, post and telecommunications, catering services, and public utility including commodities sold to wholesale and retail establishments for re-selling, with or without further processing; and (3) commodities for direct export to abroad. Excluded are (1) extended commodities without trading, such as goods handed over to other enterprises and institutions because of the change of organizations, lent goods, returned goods preserved for others, extended processing materials and samples donated to others, (2) goods of direct settlement between buyer and seller with handling fees introduced by others, (3) goods returned after purchase, (4) damaged and spoiled goods, (5) waste and used goods of self use.

Total Stock of Commodities refers to value of total commodities possessed by wholesaler and retailer of various types of registration status at the end of the reference period, reflecting the commodity stock level of various wholesaler and retailer and the potential for market supply. It includes: (1) commodities located in storage, garages, counters, and shelves of operating places (such as sale stores, wholesale centres, and operating offices); (2) commodities in the process of being selected, sorted, and packed; (3) commodities not arrived but recorded as purchase in the account, i.e. commodities not arrived but payment receipts for the commodities from the sellers or the banks arrived; (4) commodities deposited in other places rather than places mentioned above, for instance: commodities in the hold of purchasers temporarily due to the refusal of payment and commodities not taken back after going through the formalities; (5) commodities entrusted to other units to sell but not sold yet; (6) commodities purchased for other units but not delivered yet. Commodities not included as stock are those not owned by the enterprises (units), commodities on commission for processing but not yet delivered, imported commodities of agency of foreign trade enterprise but not yet delivered to ordering units and finally those put in stock on behalf of the state material reserves units.

2. Hotels and Catering Services

Hotel Services refers to the activities of enterprises providing paid services of lodging to the customer, excluding the activities of providing long period of services of lodging (such as leased house and apartments), which are shown in 7210 (Development and operation of real estate).

Catering Services refers to the activities of enterprises providing on-the-spot services of selling food cooked and prepared to the customer in certain sites.

Business Revenue refers to revenue received from providing services or selling commodities by enterprises and establishments engaged in hotels and catering services, including income from hotels, from catering services, from selling of commodities and from other services.

Income from hotels refers to income of enterprises and establishments engaged in hotels and catering services by providing lodging services.

Income from catering services refers to income of enterprises and establishments engaged in hotels and catering services by providing catering services, including selling of cooked or prepared foods, such as staple food, cooked dishes, or cold dishes.

3. Commodity Exchange Markets

The commodity Exchange markets refers to the markets approved and managed by related departments, where there are fixed sites, facilities, managers and administration offices, where there are a certain number of traders to operate for three month and above or all the year, where the commodities including the articles for daily consumption and capital goods and services are traded in a centralized, independent and open way., Such market includes markets of daily goods and market of capital goods, etc.

Volume of Transaction at Large Commodity Markets with Transaction Value over 100 Million Yuan refers to the commodity markets with an annual transaction of over 100 million.

4. Chain stores

Chain Head Stores (headquarter) refers to the core leading stores responsible for development, allocation, administration and unitization of resources (name of stores, brand of stores, operation model, service standard, management way, ect.) of chain stores. Chain stores refers to the stores engaged in providing homogeneous commodities or services, with the central leadership of head store and guided by common policies, conduct centralized purchase and distributed selling of commodities, in order to gain better efficiency through standardized operation. The chain stores include regular chain stores, franchise chain stores and voluntary chain stores.

Regular Chain store refers to chain stores that are invested or controlled by the headquarters. They operate under direct and unified management from the headquarters.

Franchise chain store refers to the chain stores (franchisees) which are franchised with operation resources such as trade marks, names, patent and operation know-how by the franchisors in form of contract and pay the operation fees to the franchisors.

Voluntary chain store refers the stores operate jointly on the voluntary bases while maintaining their status of independent legal entities with full ownership of their assets. They sell goods of same brand from same channel of resource to the consumers.

5. Total Retail Sales of Consumer Goods

Total retail sales of consumer goods refers to the revenue of non-productive, non-operating physical goods sold to individuals and social groups directly through transaction or the income of catering services provided by corporation enterprises (establishments, getihus). Individuals include urban and rural residents and persons entering the country. Social groups include government agencies, social organizations, army, schools, enterprises and institutions, neighborhood or village committee, etc.

Foreign Trade, External Economic Transaction and Tourism

I. Foreign Trade

1.Data on foreign trade include: varieties of imports and exports, amount (weight), value, countries (regions), imports and exports corporations, destination within territory, origin of goods within territory, mode of trade, types of tariffs and so on.

2.The scope of foreign trade statistics are designed according to United Nations' principles on international trade statistics, that is: all imports or exports that will lead to stock changes of material resources with the territory of People's Republic of China; excluding goods by escape clause.

3.Sources of data on foreign trade are from the General Administration of Customs of the People's Republic of China through a comprehensive reporting system. Statistical basis is the import and export customs declaration used by Chinese local customs to perform the actual supervision of import and export goods.

4.Import and export commodity classification: the list of import and export commodities is compiled based on the *Harmonized Commodity Description and Coding System (HS)* stipulated by the Customs Cooperation Council (World Customs Organization) and China's reality of imports and exports. Customs statstics in value terms for both imports and exports are compiled according to the classifications of *UN Standard International Trade Classification (SITC).*

5. Trading partner: the country (region) of origin is recorded for imports while the country (region) of final destination for exports.

The country (region) of origin refers to the country or region where the import goods have been grown, mined or manufactured. If two or more countries (regions) were involved in the manufacture of the products, the place where the last substantial working or processing was carried out will be recorded as the country (region) of origin. However, commodities whose nature or states have not been substantially changed will not be considered as having been processed or remanufactured.

The country (region) of final destination refers to the country or region where the export goods are to be consumed, utilized or further processed or manufactured. In instance where the country of final destination can not be ascertained, the exports will be credited to the final country (region) dispatched to as known at the time of exportation.

6.Explanatory notes on main statistical indicators

Total Import and Export of Goods refer to the real value of commodities imported and exported across the border of China. They include the actual imports and exports through foreign trade, imported and exported goods under the processing and assembling trades and materials, supplies and gifts as aid given gratis between governments and by United Nations and other international organizations, and contributions donated by overseas Chinese, compatriots in Hong Kong and Macao and Chinese with foreign citizenship, leasing commodities owned by tenant at the expiration of leasing period, the imported and exported commodities processed with imported materials, commodities trading in border areas (excluding mutual exchange goods), the imported and exported commodities and articles for public use of the Sino-foreign joint ventures, cooperative enterprises and ventures with sole foreign investment. Also included is import or export of samples and advertising goods for which CIF or FOB value are beyond the permitted ceiling (excluding goods of no trading or use value and free commodities for export), imported goods sold in china from bonded warehouses and other imported and exported goods. The indicator of the total imports and exports at customs can be used to observe the total size of external trade in a country. In accordance with the stipulation of the Chinese government, imports are calculated at CIF, while exports are calculated at FOB.

Import Export Value by Location of China's Foreign Trade Managing Units refers to actual value of imports and exports carried out by corporations which have been registered by the local Customs house and are vested with right to run import export business.

II. Foreign Capitals

1.Data on foreign capitals include: foreign direct investments and other foreign investments, and the basic condition of registration of foreign funded enterprises.

2. The scope of foreign capitals: all the units and departments which have utilized foreign capital and all the Sino-foreign joint ventures, Sino-foreign cooperative enterprises, ventures exclusively with foreign investment, foreign-funded stock companies, Sino-foreign cooperative development projects and other corporate enterprises (including the enterprises funded by the entrepreneurs from Hong Kong, Macao and Taiwan) with independent accounting system which have been approved by the Chinese government to set up in the boundary of the People's Republic of China.

3.Sources of data on foreign capitals: data on utilization of foreign capitals are from Ministry of Commerce, of which, data on basic condition of registration of foreign funded enterprises are from State Administration for Industry and Commerce through comprehensive reporting system. Special notice: data on utilization of foreign capitals before 1985 were survey results from governmental statistical agencies, since 1986 all data are from Ministry of Commerce (formerly MOFTEC). Data on utilization of foreign capitals since 2000 do not include foreign loans.

4.Explanatory notes on main statistical indicators

Utilization of foreign capital refers to direct foreign investments, commodity credits and other funds used by domestic institutions that are supplied from abroad and from Hong Kong, Macao and Taiwan.

Number of approval enterprises (projects) refers to the number of foreign-invested enterprises and cooperative development projects approved by the foreign direct investment management division.

Agreement number of utilization of foreign capital refers to the project numbers of the loans from the foreign governments and international monetary organization, the numbers of the enterprises with foreign investment and the contract numbers of the joint exploitation on offshore oil which are all approved according to law. The agreements of utilization of foreign capital, which are signed in other ways, are only collected into total amount without project numbers.

Country (region) of foreign capital refers to the country and region where the investor registers as a juridical Person and the foreign capital and investment comes. In the statistic classification, as the other ways in absorbing foreign investment, country (region) refers to the place where the foreign companies, enterprises and other economic organization register as juridical persons, except government loans just in terms of the name of the country.

Foreign capital actually used refers to the amount which has been actually used according to the agreements and contracts, including cash, materials and invisible capital such as labour service and technology which both parties agree to take as investment.

III. Foreign Economic Cooperation

1.Data on foreign economic cooperation include: contracted projects, labour services cooperation, design and consultation services, contracted volume, complete business turnover, business turnover by countries (regions) and so on.

2.The scope of foreign economic cooperation: the statistics cover contracted projects, labour services cooperation and design & consultation service with foreign countries (regions). The statistical unit in the scheme is the corporate enterprise engaged in contracted projects and labour services cooperation with foreign countries and has been approved by the department of commerce at various levels.

3.Sources of data on foreign economic cooperation: data on foreign economic cooperation are from Ministry of Commerce through a comprehensive reporting system. Data on contracted projects include design & consultation service since 2009.

4.Explanatory notes on main statistical indicators

Overseas Contracted Projects refer to activities of contracting overseas construction projects by Chinese enterprises or any other units, which are stipulated in the *Regulations on Administration of Foreign Contracted Project.*

Overseas Labour Services refer to operational activities of organizing labour force to go abroad providing services to foreign enterprises or agencies.

Accomplished Turnover refers to the workload enterprises completed in the form of currency during the reporting period..

Dispatched Labor refersto the numbedr of oversea labours in the overseas project contracting and labor cooperation businesses.

IV. Tourism

1.Main Contents: the basic conditions of travel agencies and star-rated hotels; number of international tourists and Chinese residents going abroad, number of domestic tourists and income from international and domestic tourism.

2.Scope of Statistics: data in this chapter cover travel agencies, star-rated hotels and tourists.

3.Sources of Data: the data on tourism are from the Ministry of Public Security and State Tourism Administration. The data on tourism are from the comprehensive reporting form system except those on the earnings from international and domestic tourism and number of domestic tourists going abroad from sample surveys

4.Explanatory notes on main statistical indicators

Visitors refers to any person who travels to a country (or place) other than that of his or her residence for a period not exceeding 12 months for leisure, entertainment, sightseeing, holiday, visiting relatives or friends, medical care, shopping, meeting, or taking part in economic, cultural, sports or religious activities, where the main purpose of the travel is not for remuneration. A visitor does not refer to any person who commutes between two places regularly for career or education. According to the length of stay, visitors are classified as tourists (i.e., overnight visitors) and same day visitors (non overnight visitors).

International visitors (Inbound Visitor Arrivals) refer to foreigners or compatriots from Hong Kong, Macao and Taiwan who come to China within the reporting time frame for sightseeing, holiday, visiting friends and relatives, medical care, shopping, meeting, or taking part in economic, cultural, sports or religious activities. Each time of entry is recorded as one time of arrival, and tne total sum makes up the inbound visitor arrivals. Inbound visitor arrivals (international visitors) include inbound (overnight) tourists and inbound same day visitors.

Domestic visitors refer to Chinese nationals who travel within the country within the reporting time frame for sightseeing, holiday, visiting friends and relatives, medical care, meeting, or taking part in economic, cultural, sports or religious activities. Their purposes of travel are not for remuneration from the activities afore mentioned. Each time of their travel is recorded as one person time. Domestic visitors include domestic (overnight) tourists and domestic same day visitors.

Outbound visitors refer to a Chinese (mainland) citizen who departs from China to a foreign country (or region) for leisure, entertainment, sightseeing, holiday, visiting relatives or friends, medical care, shopping, meeting, or taking part in economic, cultural, sports or religious activities. Each time of departure is recorded as one person time. Outbound visitors include outbound (overnight) tourists and outbound same day visitors.

Tourism receipts refer to all the expenditures made by visitors (inbound visitors and domestic visitors) or by representatives of the visitors in the course of their travel constitute the tourism receipts of a country (province, region, city). Tourism expenditures of visitors should include expenses made by (overnight) tourists and same day visitors throughout their travel on transport, tours, lodging, food, shopping, entertainment, and souvenirs and gifts for friends and relatives. Tourism expenditures do not include purchases of goods, real estate, house, motor vehicle, water vessel for commercial purposes, neither include capital nor transactional investments, cash given to friends and relatives, donations to public organizations. Tourism receipts include international tourism(foreign exchange) receipts and domestic tourism receipts.

1) International Tourism (foreign exchange) Receipts refer to the total expenditure made by inbound tourists within the territory of China (the mainland) in their course of travel on transport, tours and sightseeing, lodging, food and beverage, shopping, entertainment and etc.

2) Domestic Tourism Receipts refer to the total expenditure made by domestic tourists within the territory of China (the mainland) in their course of travel on transport, tours and sightseeing, lodging, food and beverage, shopping, entertainment and etc.

V. Others

1.The Balance of Payments Table is compiled by the State Administration of Foreign Exchange in accordance with the 5th edition of the *Manual on Balance of Payments* prepared by the International Monetary Fund.

2.The average exchange rates of RMB yuan to US dollar, Japanese yen and Hong Kong dollar over the years come from the State Administration of Foreign Exchange.

3. The data on gold and foreign exchange reserves are also from the State Administration of Foreign Exchange.

附录II　英文缩略语及符号

APPENDIX Ⅱ　Abbreviations and Symbols in English

APEC	Asia-Pacific Economic Cooperation
ASEAN	Association of Southeast Asian Nations
Co, Ltd	Corporation Limited
Corp	Corporation
DPR	Democratic People's Republic
EU	European Union
FR	Federal Republic
IMF	International Monetary Fund
Is	Islands
No	Number of items
Prov	Province
RMB	Renminbi Yuan
SDR	Special Drawing Rights
USD	Dollar of United States of America
USSR	Union of Soviet Socialist Republics